超展望の山々

ぐるっとパノラマ関東甲信越

杉本 智彦

二上山
黒部五郎岳
弓折岳
双六南峰
双六岳
三俣蓮華岳
薬師岳
北薬師岳
樅沢岳
祖父岳
宝立山
間山
鷲羽岳▽
水晶岳▽
赤牛岳
鷲岳
奥大日岳
浄土山
洞沢岳
剱御前
剱岳▽
野口五郎岳
中岳
槍ヶ岳▽
不動岳
針ノ木岳
清水岳
鳴沢岳
南岳

はじめに

人が旅に出る動機のひとつに、見知らぬ土地で、見たこともない風景を見たいという欲求があるであろう。しかし、政治的あるいは物理的に出かけるのが困難な土地の風景をどうしても見たくなったらどうしたらよいであろうか？　私の場合、その解決策として風景をコンピュータ上で再現する方法を選んだ。

幸いにして等高線の入った地形図は手に入ったので、少なくとも山の形や海岸線などの地形だけでも再現したいという思いから、当時まだ16色しか表示しない貧弱なグラフィック機能を駆使し、風景を描き出すソフトを作りはじめたのが本書の展望図や可視マップ、データ算出などに使ったパソコンソフト「カシミール3D」の前身であった。

何週間かかけて等高線をパソコンに取り込み、まるで処女地を訪れる冒険家のような緊張感を持ってパソコンのキーを操作すると、当時憧れであった北方の山々が、単純な線画ながらも明瞭に浮かび上がってきたのに狂喜乱舞したのを覚えている。

その後、パソコンの性能向上に合わせて、ソフトのほうもすこしずつ進化すると同時に、多くの方との出会いの中で、新たなアイディアを付け加え、現在のカシミールは地図をとことん楽しめる環境を提供するソフトとして成長してきている。

とくに、大きな影響を受けたのが、パソコン通信ニフティサーブ（現：＠ニフティ）の山のフォーラム（現：山の展望と地図のフォーラム）に入会して、山岳展望の第一人者である田代博氏をはじめ、多くの展望ファンの方々に出会ったことである。このフォーラムで可視マップの存在を知ったことがカシミールが生まれるきっかけとなり、その後の改良の中でも数々の助言を頂くことができた。

本書はこのカシミールを使って作成した展望風景の案内書である。

この本を通して眺める風景はあくまで計算された仮想のものであって、実際の風景をもとにした写真やスケッチなどではない。したがって、風に梢を揺らす木々も描かれていないし、夏山を彩る可憐な高山植物もない。しかし、ここには見えるはずの山はすべて描かれている。もちろん、計算誤差やデータ精度などの関係で完璧とは言い切れないが、あっという間に視界を雲で覆ってしまう気まぐれな山の天気よりは信頼できるであろう。

取り上げた山は関東甲信越を中心に、個人的に思い入れのある山を中心に101座を選んだ。"○○百山"が流行しているが、ここであげた以外にも展望を楽しめる山はもっとたくさんある。収録できなかったそれらの山々への思いを込めて、あえて100という切りの良い数字にはせず、次なる一歩への布石の意味で1を足し101座とした。

本書が山頂での憩いのひとときや、撮影した写真の山座同定、あるいは遠き山に思いをはせるきなどの一助になれば幸いである。

最後に、カシミールを支えてくださっている多くのファンの方々、本書をまとめるにあたり写真や資料を提供くださった「山の展望と地図のフォーラム」の方々に感謝を申し上げたい。

ご紹介した『カシミール3D』の本体はフリーソフトであるので、インターネットからダウンロードすれば誰でも使うことが可能だ。入手先のURLは以下である。

http://www.kashmir3d.com/

杉本　智彦

本書の見方

パノラマ図上の山名ラベル（右から左）：
霜山／毛無山／三ツ峠山／大室山／足和田山／紅葉台／御坂山／御坂黒岳／十二ヶ岳／御坂毛無山／雁ヶ腹摺山／鬼ヶ刀ヶ岳／黒岳／黒川鶏冠山／飛龍山／竜喰山／高芝山／唐松尾山／倉掛山／笠取山

■山名の表記
山名の表記は原則として通称名を使用した。また、山頂部がいくつかの峰に分かれている場合は、峰の名称を記載し、括弧内に総称を記載した。
[例] 剣ヶ峰（乗鞍岳）

■緯度経度についてはWGS-84による世界測地系に基づいた値を記載した。測量法の改正により今後、日本でも世界測地系になると思われるため、この値を採用した。なお、2001年現在、市販されている多くの地図はTOKYO測地系に基づいているので、本書に記載した数値をそのまま使うと数百メートルのずれが生じるので注意していただきたい。

■方位角は北（真方位）を0度とし、順次時計回りの角度で記載した。

■パノラマ図について
・山名の末尾に▽の印があるものは、本書で取り上げた山であることを示している。
・太陽の方位については各展望図中でもっとも陰影のはっきりする方向に設定した。したがって、北から太陽に照らされるなど、実際にはあり得ない陰影の展望図もある。
・雪の付き方は地形の傾斜角に基づいて計算し、日照や植生の影響を考慮していないため、実際とは異なる形状になっている場合がある。
・河川については国土地理院刊行の数値地図25000（地図画像）より抜き出して合成した。
・パノラマ図と見える山のリストによる記載されている山は、計算により求めたものであるため、実際には樹木等の障害物で見えなかったり、肉眼では視認が困難なほどわずかしか見えないものも含まれている。また、計算に使用した地域の地図と実際の地形との誤差によって、その山が見える地図上に表示した地図で、逆にその山を望むことができる地域を示したものでもある。
・紫色で塗られた部分が、その山から見える地域、またはその山を望むことができる地域である。
・山名は原則として見える山についてのみ記載した。

・見える山のリストについて
・山名は距離の近い順とした。

■可視マップについて
可視マップはその山から見える地域を地図上に表示した地図で、逆にその山を望むことができる地域を示したものでもある。
・紫色で塗られた部分が、その山から見える地域、またはその山を望むことができる地域である。
・山名は原則として見える山についてのみ記載した。

・見える山のリストについて
・山名は距離の近い順とした。
・見える山のリストのうち、著名なもの、または興味深いもののみを掲載した。
・掲載は距離の遠い順とした。

パノラマ図と見える山のリストの計算には気差の影響を加味し、地球半径を1・156倍して計算した。なお、本書の計算に使用した数値地図は50mメッシュである。

十枚山から見える山
（興味深いもの）

山名	標高	距離	方位
三俣蓮華岳	2841	226.2	275.3
水晶岳	2986	225.1	276.4
野口五郎岳	2924	222.1	276.6
槍ヶ岳	3180	220.5	274.0
涸沢岳	3110	220.4	272.7
奥穂高岳	3190	220.3	272.5
北穂高岳	3106	220.0	272.9
大天井岳	2922	205.8	274.8

■カシミール3Dについて
本書で作図と計算に使用したカシミール3Dはバージョン7・1・3である。
・カシミール3Dの情報と入手については、http://www.kashmir3d.com/ を参照。

目次──── 超展望の山々　ぐるっとパノラマ関東甲信越

はじめに ……………………………… 2
本書の見方 …………………………… 6

特選・富士展望の山

達磨山 ……………………………… 12
御坂十二ヶ岳 ……………………… 14
雁ヶ腹摺山 ………………………… 16
毛無山 ……………………………… 18
赤岳 ………………………………… 20
十枚山 ……………………………… 22
達磨山 ……………………………… 24

特選・マニアックな展望の山

筑波山 ……………………………… 26
苗場山 ……………………………… 28
蛇峠山 ……………………………… 30
蛭ヶ岳 ……………………………… 32
丸山 ………………………………… 34

展望の名山90

奥多摩・奥秩父・中央沿線の山

雲取山 ……………………………… 36
鷹ノ巣山 …………………………… 38
両神山 ……………………………… 42
甲武信岳 …………………………… 44
金峰山 ……………………………… 48
瑞牆山 ……………………………… 52
茅ヶ岳 ……………………………… 54
大菩薩峠 …………………………… 56
黒川鶏冠山 ………………………… 58
高川山 ……………………………… 60
陣馬山 ……………………………… 64
扇山 ………………………………… 66
滝子山 ……………………………… 68

丹沢・箱根・富士山と周辺の山

塔ノ岳 ……………………………… 72
大野山 ……………………………… 76
杓子山 ……………………………… 78
三ツ峠山 …………………………… 80
愛鷹山（越前岳） ………………… 84
富士山 ……………………………… 86
金時山 ……………………………… 90

美ヶ原・八ヶ岳と周辺の山

鉢伏山 ……………………………… 94
美ヶ原（茶臼山） ………………… 96

山名	頁
権現岳	
硫黄岳	
蓼科山	
飯盛山	
男山	
御座山	114

上州・信越国境と周辺の山

山名	頁
榛名山（相馬山）	118
赤城山（黒檜山）	120
荒船山	124
浅間隠山	126
籠ノ登山	130
四阿山	132
浅間山	134
高妻山	138
雨飾山	142
横手山	144
岩菅山	148
妙高山	150
白砂山	154

日光・那須・尾瀬・東北南部の山

山名	頁
男体山	156
奥白根山	158
釈迦ヶ岳（高原山）	162
茶臼岳（那須）	164
至仏山	168
燧ヶ岳（柴安嵓）	172
平ヶ岳	176
安達太良山	178
一切経山	180

上越国境と越後の山

山名	頁
武尊山	182
谷川岳（オキの耳）	184
中ノ岳	188
荒沢岳	192
守門岳	194

南アルプス

山名	頁
観音岳（鳳凰山）	196
北岳	200
甲斐駒ヶ岳	204
仙丈ヶ岳	206
塩見岳	208
悪沢岳	212
赤石岳	214

聖岳 …………… 216
光岳 …………… 220
笊ヶ岳 …………… 222
陣馬形山 …………… 226
日向山 …………… 230
入笠山 …………… 232

中央アルプス

木曽駒ヶ岳 …………… 236
三ノ沢岳 …………… 240
空木岳 …………… 242
富士見台 …………… 246
恵那山 …………… 248

北アルプス

白馬岳 …………… 252
鹿島槍ヶ岳 …………… 254
水晶岳（黒岳）…………… 258
鷲羽岳 …………… 262
劔岳 …………… 264
立山（雄山）…………… 268
薬師岳 …………… 270
笠ヶ岳 …………… 272
槍ヶ岳 …………… 276

大天井岳 …………… 280
常念岳 …………… 282
蝶ヶ岳 …………… 286
霞沢岳 …………… 288
奥穂高岳 …………… 290
焼岳 …………… 294
乗鞍岳（剣ヶ峰）…………… 298
御嶽山（剣ヶ峰）…………… 302

山名索引（五十音順）…………… 306
山名索引（標高順）…………… 307

超展望の山々　ぐるっとパノラマ関東甲信越

富士山(3776m) p86

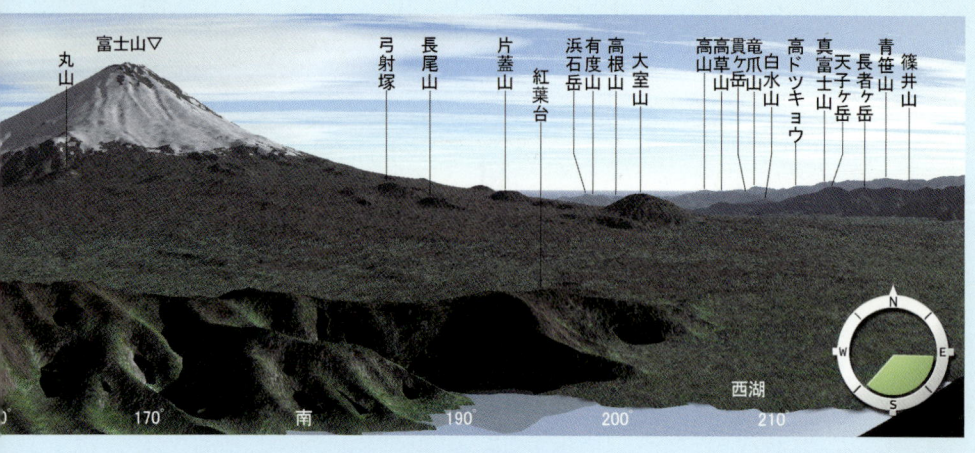

丸山 | 富士山▽ | 弓射塚 | 長尾山 | 片蓋山 | 大室山 | 紅葉台 | 高根山 | 有度山 | 浜石岳 | 高山 | 高草山 | 竜爪山 | 白水山 | 貝ヶ岳 | 真富士山 | 天子ヶ岳 | 高ドッキョウ | 長者ヶ岳 | 青笹山 | 篠井山

170° 南 190° 200° 西湖 210°

御坂十二ヶ岳

山ノ神のいる山から見る優雅な富士の姿

黒岳から見る秋の十二ヶ岳（撮影：富嶽仙人）

西湖、あるいは河口湖越しの富士が眺められるのが十二ヶ岳。と言っても、ここからだと富士三足のひとつ、足和田山が少々邪魔をしている。十二ヶ岳とセットで登ることが多い鬼ヶ岳まで足を延ばせば、だいぶすっきりしてくる。十二ヶ岳の由来はその名の通り、御坂の毛無山から稜線をたどると、一ヶ岳、二ヶ岳と小さなピークが十二ヶ岳まで続いていることからであろう。そのため、地元では別名を「鋸岳」と呼んでいるという。

また一説には、山ノ神は12人の子どもがいたといわれ、そのため十二のつく山はいくつもあるという。全国に十二のつく山はいくつもあるが、この山もその例に漏れず、山頂には山ノ神の祠がある。

富士山以外にも展望は広い。北岳、赤石岳、仙丈ヶ岳、笊ヶ岳などの南アルプスは見えないが、北アルプスも奥穂高岳、槍ヶ岳、笠ヶ岳、大天井岳などが見え、北アルプスのなかでも奥になる三ツ岳までが見えている。この三ツ岳がもっとも遠くに見える山で、その距離は139.9キロになる。

さて、富士は見る場所によって女性的な姿のふたつの顔を見せる。十二ヶ岳からの富士は女性的だ。ふたつの特徴を分けるのは、見える裾野の長さに関係しているようだ。裾野が長く引いているほど富士は優美に演出される。富士は裾野が切れてどちらかといえば男性的だ。首都圏からの富士はさら

富士山周辺
標高 3776メートル
緯度 35度31分11秒
経度 138度41分30秒

12

蛭ヶ岳(1673m) p32　　　　　　　　金時山(1213m) p90

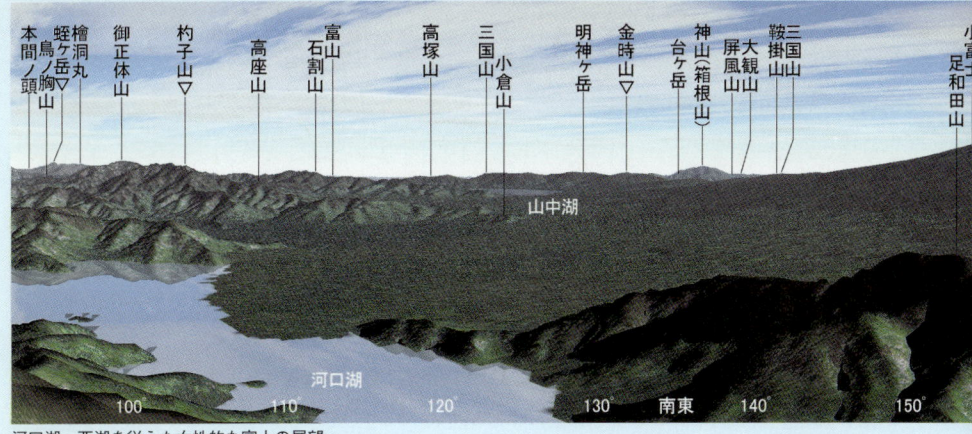

河口湖、西湖を従えた女性的な富士の展望

御坂十二ヶ岳から見える山
（興味深いもの）

山名	標高	距離	方位
三ツ岳	2845	139.9	318.1
野口五郎岳	2924	138.9	317.1
鷲羽岳	2924	138.6	315.3
笠ヶ岳	2897	135.6	310.9
燕岳	2763	132.2	318.3
槍ヶ岳	3180	131.1	314.3
大喰岳	3101	130.8	314.1
中岳	3084	130.2	313.9
大天井岳	2922	129.5	316.6
南岳	3033	129.1	313.6
北穂高岳	3106	127.8	313.0
涸沢岳	3110	127.7	312.7
奥穂高岳	3190	127.1	312.4
常念岳	2857	124.7	316.0
蝶ヶ岳	2677	121.8	314.6
大滝山	2616	119.7	314.6
入笠山	1955	62.9	311.7
赤岳	2899	57.8	329.9
兎岳	2818	52.7	259.1
聖岳	3013	51.2	258.0
仙丈ヶ岳	3033	51.1	295.9
甲斐駒ヶ岳	2967	48.9	302.8
赤石岳	3120	48.8	262.5
塩見岳	3047	46.5	277.5
悪沢岳	3141	46.2	267.5
北岳	3192	44.4	292.8
神山(箱根山)	1438	43.6	136.6
甲武信岳	2475	43.3	4.4
農鳥岳	3026	42.7	285.4
瑞牆山	2230	42.4	347.1
十枚山	1726	41.0	224.0
蛭ヶ岳	1673	40.7	95.0
笊ヶ岳	2629	40.6	255.0
観音岳(鳳凰山)	2840	40.4	300.0
金峰山	2599	39.5	351.2
富士山	3776	17.9	169.5

遠方から頭だけ見える富士は、ちょっと背が高い生意気な小学生といったところか。十二ヶ岳は鎖場や岩稜などが多いので冬季の凍結時には十分注意したい。

河口湖駅から西湖民宿行きのバスを利用して長浜で下車する。長浜から室沢川沿いに歩き始め、登山道に入る。文化洞トンネルからの道を合わせてひと登りで毛無山に到着する。毛無山からの展望も良い。毛無山から小さなアップダウンを繰り返して、一ヶ岳から十二ヶ岳までを越え、最後のキレットを慎重に通過すると山頂である。鬼ヶ岳へは北のコルへいったん下り、ヤブ気味の道を行く。途中、金山のピークを越えると、ほどなく鬼ヶ岳へ到着する。下山は鍵掛峠へ出て、峠から左へ折れて根場民宿バス停へと向かう。

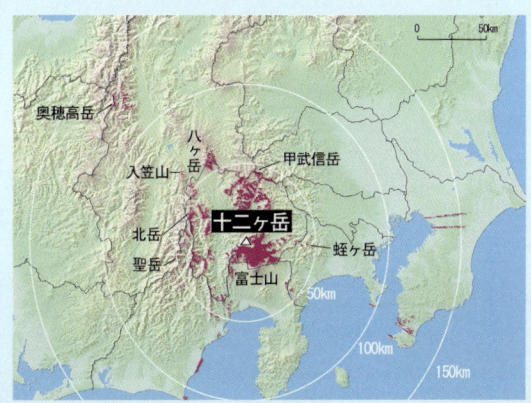

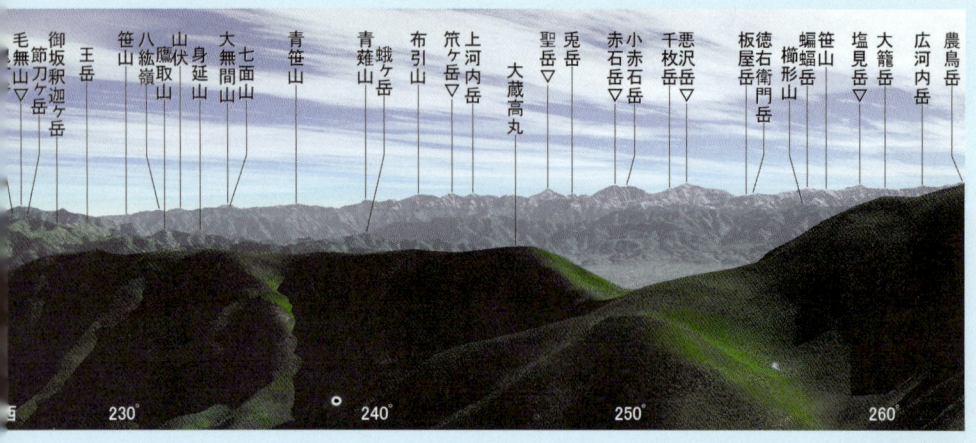

雁ヶ腹摺山
旧五百円札の裏面に印刷された前山との対比がきわだつ富士の姿

味わい深い山名を戴いた雁ヶ腹摺山。周辺には笹子雁ヶ腹摺山、牛奥ノ雁ヶ腹摺山と同名の山が存在する。その名の通り、渡りの雁が腹を擦るほど高い山、あるいは腹を擦りながら越えていったことが由来であろうと想像するが、雁にとっても山越えは重労働。実際は山頂のピークではなく鞍部を越えていったほうが楽である。

いずれの雁ヶ腹摺山にもそれらしい鞍部がそばにある。尾瀬を世に紹介したことで知られる植物学の泰斗、武田久吉はまた大菩薩にも親しみ、小金沢山は氏の命名といわれる。その武田博士の一文に「雁腹摺考」がある。

「雁ヶ腹摺というのはどこにある山で、その標高等はいかがか」と問いを発し、古文書や地元民の話を総合して位置を特定している。その推理の面白さはどこか山座同定にも似ているようだ。

ここからの富士は五百円札で有名である。五百円札と言っても昨今は見かけることがめっきりなくなり、むしろ五千円札の、岡田紅陽氏撮影による本栖湖からの逆さ富士がなじみになってしまった。雁ヶ腹摺山からの逆さ富士はどちらかというと逆光の中に浮かび上がった幾重にも重なる前山の山襞が、富士の端正な曲線をより強調させている。富士に見とれて赤石岳、聖岳、塩見岳、間ノ岳など南アルプスの展望を忘れないよう。この位置からは北や中央のアルプスは望めないが、もっとも遠くに見えるはずの山は阿武隈山地の三株山。福島県石川郡古殿町にある標高842ﾒｰﾄﾙの山だ。

大菩薩
標高 1874ﾄﾙ
緯度 35度41分13秒
経度 138度53分06秒

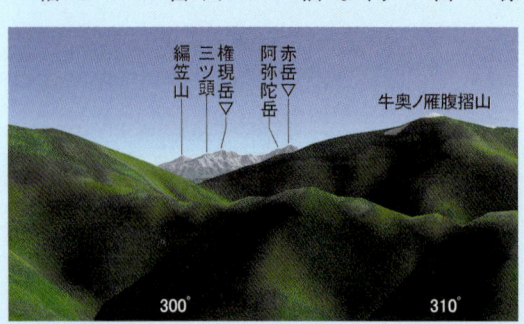

小金沢連嶺の窓から望む八ヶ岳

14

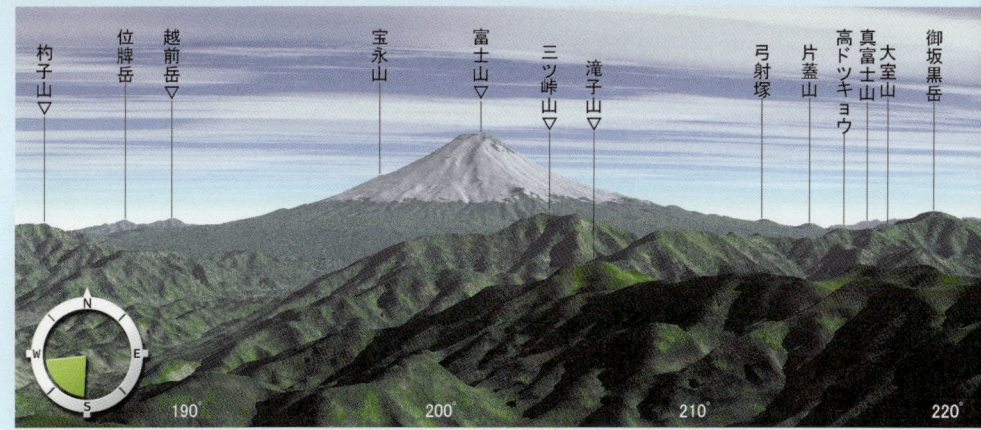

杓子山(1598m) p78　　　富士山(3776m) p86　　　滝子山(1610m) p68

杓子山／位牌岳／越前岳／宝永山／富士山／三ツ峠山／滝子山／弓射塚／片蓋山／高ドツキョウ／真富士山／大室山／御坂黒岳

富士山から南アルプスと広い展望が得られる

雁ヶ腹摺山から見える山
（興味深いもの）

山名	標高	距離	方位
三株山	842	212.8	45.5
八溝山	1022	185.9	41.6
高原山	1795	156.6	30.4
燧ヶ岳	2356	145.2	14.2
女峰山	2483	137.8	24.9
至仏山	2228	137.4	10.7
太郎山	2367	136.5	23.0
男体山	2484	131.4	24.3
武尊山	2158	126.0	10.0
筑波山	860	124.7	60.9
万三郎岳(天城山)	1406	92.0	173.3
大無間山	2329	81.1	234.1
兎岳	2818	74.9	247.7
上河内岳	2803	74.1	243.8
聖岳	3013	73.6	246.7
赤石岳	3120	70.5	249.4
山伏	2014	68.9	232.2
悪沢岳	3141	66.9	252.2
塩見岳	3047	64.8	259.0
笊ヶ岳	2629	63.7	242.9
蝙蝠岳	2865	63.0	256.9
間ノ岳	3189	59.6	265.8
農鳥岳	3026	59.1	263.9
赤岳	2899	56.1	304.2
権現岳	2715	55.7	301.7
身延山	1153	53.2	233.0
越前岳	1504	50.4	189.4
櫛形山	2052	48.0	256.7
金時山	1213	45.3	166.0
毛無山	1964	43.1	225.8
富士山	3776	38.8	201.5
塔ノ岳	1491	36.1	135.5
甲武信岳	2475	28.4	330.2
北奥千丈岳	2601	27.9	316.2
陣馬山	855	25.7	98.5
御正体山	1682	22.5	169.1

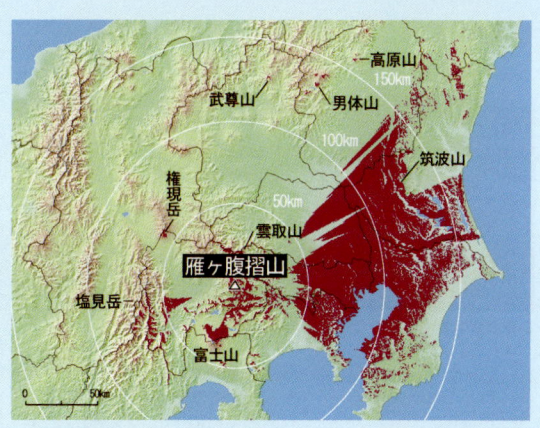

大峠からの往復は2時間程度である。このほかに金山鉱泉からの古くから歩かれたルートや、甲斐大和駅から湯ノ沢峠までタクシーで入り、湯ノ沢峠から黒岳を越えて大峠に出てから登り返すコースもある。大峠までマイカーあるいは大月駅からタクシーで入り、ブナ林の道を行く。やがて草原に出ればまもなく山頂である。下山はマイカーなら往路を戻る。タクシーで入った場合には、金山鉱泉に下るのが良いだろう。道はヤブがうるさいところがあるので、赤テープなどを頼りに歩く。途中林道を横切って百軒干場と呼ばれている沢に出る。ザレた斜面を下れば金山峠に登り返し、金山鉱泉である。鉱泉から大月行きバスの通る遅能戸バス停までは1時間ほど

15　特選・富士展望の山—雁ヶ腹摺山（大菩薩）

越前岳(1504m) p84

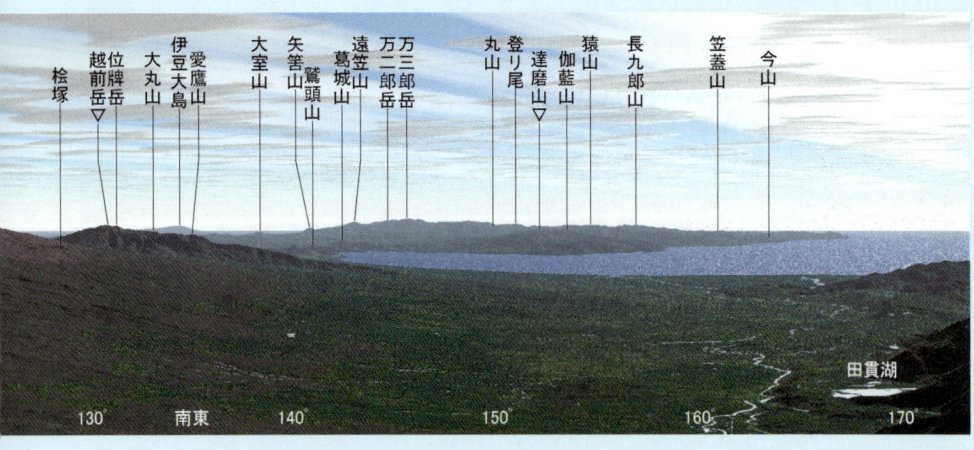

桧塚／越前岳▽／位牌岳／大丸山／伊豆大島／愛鷹山／大室山／矢筈山／鷲頭山／葛笠山／遠笠山／万三郎岳／万二郎岳／伽藍山／猿山／長九郎山／笠山／今山／登り尾／達磨山▽／丸山／笠蓋山／田貫湖

130° 南東 140° 150° 160° 170°

朝霧高原の牧場の背後に峰をもたげる毛無山（撮影：富嶽仙人）

毛無山（けなしやま）

大沢崩れを正面に富士の荒々しい面をのぞき見る天子山塊の山

毛無山は大きな山である。分が悪いことにさらに大きな富士山が隣に聳えているので毛無山の踏ん張りも割り引いて見られてしまうが、まさに「山塊」と呼ぶのにふさわしい山である。奥秩父などから見ると、富士山と南アルプスの間にドッカと座っている。

その毛無山からの富士は、ぱっくり開いた大沢崩れの亀裂が親父のように見える荒ぶる富士である。右肩をちょこっと上げ気味に斜に構え、寄生火山をゴツゴツ生やしたあばた顔の親父。隣の愛鷹山が怒られて小さくなっている子供のようでかわいらしい。

富士山は真上から見ると北西から南東の線を軸とした卵形をしている。ちょうどこの方向に地下の力が加わって寄生火山が多数存在するからだ。大沢崩れはこの方向とは垂直の位置関係になる。大沢崩れの修復は富士山自身がやるのが最適だが、寄生火山が少なくて修復がなかなか行われないが故に、ここまで拡大してしまったのだろう。大沢崩れからは、現在も1年間に約20万立方メートルもの土砂が流れ出している。ただ、麓の扇状地の発達具合などから同様の規模の崩壊箇所が過去にもあったようだが、噴火による溶岩流などで修復されているらしい。

富士山の荒々しい姿を見たら、反対側も見てみよう。小蓮華山から白馬岳、杓子岳、鹿島槍ケ岳などの北アルプス北部の山々が見える。比較的近い南アルプスは北岳、仙丈ケ岳から赤石岳、聖岳な

富士山周辺
標高 1964メートル
緯度 35度24分57秒
経度 138度32分38秒

16

杓子山(1598m) p78　　塔ノ岳(1491m) p72　　富士山(3776m) p86

駿河湾まで裾野を引く富士山を正面に見る

毛無山から見える山
(興味深いもの)

山名	標高	距離	方位
小蓮華山	2769	165.7	335.5
旭岳	2867	165.3	334.4
白馬岳	2932	164.9	334.8
杓子岳	2812	163.1	334.5
白馬鑓ヶ岳	2903	162.3	334.2
鹿島槍ヶ岳	2889	152.1	332.0
四阿山	2354	125.4	354.6
湯ノ丸山	2101	113.8	353.5
浅間山	2568	109.9	359.0
三原山(伊豆大島)	764	109.0	134.4
王ヶ頭(美ヶ原)	2034	98.1	336.4
車山(霧ヶ峰)	1925	82.4	337.7
万三郎岳(天城山)	1406	74.2	145.6
赤岳	2899	63.5	345.7
陣馬山	855	62.2	64.9
達磨山	982	57.7	152.1
甲武信岳	2475	57.2	16.9
飛龍山	2077	56.6	33.7
丹沢山	1567	56.5	83.2
塔ノ岳	1491	56.4	85.4
三頭山	1531	55.6	49.7
蛭ヶ岳	1673	54.5	81.5
瑞牆山	2230	53.1	4.7
北奥千丈岳	2601	51.5	12.8
金峰山	2599	51.1	8.2
黒川鶏冠山	1716	49.0	32.5
乾徳山	2031	47.7	18.8
甲斐駒ヶ岳	2967	47.0	323.8
光岳	2591	42.6	258.5
北岳	3192	39.8	316.1
観音岳(鳳凰山)	2840	38.4	325.7
間ノ岳	3189	38.3	311.8
塩見岳	3047	37.1	298.2
聖岳	3013	36.7	271.3
赤石岳	3120	35.4	278.3
富士山	3776	17.7	110.0

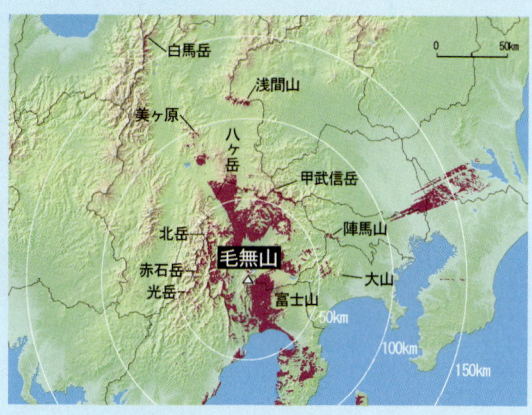

　どの南部まで見渡すことができる。中央アルプスはやっぱり南アルプスに隠されてしまう。もっとも遠くに見える山は、北アルプスの小蓮華山。白馬岳北の小ピークだが、新潟県の最高峰だ。

　登山ルートは、山梨県の下部温泉から山頂に至り、静岡県の朝霧高原に下山するのが一般的だ。身延線下部温泉駅からはバスの便がないのでタクシーの利用となる。逆コースの場合、下部温泉まで2時間30分ほど林道歩きとなる。

　登山口からしばらくは樹林のなかの単調な登りとなる。山ノ神に着くと南アルプス方面の展望が開けてくる。県境尾根まで達すれば、いよいよ富士山が見えてくる。急登をこなし、樹林帯に出ればほどなく山頂である。

17　特選・富士展望の山—毛無山（富士山周辺）

十枚山（1726m）p22

笊ヶ岳▽ / 辻山 / 燕頭山 / 大崖頭山 / 大谷嶺 / 八紘嶺 / 千頭星山 / 七面山 / 十枚山▽ / 下十枚山 / 櫛形山 / 青笹山 / 篠井山 / 身延山 / 高ドッキョウ / 八町山 / 城山 / 貫ヶ岳 / 浜石岳

170　　南

赤岳（八ヶ岳）

八ヶ岳の最高峰から見る山並みの上に浮かぶ富士の姿

八ヶ岳
標高2899メートル
緯度35度58分14秒
経度138度22分12秒

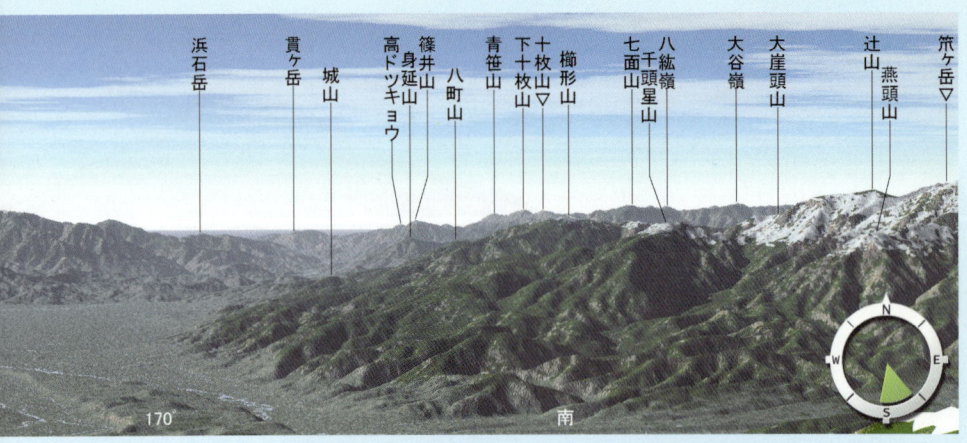
中岳のコルへの登山道から見上げる赤岳（撮影：富嶽仙人）

八ヶ岳の盟主赤岳。山名は山肌に露出する酸化鉄を含んだ岩石の赤さからきている。権現岳あたりから望むとまさに赤く、その名が首肯できる。南北30数キロにもおよぶ八ヶ岳の最高峰であり、『甲斐国志』に「富岳の絶頂より望むに、この山及び白峰・金峰の三山は、本州諸山に卓絶して雲表に見わる。又上州、武州の地よりも遠望して望むべしと云えり。その霊秀高大知るべきなり」と、書かれている。甲斐の誇る高山である。

赤岳から見る富士は浮かぶ富士。さすがにここまで来ると距離があるため、富士も迫力がない。むしろ、雲海や山並みの上に軽々と浮いている、そんな印象を与える富士である。

富士は大きいがどこか孤独感が漂う。それは周囲に高い山がない点からきているのはもちろんだが、こうして山並みの上に浮上げる山頂は、標高差が3000メートル近くあるにもかかわらず仰角は10度程度。一方、上高地からの奥穂高岳は標高差が1700メートル程度だが仰角は20度以上にもなる。

の感を強くする。さらに北アルプスのような見上げる山頂であろうか。例えば河口湖から見上げる山頂は、標高差が3000メートル近くあるにもかかわらず仰角は10度程度。

赤岳からの展望はさえぎることのない360度。立山、剱岳などの北アルプス、木曽駒ヶ岳、宝剣岳、空木岳などの中央アルプス、北岳、仙丈ヶ岳、塩見岳、赤石岳などの南アルプスと中部山岳と、奥穂高岳、槍ヶ岳、大汝山、南駒ヶ岳、

金時山(1213m) p90　　　十二ヶ岳(1726m) p12　　　富士山(3776m) p86

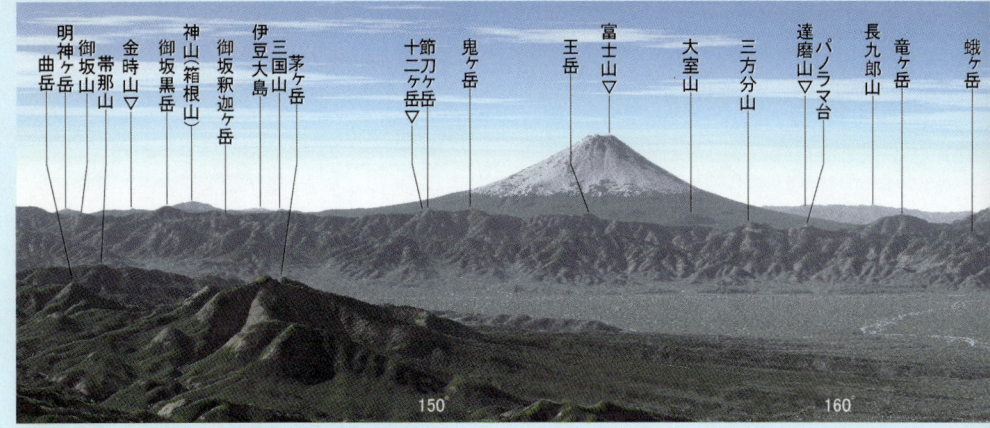

甲府盆地の上に御坂の山々を前景にスックと立つ富士山

ラベル（左から）：曲岳／明神ヶ岳／帯那山／御坂山／金時山▽／神山(箱根山)／御坂黒岳／御坂釈迦ヶ岳／伊豆大島／三国山／茅ヶ岳／十節刀ヶ岳／十二ヶ岳▽／鬼ヶ岳／王岳／富士山▽／大室山／三方分山／達磨山／パノラマ台／長九郎山／竜ヶ岳／蛾ヶ岳

赤岳から見える山
（興味深いもの）

山名	標高	距離	方位
金北山	1172	236.7	359.5
高鈴山	623	211.8	69.4
八溝山	1022	201.1	57.4
三原山(伊豆大島)	764	166.6	145.7
高原山	1795	162.9	50.3
筑波山	860	158.2	79.1
御前峰(白山)	2702	145.4	278.5
荒沢岳	1969	143.4	28.8
越後駒ヶ岳	2003	142.6	26.0
女峰山	2483	140.2	47.9
燧ヶ岳	2356	136.6	36.6
平ヶ岳	2141	135.0	31.8
男体山	2484	133.7	48.4
奥白根山	2578	128.7	44.1
至仏山	2228	126.0	34.5
武尊山	2158	115.3	36.2
雨飾山	1963	109.6	340.6
谷川岳	1977	108.5	27.4
妙高山	2454	104.7	347.3
白馬岳	2932	103.2	328.0
劒岳	2998	99.0	317.1
黒檜山(赤城山)	1828	98.7	48.2
高妻山	2353	96.3	342.8
大汝山(立山)	3015	95.1	315.1
金時山	1213	94.9	142.5
蛇峠山	1664	93.1	221.6
塔ノ岳	1491	91.8	128.3
鹿島槍ヶ岳	2889	91.6	322.5
恵那山	2191	91.1	230.2
鷲羽岳	2924	83.8	305.5
剣ヶ峰(御嶽山)	3067	80.7	264.1
槍ヶ岳	3180	76.9	302.5
白山(富士山)	3756	74.5	153.9
奥穂高岳	3190	73.9	298.7
木曽駒ヶ岳	2956	54.8	248.6
塩見岳	3047	47.1	201.0

いわれる山々のほとんどが見える。もっとも遠くに見えるのは佐渡島の金北山。その距離は236.7キロになる。

赤岳へのルートは、山梨県側、長野県側と数多い。もっとも一般的なのは、山梨県側、赤岳鉱泉から硫黄岳、横岳を経由するか、地蔵尾根のコースになる。

中央本線茅野駅からのバスを美濃戸口で降り、林道を歩き、美濃戸で柳川南沢コースに道をとる。赤岳が大きく望まればほどなく行者小屋である。この日は不要な荷物を小屋において、赤岳を往復してくる。翌日は文三郎道を阿弥陀岳との分岐まで登り、阿弥陀岳への道に入る。コルから急な岩尾根を登り、ハイマツをぬって阿弥陀岳の山頂に達する。下山は御小屋尾根を美濃戸口に下る。

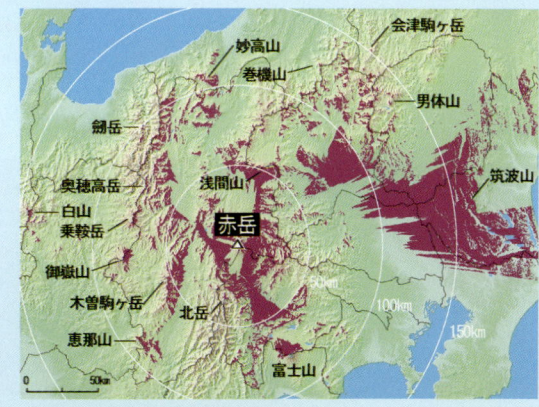

19　特選・富士展望の山─赤岳（八ヶ岳）

甲斐駒ヶ岳(2967m) p204　　蛇峠山(1664m) p30　　恵那山(2191m) p248　　木曽駒ヶ岳(2956m) p236

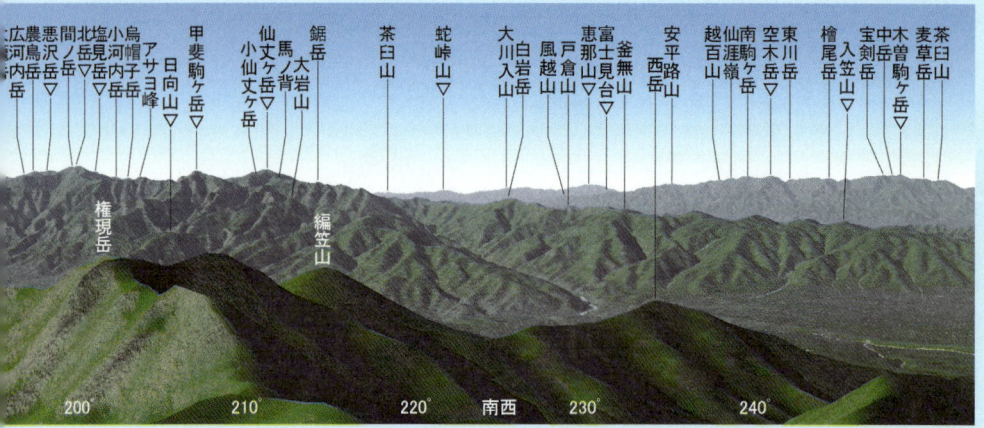

白馬岳(2932m) p252　　妙高山(2454m) p150　　横手山(2307m) p144

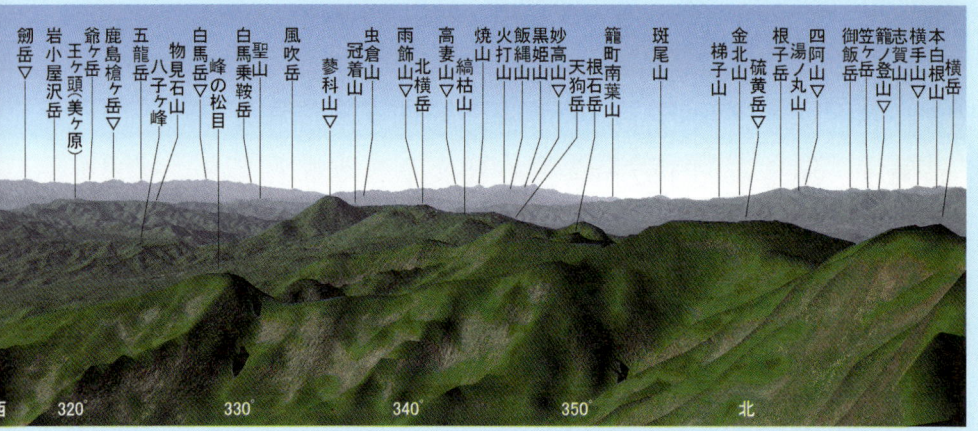

両神山(1723m) p42　　甲武信岳(2475m) p44　　金峰山(2599m) p48　　蛭ヶ岳(1673m) p32

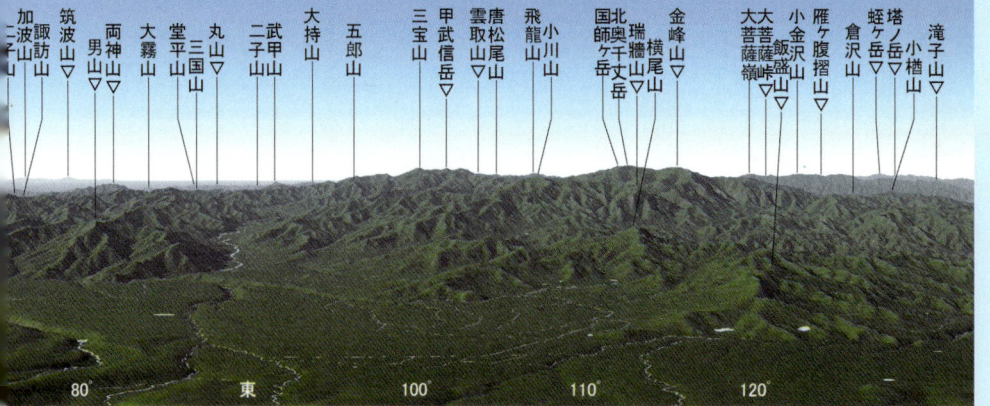

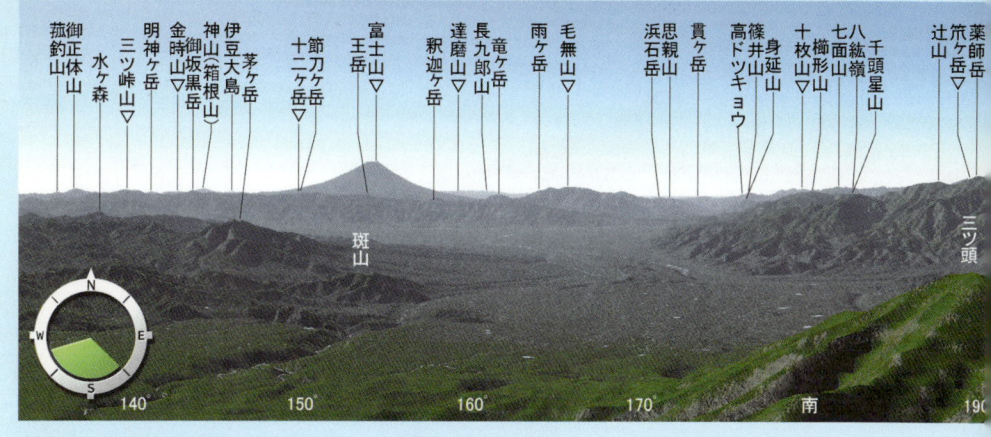

南東から西南西の展望　　富士山(3776m) p86　　毛無山(1964m) p16　　十枚山(1726m) p22

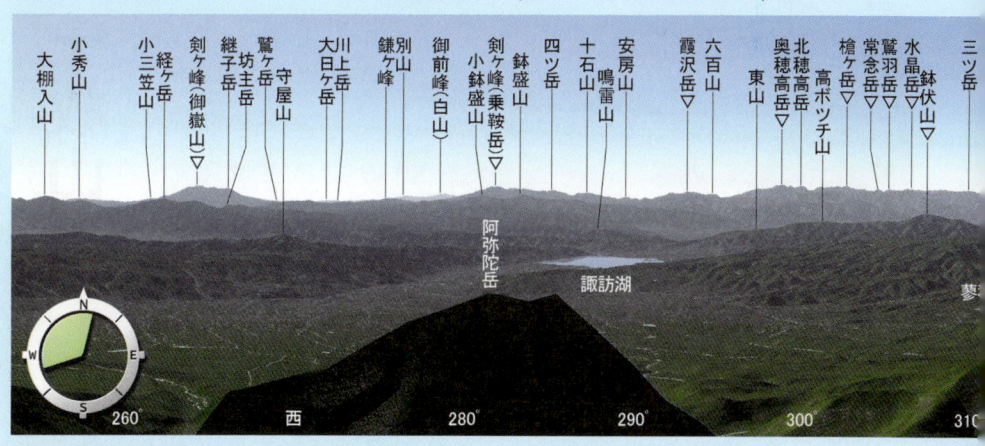

西南西から北の展望　　乗鞍岳(3026m) p298　　霞沢岳(2646m) p288

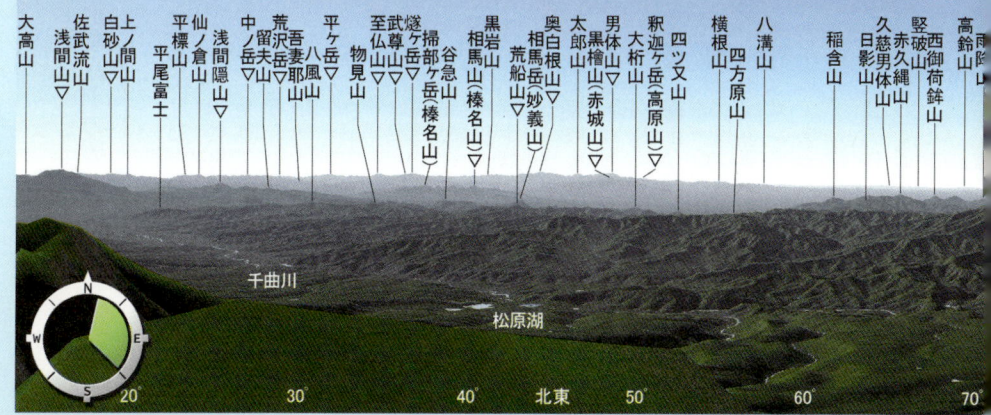

北から南東の展望　　至仏山(2228m) p168　　男体山(2484m) p156

21　特選・富士展望の山—赤岳（八ヶ岳）

富士山(3776m) p86　　　　　　　　　　　金時山(1213m) p90

璃塚　富士山▽　宝永山　東臼塚　鑪子山　金時山▽／白水岳　明神ヶ岳　台ヶ岳

十枚山から富士山を望む

十枚山(じゅうまいさん)

山梨・静岡の県境に聳える展望の山から見る端正な富士の姿

南アルプス
標高 1726ﾒｰﾄﾙ
緯度 35度15分13秒
経度 138度22分41秒

安倍川沿いの山として知られる十枚山。標高の割にはなかなかの高度感を楽しめる山である。それは安倍川によって削り出された谷の深さによるものであろう。南アルプスの主脈から離れているとはいえ、容赦のない角度で落ち込む谷の容姿は、赤石山脈を隆起させる巨大な力が及ぶ範囲に入っていることを思わせる。そんな急峻な地形に孤島のように点在する茶畑は安倍川沿いの山の特徴的な風景だ。あんな山の上にまで、と思うようなところにも茶畑と人間の営みは広がっている。それはどこかアジア的なパワーを感じさせる光景である。

十枚山は山梨側では萩原山と呼ばれており、十枚の名は静岡側の呼称らしい。静岡側では滝のことを「枚」と呼び、滝が連続するような急斜面ということから「登り十枚、下り十枚」ともいわれている。また、この付近の地質は頁岩による板状に剥がれやすい岩石が多く分布していることから、その岩の枚数を象徴して十枚となったとも言われている。

ここからの富士は冬が良い。霧氷に飾られた枯れ木越しに見る富士は、端正な青いグラデーションのなかに気持ち良く聳え立っている。稜線に出るまで富士が見えないのも、にくい演出である。

ここから見る富士山の姿のついでに、もっとも遠くに見える山も富士山である。それは八丈富士。駿河湾を越えて、267.3キロのかなたに見えるはずである。ここからの展望では、南アルプスは、北岳、間ノ岳、塩見岳、聖岳、光岳など南部から北部までが一望

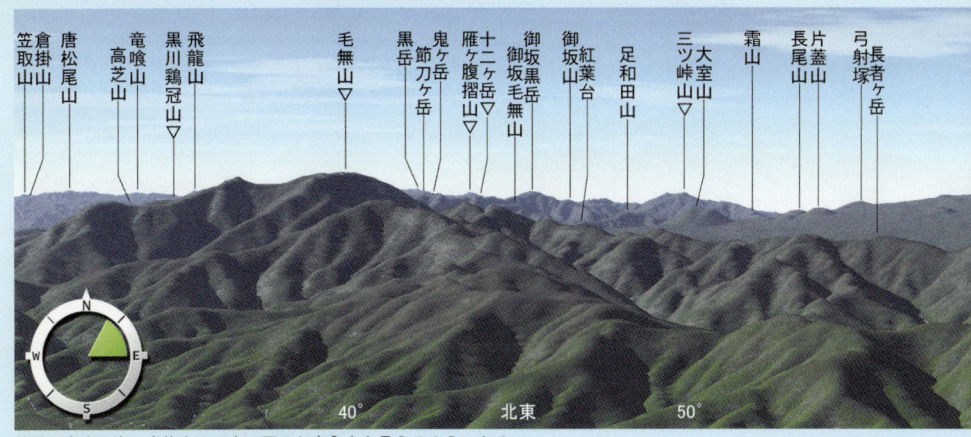

黒川鶏冠山(1716m) p58
毛無山(1964m) p16
三ツ峠山(1786m) p80
笠取山
倉掛山
唐松尾山
高芝山
竜喰山
黒川鶏冠山
飛龍山
毛無山
黒岳
節刀ヶ岳
鬼ヶ岳
雁ヶ腹摺山
十二ヶ岳
御坂毛無山
御坂黒岳
御坂山
紅葉台
足和田山
三ツ峠山
大室山
霜山
長尾山
片蓋山
弓射塚
長者ヶ岳
N
W
E
S
40°
北東
50°

端正な富士の姿。十枚山まで南に下ると宝永山も見えるようになる

できる。ここまで深いところまで来ると、さすがに北と中央のアルプスは見えない。

登山ルートは静岡駅からのバスを六郎木で降り、中ノ段へ林道を行く道がもっとも多く利用されている。バス停から登山口までが長いので、タクシーまたはマイカーで中ノ段まで入るのが便利。登山口には車2台分の駐車スペースがある。

中ノ段の民家が途切れるところから植林帯の登りとなる。やがて直接十枚山に登るルートとの分岐となる。途中ザレて崩れた水場をやりすごすと、十枚峠。十枚山山頂はまもなくだ。六郎木から山頂まで3時間半ほどの歩程となる。

帰路は十枚峠から往路を戻るか、山梨県側の成島に出ることも可能である。

十枚山から見える山
（興味深いもの）

山名	標高	距離	方位
八丈富士	854	267.3	151.0
高峰山	1045	245.3	237.1
籠ノ登山	2227	129.4	2.7
浅間山	2568	128.5	5.8
伊豆大島	764	109.8	122.0
御座山	2112	89.0	13.3
飛龍山	2077	80.0	35.4
赤岳	2899	79.5	359.4
甲武信岳	2475	79.3	23.5
瑞牆山	2230	73.6	15.2
北奥千丈岳	2601	73.2	21.1
金峰山	2599	72.1	18.0
万三郎岳	1406	71.5	127.1
雁ヶ腹摺山	1874	66.5	43.5
観音岳(鳳凰山)	2840	50.1	352.4
北岳	3192	48.3	344.9
間ノ岳	3189	45.6	342.7
農鳥岳	3026	42.7	342.6
塩見岳	3047	39.6	333.5
越前岳	1504	37.9	92.4
富士山	3776	33.9	69.3
悪沢岳	3141	32.6	327.1
黒法師岳	2067	32.3	258.7
池口岳	2392	32.0	285.4
赤石岳	3120	30.5	319.0
兎岳	2818	30.3	309.8
聖岳	3013	28.6	310.9
光岳	2591	28.3	289.4
上河内岳	2803	25.4	306.4
毛無山	1964	23.4	39.9
笊ヶ岳	2629	21.7	330.3
大無間山	2329	19.6	270.8
身延山	1153	16.3	12.3
七面山	1989	13.1	348.3
山伏	2014	10.1	303.9
篠井山	1394	4.4	98.3

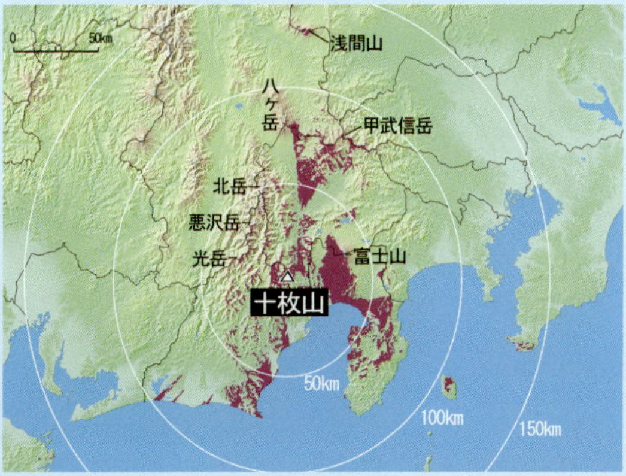

0
50km
浅間山
八ヶ岳
甲武信岳
北岳
悪沢岳
光岳
富士山
十枚山
50km
100km
150km

富士山(3776m) p86　　三ッ峠山(1786m) p80　　杓子山(1598m) p78

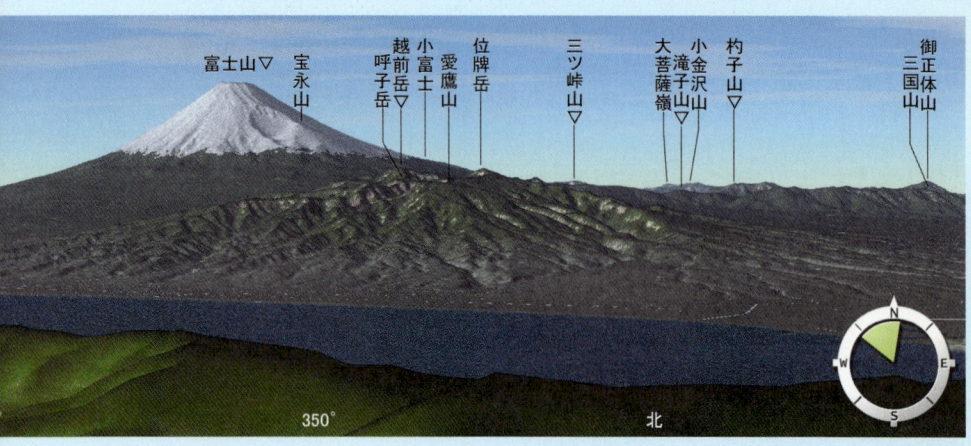

富士山▽　宝永山▽　越前岳▽　呼子岳▽　愛鷹山　小富士　位牌岳　三ッ峠山▽　大菩薩嶺　滝子山　小金沢山　杓子山▽　御正体山　三国山

350°　　　　　　　北

達磨山(だるまやま)

銭湯の壁絵に描かれる首を傾げた富士山を展望する伊豆の山

伊豆
標高 998.2メートル
緯度 34度57分18秒
経度 138度50分22秒

達磨山は伊豆スカイラインのおかげで、山と呼ぶにはあまりにもアプローチが簡単すぎるが、南からの富士を眺めることができる数少ない山のひとつである。

この山からの展望は富士の左に連なる南アルプスと、駿河湾と愛鷹山を手前に配した富士山の風景に尽きる。昭和14年のニューヨーク万博にはここから撮影された高さ8・1メートル、幅32・7メートルの大パノラマ写真が政府から出品された。富士を世界に紹介するためであった。

南からの富士は見た目にはかなり鋭角に感じる。実際、富士山は真上から見ると円錐というより北西から南東に膨らんだ卵形をしていて、達磨山はちょうどその軸状にあることから若干細身の富士を見ることになるわけだが、感覚的には実際以上の違いを感じる。左に長い裾野を見せていることで、ちょっと小首を傾げた感じにも見えてくる。この風景、どこかで見たことはないだろうか。最近では少なくなった銭湯に描かれた富士の風景に似ている。達磨山北麓の淡島を浮かべた内浦からの眺めが、よりその典型に近いらしいがどうであろうか。

南アルプスは、北岳、農鳥岳から塩見岳、聖岳などの南部の峰々まで見渡すことができる。もちろん、この位置からは北や中央のアルプスは見えない。奈良県吉野郡天川村にある1719メートルの山で、修験道で知られる大峰山寺はこの山の山頂にある。遠くに見えるはずの山は、大峰山脈の主峰、山上ヶ岳。もっとも

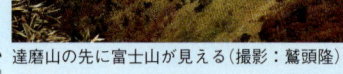
達磨山の先に富士山が見える(撮影：鷲頭隆)

24

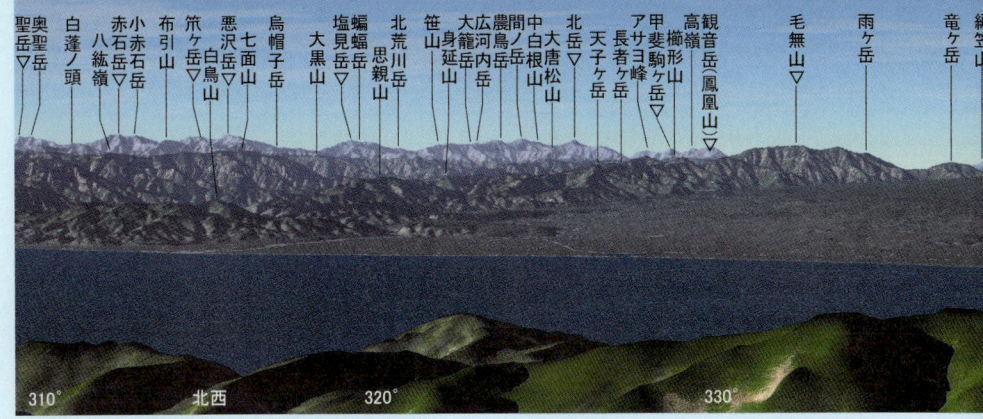

笊ヶ岳(2629m) p222　　　　北岳(3192m) p200　　　毛無山(1964m) p16

正面に駿河湾上の富士。その左には南アルプスの大展望

達磨山から見える山
(興味深いもの)

山名	標高	距離	方位
山上ヶ岳	1719	277.0	254.4
池木屋山	1396	258.3	254.8
迷岳	1309	250.4	255.2
朝熊ヶ岳	555	196.3	254.3
清澄山	377	121.5	78.7
横岳	2829	121.8	339.8
赤岳	2899	120.4	339.4
権現岳	2715	118.6	338.6
甲斐駒ヶ岳	2967	104.5	328.5
北岳	3192	96.7	325.8
観音岳(鳳凰山)	2840	96.0	329.7
間ノ岳	3189	94.6	324.2
農鳥岳	3026	92.0	323.6
烏帽子岳	2726	91.1	316.9
塩見岳	3047	90.9	319.1
広河内岳	2895	90.7	322.9
蝙蝠岳	2865	88.1	319.4
大菩薩嶺	2057	88.0	0.3
悪沢岳	3141	85.1	315.5
千枚岳	2880	83.8	316.0
赤石岳	3120	83.7	312.3
聖岳	3013	82.1	309.3
櫛形山	2052	82.1	328.7
光岳	2591	80.9	301.9
上河内岳	2803	78.9	307.8
滝子山	1610	74.9	0.8
笊ヶ岳	2629	74.1	314.7
大無間山	2329	70.2	298.5
三ツ峠山	1785	66.0	357.6
蛭ヶ岳	1673	64.9	24.7
大山	1252	64.6	33.4
御正体山	1682	59.6	8.0
毛無山	1964	57.7	332.3
富士山	3776	46.1	347.2
神山(箱根山)	1438	35.0	28.1
越前岳	1504	31.6	352.5

達磨山は西伊豆スカイラインが山頂直下まで通じているので、マイカーを利用したほうが良い。マイカーであれば達磨山駐車場に駐車することができる。戸田峠からのコースは車道と山道が交互に現れ、車道を歩く時間も長い。

バスを利用する場合には、伊豆箱根鉄道修善寺駅からのバスを戸田峠で降りる。道標に従って山道に入り、クマザサの尾根を行く。小達磨山を通過し、いったん下ると車道に出て、登り返せば山頂である。山頂から達磨山駐車場に下り、再び山道に入りしばらく歩くと土肥駐車場に着く。ここからは車道歩きがほとんどとなり、船原峠に出て、修善寺駅へのバスが通る大曲茶屋バス停に向かう。修善寺で温泉に入るのも良い。

特選・富士展望の山—達磨山（伊豆）

筑波山駅付近から見上げる筑波山（撮影：須部方夫）

筑波山（つくばさん）

関東平野に突き出した神の山から超遠望する北アルプス

筑波・八溝山地
標高876メートル
緯度 36度13分33秒
経度 140度05分54秒

関東平野に孤高を誇っている筑波山は、1000メートルに満たない標高ながらも周囲に障害となる高い山脈がないため、灯台のように遥か遠くまで展望を得ることができる山である。その気になれば100キロを越えるような遠望も可能である。例えば、平成5年1月には高田博夫氏が北アルプス奥穂高岳（220キロ）の撮影に成功している。その写真には縦に長く延びてヒマラヤの巨峰のようになった山姿が記録されていることから、蜃気楼現象が発生してより視認しやすくなったようである。

このような超遠望の世界では、本来見えないはずの山が大気中の光の屈折の仕方によって、はっきり見えることがあるから面白い。

筑波山からは、南アルプス北岳も望むことが可能である。富士山も東京の上に見ることができ、大都会の灯の上に夕景の富士を狙うカメラファンも多い。もっとも遠くに見えるはずの山は北アルプスの三俣蓮華岳で、その距離は226.2キロ。その他にも北アルプスでは槍ヶ岳、燕岳、常念岳なども見えるはずだ。ただし、これらの遠望を得るのは容易なことではない。その大きな障害のひとつは首都圏の大気汚染である。都市の活動が停止する正月狙い目であろう。

筑波山は西の富士と並び称されるほど、古くから親しまれた山である。奈良時代の『常陸国風土記』には、「それ、筑波の岳は、高く雲に秀いで、最頂は西の峯、峻くたかく、雄の神と謂いて登臨らしめず」と記されている。また、筑波山は筑波山神社の

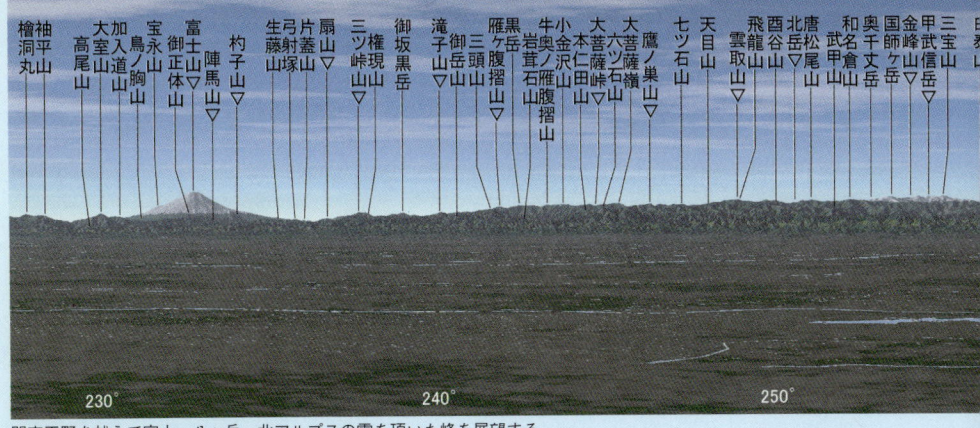

関東平野を越えて富士、八ヶ岳、北アルプスの雪を頂いた峰を展望する

筑波山から見える山
（興味深いもの）

山名	標高	距離	方位
三俣蓮華岳	2841	226.2	275.3
水晶岳	2986	225.1	276.4
野口五郎岳	2924	222.1	276.6
槍ヶ岳	3180	220.5	274.0
涸沢岳	3110	220.4	272.7
奥穂高岳	3190	220.3	272.5
北穂高岳	3106	220.0	272.9
大天井岳	2922	215.8	274.8
燕岳	2763	215.1	276.3
常念岳	2857	213.3	273.6
万三郎岳（天城山）	1406	181.0	213.6
北岳	3192	178.5	250.5
伊豆大島	764	178.3	201.1
一切経山	1949	168.0	4.3
蓼科山	2530	162.8	265.7
権現岳	2715	159.5	259.4
赤岳	2899	158.2	260.1
富士山	3776	156.7	232.6
安達太良山	1700	155.7	6.1
四阿山	2354	155.2	283.5
日山	1057	155.1	19.4
磐梯山	1819	152.6	359.1
横手山	2307	149.2	289.6
草津白根山	2160	148.2	288.6
神山（箱根山）	1438	147.0	221.8
苗場山	2145	143.6	299.0
浅間山	2568	142.8	278.5
金峰山	2599	138.4	253.9
甲武信岳	2475	128.2	254.4
相馬岳（妙義山）	1104	121.5	274.2
塔ノ岳	1491	120.3	224.8
掃部ヶ岳（榛名山）	1449	115.4	284.3
雲取山	2017	111.8	248.7
陣馬山	855	105.4	233.1
那須茶臼岳	1915	100.4	353.1
奥白根山	2578	90.7	314.6

神体として、男女二峰は神霊がやどった霊山として古代から信仰の対象とされた。毎年春と秋には山頂で若い男女が集まって無礼講を繰り広げるという風習があった。

筑波山へはケーブルカーとロープウェイが山頂近くまで伸びており、これらを使えばほとんど歩くことなく山頂に達せられる。

筑波山神社から歩く場合は、常磐線土浦駅から筑波山駅で乗り継いだバスを筑波山神社前で下り、ケーブルカーに沿って登る。百人一首に詠われた男女川の水場を過ぎ、急登をこなすとみやげ物篭などが立ち並ぶ御幸ヶ原。西の展望が開ける男体山頂上は左へまもなくだ。帰路は御幸ヶ原に戻り、女体山に向かう。女体山は岩峰でこちらも展望は良い。下山は弁慶の七戻り石門から筑波山神社へ戻る。

27　特選・マニアックな展望の山―筑波山（筑波・八溝山地）

金峰山(2599m) p48　　瑞牆山(2230m) p52

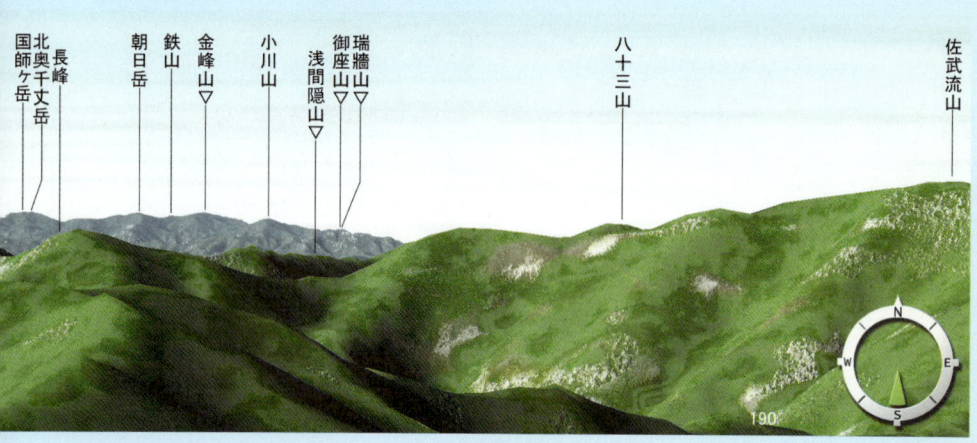

国師ヶ岳／北奥千丈岳／長峰／朝日岳／鉄山／金峰山▽／小川山／浅間隠山▽／御座山／瑞牆山▽／八十三山／佐武流山

苗場山 (なえばさん)

かくれんぼする富士山をとらえた マニアックな展望の山

信越国境
標高 2145メートル
緯度 36度50分45秒
経度 138度41分26秒

池塘が点在する苗場山山頂付近（撮影：Walstone）

神々の稲田、珠玉の池塘をちりばめた山頂の湿原。苗場山の魅力はこの湿原に凝縮されているといっても過言ではない。越後国塩沢出身の文人鈴木牧之が『北越雪譜』のなかで、苗場山のことを「越後第一の高山なり……峻岳の嶺に苗田ある事甚奇なり……」と書いている。古い火山の斜面の一部であり、北から南に緩やかに傾斜する台形の山容はどこからでも目に付く。山名は池塘に生えるホタルイが苗田に似ているところから名付けられたと伝えられている。

さて、一見マニアックな展望とは無縁に見える苗場山であるが、この山から富士山が見えるかどうかは展望マニアの間では長らく懸案となっていた。古くは江戸時代の文献では富士を見た記録があったものの、その後に見えないとする記述があるなどしたためである。

実際に写真が撮られたのは近年になってからだ。わたしの所属する『山の展望と地図のフォーラム』会員の一人、Walstone氏が平成5年10月、白砂山の稜線からひょっこり顔を出した富士山をとらえた。距離165キロ、幾多の山並みを越え、掠め、やり過ごした富士からの光が、カメラのフィルム上に到着した瞬間である。

苗場山は山岳展望史に残る山のひとつであろう。富士山以外にも展望の見どころの多い山で、北アルプスは奥穂高岳、槍ヶ岳、笠ヶ岳、劍岳などが見え、南アルプスもそうとう難しいが甲斐駒ヶ岳、観音岳などが見える。もっとも遠くに見えるはずの

28

雲取山(2017m) p38　　両神山(1723m) p42

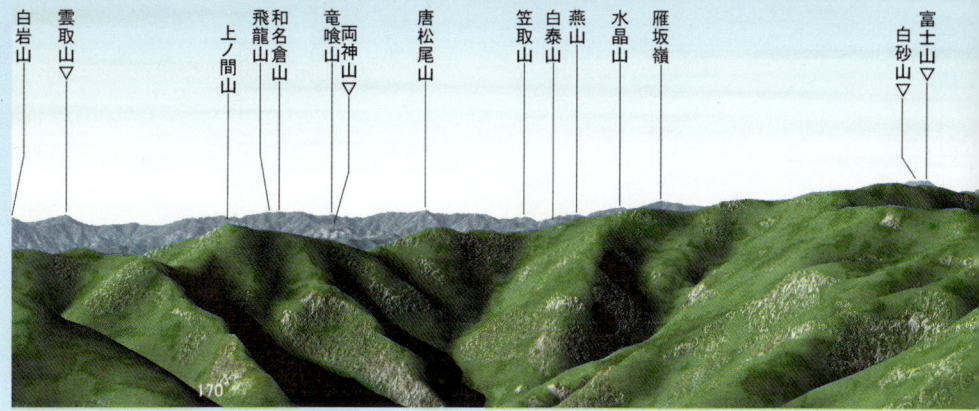

白砂山の上に頭を出した富士山と奥秩父の展望

苗場山から見える山
（興味深いもの）

山名	標高	距離	方位
鳥海山	2236	277.1	25.0
清澄山	377	228.6	144.3
鋸山	329	213.8	150.6
富士山	3776	164.8	178.8
飯豊山	2105	143.7	38.5
筑波山	860	143.6	118.1
金北山	1172	142.8	347.9
観音岳(鳳凰山)	2840	131.5	195.3
剣ヶ峰(乗鞍岳)	3026	130.8	231.4
甲斐駒ヶ岳	2967	127.4	198.7
笠ヶ岳	2897	117.7	240.3
雲取山	2017	112.2	168.2
奥穂高岳	3190	111.9	236.8
三俣蓮華岳	2841	110.8	243.1
薬師岳	2926	110.6	248.1
鷲羽岳	2924	108.7	243.4
槍ヶ岳	3180	108.7	239.3
金峰山	2599	108.2	183.1
蝶ヶ岳	2677	106.2	234.6
常念岳	2857	103.7	236.4
大天井岳	2922	103.3	239.2
大汝山(立山)	3015	100.2	252.9
劔岳	2998	98.9	255.8
御座山	2112	90.4	184.7
蓼科山	2530	89.6	203.4
鹿島槍ヶ岳	2889	87.7	254.0
白馬岳	2932	83.7	263.6
守門岳	1537	72.9	32.7
男体山	2484	71.9	96.9
奥白根山	2578	61.3	94.6
黒檜山(赤城山)	1828	54.9	125.0
燧ヶ岳	2356	54.3	76.9
妙高山	2454	51.6	275.7
浅間山	2568	51.0	197.1
武尊山	2158	39.7	96.3
横手山	2307	24.5	216.8

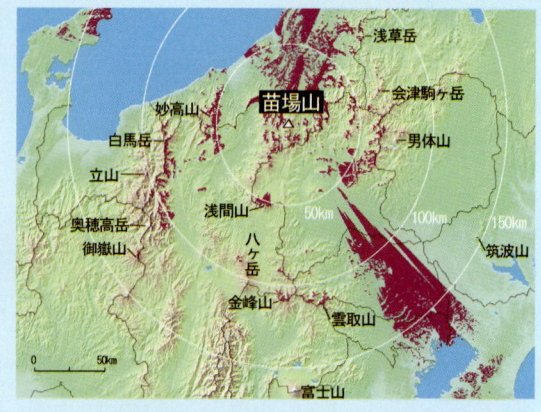

苗場山は、山形県と秋田県境の鳥海山。その距離は277.1㌖になるが、新潟県の山らしく、細長い新潟平野が功を奏している。

苗場山への代表的なコースには、越後湯沢側の和田小屋から入るルート、赤湯から入るコース、そして秋山郷側から入るコースがある。最短コースは秋山郷側の小赤沢からで、三合目の駐車場まで車で入れば4時間ほどで山頂に達し日帰りも可能だ。マイカーでない場合は、越後湯沢駅からバスを津南で乗り継ぎ、秋山郷の小赤沢で下車する。

小赤沢登山口から緩やかな樹林帯の登りが続く。小沢の渡渉を繰り返すと急登にかかるが、登り切れば大湿原が広がっている。山頂三角点は山小屋の遊仙閣の裏手にある。帰路は赤湯で汗を流していくのも良い。

29 特選・マニアックな展望の山—苗場山（信越国境）

光岳(2591m) p220

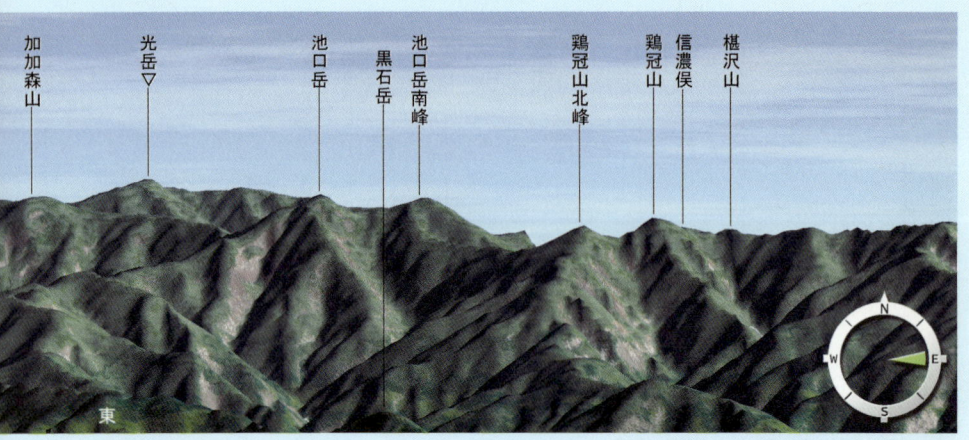

加加森山 / 光岳▽ / 池口岳 / 池口岳南峰・黒石岳 / 鶏冠山北峰 / 鶏冠山 / 信濃俣 / 椹沢山

東

蛇峠山（じゃとうげやま）

計算で発見された富士展望の山は深田久弥が登った最後の山頂

中央アルプス
標高 1664㍍
緯度 35度20分29秒
経度 137度41分18秒

蛇峠山といってもピンとこない方が多いであろう。恵那山の南東に位置し、南アルプスとの間にある目立たない山だ。三河高原の北端といっても良い。近くの治部坂高原は観光開発が進んでいるのでアプローチは至極たやすい。

この山は南アルプスの展望が魅力のひとつとなっている。そこで地元の展望ファンの方々を中心に、富士山が見えるかどうかが話題になりはじめた。拙作の展望ソフトを使うとどうやら見えるらしいが、なかなか現地に確認できなかった。わたしも現地に行く機会を得たが富士には会えず。その後、「見える見えない」の議論がネット上で繰り返された。一度は「見えない」となったものの、さらに細かい計算をしたTYF氏が、広い山頂の少し北側からなら富士山・剣ヶ峰が見えると予想。すぐさま地元のHANAPY氏によって発見された富士である。計算によって発見された富士である。

（南アルプスの"窓"にわずかに顔を見せた富士（撮影：花村誠司））

白いドットになった富士山が確認された。

最大の魅力の南アルプスは、北部の北岳から塩見岳、池口岳などまで見渡すことができる。また、北アルプスは奥穂高岳、常念岳、大天井岳、水晶岳などが、間近の中央アルプスは木曽駒ヶ岳、三ノ沢岳、南駒ヶ岳などと素晴らしい展望が広がる。もっとも遠くに見えるはずの山は大峰の釈迦ヶ岳。

その距離は212・7㌔になる。

この蛇峠山は『日本百名山』の深田久弥が最後に踏んだ山頂であることはあま

笊ヶ岳（2629m）p222

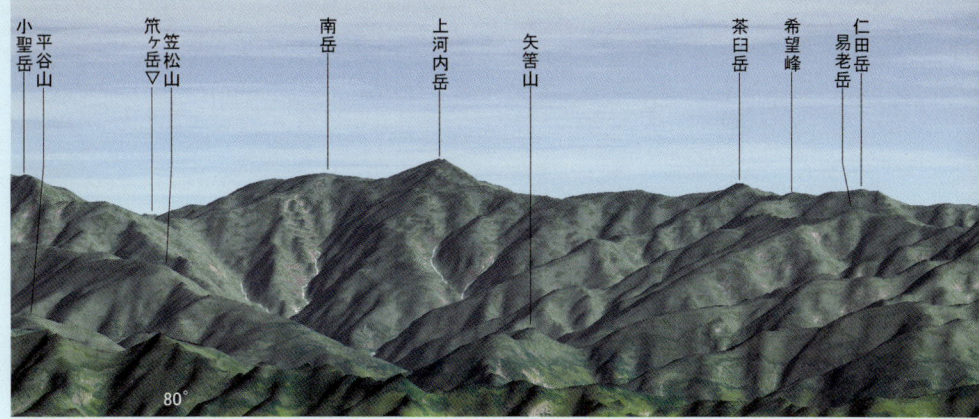

特徴的な南アルプス南部の展望

（山名ラベル：小聖岳／平谷山／笊ヶ岳▽／笠松山／南岳／上河内岳／矢筈山／茶臼岳／希望峰／易老岳／仁田岳）

蛇峠山から白峰三山、塩見、赤石、悪沢岳から白峰三山、塩見、赤石、悪沢にいたるまでの、三千メートルの日本の高峰群が、まぎれもなく、眼に痛いほどの輝かしさで、名乗りをあげていた。それらのすべての頂に、かつての私の足跡が残されている。それだけに見る目が違う」と書いている。

国道153号の治部坂峠から馬ノ背にある蛇峠山登り口まで車で上がれば、歩行時間は1時間ほどで、実に簡単だ。公共交通機関なら、飯田からタクシー利用となる。

り知られていない。年末年始山行でこの山の頂を踏んだ後、亡くなる茅ヶ岳山行まで山に入っていない。茅ヶ岳では山頂直前で亡くなっているので、蛇峠山が最後の頂ということになる。その時の紀行文は「雪の仙丈岳から」と題されている。そのなかで、「仙丈岳から白峰三山、塩見、赤石、悪沢にいたるまでの、三千メートルの日本の高峰群が、まぎれもなく、眼に痛いほどの輝かしさで、名乗りをあげていた。それらのすべての頂に、かつての私の足跡が残されている。それだけに見る目が違う」と書いている。

蛇峠山から見える山
（興味深いもの）

山名	標高	距離	方位
釈迦ヶ岳（大峰）	1800	212.7	230.7
仏生ヶ嶽	1805	210.5	231.0
大峰山	1915	208.2	232.0
大普賢岳	1780	200.5	232.4
大台ヶ原山	1695	193.2	228.8
四阿山	2354	148.3	25.9
籠ノ登山	2227	137.8	29.5
御在所山	1212	121.0	253.2
水晶岳	2986	120.6	356.3
鷲羽岳	2924	118.0	356.3
能郷白山	1617	116.2	294.0
双六岳	2860	114.7	355.4
大天井岳	2922	113.6	0.5
常念岳	2857	109.2	1.8
笠ヶ岳	2897	108.8	353.4
奥穂高岳	3190	105.2	358.0
蓼科山	2530	100.8	32.7
天狗岳	2646	96.4	38.5
赤岳	2899	93.1	41.2
剣ヶ峰（乗鞍岳）	3026	85.7	351.8
剣ヶ峰（御嶽山）	3067	64.0	342.9
北岳	3192	62.1	53.3
仙丈ヶ岳	3033	61.5	46.7
間ノ岳	3189	59.5	55.2
農鳥岳	3026	58.6	57.8
笊ヶ岳	2629	52.6	79.7
塩見岳	3047	51.7	59.9
木曽駒ヶ岳	2956	50.8	11.9
悪沢岳	3141	48.2	68.3
三ノ沢岳	2846	48.1	11.4
赤石岳	3120	44.6	72.5
聖岳	3013	41.9	77.4
南駒ヶ岳	2841	41.4	15.4
光岳	2591	35.9	90.4
池口岳	2392	31.8	92.1
南木曽岳	1679	28.1	351.8

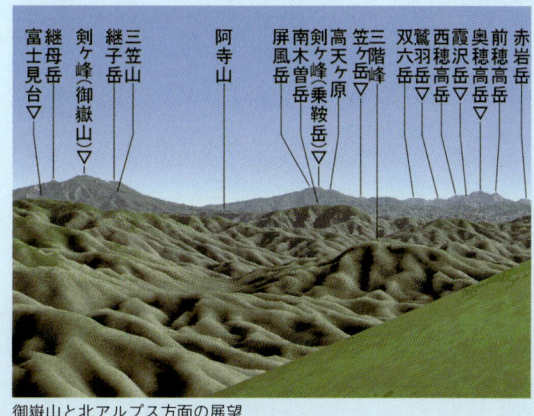

御嶽山と北アルプス方面の展望

31　特選・マニアックな展望の山—蛇峠山（中央アルプス）

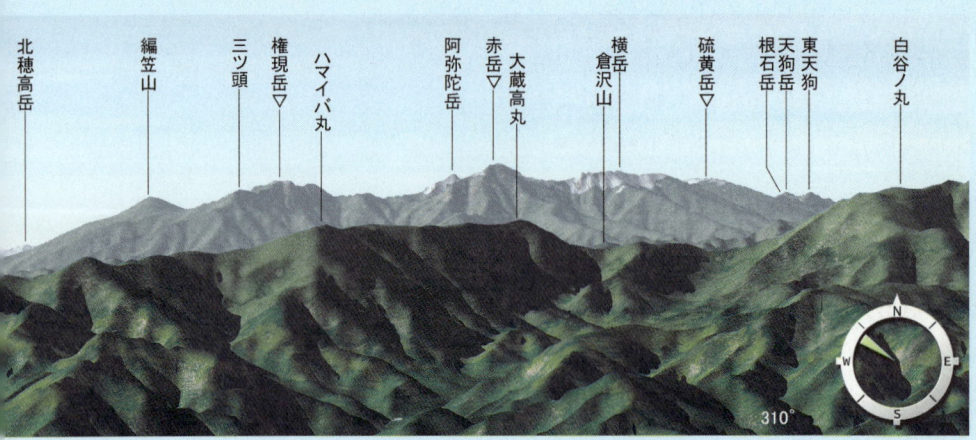

権現岳(2715m) p100　赤岳(2899m) p18　硫黄岳(2760m) p104

白谷ノ丸／東天狗／天狗岳／根石岳／硫黄岳▽／横岳／倉沢山／赤岳▽／大蔵高丸／阿弥陀岳／ハマイバ丸／権現岳▽／三ツ頭／編笠山／北穂高岳

蛭ヶ岳(ひるがたけ)

科学的な手法を取り入れて証明された北アルプスの展望が見物

丹沢　標高1673メートル　緯度35度29分11秒　経度139度08分20秒

丹沢山地の名峰、蛭ヶ岳。あまりありがたくないヤマヒルを想像してしまう名前であるが、『新編相模国風土記稿』には「毘盧岳」と記されていて、毘盧舎那仏の韓国語読みである「ピル」からきたという説もある。修験者たちが丹沢最高峰のこの山に本尊である大日如来のことで、表尾根にすでに木ノ又大日、新大日の名があり、そのため大日如来を祀ろうとしたが、毘盧舎那仏を置いたという説である。また、昔は薬師如来が祀ってあったので、薬師岳とも呼ばれていた。

丹沢の中でも塔ノ岳などと並んで展望の良い山として定評がある山だ。比較的容易に見る機会が得られるのは、北岳、甲斐駒ヶ岳、塩見岳、赤石岳などの南アルプスであろう。富士山の右肩にズラリと諸峰揃い踏みである。

さらに掘り出し物となると、奥穂高岳、西穂高岳、焼岳などの北アルプスである。古くから北アルプスが見えることは報告されていたものの、写真によって初めて確認されたのは『展望の山旅』(藤本一美・田代博共著)の著者、田代博氏によってである。雲のように白く写り込んだ山影が、地図と計算によって科学的に北アルプスであることを明らかにした。まさに近代山岳展望学の夜明けともいうべき出来事であろう。

中央アルプスは見えず、もっとも遠くに見えるはずの山は福島県石川郡古殿町の三株山(みかぶやま)。これは塔ノ岳と

棚沢ノ頭から見る蛭ヶ岳(撮影：鷲頭隆)

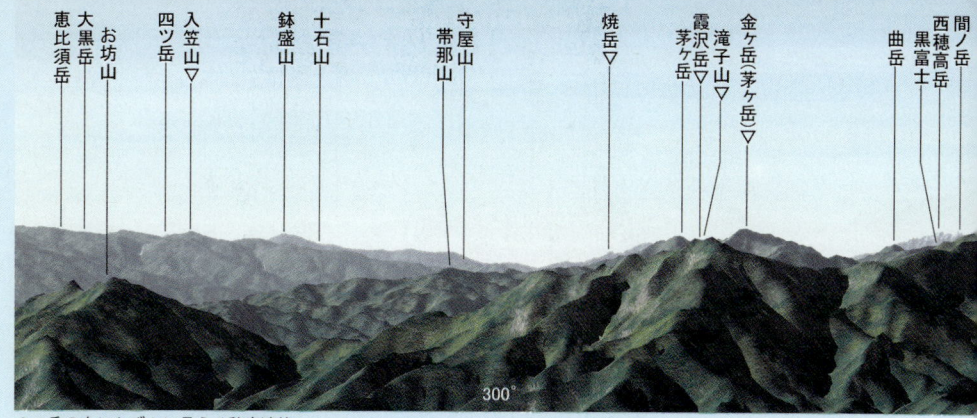

八ヶ岳の左にわずかに見える穂高連峰

蛭ヶ岳から見える山
（興味深いもの）

山名	標高	距離	方位
三株山	842	214.3	37.1
栄蔵室	882	202.6	40.1
旭岳（那須）	1835	201.9	21.1
三本槍岳	1917	198.8	21.5
那須茶臼岳	1915	196.2	21.9
中ノ岳	2085	177.5	358.2
燧ヶ岳	2356	163.5	4.5
焼岳	2455	162.4	300.8
西穂高岳	2909	162.2	303.2
北穂高岳	3106	161.9	304.4
奥穂高岳	3190	161.4	303.9
剣ヶ峰（乗鞍岳）	3026	158.9	296.1
至仏山	2228	157.2	1.1
谷川岳	1977	151.0	352.9
奥白根山	2578	147.1	8.2
武尊山	2158	146.3	359.7
男体山	2484	145.3	12.4
筑波山	860	119.3	46.2
黒檜山（赤城山）	1828	119.2	2.3
光岳	2591	97.2	260.5
大沢岳	2819	92.5	267.7
聖岳	3013	90.9	265.8
仙丈ヶ岳	3033	90.3	286.9
硫黄岳	2760	89.8	309.4
赤石岳	3120	89.1	268.5
横岳	2829	88.6	308.8
赤岳	2899	87.9	307.9
塩見岳	3047	87.2	276.6
甲斐駒ヶ岳	2967	87.1	290.5
悪沢岳	3141	86.7	271.3
間ノ岳	3189	84.4	282.3
北岳	3192	84.2	284.6
農鳥岳	3026	83.1	280.6
笊ヶ岳	2629	80.1	265.3
金峰山	2599	63.1	312.7
富士山	3776	39.8	249.6

蛭ヶ岳は南側のユーシンから登る最短コースがあるが、交通の便が悪く、そのうえ長い林道歩きがある。塔ノ岳か丹沢山、蛭ヶ岳のいずれかの山小屋で一泊し、主脈を縦走して行くのが一般的だろう。

小田急線渋沢駅からのバスを大倉で降り、大倉尾根を塔ノ岳まで上がり、丹沢山を目指す。丹沢山は木立に囲まれあまり展望の良くない山頂だ。丹沢山から北西へ続く縦走路に入り、ブナの樹林の中を進む。途中、巨岩の鬼ヶ岩から蛭ヶ岳が望める。ここからひと登りで山頂である。下山は姫次から焼山を経て、焼山登山口に下りるのが良い。三ヶ木でバスを乗り継ぎ、横浜線・相模線・京王線の橋本駅に出られる。

33 特選・マニアックな展望の山—蛭ヶ岳（丹沢）

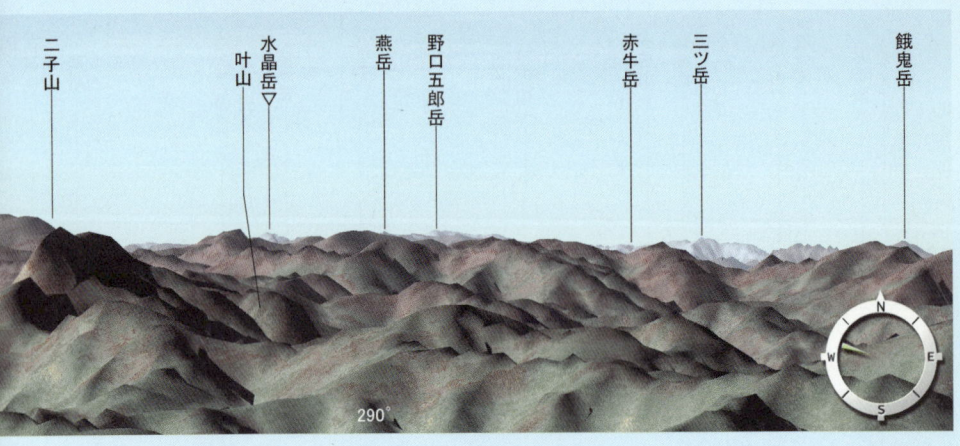

水晶岳(2986m) p258
二子山 / 叶山 / 水晶岳▽ / 燕岳 / 野口五郎岳 / 赤牛岳 / 三ツ岳 / 餓鬼岳

290°

丸山山頂には展望台が設けられている（撮影：打田鍈一）

丸山
奥武蔵から北アルプス連峰を展望。ある日には怪望の起きた山

奥武蔵
標高960㍍
緯度35度59分18秒
経度139度09分35秒

奥武蔵の一峰である丸山は、展望ファンの間では、北アルプスが遙かに望めることで有名である。

このような遠望は大気差（気差）による恩恵を受けやすい。大気差とは大気の密度の違いから光の屈折率が変化し、遠方のものが実際よりも浮き上がって見える現象である。蜃気楼や逃げ水などの現象と同じようなものである。この気差が大きくなれば、遠くの山が浮き上がるため、超遠望のような微妙な展望では有利になる。

平成8年1月2日。展望ファンの間では忘れられない怪望が起きた。その日、毎年のようにこの山を訪れている『山の展望と地図のフォーラム』会員は、それまで見たことのないほどはっきりと槍ヶ岳から中岳までの北アルプスの峰々が浮かび上がっているのを目にした。それはまさに「氷山の如く」に垂直に立ち上がり、しかも時間とともに刻々と山の形が変わっていくのである。幸いこの現象をビデオに収めた方がいたおかげで、わたしもネット上でこの興奮すべき映像を拝見することができたが、まさにそれは蜃気楼と呼ぶにふさわしい現象であった。

上図はこの時の様子を再現すべく、気差の影響を大きくして計算した図である。通常はこんなに大きく槍ヶ岳が見えないことを付け加えておこう。

それにしてもこの山の展望は1000㍍に満たない標高の山とは思えないほどである。中央と南のアルプスは槍ヶ岳が見えないほどのもの、前述の北アルプス

34

槍ヶ岳(3180m) p276

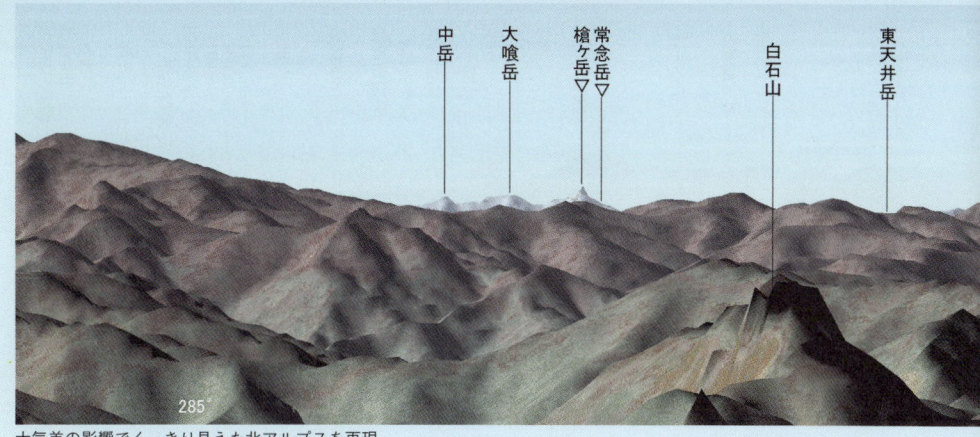

大気差の影響でくっきり見えた北アルプスを再現

丸山から見える山
（興味深いもの）

山名	標高	距離	方位
山王山	655	162.8	46.9
栄蔵室	882	162.5	52.3
竪破山	658	149.2	57.1
野口五郎岳	2924	145.4	290.2
三ツ岳	2845	145.3	291.3
那須茶臼岳	1915	145.1	29.4
槍ヶ岳	3180	141.5	286.5
大喰岳	3101	141.5	286.2
中岳	3084	141.3	285.9
大佐飛山	1908	134.1	27.0
清澄山	377	128.4	135.2
釈迦岳(高原山)	1795	115.2	28.4
巻機山	1967	111.2	351.0
燧ヶ岳	2356	107.8	5.9
至仏山	2228	101.5	0.6
朝日岳	1945	100.4	350.4
岩菅山	2295	99.4	327.3
白毛門	1720	98.2	349.9
茂倉岳	1978	97.9	347.2
女峰山	2483	97.3	20.2
オキの耳(谷川岳)	1977	96.4	347.7
仙ノ倉山	2026	96.3	342.7
横手山	2307	94.5	323.1
白砂山	2140	93.1	333.4
草津白根山	2160	92.2	322.2
奥白根山	2578	91.9	12.1
男体山	2484	91.1	18.9
四阿山	2354	90.7	312.6
武尊山	2158	90.6	358.4
筑波山	860	88.5	72.4
富士山	3776	79.8	209.4
浅間山	2568	73.6	309.1
権現岳	2715	72.2	266.8
赤岳	2899	71.2	268.6
黒檜山(赤城山)	1828	63.5	2.7
甲武信岳	2475	39.8	257.3

岳、三ツ岳、野口五郎岳などが展望できる。また富士山も見え、もっとも遠くに見えるのは福島県の南部、東白川郡鮫川村にある山王山。標高655メートルの小山だ。

丸山は山頂直下の県民の森まで車で入ることができ、駐車場もある。電車を利用する場合は、西武秩父線の芦ヶ久保からとなる。芦ヶ久保には果樹園村があり、季節ごとに果物狩りも楽しめる。丸山山頂には展望台が設けられており、この上に登ると展望が開ける。目指す槍ヶ岳は、新潟の原発と東京を結ぶ高圧線の鉄塔とちょうど重なる位置になるので、見い出すのはなかなか容易ではない。好条件が揃わなければ、難しいだろう。

帰路は秩父札所の四番寺になっている金昌寺に立ち寄っていくと良い。

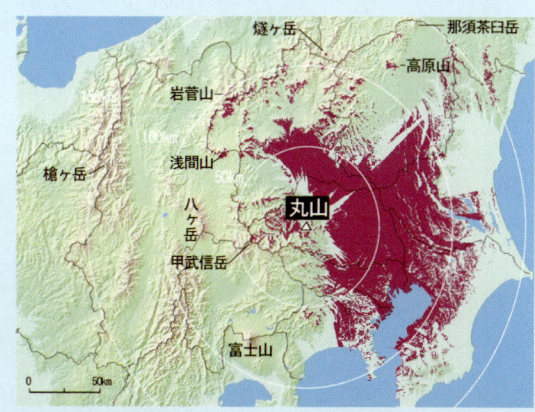

35 特選・マニアックな展望の山—丸山（奥武蔵）

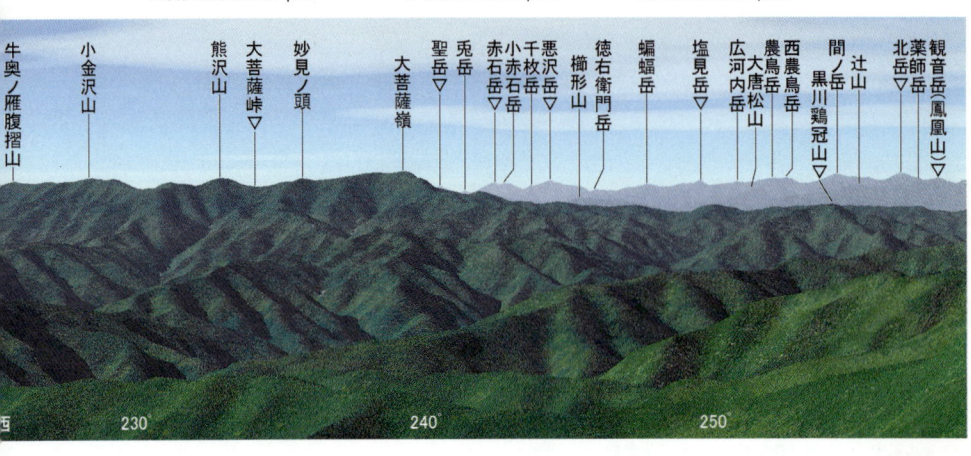

大菩薩峠(1897m) p56　赤石岳(3120m) p214　塩見岳(3047m) p208

牛奥ノ雁腹摺山／小金沢山／熊沢山／大菩薩峠▽／妙見ノ頭／大菩薩嶺／徳右衛門岳／櫛形山／聖岳／兎岳／赤石岳／小赤石岳／千枚岳／悪沢岳／大唐松山／農鳥岳／西農鳥岳／間ノ岳／黒川鶏冠山／辻山／北岳／薬師岳／観音岳(鳳凰山)▽／広河内岳／塩見岳／蝙蝠岳

鷹ノ巣山
富士から大菩薩の峰々が秀逸なバランスを見せる奥多摩の山

奥多摩
標高1737メートル
緯度35度49分48秒
経度139度00分45秒

山を始めて、山行回数も二、三回といった時に、奥多摩の山に行ってみようと思い立ち、最後まで候補に残っていたのがこの鷹ノ巣山と蕎麦粒山であった。その時は結局、名前に惹かれて蕎麦粒山から川苔山へのハイキングを選んだが、鷹ノ巣山は奥多摩でも標高の高い、独立峰的な雰囲気が魅力だった。

また、この山は一帯が小田原の北条氏や江戸時代になってからは徳川家の鷹狩り用の鷹を捕るための御巣鷹山だったことによるもので、古くからこの名で呼ばれていたという歴史もこころを誘った。

雲取山から続く長大な石尾根の一峰という位置から、石尾根縦走と組み合わせて登ることが多い。逆にこの山だけを目指すとなると、若干きつい登りを強いられる。それがわたしも敬遠した理由だったのだが、しかし、山頂付近からの展望はなかなか秀逸だ。富士から大菩薩にかけての風景がとくに良い。奥多摩、道志のあたりから望む大菩薩の山並みは、どこか国境稜線的な憧れを抱かせるものがある。それは甲府以西のアルプスを間近に望めるからであろうか。

鷹ノ巣山からも南アルプスだけは北岳、赤石岳、仙丈ヶ岳、塩見岳などが見えている。しかし、中央と北のアルプスは遥かかなたであり、多くの山々にさえぎられる。もっとも遠くに見える山は三株山、福島県南部、茨城県に近い古殿町にある標高842メートルの山だ。

石尾根縦走路から見る鷹ノ巣山(撮影：打田鍈一)

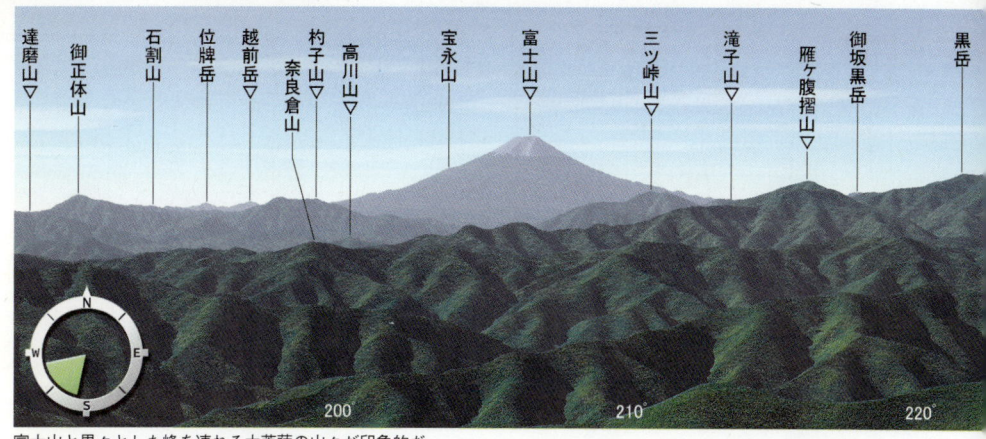

越前岳(1504m) p84　　富士山(3776m) p86　　滝子山(1610m) p68

達磨山／御正体山／石割山／位牌岳／越前岳／杓子山／奈良倉山／高川山／宝永山／富士山／三ツ峠山／滝子山／雁ヶ腹摺山／御坂黒岳／黒岳

富士山と黒々とした峰を連ねる大菩薩の山々が印象的だ

鷹ノ巣山から見える山
（興味深いもの）

山名	標高	距離	方位
堅破山	658	170.1	54.4
那須茶臼岳	1915	167.0	30.3
大佐飛山	1908	155.8	28.3
越後駒ヶ岳	2003	143.6	2.2
会津駒ヶ岳	2133	138.5	12.6
高原山	1795	137.1	29.7
燧ヶ岳	2356	127.2	11.0
至仏山	2228	119.9	6.8
鳥甲山	2038	118.4	341.1
日光太郎山	2367	117.4	20.9
奥白根山	2578	112.3	16.7
男体山	2484	112.3	22.3
谷川岳	1977	112.0	356.2
武尊山	2158	108.7	5.6
天城山	1406	107.3	180.5
横手山	2307	102.8	334.9
白根山	2160	100.2	334.3
皇海山	2144	99.7	16.9
袈裟丸山	1961	95.2	17.1
聖岳	3013	91.0	240.5
赤石岳	3120	87.5	242.4
悪沢岳	3141	83.5	244.3
赤城山	1828	82.6	11.2
塩見岳	3047	80.2	249.5
浅間山	2568	77.6	325.5
仙丈ヶ岳	3033	75.9	261.0
間ノ岳	3189	73.8	254.1
農鳥岳	3026	73.8	251.9
北岳	3192	72.0	256.3
甲斐駒ヶ岳	2967	70.5	263.7
鳳凰山	2840	65.5	257.6
富士山	3776	58.1	206.4
蛭ヶ岳	1673	39.8	163.2
御正体山	1682	38.7	190.6
三ツ峠山	1785	36.1	210.6
甲武信岳	2475	27.0	289.0

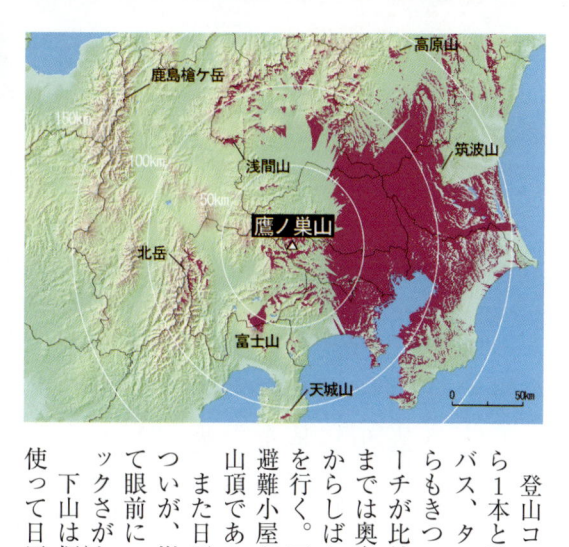

登山コースは多摩川側から3本、日原側から1本と数多く、いずれも青梅線奥多摩駅がバス、タクシーの出発点となる。どの方面からもきつい登りがあるが、峰谷からのアプローチが比較的楽である。峰谷の上部の奥集落までは奥多摩駅からタクシーを利用する。奥からしばらくは展望にめぐまれない植林の中を行く。石尾根との縦走路に出ると鷹ノ巣山避難小屋がある。ここから急坂を登り切れば山頂である。

また日原からの稲村岩コースも、登りはきついが、樹林の中を登りつめて眼前に一挙に広がる展望は、そのドラマチックさがたまらない魅力だ。

下山は榧ノ木尾根を使うか、稲村岩尾根を使って日原に出るのが良い。

37　鷹ノ巣山（奥多摩）

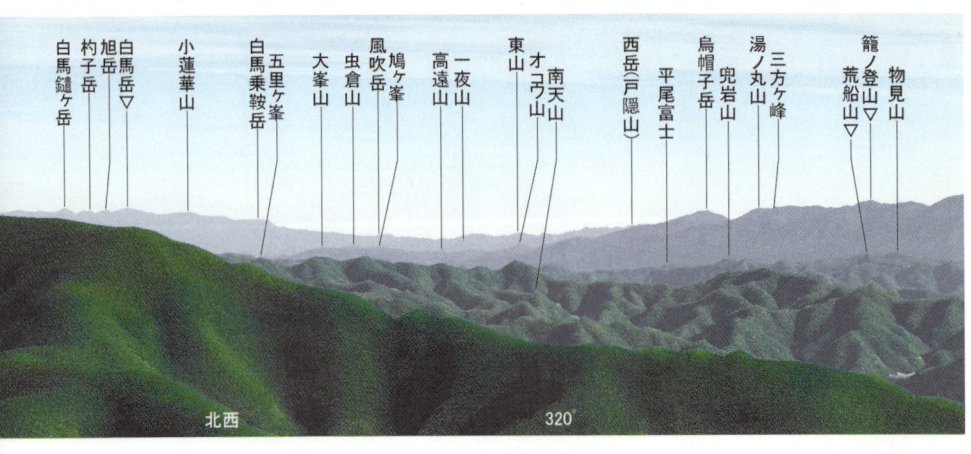

白馬岳(2932m) p252　　　　　　　　　　　　　　　　　　　　　　　　荒船山(1423m) p124

物見山／籠ノ登山▽／荒船山▽／三方ヶ峰／湯ノ丸山／兜岩山／烏帽子岳／平尾富士／西岳(戸隠山)／南天山／オコウ山／東山／高遠山／一夜山／鳩ヶ峯／風吹岳／虫倉山／大峯山／五里ヶ峯／白馬乗鞍岳／小蓮華山／白馬岳▽／旭岳／杓子岳／白馬鑓ヶ岳

北西　　　　　　　320°

七ツ石山から見る雲取山（撮影：寺田政晴）

雲取山（くもとりやま）

深い原生林を抜けると、草原に好展望が広がる東京都の最高点

奥多摩
標高 2017メートル
緯度 35度51分20秒
経度 138度56分38秒

　雲取というのはいったいどんな意味だろう。雲というのはいったいどんな意味だろう。そう感じたのは初めてこの名を聞いたときだったろうか。すなおに想像すれば雲海の上に出ている高い山のことであろうかと思うのだが、どこか雲を吸い込んでしまうような霊気をも感じさせる名だ。

　実際、この名前は山岳修験者の命名が起源らしいから、あながち間違いともいえない。「雲取山に埼玉県の白岩山、妙法ヶ岳を併せて、修験者の三山駆け、即ち三峰で一セットなのである」（谷有二著『富士山はなぜフジサンか』）そんな名前とは裏腹に、山頂からの展望に富士さえぎるものはない。あれは富士、あれは南アルプスと、山座同定を繰り返すうちに時間が経つのも忘れるほどだ。南北に長い山頂なので1点360度とはいかないが、場所を変えてしっかりと楽しみたい。とくに、北アルプスが見えるかどうかは、ぜひチェックしておきたいところだ。

　中央アルプスは見えないが、北アルプスは立山、剣岳、白馬岳、水晶岳などが見えるはずだ。また、南アルプスは北岳、赤石岳、仙丈ヶ岳、塩見岳などが見える。もっとも遠くに見える山は、福島県の日山。岩代町、浪江町、葛尾村にまたがる山で、標高1057メートル。最近では富士山が見える北限の山として実際に写真が撮影されて有名になった山だ。

　雲取山は埼玉県、山梨県、東京都にまたがるため、さまざまなアプローチを選ぶことができる。埼玉県側からなら三峰山から、東京・山梨側からなら日原から、石尾根を縦走、あるいは多摩川沿いのお祭

38

水晶岳(2986m) p258　　　　　立山(3003m) p268

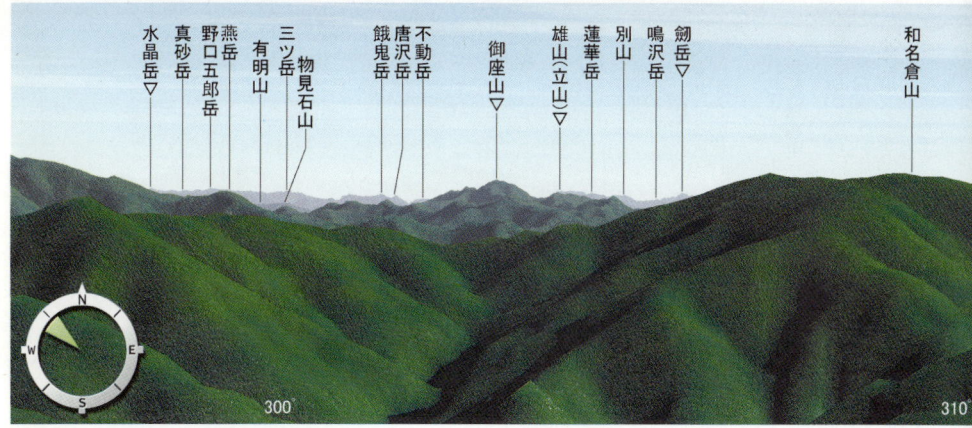

雲取山から北西方向に北アルプスを望む

雲取山から見える山
(興味深いもの)

山名	標高	距離	方位
日山	1057	243.3	39.1
大滝根山	1192	228.9	42.8
八溝山	1022	168.6	44.6
佐渡大佐飛山	1908	156.4	30.7
剱岳	2998	146.5	305.9
白馬岳	2932	146.2	313.6
鑓ヶ岳	2903	144.3	312.6
立山	3015	143.4	304.2
越後駒ヶ岳	2003	141.2	4.7
荒沢岳	1969	139.3	7.4
八海山	1778	138.7	2.9
高原山	1795	137.9	32.5
会津駒ヶ岳	2133	137.2	15.4
中ノ岳	2085	137	4.9
水晶岳	2986	136.3	298
針ノ木岳	2821	136.2	304.1
不動岳	2601	135	302.1
清澄山	377	133.9	124.6
野口五郎岳	2924	133.8	298.9
戸隠山	2053	129.8	321
餓鬼岳	2647	126.9	301.5
下津川山	1928	126.7	4.2
燕岳	2763	126.5	299.2
燧ヶ岳	2356	125.8	13.9
巻機山	1967	124.6	0.8
景鶴山	2004	124.5	11
有明山	2268	121.1	299.7
虫倉山	1378	121.1	316.9
伊予ヶ岳	337	121	133
日光太郎山	2367	117.2	24.2
烏甲山	2038	113.8	343.6
筑波山	876	112.5	68.2
男体山	2484	112.2	25.7
苗場山	2145	112.2	348.3
赤石岳	3120	83.5	238.6
黒檜山(赤城山)	1828	81.2	15.9

や鴨沢からと縦横にルートが通じている。もっともポピュラーで、最短路は鴨沢からのコースである。雲取奥多摩小屋(自炊のみ)または雲取山荘に泊まる一泊二日の行程が良い。雲取山は東京都の最高峰であり、多くの自然も残されている。

青梅線奥多摩駅で、鴨沢行きの適当な時間のバスがない場合は、留浦行きに乗り終点から歩いても良い。小袖乗越までひと汗かき、そこから一本調子の急坂を堂所、七ツ石山へと登っていく。七ツ石山山腹の道をブナ坂の鞍部に出て、しばらくいけば奥多摩小屋である。ここで一泊するのが楽だ。翌朝、急な尾根筋を登り切って雲取山頂をきわめる。帰路は奥秩父の稜線を楽しみながら飛竜山へ寄り道して丹波に下山するのも良いだろう。

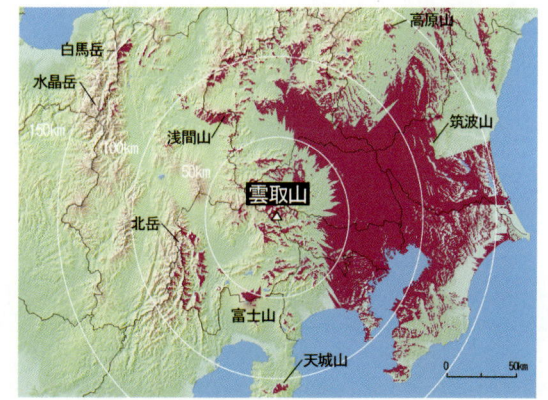

39　雲取山(奥多摩)

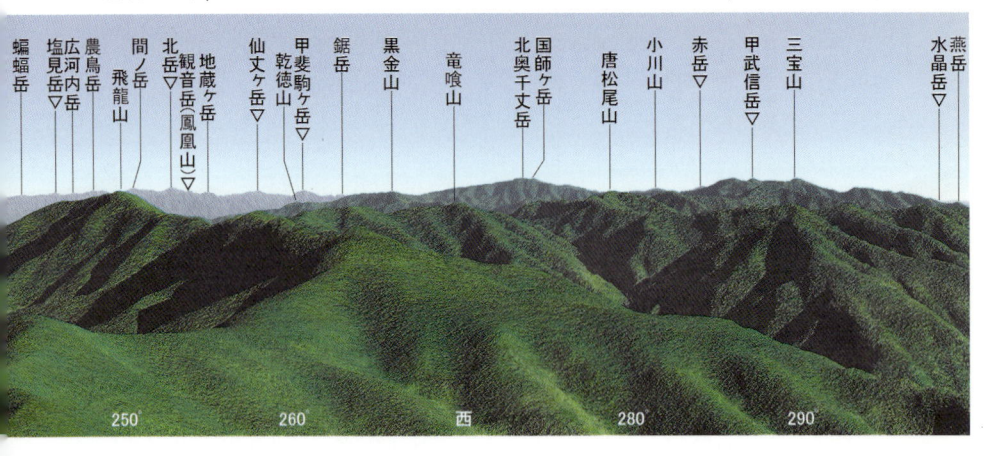

北岳(3192m) p200 / 赤岳(2899m) p18

パノラマ上段ラベル（左→右）:
蝙蝠岳 / 農鳥岳 塩見岳 / 間ノ岳 広河内岳 飛龍山 / 北岳 観音岳 地蔵ヶ岳 / 甲斐駒ヶ岳 乾徳山 仙丈ヶ岳 鳳凰山 / 鋸岳 / 黒金山 / 竜喰山 / 国師ヶ岳 北奥千丈ヶ岳 / 唐松尾山 / 小川山 / 赤岳 / 甲武信岳 / 三宝山 / 水晶岳 / 燕岳

方位: 250° 260° 西 280° 290°

燧ヶ岳(2356m) p172 / 男体山(2484m) p156

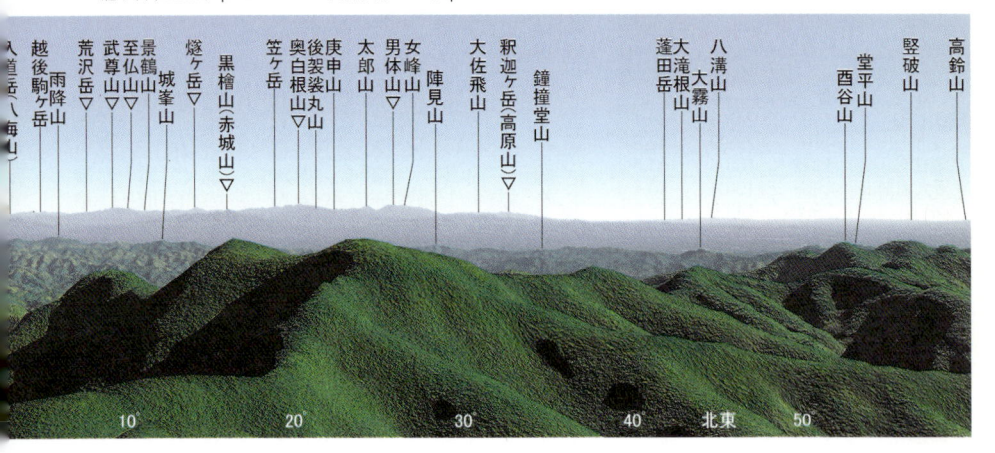

パノラマ中段ラベル（左→右）:
入道云（八毎） / 越後駒ヶ岳 雨降山 / 荒沢岳 至仏山 / 武尊山 景鶴山 城峯山 / 燧ヶ岳 笠ヶ岳 / 黒檜山(赤城山) 奥白根山 後袈裟丸山 / 庚申山 太郎山 男体山 / 女峰山 陣見山 / 大佐飛山 釈迦ヶ岳(高原山) / 鐘撞堂山 / 蓬田岳 大滝根山 / 八溝山 大霧山 / 堂平山 酉谷山 / 堅破山 / 高鈴山

方位: 10° 20° 30° 40° 北東 50°

陣馬山(855m) p64 / 蛭ヶ岳(1673m) p32 / 金時山(1213m) p90

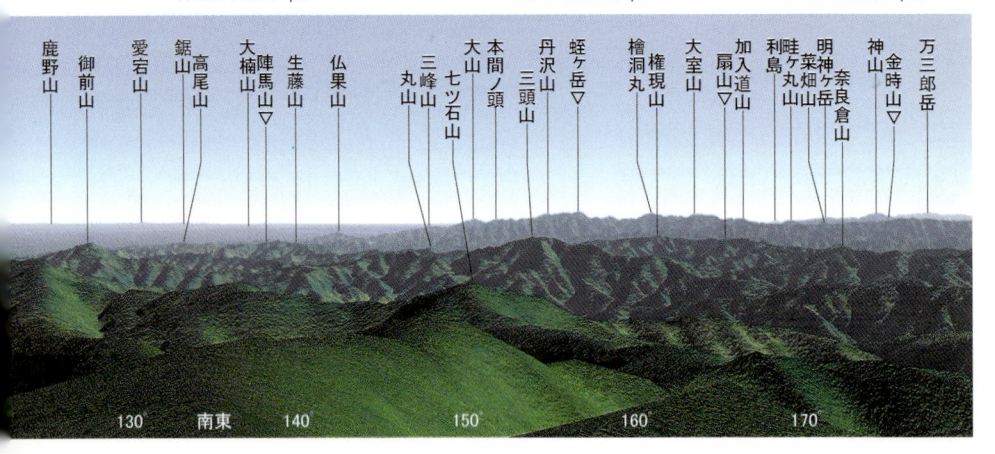

パノラマ下段ラベル（左→右）:
鹿野山 / 御前山 愛宕山 / 鋸山 高尾山 / 大楠山 陣馬山 / 生藤山 仏果山 / 三峰山 七ツ石山 丸山 / 大山 本間ノ頭 / 丹沢山 三頭山 / 蛭ヶ岳 / 檜洞丸 権現山 / 大室山 / 加入道山 扇山 / 利島 菜畑山 畦ヶ丸 / 明神ヶ岳 奈良倉山 / 神山 金時山 / 万三郎岳

方位: 130° 南東 140° 150° 160° 170°

40

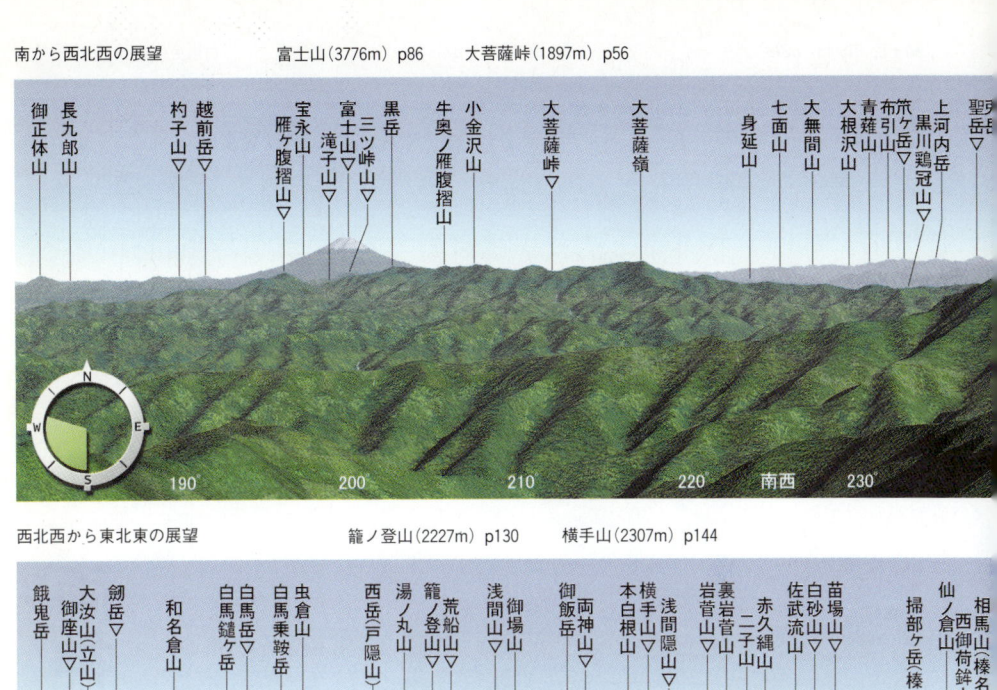

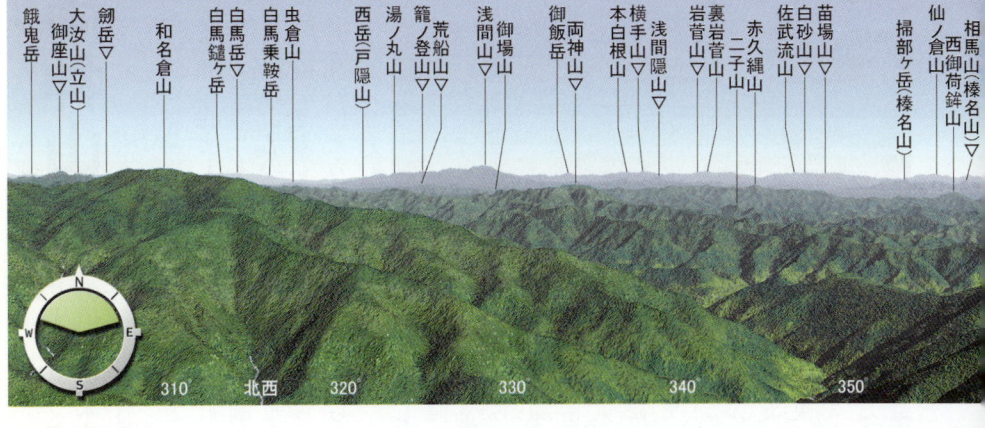

南から西北西の展望　　富士山(3776m) p86　　大菩薩峠(1897m) p56

聖岳 ▽
上河内岳
黒川鶏冠山
笊ヶ岳
布引山
青薙山
大根沢山
大無間山
七面山
身延山
大菩薩嶺
大菩薩峠
小金沢山
牛奥ノ雁腹摺山
黒岳
三ツ峠山
富士山
宝永山
雁ヶ腹摺山 ▽
越前岳
杓子山
長九郎山
御正体山

190　200　210　220　南西　230

西北西から東北東の展望　　籠ノ登山(2227m) p130　　横手山(2307m) p144

相馬山(榛名山) ▽
西御荷鉾山
仙ノ倉山
掃部ヶ岳(榛名山)
苗場山 ▽
白砂山
佐武流山
裏岩菅山
岩菅山 二子山
赤岩尾根
浅間隠山
本白根山
横手山
両神山
御飯岳
御場山
浅間山
荒船山
籠ノ登山
湯ノ丸山
西岳(戸隠山)
虫倉山
白馬乗鞍岳
白馬鑓ヶ岳
白馬岳
和名倉山
剱岳
大汝山(立山)
御座山
餓鬼岳

310　北西　320　330　340　350

東北東から南の展望

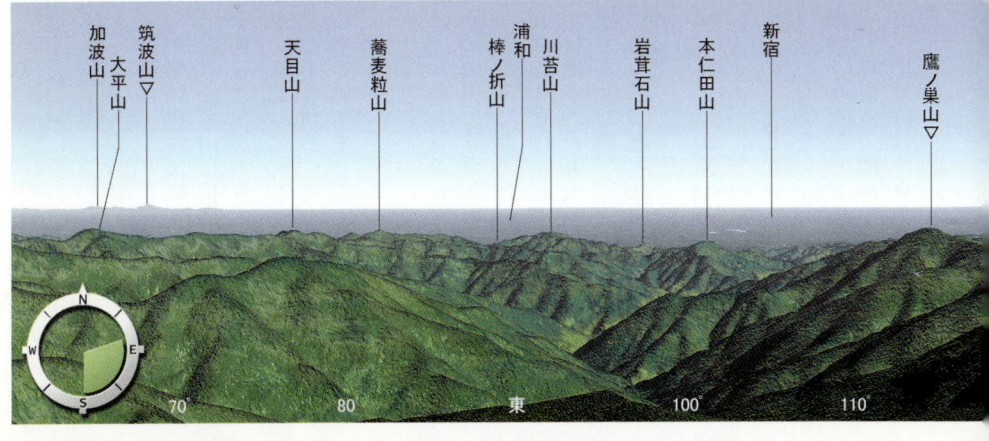

鷹ノ巣山 ▽
新宿
本仁田山
岩茸石山
川苔山
浦和
棒ノ折山
蕎麦粒山
天目山
筑波山
加波山
大平山

70　80　東　100　110

41　雲取山（奥多摩）

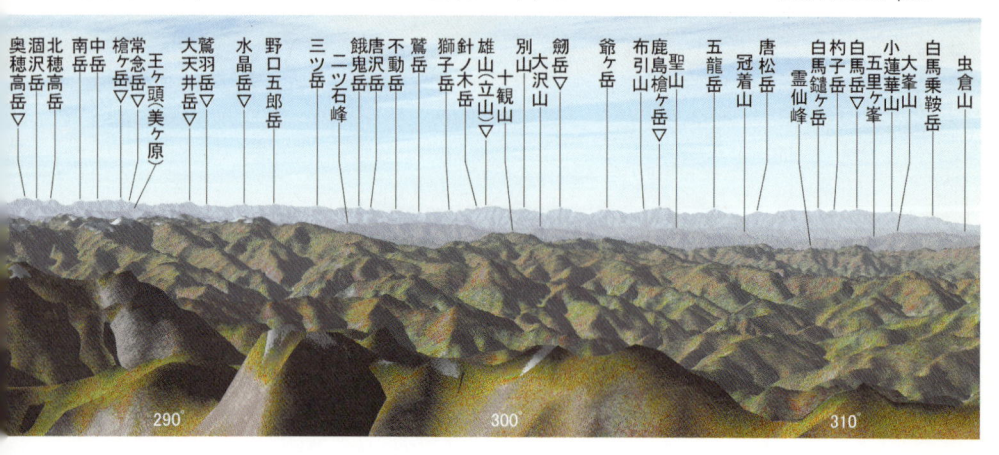

槍ヶ岳(3180m) p276　　立山(3003m) p268　　白馬岳(2932m) p252

虫倉山
白馬乗鞍岳
大峯山
小蓮華山
五里ヶ峯
白馬岳
杓子岳
白馬鑓ヶ岳
五龍岳
霊仙峰
唐松岳
冠着山
鹿島槍ヶ岳
布引山
聖山
爺ヶ岳
鷲羽岳
針ノ木岳
獅子岳
不動岳
唐沢岳
餓鬼岳
三ツ石峰
二ツ石峰
雄山(立山)
十観山
別岳
大沢山
剱岳
野口五郎岳
水晶岳
鷲羽岳
大天井岳
王ヶ頭・美ヶ原
常念岳
槍ヶ岳
南岳
中岳
涸沢岳
北穂高岳
奥穂高岳

290°　　　　　　　300°　　　　　　　310°

両神山（りょうかみさん）

遥かに北アルプスも望まれる 秩父の信仰を集めた修験の山

東から見た両神山（撮影：寺田政晴）

奥秩父
標高1723メートル
緯度 36度01分24秒
経度138度50分29秒

その鋭い鋸歯状の山容は、どっしりとした山が多い奥秩父に入れるよりも、むしろ西上州の山としたほうが自然かもしれない。古くから山岳信仰の山として知られ、山道のあちらこちらに石仏や石碑、小祠などを見ることができる。両神山の山名の由来は、日本武尊の東夷征伐の際に、この山の近くを通ると八日の間、山が見えていた、ということから八日見山と呼ばれ、それが転じて両神山になった言い伝えられている。広範囲から良く望める山であることと同時に、特徴的な山姿が目を引いたのである。

わたしがこの山を訪れたのは晩秋の頃。つるべ落としの陽を背に、日向大谷から入山して清滝小屋に一泊、翌朝早くに山頂に立つというのんびりとした行程であった。ちなみに清滝という地名も、京都の高雄、東京の高尾山など山岳信仰の共通項のようだ。当時の清滝小屋は曲がった丸太を組み合わせた鄙びた雰囲気の小屋であったが、ちょうどわたしが訪れた直後に火災に遭って、現在は瀟洒なログハウス風になっている。

ともかく岩稜だけに、山頂からの展望は抜群である。運が良ければ立山、剱岳、白馬岳、奥穂高岳などの北アルプスの主要な山々を遠望できるであろう。中央アルプスは見えないが、富士山も見え、南アルプスも甲斐駒ヶ岳などが見える。もっとも遠くに見える山は、大滝根山。標高1192メートルと阿武隈山地の最高峰で、山地ほぼ中央の滝根町、常葉町、

42

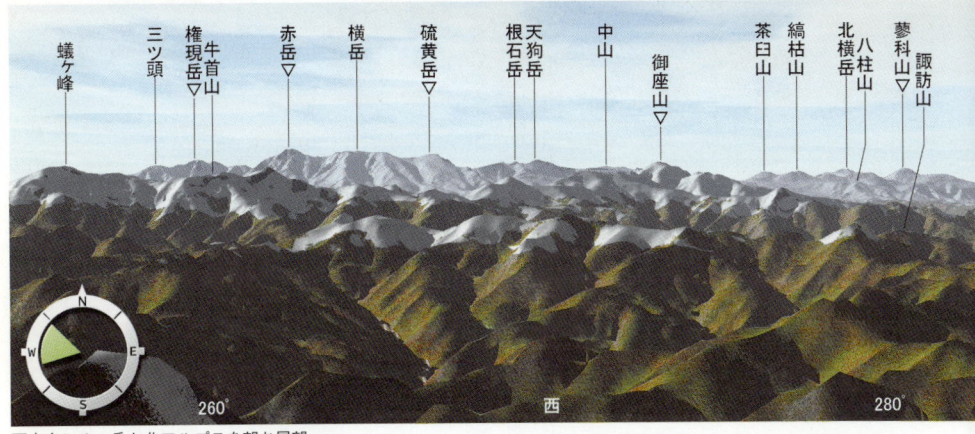

権現岳(2715m) p100　　硫黄岳(2760m) p104　　御座山(2112m) p114

蟻ヶ峰　三ツ頭　牛首山／権現岳　赤岳▽　横岳▽　硫黄岳▽　根石岳／天狗岳　中山　御座山▽　茶臼山　縞枯山／北横岳　八柱山／蓼科山　諏訪山

260°　　　　西　　　　280°

西方向に八ヶ岳と北アルプスを望む展望

両神山から見える山
（興味深いもの）

山名	標高	距離	方位
大滝根山	1192	222.4	47.8
八溝山	1022	163.0	51.4
那須茶臼岳	1915	158.1	39.0
大佐飛山	1908	146.2	37.6
劔岳	2998	128.5	301.5
釈迦ヶ岳（高原山）	1795	128.4	40.4
白馬岳	2932	126.8	310.3
乗鞍岳	2469	126.2	312.5
立山	3015	125.6	299.5
荒沢岳	1969	122.6	12.8
鷲羽岳	2924	118.8	291.1
鹿島槍ヶ岳	2889	118.7	304.4
筑波山	876	116.1	78.5
槍ヶ岳	3180	113.0	288.5
平ヶ岳	2141	112.5	15.1
奥穂高岳	3190	111.3	285.7
燧ヶ岳	2356	110.7	20.9
大天井岳	2922	109.3	290.6
常念岳	2857	105.6	288.8
日光太郎山	2367	105.2	32.9
奥白根山	2578	98.4	28.9
苗場山	2145	92.2	351.6
谷川岳	1977	90.6	5.0
岩菅山	2295	83.6	342.4
横手山	2307	77.0	338.5
富士山	3776	74.2	188.0
赤城山	1828	67.4	27.8
甲斐駒ヶ岳	2967	62.0	241.8
浅間山	2568	51.2	326.1
蓼科山	2530	50.0	280.4
赤岳	2899	42.9	262.2
金峰山	2599	25.7	229.2
御座山	2112	21.1	273.2
雲取山	2017	20.8	153.5
甲武信岳	2475	16.2	218.6
二子山	1166	5.5	21.6

川内村にまたがる山だ。登山コースは白井差からのルートが閉鎖され、坂本から八丁峠を経由するルートは危険な岩場の通過などがあって熟達者向きなため、ほぼ日向大谷からだけと言っても良くなってしまった。

西武秩父駅からのバスを小鹿野町役場で乗り継ぎ、日向大谷口で降りる。日向大谷からの道は、古い参拝道で、石仏や石祠などを見て進む。会所で七滝沢を渡り、急坂を登ると清滝小屋である。小屋から尾根に出ると鎖場やハシゴなどが続き、やがて両神神社の前に出る。新しく付けられた稜線の右側山腹の道を行くが、新しいルートで踏まれていないので、やや歩きづらいところもある。山頂まではわずかだ。

43　両神山（奥秩父）

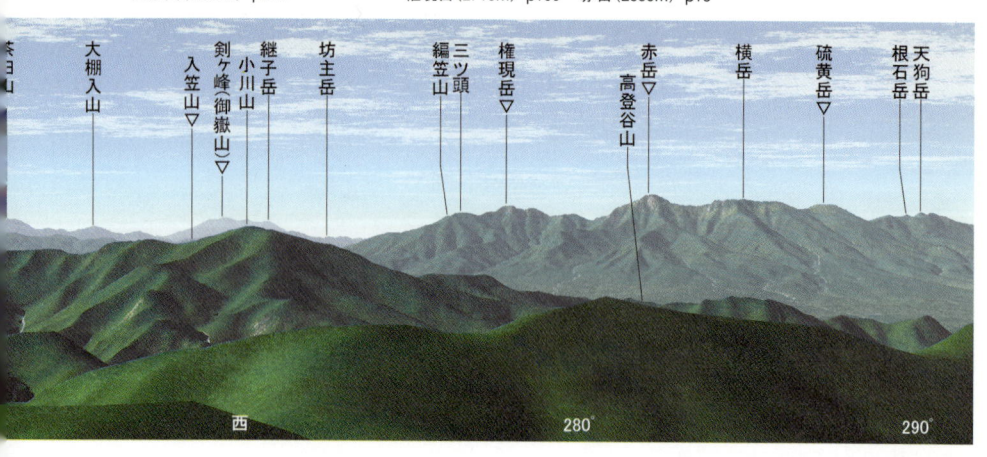

入笠山(1955m) p232　　権現岳(2715m) p100　　赤岳(2899m) p18

キヨ山／大棚入山／入笠山／剣ヶ峰(御嶽山)／小川山／継子岳／坊主岳／三ツ頭／編笠山／権現岳／赤岳／高登谷山／横岳／硫黄岳／根石岳／天狗岳

西　　280°　　290°

甲武信岳 (こぶしたけ)

三国の境をなす山からの南・北・中央の三アルプスの展望

『新編武蔵風土記稿』や内務省地理局発行の『駿河甲斐伊豆三州図』などでは国師岳と書かれているが、甲州、武州、信州の三国界であったこと、山容が拳の形に似ていたことから、甲武信の文字があてられたようだ。山麓の梓山では三方山、甲州では三国山とも呼んでいたようだ。旧国境線ばかりでなく、三つの大きな河川、すなわち荒川、千曲川(信濃川)、笛吹川(富士川)の分水嶺にもなり、名実ともに全国の三国山、三俣山の総本山とも言うべき条件が整っている。

今でこそ奥秩父特有の黒々としたシラビソ、コメツガの原生林に覆われているが、最後の氷期では森林限界を超える高山であったため、表面の岩魂が凍結と溶解を繰り返して破壊され、それが窪地を埋めてなだらかな丸みを帯びた特徴的な山容を作った。

幸い現在でも山頂はわずかに森林限界を超えていて展望には恵まれている。遠いながらも北岳、仙丈ヶ岳、間ノ岳、農鳥岳などの南、立山、剣岳、白馬岳などの北、木曽駒ヶ岳、空木岳、南駒ヶ岳などの中央の三アルプスが遠望できるのがうれしい。見落としがちだが、八ヶ岳の上から槍や穂高も顔を覗かせている。

三ずくめの甲武信岳である。

展望ではこの他にも、奥秩父の山らしく富士山も秀麗な姿を見せる。もっとも遠くに見える山は高塚山。福島県川内村にある標高1066ﾒｰﾄﾙの山だ。その距離は239ｷﾛに達する。

奥秩父
標高 2475ﾒｰﾄﾙ
緯度 35度54分32秒
経度 138度43分44秒

三宝山から見る甲武信ヶ岳(右)と木賊山(左) (撮影：寺田政晴)

44

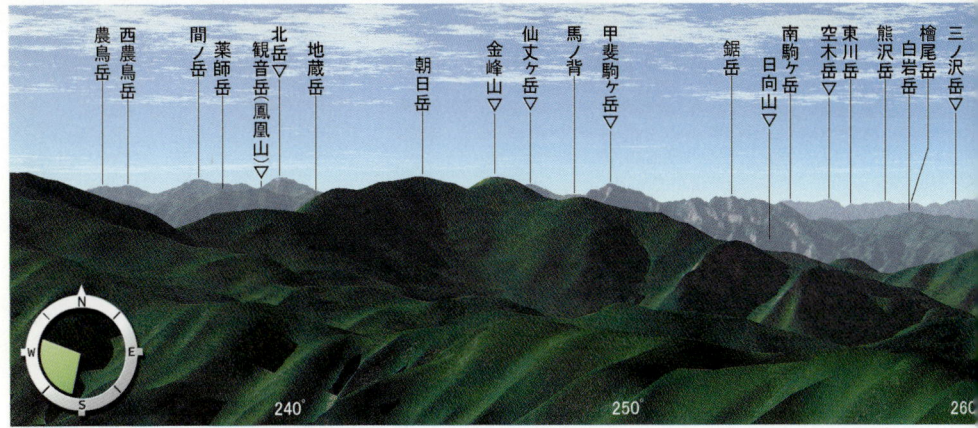

北岳(3192m) p200　　仙丈ヶ岳(3033m) p206　　空木岳(2864m) p242

農鳥岳／西農鳥岳／間ノ岳／薬師岳／北岳／観音岳(鳳凰山)／地蔵岳／朝日岳／金峰山／仙丈ヶ岳／馬ノ背／甲斐駒ヶ岳／鋸岳／南駒ヶ岳／空木岳／東川岳／熊沢岳／檜尾岳／白岩岳／三ノ沢岳／日向山

南アルプスから中央アルプス、八ヶ岳へと連なる展望

甲武信岳から見える山（興味深いもの）

山名	標高	距離	方位
大滝根山	1192	238.5	47.1
那須茶臼岳	1915	174.4	38.9
大佐飛山	1908	162.4	37.6
高原山	1795	144.6	40.2
伊豆大島	764	144.6	155.0
愛宕山	408	144.1	127.3
越後駒ヶ岳	2003	138.3	12.8
会津駒ヶ岳	2133	138.1	23.7
筑波山	876	129.0	73.8
白馬岳	2932	128.3	317.5
焼山	2400	128.3	331.2
劔岳	2998	127.5	308.7
平ヶ岳	2141	127.5	17.9
火打山	2462	127.1	332.4
燧ヶ岳	2356	126.3	23.1
立山	3015	124.1	306.9
妙高山	2454	122.1	333.3
日光太郎山	2367	121.4	33.6
五龍岳	2814	120.8	313.7
巻機山	1967	120.5	10.0
天城山	1406	118.7	167.8
鹿島槍ヶ岳	2889	118.6	312.2
至仏山	2228	117.3	19.7
奥白根山	2578	114.5	30.2
戸隠山	2053	113.5	326.6
槍ヶ岳	3180	108.5	296.5
奥穂高岳	3190	106.0	293.7
武尊山	2158	105.8	19.9
大無間山	2329	88.8	215.5
南駒ヶ岳	2841	86.1	254.7
木曽駒ヶ岳	2956	84.5	261.2
十枚山	1726	79.3	203.7
富士山	3776	60.8	180.1
仙丈ヶ岳	3033	53.5	247.1
北岳	3192	51.3	239.7
赤岳	2899	33.0	282.0

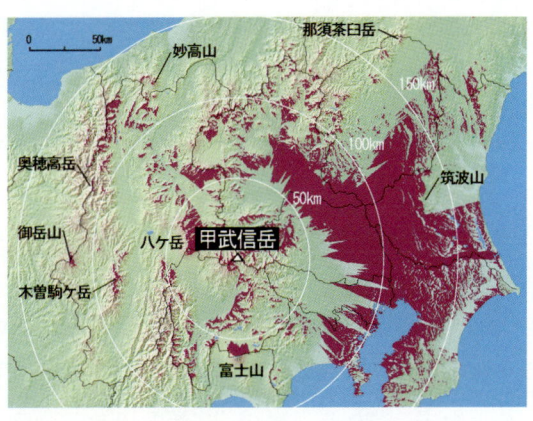

甲武信岳へは、信州側の川上村から十文字峠を経由するコース、千曲川源流をつめるコースがある。また甲州側からは、雁坂峠から奥秩父の主脈を縦走、あるいは大弛峠からやはり主脈を縦走するコース、最短路の戸渡尾根を登るコース、渓谷美で知られる東沢からのコースと多くのコースが通じる山である。さすがに、三方から道が通じる山である。

おすすめは、千曲川の源流をつめ、笛吹川へと抜けるコースだ。小海線信濃川上駅で乗ったバスの終点梓山から車道を行き、毛木平で十文字峠への道を分ける。毛木平からは千曲川源流遊歩道として整備された道になる。やがて千曲川源流の碑が立つ場所に出る。原生林の中の急登をこなせば奥秩父主脈縦走路に出る。ここからひと登りで山頂である。

45　甲武信岳（奥秩父）

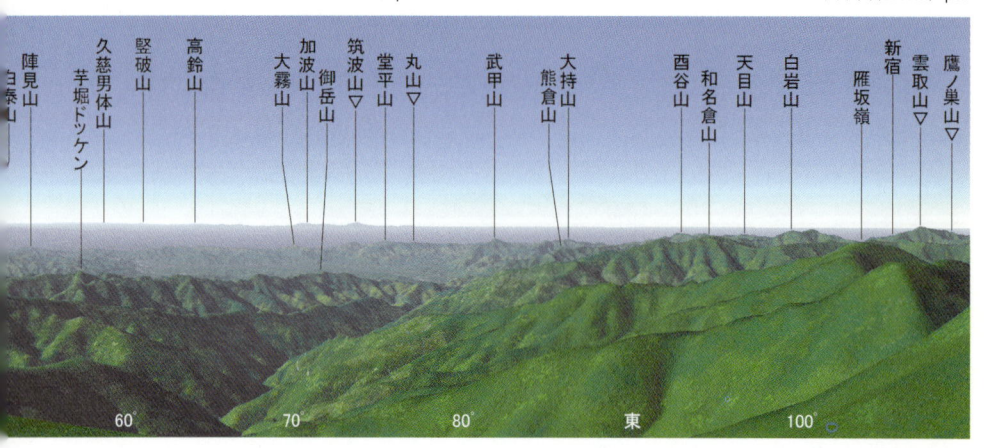

筑波山（860m）p26　　　　　　　　　　　　　　　　雲取山（2017m）p38

- 陣見山
- 白泰山
- 久慈男体山
- 芋堀ドッケン
- 竪破山
- 高鈴山
- 大霧山
- 加波山
- 御岳山
- 筑波山
- 堂平山
- 丸山
- 武甲山
- 大持山
- 熊倉山
- 酉谷山
- 和名倉山
- 天目山
- 白岩山
- 雁坂嶺
- 新宿
- 雲取山
- 鷹ノ巣山

60°　　70°　　80°　　東　　100°

富士山（3776m）p86　　毛無山（1964m）p16　　　　赤石岳（3120m）p214

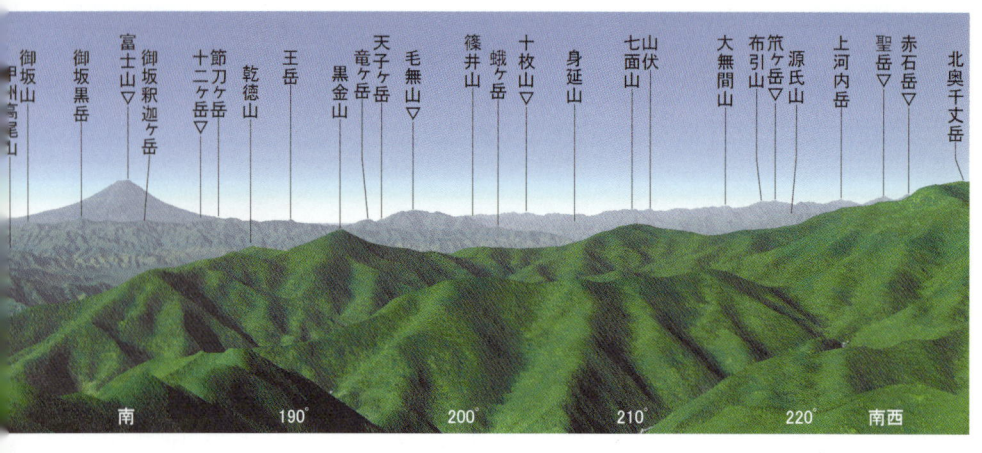

- 御坂山
- 甲州高尾山
- 御坂黒岳
- 富士山
- 御坂釈迦ヶ岳
- 十二ヶ岳
- 節刀ヶ岳
- 乾徳山
- 王岳
- 黒金山
- 竜ヶ岳
- 天子ヶ岳
- 毛無山
- 蛾ヶ岳
- 篠井山
- 十枚山
- 身延山
- 七面山
- 山伏
- 大無間山
- 布引山
- 筑波ヶ岳
- 源氏山
- 上河内岳
- 聖岳
- 赤石岳
- 北奥千丈岳

南　　190°　　200°　　210°　　220°　　南西

男山（1851m）p112　　白馬岳（2932m）p252　　高妻山（2353m）p138　　浅間山（2568m）p134

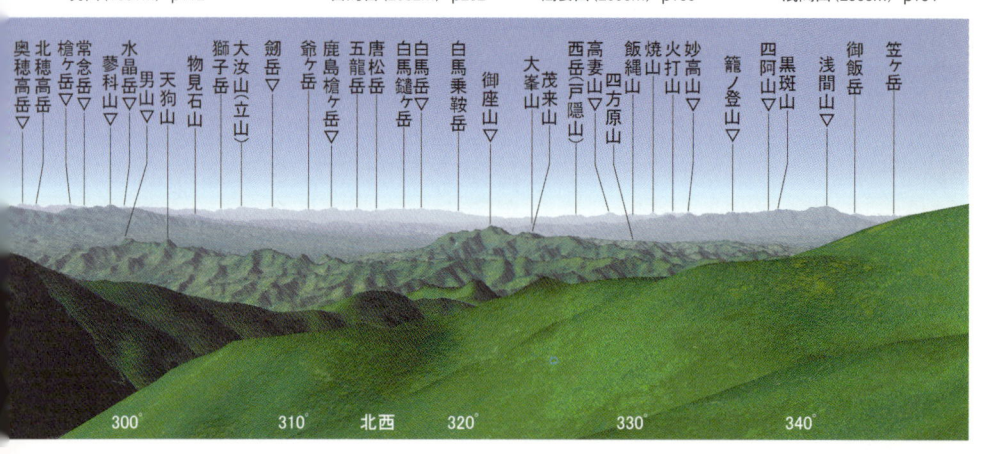

- 奥穂高岳
- 北穂高岳
- 槍ヶ岳
- 常念岳
- 水晶岳
- 蓼科山
- 天狗山
- 男山
- 物見石山
- 獅子岳
- 大汝山（立山）
- 剱岳
- 爺ヶ岳
- 鹿島槍ヶ岳
- 五龍岳
- 唐松岳
- 白馬鑓ヶ岳
- 白馬岳
- 白馬乗鞍岳
- 御座山
- 大峯山
- 茂来山
- 西岳（戸隠）
- 高妻山
- 飯縄山
- 四方原山
- 焼山
- 火打山
- 妙高山
- 飯盛山
- 籠ノ登山
- 黒斑山
- 四阿山
- 浅間山
- 御飯岳
- 笠ヶ岳

300°　　310°　　北西　　320°　　330°　　340°

北から東南東の展望

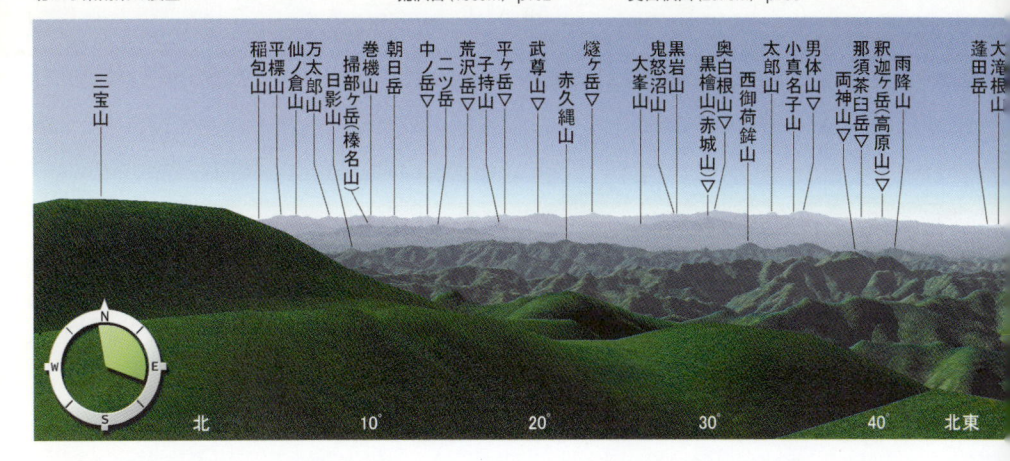

荒沢岳(1969m) p192　　奥白根山(2578m) p158

三宝山／稲包山／平標山／仙ノ倉山／万太郎山／日影山／巻機山／掃部ヶ岳(榛名山)／朝日岳／荒沢岳／子持山／二ツ岳／平ヶ岳／武尊山／赤久縄山／燧ヶ岳／中ノ岳／大峯山／黒岩山／鬼怒沼山／奥白根山／黒檜山(赤城山)／西御荷鉾山／太郎山／小真名子山／男体山／那須茶臼岳／釈迦ヶ岳・高原山／両神山／雨降山／大滝根山／蓬田岳

北　10°　20°　30°　40°　北東

東南東から南西の展望

雁ヶ腹摺山(1874m) p14

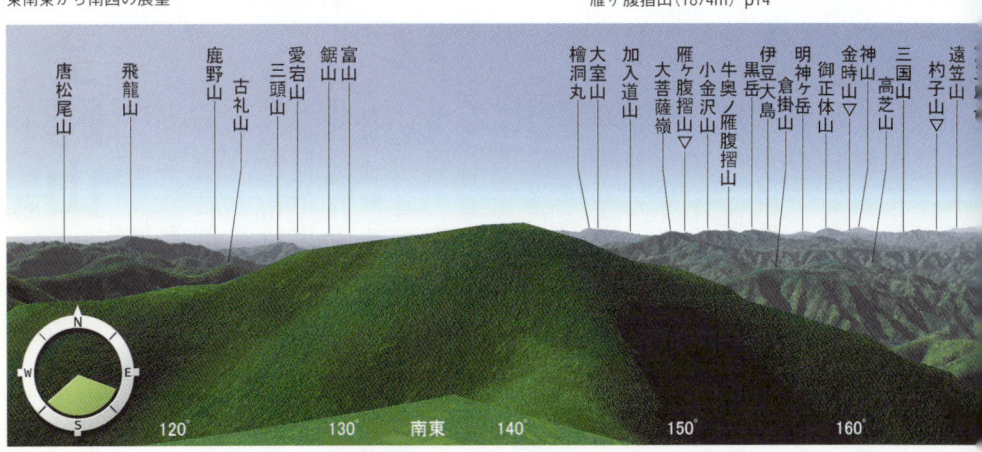

唐松尾根／飛龍山／鹿野山／古礼山／三頭山／愛宕山／鋸山／富山／檜洞丸／大室山／加入道山／大菩薩嶺／雁ヶ腹摺山／小金沢山／牛奥ノ雁腹摺山／伊豆大島／黒岳／倉掛山／明神ヶ岳／御正体山／神山／金時山／三国山／高芝山／杓子山／遠笠山

120°　130°　南東　140°　150°　160°

南西から北の展望

甲斐駒ヶ岳(2967m) p204　　御嶽山(3067m) p302

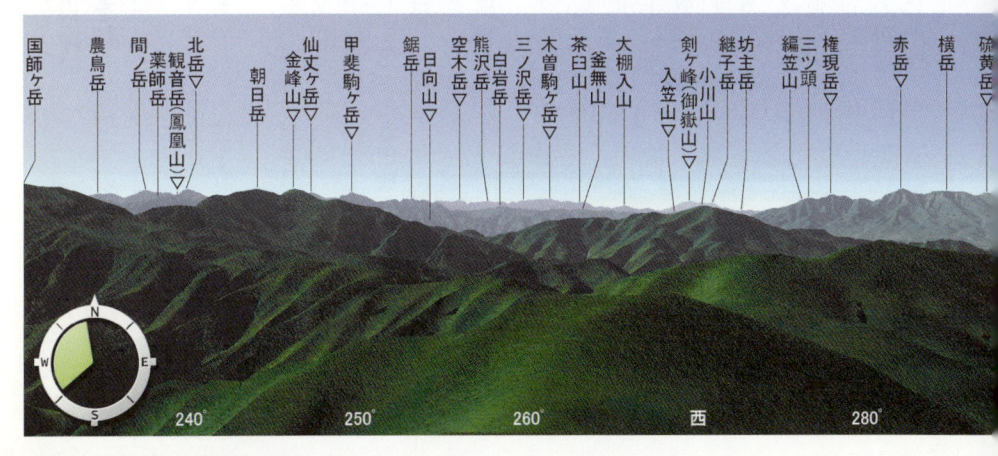

国師ヶ岳／農鳥岳／間ノ岳／薬師岳／観音岳(鳳凰山)／北岳／仙丈ヶ岳／金峰山／朝日岳／甲斐駒ヶ岳／鋸岳／日向山／三ノ沢岳／白岩岳／熊沢岳／空木岳／木曽駒ヶ岳／茶臼山／大棚入山／釜無山／小川山／剣ヶ峰(御嶽山)／継子岳／坊主岳／入笠山／編笠山／三ツ頭／権現岳／赤岳／横岳／硫黄岳

240°　250°　260°　西　280°

47 甲武信岳（奥秩父）

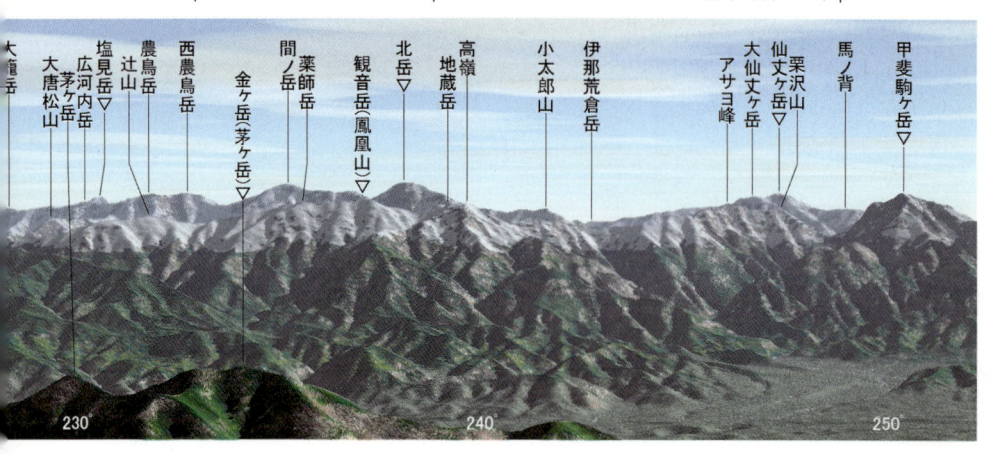

パノラマ山名（左から右へ）:
大菩薩 / 大唐松山 / 広河内岳 / 塩見岳（3047m）p208 / 辻山 / 農鳥岳 / 西農鳥岳 / 金ヶ岳（茅ヶ岳）▽ / 間ノ岳 / 薬師岳 / 観音岳（鳳凰山） / 北岳（3192m）p200 / 高嶺 / 地蔵岳 / 栗沢山 / 仙丈ヶ岳▽ / 大仙丈ヶ岳▽ / アサヨ峰 / 小太郎山 / 伊那荒倉岳 / 仙丈ヶ岳（3033m）p206 / 馬ノ背 / 甲斐駒ヶ岳▽

金峰山（きんぷさん）

奥秩父を代表する貫禄のアルペン的雰囲気を持った展望の山

奥秩父　標高2599メートル　緯度35度52分17秒　経度138度37分31秒

金峰山はどこからでも目に付くランドマークの五丈岩と、黒木に覆われた山が多い奥秩父の中では唯一のアルペン的な気持ちの良い山稜を有することから、訪れる人の絶えることがない山である。

平安時代から山岳信仰の対象として開かれ、周辺には賽ノ河原や大日岩、里宮など往時の信仰登山の賑わいを感じさせる地名が残っている。『甲斐国誌』によれば、江戸時代には参拝のための登山道が甲州側、信州側合わせて10本もあったという。なかでも昇仙峡からのルートを表参道として延々たる山旅の果てにたどり着いた山であったが、今では大弛峠からであれば日帰りも可能となった。しかし、木暮理太郎が「どこへ放り出しても百貫の貫録をそなえた山」と言った風格を十分感じさせる山である。

展望は申し分ない。南から富士山、北岳、甲斐駒ヶ岳、赤石岳、光岳など南アルプス、木曽駒ヶ岳、立山、剱岳、木岳、南駒ヶ岳などの中央アルプス、そして上信越三国国境稜線、日光方面と飽きることのない展望に、時の経つのも忘れるほどだ。もっとも遠くに見えるのは、大滝根山と峰続きの福島県川内村の高塚山。その距離は248.7キロメートルに達する。

逆に金峰山は、五丈岩をいただくために他の山からも容易に見付けられる。意外なところでは東京・羽田空港からもわずかに山頂が望める。掲載した可視マップなども参考にして欲しい。東京から横浜にかけてか

横尾山から見る瑞牆山（手前）と金峰山

48

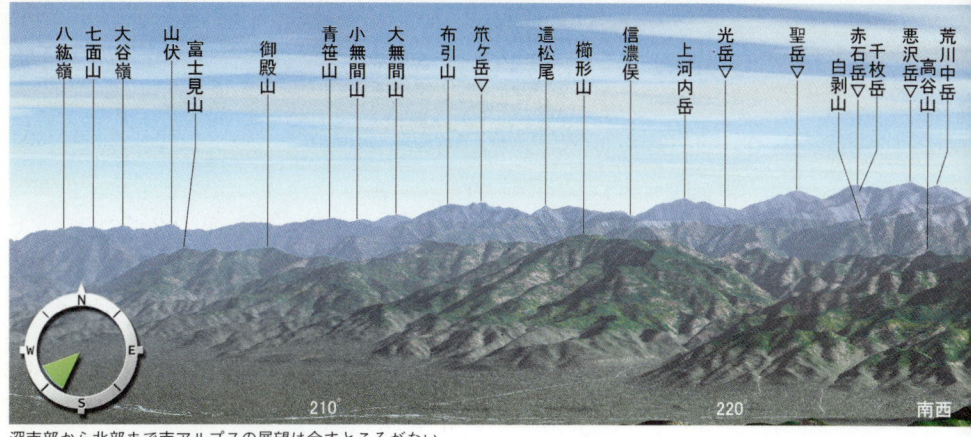

笊ヶ岳(2629m) p222　　　　光岳(2591m) p220

深南部から北部まで南アルプスの展望は余すところがない

金峰山から見える山
（興味深いもの）

山　名	標　高	距　離	方　位
大滝根山	1192	248.2	47.8
御蔵島	851	238.8	157.7
三宅島	813	214.9	157.2
那須茶臼岳	1915	183.5	40.3
白山	2702	170.0	281.2
伊豆大島	764	145.2	150.9
越後駒ヶ岳	2003	144.6	16.0
筑波山	876	139.1	73.1
平ヶ岳	2141	134.6	21.1
燧ヶ岳	2356	134.0	26.0
日光太郎山	2367	130.2	35.9
火打山	2462	126.9	336.9
白馬岳	2932	125.4	321.9
至仏山	2228	124.6	23.0
劔岳	2998	123.1	312.9
奥白根山	2578	122.9	33.0
妙高山	2454	122.1	338.0
立山	3015	119.5	311.1
天城山	1406	117.0	162.8
鹿島槍ヶ岳	2889	114.9	316.8
武尊山	2158	113.1	23.5
戸隠山	2053	112.3	331.7
谷川岳	1977	110.6	14.2
御嶽山	3067	103.4	271.6
乗鞍岳	3026	100.0	285.4
赤城山	1828	91.9	33.5
光岳	2591	76.8	219.8
南駒ヶ岳	2841	76.0	255.8
木曽駒ヶ岳	2956	74.7	263.2
榛名山	1449	70.2	16.7
聖岳	3013	66.4	221.5
赤石岳	3120	62.1	223.0
浅間山	2568	60.0	351.2
富士山	3776	57.4	170.6
北岳	3192	41.2	238.0
赤岳	2899	25.5	295.6

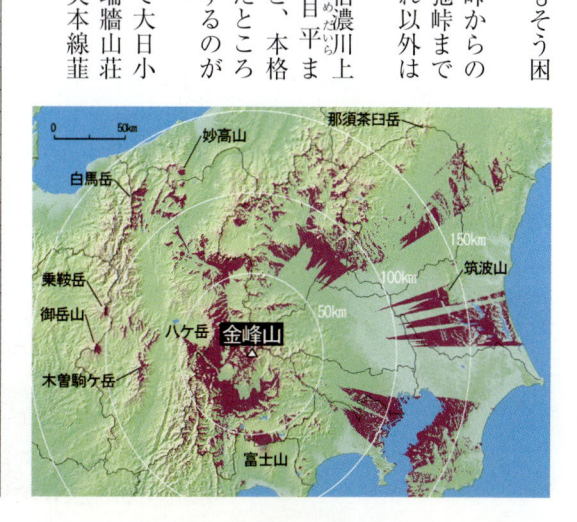

なりの可視域があり、展望することもそう困難ではなさそうだ。

もっとも短時間で登れるのは大弛峠からの往復であり日帰りも可能である。大弛峠までは塩山駅からタクシーで上がる。それ以外は山中一泊のコースとなる。

もっとも一般的な信州側の小海線信濃川上駅からは、バスまたはタクシーで廻目平まで入る。廻目平からの林道が終わると、本格的な登山道となる。森林限界を越えたところにあるのが金峰山小屋。ここで一泊するのが無理がない。

翌朝山頂を踏み、千代ノ吹上を経て大日小屋から富士見平、瑞牆山荘に出る。瑞牆山荘から登山バスに乗り、増富温泉で中央本線韮崎駅行きのバスに乗り継ぐ。

49　金峰山（奥秩父）

パノラマ 1 (南西〜西)

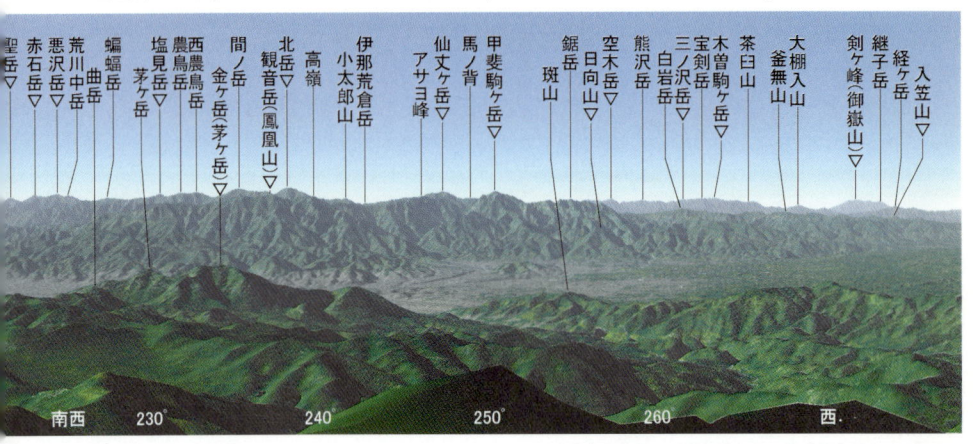

主な山:
- 塩見岳(3047m) p208
- 仙丈ヶ岳(3033m) p206
- 三ノ沢岳(2846m) p240

ラベル(左から右):
聖岳／赤石岳／悪沢岳／荒川中岳／荒川曲岳／蝙蝠岳／塩見岳／西農鳥岳／農鳥岳／間ノ岳／北岳／観音岳／金ヶ岳(茅ヶ岳)／鳳凰山／高嶺／伊那荒倉岳／小太郎山／仙丈ヶ岳／馬ノ背／甲斐駒ヶ岳／アサヨ峰／鋸岳／斑山／日向山／空木岳／熊沢岳／三ノ沢岳／宝剣岳／白岩岳／木曽駒ヶ岳／茶臼山／大棚入山／釜無山／剣ヶ峰(御嶽山)／経ヶ岳／継子岳／入笠山

方位: 南西 230° 240° 250° 260° 西

パノラマ 2 (北)

主な山:
- 浅間山(2568m) p134
- 苗場山(2145m) p28
- 中ノ岳(2085m) p188
- 奥白根山(2578m) p158

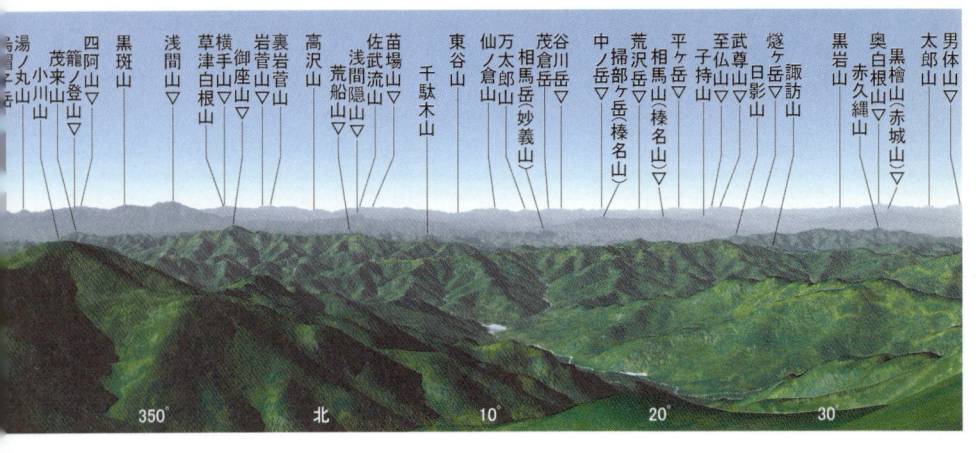

ラベル(左から右):
富士山／湯ノ丸山／小川山／茂来山／四阿山／籠ノ登山／黒斑山／浅間山／横手山／草津白根山／御座山／岩菅山／裏岩菅山／高沢山／佐武流山／苗場山／浅間隠山／荒船山／千駄木山／東谷山／仙ノ倉山／万太郎山／谷川岳／茂倉岳／荒沢岳／中ノ岳／相馬岳／平ヶ岳／至仏山／武尊山／子持山／掃部ヶ岳／榛名山／尊仏山／日影山／諏訪山／鋸山／慈尊山／奥白根山(赤城山)／黒檜山(赤城山)／黒岩山／奥白根山／赤久縄山／太郎山／男体山

方位: 350° 北 10° 20° 30°

パノラマ 3 (南東)

主な山:
- 黒川鶏冠山(1716m) p58
- 塔ノ岳(1491m) p72
- 滝子山(1610m) p68

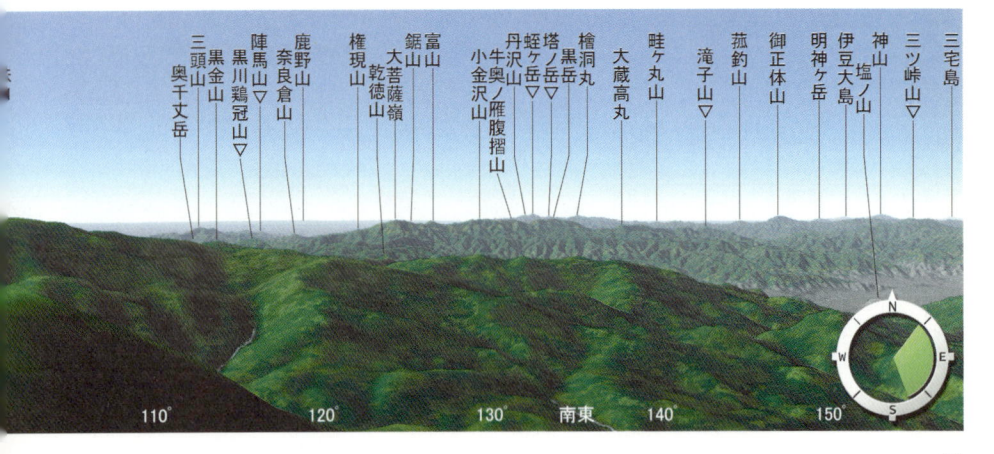

ラベル(左から右):
奥千丈岳／三頭山／黒金山／黒川鶏冠山／陣馬山／奈良倉山／鹿野山／権現山／大菩薩嶺／乾徳山／鋸岳／富山／塔ノ岳／蛭ヶ岳／丹沢山／小金沢山／牛奥ノ雁腹摺山／檜洞丸／黒岳／大蔵高丸／畦ヶ丸山／滝子山／菰釣山／御正体山／明神ヶ岳／伊豆大島／神塩山／三ツ峠山／三宅島

方位: 110° 120° 130° 南東 140° 150°

50

南南東から西の展望

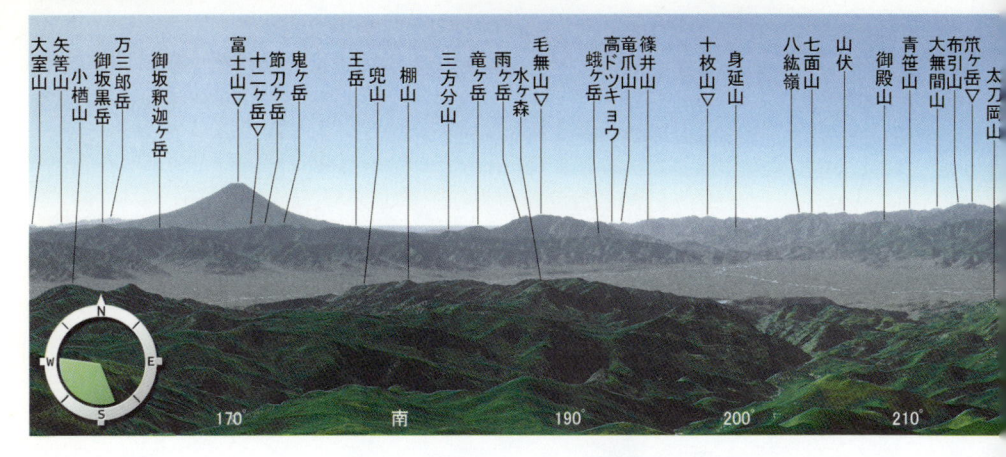

毛無山(1964m) p16　　十枚山(1726m) p22

大室山／矢筈山／万三郎岳／小楢山／御坂黒岳／御坂釈迦ヶ岳／富士山／十二ヶ岳／節刀ヶ岳／鬼ヶ岳／王岳／兜岳／棚山／三方分山／竜ヶ岳／雨ヶ岳／水ヶ森／毛無山／蛾ヶ岳／高ドッキョウ／竜爪山／篠井山／十枚山／身延山／八紘嶺／七面山／山伏／青笹山／御殿山／大無間山／布引山／筑ヶ岳／太刀岡山

170°　　南　　190°　　200°　　210°

西から北東の展望

硫黄岳(2760m) p104　　鹿島槍ヶ岳(2889m) p254

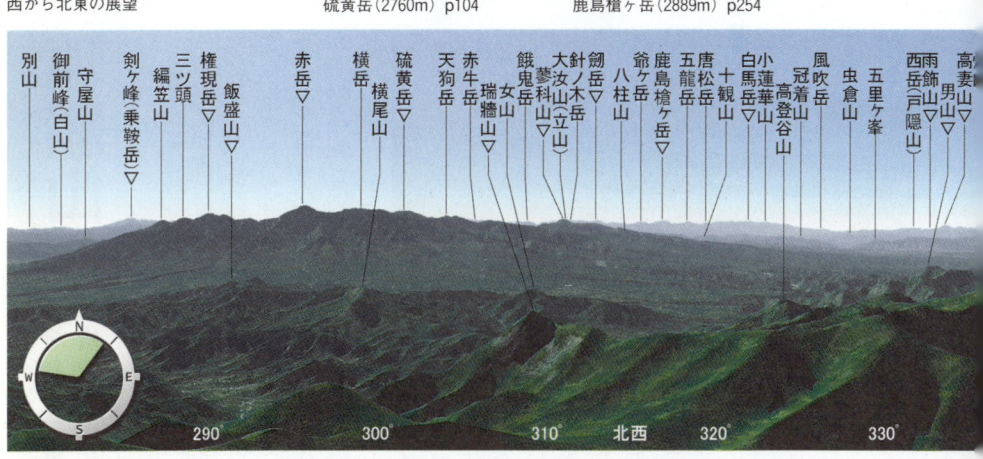

別山／守屋山／御前峰(白山)／剣ヶ峰(乗鞍岳)／編笠山／三ツ頭／権現岳／飯盛山／赤岳／横岳／横尾山／硫黄岳／天狗岳／赤牛岳／瑞牆山／餓鬼岳／女女山／大汝／蓼科山／針ノ木岳／劒岳／八柱山／爺ヶ岳／鹿島槍ヶ岳／唐松岳／五龍岳／白馬岳／十観山／小蓮華岳／高登谷山／風吹岳／冠着山／虫倉山／五里ヶ峯／西岳(戸隠山)／雨飾山／高妻山／男山

290°　　300°　　310°　　北西　　320°　　330°

北東から南南東の展望

甲武信岳(2475m) p44

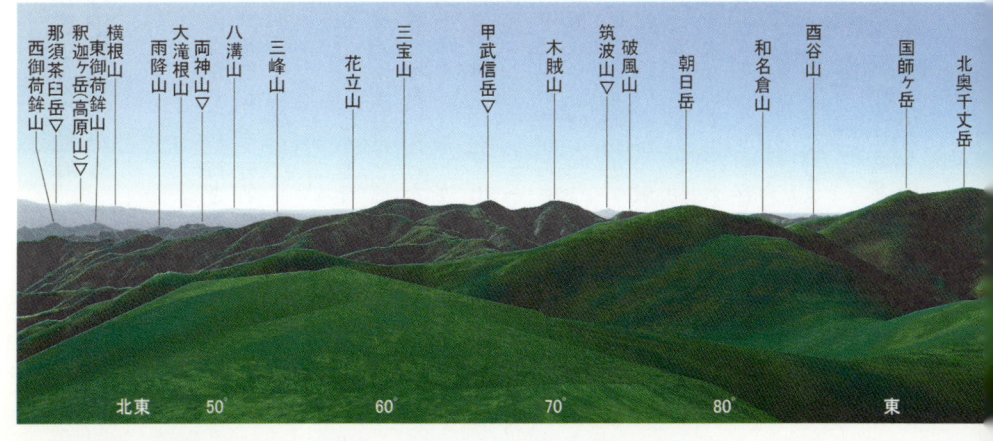

西御荷鉾山／那須茶臼岳／釈迦ヶ岳／高原山／横根山／東御荷鉾山／大滝根山／雨降山／両神山／八溝山／三峰山／花立山／三宝山／甲武信岳／木賊山／筑波山／破風山／朝日岳／和名倉山／西谷山／国師ヶ岳／北奥千丈岳

北東　50°　　60°　　70°　　80°　　東

51　金峰山（奥秩父）

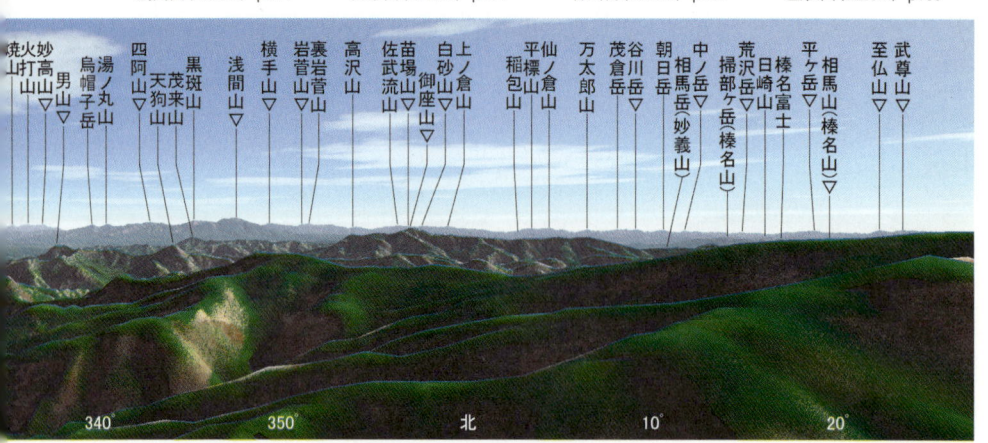

浅間山(2568m) p134　　白砂山(2140m) p154　　谷川岳(1977m) p184　　至仏山(2228m) p168

焼火山　妙高山　打妙山　男山　湯ノ丸　烏帽子岳　黒斑山　茂来山　天狗山　四阿山　浅間山　横手山　岩菅山　裏岩菅山　高沢山　佐武流山　苗場山　御座山　白砂山　上ノ倉山　仙ノ倉山　平標山　稲包山　万太郎山　茂倉岳　谷川岳　朝日岳　中ノ岳　相馬岳(妙義山)　掃部ヶ岳(榛名山)　荒沢岳　日崎山　榛名富士　相馬山(榛名山)　平ヶ岳　武尊山　至仏山

340°　　350°　　北　　10°　　20°

巨岩が林立する黒森付近からの瑞牆山

瑞牆山
みずがきやま

日本離れした奇岩が聳え立つ怪峰。
一枚岩の山頂からは絶景が広がる

奥秩父
標高2230㍍
緯度35度53分37秒
経度138度35分32秒

瑞牆山には強烈な印象がある。20年ほど前、川上村の廻り目平で催された山菜祭りに招待されたことがあった。今ではキャンプ場やバンガローがいくつかあるだけの小平地であった。タラの芽やコゴミ採りなどを楽しんだあと、信州峠経由で帰路についた。その日は天候があまりよくなかったため、峠を越えるとかなり霧が濃くなり、いつしか道を間違えて塩川沿いの林道のほうへと入り込んでしまったらしい。進めば進むほど道が悪くなり不安を募らせる。ふと、林が切れ、開けた草原に出た。覆いかぶさるように巨岩奇岩が無数に突き出た山が霧をごうごうと巻きつけながら聳え立っているではないか。「あれはいったい!?」そう思いながらも恐怖に駆られて、一目散に来た道を戻っていった。

その後、その山が瑞牆山という山であることを知り、何回か訪れてはいるが、未だにあの時と同じ姿を見せてくれたことはない。初めて出会う人間だけに見せてくれる姿なのかもしれない。

瑞牆山は奥秩父らしさと形容される樹林の山とは異なり、屹立する岩塔の山だ。山頂は一枚岩で、八ヶ岳、五丈ヶ岳、瑞牆ヶ岳などを連ねる北アルプス、左には木曽駒ヶ岳、北岳、仙丈ヶ岳、南駒ヶ岳などの中央アルプス、空木岳、赤石岳、聖岳などの南アルプスが峰を連

52

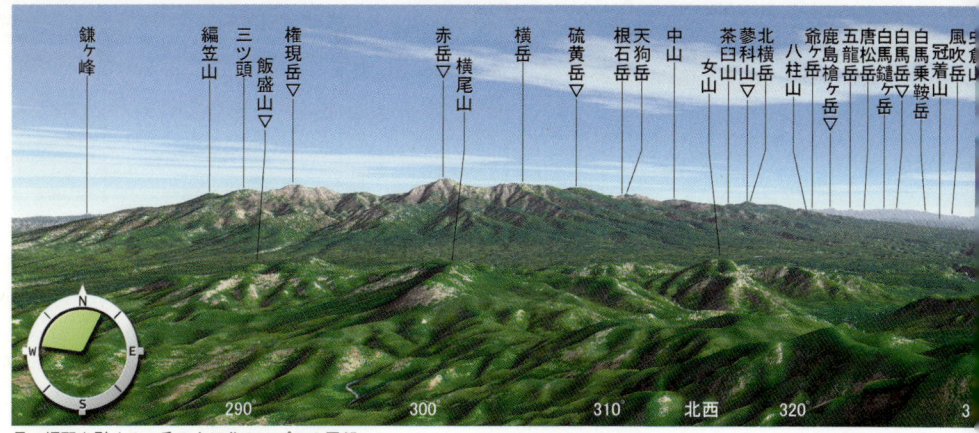

権現岳(2715m) p100　　赤岳(2899m) p18　　蓼科山(2530m) p106

鎌ヶ峰　編笠山　三ツ頭　飯盛山　権現岳▽　横尾山　赤岳▽　横岳　硫黄岳　根石岳　天狗岳　中山　茶臼山　蓼科山▽　北横岳　八柱山　鹿島槍ヶ岳▽　爺ヶ岳　五龍岳　唐松岳　白馬鑓ヶ岳　白馬岳　白馬乗鞍岳　冠雪山　風吹山　白倉山

長い裾野を引く八ヶ岳の上に北アルプスの展望

瑞牆山から見える山
（興味深いもの）

山名	標高	距離	方位
越後駒ヶ岳	2003	143.2	17.4
荒沢岳	1969	142.9	20.2
平ヶ岳	2141	133.5	22.7
燧ヶ岳	2356	133.1	27.6
至仏山	2228	123.5	24.7
白馬岳	2932	121.7	322.3
天城山	1406	120.2	161.8
妙高山	2454	118.7	338.9
五龍岳	2814	113.5	318.6
鹿島槍ヶ岳	2889	111.1	317.1
谷川岳	1977	109.0	16.0
戸隠山	2053	108.7	332.5
苗場山	2145	106.0	4.7
飯縄山	1917	102.5	336.4
御嶽山	3067	100.3	270.2
岩菅山	2295	94.2	358.2
横手山	2307	86.2	356.0
白根山	2160	83.4	356.0
南駒ヶ岳	2841	73.7	253.4
四阿山	2354	73.7	347.4
十枚山	1726	73.6	195.3
三ノ沢岳	2846	73.4	259.2
空木岳	2864	72.6	254.7
木曽駒ヶ岳	2956	72.0	261.0
榛名山	1449	68.8	19.6
聖岳	3013	66.3	218.2
赤石岳	3120	62.0	219.5
富士山	3776	60.3	168.2
悪沢岳	3141	57.2	220.5
浅間山	2568	57.2	353.7
毛無山	1964	53.1	184.7
塩見岳	3047	51.2	226.3
農鳥岳	3026	44.0	226.8
間ノ岳	3189	42.8	230.2
北岳	3192	40.1	232.8
赤岳	2899	21.8	293.2

ねる。さらに左には富士山の姿も認められる。もっとも遠くに見えるのは、ほぼ北の方角の越後駒ヶ岳。その距離は143.2㎞。金峰山と組んで登られることも多い。シャクナゲの咲く初夏に訪れるのも良いだろう。中央本線韮崎駅から増富温泉行きのバスに乗って、タクシーを使って瑞牆山荘まで入ったほうが楽だ。瑞牆山荘からは急坂を登って、富士見平小屋の建つ富士見平に出る。ここで金峰山への道と分かれ、天鳥沢へと下りて行く。岩場付近は他の登山者からの落石などに十分注意したい。帰路は往路を戻ることになるが、別コースとして不動滝を経て黒森へ抜けるコースもある。このコースをとる場合、途中で一泊を必要とする。

53　瑞牆山（奥秩父）

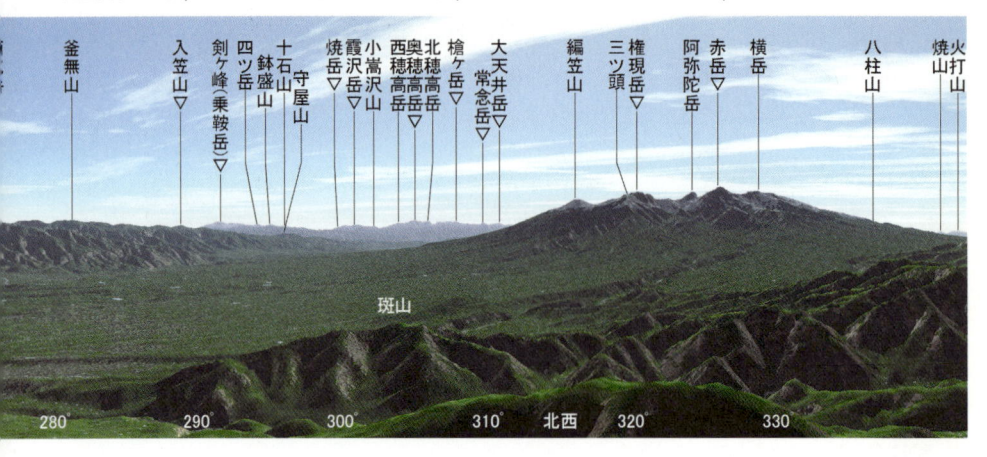

入笠山(1955m) p94　　奥穂高岳(3190m) p290　　赤岳(2899m) p18

火打山／焼山／八柱山／横岳／赤岳／阿弥陀岳／権現岳／三ツ頭／編笠山／大天井岳／常念岳／槍ヶ岳／北穂高岳／奥穂高岳／西穂高岳／小嵩沢山／霞沢岳／焼岳／十石山／鉢盛山／四ツ岳／剣ヶ峰(乗鞍岳)／守屋山／入笠山／釜無山

斑山

280°　290°　300°　310° 北西　320°　330°

茅ヶ岳（金ヶ岳）

大きな裾野を持つ展望抜群の独立峰

奥秩父
標高1764メートル
緯度35度48分12秒
経度138度30分34秒

曲岳から見る茅ヶ岳。背景は南アルプス

ニセ八ツなどと言われて、気象条件が悪い時などは見慣れた人でも八ヶ岳と間違える不遇の山、というのが一般的な茅ヶ岳に対する見方かもしれない。また、最近では『日本百名山』の深田久弥が登山中に急逝した地としても知られている。

それにしても、このあたりはなかなかユニークで味わい深い山が揃っていると思う。茅ヶ岳もそうだが、東側の曲岳から黒富士にかけて、いずれも古い火山であるため、適度な岩場があり、道も不明瞭なところが多く、とくにヤブが枯れて雪が積もった冬の一日を楽しむのにもってこいの山々である。

初めて茅ヶ岳を訪れた時には、どうしたわけか麓は快晴なのに、山頂に雪雲がからみつくという特異な天候になってしまった。南アルプスや八ヶ岳の裾野はさんさんと日が照っているのに、ミゾレまじりの強風が吹き荒れ、展望どころではなかった。明野に下る頃にようやく雲が切れ、次々と役者が顔を出してきた。とても我慢できず、山頂へ引き返したこととは言うまでもない。

山頂からは北西に八ヶ岳が大きく構え、南には甲斐駒ヶ岳から早川尾根を越えて北岳、赤石岳、悪沢岳などの南アルプスが、八ヶ岳と南アルプスの間に槍ヶ岳、大天井岳、乗鞍岳などの北アルプスが見える。もっとも遠くに見える山は、距離131キロを越えた新潟県頸城山塊の焼山、火打山の隣にある標高2400メートルの今も噴煙を上げる火山である。

54

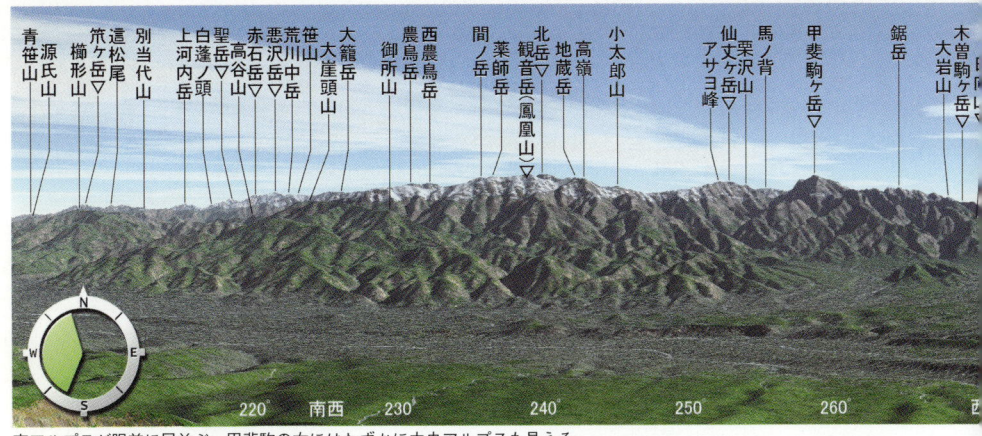

笊ヶ岳(2629m) p226　　悪沢岳(3141m) p216　　北岳(3192m) p204　　甲斐駒ヶ岳(2967m) p208

パノラマ上のラベル（左から右）：
青笹山／源氏山／笊ヶ岳／櫛形山／這松尾／別当代山／上河内岳／白蓬ノ頭／聖岳／赤石岳／悪沢岳／笹山／荒川中岳／笹山／大籠岳／大崖頭山／農鳥岳／西農鳥岳／間ノ岳／北岳／観音岳(鳳凰山)／薬師岳／地蔵岳／高嶺／小太郎山／仙丈ヶ岳／馬ノ背／栗沢山／アサヨ峰／甲斐駒ヶ岳▽／鋸岳／木曽駒ヶ岳／大岩山

220° 南西　230°　240°　250°　260°

南アルプスが眼前に居並ぶ。甲斐駒の右にはわずかに中央アルプスも見える

茅ヶ岳(金ヶ岳)から見える山
（興味深いもの）

山 名	標高	距離	方位
焼山	2400	131.0	341.2
火打山	2462	130.3	342.4
妙高山	2454	125.8	343.7
黒姫山	2053	117.2	343.0
飯縄山	1917	109.2	342.1
槍ヶ岳	3180	97.9	307.8
大天井岳	2922	95.8	310.8
焼岳	2455	95.5	299.7
涸沢岳	3110	95.0	305.3
奥穂高岳	3190	94.5	305.0
四ツ岳	2751	94.3	294.1
大日岳	3014	92.6	291.4
乗鞍岳	3026	92.5	291.6
十石山	2525	92.0	296.5
常念岳	2857	91.2	309.6
霞沢岳	2646	91.0	300.8
蝶ヶ岳	2677	88.7	307.5
四阿山	2354	82.4	353.9
鉢盛山	2446	75.0	295.0
浅間山	2568	66.9	1.0
蛭ヶ岳	1673	66.9	121.4
木曽駒ヶ岳	2956	63.7	268.8
十枚山	1726	62.1	191.0
将棊頭山	2730	61.6	270.2
聖岳	3013	53.8	218.5
富士山	3776	52.9	158.0
御正体山	1682	51.9	132.4
赤石岳	3120	49.5	220.1
笊ヶ岳	2629	47.7	208.3
身延山	1153	45.8	190.6
悪沢岳	3141	44.7	221.5
守屋山	1650	41.7	296.0
三ツ峠山	1785	39.1	135.9
滝子山	1610	36.3	121.7
入笠山	1955	32.2	288.7
大菩薩峠	1897	31.9	103.3

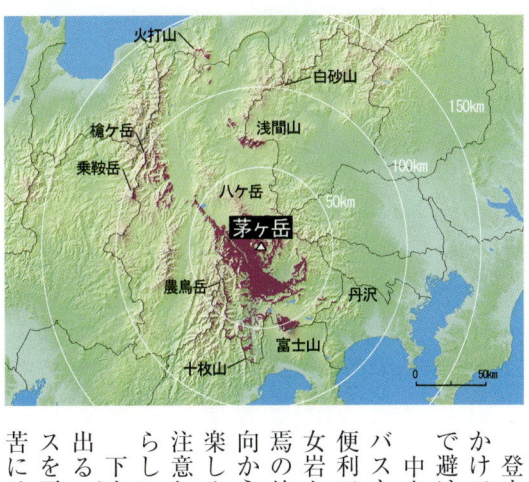

地図ラベル：火打山／白砂山／槍ヶ岳／浅間山／乗鞍岳／八ヶ岳／茅ヶ岳／農鳥岳／丹沢／十枚山／富士山

登山に適した季節は、初冬と春から初夏にかけてである。夏期はヤブがうるさくなるので避けたほうが良い。

中央本線韮崎駅から登山口の大明神(だいみょうじん)へはバスも出ているがタクシーを利用したほうが便利である。女岩までは荒れた林道を歩く。女岩からは急な坂道となり、途中深田久弥終焉の地の木柱を見て茅ヶ岳山頂に着く。次に向かう金ヶ岳よりも若干展望は良いので十分楽しみたい。金ヶ岳まではザレたやせ尾根を注意しながら歩く。金ヶ岳からの展望も素晴らしい。

下山は明野方面へ下る。韮崎駅へのバスが出る浄居寺(じょうこじ)までは距離があるが、南アルプスを正面に見ながらの明るく楽しい道なので苦にはならないだろう。

55　茅ヶ岳（奥秩父）

聖岳(3013m) p216　　塩見岳(3047m) p208　　北岳(3192m) p200　　甲斐駒ヶ岳(2967m) p204

大岩山／水ヶ森／鋸岳／甲斐駒ヶ岳▽／双児山／栗沢山／仙丈ヶ岳▽／小仙丈ヶ岳／帯那山／大仙丈ヶ岳▽／高嶺／観音岳(鳳凰山)▽／薬師岳▽／北岳▽／辻山／棚山／間ノ岳▽／大崖頭山／西農鳥岳／農鳥岳▽／大唐松山／広河内岳▽／塩見岳▽／大籠岳／蝙蝠岳／笹山／徳右衛門岳／櫛形山／蟠蟲岳／千枚岳▽／悪沢岳▽／赤石岳▽／小赤石岳／兎岳▽／聖岳▽／白蓬ノ頭／上河内岳▽／笊ヶ岳／布引山

240　　　　250　　　　260　　　　西

大菩薩峠
闊達な草原から見る富士と南アルプスの美しい取り合わせ

中里介山の小説『大菩薩峠』で有名になった峠。大菩薩嶺はもともと塩山側では鍋頭と呼ばれていたようだ。地形図作成の時に山名を聞かれた地元民が、峠に嶺の字があてられていたため、峠と思って大菩薩嶺と答え、その名になったと言われる。

大菩薩の名の由来は『甲斐国誌』によれば、奥羽征伐の途中にあった新羅三郎義光が、この峠の付近で道に迷っていると、一人の樵が現れて義光を山頂に案内した。すると山頂からは笛吹川に源氏の白旗がなびいているのが見え、義光が思わず「ああ八幡大菩薩」と叫んで振り返ると樵の姿は消えていた。「あれこそ菩薩の化身だったか」と、ここに八幡大菩薩を祀ったことにはじまる。

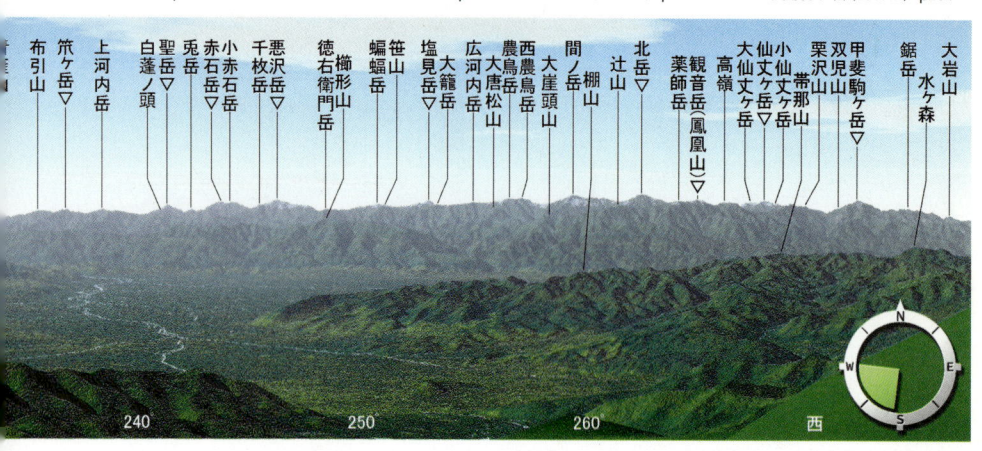

大菩薩嶺の山頂は奥秩父に似た黒木に覆われて展望がきかないが、南面の雷岩から大菩薩峠にかけては気持ちの良いカヤトの尾根が続いており、富士と南アルプスの取り合わせが見事なパノラマで満喫できる。

上図のパノラマは旧大菩薩峠があった妙見ノ頭付近からの眺望である。春、桃の花が盆地が手前に広がり、彼方に壁のように連なる高峰は南アルプス。淡い紅色の霞に覆う頃、白いアルプスとのコントラストが美しい。手前の塩ノ山はさながら桃色の海に浮かぶ島であろうか。

もっとも遠くに見える山は日光連山の女峰山。その間の距離は134.1キロ。山荘のあるところからは富士山は見えないが、少し大菩薩嶺の方向にいくと、日川ひ

妙見ノ頭付近から見る大菩薩嶺

大菩薩
標高 1897メートル
緯度 35度44分10秒
経度 138度51分12秒

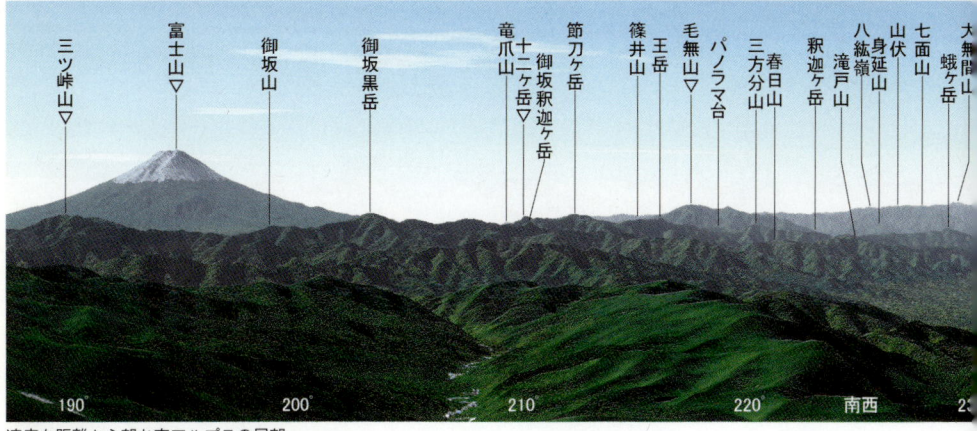

富士山(3776m) p86　　御坂十二ヶ岳(1683m) p12　　毛無山(1964m) p16

三ツ峠山▽／富士山／御坂山／御坂黒岳／御坂釈迦ヶ岳／節刀ヶ岳／竜爪山／十二ヶ岳▽／篠井山／パノラマ台／毛無山▽／王岳／三方分山／春日山／釈迦ヶ岳／滝戸山／八紘嶺／山伏／身延山／七面山／蛾ヶ岳／大無間山

190°　200°　210°　220°　南西

適度な距離から望む南アルプスの展望

大菩薩峠から見える山
（興味深いもの）

山名	標高	距離	方位
女峰山	2483	134.1	27.0
日光太郎山	2367	132.6	25.0
加波山	709	132.0	61.3
男体山	2484	127.7	26.4
継子岳	2859	125.1	279.6
筑波山	860	124.7	63.8
大日岳	3014	124.3	289.5
乗鞍岳	3026	124.2	289.6
愛宕山	408	123.8	123.4
十石山	2525	123.4	292.9
伊予ヶ岳	337	118.9	125.6
鉢盛山	2446	106.5	291.7
大無間山	2329	82.3	229.8
聖岳	3013	73.4	241.9
守屋山	1650	73.2	290.7
赤石岳	3120	70.0	244.3
篠井山	1394	66.6	215.6
悪沢岳	3141	66.1	246.9
入笠山	1955	64.1	286.2
笊ヶ岳	2629	63.9	237.4
塩見岳	3047	63.3	253.6
仙丈ヶ岳	3033	60.6	268.5
間ノ岳	3189	57.4	260.1
農鳥岳	3026	57.2	257.3
北岳	3192	56.0	263.1
甲斐駒ヶ岳	2967	55.8	272.6
アサヨ峰	2799	55.3	269.6
身延山	1153	54.5	226.6
阿弥陀岳	2805	51.7	300.5
赤岳	2899	50.8	300.9
権現岳	2715	50.5	298.1
鳳凰山	2840	49.7	265.7
櫛形山	2052	46.8	249.4
毛無山	1964	45.2	218.3
茅ヶ岳	1764	31.9	283.5
陣馬山	855	29.8	108.0

ダムの上に富士山が見える。峠から見えるもっとも高い山はわが国第2位の北岳ということになる。また北アルプスは嶺からは計算上は見えることになるが、実際は難しい。

中央本線塩山駅から登り始めるバスが着く裂石からの登山道は広葉樹が美しく、車が入る上日川峠から登り始める人が多いが、新緑、紅葉の頃は楽しみが多い。また、大菩薩峠を南北に挟む石丸峠、丸川峠を結んで雰囲気の良い峠なので、ぜひこれらの峠は静かで霧川峠には丸川峠にはロープで囲まれてはいるもののお花畑があり、季節の花を楽しむことができる。

大菩薩峠から丹波、小菅へと抜ける旧青梅街道をたどるのも良い。ただし、下山してからの奥多摩駅へのバスが少ないので、事前にチェックしておくこと。

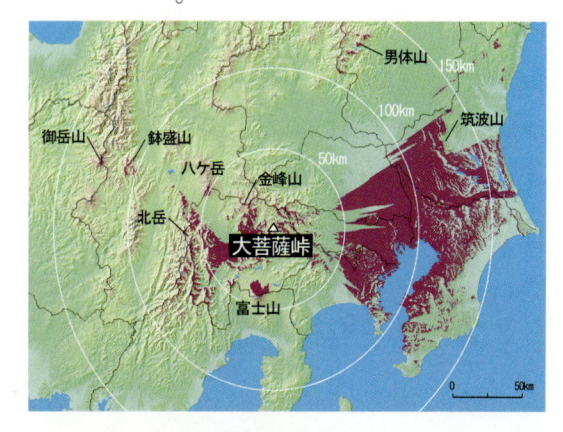

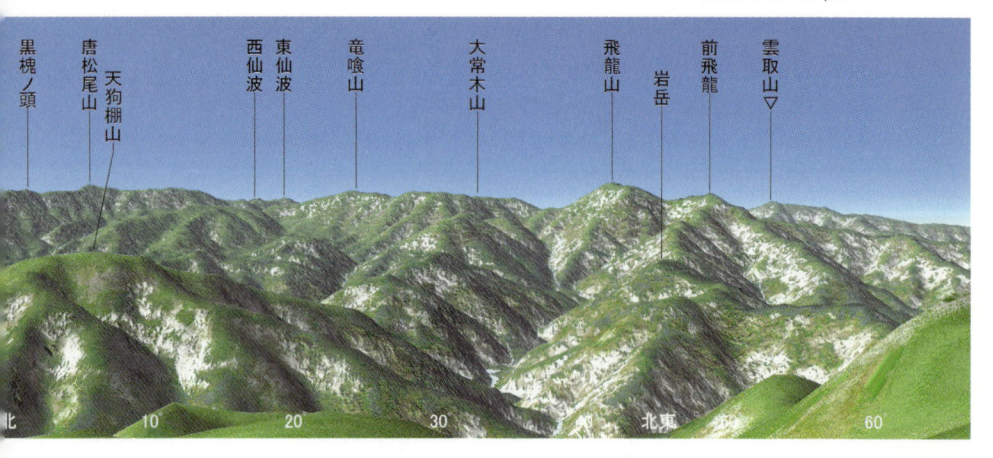

雲取山(2017m) p38

パノラマ図の山名ラベル（左から右）:
黒槐ノ頭／唐松尾山／天狗棚山／西仙波／東仙波／竜喰山／大常木山／岩岳／飛龍山／前飛龍／雲取山▽

黒川鶏冠山
くろかわけいかんざん

奥秩父の峰々を間近に望む　大菩薩連嶺北端の岩頭の山

大菩薩
標高　1716メートル
緯度　35度47分19秒
経度　138度50分09秒

六本木峠付近から見る黒川鶏冠山（撮影：寺田政晴）

黒川鶏冠山は山よりも、その麓にある武田の隠し金山である黒川金山のほうが有名かもしれない。かつては黒川千軒、丹波千軒と呼ばれるほどの賑わいを見せた鉱山町が広がっていた。今でも金山跡には廃坑や石臼、銅銭などが散在する遺跡となっている。近年、遺物が勝手に持ち出されるなど、荒廃が進行しており早期の調査と保全対策が待たれる。

さて、この山はわたしが初めて買った山靴の足馴らしに訪れた山である。柳沢峠からのアプローチであればほとんどアップダウンもなくたどり着けるので、初心者には最適な山である。

黒川鶏冠山とひと口に言われるが、この山は三角点のある黒川山と鶏冠神社を祀った鶏冠山のふたつの山からなっている。鶏冠山は小さいながらも岩稜となっており高度感もあって変化が楽しめる。

一点360度とはいかないが、山頂付近にはいくつか展望スポットがある。鶏冠山の岩峰からは奥秩父方面が指呼の間。黒川山山頂付近の展望台からは奥秩父方面が良く眺められる。唐松尾山方面も見られる。

また、西に目を転じれば将棊頭山などの中央アルプス、北岳、間ノ岳、仙丈ヶ岳、赤石岳などの南アルプスも見ることができる。もちろん富士山も立派な三角錐の大菩薩嶺の右に見えている。

もっとも遠くに見える山は、千葉県佐原市の妙見山で距離は156.7キロ、標高は42メートルである。

登山口となる柳沢峠へは公共交通機関がないので、

金峰山（2599m）p48

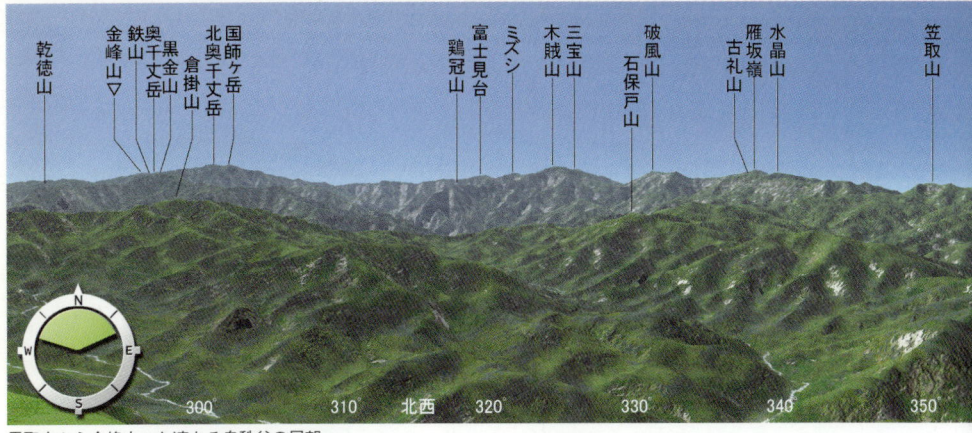

乾徳山 / 金峰山▽ / 鉄山 / 奥千丈岳 / 北奥千丈岳 / 国師ヶ岳 / 倉掛山 / 富士見台 / 鶏冠山 / ミズシ / 木賊山 / 三宝山 / 破風山 / 石保戸山 / 雁坂嶺 / 古礼山 / 水晶山 / 笠取山

雲取山から金峰山へと連なる奥秩父の展望

黒川鶏冠山から見える山
（興味深いもの）

山名	標高	距離	方位
清澄山	377	138.2	119.7
愛宕山	408	128.4	125.2
御嶽山	3067	123.0	275.8
鹿野山	379	118.8	119.5
鋸山	329	114.8	127.0
将棋頭山	2730	91.2	271.3
大無間山	2329	85.0	226.1
兎岳	2818	76.0	238.5
聖岳	3013	75.0	237.4
十枚山	1726	72.4	215.1
赤石岳	3120	71.3	239.6
荒川中岳	3083	68.6	242.0
悪沢岳	3141	67.2	241.8
布引山	2584	67.1	231.3
千枚岳	2880	66.2	240.9
笊ヶ岳	2629	66.0	232.4
七面山	1989	64.1	223.6
塩見岳	3047	63.7	248.2
蝙蝠岳	2865	62.4	245.8
仙丈ヶ岳	3033	59.4	262.8
身延山	1153	57.6	221.3
農鳥岳	3026	57.2	251.2
間ノ岳	3189	57.1	254.1
編笠山	2514	57.1	270.2
北岳	3192	55.4	257.0
甲斐駒ヶ岳	2967	54.2	266.5
鳳凰山	2840	48.9	258.8
富士山	3776	48.4	191.7
櫛形山	2052	47.7	242.2
塔ノ岳	1491	47.5	141.2
陣馬山	855	33.5	116.7
茅ヶ岳	1704	29.1	271.5
金峰山	2599	21.1	295.9
北奥千丈岳	2601	17.3	300.9
雲取山	2017	12.2	52.7
乾徳山	2031	11.5	289.3

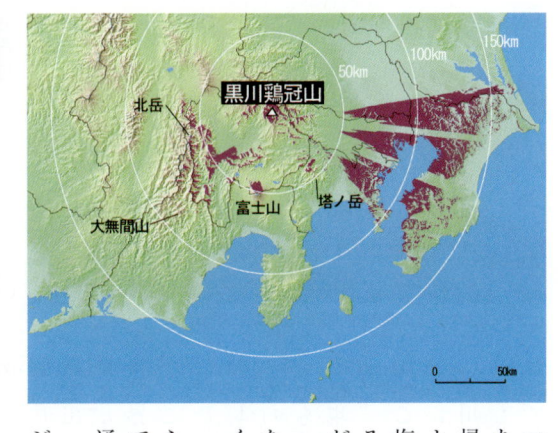

マイカーが便利である。峠には無料駐車場がある。中央本線塩山駅からタクシーで入って、帰路の柳沢峠までタクシーに迎えを頼んでもよいが、丸川峠から大菩薩登山口に下りれば塩山駅行きのバスがある。北面の落合へ抜けるコースもよいが、やはり下山後の交通手段がない。

柳沢峠からは、六本木峠、横手峠とたどり、なだらかな登りで黒川山と鶏冠山の分岐に着く。およそ2時間の行程だ。

黒川金山跡は東の黒川谷にあり、横手峠から入るルートもあるが、踏跡程度で一般向きではない。青梅街道の三条新橋から登山道が通じているので、そこから入ることになる。5月から6月にかけてはシャクナゲやツツジが美しい山である。

59　黒川鶏冠山（大菩薩）

甲斐駒ヶ岳(2967m) p204

燕頭山／栗沢山／甲斐駒ヶ岳▽／駒津峰／笹子雁腹摺山／お坊山

250°　260°　西　280°　290°

初狩駅付近から見る高川山（撮影：須部方夫）

高川山
たかがわやま

中央本線の駅前から登って楽しめるアルプス展望の山

大菩薩
標高976メートル
緯度35度35分10秒
経度138度54分07秒

中央線沿線の低山コースの中で高川山はもっとも人気の高い山だ。なんといっても、駅前登山とも言うべきアプローチの良さと、適度な歩行タイム、そしてご覧の大展望である。

標高こそ1000メートルに満たないため、上から見下ろす展望というよりは見上げる様相に近いが、大菩薩、道志から桂川流域の山々をはじめ、丹沢方面まで迫力ある展望が楽しめる。三ツ峠山と杓子山を両翼に従えた富士の姿も絵になる。

そして忘れてはならないのが南アルプスの存在だ。遠望のきく時期であれば甲斐駒ヶ岳と鳳凰三山が笹子雁ヶ腹摺山の左の鞍部から顔を出す。ひとつ隣の窓からは間ノ岳と西農鳥岳が見えるはずだ。残念ながら北岳は、大月市と御坂町の境界にある大洞山付近の稜線に隠されて見えないが、これだけ見えれば文句は言えない。ぜひ小型の双眼鏡などを持参してじっくりと山座同定したいものだ。

もちろん、中央・北の両アルプスは見えない。もっとも遠くに見える山は、千葉県長生郡長柄町にある権現森。標高173メートルの両総台地上にある小さな丘だ。その距離は、119.2キロになる。こんな低山がこれだけ遠くまで見通せるというのも特徴のひとつになるだろう。

高川山の山名は低山紀行で有名な河田禎氏によれば、もともと「たか」と呼ばれ、二十六夜に村人が登って月の出を待つ、いわゆる「二十六夜山」であ

60

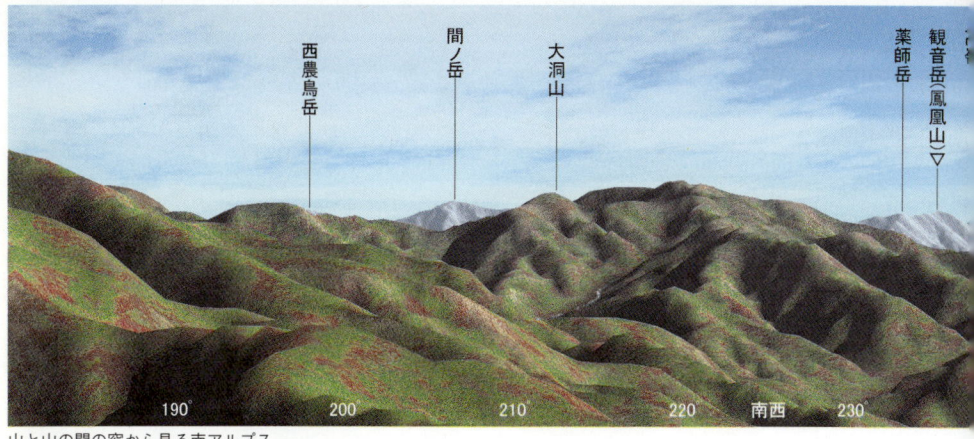

西農鳥岳　間ノ岳　大洞山　薬師岳　観音岳(鳳凰山)▽

山と山の間の窓から見る南アルプス

った。二十六夜の月は下弦の三日月であり、真夜中に昇ってくる。この月の中には、阿弥陀三尊(阿弥陀如来、観音菩薩、勢至菩薩)が見えるといわれ、信仰の対象となっていた。このたかに高の字をあてたようだ。

高川山へのルートは富士急線側からと中央本線側から通じているが、富士急線側から登るよりも中央本線の初狩駅から登ることをおすすめしたい。その理由は、初狩側から登ったほうが展望の開ける感じが大きく、山頂に達して突然目の前に広がるという富士の見え方が感動的であるからだ。初狩駅からのルートは採石場の関係でルートが変更になることがあるので、注意が必要だ。

高川山の西側両川沿いの、大岩、羽子山方面からの縦走も良い。

高川山から見える山
（興味深いもの）

山名	標高	距離	方位
双児山	2649	64.2	286.7
駒津峰	2752	63.5	287.3
甲斐駒ヶ岳	2967	63.1	287.7
摩利支天	2820	62.8	287.5
栗沢山	2714	62.7	285.7
アサヨ峰	2799	61.9	285.3
間ノ岳	3189	61.3	276.4
西農鳥岳	3051	61.0	274.2
高嶺	2779	57.2	284.0
地蔵岳	2764	56.3	284.5
鳳凰山	2840	55.5	283.5
薬師岳	2780	54.8	283.0
高尾山	599	31.2	81.9
宝永山	2693	30.1	206.8
大洞山	536	30.0	84.0
富士山	3756	28.9	212.7
景信山	727	29.2	76.7
鷹ノ巣山	1737	28.8	20.2
城山	1523	28.8	23.6
日陰名栗山	1725	28.0	16.8
長尾山	1424	26.3	230.7
陣馬山	855	25.0	72.9
焼山	1060	24.3	102.3
蛭ヶ岳	1673	24.1	117.1
檜洞丸	1600	21.7	123.0
三頭山	1531	19.7	30.8
大室山	1588	17.2	118.7
蓑釣山	1379	15.2	152.8
黒岳	1793	14.3	254.8
権現山	1312	14.1	49.9
扇山	1138	11.6	60.6
杓子山	1598	11.6	196.2
御正体山	1682	11.3	166.2
雁ヶ腹摺山	1874	11.2	352.1
三ツ峠山	1785	9.3	244.2
滝子山	1610	6.7	316.7

鳳凰山（2840m）p196

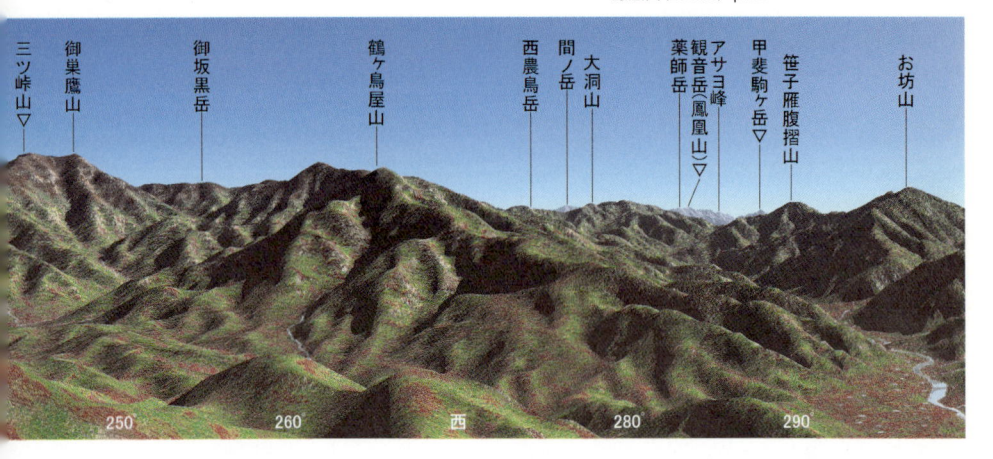

三ツ峠山 / 御巣鷹山 / 御坂黒岳 / 鶴ヶ鳥屋山 / 西農鳥岳 / 間ノ岳 / 大洞山 / アサヨ峰 / 観音岳(鳳凰山)▽ / 薬師岳 / 甲斐駒ヶ岳 / 笹子雁腹摺山 / お坊山

250　260　西　280　290

鷹ノ巣山（1737m）p36

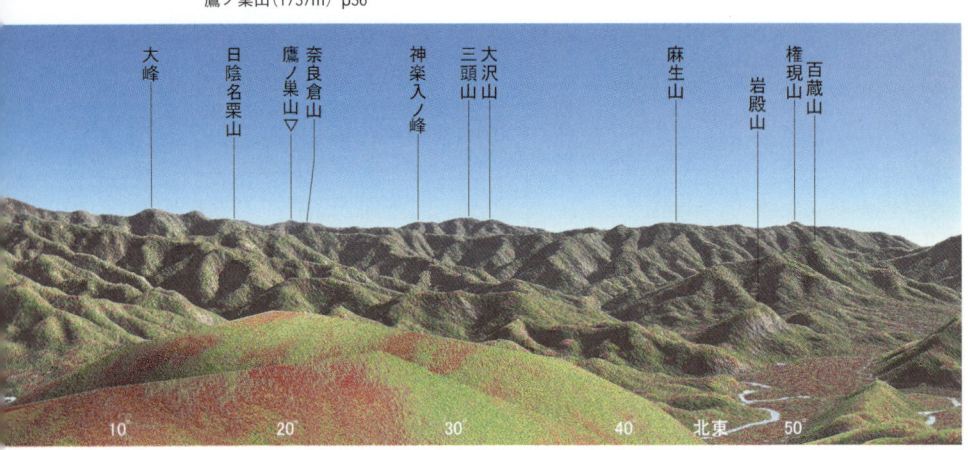

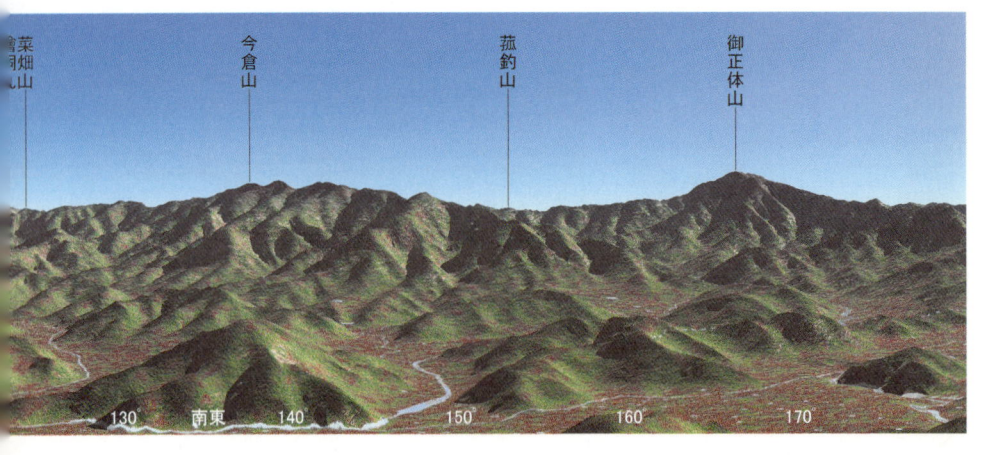

大峰 / 日陰名栗山 / 奈良倉山 / 鷹ノ巣山▽ / 神楽入ノ峰 / 大沢山 / 三頭山 / 麻生山 / 百蔵山 / 権現山 / 岩殿山

10　20　30　40　北東　50

菜畑山 / 今倉山 / 菰釣山 / 御正体山

130　南東　140　150　160　170

62

南から西北西の展望　　杓子山(1598m) p78　　　富士山(3776m) p86

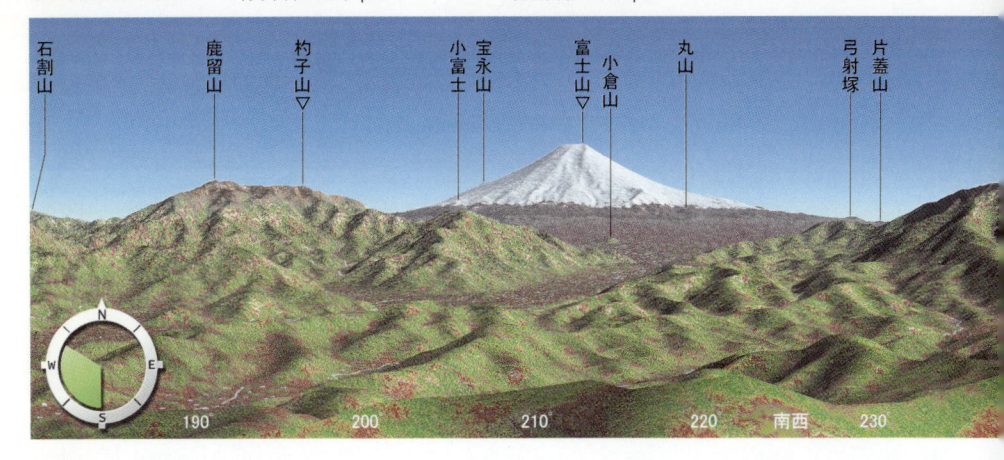

石割山／鹿留山／杓子山▽／宝永山／小富士／富士山▽／小倉山／丸山／弓射塚／片蓋山

190　200　210　220　南西　230

西北西から北東の展望　　　　　　　　　　　　　　　雁ヶ腹摺山（1874m) p14

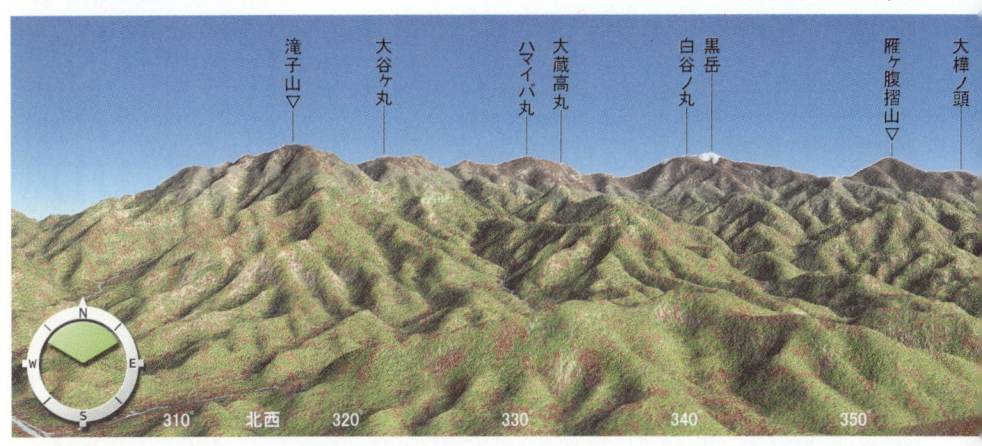

滝子山▽／大谷ヶ丸／ハマイバ丸／大蔵高丸／白谷ノ丸／黒岳／雁ヶ腹摺山▽／大樺ノ頭

310　北西　320　330　340　350

北東から南の展望

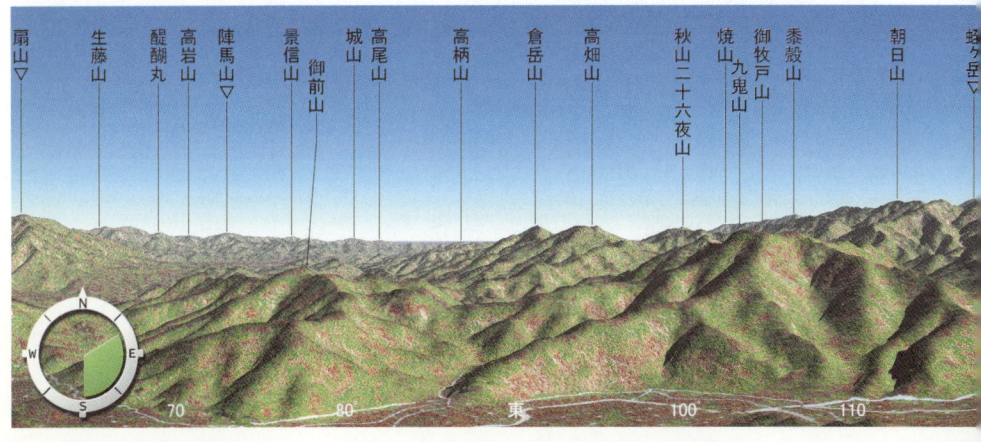

扇山▽／生藤山／醍醐丸／高岩／陣馬山▽／景信山／御前山／城山／高尾山／高柄山／倉岳山／高畑山／秋山二十六夜山／焼山／九鬼山／御牧戸山／黍殻山／朝日山／蛾ヶ岳▽

70　80　東　100　110

63　高川山（大菩薩）

パノラマ山名(左から右):

杓子山 ▽
弓射塚
倉岳山
高畑山
大室山
毛無山(1964m) p16
九鬼山
三ツ峠山
高川山
御坂黒岳
御坂釈迦ヶ岳
赤石岳(3120m) p214
悪沢岳
赤石岳
徳右衛門岳
扇山
笹子雁ヶ腹摺山
滝子山
大谷ヶ丸
ハマイバ丸
大蔵高丸
雁ヶ腹摺山
権現山
雁ヶ腹摺山(1874m) p14
牛奥ノ雁ヶ腹摺山
小金沢山
大菩薩峠
大菩薩嶺 ▽

240°　250°　260°　西　280°

大野貯水池

陣馬山山頂に立つ白い馬の像（撮影：須部方夫）

陣馬山 (じんばさん)

雪がなければ冬でも気軽に家族連れで楽しめる展望の山

高尾・道志
標高 855メートル
緯度 35度39分08秒
経度 139度10分00秒

陣馬山と言えば観光パンフレットや広告などにも登場する、山頂の白馬の像が有名であるが、もとは陣場山であり武田信玄が布陣をしたことが由来であるらしい。馬違いといったところか。

それはさておき、陣馬山から高尾山にかけては東京近郊のハイキングエリアとして、家族連れで手軽に楽しめる山域である。しかし、展望の山としても意外にあなどれない一面を持っている。とくに遠望のきく厳冬期に、積雪がなければ容易に山頂に立てることも魅力のひとつだ。

山頂からのパノラマはご覧のように、丹沢、道志山魂、富士、大菩薩、奥多摩、奥秩父、日光の山々と、名だたる山々をぐるりと見渡せる。もっとも遠くに見える山は那須の三本槍岳で、その距離18０・8キロだ。遠望では南アルプス南部の巨峰、悪沢岳と赤石岳を望むこともできる。上図では小さくなってしまっているので次頁に拡大図を載せた。なお、陣馬山のお隣の高尾山からは農鳥岳、塩見岳、蝙蝠岳も望むことが可能だ。

陣馬山や高尾山周辺には植物のシモバシラが生えていることが知られている。シモバシラはシソ科の多年草で、冬になると薄い層を幾重にも重ねた非常に美しい霜柱を作ることから、植物の名にもなったものである。この霜柱は根が水を吸い上げたものの、地上の茎が枯れているために、吸い上げた水が茎からこぼれ落ちることで形成されるようだ。

64

蛭ヶ岳(1673m) p32

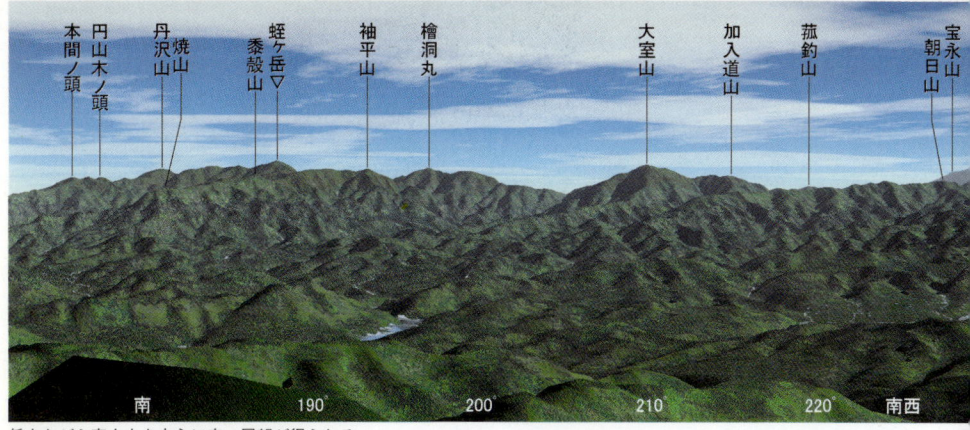

低山ながら富士山を中心に広い展望が得られる

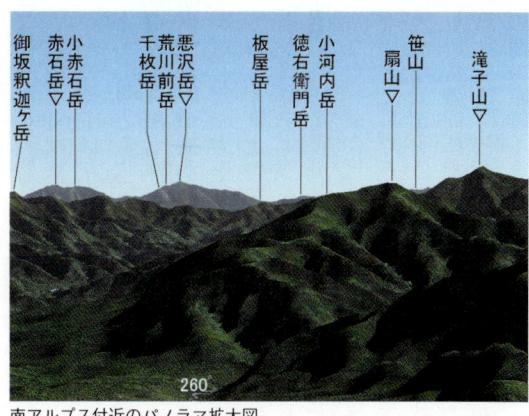

南アルプス付近のパノラマ拡大図

陣馬山から見える山
（興味深いもの）

山名	標高	距離	方位
三本槍岳	1917	180.8	22.9
那須茶臼岳	1915	178.3	23.3
八溝山	1022	173.1	34.7
高原山	1795	148.9	21.4
燧ヶ岳	2356	144.9	4.1
女峰山	2483	132.8	14.3
日光太郎山	2367	132.4	12.3
奥白根山	2578	128.6	8.3
武尊山	2158	128.0	358.6
男体山	2484	126.8	13.1
皇海山	2144	116.1	7.5
庚申山	1892	114.6	8.7
袈裟丸山	1961	111.6	7.4
筑波山	860	105.4	52.5
赤城山	1828	100.8	1.3
愛宕山	408	95.4	128.4
赤石岳	3120	93.9	257.2
悪沢岳	3141	90.7	259.6
千枚岳	2880	89.5	259.2
鹿野山	379	85.3	120.8
鋸山	329	82.0	131.5
毛無山	1964	62.2	245.2
金峰山	2599	54.6	296.5
富士山	3776	51.3	231.0
北奥千丈岳	2601	50.8	298.3
国師ヶ岳	2592	50.8	298.6
乾徳山	2031	45.0	295.0
釈迦ヶ岳	1641	41.5	256.3
黒岳	1793	39.3	253.7
堂ヶ山	876	39.2	3.1
三ツ峠山	1785	34.3	250.7
黒川鶏冠山	1716	33.5	296.9
杓子山	1598	32.9	235.8
大菩薩嶺	2057	30.9	290.3
西谷山	1718	30.6	332.6
雲取山	2017	30.2	318.2

陣馬山にもっとも手軽に登るには、和田峠までマイカーで入り直登する。和田峠には有料駐車場もある。展望を目当てに時間を稼ぎたければこの最短コースが良いだろう。ただし、冬季は積雪のため車が入れないことが多い。バスを使う場合は、京王八王子駅からのバス終点の陣馬高原下から和田峠まで約1時間の車道歩きとなる。

山をじっくり楽しみたければ、陣馬高原下から底沢峠、明王峠を経て歩くのも良い。また、八王子城址を出発して、北高尾の尾根道をたどって陣馬山に至るのも静かで良い雰囲気が楽しめる。陣馬山だけではもの足りない方には、陣馬山の展望を楽しんだ後、生藤山へ縦走し、石楯尾神社から中央本線上野原駅に出るコースも良い。

富士山(3776m) p88

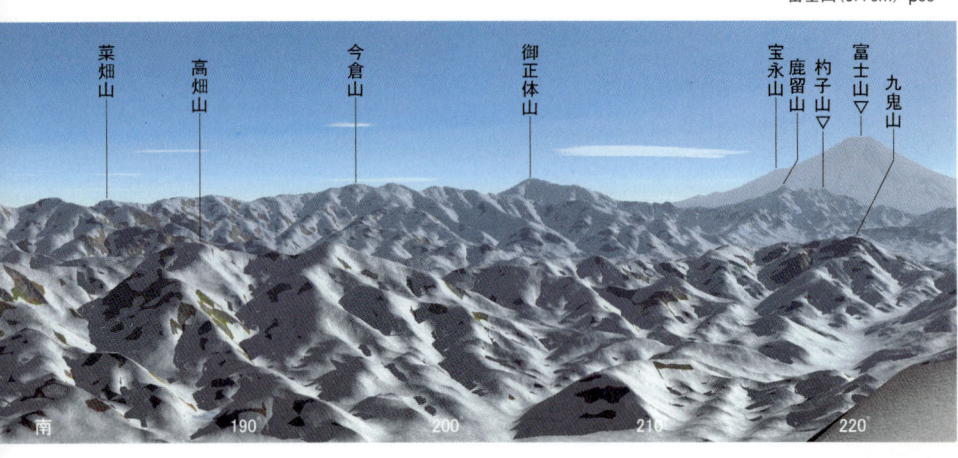

菜畑山　高畑山　今倉山　御正体山　宝永山　鹿留山　杓子山▽　富士山▽　九鬼山

南　190　200　210　220

扇山
おうぎやま

葛飾北斎の見た富士の眺めも楽しめる　低山ハイクに最適の山

扇山周辺は都心からの近さなどが災いしてゴルフ場が増え、ゴルフ場銀座になってしまっている。古くからの里山の雰囲気がこうして失われていくのはいたたまれない思いだ。中央本線の梁川駅から鳥沢駅にかけて車窓の右に見える扇形の山が扇山である。低山ハイキングコースとして、初心者からベテランまで人気の高い山である。

扇山からは富士の眺めが良い。このあたりからの富士は左右に均衡のスロープをたらしどっしりとした安定感がある。麓の旧甲州街道の犬目からは葛飾北斎の富嶽三十六景・甲州犬目峠が描かれている。平成12年に大月市が選んだ『秀嶺富岳12景』のひとつにも入っている。富士の他にも広い山頂からは若干木立が邪魔をするものの、道志、丹沢といった山々の好展望が得られる。

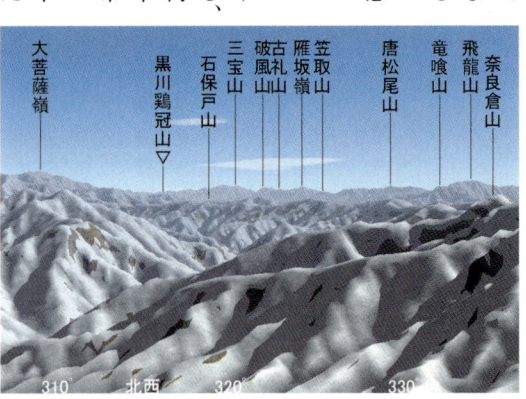

また、聖岳、赤石岳、悪沢岳、塩見岳などの南アルプスのうちひとつでも見えないと、なにか残念な気がするが、これで少しは気持ちも晴れるだろう。南アルプスは滝子山と御坂黒岳の間にできた「窓」から望むことができる。もっとも遠くに見える山は、福島県矢祭町と茨城県里美村にまたがる三鈷室山。阿武隈山地の871メートルの山だ。その間の距離190.6キロ。

奈良倉山　飛龍山　竜喰山　唐松尾山　笠取山　雁坂嶺　古礼山　破風山　三宝山　石保戸山　黒川鶏冠山▽　大菩薩嶺

310　北西　320　330

奥秩父方面のパノラマ拡大図

高尾・道志
標高1138メートル
緯度35度38分15秒
経度139度00分50秒

蛭ヶ岳（1673m）p32

降雪直後の丹沢から道志の山々の展望

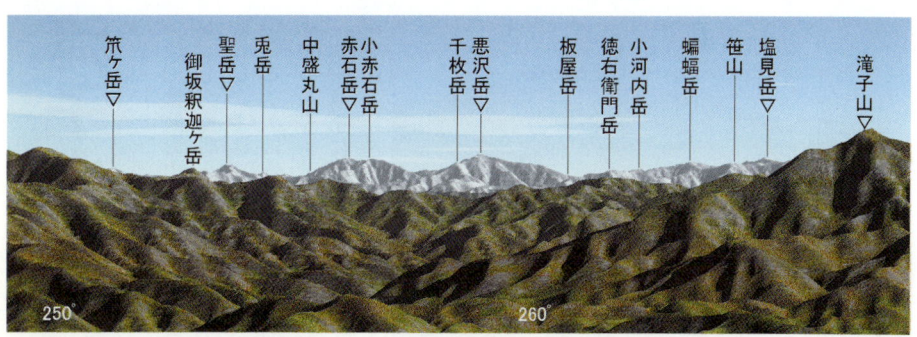

扇山からは南アルプスの主要な部分が見える

扇山から見える山
（興味深いもの）

山名	標高	距離	方位
加波山	709	125.5	53.9
筑波山	860	117.6	55.9
兎岳	2818	84.2	254.2
聖岳	3013	82.7	253.5
赤石岳	3120	80.0	256.1
悪沢岳	3141	76.8	258.8
塩見岳	3047	75.6	264.8
笊ヶ岳	2629	72.3	251.1
富士山	3776	40.2	220.3
釈迦ヶ岳	1641	27.8	252.8
黒岳	1793	25.7	248.5
雲取山	2017	25.0	345.3
黒川鶏冠山	1716	23.2	316.1
丹沢山	1567	22.5	143.2
杓子山	1598	21.5	218.4
三ツ峠山	1785	20.9	242.2
高尾山	599	20.8	93.6
蛭ヶ岳	1673	20.2	145.9
大菩薩嶺	2057	19.6	309.0
御正体山	1682	18.2	204.0

パノラマ図では降雪直後の扇山からの展望を描いてみた。季節や時間を自在に変えることが可能なのが、コンピュータグラフィックスの魅力だ。それはいわば絵筆と同じことなのだが、絵筆の代わりに数値データを使っているところを見たら、北斎先生はなんとおっしゃるだろう。

扇山へは中央本線鳥沢駅から歩くこともできるが、ゴルフ場を大きく迂回していくことになるので、鳥沢駅からタクシーで梨ノ木平に直接入ったほうが気持ちが良い。マイカーの場合は梨ノ木平にスペースがある。下山は三ツ境から梨ノ木平へ出るルート、犬目方面へ出るルートもとれる。犬目に出た場合は四方津駅までバスかタクシーを利用する。歩行時間が長くなるが西側の百蔵山と結ぶ縦走コースも良い。また、北面の権現山と浅川峠を経て結ぶこともできる。

甲武信岳(2475m) p44

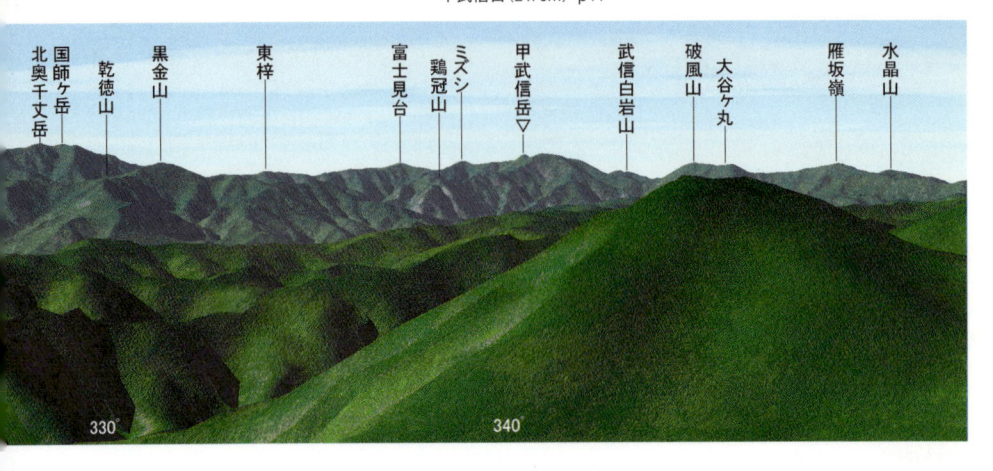

| 水晶山 | 雁坂嶺 | 破風山 | 大谷ヶ丸 | 武信白岩山 | 甲武信岳▽ | ミズシ 鶏冠山 | 富士見台 | 東梓 | 黒金山 | 乾徳山 | 国師ヶ岳 北奥千丈岳 |

330°　340°

初狩駅ホームから見上げる滝子山（撮影：須部方夫）

滝子山 (たきごやま)

北アルプス・南アルプスの大展望が得られる中央本線沿いの雄峰

桂川流域の山から気になる存在として眺められるのが滝子山だ。尾根筋がはっきりとした山容と山頂部の岩稜が、登高意欲をそそられる。中央本線からも大きく望むことができ、標高の割には谷からの立ち上がりが急峻で目立つ山だ。山頂部は三つのピークに分かれていて、別名は三ツ丸という。三角点は山頂から外れた東峰にあり、ややもすると踏むのを忘れてしまいそうだ。

山頂直下には鎮西池という小さな水たまりがあって、古くは水に関係する白龍権現を祀り、池の水に古鏡などを浸すと霊験があるとの言い伝えがあるようだ。

山頂部は岩まじりで東西に長細いため、登山者が多い時は一列に並んで休憩することになる。しかし、展望は素晴らしく、奥秩父や北岳、赤石岳、悪沢岳、聖岳など南アルプスのほとんどが見える。特筆すべきは奥穂高岳、焼岳、笠ヶ岳、乗鞍岳などの北アルプスが見えることだ。次頁に拡大図を載せたが、茅ヶ岳と八ヶ岳の間の窓から穂高連峰を遥かに望むことができる。茅ヶ岳のふたつのピークの間から霞沢岳、茅ヶ岳の左に焼岳も頭を出している。直線距離で130キロ以上もの遠望になるので、冬の季節風が強い日など、好条件を選んで挑戦しないとなかなか拝めないだろう。もっとも遠くに見える山も、北アルプスの笠ヶ岳でその距離は139・8キロになる。

大菩薩
標高 1610メートル
緯度 35度37分49秒
経度 138度51分04秒

68

笠ヶ岳(2897m) p272　　　赤岳(2899m) p18　　蓼科山(2530m) p106

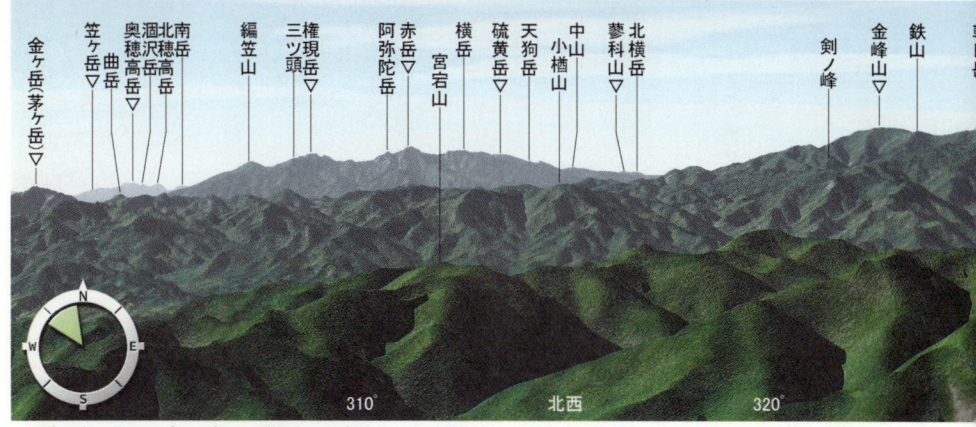

310°　　北西　　320°

八ヶ岳の左に北アルプス、右には重畳とした奥秩父の山が連なる

残念ながら中央アルプスは、南アルプスに隠されてしまうが、富士山は三ツ峠山の上に姿を現している。

滝子山への最短コースは、中央本線笹子駅から吉久保集落を経て、寂惝尾根を登るルートだ。上部へ行くほど岩まじりの急登となるので、一刻も早く展望を得たい場合以外は避けたほうが良いだろう。また、下山に使うのも避けたい山を楽しみながら登るのであれば、ズミ沢をたどるコースが良い。ズミ沢はナメ滝や大滝などをいくつか配し、変化が楽しめる。ズミ沢上流部にはブナ、ミズナラ林が発達し、やまなしの森林百選のひとつになっている。また、沢から稜線に登ったあたりでは初夏にカラマツ林の新緑が美しい。滝子山の北面からは、南大菩薩や小金沢連嶺への縦走コースへも接続している。

滝子山から見える山
（興味深いもの）

山名	標高	距離	方位
笠ヶ岳	2897	139.8	303.3
焼岳	2455	131.8	300.4
奥穂高岳	3190	130.8	304.3
明神岳	2931	129.0	304.0
乗鞍岳	3026	128.5	294.6
十石山	2525	128.2	297.8
霞沢岳	2646	127.4	301.3
鉢盛山	2446	111.2	297.4
守屋山	1650	78.0	298.8
大無間山	2329	75.1	236.6
達磨山	982	74.9	180.8
蓼科山	2530	72.6	316.4
聖岳	3013	68.5	250.5
入笠山	1955	68.1	295.8
赤石岳	3120	65.6	253.6
悪沢岳	3141	62.2	256.8
天狗岳	2646	62.2	314.1
塩見岳	3047	60.8	264.2
硫黄岳	2760	59.6	313.3
蝙蝠岳	2865	58.9	262.2
笊ヶ岳	2629	58.3	247.0
赤岳	2899	57.6	311.1
甲斐駒ヶ岳	2967	57.3	284.4
権現岳	2715	56.8	308.7
間ノ岳	3189	56.4	271.9
アサヨ峰	2799	56.3	281.7
北岳	3192	55.6	275.2
農鳥岳	3026	55.6	269.1
鳳凰山	2840	50.1	279.2
箱根山	1438	46.6	160.6
櫛形山	2052	43.9	263.8
越前岳	1504	43.8	186.7
金時山	1213	40.2	159.6
毛無山	1964	36.6	229.5
茅ヶ岳	1764	36.3	301.9
富士山	3756	31.2	200.6

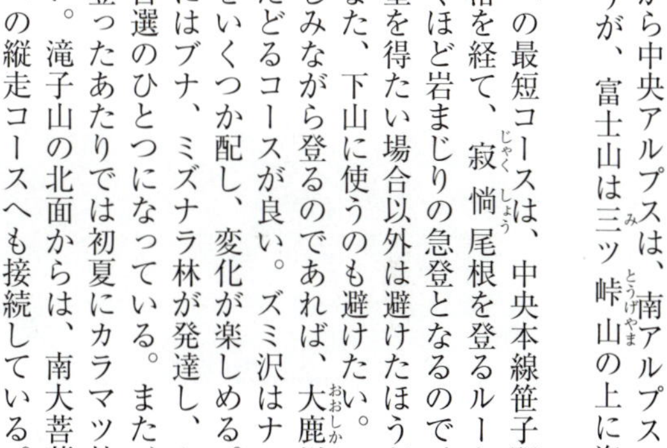

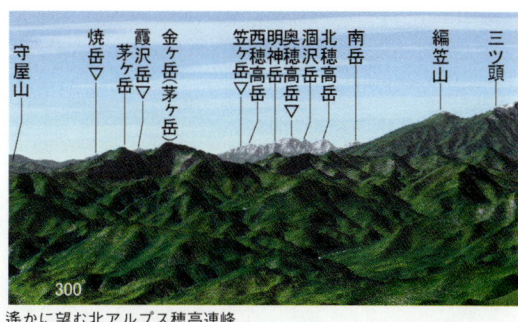

300°

遥かに望む北アルプス穂高連峰

69　滝子山（大菩薩）

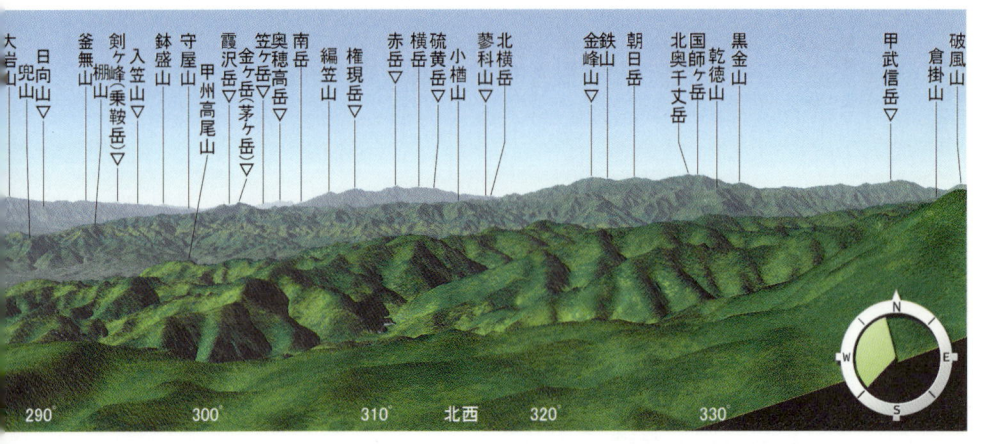

入笠山(1955m) p232　　権現岳(2715m) p100　　金峰山(2599m) p48　　甲武信岳(2475m) p44

パノラマ山名（290°〜330°、北西）:
大岩／日向山／釜無／剣ヶ峰(乗鞍岳)／入笠山／鉢盛山／守屋山／甲州高尾山／霞沢岳／金ヶ岳(茅ヶ岳)／奥穂高岳／笠ヶ岳／南岳／編笠山／権現岳／赤岳／横岳／硫黄岳／小楢山／蓼科山／北横岳／鉄山／金峰山／朝日岳／国師ヶ岳／北奥千丈岳／乾徳山／黒金山／倉掛山／破風山／甲武信岳

陣馬山(855m) p64

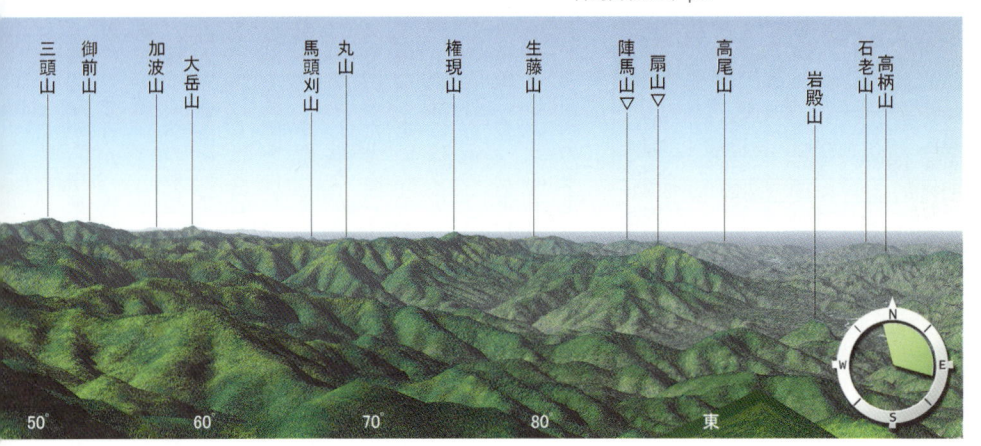

パノラマ山名（50°〜80°、東）:
三頭山／御前山／加波山／大岳／馬頭刈山／丸山／権現山／生藤山／陣馬山／扇山／高尾山／岩殿山／高柄山／石老山

達磨山(982m) p24　　富士山(3776m) p86

パノラマ山名（170°〜210°、南）:
遠笠山／鹿留山／杓子山／達磨山／位牌岳／越前岳／鶴ヶ鳥屋山／富士山／三ツ峠山／本社ヶ丸／清八山／大室山／御坂山

70

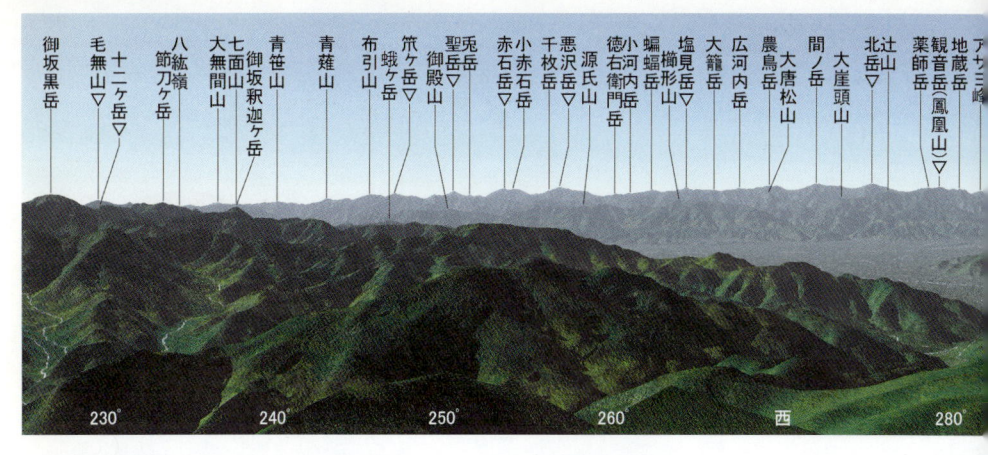

南西から北北西の展望　　　笊ヶ岳(2629m) p222　　悪沢岳(3141m) p212　　北岳(3192m) p200

御坂黒岳／毛無山／十二ヶ岳▽／八紘嶺／節刀ヶ岳／大無間山／七面山／御坂釈迦ヶ岳／青笹山／青薙山／布引山／笊ヶ岳／蛾ヶ岳／聖岳／御殿山／兎岳／赤石岳／小赤石岳／千枚岳／悪沢岳／源氏山／徳右衛門岳／小河内岳／蝙蝠岳／櫛形山／塩見岳／大籠岳／広河内岳／農鳥岳／大唐松山／間ノ岳／大崖頭山／辻山／北岳▽／観音岳(鳳凰山)／薬師岳／アサヨ峰／地蔵岳

230°　　240°　　250°　　260°　　西　　280°

北北西から東の展望　　　雲取山(2017m) p38

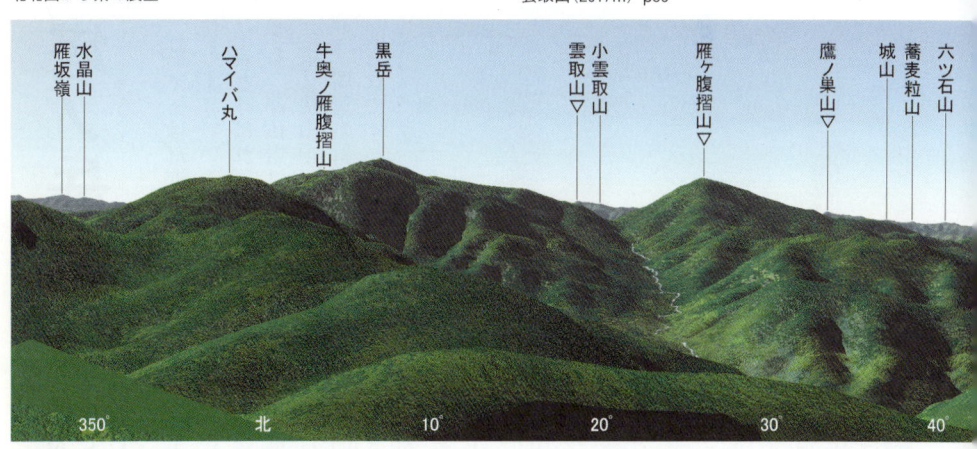

雁坂嶺／水晶山／ハマイバ丸／牛奥ノ雁腹摺山／黒岳／小雲取山／雲取山▽／雁ヶ腹摺山／鷹ノ巣山／城山／蕎麦粒山／六ツ石山

350°　　北　　10°　　20°　　30°　　40°

東から南西の展望　　　高川山(976m) p60

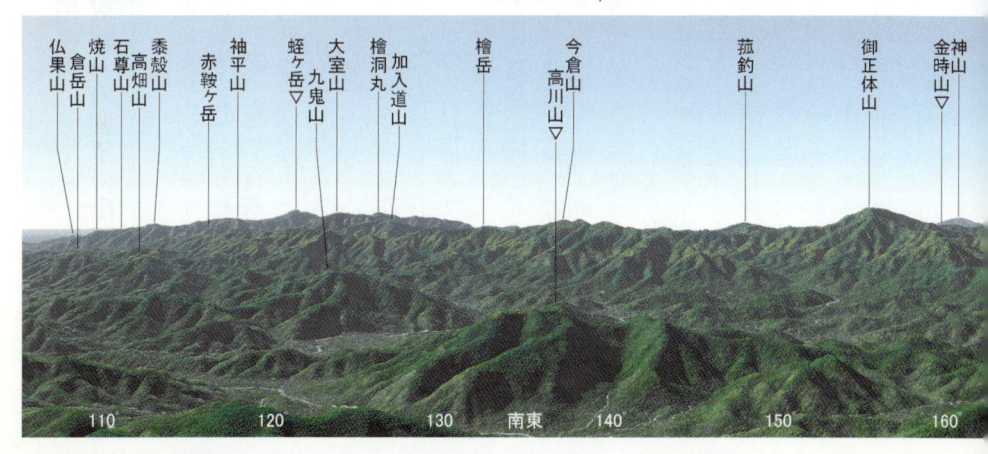

仏果山／焼山／倉岳山／高畑山／石尊山／黍殻山／赤鞍ヶ岳／袖平山／蛭ヶ岳／九鬼山／大室山／檜洞丸／加入道山／檜岳／今倉山／高川山▽／菰釣山／御正体山／神金時山／金時山▽

110　　120　　130　　南東　140°　　150°　　160°

71　滝子山（大菩薩）

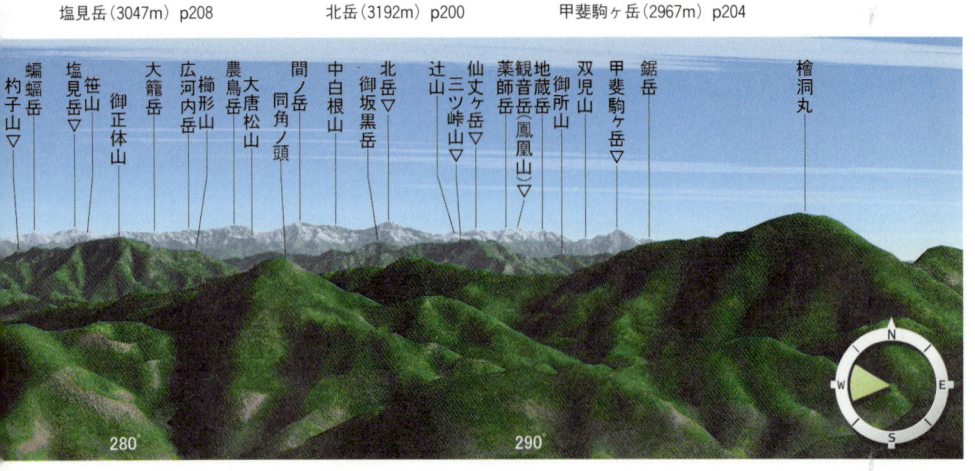

塩見岳(3047m) p208　　北岳(3192m) p200　　甲斐駒ヶ岳(2967m) p204

▽檜洞丸
▽鋸岳
▽甲斐駒ヶ岳
▽双児山
▽御所山
▽地蔵岳
▽観音岳(鳳凰山)
▽薬師岳
▽仙丈ヶ岳
▽三ツ峠山
▽辻山
▽北岳
▽中白根山
▽御坂黒岳
▽間ノ岳
▽同角ノ頭
▽大唐松山
▽櫛形山
▽農鳥岳
▽広河内岳
▽大籠岳
▽御正体山
▽笹山
▽塩見岳
▽蝙蝠岳
▽杓子山

280°　　290°

塔ノ岳（とうのたけ）

京浜地区の夜景や相模湾、南アルプスまで丹沢随一の展望の山

丹沢
標高 1491メートル
緯度 35度27分15秒
経度 139度09分48秒

塔ノ岳は丹沢入門の山として、また表尾根縦走路のハイライトとして多くの人に親しまれている山だ。平安から鎌倉時代には関東の代表的な修験の場で、山頂に尊仏岩と呼ばれる岩があり、この別名が塔ノ岳という名は由来する。尊仏岩は関東大震災で崩壊し、尊仏山荘にその名をとどめている。

塔ノ岳山頂に立つと展望よりもまず目に付くのが砂利を敷きつめた段々畑や石垣だ。周辺の斜面にも丸太で畑のような囲いが作られている。これは登山者の多さと削られやすい土質によって植生が破壊されてしまい、その回復のための処置なのだが、なんとも痛々しく目をそむけたくなる光景だ。かつてお花畑やブナの林があったとは とても想像できない。

皮肉にも展望はさえぎるものがない。北・中央のアルプスは残念ながら見えないが、南アルプスは北岳、間ノ岳、農鳥岳、塩見岳など、そのほとんどが見える。41キロと近距離の富士山もその美しい姿を見せる。奥秩父、大菩薩から筑波山、横浜や東京の夜景も美しい。

丹沢はもともと太平洋上にあった火山島であったが、日本列島に沈み込んでいるフィリピン海プレートとともに北上し、500万年前に本州に衝突して隆起し、巨大な山塊を形成したものである。さらに、100万年前からやってきた伊豆半島が本州に付着して、同じくフィリピン海プレートに乗って南からやってきた

72

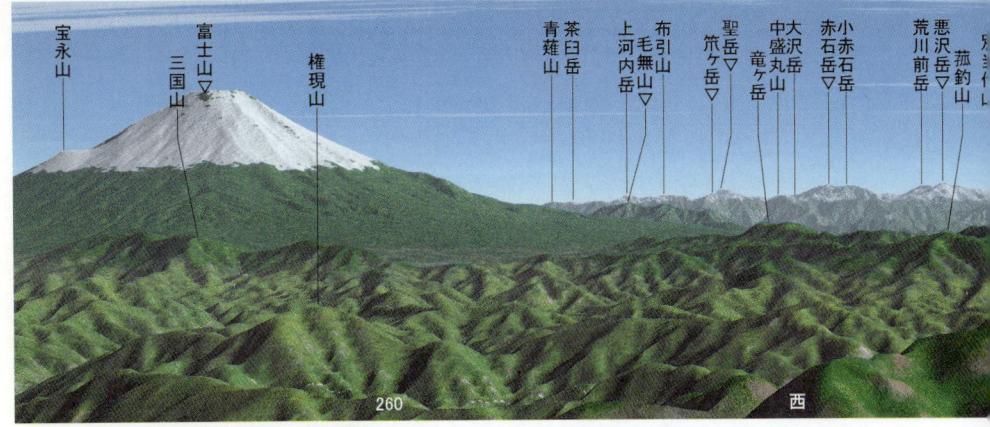

富士山(3776m) p86　　　　　　　　　　　　　　　　　　　赤石岳(3120m) p214

宝永山　富士山　三国山　権現山　茶臼岳　青薙山　布引山　毛無山　上河内岳　聖岳　兎岳　竜ヶ岳　大沢岳　中盛丸山　赤石岳　小赤石岳　悪沢岳　荒川前岳　兎釣山　燕岳

260　　　　　　　　　　　　　　　　　　　　　　西

富士山の右手に南部から北部の南アルプスが展望できる

塔ノ岳から見える山
（興味深いもの）

山名	標高	距離	方位
三本檜岳	1917	201.3	20.6
那須茶臼岳	1915	198.8	20.9
八溝山	1022	191.8	31.0
高原山	1795	169.6	18.8
日光太郎山	2367	154.0	10.6
男体山	2484	148.4	11.3
鉢盛山	2446	145.4	299.2
筑波山	860	120.3	44.3
大沢岳	2819	94.6	269.9
硫黄岳	2760	93.8	310.3
仙丈ヶ岳	3033	93.5	288.6
聖岳	3013	93.0	268.1
赤岳	2899	91.8	308.8
赤石岳	3120	91.3	270.7
甲斐駒ヶ岳	2967	90.4	292.1
塩見岳	3047	89.9	278.7
悪沢岳	3141	89.1	273.6
間ノ岳	3189	87.4	284.3
北岳	3192	87.2	286.5
農鳥岳	3026	86.0	282.7
鳳凰山	2840	82.5	289.7
笊ヶ岳	2629	82.1	267.9
竜爪山	1051	80.1	239.7
櫛形山	2052	73.5	281.7
金峰山	2599	67.2	313.7
天城山	1406	67.2	192.6
国師ヶ岳	2592	64.1	316.3
北奥千丈岳	2601	64.0	316.0
毛無山	1964	56.4	265.8
黒川鶏冠山	1716	47.5	321.4
川苔山	1363	44.3	353.3
大菩薩嶺	2057	43.5	318.7
越前岳	1504	41.2	234.5
富士山	3776	40.9	255.4
雁ヶ腹摺山	1874	36.1	315.7
三ツ峠山	1785	33.8	288.3

塔ノ岳へと連なる丹沢表尾根（撮影：須部方夫）

さらに高くなったものだ。もっとも遠くに見える山は、福島県石川郡古殿町の三株山、阿武隈山地にある標高842メートルの山だ。その距離は215.8キロになる。

最短コースは小田急線渋沢駅から大倉までバスに乗り、大倉尾根を登るコースだが、ヤビツ峠からの表尾根縦走路をたどるほうが楽である。ヤビツ峠へは小田急線秦野駅からバスが出ている。また駐車場などの設備もある。

ヤビツ峠から富士見山荘まで車道を歩き、富士見山荘から急な登りをこなして、ひと息つけば二ノ塔。いったん下って登り返すと三ノ塔である。三ノ塔からは尾根道となり、鎖場などを経て烏尾山。再び鎖場を登り切ると行者ヶ岳である。書策小屋を経て新大日を過ぎれば塔ノ岳は目の前だ。

73　塔ノ岳（丹沢）

190°–230° (南西)

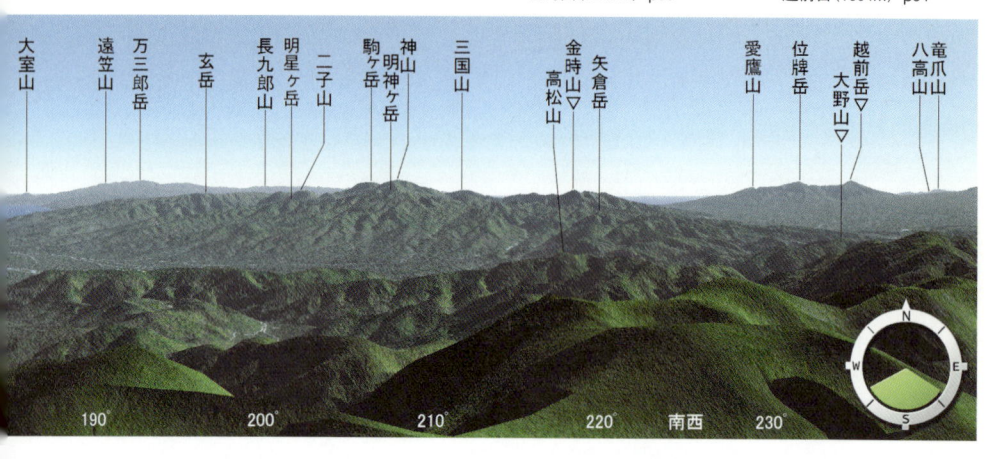

金時山(1213m) p90　越前岳(1504m) p84

大室山 / 遠笠山 / 万三郎岳 / 玄岳 / 長九郎山 / 明星ヶ岳 / 二子山 / 駒ヶ岳 / 明神ヶ岳 / 神山 / 三国山 / 高松山 / 金時山▽ / 矢倉岳 / 愛鷹山 / 位牌岳 / 大野山 / 越前岳▽ / 八高山 / 竜爪山

310°–350° (北西)

金峰山(2599m) p48　蛭ヶ岳(1673m) p32

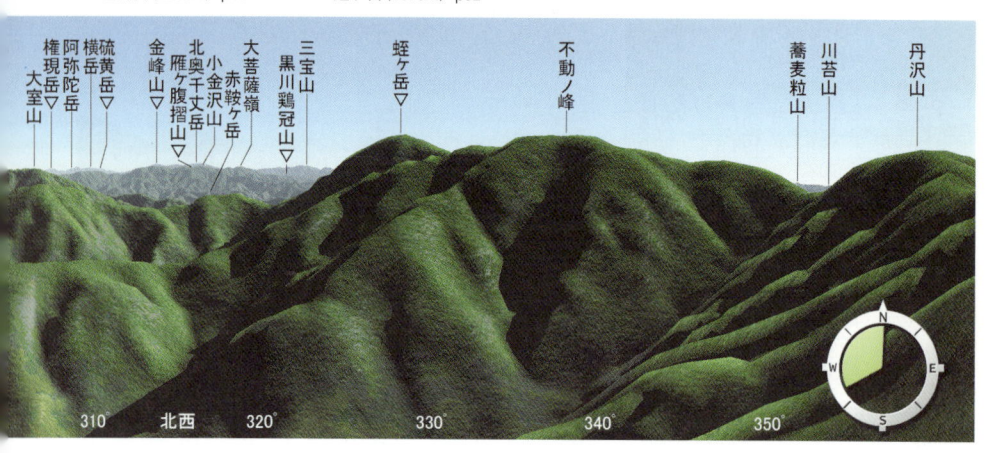

大室山 / 権現岳 / 阿弥陀岳 / 横岳 / 硫黄岳 / 金峰山▽ / 雁ヶ腹摺山 / 北奥千丈岳 / 小金沢山 / 赤鞍ヶ岳 / 大菩薩嶺 / 黒川鶏冠山 / 三宝山 / 蛭ヶ岳▽ / 不動ノ峰 / 蕎麦粒山 / 川苔山 / 丹沢山

70°–110° (東)

高取山 / 蔦尾山 / 千葉 / 三峰山 / 横浜 / 大山 / 鹿野山 / 清澄山 / 愛宕山 / 鋸山 / 伊予ヶ岳 / 富山

74

南東から西南の展望

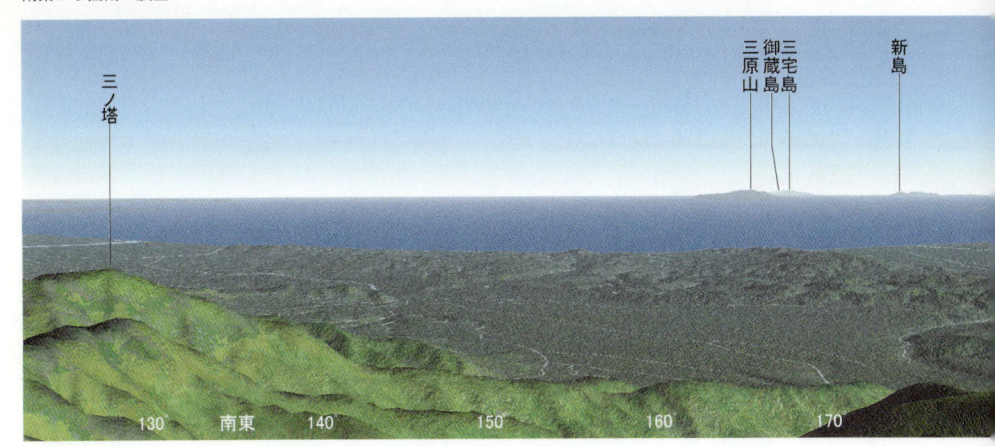

三ノ塔 / 三原山 / 御蔵島 / 三宅島 / 新島

130 南東 140 150 160 170

西南から北の展望 　　　聖岳(3013m) p216　　　　　北岳(3192m) p200

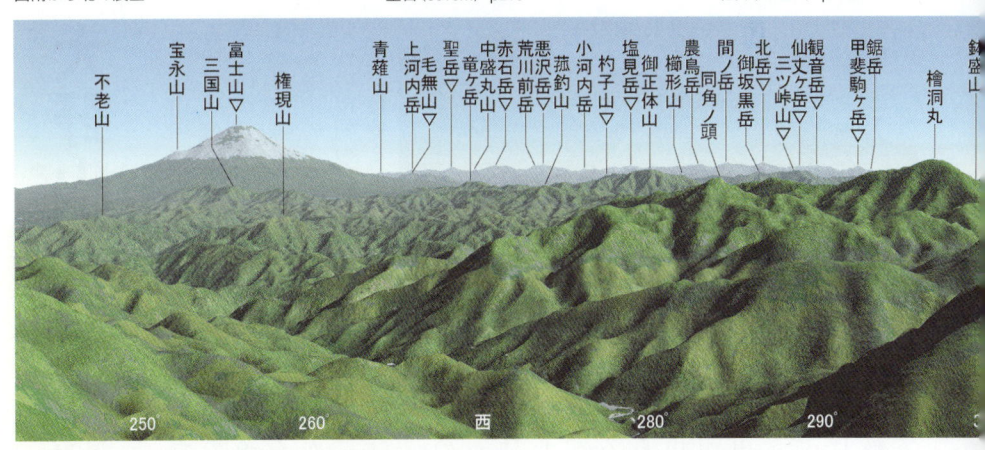

不老山 / 宝永山 / 三国山 / 富士山 / 権現山 / 青薙山 / 上河内岳 / 毛無山 / 聖岳 / 竜ヶ岳 / 中盛丸山 / 赤石岳 / 荒川前岳 / 悪沢岳 / 茹釣山 / 小河内岳 / 杓子山 / 塩見岳 / 御正体山 / 櫛形山 / 農鳥岳 / 間ノ岳 / 同角ノ頭 / 北岳 / 御坂黒岳 / 三ツ峠山 / 仙丈ヶ岳 / 観音岳 / 甲斐駒ヶ岳 / 鋸岳 / 檜洞丸 / 鎌盛山

250 260 西 280° 290°

北から南東の展望　　　那須茶臼岳(1915m) p164　　　筑波山(860m) p26

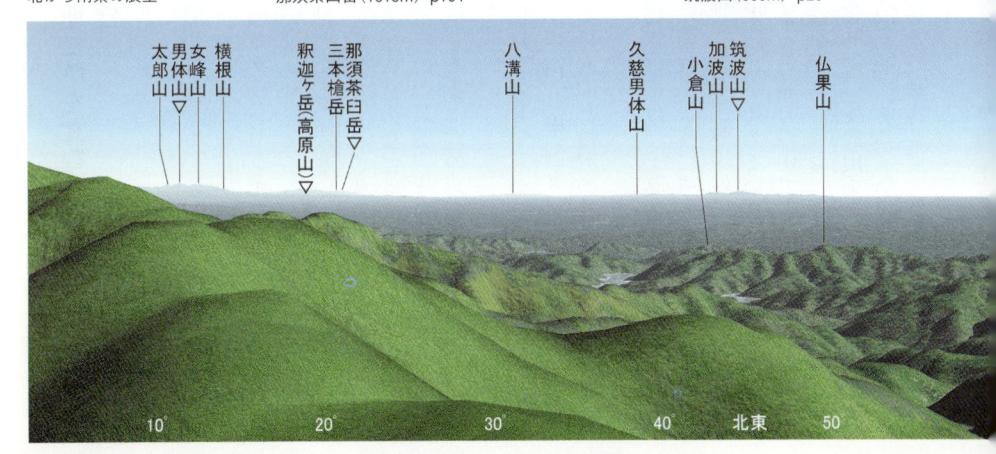

太郎山 / 横根山 / 男体山 / 女峰山 / 釈迦ヶ岳高原山 / 三本槍岳 / 那須茶臼岳 / 八溝山 / 久慈男体山 / 小倉山 / 加波山 / 筑波山 / 仏果山

10° 20° 30° 40° 北東 50°

75　塔ノ岳（丹沢）

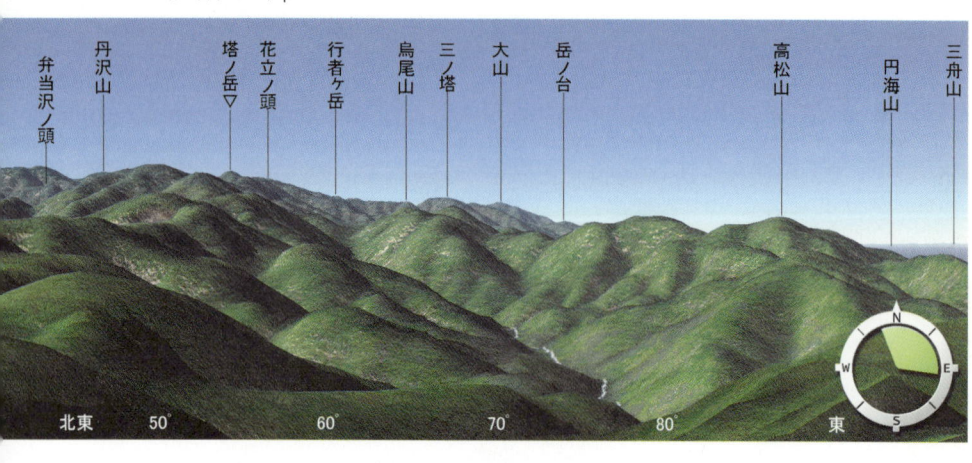

塔ノ岳(1491m) p72

弁当沢ノ頭 / 丹沢山 / 塔ノ岳▽ / 花立ノ頭 / 行者ヶ岳 / 烏尾山 / 三ノ塔 / 大山 / 岳ノ台 / 高松山 / 円海山 / 三舟山

北東 50° 60° 70° 80° 東

大野山 (おおのやま)

高原のような牧草地で草を食む
牛の背越しに望む富士

牧草地が広がる大野山山頂（撮影：須部方夫）

大野山の山頂一帯は神奈川県の乳牛育成牧場になっている。とてもアルプスの少女ハイジが飛び出てきそうな雰囲気は望めないが、パノラマ愛好家にとっては絶好のロケーションだろう。山頂も牧草地で丹沢特有の密度のある空気感の中なので、まわりには目をさえぎるものがまったくない。

大野山の山名は、もとは「王ノ山」から付いたものだという。王ノ山は、南北朝時代の南朝の後醍醐天皇を祀ったために付いた名で、麓の集落には南朝時代の言い伝えが数多くあり、兵僧平、人遠、武士平、古宮山などは、それにちなんだ地名である。また、山の東側、皆瀬川流域にある石祠には皇室の紋章である十六の菊の紋が刻まれていると言う。

北面は新しいランドマークである丹沢湖をアクセントとして大室山、檜洞丸、塔ノ岳、大山、ちょっと奥まって丹沢山と丹沢の峰々を間近に望むことができる。

東から南にかけては、千葉の鋸山、伊豆大島、箱根の山裾に隠れるように三宅島。雄大な箱根の外輪山、明神ヶ岳と金時山にはさまれて、神山、駒ヶ岳の中央火口丘が聳えている。三宅島の雄山は、ここから見える最遠方の山でもある。その距離は151.1㎞になる。

西へ目を移せば、愛鷹山を配下に従えた富士が雄大な裾野を引いている。ただしアルプスは南・中央・北アルプスのどれも見えないのが残念だ。

丹沢
標高 723メートル
緯度 35度23分10秒
経度 139度02分56秒

76

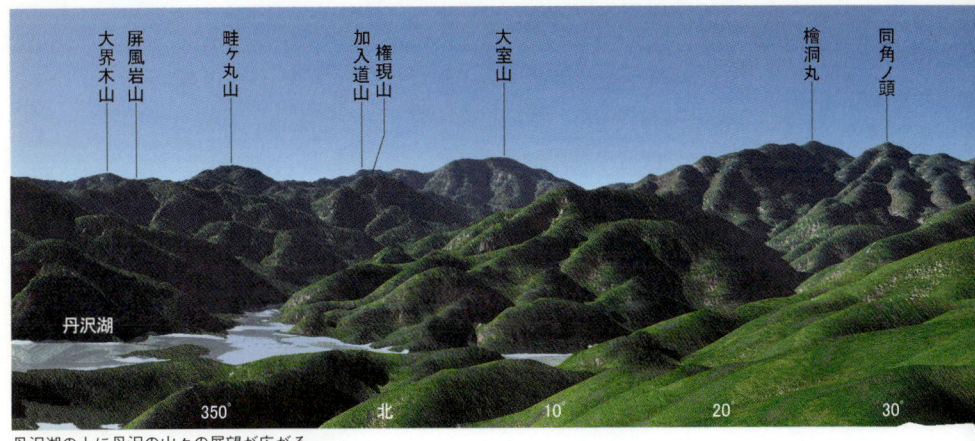

丹沢湖の上に丹沢の山々の展望が広がる

大野山から見える山
（興味深いもの）

山名	標高	距離	方位
三宅島	813	151.1	163.0
野見金山	180	105.4	90.9
清澄山	377	103.4	103.5
愛宕山	408	90.5	109.1
鹿野山	379	85.1	99.5
伊予ヶ岳	337	84.6	111.1
富山	350	82.2	112.5
大山	194	81.2	124.9
伊豆大島	764	79.8	156.6
鋸山	329	76.3	108.9
大楠山	241	54.8	105.8
富士山	3756	29.0	265.8
愛鷹山	1187	30.2	226.5
越前岳	1504	28.3	234.7
位牌岳	1458	28.2	230.4
宝永山	2693	27.3	260.2
大山	1252	17.6	69.8
箱根山	1438	17.1	188.5
早雲山	1151	16.3	185.4
御正体山	1682	15.4	316.4
石割山	1413	15.1	298.1
二ノ塔	1140	14.3	68.1
丹沢山	1567	14.2	46.5
大洞山	1384	14.2	271.5
三ノ塔	1205	14.1	66.6
大室山	1588	13.9	7.3
蛭ヶ岳	1673	13.8	36.2
加入道山	1418	13.7	359.0
塔ノ岳	1491	12.8	53.9
明神ヶ岳	1169	11.8	178.4
金時山	1213	11.4	200.4
檜洞丸	1600	11.4	25.3
畦ヶ丸	1293	10.3	351.5
大界木山	1246	10.7	344.2
菰釣山	1379	10.7	323.5
不老山	928	4.4	289.9

ところで、アプローチが簡単なためか、山頂ではバーベキューをしているグループが多い。牛の目がなんとなく気になるのだが。

大野山山頂直下までは車でも入ることができる。シーズン中の休日には御殿場線松田駅と小田急線新松田駅から大野山登山口まで臨時バスも出ているので利用すると良い。

大野山入口から地蔵岩までは車道歩きとなる。地蔵岩から山道となり雑木林の中を登ると牧草地に出る。牧柵に沿って階段を上がり、傾斜が緩やかになるとイヌクビリ。ここから車道を行けば山頂はすぐだ。

帰路は御殿場線の谷峨駅へ直接下るコースの他に、丹沢湖に出るコースが面白い。往路を戻りD52型蒸気機関車が展示されているSL公園がある山北駅に出る方法もある。

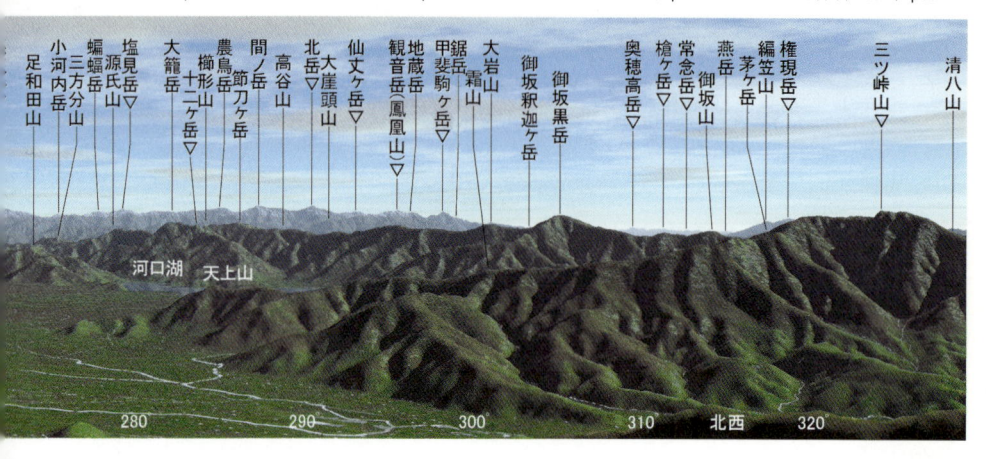

塩見岳(3047m) p208　　仙丈ヶ岳(3033m) p206　　奥穂高岳(3190m) p290　　三ツ峠山(1786m) p80

足和田山／小河内／三方分山／蝙蝠岳／塩源氏山／塩見岳／大籠岳／農鳥岳／櫛形山／地蔵岳／観音岳(鳳凰山)／仙丈ヶ岳／節刀ヶ岳／間ノ岳／高谷山／北岳／大崖頭山／仙丈ヶ岳／鋸岳／甲斐駒ヶ岳／大岩山／霜山／御坂釈迦ヶ岳／御坂黒岳／権現岳／編笠山／茅ヶ岳／御坂山／燕岳／奥穂高岳／常念岳／御坂山／槍ヶ岳／奥穂高岳／三ツ峠山／清八山

河口湖　天上山

280　　290　　300　　310　　北西　320

杓子山（しゃくしやま）

**さえぎるもののない富士を
たっぷり堪能できる明るい山**

富士山周辺
標高 1598メートル
緯度 35度29分07秒
経度 138度51分58秒

富士を取り巻く山のひとつである杓子山は、山頂がカヤトの原となっていて底抜けに明るい山だ。たとえ富士がなくても魅力的な山であったとは思うのだが、やはり悠然と聳える富士の大きさは圧倒的である。富士の裾野を隠すものもない18キロの距離は、その全容を見せてくれる。

富士の右翼にずらりと隊列を整えているのは南アルプスの勇士たちである。光岳から赤石岳、塩見岳、北岳、甲斐駒ヶ岳まで、全山総がかりで富士の守りを固めるのに余念がない。奥秩父や奥多摩の山々、遠く筑波山までもが富士に従っているように、みなこちらに正面を向けている。南の重鎮の箱根山はいわば頼れる門番といったところか。そのうえ、水晶岳、奥穂高岳、槍ヶ岳、常念岳などの北アルプスも姿を見せる。もっとも遠くに見える山は、福島県東白川郡鮫川村の山王山、標高655メートル。阿武隈山地南部の山で、その距離は221.6キロに達する。

杓子山の「しゃくし」は、崩壊地を意味するこの地方の言葉で、富士吉田側から見ると大きな崩壊地が広がっている。現在も崩壊し続けているようで、砂防工事が行なわれている。

杓子山とセットで登られることが多いお隣の鹿留山は、杓子山とは対照的なブナやミズナラの樹林に覆われたしっとりした山頂である。それぞれの特徴ある山頂を結び、北麓に湧出する不動ノ湯の鉱泉で汗を流せば、味わい深い山旅の一日を楽しめること

富士吉田市明見から見る杓子山（撮影：須部方夫）

78

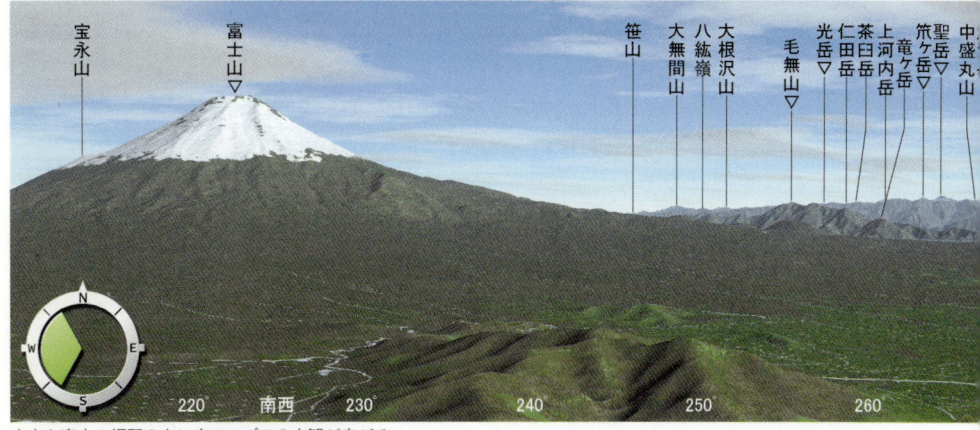

富士山(3776m)p86　　　　　　　　　　　　　　　　　光岳(2591m)p220

宝永山／富士山／笹山／大無間山／大紋嶺／大根沢山／毛無山／光岳／仁田岳／茶臼岳／上河内岳／竜ヶ岳／筑ヶ岳／聖岳／中盛丸山

220°　南西　230°　　240°　　250°　　260°

広大な富士の裾野の上に南アルプスの大観が広がる

杓子山から見える山
（興味深いもの）

山名	標高	距離	方位
高鈴山	623	199.8	50.4
水晶岳	2986	154.5	312.8
ワリモ岳	2888	153.1	312.3
男体山	2484	152.7	21.4
鷲羽岳	2924	152.6	312.2
真砂岳	2862	152.4	313.5
燕岳	2763	145.8	314.8
槍ヶ岳	3180	145.3	311.2
大天井岳	2922	143.4	313.2
西穂高岳	2909	142.2	308.6
涸沢岳	3110	142.1	309.6
奥穂高岳	3190	141.6	309.4
常念岳	2857	138.7	312.5
筑波山	860	138.3	53.1
蝶ヶ岳	2677	136.0	311.1
大滝山	2616	133.9	311.1
清澄山	377	122.3	106.6
鹿野山	379	103.6	103.9
光岳	2591	72.8	257.3
イザルヶ岳	2540	71.7	257.2
赤岳	2899	70.1	320.3
天城山	1406	70.1	169.8
権現岳	2715	68.9	318.5
大無間山	2329	68.8	248.5
仙丈ヶ岳	3033	67.1	293.0
聖岳	3013	66.3	264.2
甲斐駒ヶ岳	2967	64.5	298.1
赤石岳	3120	64.3	267.8
塩見岳	3047	62.7	279.2
悪沢岳	3141	62.0	271.7
北岳	3192	60.6	290.4
鳳凰山	2840	56.2	295.4
甲武信岳	2475	48.6	345.2
金峰山	2599	48.0	333.1
雲取山	2017	41.6	9.7
富士山	3776	18.0	223.3

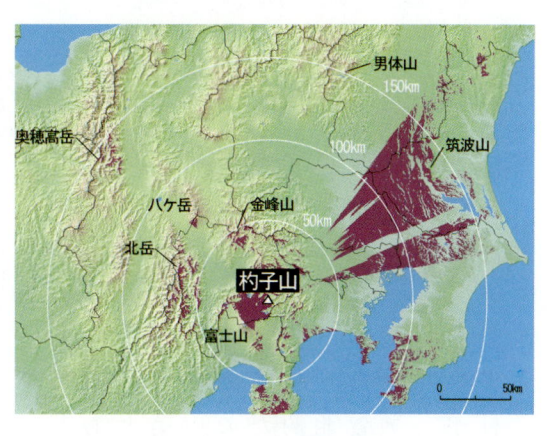

だろう。

最短コースは不動ノ湯側から車を利用する方法であるが、できれば不動ノ湯は山行の締めくくりとして楽しみたい。

富士吉田駅からバスで忍野村忍草に行き、高座山を経由するコースの場合も、車なら鳥居地峠まで入ることができる。高座山もカヤトの気持ちの良い展望の山だ。高座山から大権道峠を経て杓子山までは雑木林と花を楽しみながらの道となる。

下山は、鹿留山まで行き、折り返して大権道峠まで戻り、不動ノ湯で山の汗を流していくと良い。大明見の集落を抜けて下吉田駅まで歩く。不動ノ湯からはタクシーを呼んでもいいだろう。また、山頂から二十曲峠を経て内野に出るコースもとれる。

79　杓子山（富士山周辺）

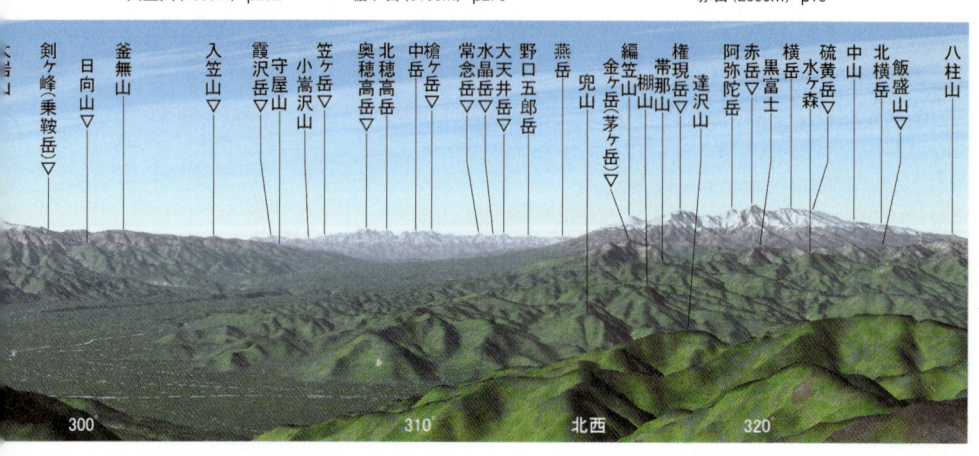

入笠山(1955m) p232　　槍ヶ岳(3180m) p276　　赤岳(2899m) p18

八柱山 ▽
北横岳 ▽
飯盛山 ▽
中山
硫黄岳
水ヶ森
横岳
黒富士
赤岳
阿弥陀岳
達沢山
権現岳
帯那山
編笠山 ▽
金ヶ岳・茅ヶ岳 ▽
兜山
燕岳
野口五郎岳
大天井岳
水晶岳
常念岳
槍ヶ岳
中岳
北穂高岳
奥穂高岳
笠ヶ岳 ▽
小嵐沢山
守屋山
霞沢岳 ▽
入笠山 ▽
釜無山
日向山
剣ヶ峰(乗鞍岳) ▽

300　　　　　310　　北西　　320

三ツ峠山（みつとうげやま）

富士の姿に見とれて、忘れないようにしたい南・北アルプス

戦前から入笠山、大菩薩峠と並ぶ人気ハイキングコースの山。古くから修験者の山として開かれ、かつての表参道は、富士急行線三つ峠駅からのルートで、現在では下山路としてよく利用される。今では修験者の姿は消え、代わりにハイカーとロッククライマーで賑わいを見せている。

三ツ峠の名の由来は山頂の三つのピーク、開運山、毛無山、御巣鷹山にちなむ。峠は山の古称であり、奥多摩の三ツドッケなどの「ドッケ」と同じ言葉だ。

さて、三ツ峠と言えばなにはともあれ富士だ。美しく富士を眺めるのに、21.5kmという距離がちょうど良いのだろう。均整のとれた優美なラインにどこか女性的美しさを感じるのか、大勢のカメラマン氏を集める。早朝の山頂はモデル撮影会の様相で、富士もどこかなしか頬を赤らめているようだ。

一方、目を転じれば、北岳、甲斐駒ヶ岳、塩見岳、赤石岳など南アルプスはもちろん、北アルプスが笠ヶ岳から穂高連峰、燕岳、水晶岳、鷲羽岳、槍ヶ岳まで見える。富士に見とれすぎて、チャンスを失わないようにしたい。ただし残念ながら、中央アルプスは南アルプスにさえぎられて三つのアルプスを見ることはできない。

富士山やアルプスに気をとられるが、もっとも遠くに見える山は方向としては反対側の、福島県矢祭町と茨城県里美村にまたがる三鈷室山。阿武隈山地の871mの山だ。その間の距離210.7km。関東平野を隔てて、東北南部まで見えるとい

富士山周辺
標高 1786m
緯度 35度32分58秒
経度 138度48分33秒

富士急行線三つ峠駅付近から見上げる三ツ峠山　（撮影：須部方夫）

80

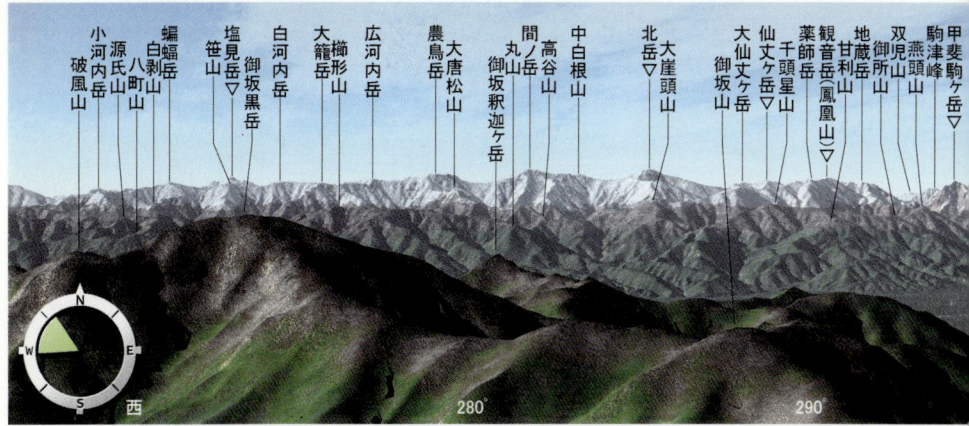

塩見岳（3047m） p208　　　　　　　　北岳（3192m） p200

パノラマ山名（左から右）：破風山、小河内岳、源氏山、八町山、白剥岳、蝙蝠岳、塩見岳▽、笹山、御坂黒岳、白河内岳、大籠岳、櫛形山、広河内岳、農鳥岳、大唐松山、中白根山、高谷山、間ノ岳、丸山、御坂釈迦ヶ岳、北岳▽、大崖頭山、大仙丈ヶ岳、仙丈ヶ岳、千頭星山、薬師岳・鳳凰山、観音岳、甘利山、地蔵岳、御所山、燕頭山、双児山、駒津峰、甲斐駒ヶ岳、御坂

南アルプスと八ヶ岳の間の谷の先に北アルプスを展望する

三ツ峠山から見える山
（興味深いもの）

山　名	標　高	距　離	方　位
高鈴山	623	199.5	52.8
加波山	709	146.3	54.9
水晶岳	2986	145.9	312.1
鷲羽岳	2924	144.0	311.4
笠ヶ岳	2897	141.8	307.1
筑波山	860	138.5	56.8
燕岳	2763	137.2	314.2
槍ヶ岳	3180	136.8	310.3
大天井岳	2922	134.8	312.4
涸沢岳	3110	133.6	308.6
奥穂高岳	3190	133.1	308.4
常念岳	2857	130.1	311.7
霞沢岳	2646	129.1	305.5
乗鞍岳	3026	129.1	298.9
蝶ヶ岳	2677	127.5	310.2
大滝山	2616	125.3	310.2
守屋山	1650	79.6	305.8
天城山	1406	78.1	166.9
伊豆大室山	580	76.2	159.9
光岳	2591	69.8	250.6
入笠山	1955	69.3	303.9
大無間山	2329	67.2	241.2
達磨山	982	66.0	177.5
聖岳	3013	62.3	257.1
赤岳	2899	61.3	319.7
赤石岳	3120	59.9	260.8
仙丈ヶ岳	3033	59.7	288.6
悪沢岳	3141	57.0	264.7
塩見岳	3047	56.8	272.9
甲斐駒ヶ岳	2967	56.7	294.2
北岳	3192	53.5	285.2
笊ヶ岳	2629	51.7	254.5
鳳凰山	2840	48.7	290.4
甲武信岳	2475	40.5	349.7
金峰山	2599	39.4	335.0
富士山	3756	21.5	199.6

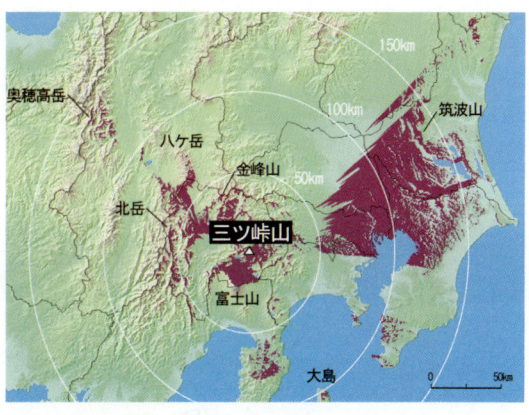

　三ツ峠への最短コースは、いわゆる裏三ツ峠コースで、シーズン中の休祭日に運行される天下茶屋行きのバスを富士急行河口湖駅からの三つ峠駅からのコースは高低差が1200メートルほどになるので、余裕をもって出かけたい。山頂の小屋に一泊するのも良い。

　下山は、展望の良い府戸尾根から天上山に抜け、河口湖駅に出るコースか母ノ白滝コースが良い。

　出色のルートとしては中央本線笹子駅から清八峠に上がり、御巣鷹山を経由して三ツ峠まで縦走するコースがある。ヤブがうるさいところもあるので、木の葉の落ちた季節が適当だろう。

81　三ツ峠山（富士山周辺）

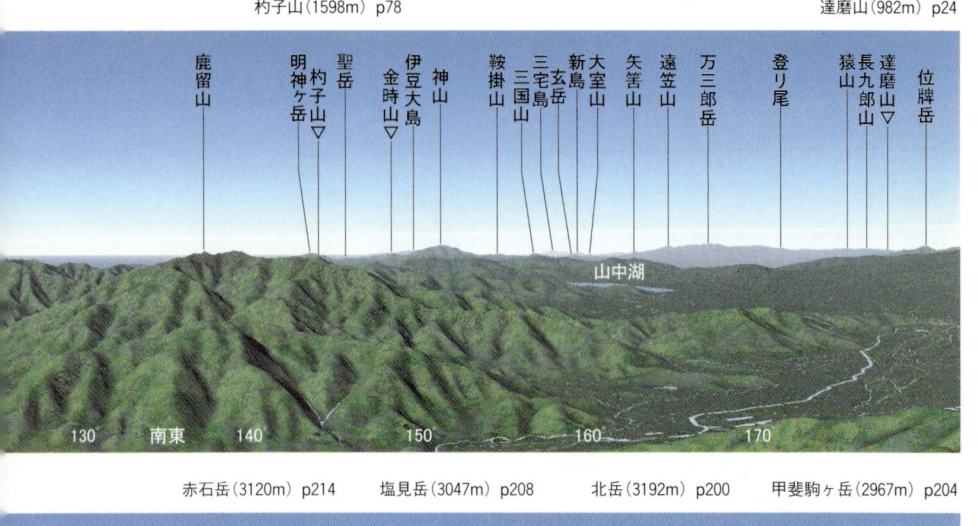

杓子山(1598m) p78　　達磨山(982m) p24

鹿留山／明神ヶ岳／杓子山▽／聖岳／金時山／伊豆大島／神山／三宅島／三国山／新島／大室山／玄岳／矢筈山／遠笠山／万三郎岳／鞍掛山／登り尾／猿山／長九郎山／達磨岳▽／位牌岳

130°　南東　140°　150°　160°　170°

山中湖

赤石岳(3120m) p214　　塩見岳(3047m) p208　　北岳(3192m) p200　　甲斐駒ヶ岳(2967m) p204

青笹山／茶臼岳／光岳／薙岳／上河内岳／笊ヶ岳／十二ヶ岳／聖岳▽／兎岳／中盛丸山／鬼ヶ岳／節乃頭／赤石岳▽／小赤石岳／千枚岳／悪沢岳／小河内岳／蝙蝠岳／塩見岳▽／御坂黒岳／大籠山／櫛形山／広河内岳／大唐松山／農鳥岳／御坂釈迦ヶ岳／間ノ岳／北岳▽／大仙丈ヶ岳／仙丈ヶ岳／観音岳(鳳凰山)▽／地蔵岳／双児山／甲斐駒ヶ岳▽／鋸岳／黒戸山／大岩山／日向山

湖

250°　260°　西　280°　290°

雲取山(2017m) p38　　鷹ノ巣山(1737m) p36　　筑波山(860m) p26

大菩薩嶺／小金沢山／牛奥ノ雁腹摺山／黒岳／雲取山▽／雁ヶ腹摺山／滝子山／高丸山／大平山／日陰名栗山／鷹ノ巣山▽／蕎麦粒山／六ツ石山／奈良倉山／川苔山／三頭山／御前山／久慈男体山／大岳山／俰ｳ山／加波山／権現山／筑波山▽／百蔵山／臼杵山

10°　20°　30°　40°　北東　50°

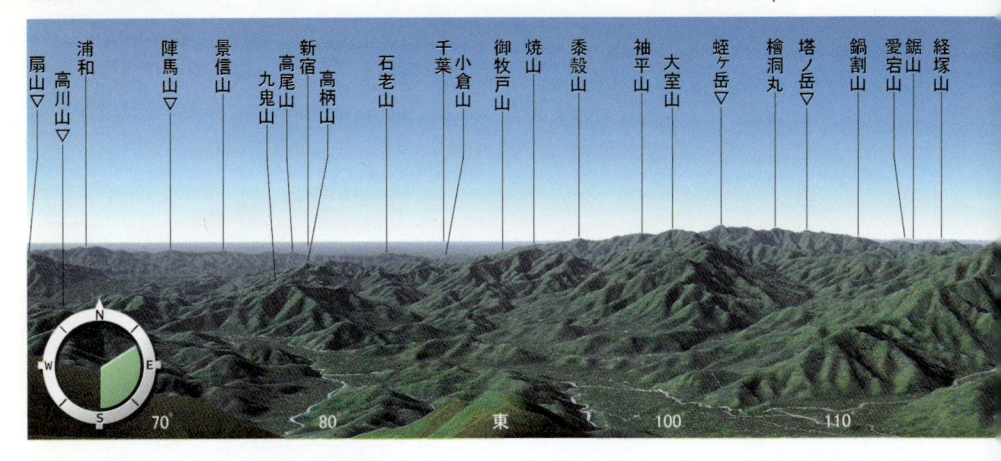

東北東からの展望　　　　　　　　　　　　　　蛭ヶ岳(1673m) p32

扇山／高川山／浦和／陣馬山／景信山／九鬼山／高尾山／新宿／高柄山／石老山／千葉／小倉山／御牧戸山／焼山／黍殻山／袖平山／大室山／蛭ヶ岳／檜洞丸／塔ノ岳／鍋割山／愛宕山／鋸山／経塚山

70　　80　　東　　100　　110

南から北西の展望　　富士山(3776m) p86　　　　　　　十枚山(1726m) p22

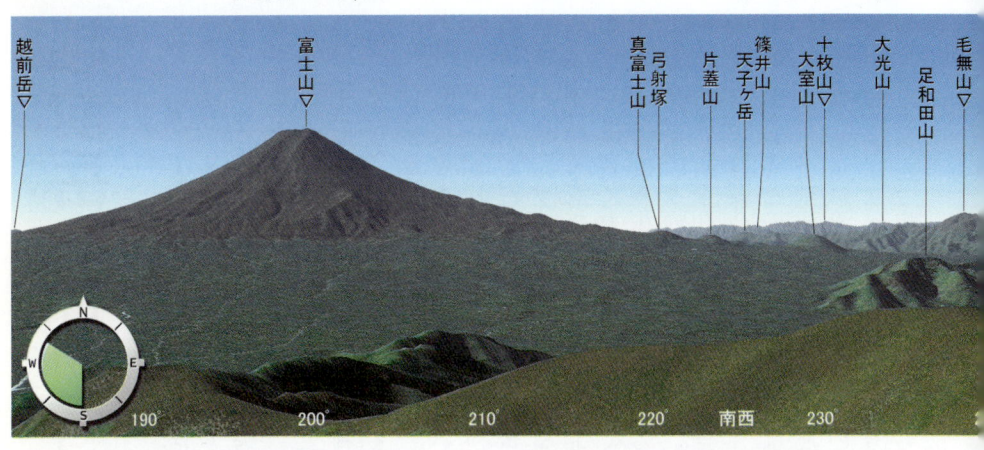

越前岳／富士山／真富士山／弓射塚／片蓋山／篠井山／天子ヶ岳／大室山／十枚山／大光山／足和田山／毛無山

190°　　200°　　210°　　220°　南西　230°

北西から東北東の展望　　赤岳(2899m) p18　　　金峰山(2599m) p48　　甲武信岳(2475m) p44

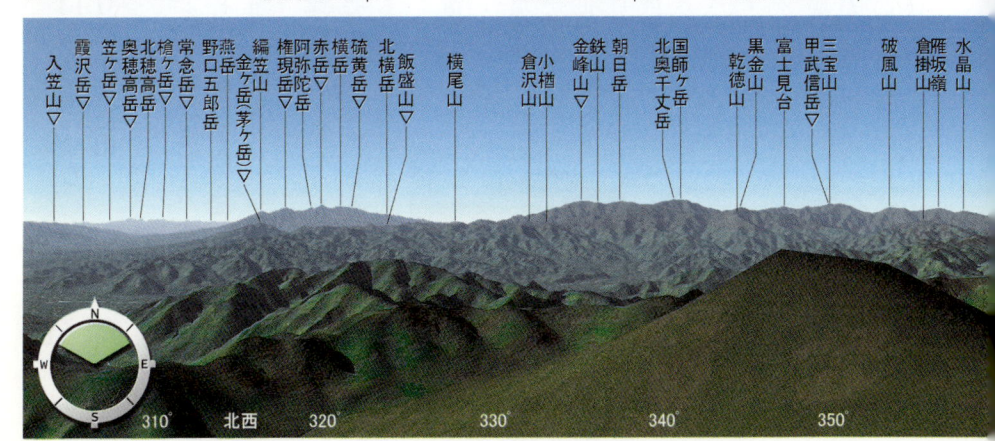

入笠山／霞沢岳／笠ヶ岳／奥穂高岳／北穂高岳／檜尾岳／常念岳／燕岳／野口五郎岳／笠ヶ岳／金ヶ岳茅ヶ岳／編笠山／権現岳／阿弥陀岳／赤岳／横岳／硫黄岳／北横岳／飯盛山／横尾山／倉沢山／小楢山／金峰山／鉄山／朝日岳／北奥千丈岳／国師ヶ岳／富士見台／黒金山／乾徳山／三宝山／甲武信岳／雁坂嶺／倉掛山／破風山／水晶山

310°　北西　320°　　330°　　340°　　350°

83　三ツ峠山（富士山周辺）

富士山（3776m）p86　　　　　　　　　　　　　　三ツ峠山（1786m）p80

滝子山▽
小金沢山▽
大菩薩嶺▽
唐松尾山▽
赤塚▽
三ツ峠山▽

富士山　宝永山　鑢子山

330°　　340°　　350°　　北

越前岳（愛鷹山）
宝永火口を間近に望む富士より高かった山

富士山ができる遥か昔に活発な火山活動をしていたであろう愛鷹山は、今ではもう雨風に身をさらしながら、ひっそりと朽ち果てるのを待つばかりの山となってしまった。呼子岳から位牌岳にかけての岩峰群は、かつての熱いマグマの名残を垣間見せている。

愛鷹山は昔、もろこし（現在の中国）から富士山と背比べをするため来たという言い伝えがある。ところが、富士山の神が背比べするなど生意気だと蹴っ飛ばしてしまったため、どこが山頂かわからなくなってしまい、いつからか愛鷹山に変わったという。名前も足高山となり、それ

越前岳は愛鷹山の最高峰であり、広い山頂からは巨大な宝永火口を抱いた富士山が、わずか14・9キロの距離に見える。もっとも遠くに見える山は、富士に隠されて、中央アルプスや北アルプス岳などの南アルプスと飽くことない展望が広がっている。富士山の姿を見せてはくれない。さらに、赤石岳、聖岳、塩見岳、光岳などの南アルプスと飽くことない展望が広がっている。

気になりながらもなかなか訪れる機会がなかったこの山には、展望の仲間と初めて訪れた。十里木からのルートを登ったのだが、同行の二人はスタートから脇目もふらずに全速力で走り出した。展望愛好者なら一刻も早く山頂に着きたい思いはあるのだが、それにしても標準コースタイムの半分以下で登るのにはさすがに泡を食った。山頂に着いてもしばらくは展望どころ

千葉県市原市と長生郡長南町にまたがる、標高180メートルの野見金山。その距離は129・4キロになる。

呼子岳方面から見る越前岳（撮影：桑子登）

富士山周辺
標高　1504メートル
緯度　35度14分17秒
経度　138度47分39秒

84

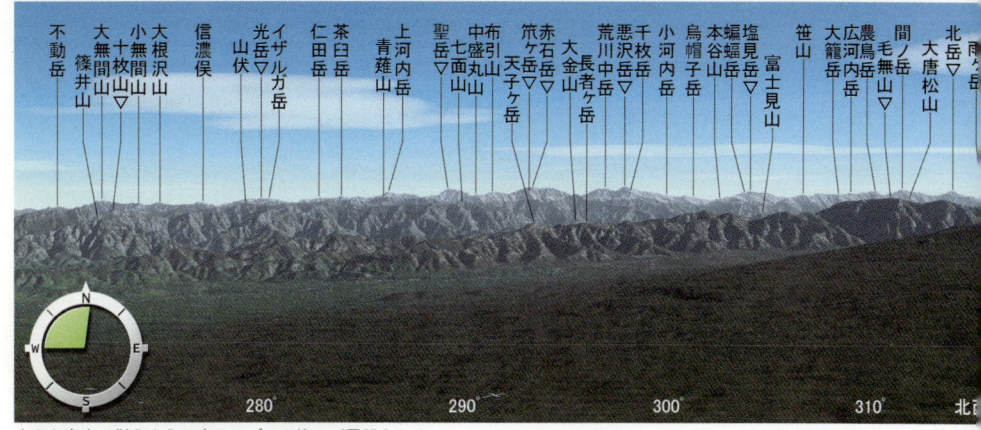

十枚山(1726m) p22　　聖岳(3013m) p216　　悪沢岳(3141m) p212　　毛無山(1964m) p16

山名ラベル（左から右）：不動岳、大無間山、小無間山、十枚山、篠井山、大根沢山、信濃俣、光岳、イザルガ岳、山伏、仁田岳、茶臼岳、上河内岳、聖岳、中盛丸山、布引山、七面山、兎岳、笊ヶ岳、赤石岳、荒川中岳、悪沢岳、小河内岳、烏帽子岳、本谷山、蝙蝠岳、塩見岳、笹山、富士見山、大籠岳、広河内岳、農鳥岳、大唐松山、間ノ岳、毛無山、雨ヶ岳、北岳

大きな富士に従うように南アルプスの峰々が展望される

越前岳から見える山
（興味深いもの）

山名	標高	距離	方位
愛宕山	408	109.4	96.8
伊予ヶ岳	337	103.0	97.7
甲斐駒ヶ岳	2967	76.7	318.9
アサヨ峰	2799	74.2	317.6
唐松尾山	2109	70.0	3.8
北岳	3192	69.9	314.0
雲取山	2017	69.8	11.1
黒法師岳	2067	69.7	266.3
地蔵岳	2764	69.2	319.6
鷹ノ巣山	1737	68.5	16.7
不動岳	2171	68.5	269.9
間ノ岳	3189	68.4	311.5
鳳凰山	2840	67.9	319.3
飛龍山	2077	67.3	7.5
薬師岳	2780	67.0	319.3
塩見岳	3047	66.8	304.0
農鳥岳	3026	66.0	310.2
光岳	2591	65.5	279.9
イザルヶ岳	2540	64.4	280.3
蝙蝠岳	2865	63.9	303.7
赤石岳	3120	62.9	293.3
聖岳	3013	62.9	289.1
悪沢岳	3141	62.7	297.8
仁田岳	2524	62.1	282.8
千枚岳	2880	61.3	298.1
三頭山	1531	59.0	19.6
大無間山	2329	57.5	272.1
大菩薩嶺	2057	56.8	4.6
櫛形山	2052	54.6	315.2
小金沢山	2014	53.4	6.0
笊ヶ岳	2629	52.8	293.1
雁ヶ腹摺山	1874	50.4	9.3
滝子山	1610	43.8	6.7
蛭ヶ岳	1673	41.7	48.5
三ツ峠山	1785	34.5	2.2
富士山	3776	14.9	336.0

ろか、空を仰いで気息掩々たる有様であった。越前岳へは、十里木からが最短ルートである。早朝の澄んだ空気の中で展望を得ようとするのなら、このコースをとるのがベストだろう。

最近は須山から登ることが多い。御殿場線御殿場駅からのバスを愛鷹登山口で下り、林道を行く。大山祇命神社から登山道となり、愛鷹山荘の裏手を登ると展望が開け、滑りやすい道を登り切ると富士見台に着く。ここから樹林の中となり、ほどなく越前岳に着く。

経験者と同行すれば、呼子岳の先、割石峠から鋸岳への縦走や、割石峠から大沢への下山も可能であるが、難路が続く。レベル差のあるパーティであれば、十里木に下るほうが安全であろう。

85　越前岳（富士山周辺）

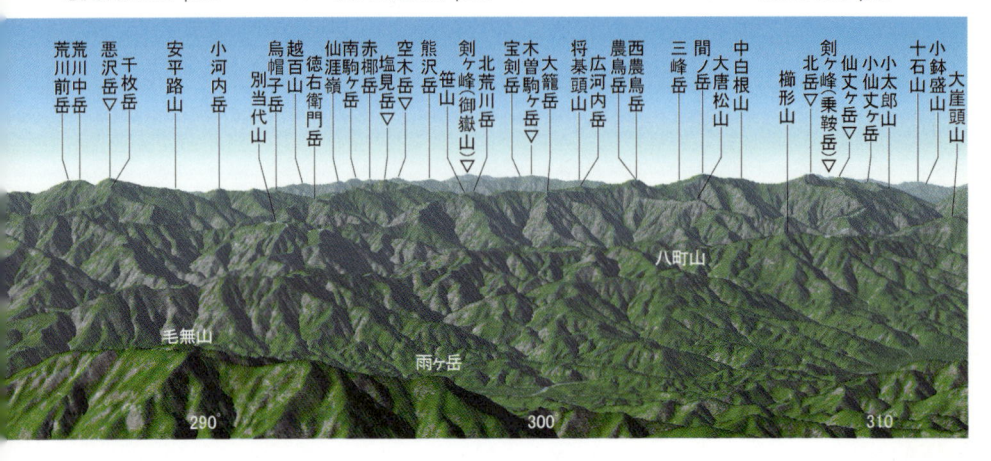

悪沢岳（3141m）p212　　　空木岳（2864m）p242　　　　　　　　　　　北岳（3192m）p200

荒川前岳／荒川中岳／悪沢岳／千枚岳／安平路山／小河内山／烏帽子岳／越百山／仙涯嶺／南駒ヶ岳／赤椰岳／空木岳／熊沢岳／笹山／剣ヶ峰御獄山▽／北荒川岳／木曽駒ヶ岳／宝剣岳／大籠岳／西農鳥岳／農鳥岳／広河内岳／三峰岳／間ノ岳／大唐松山／中白根山／仙丈ヶ岳／仙ヶ峰乗鞍岳▽／小仙丈ヶ岳／小太郎山／北岳▽／櫛形山／十石山／小鉢盛山／大崖頭山／徳右衛門岳／別当代山

毛無山　　　八町山　　　雨ヶ岳

290　　　　　300　　　　　310

富士山
（ふじさん）

もっとも広範囲の山を見ることができ、またどこからも見られる山

毛無山から望む富士山（撮影：富嶽仙人）

山頂に着くとまず富士山を探す。富士が見えない日はどこかもの足りなく、不意に富士を見付けたときにはなにか得した気分になる。富士は山岳展望の磁北であり、山座同定は富士から始まる。富士可視域の山にとってはこれは定石であろう。

富士山が見える地域は20都府県に及ぶ。次頁に掲載したのがいわゆる富士山可視マップ。他の山の可視マップに比べて、可視域の広がりは数段抜きん出ている。最遠望の山は和歌山県那智勝浦町にある妙法山。富士山から実に322.7㎞の彼方である。見える山でもっとも標高の高いのはわが国第二位の標高の北岳。

妙法山は最遠望の山であるが富士から見て南西の方向にあたる。そこで北方向の最遠望地点も気になってくる。計算上の見える最北端の山は、福島県川俣町と飯館村にまたがる花塚山で、距離は308㎞。しかし、実際に写真撮影に成功した北端の山は、2000年1月に鈴木一雄氏によって撮影された福島県岩代町、浪江町、葛尾村にまたがる日山で、距離299㎞。また、同じ年の12月に阿部正広氏によって、福島県東和町と岩代町の境に位置する麓山からの撮影も成功している。こちらの距離は298㎞と日山より短いが、緯度は北になる。

富士山の山頂からは逆にこの可視マップに記された場所がすべて見えるはずである。北アルプスの奥穂高岳、槍ヶ岳、剣岳、白馬岳など、南アルプス

富士山
標高3776㍍
緯度35度21分39秒
経度138度43分39秒

86

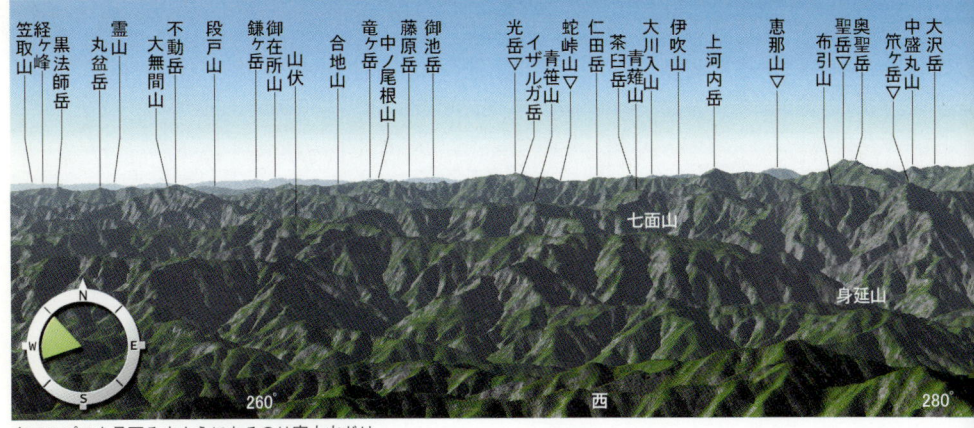

光岳(2591m) p220　　　　恵那山(2191m) p248

大沢岳／中盛丸山／兎岳／奥聖岳／聖岳／布引山／恵那山▽／上河内岳／伊吹山／大川入山／青薙山／茶臼岳／仁田岳／蛇峠山／青笹山／イザルガ岳／光岳▽／御池岳／中ノ尾根山／竜爪岳／合地山／御在所山／山伏／鎌ヶ岳／段戸山／不動岳／大無間山／霊丸盆山／黒法師岳／経ヶ峰／笠取山

七面山

身延山

260°　　西　　280°

南アルプスを見下ろすようになるのは富士山だけ

富士山から見える山
（興味深いもの）

山名	標高	距離	方位
妙法山	749	322.7	234.9
那智山	909	319.0	235.2
子ノ泊山	907	310.4	236.6
花塚山	918	308.1	33.8
笠捨山	1352	301.0	240.2
日山	1057	298.9	35.3
仏生ヶ岳	1805	291.8	242.8
大峰山	1915	290.2	243.6
弥山	1895	289.7	243.7
山上ヶ岳	1719	283.5	244.9
大普賢岳	1780	282.9	244.2
大台ヶ原山	1695	273.3	242.1
蓬田岳	952	266.5	36.9
八丈富士	854	265.1	158.6
国見山	1419	265.0	246.4
霊山	766	233.2	255.5
三本槍岳	1917	227.4	28.8
那須茶臼岳	1915	225.0	29.2
八溝山	1022	222.8	38.1
御在所岳	1212	214.0	260.3
大佐飛山	1908	213.9	27.6
御池岳	1247	211.6	265.0
伊吹山	1377	210.9	272.3
朝熊ヶ岳	555	204.4	241.1
越後駒ヶ岳	2003	198.0	8.9
荒沢岳	1969	196.7	10.9
会津駒ヶ岳	2133	195.4	16.5
八海山	1778	195.2	7.7
平ヶ岳	2141	186.4	12.2
燧ヶ岳	2356	183.8	15.6
焼山	2400	183.4	340.3
景鶴山	2004	182.3	13.6
妙高山	2454	178.6	342.1
白馬岳	2932	177.9	330.9
至仏山	2228	175.8	13.0
劔岳	2998	172.1	324.7

の北岳、甲斐駒ヶ岳、塩見岳、赤石岳など、そして中央アルプスの木曽駒ヶ岳、空木岳、南駒ヶ岳、越百山など、見える山は枚挙にいとまがない。それぞれの山頂からはきっと富士を見る人たちがいるであろう。その人達の視線を一身に浴びることになるわけだ。

登山ルートは、吉田口、須走口、富士宮口など各方面から開かれている。スバルラインで五合目まで車で入ることもできるが、ぜひ古くからの富士山参拝道である吉田口から訪れてみたい。また、富士山にはお中道めぐりや、宝永火口をめぐるルートなど、魅力的なコースがたくさんある。

さて、富士山は見る山か登る山か。それぞれの人生観を託されながら、富士は今日もそこにある。

87　富士山（富士山）

焼岳(2455m) p294　　剱岳(2998m) p264　　　　妙高山(2454m) p150　　横手山(2307m) p144

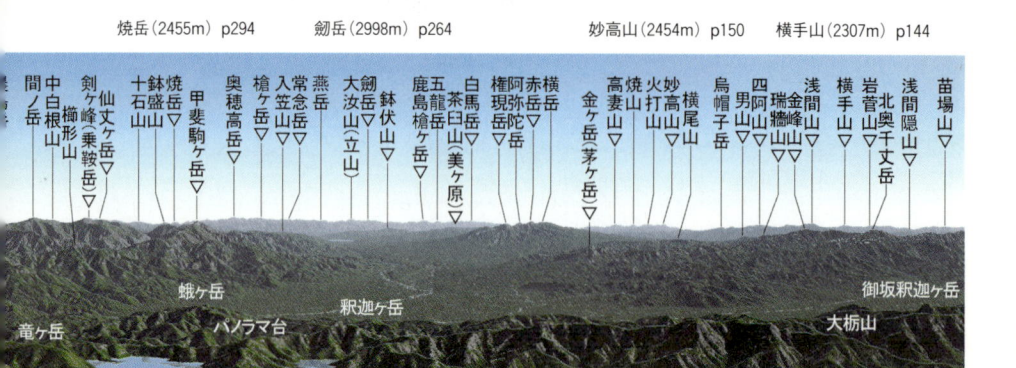

間ノ岳 / 中白根山 / 農鳥岳 / 剣ヶ峰(乗鞍岳) / 仙丈ヶ岳 / 櫛形山 / 十石山 / 鉢盛山 / 焼岳 / 甲斐駒ヶ岳 / 奥穂高岳 / 槍ヶ岳 / 入笠山 / 常念岳 / 燕岳 / 鉢伏山 / 大汝山(立山) / 剱岳 / 白馬岳 / 茶臼山・美ヶ原 / 五龍岳 / 鹿島槍ヶ岳 / 権現岳 / 赤岳 / 阿弥陀岳 / 横岳 / 高妻山 / 金ヶ岳(茅ヶ岳) / 焼山 / 火打山 / 妙高山 / 横尾山 / 烏帽子岳 / 四阿山 / 男山 / 瑞牆山 / 金峰山 / 浅間山 / 横手山 / 岩菅山 / 北奥千丈岳 / 浅間隠山 / 苗場山

竜ヶ岳　　蛾ヶ岳　パノラマ台　釈迦ヶ岳　　　　　　　　　　　御坂釈迦ヶ岳　大栃山

本栖湖　　　精進湖　　　　　　　西湖

310°　　北西　　320°　　　330°　　　　340°　　　350°

蛭ヶ岳(1673m) p32　　　　大野山(723m) p76　　　　　　金時山(1213m) p90

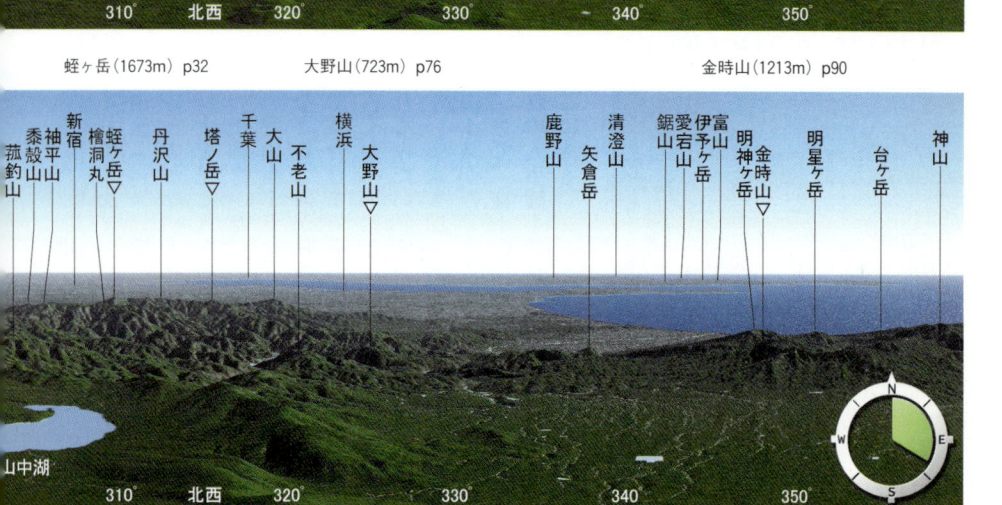

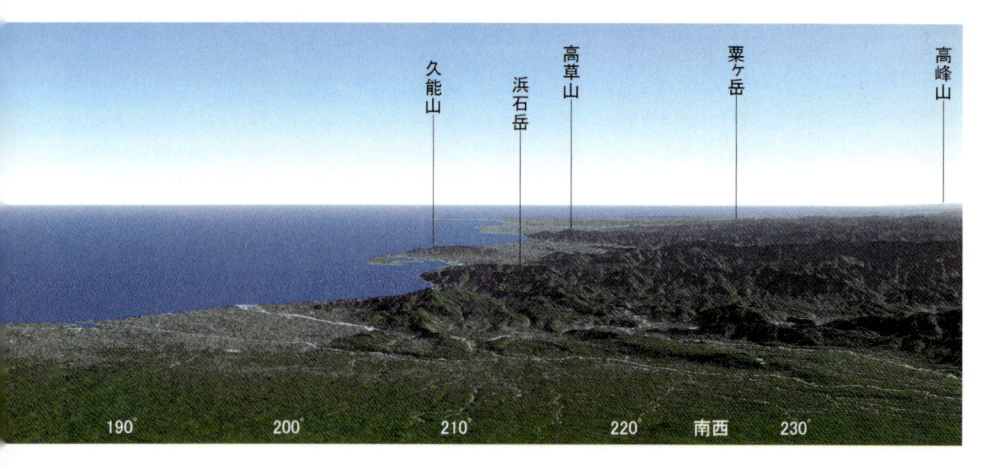

菰釣山 / 黍殻山 / 袖平山 / 新宿 / 檜洞丸 / 蛭ヶ岳 / 丹沢山 / 塔ノ岳 / 千葉 / 大山 / 不老山 / 横浜 / 大野山 / 鹿野山 / 清澄山 / 矢倉岳 / 富士山 / 伊予ヶ岳 / 愛宕山 / 鋸山 / 金時山 / 明神ヶ岳 / 明星ヶ岳 / 台ヶ岳 / 神山

山中湖

310°　　北西　　320°　　　330°　　　　340°　　　350°

　　　　　　　　　　　　久能山　　浜石岳　高草山　　　　粟ヶ岳　　　　　　高峰山

190°　　200°　　　210°　　　220°　　南西　　230°

88

西南西から北の展望

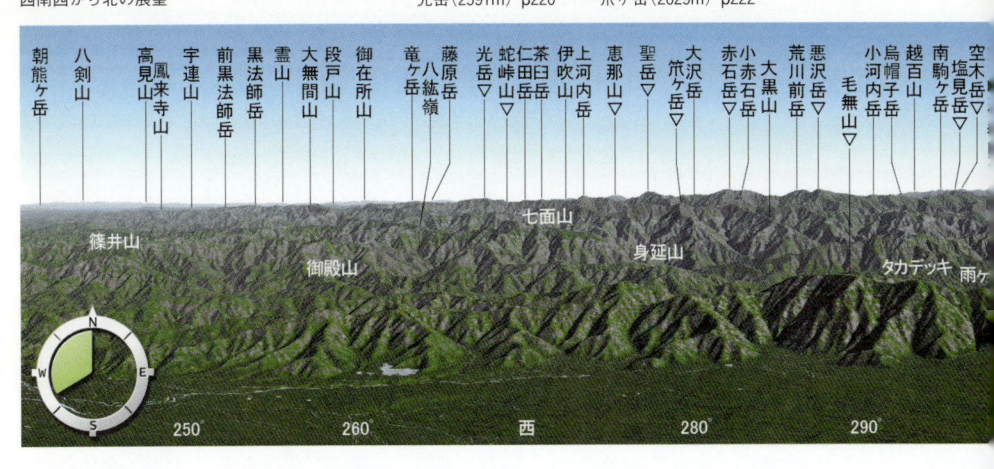

光岳（2591m）p220　笊ヶ岳（2629m）p222

ラベル（左から右）:
朝熊ヶ岳／八剣山／鳳来寺山／高見山／宇連山／前黒法師岳／黒法師岳／霊山／大無間山／段戸山／御在所山／竜ヶ岳／八紘嶺／藤原岳／光岳▽／蛇峠山／仁田岳／茶臼岳／伊吹山／上河内岳▽／恵那山／聖岳▽／大沢岳／笊ヶ岳▽／赤石岳／小赤石岳／大黒山／荒川前岳／悪沢岳▽／塩見岳▽／烏帽子岳／南駒ヶ岳／越百山／小河内岳／空木岳▽／毛無山

地形名: 篠井山／御殿山／七面山／身延山／タカデッキ／雨ヶ

方位: 250°　260°　西　280°　290°

北から東南東の展望

男体山（2484m）p156　杓子山（1598m）p78

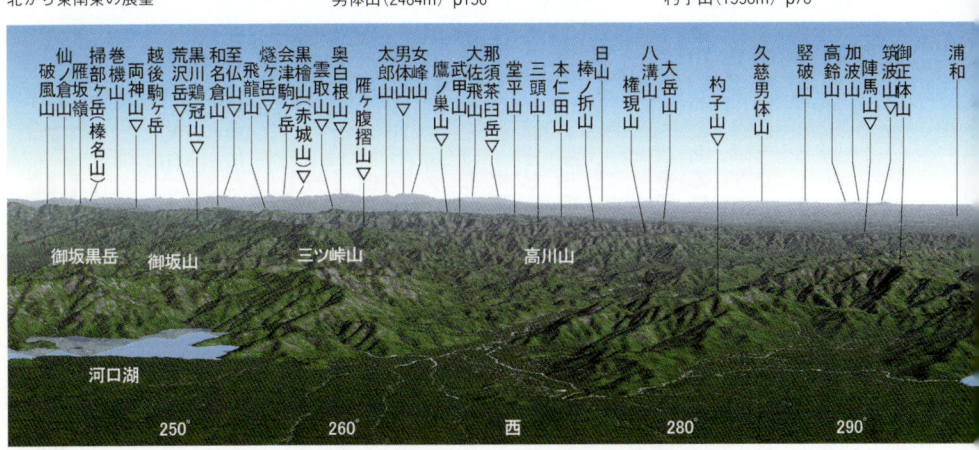

ラベル: 仙ノ倉山／雁ヶ腹摺山／掃部ヶ岳（榛名山）／巻機山／越後駒ヶ岳／荒沢岳／黒川鶏冠山／和名倉山／至仏山／飛龍山／燧ヶ岳／会津駒ヶ岳／黒檜山（赤城山）／奥白根山／雲取山／太郎山／男体山／女峰山／雁ヶ腹摺山／鷹ノ巣山／大武佐飛岳／堂平山／三頭山／本仁田山／棒ノ折山／日光白根／八溝山／大岳山／権現山／杓子山／久慈男体山／堅破山／高鈴山／加波山／筑波山／御正体山／浦和

地形名: 御坂黒岳／御坂山／三ツ峠山／高川山／河口湖

方位: 250°　260°　西　280°　290°

東南東から西南西の展望

越前岳（1504m）p84

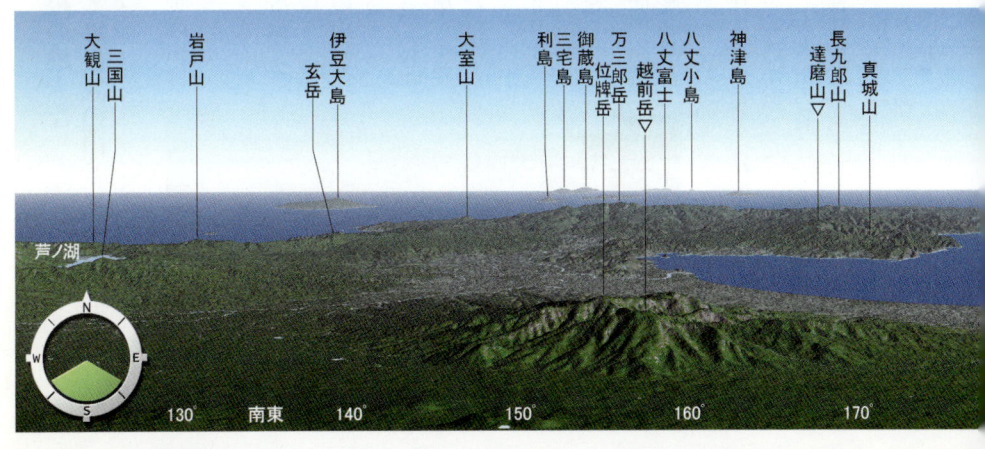

ラベル: 大観山／三国山／岩戸山／伊豆大島／玄岳／大室山／利島／三宅島／御蔵島／万三郎岳／越前岳／八丈富士／八丈小島／神津島／長九郎山／達磨山／真城山

地形名: 芦ノ湖

方位: 130°　南東　140°　150°　160°　170°

89　富士山（富士山）

赤岳(2899m) p18　　杓子岳(1598m) p78

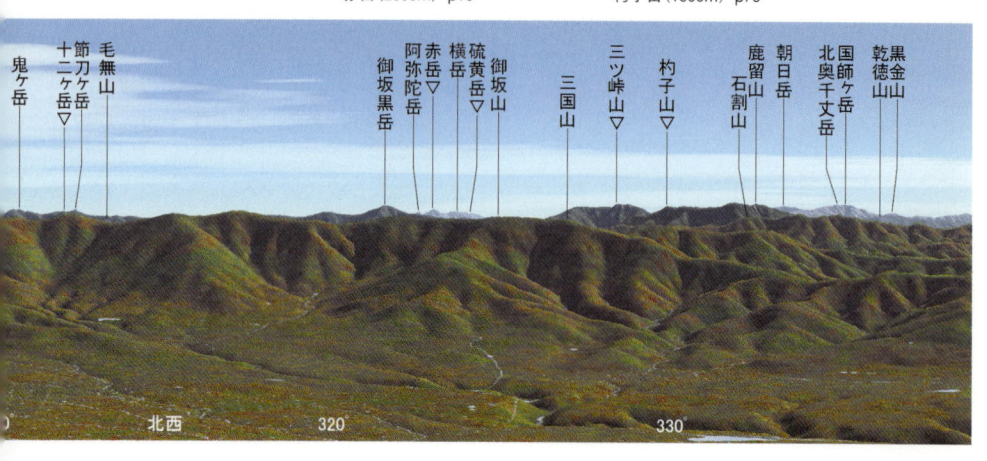

山名ラベル（左から右）：鬼ヶ岳／毛無山／節刀ヶ岳／十二ヶ岳▽／国師ヶ岳／北奥千丈岳／金峰山／乾徳山／黒岳／御坂山／硫黄岳／横岳／赤岳▽／阿弥陀岳／御坂黒岳／三国山／三ツ峠山▽／杓子岳▽／鹿留山／石割山／朝日岳

北西　320　　330

金時山（きんときさん）

富士山をはじめ箱根の雄大な風景に溶け込む金太郎伝説の山

箱根外輪山の一峰、明神ヶ岳から望む金時山は猪の鼻のようにツンと頭をもたげた姿をしている。別名、猪鼻岳と呼ばれたのもうなずけるゆえんだ。

明神ヶ岳から富士山を望むと、ちょうど邪魔をするように金時山がある。金時山からであればさぞ富士の眺めが良かろうと思うのだが、実際この山に登ると富士は満面の笑みをたたえて迫ってくる。

さらに日頃の行いが良い善男善女であれば、富士山の右裾に間ノ岳から、北岳、仙丈、鳳凰、甲斐駒ヶ岳へと連なる南アルプスのご褒美がいただけるはずである。裾野の優美な曲線で、南アルプスのハイライト部分だけをくっきりと切り取る富士山は、こころ憎い演出家だ。さすがに中央、北のアルプスは見えない。

一方、もっとも遠くに見える山は、その間の距離176.5キロを置いた大鹿落ノ頭。日光連山の赤薙山の西にある峰で、標高は2209メートル。雲龍渓谷の奥にそそり立っている。

山名はもちろん、金太郎こと坂田金時が住んでいたとの伝説によるもの。金太郎が姥が岩の下で一緒に住んだという宿石、金太郎がお手玉をして遊んだという手鞠石など、大江山の酒呑童子退治で活躍した坂田金時の幼年時代にちなんだ伝承遺跡が金時神社付近にある。

南は遠く芦ノ湖のきらめきと、大涌谷の熱い噴気を見て、こんな大きな風景に金太郎の伝説が似合うなと、ひとり納得するのである。

箱根仙石原から望む金時山（撮影：須部方夫）

箱根
標高 1213メートル
緯度 35度17分23秒
経度 139度00分18秒

富士山(3776m) p86　　　　　　　北岳(3192m) p200

富士の右に南アルプスがわずかに頭を並べる

金時山から見える山
（興味深いもの）

山名	標高	距離	方位
清澄山	377	105.4	97.3
硫黄岳	2760	97.4	324.0
赤岳	2899	94.9	322.9
仙丈ヶ岳	3033	88.5	302.8
不動岳	2171	87.9	266.3
甲斐駒ヶ岳	2967	86.9	306.9
北岳	3192	81.5	301.7
間ノ岳	3189	80.8	299.5
地蔵岳	2764	79.3	306.3
鳳凰山	2840	78.2	305.9
大無間山	2329	76.8	267.4
甲武信岳	2475	73.1	340.0
国師ヶ岳	2592	71.1	335.0
北奥千丈岳	2601	71.0	334.8
山伏	2014	65.4	271.6
乾徳山	2031	64.7	336.1
雲取山	2017	63.0	354.9
飛龍山	2077	61.8	350.5
鷹ノ巣山	1737	59.9	0.6
十枚山	1726	57.1	266.1
篠井山	1394	52.8	265.1
三頭山	1531	49.8	0.9
天城山	1406	47.3	180.3
雁ヶ腹摺山	1874	45.3	346.1
滝子山	1610	40.2	339.7
達磨山	982	40.0	202.1
十二ヶ岳	1683	38.2	311.9
三ツ峠山	1785	33.8	328.3
大山	1252	26.5	50.7
富士山	3776	26.4	287.4
杓子山	1598	25.0	329.8
蛭ヶ岳	1673	24.9	29.1
塔ノ岳	1491	23.2	38.2
御正体山	1682	22.8	343.0
越前岳	1504	20.0	253.4
大野山	723	11.4	20.4

金時山へは、箱根湯本駅から乗ったバスを降りた仙石から登るのが一般的。仙石で乗り換えて、金時登山口、乙女口までのバスもあるが本数は少ない。仙石から歩き始めたほうが良い。矢倉沢峠までは樹林の中を歩き、矢倉沢峠からはきつい登りとなるが、高度を稼ぐほど展望も開けてくるので爽快である。金時山頂には2軒の茶屋がある。下りは乙女口に向かう。長尾山からはさほど展望は良くない。階段を下れば乙女峠である。御殿場行きのバス、または桃源台行きに乗り、仙石で乗り換える。

他のコースとしては、金時神社からのコース、足柄側の夕日ノ滝からのコースがある。夕日ノ滝からのコースもきつい登りを強いられる。

達磨山(982m) p24　　　　　　　　　　　　　　　　　　　　　　　　越前岳(1504m) p84

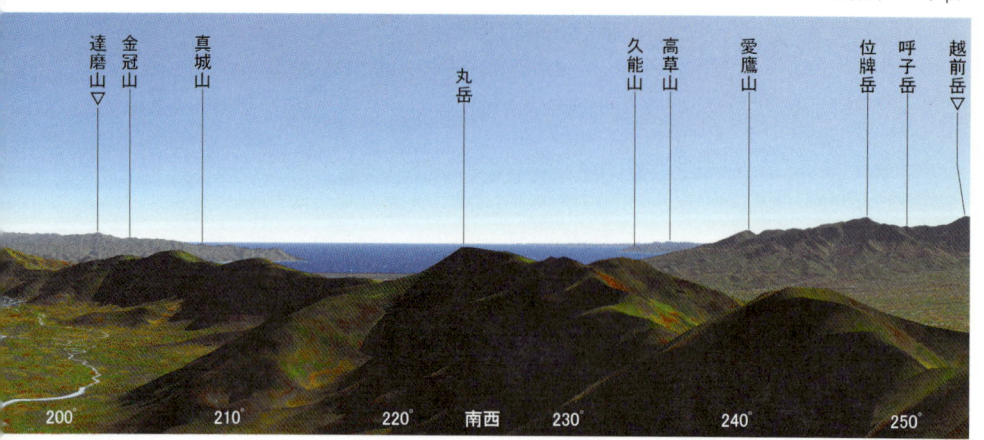

達磨山▽／金冠山／真城山／丸岳／久能山／高草山／愛鷹山／位牌岳／呼子岳／越前岳▽

200°　210°　220°　南西　230°　240°　250°

硫黄岳(2760m) p104　　　　　　甲武信岳(2475m) p44　　　　　　鷹ノ巣山(1737m) p36

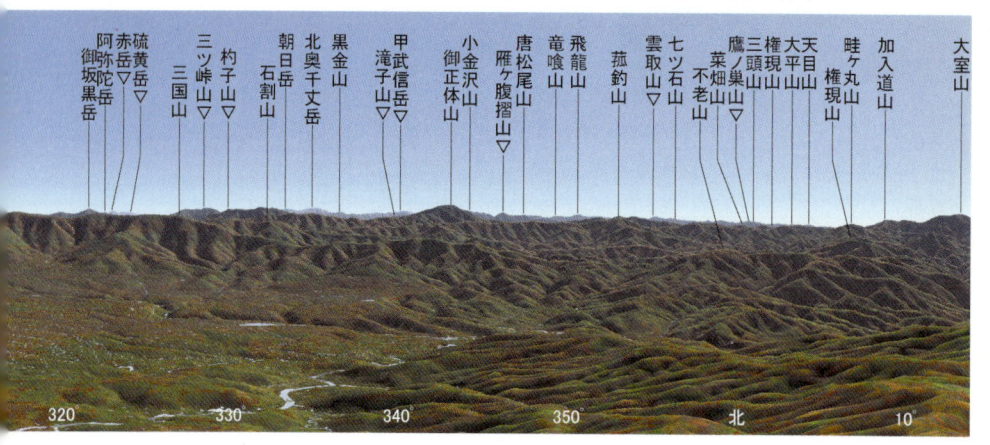

阿弥陀岳／御坂黒岳／赤岳／硫黄岳▽／三ツ峠山／三国山／杓子山／朝日岳／石割山／黒金山／北奥千丈岳／甲武信岳▽／滝子山／小金沢山／御正体山／唐松尾山／雁ヶ腹摺山／飛龍山／竜喰山／菰釣山／七ツ石山／雲取山／菜畑山／不老山／鷹ノ巣山／三頭山／権現山／大平山／天目山／蛙ヶ丸山／権現山／加入道山／大室山

320°　330°　340°　350°　北　10°

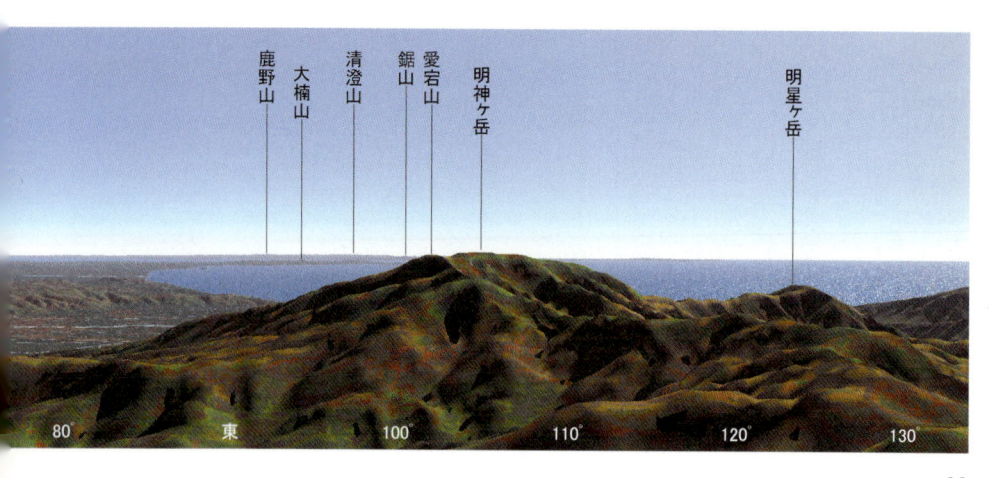

鹿野山／大楠山／清澄山／鋸山／愛宕山／明神ヶ岳／明星ヶ岳

80°　東　100°　110°　120°　130°

92

南東から西南西の展望

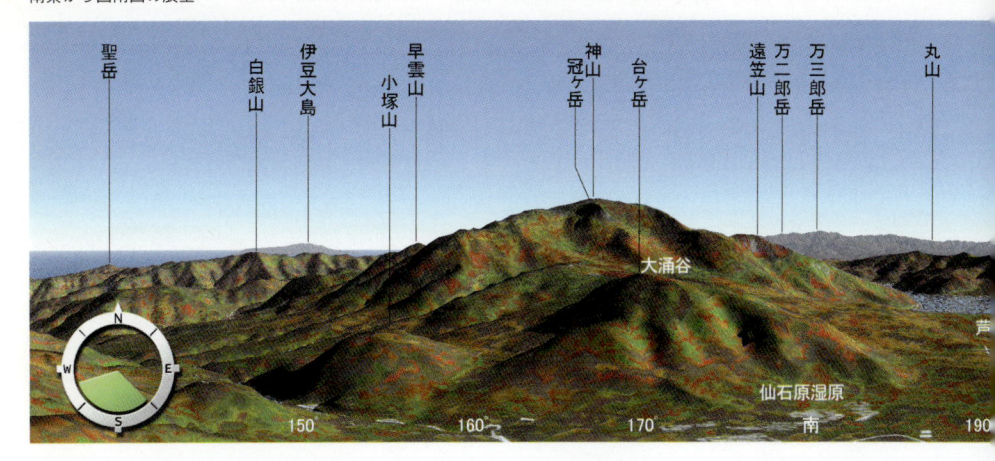

聖岳 / 白銀山 / 伊豆大島 / 早雲山 / 小塚山 / 神山 冠ヶ岳 / 台ヶ岳 / 遠笠山 / 万二郎岳 / 万三郎岳 / 丸山

大涌谷 / 仙石原湿原 / 芦

西南西から北の展望

高ドッキョウ / 青笹山 / 前黒法師岳 / 十枚山 / 大無間山 / 篠井山 / 大根沢山 / 山伏 / 宝永山 / 富士山 / 間ノ岳 / 北岳 / 仙丈ヶ岳 / 観音岳鳳凰山 / 甲斐駒ヶ岳 / 辻山 / 王岳 / 大岳

富士山(3776m) p86　　甲斐駒ヶ岳(2967m) p204

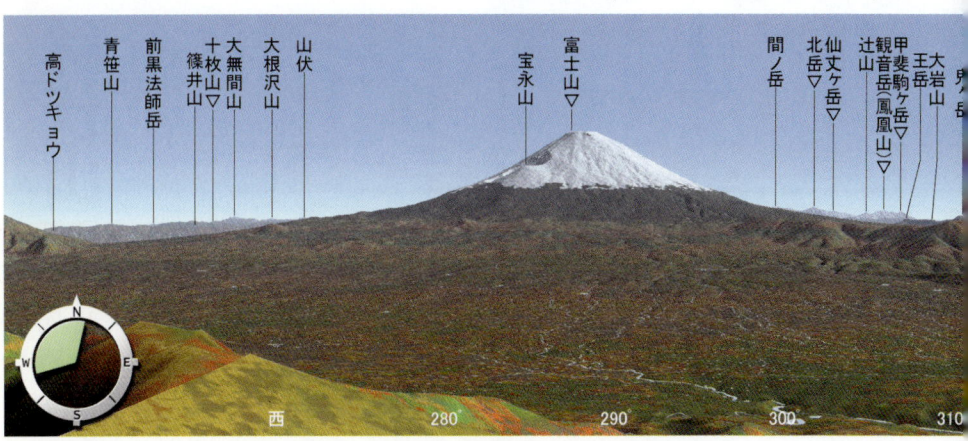

北から南東の展望

蛭ヶ岳(1637m) p32　　塔ノ岳(1491m) p72

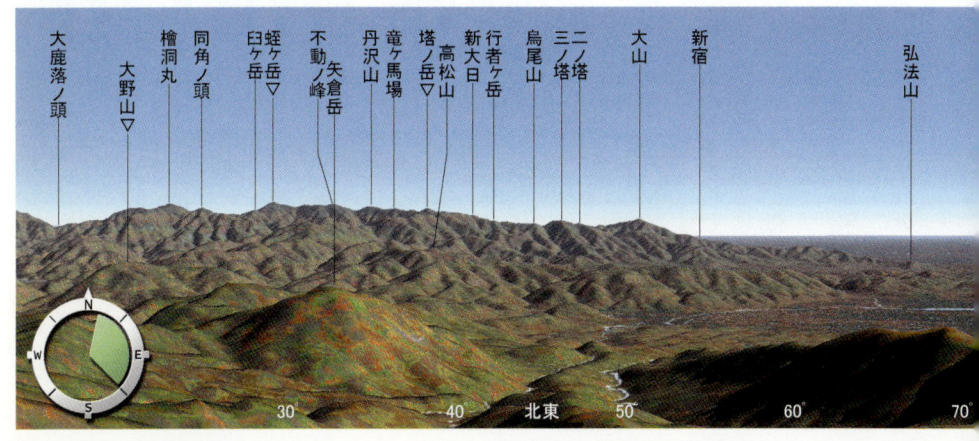

大鹿落ノ頭 / 大野山 / 檜洞丸 / 同角ノ頭 / 臼ヶ岳 / 蛭ヶ岳 / 不動峰 / 矢倉岳 / 丹沢山 / 竜ヶ馬場 / 塔ノ岳 / 高松山 / 新大日 / 行者ヶ岳 / 烏尾山 / 三ノ塔 / 二ノ塔 / 大山 / 新宿 / 弘法山

93　金時山（箱根）

白馬岳（2932m）p252　　　雨飾山（1963m）p142　　　妙高山（2454m）p150

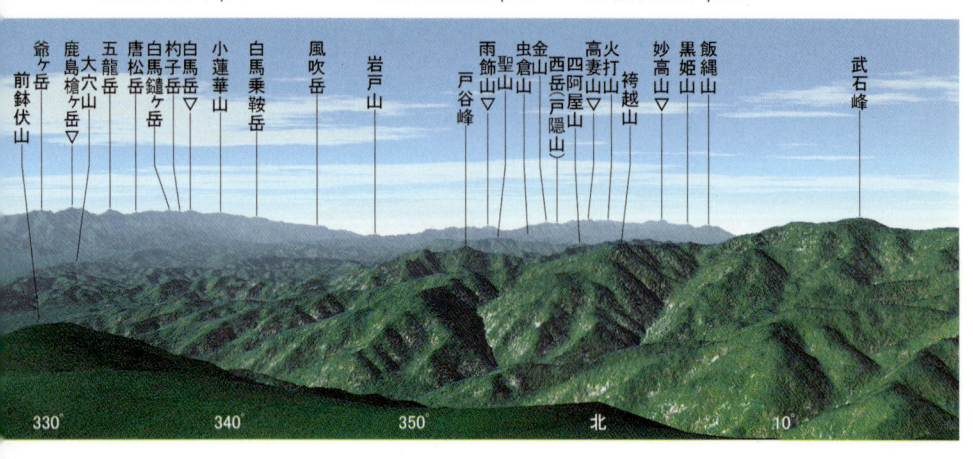

パノラマ上のラベル（左から）: 前鉢伏山 爺ケ岳 鹿島槍ケ岳 大穴山 五龍岳 唐松岳 白馬鑓ケ岳 杓子岳 白馬岳 小蓮華岳 白馬乗鞍岳 風吹岳 岩戸山 戸谷峰 雨飾山 聖山 虫倉山 金山 四阿屋山 西岳戸隠山 火打山 高妻山 袴越山 黒姫山 妙高山 飯縄山 武石峰

330°　　340°　　350°　　北　　10°

鉢伏山（はちぶせやま）

花と展望にめぐまれた諏訪と松本平を分ける高原

美ヶ原から周囲に広がる高原地帯の一峰である鉢伏山には、中部山岳の中心部にあるというロケーションの良さから、名だたる山々をひと呑みにするほどの展望が待っている。お隣の高ボッチ山には巨人デイダラボッチが腰掛けたという伝説が残っているが、デイダラボッチでなくとも、いつまでも眺めていたい風景である。

この山からもっとも遠くに見えるのは、浅間山の右に見える日光連山中の女峰山。その間の距離は150.6キロになる。まわりをアルプスに囲まれているといってもよいだけに、北アルプスは奥穂高岳、槍ケ岳、鹿島槍ケ岳、劒岳などが、中央アルプスの木曽駒ケ岳、空木岳、南駒ケ岳など、南アルプスの甲斐駒ケ岳、北岳、仙丈ケ岳、間ノ岳などが展望できる。富士山は、右に南アルプス、左に八ガ岳連峰を従えて釜無川の谷間にすっくと立ち上がっている。

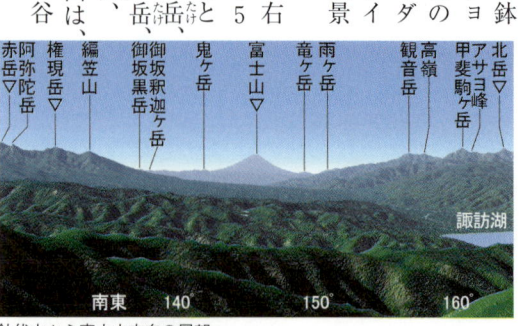

麓の松本では北アルプスを西山、美ヶ原や鉢伏山などを東山と呼んだというが、東山で唯一雪形が見られるのが鉢伏山で、それも合図に鉢伏山は花の季節となる。春のザゼンソウから、初夏のシャクナゲ、レンゲツツジ。夏の紺碧の空を吸い込まんと咲き乱れるニッコウキスゲ。往く季節を惜しむように余韻を残して咲くマツムシソウと、四季折々の花々が天空の花園を飾る。

この山の名前を冠した特産の花もあり、一見しただけではわからない奥深い魅力

パノラマ下のラベル（左から）: 赤石岳 阿弥陀岳 権現岳 編笠山 御坂釈迦ケ岳 御坂黒岳 阿坂釈迦ケ岳 富士山 雨ケ岳 竜ケ岳 鬼ケ岳 高嶺 観音岳 甲斐駒ケ岳 アサヨ峰 北岳

南東　140　　150　　160

鉢伏山から富士山方向の展望

霧ケ峰・美ヶ原
標高 1928 $_{\text{ｍ}}$
緯度 36度09分47秒
経度 138度03分33秒

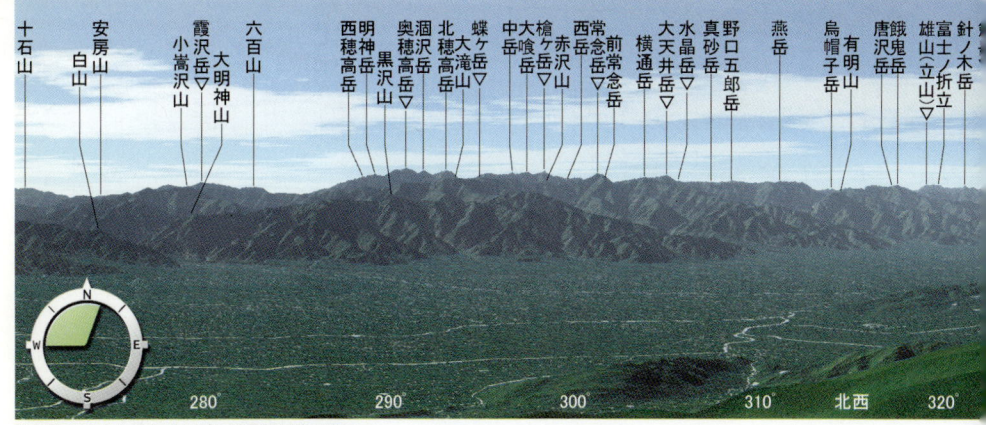

霞沢岳(2946m) p288　　奥穂高岳(3190m) p290　　常念岳(2857m) p282

十石山／安房山／白山／小嵩沢山／霞沢岳▽／大明神山／六百山／西穂高岳／明神岳／奥穂高岳／涸沢岳／北穂高岳／大滝山／蝶ヶ岳／中岳／槍ヶ岳／大喰岳／赤岳／西岳／常念岳／前常念岳／大天井岳／水晶岳／真砂岳／野口五郎岳／横通岳／燕岳／有明山／烏帽子岳／唐沢岳／餓鬼岳／富士ノ折立／雄山(立山)／針ノ木岳／鳶

280°　　290°　　300°　　310°　北西　320°

松本平をはさんで北アルプスの展望が広がる

鉢伏山から見える山
（興味深いもの）

山名	標高	距離	方位
女峰山	2483	150.6	61.0
日光太郎山	2367	146.7	59.9
男体山	2484	144.6	62.0
袈裟丸山	1961	125.8	64.2
黒檜(赤城山)	1828	110.8	66.2
富士山	3776	107.5	145.6
御坂黒岳	1793	92.0	137.2
節刀ヶ岳	1736	90.2	141.1
御坂釈迦ヶ岳	1641	89.4	137.9
火打山	2462	84.3	0.5
掃部ヶ岳(榛名山)	1449	79.2	63.6
妙高山	2454	80.9	3.4
白馬岳	2932	71.3	337.8
高妻山	2353	70.6	359.4
劔岳	2998	64.6	322.5
大汝山(立山)	3015	60.4	319.4
剣ヶ峰(御嶽山)	3067	60.1	240.2
間ノ岳	3189	59.3	165.0
鹿島槍ヶ岳	2889	58.3	331.3
北岳	3192	56.5	163.3
観音岳(鳳凰山)	2840	55.7	156.5
爺ヶ岳	2670	54.7	329.6
荒船山	1423	52.1	84.8
仙丈ヶ岳	3033	50.4	167.1
浅間山	2568	49.6	56.9
甲斐駒ヶ岳	2967	47.7	160.3
木曽駒ヶ岳	2956	47.4	209.0
剣ヶ峰(乗鞍岳)	3026	45.9	262.2
槍ヶ岳	3180	41.9	298.3
奥穂高岳	3190	39.5	290.8
赤岳	2899	35.1	127.2
常念岳	2857	34.8	301.2
蝶ヶ岳	2677	32.9	294.8
大滝山	2616	30.9	293.5
鉢盛山	2446	28.7	252.9
王ヶ頭(美ヶ原)	2034	8.1	31.6

を感じさせる山だ。手軽な山にも、それぞれに人を引き付けるものがある。
山頂間近の鉢伏山荘まで車道が延びているので、タクシーまたはマイカーで容易に山頂に立つことができる。鉢伏山荘に一泊して、前鉢伏山や高ボッチなどの周辺の山々を散策すると良いだろう。余裕があればツツジの名所である二ツ山まで足を延ばすのもおすすめだ。さらに、三峰山まで縦走するルートをとれば、充実した山行となるだろう。
下山は鉢伏山荘から「扉温泉へ下る。扉温泉からは季節運行のバス、またはタクシーを利用する。他には高ボッチ山を経由して崖ノ湯へ下っても良い。車道歩きになるが天候が良ければ楽しい高原散歩となる。崖ノ湯からはバスで松本へ出られる。

95　鉢伏山（霧ヶ峰・美ヶ原）

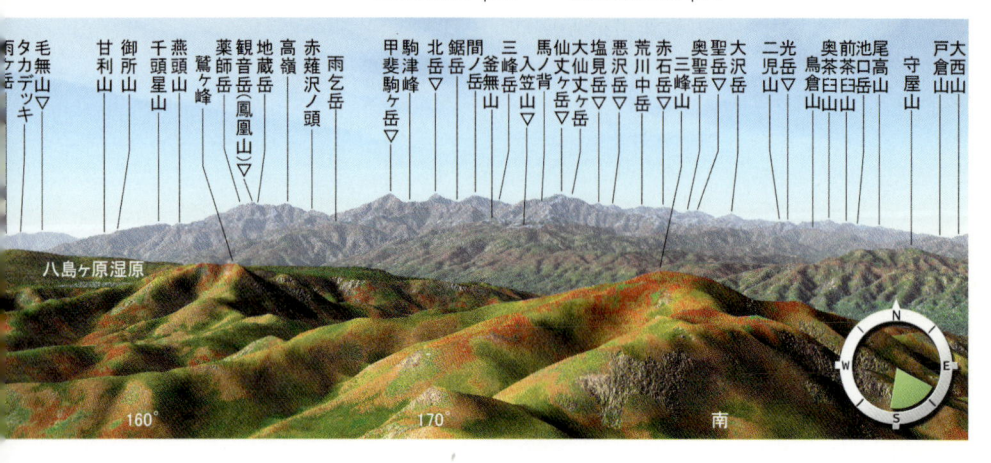

北岳(3192m) p200　　悪沢岳(3141m) p212

戸大守尾毛タ
大西屋倉無カ
山山山山山デ
　　　　　ッ
　　　　　キ

甘御千燕赤地高観薬鷲
利所頭星薙蔵嶺音師ヶ
山山山ヶ沢岳　岳岳峰
　　　山ノ
　　　　頭
　　　（
　　　鳳
　　　凰
　　　山
　　　）

雨駒北甲斐駒ヶ岳

鋸三仙馬塩大悪荒赤奥奥大二光前鳥尾
岳峰丈ノ見沢仙川石聖聖沢児光茶倉池池
　岳ヶ笠岳岳丈中岳岳岳岳山岳臼山山山
　　岳　　ヶ岳　　　　　　山
　　　　　岳

八島ヶ原湿原

160°　　　170°　　　南

夏雲が湧く美ヶ原・王ヶ頭（撮影：富嶽仙人）

美ヶ原（茶臼山）

広大な溶岩台地からのアルプス展望

霧ヶ峰・美ヶ原
標高2006メートル
緯度36度12分15秒
経度138度07分37秒

登り着いた途端に視界が開け、まったく想像できなかった別世界が開けている。南米・ギアナ高地のような孤高の溶岩台地にはどこか憧れと畏れとを感じさせるものがある。きっと、往時の美ヶ原も結界の張られた神々の遊ぶ庭であったのであろう。尾崎喜八の詩『美ヶ原熔岩台地』にその面影をわずかにうかがい知ることができるが、今は神々ならぬ放牧牛が草を食み、無粋な電波塔が林立している。このアンテナのある風景は、どうひいき目に見ても周囲の風景と調和していると言い難いが、美ヶ原の格好のシンボルになった感がある。これらは長野県全域に放送電波を送るための施設であり、日本で一番高所にある。長野県を広く網羅できる地点として美ヶ原が選定されたということは、逆に言えばいかに展望の良い山であるかの象徴でもあろう。

美ヶ原からの展望はなんといっても、北アルプス奥穂高岳、槍ヶ岳、大天井岳、大汝山（立山）などが一望される。また、中央アルプスは木曽駒ヶ岳、空木岳、南アルプスは甲斐駒ヶ岳、仙丈ヶ岳、北岳、塩見岳などが展望される。もちろん富士山も111キロの距離をはさんで展望できる。意外なのは、佐渡が見えるということだろう。もっとも遠くに見える山は佐渡両津市と相川町にまたがる井坪山、標高943メートルだ。その間の距離は223.4キロになる。美ヶ原は山頂まで車道が延びているので、車を使えばアプローチは至極便利である。最高点の王ヶ頭

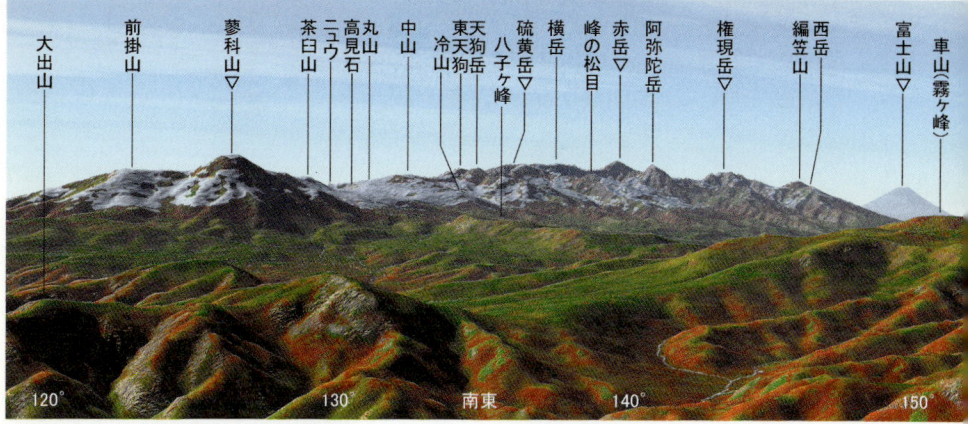

蓼科山(2530m) p106　　　　　　　　　　　　赤岳(2899m) p18

茶臼山から霧ヶ峰方面の展望。八ヶ岳の姿が美しい

茶臼山から見える山
（興味深いもの）

山名	標高	距離	方位
金北山	1172	209.5	5.8
燧ヶ岳	2356	132.9	52.1
至仏山	2228	121.4	51.4
富士山	3776	111.1	149.5
光岳	2591	98.5	181.2
毛無山	1964	98.1	156.1
聖岳	3013	89.1	178.1
赤石岳	3120	84.9	176.9
悪沢岳	3141	80.7	175.1
白砂山	2140	77.4	42.5
雨飾山	1963	76.1	350.2
妙高山	2454	73.8	0.4
塩見岳	3047	72.6	174.5
両神山	1723	69.8	108.5
剣ヶ峰(御嶽山)	3067	67.4	236.9
白馬岳	2932	66.8	332.2
甲武信岳	2475	66.1	121.9
南駒ヶ岳	2841	64.0	204.7
高妻山	2353	63.8	355.5
北岳	3192	62.3	168.9
陣馬形山	1445	62.2	190.3
劒岳	2998	62.2	315.2
空木岳	2864	62.0	205.0
横手山	2307	61.8	37.2
観音岳(鳳凰山)	2840	60.8	162.9
戸隠山	1904	60.5	355.5
大汝山(立山)	3015	58.5	311.8
仙丈ヶ岳	3033	56.5	172.9
木曽駒ヶ岳	2956	55.5	209.5
鹿島槍ヶ岳	2889	54.7	323.9
甲斐駒ヶ岳	2967	53.2	167.2
剣ヶ峰(乗鞍岳)	3026	51.5	255.2
水晶岳	2986	50.4	296.3
御座山	2112	49.7	115.1
四阿山	2354	44.5	37.9
槍ヶ岳	3180	43.2	287.4

付近は観光地化されているが、松本盆地を間にはさんでのアルプスの眺めは素晴らしい。静かな山歩きの楽しさを味わいたいなら、少しはずれた茶臼山や物見山にまで足を延ばせば良いだろう。

本書のパノラマ図は茶臼山からのものである。茶臼山は美ヶ原の南に位置するピークで、美ヶ原から霧ヶ峰方面の展望台としても知られる。松本駅から美ヶ原高原までバスで入り高原を散策して茶臼山に至るのもよいが、山麓の三城、または扉峠から登り着いて空が抜けるような感動を味わえるだろう。松本駅から出るバスはどちらも季節運行で本数が少ない。茶臼山からは、塩クレ場を経て王頭へ、あるいは美しの塔から山本小屋へ向かうのも良い。

97　美ヶ原（霧ヶ峰・美ヶ原）

赤石岳(3120m) p214　陣馬形山(1445m) p226　空木岳(2864m) p242

北岳／間ノ岳／仙丈ヶ岳／塩見岳／赤石岳／聖岳／入笠山／三峰山／兎岳／光岳／池口岳／奥茶臼山／守屋山／鬼面山／丸山／熊伏山／陣馬形山／日本ヶ塚山／八尺山／小式部城山／念丈岳／南駒ヶ岳／空木岳／檜尾岳／麦草岳／穴倉山／経ヶ岳／木曽駒ヶ岳／木曽前岳／坊主岳／奥三界岳

諏訪湖

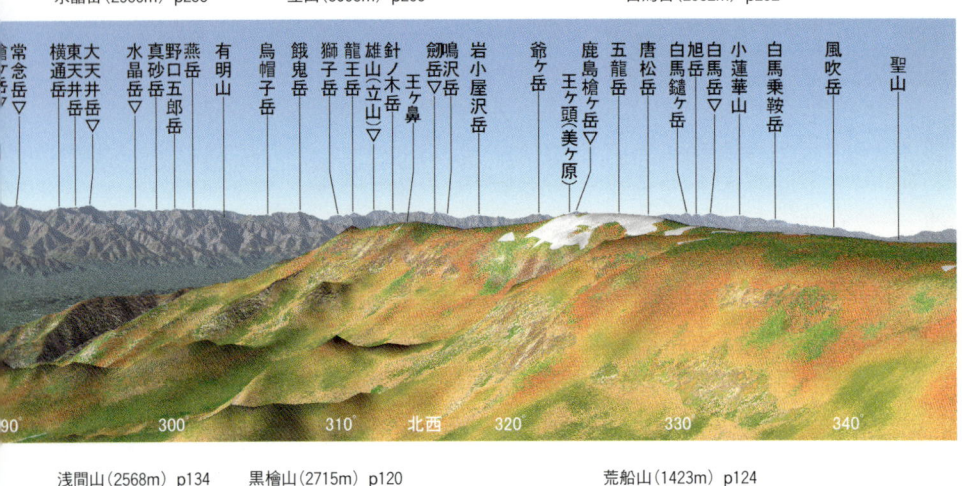

南　190　200　210　220

水晶岳(2986m) p258　立山(3003m) p268　白馬岳(2932m) p252

鑓ヶ岳／常念岳／東天井岳／横通岳／大天井岳／水晶岳／燕岳／野口五郎岳／真砂岳／有明山／餓鬼岳／烏帽子岳／獅子岳／龍王岳／雄山(立山)／剱岳／針ノ木岳／鳴沢岳／岩小屋沢岳／王ヶ鼻／爺ヶ岳／王ヶ頭(美ヶ原)／鹿島槍ヶ岳／五龍岳／唐松岳／白馬鑓ヶ岳／旭岳／小蓮華山／白馬乗鞍岳／白馬岳／風吹岳／聖山

290　300　310　北西　320　330　340

浅間山(2568m) p134　黒檜山(2715m) p120　荒船山(1423m) p124

籠ノ登／高峰山／黒斑山／浅間山／女峰山／男体山／皇海山／鼻曲山／後袈裟丸山／黒檜山(赤城山)／相馬山(榛名山)／地蔵岳／長七郎山／根本山／矢ケ崎山／相馬岳(妙義山)／谷急山／寄石山／物見山／加波山／足尾山／荒船山／稲含山／赤久縄山／日影山／茂来山

50　60　70　80　東　100

98

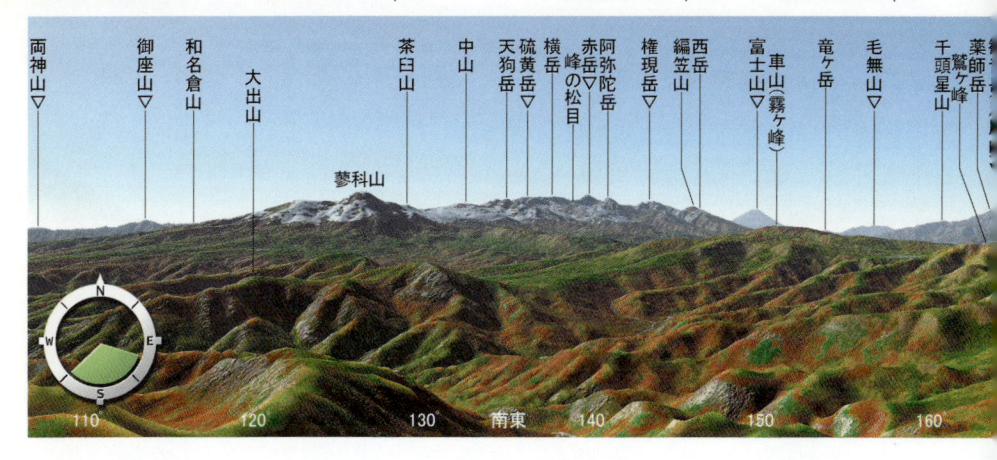

東南東から南西の展望　　蓼科山(2530m) p106　　権現岳(2715m) p100　　毛無山(1964m) p16

両神山／御座山／和名倉山／大出山／茶臼山／中山／天狗岳／硫黄岳／横岳／赤岳／阿弥陀岳／峰の松目／権現岳／編笠山／西岳／富士山／車山(霧ヶ峰)／竜ヶ岳／毛無山／千頭星山／鷲ヶ峰／薬師岳

蓼科山

南西から北北西の展望　　乗鞍岳(3026m) p298　　霞沢岳(2646m) p288

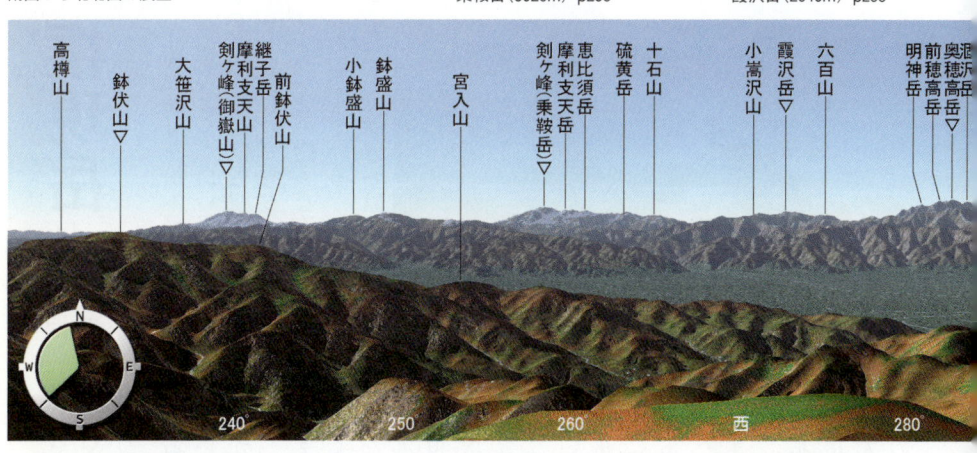

高樽山／鉢伏山／大笹沢山／剣ヶ峰(御嶽山)／摩利支天山／継子岳／前鉢伏山／小鉢盛山／鉢盛山／宮入山／剣ヶ峰・乗鞍岳／摩利支天岳／恵比須岳／硫黄岳／十石山／小嵩沢山／霞沢岳／六百山／明神岳／前穂高岳／奥穂高岳／涸沢岳

北北西から東南東の展望　　四阿山(2354m) p132

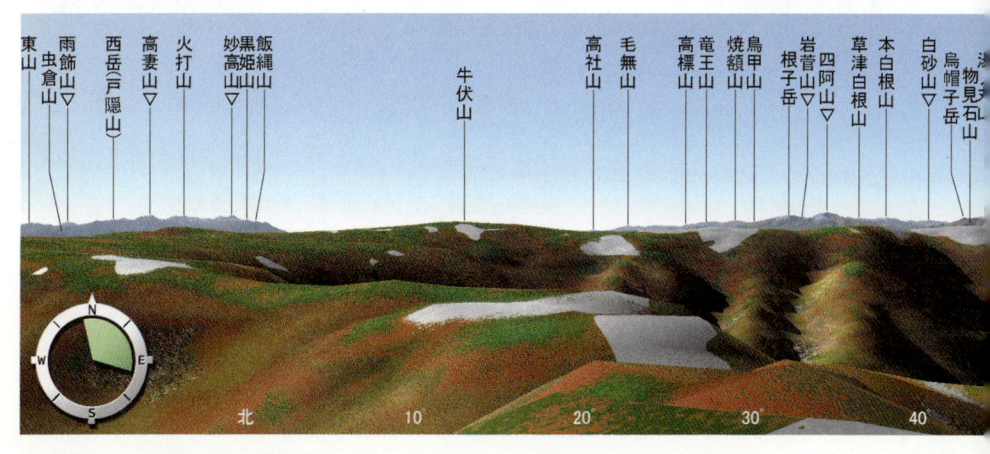

東山／虫倉山／雨飾山／西岳(戸隠山)／高妻山／火打山／妙高山／黒姫山／飯縄山／牛伏山／高社山／毛無山／高標山／竜王山／焼額山／鳥甲山／岩菅山／根子岳／四阿山／草津白根山／本白根山／白砂山／烏帽子岳／物見石山／浅間山

99　美ヶ原（霧ヶ峰・美ヶ原）

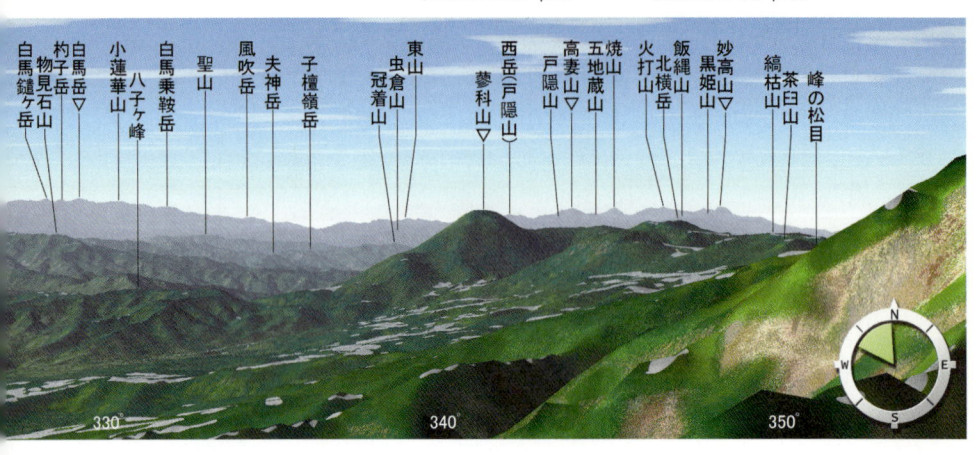

蓼科山(2530m) p106　　　妙高山(2454m) p150

峰の松目
茶臼山
縞枯山
妙高山▽
黒姫山
飯縄山
北横岳
火打山
西岳(戸隠山)
高妻山▽
五地蔵山
焼山
戸隠山
東山
虫倉山
冠着山
蓼科山▽
風吹岳
子檀嶺岳
夫神岳
聖山
白馬乗鞍岳
八子ヶ峰
白馬岳
杓子岳
物見石山
小蓮華山
白馬鑓ヶ岳

330°　　　340°　　　350°

権現岳
ごんげんだけ

大海原に浮かぶような富士、アルプスを望む八ヶ岳の舳先

国道20号を松本に向かって走っていると、韮崎を過ぎたあたりから車窓の右側に城壁のような白い岩壁が延々と続いているのが目に入る。七里岩などと呼ばれているが、これは権現岳付近にあった火山が崩壊し、大量の破片が岩屑流となって流下ったものである。

実はこの巨大な流れは、富士山と八ヶ岳の背比べの伝説に結びつくのではないかと空想している。伝説では長い樋をつくって両方の山の頂に渡し水を注いだところ、水は八ヶ岳から富士山へ流れたことになっている。まさにこの七里岩が、方向的にもその水の流れに一致しないか。怒った富士山は八ヶ岳の頂を蹴飛ばしてしまうが、七里岩を生じさせた大崩壊で八ヶ岳は確実に高度を落としたであろう。もっともこの崩壊が起きたのは、30万年以上も昔である。しかし伝説は案外真実を隠しているのかもしれない。

権現岳は八ヶ岳の峰々の中で南端にあって、八ヶ岳を船に例えれば、船体から突き出した舳先のように見える。それだけに展望は広範囲にわたり、甲府盆地をへだてた富士山は、もっとも美しい形といわれる花水坂からと同じように左右均等の姿を見せる。さらに、奥穂高岳、槍ヶ岳、剱岳、大汝山(立山)などの北アルプス、木曽駒ヶ岳、空木岳、南駒ヶ岳、三ノ沢岳などの中央アルプス、正面には釜無川の谷をはさんで甲斐駒ヶ岳、仙丈ヶ岳、観音岳、塩見岳などの南アルプス北部の山々を望むことができる。

赤岳から見る権現岳。後ろは南アルプス (撮影：富嶽仙人)

八ヶ岳
標高 2715メートル
緯度 35度56分59秒
経度 138度21分35秒

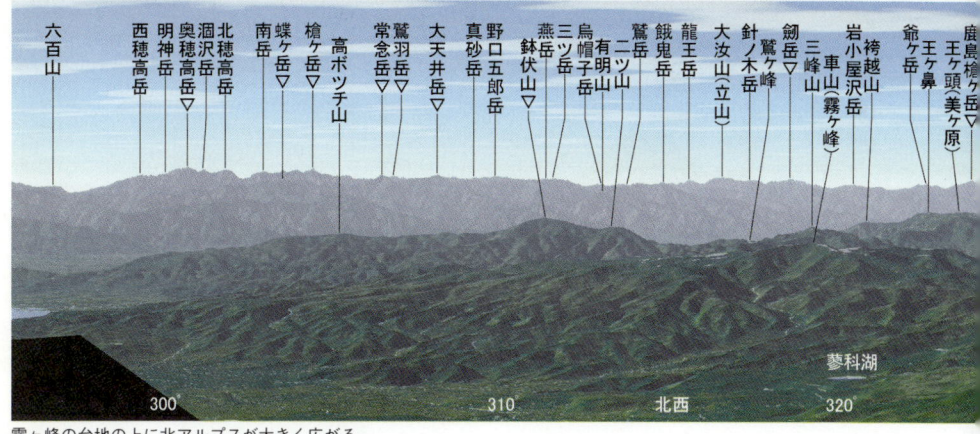

奥穂高岳（3190m）p290　　　鷲羽岳（2924m）p262　　　立山（3003m）p268

山並みラベル（左から右へ）：六百山／西穂高岳／明神岳／奥穂高岳／涸沢岳／北穂高岳／南岳／蝶ヶ岳／槍ヶ岳／高ボッチ山／常念岳／鷲羽岳／大天井岳／野口五郎岳／真砂岳／鉢伏山／三ツ岳／烏帽子岳／有明山／二ツ山／燕岳／鷲岳／針ノ木岳／大汝山（立山）／三峰山／車山（霧ヶ峰）／剱岳／鷲羽峰／岩小屋沢岳／袴越山／爺ヶ岳／王ヶ頭・美ヶ原／鹿島槍ヶ岳／鼻

300　　　310　　北西　　320　　蓼科湖

霧ヶ峰の台地の上に北アルプスが大きく広がる

権現岳から見える山（興味深いもの）

山名	標高	距離	方位
竪破山	658	215.0	66.2
八溝山	1022	203.1	57.0
伊豆大島	764	165.3	145.0
高原山	1795	165.1	49.8
筑波山	860	159.5	78.4
御前峰（白山）	2702	144.9	279.5
燧ヶ岳	2356	139.0	36.3
平ヶ岳	2141	137.5	31.6
男体山	2484	135.9	47.9
奥白根山	2578	131.1	43.7
妙高山	2454	106.7	348.1
白馬岳	2932	104.7	329.1
黒檜山（赤城山）	1828	100.9	47.6
劔岳	2998	100.1	318.4
大汝山（立山）	3015	96.2	316.5
塔ノ岳	1491	91.1	126.8
蛇峠山	1664	90.8	222.1
恵那山	2191	88.9	231.0
蛭ヶ岳	1673	87.2	125.8
剣ヶ峰（御嶽山）	3067	79.6	265.7
槍ヶ岳	3180	77.4	304.3
剣ヶ峰（乗鞍岳）	3026	74.7	283.6
奥穂高岳	3190	74.3	300.6
富士山	3776	73.3	152.8
常念岳	2857	70.5	306.4
四阿山	2354	65.8	4.1
南駒ヶ岳	2841	56.7	241.1
三ノ沢岳	2846	54.9	248.4
木曽駒ヶ岳	2956	53.2	250.6
大菩薩峠	1897	50.5	117.8
塩見岳	3047	44.6	201.0
北岳	3192	32.4	199.7
仙丈ヶ岳	3033	30.0	212.0
観音岳（鳳凰山）	2840	27.9	190.2
甲斐駒ヶ岳	2967	24.0	207.5
赤岳	2899	2.4	21.8

もっとも遠くに見える山は、福島県のいわき市と鮫川村にまたがる朝日山。阿武隈山地の標高797メートルの山で、その距離は228.5キロにもおよぶ。

権現岳へは小海線甲斐大泉駅からのコースの他に、甲斐小泉からのコース、小淵沢からのコース、信濃境からのコースなどがある。

甲斐大泉駅からは、タクシーで天女山入口まで入り遊歩道を天女山まで上がる。天女山から前三ツ頭までは傾斜のきつい登りとなるが、その分高度を稼ぐことができる。前三ツ頭は展望の良い稜線で、この先で森林限界を越えると三ツ頭となる。

この日は権現小屋か青年小屋に宿をとりだ。翌日は編笠山を経由して観音平に出て、観音平からタクシーを呼んで、小淵沢に下る。

権現岳（八ヶ岳）

北東パノラマ (10°–50°)

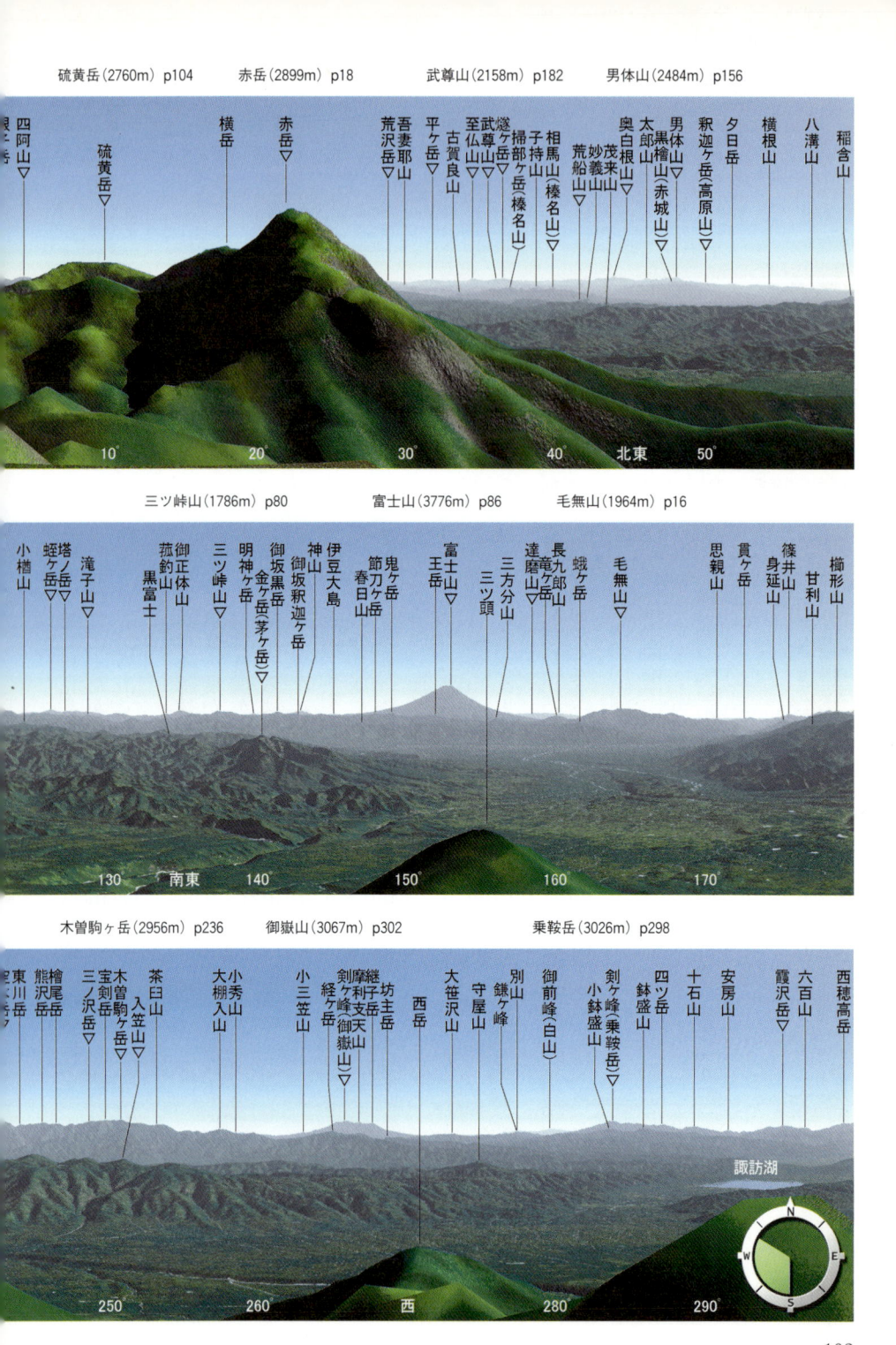

硫黄岳(2760m) p104　　赤岳(2899m) p18　　武尊山(2158m) p182　　男体山(2484m) p156

- 四阿山
- 硫黄岳
- 横岳
- 赤岳
- 荒沢岳
- 吾妻耶山
- 至仏山
- 平ヶ岳
- 古賀良山
- 燧ヶ岳
- 掃部ヶ岳(榛名山)
- 子持山
- 武尊山
- 相馬山(榛名山)
- 荒船山
- 妙義山
- 茂木山
- 奥白根山
- 太郎山
- 黒檜山(赤城山)
- 男体山
- 釈迦ヶ岳(高原山)
- 夕日岳
- 横根山
- 八溝山
- 稲含山

南東パノラマ (130°–170°)

三ツ峠山(1786m) p80　　富士山(3776m) p86　　毛無山(1964m) p16

- 小楢山
- 蛭ヶ岳
- 塔ノ岳
- 滝子山
- 御正体山
- 菰釣山
- 黒富士
- 三ツ峠山
- 明神ヶ岳
- 金ヶ岳(茅ヶ岳)
- 御坂黒岳
- 御坂釈迦ヶ岳
- 神山
- 伊豆大島
- 春日山
- 節刀ヶ岳
- 鬼ヶ岳
- 三方分山
- 富士山
- 王岳
- 三ツ頭
- 長九郎山
- 竜ヶ岳
- 達磨山
- 蛾ヶ岳
- 毛無山
- 思親山
- 貫ヶ岳
- 篠井山
- 身延山
- 甘利山
- 櫛形山

西パノラマ (250°–290°)

木曽駒ヶ岳(2956m) p236　　御嶽山(3067m) p302　　乗鞍岳(3026m) p298

- 東川岳
- 熊沢岳
- 檜尾岳
- 宝剣岳
- 木曽駒ヶ岳
- 三ノ沢岳
- 入笠山
- 茶臼山
- 大棚入山
- 小秀山
- 小三笠山
- 経ヶ岳
- 継子岳
- 剣ヶ峰摩利支天
- 御嶽山
- 坊主岳
- 守屋山
- 西岳
- 大笹沢山
- 鎌ヶ峰
- 別峰
- 御前峰(白山)
- 小鉢盛山
- 剣ヶ峰乗鞍岳
- 鉢盛山
- 四ツ岳
- 十石山
- 安房山
- 六百山
- 霞沢岳
- 西穂高岳

諏訪湖

西北西から北北東の展望

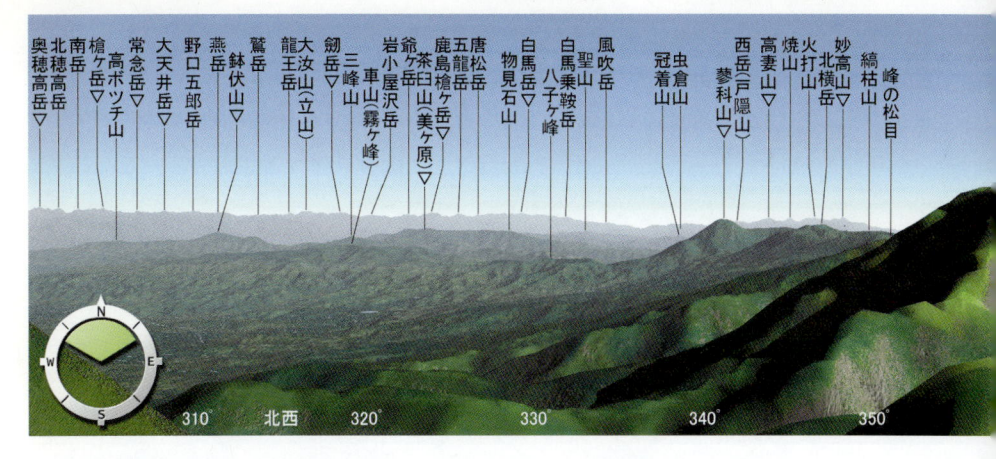

白馬岳(2932m) p252　　高妻山(2353m) p138

ラベル（左から右）: 奥穂高岳／北穂高岳／南岳／槍ヶ岳／高瀬ボッチ山／常念岳／大天井岳／野口五郎岳／燕岳／鉢伏山／鷲羽岳／龍王岳／大汝山(立山)／劔山／三峰山／車山(霧ヶ峰)／岩小屋沢岳／爺ヶ岳／鹿島槍ヶ岳／五龍岳／唐松岳／白馬乗鞍岳／白馬岳／八子ヶ峰／物見石山／風吹岳／虫倉山／冠着山／西岳(戸隠山)／蓼科山／高妻山／北横岳／焼山／火打岳／妙高山／縞枯山／峰の松目

方位: 310°／北西／320°／330°／340°／350°

北北東から南の展望

丸山(960m) p34　　甲武信岳(2475m) p44

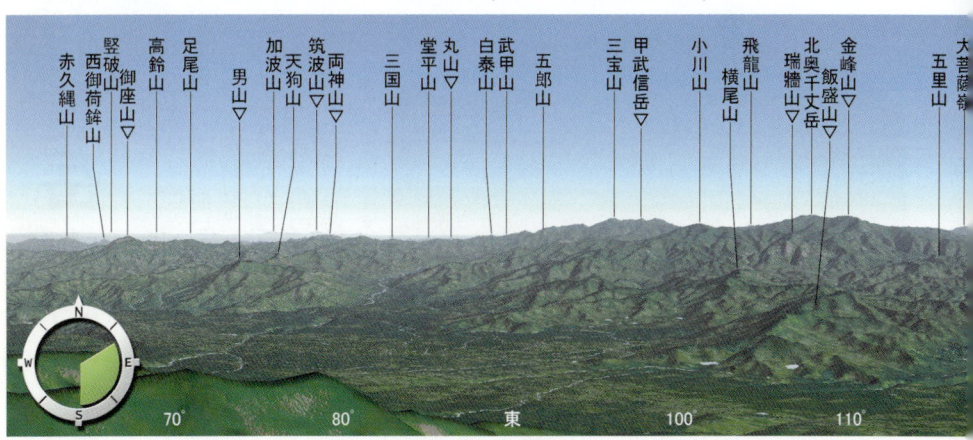

ラベル: 赤久縄山／西御荷鉾山／堅破山／御座山／高鈴山／足尾山／加波山／天狗山／筑波山／両神山／男山／三国山／丸山／堂平山／白泰山／武甲山／五郎山／三宝山／甲武信岳／小川山／横尾山／飛龍山／瑞牆山／北奥千丈岳／飯盛山／金峰山／大菩薩嶺／五里山

方位: 70°／80°／東／90°／100°／110°

南から西北西の展望

甲斐駒ヶ岳(2967m) p204　　蛇峠山(1664m) p30

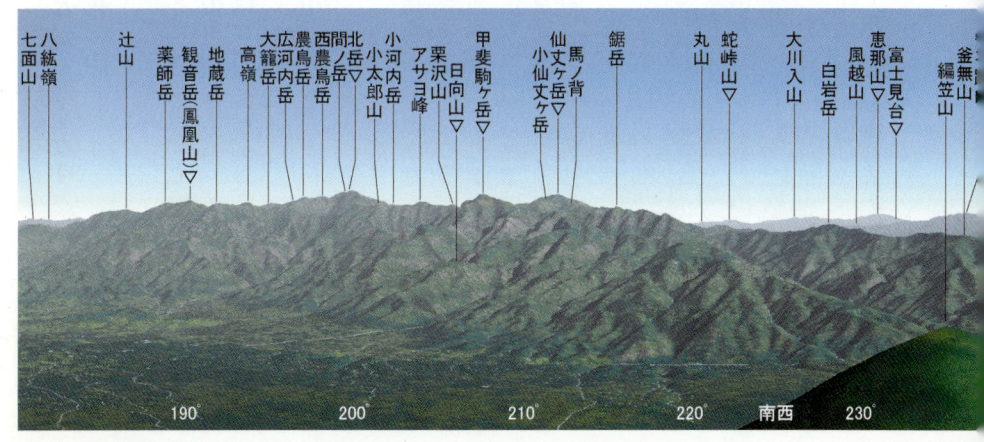

ラベル: 七面山／八紘嶺／辻山／薬師岳／観音岳(鳳凰山)／地蔵岳／高嶺／大籠河内岳／農鳥岳／間ノ岳／北岳／西農鳥岳／小太郎山／小河内岳／日向山／栗沢山／アサヨ峰／甲斐駒ヶ岳／馬ノ背／仙丈ヶ岳／小仙丈ヶ岳／鋸岳／丸山／蛇峠山／大川入山／白岩岳／風越山／恵那山／富士見台／編笠山／釜無山

方位: 190°／200°／210°／220°／南西／230°

103　権現岳（八ヶ岳）

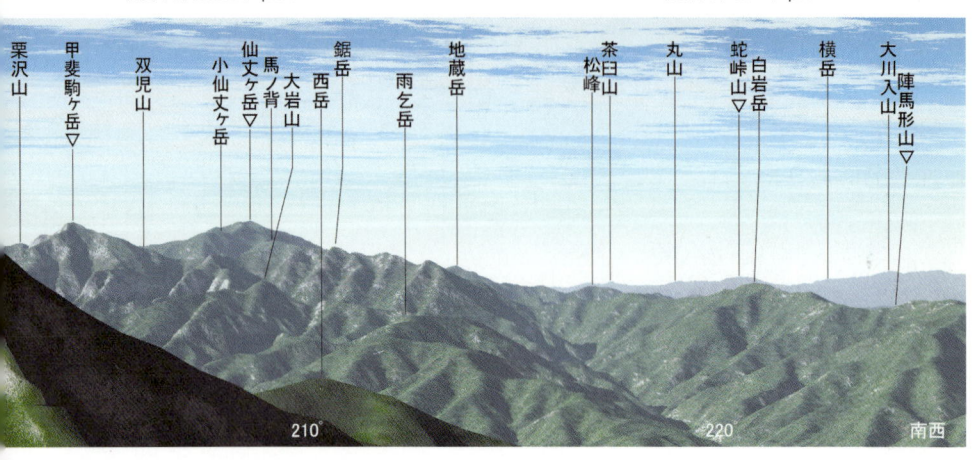

仙丈ヶ岳(3033m) p206　　　　　　　　　蛇峠山(1664m) p30

栗沢山／甲斐駒ヶ岳▽／双児山／小仙丈ヶ岳▽／仙丈ヶ岳▽／馬ノ背／大岩山／西岳／鋸岳／雨乞岳／地蔵岳／松峰／茶臼山／白岩岳／蛇峠山▽／丸山／横岳／陣馬形山／大川入山

210°　　　220°　　南西

大ダルミ付近から見る硫黄岳（撮影：柳原修一）

硫黄岳 (いおうだけ)

荒々しい爆裂火口と好対照をなす
可憐な高山植物の花の山

八ヶ岳のなかでもひときわ火山であることを自己主張しているのが硫黄岳である。北東にぱっくり開いた爆裂火口はまさにその象徴的なモニュメントだ。しかし、硫黄岳はコマクサや、本州ではここと白馬岳にしかないウルップソウなどの可憐な花達の母なるゆりかごでもある。

硫黄岳は八ヶ岳の中でも比較的新しい火山である。八ヶ岳の形成史は非常に複雑で、赤岳をはじめとした急峻な南八ヶ岳と、北横岳などのなだらかな北八ヶ岳の間で、噴火活動が絶えず移動していたらしい。南八ヶ岳の最後の噴火は硫黄岳で、88年には硫黄岳の北側が地震によって崩れ、稲子岳が東側にずり落ちるという地殻変動が起きている。この時の岩屑流で生じたのが松原湖である。

硫黄岳の広い山頂からは素晴らしい展望が待っている。遠く奥穂高岳、槍ヶ岳、常念岳、大汝山（立山）などの北アルプスから、浅間山、奥秩父の山々、そして赤岳と阿弥陀岳の迫力ある岩稜越しに甲斐駒ヶ岳、仙丈ヶ岳、北岳、農鳥岳などの南アルプス北部の山々。その右には、木曽駒ヶ岳、空木岳、南駒ヶ岳など中央アルプスである。おっと、なにか忘れていないだろうか。富士山である。当然、富士山も見えると期待したいが、残念ながら実は見えないのである。犯人は、硫黄岳山荘をへだててすぐ南にある2795メートル峰のピークである。硫黄岳の北、根石岳や東天狗からも硫黄岳が邪魔をして見えない。ちょうど富士山に向かって八ヶ岳が稜線を伸ばして

八ヶ岳
標高2760メートル
緯度35度59分55秒
経度138度22分12秒

104

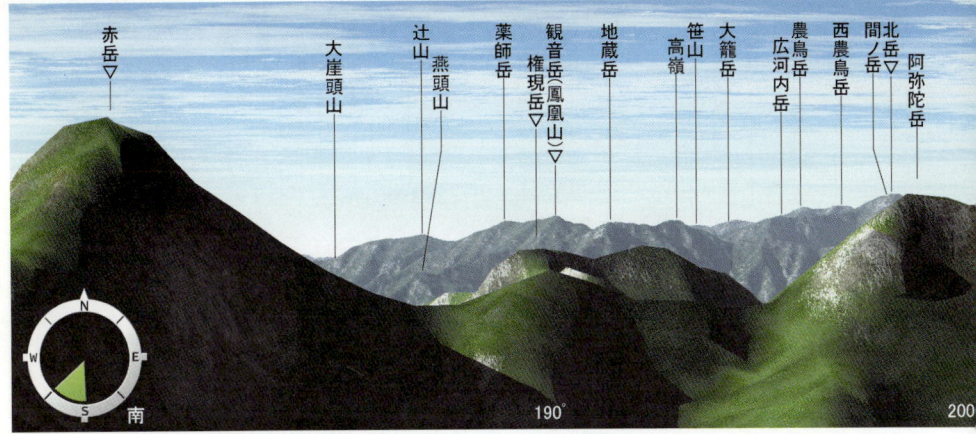

赤岳（2899m）p18　　　　　　　　　鳳凰山（2840m）p196

ラベル（左から右）：赤岳、大崖頭山、辻山、燕頭山、薬師岳、観音岳(鳳凰山)、権現岳、地蔵岳、笹山、高嶺、大籠岳、農鳥岳、西農鳥岳、広河内岳、間ノ岳、北岳、阿弥陀岳

赤岳、阿弥陀岳の岩稜越しに南アルプスの展望が広がる

硫黄岳から見える山
（興味深いもの）

山名	標高	距離	方位
妙見山	1050	231.7	359.1
竪破山	658	212.0	67.4
筑波山	860	157.6	80.2
会津駒ヶ岳	2133	145.9	36.8
御前峰（白山）	2702	145.0	277.3
荒沢岳	1969	140.7	29.4
越後駒ヶ岳	2003	139.8	26.6
中ノ岳	2085	136.2	27.5
燧ヶ岳	2356	134.1	37.4
平ガ岳	2141	132.4	32.5
男体山	2484	131.7	49.4
奥白根山	2578	126.5	45.1
至仏山	2228	123.5	35.4
武尊山	2158	112.6	37.1
雨飾山	1963	106.6	340.1
谷川岳	1977	105.7	28.2
妙高山	2454	101.6	347.0
白馬岳	2932	100.5	327.1
劔岳	2998	96.8	315.9
黒檜山（赤城山）	1828	96.7	49.6
塔ノ岳	1491	93.8	129.8
高妻山	2353	93.3	342.3
恵那山	2191	93.1	228.7
大汝山（立山）	3015	93.0	313.8
薬師岳	2926	90.6	305.3
鹿島槍ヶ岳	2889	89.1	321.3
岩菅山	2295	84.2	11.6
槍ヶ岳	3180	75.3	300.5
剣ヶ峰（乗鞍岳）	3026	74.5	279.4
奥穂高岳	3190	72.5	296.6
常念岳	2857	68.2	302.2
空木岳	2864	58.7	238.2
木曽駒ヶ岳	2956	56.0	245.7
北岳	3192	37.8	198.2
甲斐駒ヶ岳	2967	29.3	204.2
金峰山	2599	27.0	121.4

　北山の峰続きにある標高1042㍍の山だ。金井町と相川町の境をなす、金みみに、もっとも遠くに見えるはずの山は佐渡の妙見山。ほくさん

　硫黄岳へは中央本線茅野駅からバスで美濃戸口に入り、横岳、赤岳を経て美濃戸口に下る循環コースの他、タクシーを使い桜平から夏沢鉱泉、夏沢峠を越えてくるコース、小海線側の本沢温泉から夏沢峠に出るコース、天狗岳から縦走するコースなど多彩なバリエーションが可能である。なかでも、桜平からのコースはもっとも標高差が少なく楽だ。また、もっとも八ヶ岳らしさを感じられるのは、美濃戸口から入り、赤岳鉱泉を経て硫黄岳、横岳のお花畑を楽しみ、赤岳を経て行者小屋に下山するコースだろう。

105　硫黄岳（八ヶ岳）

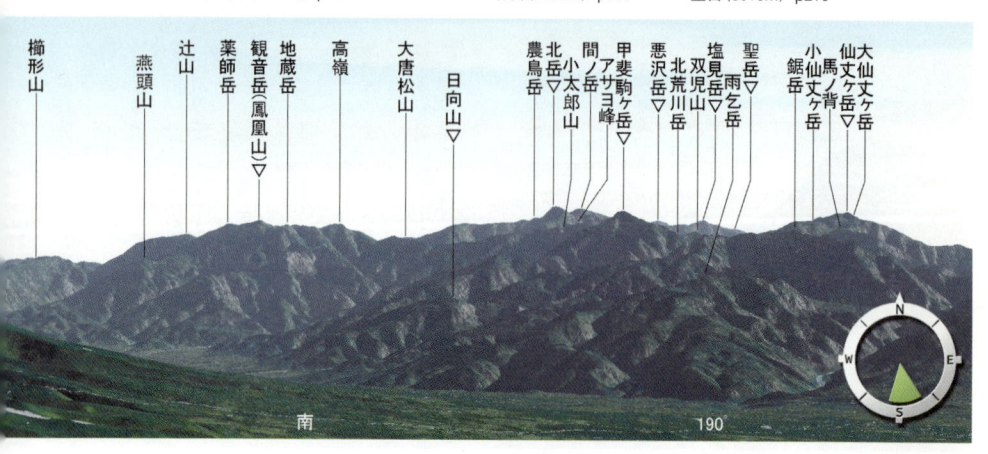

鳳凰山(2840m) p196　　　北岳(3192m) p200　　　聖岳(3013m) p216

櫛形山／燕頭山／辻山／薬師岳／観音岳(鳳凰山)／地蔵岳／高嶺／大唐松山／日向山／農鳥岳／北岳／間ノ岳／小太郎山／甲斐駒ヶ岳／アサヨ峰／悪沢岳／北荒川岳／双児山／塩見岳／雨乞岳／聖岳／小仙丈ヶ岳／鋸岳／仙丈ヶ岳／馬ノ背／大仙丈ヶ岳

南　　　　　　　　　　　　190°

蓼科山（たてしなやま）

広い山頂にコンピュータも幻惑される富士の見えない諏訪富士

八ヶ岳
標高 2530メートル
緯度 36度13分33秒
経度 138度06分26秒

蓼科山から美ヶ原は見えるであろうか？ 目と鼻の先にある美ヶ原であるから、当然ながら見えると考えるのが順当だ。答えは見えるとも見えないとも言えない。その理由は蓼科山の広い山頂にある。拙作の展望解析ソフト「カシミール」では、ある山が見えるかどうかの判定は三角点か最高点同士が見通せるかどうかを計算して判定している。ところが蓼科山のように広い山頂部を持った山では、三角点からではほとんど何も見えないという問題が生じるのである。美ヶ原もまた蓼科山と同じような広大な頂部を持っているのでなおさらである。もちろん、実際に登ってみればわかるが、美ヶ原の山容は見えており、それが美ヶ原だと誰にでもわかる。

山が見えるとは何をもって見えるとするのか。計算は正確であっても、蓼科山から美ヶ原が見えないとするのは感覚的にはそぐわない結果だ。だとすれば山として認識できる時に見えるとするのか。あるいは八合目以上が見えていればいいのか。蓼科山の形状は難しい問題を投げかけている。

それはともかくとして、蓼科山は展望の山として知られている。奥穂高岳、槍ヶ岳、白馬岳、大汝山(立山)などの北アルプス、木曽駒ヶ岳、空木岳などの中央アルプス、北岳、甲斐駒ヶ岳、聖岳、赤石岳などの南アルプスと、日本アルプスのほとんどを見渡すことができる。残念ながら富士山は、八ヶ岳に隠され見ることはできない。そのため、見える山の中でもっとも標高の高い山は、わが国標高第2

双子池付近から望む蓼科山（撮影：富嶽仙人）

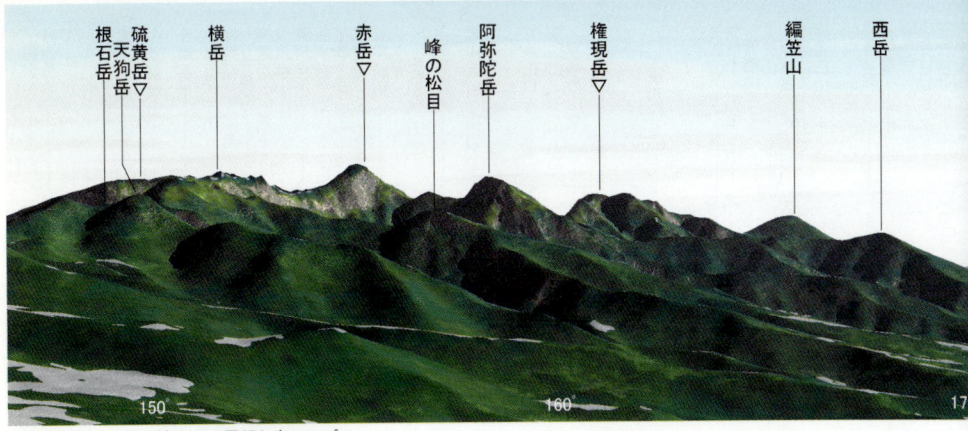

硫黄岳(2760m) p104　　赤岳(2899m) p18　　権現岳(2715m) p100

根石岳／天狗岳／硫黄岳▽／横岳／赤岳▽／峰の松目／阿弥陀岳／権現岳▽／編笠山／西岳

至近に見る八ヶ岳の迫力ある展望と南アルプス

蓼科山から見える山
(興味深いもの)

山名	標高	距離	方位
井坪山	943	235.3	3.2
金北山	1172	222.0	1.2
筑波山	860	162.8	84.6
男体山	2484	129.9	55.2
燧ヶ岳	2356	129.5	42.9
平ヶ岳	2141	126.8	37.9
奥白根山	2578	123.8	51.1
オキの耳(谷川岳)	1977	99.3	34.7
黒檜山(赤城山)	1828	95.2	57.5
苗場山	2145	89.6	23.1
妙高山	2454	88.9	349.5
白馬岳	2932	87.1	326.6
劔岳	2998	83.8	313.6
高妻山	2353	80.2	344.3
大汝山(立山)	3015	80.1	311.0
剣ヶ峰(御嶽山)	3067	77.0	252.5
聖岳	3013	76.8	190.5
鹿島槍ヶ岳	2889	75.8	319.7
滝子山	1610	72.6	136.1
赤石岳	3120	72.3	189.9
水晶岳	2986	71.7	300.1
掃部ヶ岳(榛名山)	1449	64.9	50.1
剣ヶ峰(乗鞍岳)	3026	66.7	270.4
槍ヶ岳	3180	63.9	294.6
奥穂高岳	3190	61.7	289.6
大天井岳	2922	60.7	298.6
空木岳	2864	60.6	225.4
塩見岳	3047	59.6	189.7
常念岳	2857	56.6	295.9
木曽駒ヶ岳	2956	56.3	231.9
北岳	3192	47.8	186.0
甲武信岳	2475	44.6	118.7
鳳凰山	2840	44.6	178.8
仙丈ヶ岳	3033	43.7	193.3
浅間山	2568	39.3	31.3
甲斐駒ヶ岳	2967	38.7	187.8

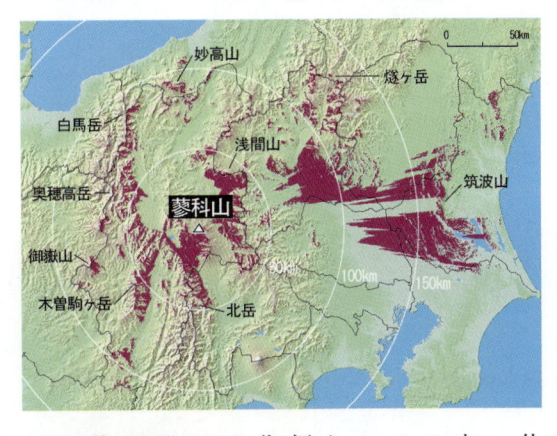

位の北岳ということになる。また、もっとも遠くに見えている山は、日本海を越えて佐渡の井坪山だ。その距離235.3キロを越えて、標高943メートルの山が見えているわけだ。

蓼科山へは、マイカーであれば蓼科牧場からのコースを七合目まで入ることができ、最短である。公共交通機関を利用する場合は、佐久平駅からのバスを蓼科牧場で降り、夏山リフトを利用して御泉水自然園へ、七合目までは20分ほどの距離である。七合目からひと登りで馬返し、ここから急坂を登り切れば将軍平。将軍平から再びきつい登りをこなせば待望の山頂である。下山は、ビーナスラインの蓼科山登山口を横切って親湯に出るコースがとれる。

107　蓼科山(八ヶ岳)

仙丈ヶ岳(3033m) p206　　陣馬形山(1445m) p226　　空木岳(2864m) p242　　木曽駒ヶ岳(2956m) p236

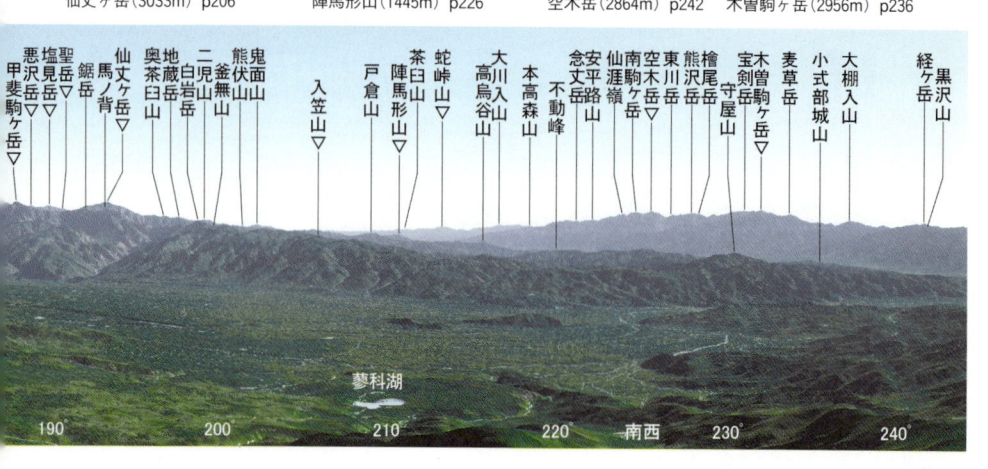

- 甲斐駒ヶ岳
- 悪沢岳
- 塩見岳
- 聖岳
- 鋸岳
- 馬ノ背
- 仙丈ヶ岳
- 奥茶臼山
- 地蔵岳
- 二児山
- 白岩岳
- 釜無山
- 熊伏山
- 鬼面山
- 入笠山
- 戸倉山
- 陣馬形山
- 本高森山
- 茶臼山
- 蛇峠山
- 大川入山
- 高烏谷
- 念丈ヶ岳
- 安平路山
- 不動峰
- 仙涯嶺
- 南駒ヶ岳
- 空木岳
- 東川岳
- 熊沢岳
- 檜尾岳
- 宝剣岳
- 木曽駒ヶ岳
- 麦草岳
- 小式部城山
- 大棚入山
- 黒沢山
- 経ヶ岳

蓼科湖

190°　200°　210°　220°　南西　230°　240°

鹿島槍ヶ岳(2889m) p254　　雨飾山(1963m) p142　　妙高山(2454m) p150

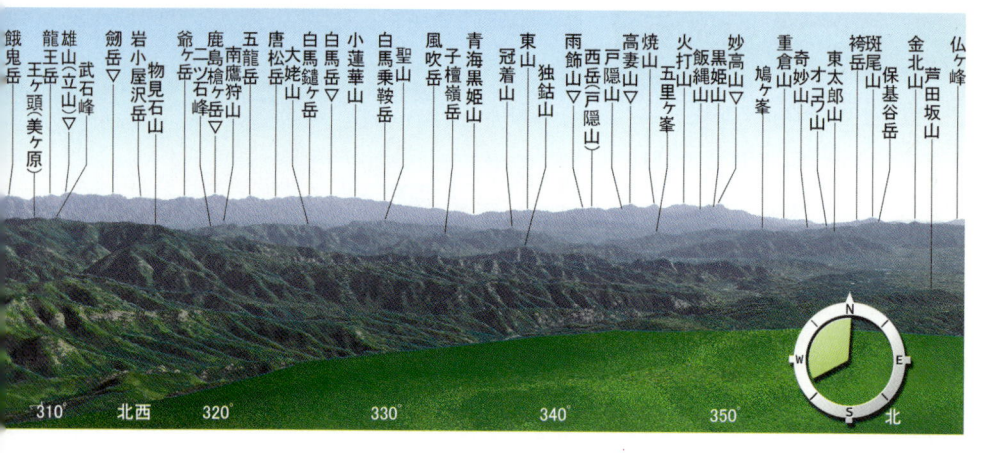

- 餓鬼岳
- 雄山(立山)
- 龍王岳
- 剱岳
- 武石峰
- 岩小屋沢岳
- 鹿島槍ヶ岳
- 爺ヶ岳
- 五龍岳
- 南鷹狩山
- 二ツ石峰
- 物見石山
- 王ヶ頭・美ヶ原
- 唐松岳
- 白馬鑓ヶ岳
- 大姥山
- 小蓮華山
- 白馬岳
- 青海黒姫山
- 聖山
- 風吹岳
- 子檀嶺岳
- 白馬乗鞍岳
- 東山
- 冠着山
- 独鈷山
- 雨飾山
- 西岳(戸隠山)
- 戸隠山
- 高妻山
- 焼山
- 火打山
- 飯縄山
- 五里ヶ峯
- 妙高山
- 妙義山
- 重倉山
- 鳩ヶ峯
- 奇妙山
- 太郎山
- オンコ山
- 袴岳
- 斑尾山
- 保基谷岳
- 金北山
- 芦田坂山
- 仏ヶ峰

310°　北西　320°　330°　340°　350°　北

筑波山(860m) p26　　両神山(1723m) p42　　甲武信岳(2475m) p44

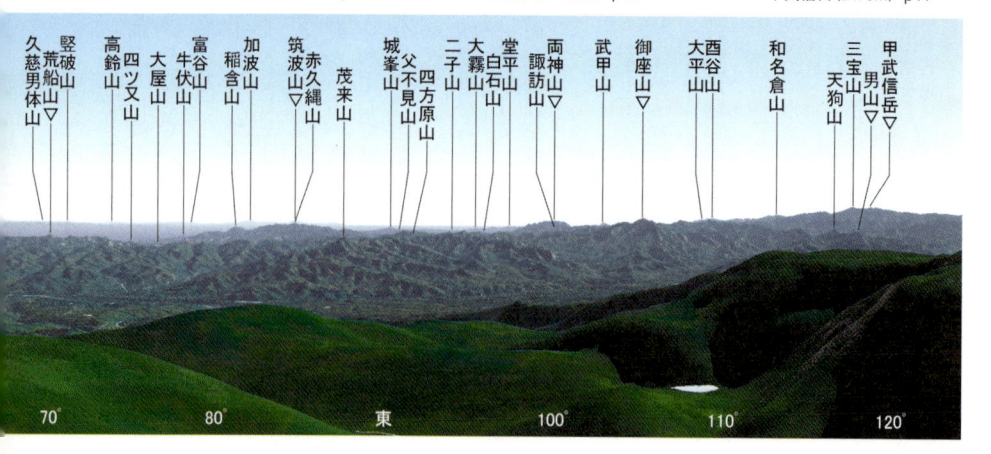

- 久慈男体山
- 竪破山
- 荒船山
- 高鈴山
- 四ツ又山
- 大屋山
- 富牛伏山
- 加稲含山
- 筑波山
- 赤久縄山
- 茂来山
- 城峯山
- 二子山
- 大霧山
- 堂平山
- 白石山
- 両神山
- 諏訪山
- 武甲山
- 御座山
- 大平山
- 大西山
- 和名倉山
- 三宝山
- 天狗山
- 甲武信岳
- 男山
- 父不見山
- 四方原山
- 筑波山
- 稲含山

70°　80°　東　100°　110°　120°

108

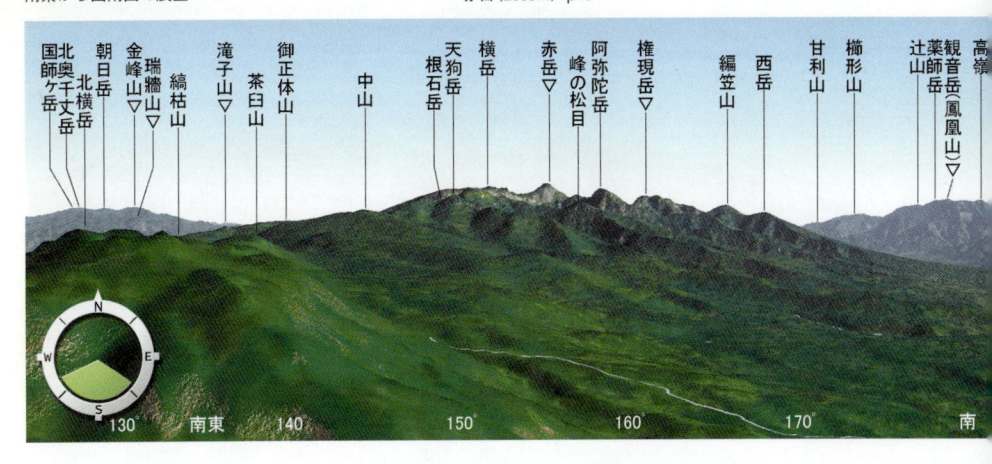

南東から西南西の展望　赤岳(2899m) p18

南東 130° / 140° / 150° / 160° / 170° / 南

ピーク名（右から左、すなわち南東→西南西）:
高嶺、薬師岳(鳳凰山)、観音岳、辻山、櫛形山、甘利山、西岳、編笠山、権現岳、阿弥陀岳、峰の松目、赤岳、天狗岳、横岳、根石岳、中山、御正体山、滝子山、茶臼山、縞枯山、瑞牆山、金峰山、朝日岳、北横岳、国師ヶ岳、北奥千丈岳

西南西から北の展望　乗鞍岳(3026m) p298　霞沢岳(2646m) p288

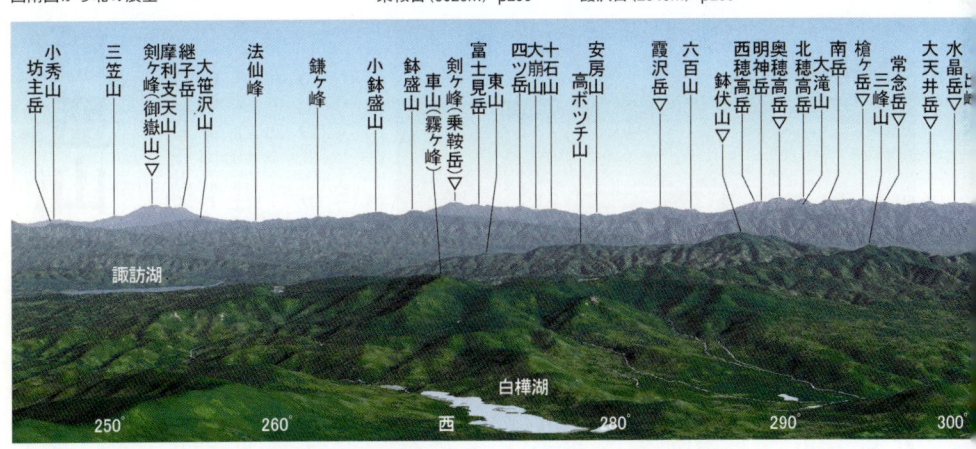

250° / 260° / 西 / 280° / 290° / 300°

諏訪湖、白樺湖

ピーク名:
小坊主山、小秀山、三笠山、大笹沢山、継子岳、剣ヶ峰利支天、摩利支天、御嶽山、法仙峰、鎌ヶ峰、小鉢盛山、鉢盛山、車山(霧ヶ峰)、剣ヶ峰(乗鞍岳)、富士見台、東山、四ッ岳、十石山、大崩山、安房山、高ボッチ山、霞沢岳、六百山、鉢伏山、西穂高岳、明神岳、奥穂高岳、北穂高岳、大滝山、南岳、槍ヶ岳、三峰山、常念岳、大天井岳、水晶岳

北から南東の展望　浅間山(2568m) p134　燧ヶ岳(2356m) p172

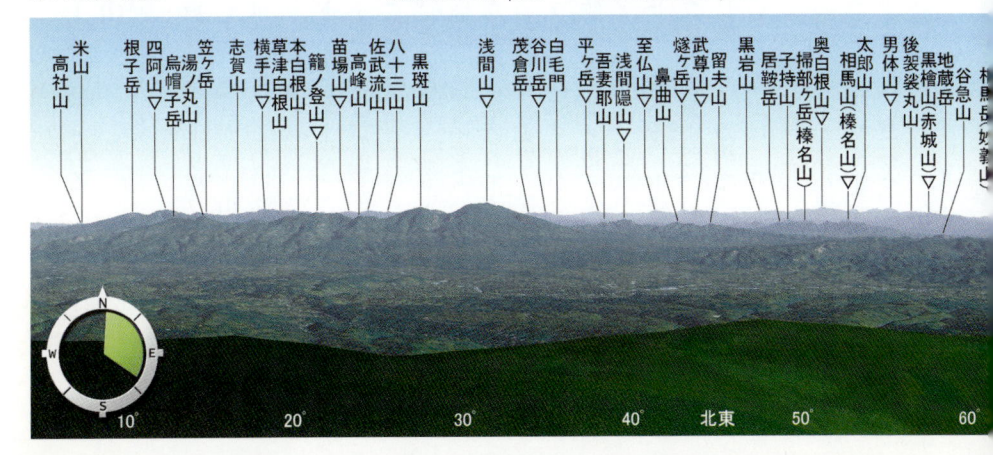

10° / 20° / 30° / 北東 40° / 50° / 60°

ピーク名:
高社山、米山、根子岳、四阿山、笠ヶ岳、湯ノ丸山、烏帽子岳、志賀山、横手山、草津白根山、本白根山、籠ノ登山、苗場山、高峰山、佐武流山、八十三山、黒斑山、浅間山、茂倉岳、谷川岳、白毛門、平ヶ岳、吾妻耶山、鼻曲山、至仏山、浅間隠山、燧ヶ岳、武尊山、留夫山、黒岩山、子持山、居鞍岳、奥掃部ヶ岳(榛名山)、太郎山、相馬山(榛名山)、男体山、後袈裟丸山、地蔵岳、檜山赤城山、谷急山、柏葉岳／妙義山

109　蓼科山（八ヶ岳）

御嶽山(3067m) p302　　　権現岳(2715m) p100　　　赤岳(2899m) p18　　　硫黄岳(2760m) p104

入笠山▽　剣ヶ峰(御嶽山)▽　　三ツ頭▽　権現岳▽　　赤岳▽　横岳▽　硫黄岳▽

西　280°　290°　300°　310°　北西

清里から見る飯盛山

飯盛山（めしもりやま）

山岳展望のフルコースが楽しめる満腹感いっぱいの山

小海線沿線
標高 1658ﾒｰﾄﾙ
緯度 35度55分11秒
経度 138度28分27秒

野辺山駅を出発した高原列車が八ヶ岳の裾野の長い下り坂にかかる頃、左手にまさに御飯を山盛りにしたような山が見えてくる。それが飯盛山だ。いかにも展望の良さそうな山容は、列車の車窓から、車の車窓から、この道筋を通るたびに気になる存在である。

この山の展望フルコースは八ヶ岳のオードブルに始まる。これだけでお腹いっぱいになってしまうかもしれないが、右に目を転じれば戸隠から妙高山をはじめとした頸城山群が格好の箸休めとなろう。

さらに浅間山、白砂山とたどり、男山から奥秩父へと多彩な料理が運ばれてくる。金峰山の上にちょこんと乗っている五丈岩の展望も見落とせない。

そしてハイライトは66キロのかなたに見える富士山と北岳、甲斐駒ヶ岳、間ノ岳、笊ヶ岳など南アルプスのメインディッシュだ。これだけで終わりではない。ちゃんとデザートもある。木曽駒ヶ岳、宝剣岳など中央アルプスと御嶽山だ。いずれも小さくかわいらしいお皿に載ってくるので、食べ損なわないように注意したい。飯盛山は、その名前の通り満腹になれる山だ。

飯盛山へのアプローチは小海線の野辺山駅か、清里駅からになる。いずれも車道歩きが長いのでタクシーを利用すると良いだろう。マイカーであれば平沢峠に駐車場がある。

その距離340・6キロの超遠望だ。これだけでお腹いっぱいになる山は、頸城山群の焼山。

110

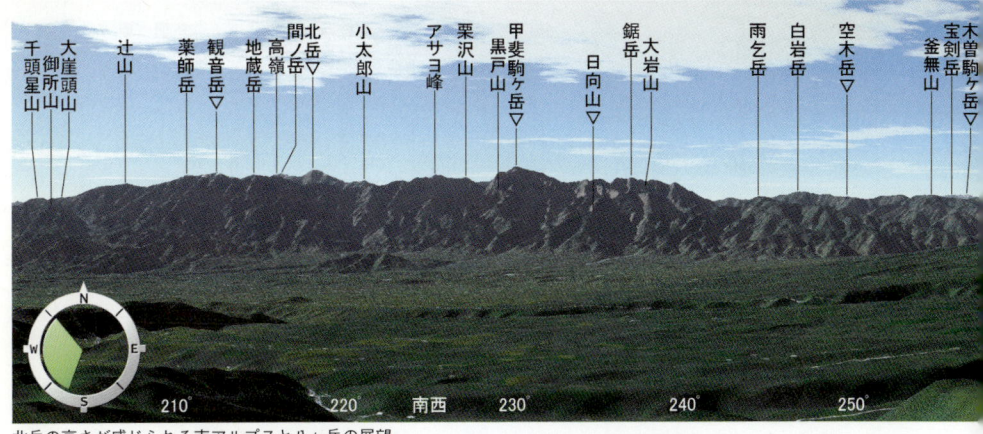

北岳(3192m) p200　　　日向山(1660m) p230　　　空木岳(2864m) p242

千頭星山／大崖頭山／御所山／辻山／薬師岳／観音岳／地蔵岳／高嶺／間ノ岳／北岳▽／小太郎山／アサヨ峰／栗沢山／黒戸山／甲斐駒ヶ岳▽／鋸岳／大岩山／日向山▽／雨乞岳／白岩岳／空木岳▽／釜無山／宝剣岳／木曽駒ヶ岳▽

北岳の高さが感じられる南アルプスと八ヶ岳の展望

飯盛山から見える山
（興味深いもの）

山　名	標高	距離	方位
焼山	2400	117.8	340.6
火打山	2462	117.1	342.0
武尊山	2158	114.6	30.8
妙高山	2454	112.5	343.4
高妻山	2353	104.7	338.9
黒姫山	2053	103.9	342.6
戸隠山	1904	101.6	338.3
飯綱山	1917	95.9	341.5
白砂山	2140	92.9	12.1
剣ヶ峰（御嶽山）	3067	89.7	268.3
篠井山	1394	74.6	183.3
十枚山	1726	74.4	186.7
四阿山	2354	69.2	355.4
富士山	3776	66.1	159.6
空木岳	2864	63.3	249.6
木曽駒ヶ岳	2956	62.1	256.7
七面山	1989	62.0	190.5
宝剣岳	2931	61.9	255.8
浅間隠山	1757	61.3	15.0
将棊頭山	2730	59.8	257.7
笊ヶ岳	2629	58.3	199.5
毛無山	1964	56.2	173.5
浅間山	2568	54.1	4.6
三ツ峠山	1785	51.0	143.4
釈迦ヶ岳	1641	45.4	150.5
間ノ岳	3189	37.6	216.2
北岳	3192	34.5	218.1
観音岳（鳳凰山）	2840	28.6	212.4
鋸岳	2685	28.5	236.9
編笠山	2514	28.4	239.4
三ツ頭	2589	28.2	234.1
甲斐駒ヶ岳	2967	27.9	230.1
入笠山	1955	27.4	264.6
御座山	2112	17.4	43.2
金峰山	2599	14.6	111.3
赤岳	2899	10.9	301.1

この平沢峠には平賀源心の「胴塚」がある。天文5年、武田信玄が佐久攻めの初陣を戦った際に、海ノ口城主平賀源心の首をうち、その胴体を埋めたところと言い伝えられている。

野辺山駅から平沢峠までは車道歩きとなる。平沢峠から登山道となりひと登りで牧場の脇に出る。牧柵が切れると草原状の道になり、飯盛山が視界に入ってくるようになる。やがて平沢山に着く。平沢山には三角点があり、展望も良い。平沢山から一度下って再び登り返せば飯盛山だ。

下りはマイカーであれば往路を引き返すか、清里方面へ下り、トイレがある登山口の林道に出たら平沢峠まで林道歩きをする循環コースをとる。鉄道利用なら、そのまま清里駅まで歩くことになる。

111　飯盛山（小海線沿線）

十枚山(1726m) p22　　　笊ヶ岳(2629m) p222　　　　　北岳(3192m) p200

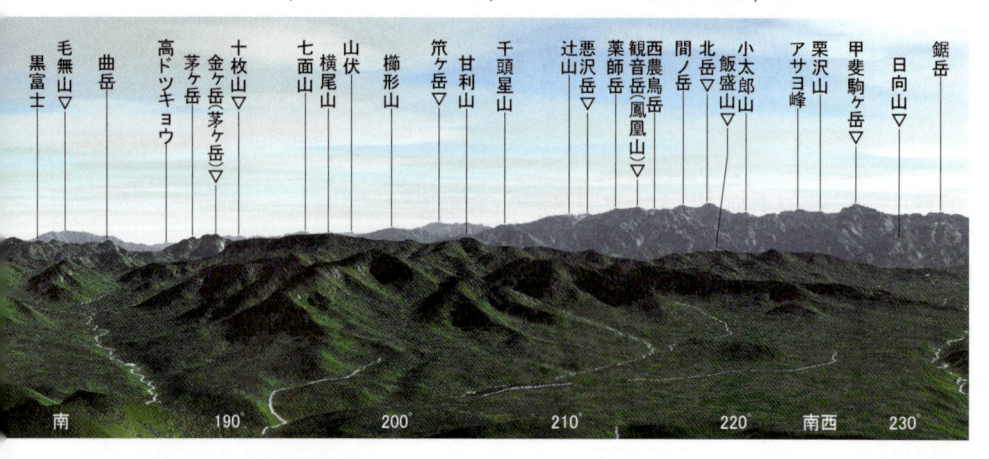

パノラマ上部ラベル（左から右）:
黒富士／毛無山／曲岳／高ドツキョウ／茅ヶ岳／金ヶ岳(茅ヶ岳)／十枚山／七面山／山伏／横尾山／櫛形山／笊ヶ岳／甘利山／千頭星山／辻山／薬師岳／観音岳(鳳凰山)／悪沢岳／西農鳥岳／間ノ岳／北岳／飯盛山／小太郎山／アサヨ峰／栗沢山／甲斐駒ヶ岳／日向山／鋸岳

南　190°　　200°　　210°　　220°　南西　230°

下のパノラマラベル（左から右）:
国師ヶ岳／北奥千丈岳／朝日岳／小川山／金峰山／山面山／七面山／櫛形山／十枚山／茅ヶ岳／篠井山／高ドツキョウ／升形山／毛無山／パノラマ台／三方分山／瑞牆山

千曲川

150°　160°　170°　南　190°　200°

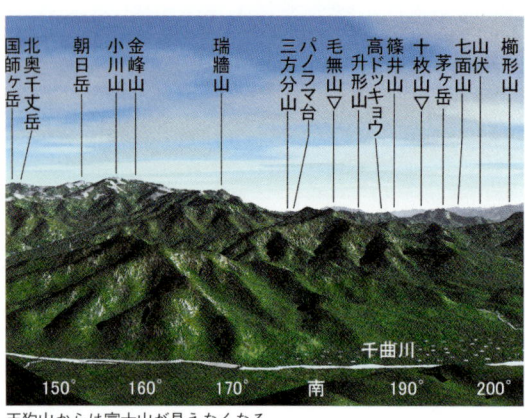

天狗山からは富士山が見えなくなる

男山（おとこやま）

小海線からも目を引く
岩稜の山頂から望む大パノラマ

小海線沿線
標高1851メートル
緯度35度59分37秒
経度138度32分51秒

　男山と天狗山をつなぐ細い稜線は、背骨の付いた巨大な恐竜の骨が、地面から突き出た感がある。その山容は小海線の車窓からも、目を引き付けられるだろう。両山とも樹林から突き抜けた岩塊の山で、期待通りの展望の良さである。八ヶ岳が眼前に大きく迫り、その右には鹿島槍ヶ岳、白馬岳、剱岳、大汝山(立山)などの北アルプスが、八ヶ岳の左には空木岳、南駒ヶ岳などの南アルプス北部の山々や、奥秩父の主脈越しに北岳、甲斐駒ヶ岳、観音岳などの中央アルプス、奥秩父の主脈越しに北岳、甲斐駒ヶ岳、観音岳などの南アルプス北部の山々が見渡せる。富士山は、これだけ近い男山と天狗山なのに、男山からは見えるが、天狗山からは見えなくなってしまう。もっとも遠くに見える山は新潟県湯之谷村にある花降岳。奥只見湖畔から登る荒沢岳の隣にある山だ。登山道はない。

　天狗山の麓には登山口ともなっている大深山遺跡がある。小学生の頃、土器マニアであったわたしは、この遺跡にも何度となく通った思い出がある。訪れたことがある方なら感じたかもしれないが、さわやかな高原というイメージの中にある縄文時代の遺跡にはなんとなく違和感を覚える。事実、この遺跡が繁栄した頃は今より温暖であり、クリ、ヒノキ、スギなどが生えていたことがわかっている。古代の風景はもっと緑の濃い、奥多摩や奥武蔵のような雰囲気であ

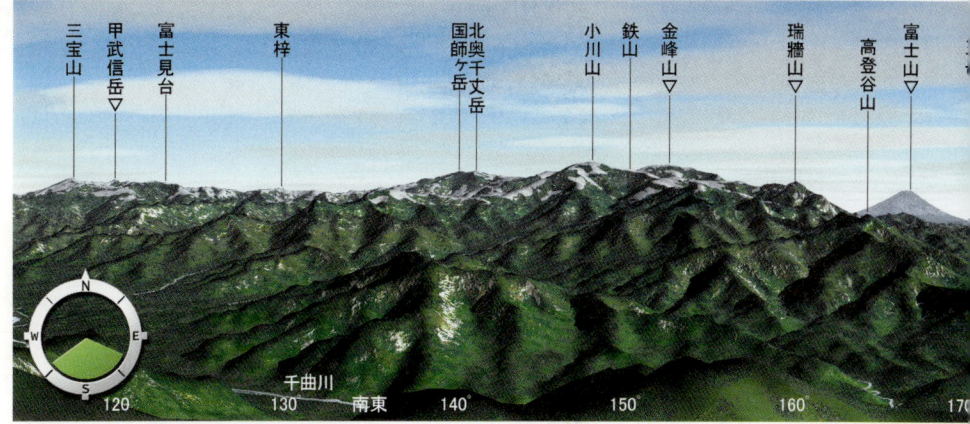

甲武信岳（2475m）p44　　　　　　　　　　　　　　　　　　　瑞牆山（2230m）p52

三宝山　甲武信岳　富士見台　東梓　国師ヶ岳　北奥千丈岳　小川山　鉄山　金峰山　瑞牆山　高登谷山　富士山

男山から見る富士山と奥秩父、南アルプスの展望

男山から見える山
（興味深いもの）

山名	標高	距離	方位
花降岳	1891	134.5	24.0
荒沢岳	1969	134.0	23.4
越後駒ヶ岳	2003	133.9	20.4
中ノ岳	2085	130.1	21.2
燧ヶ岳	2356	125.5	31.5
平ヶ岳	2141	125.0	26.3
奥白根山	2578	116.2	39.5
巻機山	1967	115.5	18.7
至仏山	2228	115.4	28.8
雨飾山	1963	113.6	332.6
火打山	2462	111.6	337.5
白馬岳	2932	110.5	320.4
劔岳	2998	108.9	310.1
妙高山	2454	106.9	338.7
大汝山（立山）	3015	105.4	308.1
武尊山	2158	104.2	30.0
鹿島槍ヶ岳	2889	100.3	314.4
オキノ耳（谷川岳）	1977	99.6	20.0
黒姫山	2053	98.4	337.6
針ノ木岳	2821	98.2	308.1
爺ヶ岳	2670	97.3	312.9
戸隠山	1904	96.8	332.9
黒檜山（赤城山）	1828	85.5	42.5
岩菅山	2295	83.0	0.7
南駒ヶ岳	2841	74.0	244.2
赤椰岳	2798	73.4	244.4
空木岳	2864	72.6	245.4
富士山	3776	72.0	166.8
悪沢岳	3141	63.8	211.2
掃部ヶ岳（榛名山）	1449	60.2	26.9
四阿山	2354	61.9	348.8
浅間山	2568	45.8	357.2
北岳	3192	45.0	218.3
鳳凰山	2840	39.1	214.1
甲斐駒ヶ岳	2967	38.3	227.1
甲武信岳	2475	18.8	119.8

男山から見る天狗山

ったのかもしれない。男山の明るい山頂から果てしなく広がる風景を眺めながら、そんなことに思いを馳せるのも悪くない。

男山は単独で登るのではなく、隣の天狗山と組んで縦走すると変化があって楽しいコースとなる。ただし、天狗山から男山にかけての稜線は細く鋭いので慎重に行動したい。

小海線信濃川上駅からのバスを降りた大深山中央から登山口までは、指導標等がないのでわかりにくい。畑がつきる付近に天狗山への指導標があり、ここから登山道になる。山頂直下の岩場をよじ登って立った天狗山山頂も展望はすこぶる良い。天狗山から男山までは岩稜となっている。信濃川上駅への分岐を分ければ男山の山頂はまもなくだ。マイカーであれば、男山から大深山に戻るルートもある。

白馬岳(2932m) p252　　　　　高妻山(2353m) p138　　　妙高山(2454m) p150

烏帽子岳／妙高山▽／火打山／黒姫山／大松山／焼縄山／飯縄山／天狗原山／地蔵山／高妻山▽／戸隠山／オッコ／西岳(戸隠山)／茂来山／鳩ヶ峯／東山／大峯山／虫倉山／風吹岳／篠山／白馬乗鞍岳／小蓮華山／白馬鑓ヶ岳／杓子岳／旭岳／冠着岳／白馬鑓ヶ岳／聖山／青松山

北西　　320　　330

白岩からの登山道から見る御座山　(撮影：柳原修一)

御座山
おぐらさん

樹林から突き出た岩頭から広がる
噂にたがわね大展望

展望では定評のある御座山であるが、アプローチの悪さが幸いしてか、静かな山歩きが楽しめる貴重な山だ。とくに山頂でのクライマックスが素晴らしい演出で展開されるのが印象深い。

それは山頂手前の小屋を過ぎると突然に飛び込んでくる。南側がすっぱりと切れ落ちており、目の眩むほどの高度感。幾筋もの八ヶ岳裾野の曲線が折り重なり、その間に呑み込まれそうに点在する村や畑。

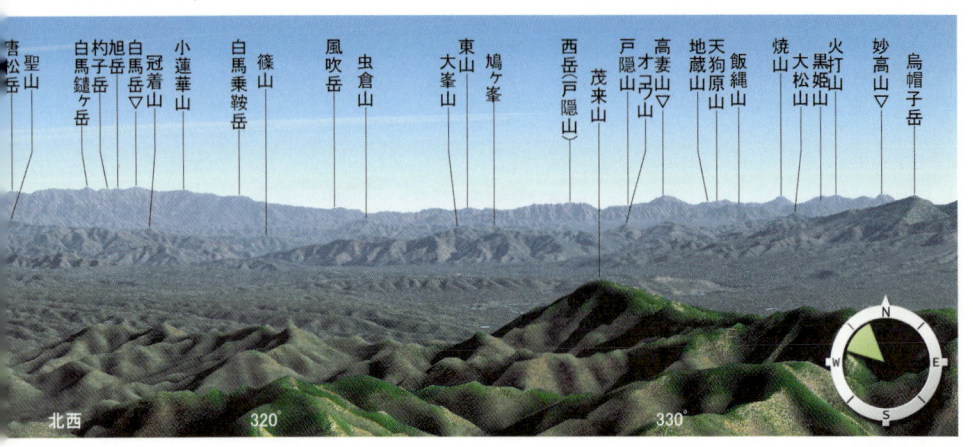

南に奥秩父の山々、そして南アルプスは縦に北岳、甲斐駒ヶ岳、農鳥岳、笊ヶ岳などが望まれる。その右にひときわ大きく八ヶ岳を落としたその右に、奥穂高岳、槍ヶ岳から剣岳、後立山の白馬岳などの北アルプス連峰が居並ぶ。残念なのは、奥秩父にさえぎられる富士山と中央アルプスだ。山頂からもっとも遠くに見える山は、福島県のいわき市と鮫川村にまたがる朝日山。福島県の最南部にある阿武隈山地の標高797ｍの山で、その距離は204.6ｷﾛ。

いつまでもこの大空間に浸っていたい。そんな思いから山頂でたっぷりと休憩をとることにしているのだが、御座山の場合は、山頂に一夜の宿を請いたくなるほどである。

山を辞し、麓から振り返る御座山は、遠目にもわかる岩場が破風状に聳える形の良い山で、あらためて惚れ直す容姿だ。その姿が見えなくなるまで、何度も何度も振り返って名残を惜しみながら帰途につ

小海線沿線
標高2112ﾒｰﾄﾙ
緯度36度02分02秒
経度138度36分25秒

114

奥穂高岳(3190m) p290　　大天井岳(2922m) p280　　　　　　　　　立山(3003m) p268

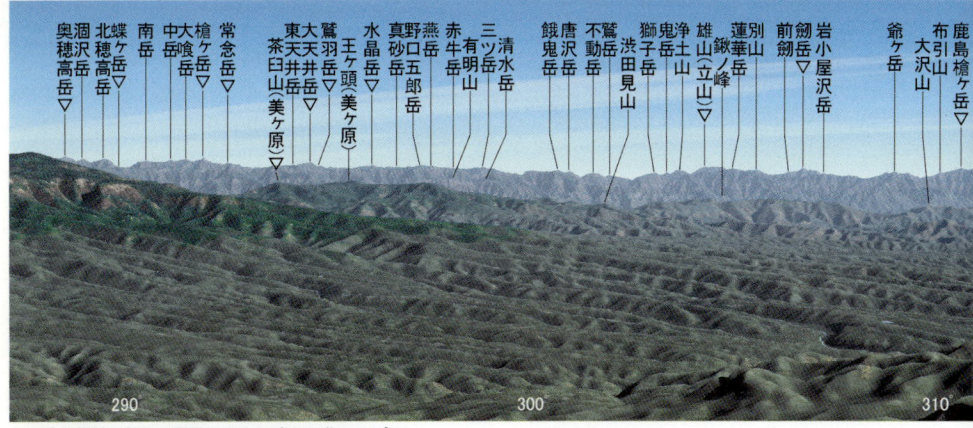

ラベル（左から右）: 奥穂高岳／涸沢岳／北穂高岳／蝶ヶ岳／南岳／中岳／大喰岳／槍ヶ岳／常念岳／東天井岳／大天井岳／茶臼山／王ヶ頭(美ヶ原)／鷲羽岳／水晶岳／真砂岳／野口五郎岳／三ッ岳／有明山／赤牛岳／燕岳／清水岳／餓鬼岳／唐沢岳／獅子岳／不動岳／鷲田見山／渋田見山／鬼岳／雄山(立山)／浄土山／鍬ノ峰／別山／蓮華岳／前剱／剱岳／岩小屋沢岳／鹿島槍ヶ岳／布引山／大沢山／爺ヶ岳

八ヶ岳の裾野を越えて屏風のように連なる北アルプス

御座山から見える山
（興味深いもの）

山名	標高	距離	方位
朝日山	797	204.6	59.3
堅破山	658	190.8	66.2
八溝山	1022	179.3	55.8
高原山	1795	142.2	47.1
筑波山	860	135.9	80.5
荒沢岳	1969	127.8	22.1
燧ヶ岳	2356	118.9	30.5
男体山	2484	113.4	44.0
白馬岳	2932	110.7	316.8
剱岳	2998	110.3	306.6
奥白根山	2578	109.3	38.8
至仏山	2228	109.0	27.5
大汝山(立山)	3015	107.1	304.4
妙高山	2454	104.9	335.2
鹿島槍ヶ岳	2889	101.2	310.5
水晶岳	2986	100.2	296.0
鷲羽岳	2924	98.9	294.7
高妻山	2353	98.5	329.8
武尊山	2158	97.7	28.6
剣ヶ峰(乗鞍岳)	3026	95.2	275.1
谷川岳	1977	93.7	17.9
槍ヶ岳	3180	92.7	291.8
奥穂高岳	3190	90.8	288.4
苗場山	2145	90.4	4.7
大天井岳	2922	89.3	294.5
常念岳	2857	85.4	292.5
黒檜山(赤城山)	1828	78.6	41.8
笠ヶ岳	2629	74.6	205.0
横手山	2307	70.8	354.1
悪沢岳	3141	70.5	213.0
農鳥岳	3026	56.6	216.2
間ノ岳	3189	54.9	218.5
北岳	3192	51.9	219.9
王ヶ頭(美ヶ原)	2034	49.7	295.4
甲斐駒ヶ岳	2967	45.3	227.6
浅間山	2568	42.0	349.6

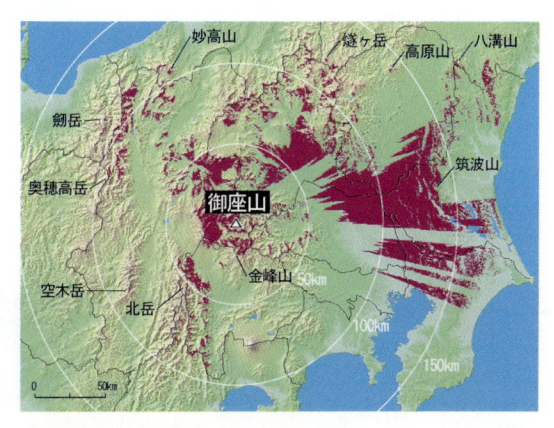

御座山の座は岩場を意味する「クラ」から来たものであろう。尾瀬・燧ヶ岳の柴安嵓や祖母嵓と同類のものだ。

御座山の代表的なコースは、南の栗生側から入るか北の白岩側から入るかのいずれかであるが、いずれもアプローチが不便なので、日帰りの日程ではきつい。

白岩側を登りに使う場合、小海線小海駅から登山口までタクシーが入る。登山口からひと登りで尾根上に出る。ところどころ眺めのある尾根道を行くと、山口坂の鞍部に出る。ここから急登をこなすと御座山山頂である。下山は不動ノ滝を経て、小海駅行きのバスが出る栗生に出るが、バスの本数は少ないので事前に確認しておきたい。

115　御座山（小海線沿線）

パノラマ1 (北西方向)

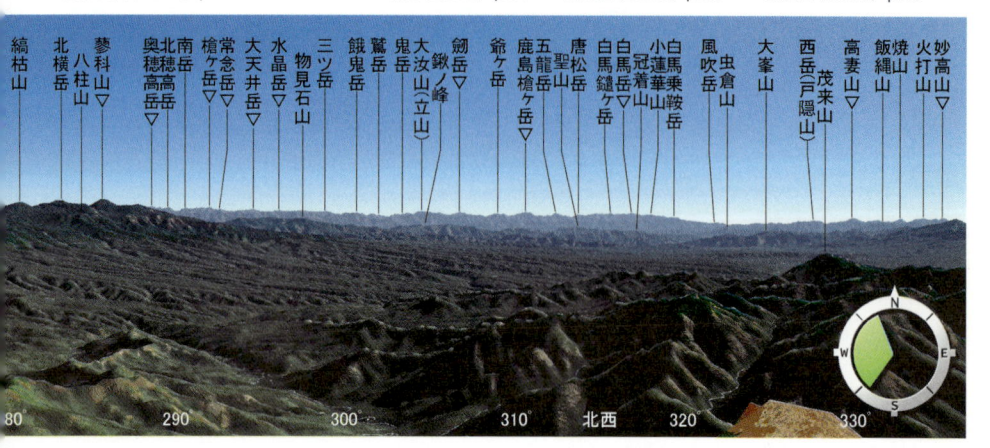

奥穂高岳(3190m) p290　　劔岳(2998m) p264　　白馬岳(2932m) p252　　高妻山(2353m) p138

縞枯山／蓼科山／北横岳／八柱山／南奥穂高岳／北奥穂高岳／槍ヶ岳／常念岳／大天井岳／水晶岳／物見石山／三ツ岳／餓鬼岳／鷲羽岳／鬼岳／大汝山(立山)／劔岳／鍬ノ峰／爺ヶ岳／鹿島槍ヶ岳／五龍岳／聖山／唐松岳／白馬鑓ヶ岳／白馬岳／白馬乗鞍岳／小蓮華山／冠着山／風吹岳／虫倉山／大峯山／西岳(戸隠山)／茂来山／高妻山／飯縄山／焼縄山／火打山／妙高山

パノラマ2 (北東〜東方向)

高原山(1795m) p162　　筑波山(860m) p26

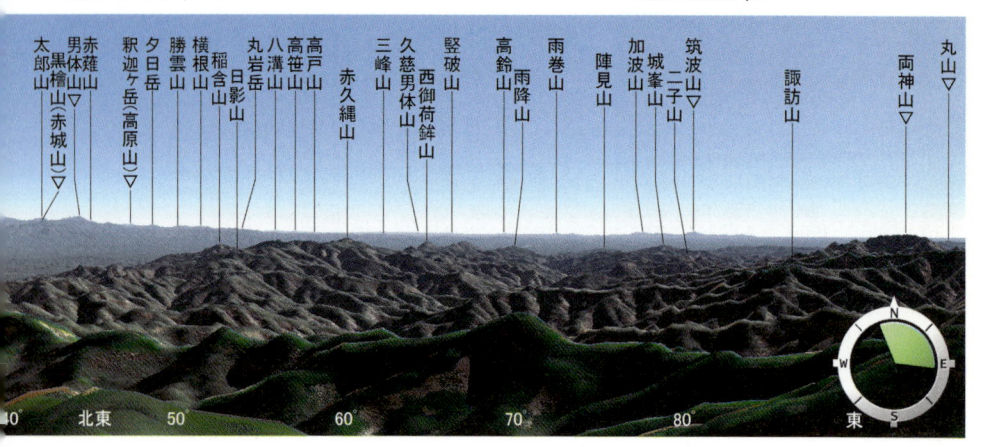

太郎山／赤薙山／男体山／黒檜山(赤城山)／釈迦ヶ岳(高原山)／夕日岳／勝雲山／横根山／稲含山／丸岩岳／八溝山／高笹山／日影山／高戸山／三峰山／赤久縄山／西御荷鉾山／久慈男体山／堅破山／雨降山／高鈴山／雨巻山／陣見山／加波山／城峯山／二子山／筑波山／諏訪山／丸山／両神山

パノラマ3 (南方向)

金峰山(2599m) p48　　瑞牆山(2230m) p52　　笊ヶ岳(2629m) p222

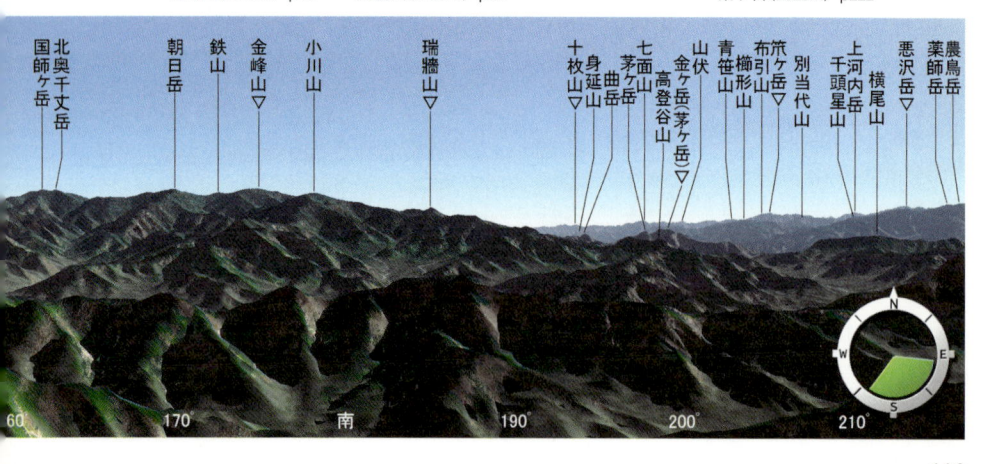

北奥千丈岳／国師ヶ岳／朝日岳／鉄山／金峰山／小川山／瑞牆山／十枚山／身延山／七面山／茅蓋山／高登谷山／金ヶ岳(茅ヶ岳)／山伏／青笹山／櫛形山／布引山／笊ヶ岳／別当代山／上河内岳／千頭星山／横尾山／悪沢岳／薬師岳／農鳥岳

南西から北北西の展望

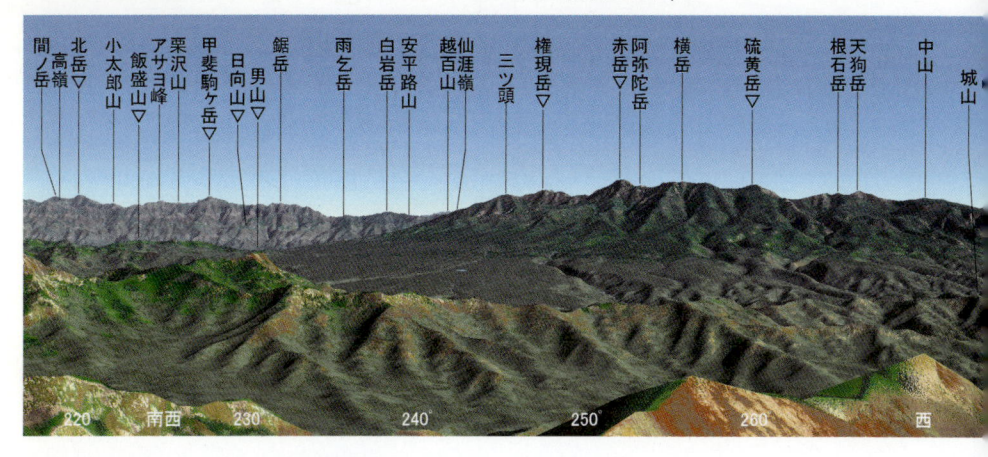

赤岳（2899m）p18

間ノ岳 / 北高嶺 / 甲斐駒ヶ岳 / 小太郎山 / 飯盛山 / アサヨ峰 / 栗沢山 / 甲斐駒ヶ岳 / 日向山 / 男山 / 鋸岳 / 雨乞岳 / 安平路山 / 白岩岳 / 越百山 / 仙涯嶺 / 三ツ頭 / 権現岳 / 阿弥陀岳 / 赤岳 ▽ / 横岳 / 硫黄岳 / 根石岳 / 天狗岳 / 中山 / 城山

220　南西　230°　240°　250°　260°　西

北北西から東の展望

岩菅山（2295m）p148　　谷川岳（1977m）p184

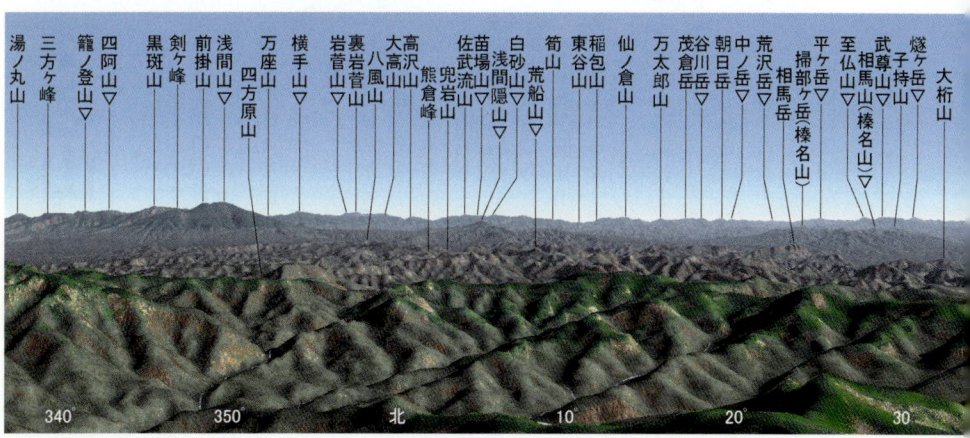

湯ノ丸山 / 三方ヶ峰 / 籠ノ登山 / 四阿山 / 剣ヶ峰 / 前掛山 / 黒斑山 / 浅間山 / 四方原山 / 横手山 / 万座山 / 岩菅山 / 裏岩菅山 / 八風山 / 高山 / 大高沢山 / 佐武流山 / 苗場山 / 浅間隠山 / 白砂山 / 荒船山 / 兜山 / 熊倉峰 / 筍山 / 東谷山 / 稲包山 / 仙ノ倉山 / 万太郎山 / 茂倉岳 / 谷川岳 / 朝日岳 / 中ノ岳 / 荒沢岳 / 平ヶ岳 / 掃部ヶ岳〈榛名山〉 / 相馬山 / 至仏山 / 武尊山 / 子持山 / 燧ヶ岳 / 大桁山

340°　350°　北　10°　20°　30°

東から南西の展望

雲取山（2017m）p38　　甲武信岳（2475m）p44

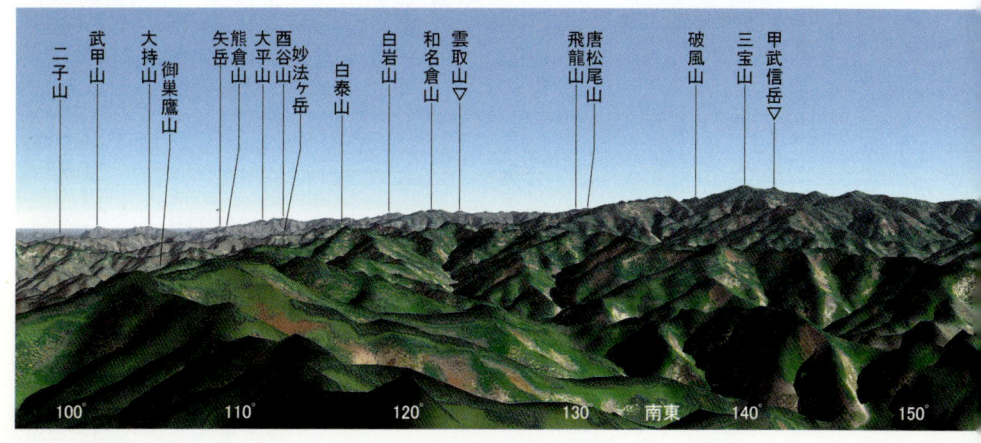

二子山 / 武甲山 / 大持山 / 御巣鷹山 / 矢倉岳 / 熊倉山 / 酉谷山 / 大平山 / 妙法ヶ岳 / 白岩山 / 白泰山 / 和名倉山 / 雲取山 / 飛龍山 / 唐松尾岳 / 破風山 / 三宝山 / 甲武信岳 ▽

100°　110°　120°　130°　南東　140°　150°

117　御座山（小海線沿線）

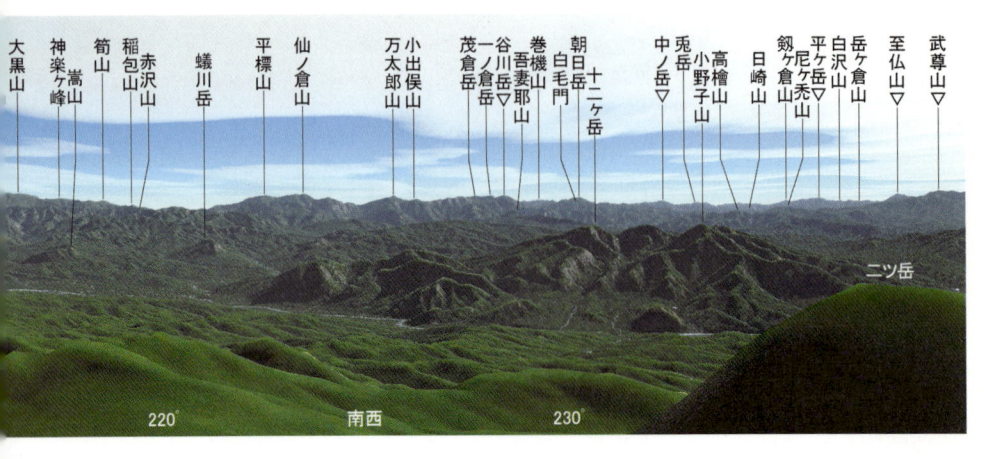

谷川岳(1977m) p184　　　平ヶ岳(2141m) p176

武尊山▽
至仏山▽
岳ケ倉山
白沢山
平ヶ禿山
尼ヶ禿山
劔ヶ倉山
日崎山
中ノ岳▽
兎岳
高檜山
小野子山
朝日岳
白毛門
巻機山
吾妻耶山
谷川岳
一ノ倉岳
茂倉岳
十二ヶ岳
小出俣山
万太郎山
仙ノ倉山
平標山
蟻川岳
赤沢山
稲包山
筍山
嵩山
神楽峰
大黒山

二ツ岳

220°　　南西　　230°

榛名山（相馬山）
上・信・越の国境稜線を南から望む絶好の展望台

榛名山は上信越三国国境稜線の展望台だ。とくに国境稜線が白い雪に輝く季節に、かさこそと落ち葉を踏みしめながら山頂に立てば、屏風のように連なる白亜の山々を眺めることができる。カトマンズからのヒマラヤとまではいかないが、なかなかの壮観である。

国境稜線の展望を楽しむ時に目に入るのが、手前の二ツ岳。その名の通り男岳と女岳の仲良く並んだふたつのピークからなるこの山は、6世紀の大噴火でできた溶岩ドーム。その噴火は、北麓にあった古墳時代の住居や墳墓を大量の軽石で埋めてしまったことで有名である。完全な埴輪や葺石がきれいに並んだ古墳が掘り出され、「日本のポンペイ」とまで称されているようだ。

上毛三山のひとつに数えられる榛名山は、古来から人々に親しまれていた。「榛名」は開墾した土地を意味し、万葉集の東歌、上野の歌にも「波里波良」とある。昔、天狗がひと晩のうちに富士山を作ろうともっこで土を運んでいると、もうひと息というところで鶏が鳴いて空が白みはじめた。悔しがった天狗がもっこをぶん投げてできた山がこの山だそうだ。出来損なった富士山は榛名富士であろうか。

さて、展望で忘れてはならないのは、榛名富士越しに見える北アルプス。条件が良ければ後立山連峰の一部と立山などを望むことができる。この他にも、富士山

角間山
三ツ鬼岳
餓鬼岳
薬師岳▽
北薬師岳▽
南沢岳
不動岳
北葛岳
蓮華岳
掃部ヶ岳
鬼岳
雄山(立山)▽
四阿山▽

西

榛名富士越しに見える北アルプス

上州
標高 1411m
緯度 36度28分28秒
経度 138度54分03秒

118

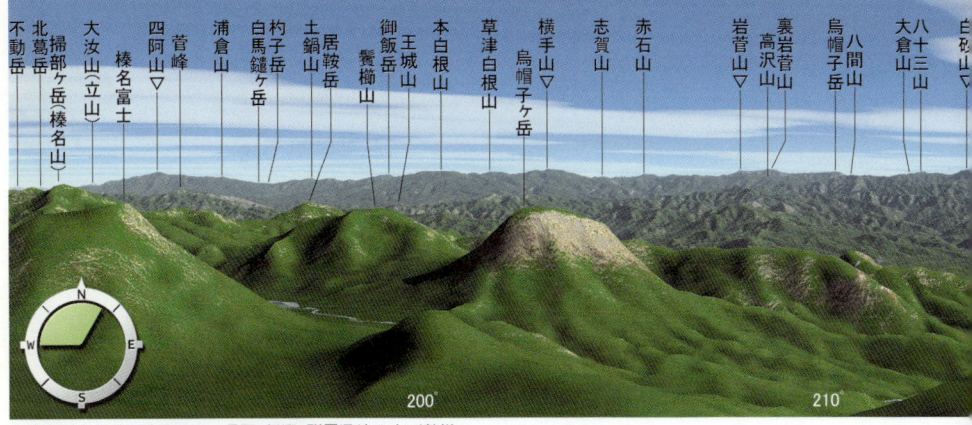

四阿山(2354m) p132　　　　　横手山(2307m) p144　　　岩菅山(2295m) p148

山名ラベル（左から右）：不動岳／掃部ヶ岳（榛名山）／北葛岳／大汝山（立山）／榛名富士／四阿山▽／菅峰／浦倉山／白馬鑓ヶ岳／杓子岳／居鞍岳／土鍋山／饕餮岳／御飯岳／王城山／本白根山／草津白根山／横手山▽／烏帽子ヶ岳／志賀山／赤石山／裏岩菅山／高沢山／岩菅山▽／烏帽子ヶ岳／八間山／大倉山／八十三山／白砂山

200°　　　210°

志賀高原から谷川連峰まで、長野・新潟・群馬県境の山が勢揃い

榛名山から見える山
（興味深いもの）

山名	標高	距離	方位
清澄山	377	184.3	141.7
愛宕山	408	179.9	146.6
剣ヶ峰（御嶽山）	3067	143.1	243.6
悪沢岳	3141	125.9	211.1
富士山	3776	124.5	187.2
薬師岳	2926	121.5	270.1
大汝山（立山）	3015	115.3	276.0
農鳥岳	3026	111.9	212.4
筑波山	860	110.9	104.0
間ノ岳	3189	110.1	213.5
針ノ木岳	2821	109.1	274.0
北岳	3192	106.9	214.0
仙丈ヶ岳	3033	105.7	217.8
観音岳（鳳凰山）	2840	101.1	212.2
甲斐駒ヶ岳	2967	99.4	217.1
鉢伏山	1928	83.0	245.6
権現岳	2715	75.8	220.0
赤岳	2899	73.5	220.6
荒沢岳	1969	72.9	17.5
鷹ノ巣山	1737	72.2	171.9
川苔山	1363	71.6	164.9
金峰山	2599	71.3	200.4
硫黄岳	2760	71.1	222.2
北奥千丈岳	2601	70.3	197.1
瑞牆山	2230	70.1	203.3
雲取山	2017	68.8	176.7
蓼科山	2530	68.2	233.0
女峰山	2483	68.0	56.4
甲武信岳	2475	64.6	193.8
燧ヶ岳	2356	63.4	32.6
平ガ岳	2141	63.3	22.3
男山	1851	62.0	210.8
男体山	2484	61.8	58.4
奥白根山	2578	55.6	49.6
御座山	2112	55.5	208.4
至仏山	2228	53.4	27.0

は124・5キロのかなたに見え、南アルプスも甲斐駒ヶ岳、北岳、仙丈ヶ岳、悪沢岳などを望むことができる。もっとも遠くに見える山は、千葉県の清澄山。房総半島の南端近く、天津小湊町にある377メートルの、日蓮宗の聖地として知られる山だ。

相馬山へは、高崎線高崎駅からのバスを榛名湖畔で下りて、榛名富士を眺めながらのんびりと歩いて行ける。下山はヤセオネ峠に抜けてバスを利用する他にも、二ツ岳の裾を迂回しながら伊香保温泉まで歩くことも可能である。伊香保温泉には公衆浴場である石段ノ湯があるので、山の汗を流せる。榛名山最高峰の掃部ヶ岳へは、湖畔のバス停から1時間半ほどの行程である。南の杏ヶ岳まで足を延ばせば、静かな山歩きが楽しめる。

119　榛名山（上州）

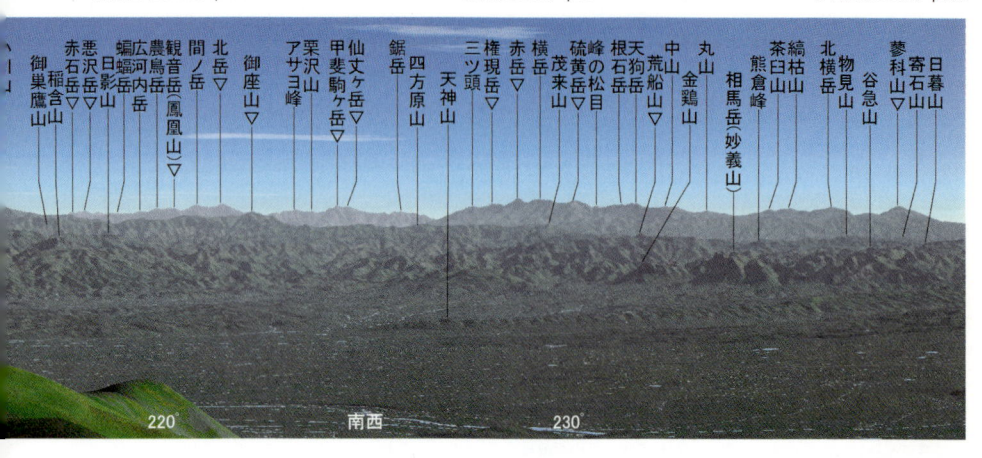

パノラマラベル（左から右）:
鳳凰山(2840m) p196 / 赤岳(2899m) p18 / 蓼科山(2530m) p106

御巣鷹山 / 御稲荷山 / 赤石岳 / 日影岳 / 蝙蝠岳 / 広河内岳 / 農鳥岳 / 観音岳鳳凰山▽ / 間ノ岳 / 北岳 / 御座山 / アサヨ峰 / 栗沢山 / 甲斐駒ヶ岳 / 仙丈ヶ岳 / 鋸岳 / 天神山 / 四方原山 / 三ッ頭 / 権現岳 / 横岳 / 赤岳 / 茂来山 / 硫黄岳 / 峰の松目 / 根石岳 / 天狗岳 / 荒船山 / 中山 / 金鶏山 / 丸山（相馬岳・妙義山） / 熊倉峰 / 茶臼岳 / 縞枯山 / 北横岳 / 物見岳 / 谷急山 / 蓼科山 / 寄石山 / 日暮山

220° 南西 230°

榛名山中腹伊香保付近から見る赤城山の全景（撮影：岡田敏夫）

赤城山（黒檜山）

関東平野の独立峰は、3000㍍峰の好展望台

上州
標高 2715㍍
緯度 35度56分59秒
経度 138度21分35秒

赤城山は関東平野にどっしりと腰を据えた独立峰だ。周囲の高峰とは一定の距離をおいているので、展望の良い条件が整っている。とくに最高峰の黒檜山は草山なので、さらに条件が良い。

それを示すがごとく、赤城山から計算上見える富士山を含む3000㍍以上の峰は次頁の表のように24座にも上る。見えないのは北アルプス穂高のジャンダルムと南アルプスの塩見岳のたった二山だけだ。前者は奥穂高岳に隠され、後者は鳳凰三山の稜線に隠される。もっともジャンダルムは奥穂高岳の一部とすれば、わずかに塩見岳のみが見えないこととなる。ただし、実際には南アルプスの聖岳が奥秩父の小川山の裾野にほとんど隠されてしまう。山頂の一点のみがわずかに覗くかどうかの微妙なところなので、樹木などの影響を考えれば、見えないとしたほうが無難であろう。それを割り引いても、文句の付けようのない展望である。

なお、中央アルプスは見えないので、日本アルプスの揃い踏みとはいかない。もっとも遠くに見えるのは、関東平野を越えた伊豆大島の三原山で、その距離は204・4㌔に達する。

赤城山は底面の直径が20㌔から30㌔と富士山には及ばないものの、日本でも有数の大きな火山である。雄大な裾野に対して山頂は切り取られているが、最盛期は2500㍍を越える富士山型の山であったらしい。その後破壊的な噴火を何度か繰り返

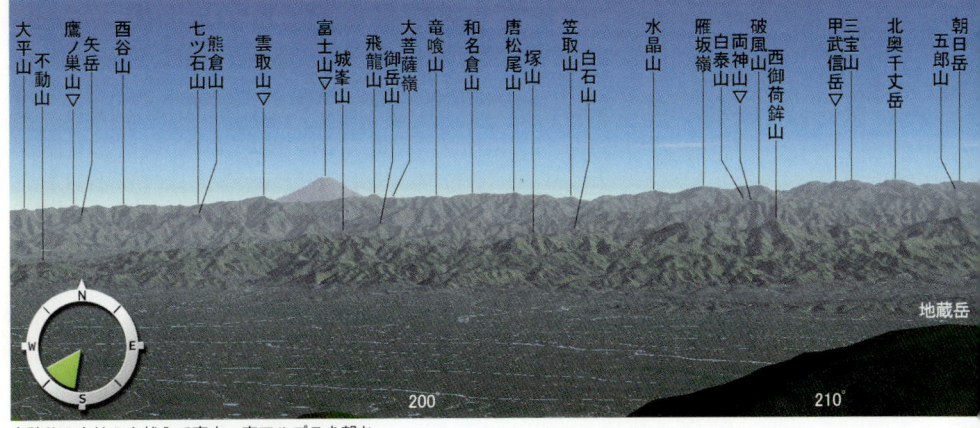

鷹ノ巣山(1737m) p36　　富士山(3776m) p86　　　　　　両神山(1723m) p42

山名ラベル（左から右）：大平山／不動山／鷹ノ巣山▽／矢岳／西谷山／七ツ石山／熊倉山／雲取山／富士山△／城峯山／飛龍山／御岳山／大菩薩嶺／竜喰山／和名倉山／唐松尾山／笠取山／塚山／白石山／水晶山／雁坂嶺／白泰山／両神山▽／破風山／西御荷鉾山／甲武信岳▽／三宝山／北奥千丈岳／朝日岳／五郎山

200°　　210°　　地蔵岳

奥秩父の山並みを越えて富士、南アルプスを望む

赤城山から見える山
(興味深いもの)

山名	標高	距離	方位
富士山	3776	139.5	197.6
北岳	3192	130.5	221.4
奥穂高岳	3190	141.7	258.2
間ノ岳	3189	133.5	220.8
槍ヶ岳	3180	140.6	260.5
悪沢岳	3141	148.7	218.0
赤石岳	3120	153.5	217.7
涸沢岳	3110	141.7	258.5
北穂高岳	3106	141.1	258.7
大喰岳	3101	140.9	260.2
前穂高岳	3090	140.8	257.7
中岳	3084	140.9	260.0
荒川中岳	3083	149.9	218.3
小赤石岳	3081	152.8	217.8
荒川前岳	3068	150.3	218.3
剣ヶ峰(御嶽山)	3067	170.8	244.8
中白根山	3055	132.5	221.2
西農鳥岳	3051	135.2	220.1
仙丈ヶ岳	3033	130.1	224.5
南岳	3033	140.8	259.4
農鳥岳	3026	135.1	219.8
剣ヶ峰(乗鞍岳)	3026	155.5	251.5
聖岳	3013	157.9	217.2
大汝山(立山)	3015	141.0	271.2
劒岳	2998	141.2	273.3
甲斐駒ヶ岳	2967	123.8	224.3
赤岳	2899	98.7	228.7
鹿島槍ヶ岳	2889	129.6	273.5
観音岳(鳳凰山)	2840	124.3	220.2
権現岳	2715	100.9	228.1
金峰山	2599	91.5	213.9
奥白根山	2578	31.0	31.6
浅間山	2568	62.4	254.3
甲武信岳	2475	83.4	210.1
燧ヶ岳	2356	44.5	10.6
三原山	764	204.4	174.8

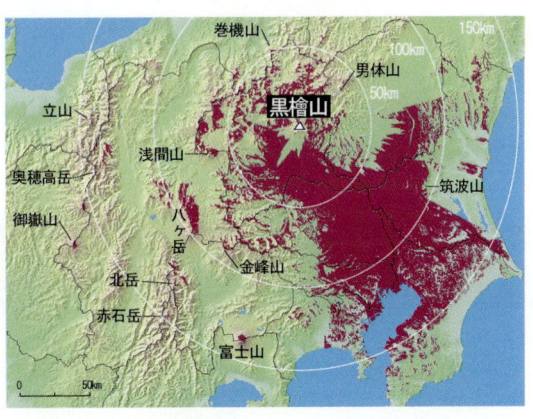

し、最後には山頂に小さなカルデラが生じ、その中に水がたまって湖ができた。その後現在の地蔵岳や長七郎山などの溶岩円頂丘が出現し湖は三分される。ふたつは干上がり、残っているのが大沼である。小沼は噴火によって生じた火口湖である。

黒檜山は登山口の大洞から短時間で山頂に立てるので、山上湖の大沼に一泊して周辺の山を散策しながら楽しむと良い。

両毛線前橋駅からのバスを大洞で下車し、大沼湖畔を黒檜山登山口に向かう。はじめは急坂だが、猫岩付近でいったん緩やかになる。その後は一気に山頂を目指す。

下りは駒ヶ岳を経由して大洞に戻るが、高層湿原の覚満淵に寄り道していくと良い。夏期は多種多様な花が目を楽しませてくれる。

121　赤城山（上州）

仙丈ヶ岳(3033m) p206　　御嶽山(3067m) p302　　奥穂高岳(3190m) p290

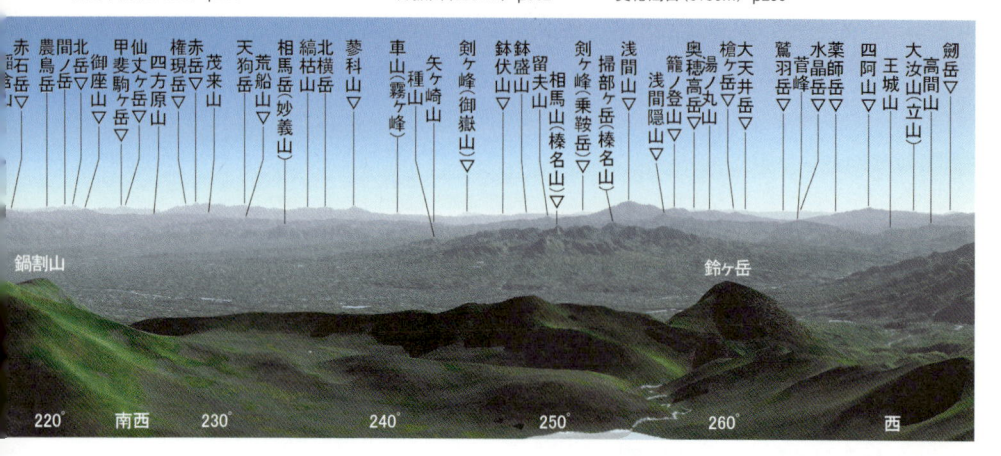

ラベル（左→右）:
赤石岳▽／農鳥岳／北岳▽／間ノ岳／御座山／甲斐駒ヶ岳▽／仙丈ヶ岳▽／四方原山／権現岳▽／赤岳▽／茂来山／天狗山／北横岳▽／縞枯山／荒船山／相馬岳（妙義山）／蓼科山▽／矢ヶ崎山／車山（霧ヶ峰）／種伏山／留夫山／鉢盛山▽／剣ヶ峰〈御嶽山〉▽／剣ヶ峰〈乗鞍岳〉▽／掃部ヶ岳（榛名山）／浅間山▽／浅間隠山／籠ノ登山／湯ノ丸山／奥穂高岳▽／槍ヶ岳▽／大天井岳▽／鷲羽岳▽／菅羽峰／水晶岳▽／薬師岳▽／四阿山／王城山／大汝山（立山）▽／高間山／劒岳▽

鍋割山　　　　　　　　　　　　　　　　　　　　　　鈴ヶ岳

220°　南西　230°　　240°　　250°　　260°　西

武尊山(2158m) p182　　至仏山(2228m) p168　　燧ヶ岳(2356m) p172　　奥白根山(2578m) p158

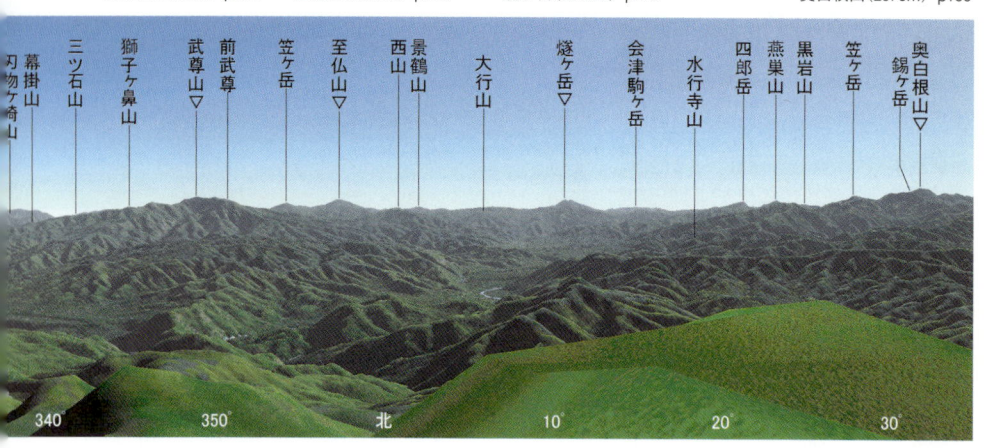

刃物ヶ崎山／幕掛山／三ツ石山／獅子ヶ鼻山／武尊山▽／前武尊／笠ヶ岳／至仏山▽／西山／景鶴山／大行山／燧ヶ岳▽／会津駒ヶ岳／水行寺山／四郎岳／燕巣山／黒岩山／笠ヶ岳／錫ヶ岳／奥白根山▽

340°　350°　北　10°　20°　30°

筑波山(860m) p26

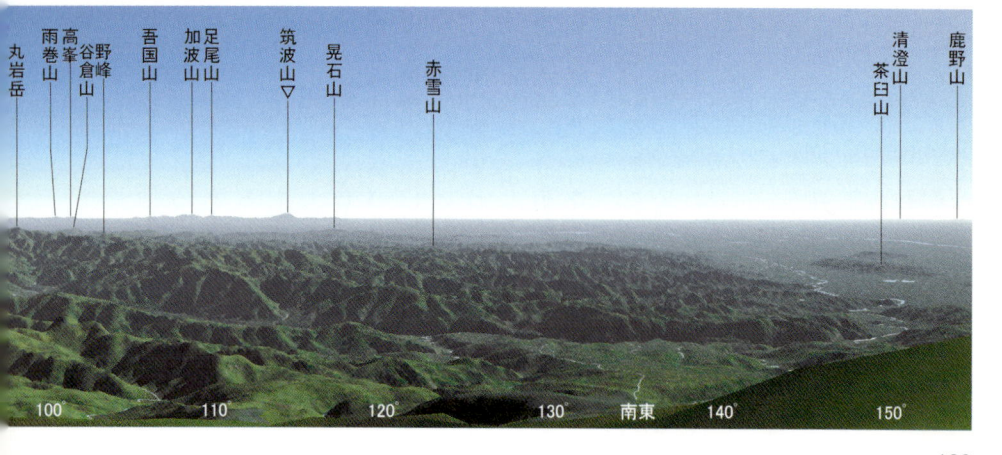

丸岩岳／雨巻山／高峯／谷倉山／野峰／吾国山／加波山／足尾山／筑波山▽／晃石山／赤雪山／茶臼山／清澄山／鹿野山

100°　110°　120°　130°　南東　140°　150°

122

南南東から西の展望

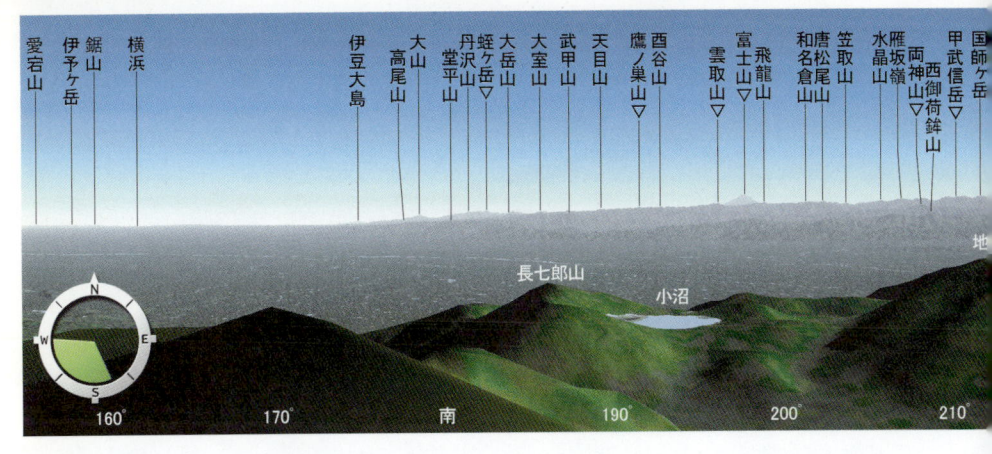

蛭ヶ岳(1673m) p32　雲取山(2017m) p38

愛宕山・伊予ヶ岳・鋸山・横浜・伊豆大島・大山・高尾山・大岳山・蛭ヶ岳▽・丹沢山・堂平山・武甲山・天目山・鷹ノ巣山▽・酉谷山・雲取山▽・富士山・飛龍山・和名倉山・唐松尾山・笠取山・雁坂嶺・水晶山・両神山・西御荷鉾山・甲武信岳・国師ヶ岳

長七郎山　小沼

160°　170°　南　190°　200°　210°

西から北東の展望

白砂山(2140m) p154　谷川岳(1977m) p184

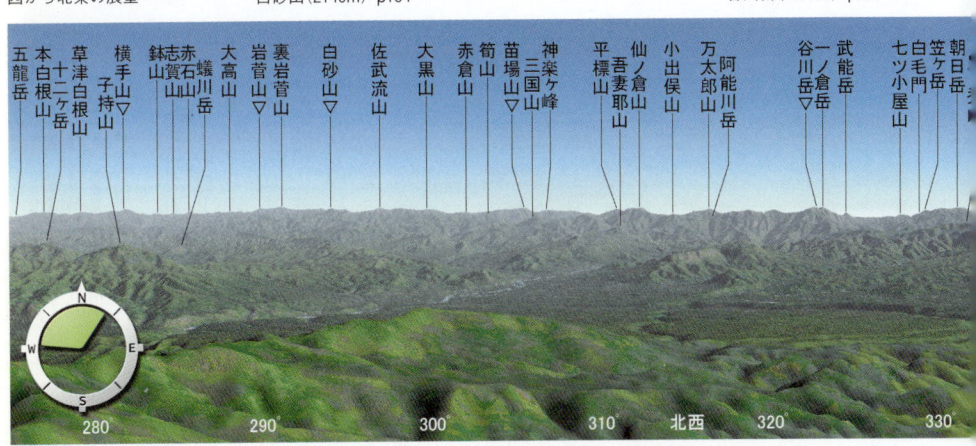

五龍岳・本白根山・草津白根山▽・十二ヶ岳・横手山・子持山・鉢山・赤石山・志賀山・大高山・蟻川岳・裏岩菅山・岩菅山▽・白砂山▽・佐武流山・大黒山・赤倉山・笛山・苗場山・神楽ヶ峰・三国山・平標山・仙ノ倉山・吾妻耶山・万太郎山・阿能川岳・小出俣山・谷川岳▽・一ノ倉岳・武能岳・笠ヶ岳・白毛門・七ツ小屋山・朝日岳

280°　290°　300°　310°　北西　320°　330°

北東から南南東の展望

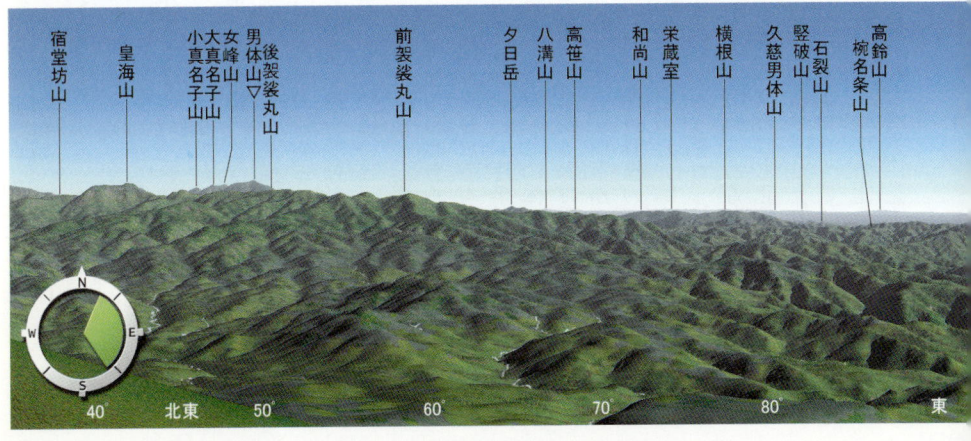

宿堂坊山・皇海山・女峰山・大真名子山・小真名子山・男体山▽・後袈裟丸山・前袈裟丸山・夕日岳・八溝山・高笹山・和尚山・栄蔵室・横根山・久慈男体山・竪破山・石裂山・高鈴山・椀名条山

40°　北東　50°　60°　70°　80°　東

123　赤城山（上州）

浅間山（2568m）p134　　　　　　横手山（2307m）p144

大高山／裏岩菅山／岩菅山▽／赤石山／離山／横手山／本白根山／笠ヶ岳／小浅間山／八風山／浅間山／前掛山／剣ヶ峰／黒斑山／物見山／籠ノ登山▽／寄石山

330°　　340°　　350°

荒船山

テーブルマウンテンから見る浅間山、北アルプスの展望

上州
標高 1423m
緯度 36度12分14秒
経度 138度38分14秒

荒海に翻弄される破船か、あるいは巨大な航空母艦か、奇岩の多い西上州の山々の中でもきわだって特徴的な山容を呈している。

この荒船山の特異な形状は、330万年前に阿蘇山のような大きなカルデラを作った火山活動によって、大量の火砕流が噴出し、それが高温で固まってできたなだらかな斜面の一部が、浸食によって削り残されたものであるらしい。

台地上はいかにも展望が良さそうに見えることもあって登行意欲をそそられるが、残念ながら岩盤の上は雑木林のために大展望というわけにはいかない。切れた林の間からは奥穂高岳、槍ヶ岳、白馬岳、大汝山（立山）などの北アルプスの連嶺や浅間山の勇姿が垣間見られるものの、さらに視界を広げようと思って、片手で木に掴まりながら切れ落ちた断崖の上に体を乗り出してみたが、さほど効果が上がるわけでもなかった。

しかし、そこが西上州の山の良さかもしれない。いわば懐石料理のように慎ましく、華やかではないが、岩、雑木、展望と、ひとつ一つを山にもてなされ、こころ豊かに山を辞することができるような気がする。

北アルプス以外にも北岳、甲斐駒ヶ岳、仙丈ヶ岳などの南アルプスが見えるが、富士山は見えない。したがって、見えるもっとも高い山はわが国第二位の北岳ということになる。また、もっとも遠くに見えるのは茨城県日立

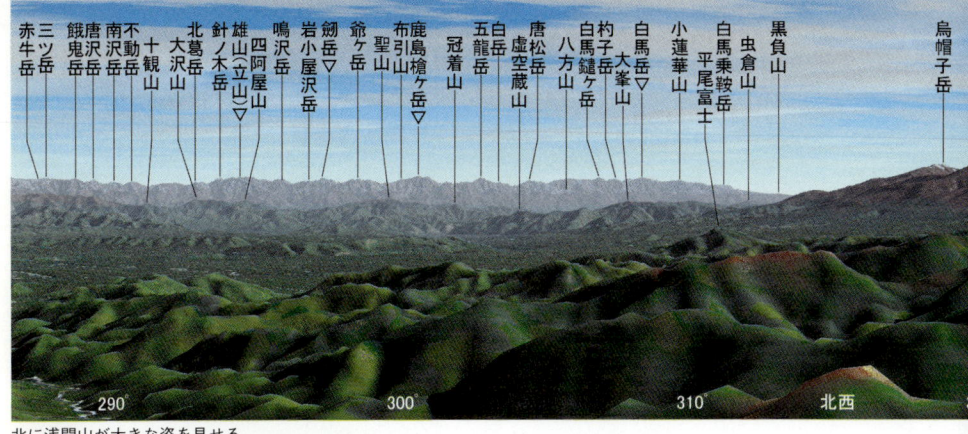

立山(3003m) p268　　鹿島槍ヶ岳(2889m) p254　　白馬岳(2932m) p252

パノラマ山名（左から右）：赤牛岳、三ツ岳、餓鬼岳、唐沢岳、南沢山、不動岳、北葛岳、針ノ木岳、十観山、大沢岳、雄山（立山）、四阿屋山、鳴沢岳、岩小屋沢岳、剣岳、爺ヶ岳、聖山、鹿島槍ヶ岳、布引山、冠着山、五龍岳、白岳、虚空蔵山、唐松岳、杓子岳、白馬鑓ヶ岳、八方山、白馬岳、大峯山、小蓮華山、平尾富士、白馬乗鞍岳、虫倉山、黒負山、烏帽子岳

290°　　　300°　　　310°　　　北西

北に浅間山が大きな姿を見せる

荒船山から見える山
（興味深いもの）

山名	標高	距離	方位
神峰山	598	183.1	74.2
高鈴山	623	180.9	74.6
吾国山	518	141.1	84.2
筑波山	860	131.4	88.5
荒沢岳	1969	109.4	24.5
劔岳	2998	102.6	297.2
平ヶ岳	2141	100.6	28.1
大汝山（立山）	3015	100.2	294.6
白馬岳	2932	99.9	308.2
男体山	2484	98.6	50.6
剣ヶ峰（乗鞍岳）	3026	98.1	263.9
水晶岳	2986	96.1	285.1
鷲羽岳	2924	95.2	283.7
奥白根山	2578	93.4	44.8
鹿島槍ヶ岳	2889	92.4	300.5
至仏山	2228	91.2	31.5
槍ヶ岳	3180	90.2	280.0
奥穂高岳	3190	89.4	276.3
大天井岳	2922	85.9	282.2
常念岳	2857	82.8	279.6
蝶ヶ岳	2677	82.4	276.7
武尊山	2158	80.1	33.4
トマの耳（谷川岳）	1977	75.0	20.3
間ノ岳	3189	72.0	210.9
北岳	3192	68.8	211.5
仙丈ヶ岳	3033	67.4	217.4
黒檜山（赤城山）	1828	63.6	51.4
甲斐駒ヶ岳	2967	61.2	216.2
岩菅山	2295	60.1	353.3
白砂山	2140	59.4	4.8
横手山	2307	52.5	349.1
鉢伏山	1928	52.1	265.1
雲取山	2017	47.5	144.3
草津白根山	2171	47.4	348.5
赤岳	2899	35.3	222.9
蓼科山	2530	32.7	250.2

市の神峰山で、その距離は183.1kmになる。神峰山の標高は594メートル、多賀山地では人気のハイキングコースである。

荒船山へのコースは長野県側から、群馬県側からそれぞれ数本あるので、さまざまなコースを組むことができる。最短ルートは上信電鉄下仁田駅から内山峠までタクシーで入るコースだが、長野県側の小海線中込駅から初谷鉱泉に一泊してじっくり楽しむのも良いだろう。あるいは軽井沢から八風山へ入り、途中の内山牧場のキャンプ場で一泊して縦走するコースも出色である。

タクシーで着いた内山峠から急坂を登り切ると荒船山の溶岩台地に出る。艫岩は台地の縁に当たる。艫岩付近は下から見上げると展望が良さそうだが、樹木が多いので思ったほどではない。最高点は京塚山で南方向の展望が良い。

西上州・物語山から望む荒船山（撮影：岡田敏夫）

125　荒船山（上州）

浅間山（2568m）p134　　　　　籠ノ登山（2227m）p130

小浅間山　浅間山▽　黒斑山　仙人岳　籠ノ登山▽　西籠ノ登山

240°　250°

浅間隠山
あさまかくしやま

裾野から立ち上がる雄大な浅間山を眺める展望台

上州側から浅間山を隠してしまうことからその名が付けられた。同様な地名では草津白根山の南東の尾根に付けられた通称である白根隠しや、日光白根山の南東に位置する白根隠山、丹沢大室山の別称・富士隠などがある。

浅間隠山は別名、矢筈山とも、川浦富士とも呼ばれ、江戸時代の絵図には御巣鷹山と記入されていたという。矢筈とは矢を弓にあてがう部分のことで、小さなへこみが付けられている。この形からふたつの突起をもった山に付けられたもので、双耳峰と同じようなものだ。浅間隠山もやはり、小さな双耳峰となっている。

山頂からの展望は申し分なく、浅間山をはじめ、槍ヶ岳、剣岳、水晶岳、鹿島槍ヶ岳などの北アルプス、木曽駒ヶ岳、宝剣岳、空木岳の中央アルプス、北岳、間ノ岳、農鳥岳、悪沢岳などの南アルプスなどを見渡すことができる。さらに富士山も121・4キロの距離をはさんで、遠望できる。もっとも遠くに見える山は、千葉県大多喜町にある伊藤大山。標高246メートルの房総丘陵の山で、その距離190・8キロ。

すでに忘れられているが、かつてこの山の裾を通る鉄道が存在した。草軽電鉄である。軽井沢と草津を結んで、草津の硫黄や旅客を運んでいたが、早くから採算が合わず、台風による橋の流出などが引き金となって、昭和37年に廃止された。かわいらしいL字形の電気機関車に牽かれたトロッコ列車は、今ならば観光列車として人気があったであろう。

浅間山周辺
標高1757メートル
緯度36度27分13秒
経度138度39分09秒

角落山から見る鋭角的な浅間隠山　（撮影：岡田敏夫）

126

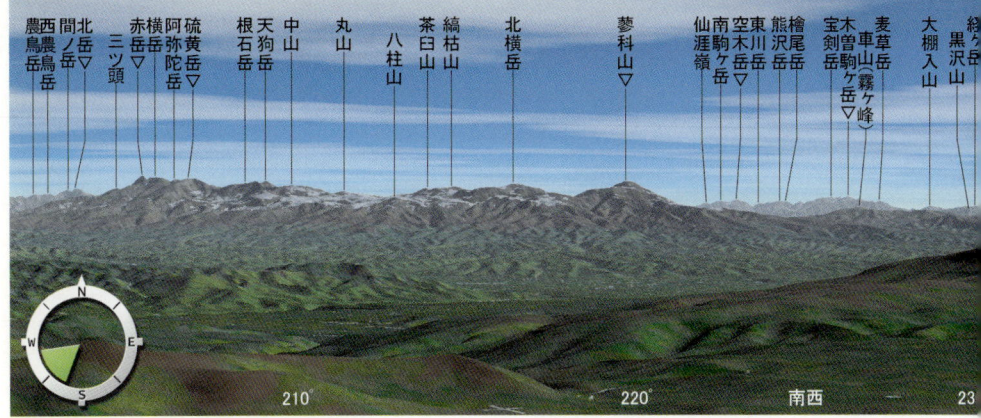

北岳(3192m) p200　　　　　　　　　　　　蓼科山(2530m) p106　　　木曽駒ヶ岳(2956m) p236

大きな浅間山と八ヶ岳の間に中央アルプスが見える

浅間隠山から見える山
（興味深いもの）

山名	標高	距離	方位
伊藤大山	246.0	190.8	132.3
吾国山	518	139.7	95.5
筑波山	860	132.2	100.5
富士山	3776	121.4	176.7
悪沢岳	3141	113.9	201.9
南駒ヶ岳	2841	112.7	222.4
空木岳	2864	110.9	222.9
宝剣岳	2931	106.4	225.7
木曽駒ヶ岳	2956	106.1	226.2
農鳥岳	3026	99.6	202.1
薬師岳	2926	99.3	271.3
間ノ岳	3189	97.4	203.2
劔岳	2998	94.5	281.7
北岳	3192	94.1	203.4
水晶岳	2986	94.1	268.4
大汝山(立山)	3015	93.5	278.7
槍ヶ岳	3180	90.9	262.4
観音岳(鳳凰山)	2840	89.1	200.6
荒沢岳	1969	84.3	31.5
五龍岳	2814	83.6	286.0
鹿島槍ヶ岳	2889	83.2	283.4
男体山	2484	82.5	65.0
燧ヶ岳	2356	79.3	45.2
平ヶ岳	2141	76.4	37.1
奥白根山	2578	75.1	59.1
雲取山	2017	71.3	158.3
妙高山	2454	68.4	315.4
至仏山	2228	68.2	42.8
高妻山	2353	66.0	305.7
北奥千丈岳	2601	64.9	178.5
金峰山	2599	64.6	182.1
赤岳	2899	59.3	205.4
武尊山	2158	58.0	47.6
男山	1851	51.9	190.5
両神山	1723	50.6	160.3
蓼科山	2530	50.3	219.6

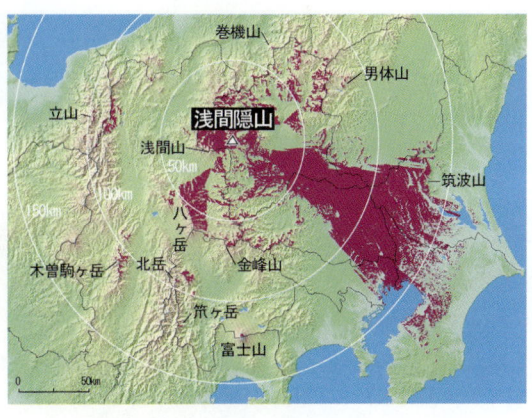

この鉄道の一駅であった二度上駅はちょうど登山口の二度上峠の麓にあり、文字通りスイッチバッグ式の駅となっていた。今では地名だけが当時の面影をわずかに留めている。

浅間隠山は交通が非常に不便である。古くは北麓の浅間隠温泉郷で一泊して翌日山頂を往復するコースがとられていたが、マイカー登山の普及で、二度上峠からのピストンが一般的になってきている。二度上峠には若干の駐車場がある。二度上峠から1キロほど群馬側に下ると浅間隠温泉の登山口となる。下山はマイカーでなければ浅間隠温泉へ下るのが良い。途中、栗平峠への分岐を分け、シャクナゲ尾根に入る。沢沿いで道が不明瞭な箇所があるので注意したい。大平から林道を歩いて高崎駅行きのバス停がある清水に出る。

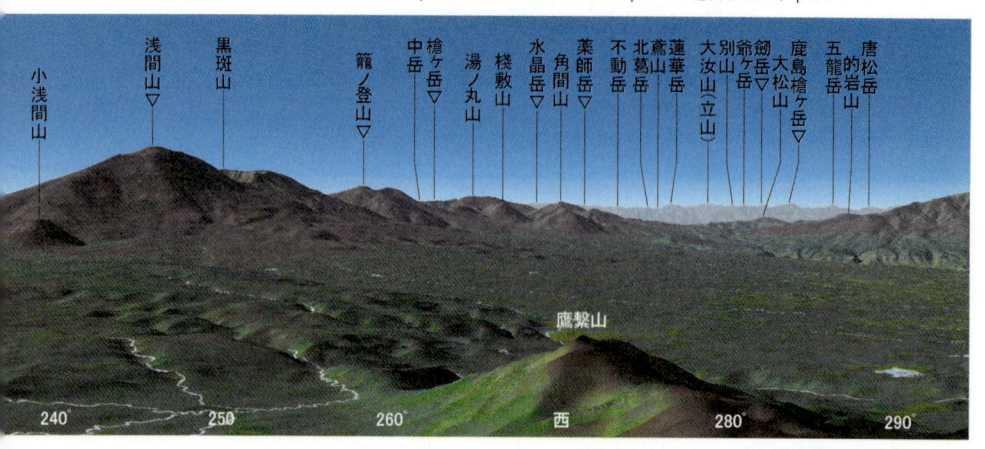

浅間山(2568m) p134　　籠ノ登山(2227m) p130　　薬師岳(2926m) p270　　劒岳(2998m) p264

上段パノラマ（西方向、240°～290°）ラベル:
小浅間山／浅間山／黒斑山／籠ノ登山／中岳／檜ヶ岳／湯ノ丸山／桟敷山／角間山／水晶山／薬師岳／蓮華岳／北葛岳／不動岳／大汝山(立山)／別山／爺ヶ岳／劔岳／鹿島槍ヶ岳／大松山／五龍岳／的岩山／唐松岳

鷹繋山

白砂山(2140m) p154　　谷川岳(1977m) p184　　燧ヶ岳(2356m) p172

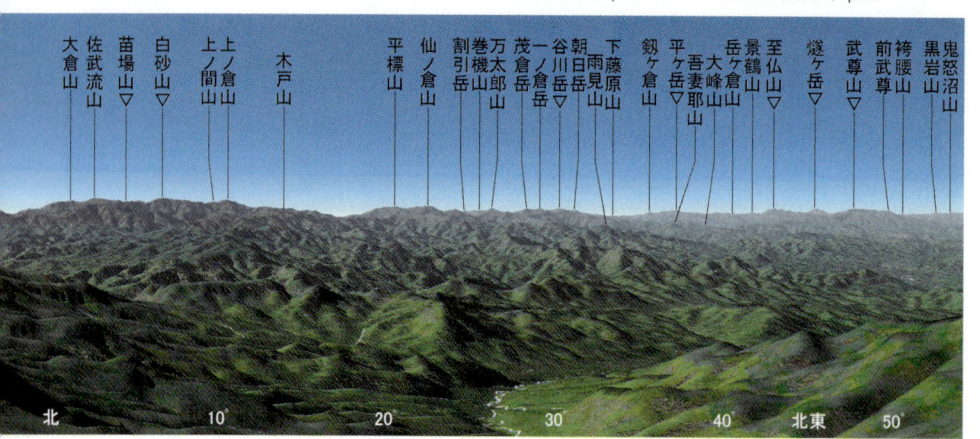

中段パノラマ（北～北東、0°～50°）ラベル:
大倉山／佐武流山／苗場山／白砂山／上ノ間山／上ノ倉山／木戸山／平標山／仙ノ倉山／割引岳／巻機山／万太郎山／茂倉岳／一ノ倉岳／谷川岳／朝日岳／下藤原山／雨見山／大峰／平ヶ岳／吾妻耶山／朝倉山／剱ヶ岳／岳ヶ倉山／景鶴山／至仏山／燧ヶ岳／武尊山／前武尊／袴腰／黒岩山／鬼怒沼山

雲取山(2017m) p38

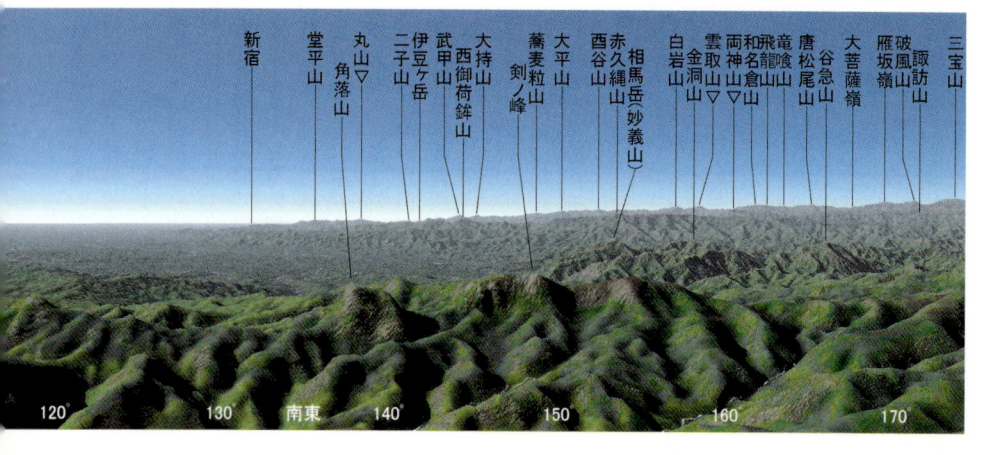

下段パノラマ（南東方向、120°～170°）ラベル:
新宿／堂平山／丸山／角落山／二子山／伊豆ヶ岳／武甲山／西御荷鉾山／大持山／蕎麦粒山／剣ノ峰／大平山／酉谷山／赤久縄山／相馬岳(妙義山)／雲取山／白岩山／金洞山／和名倉山／両神山／飛龍山／竜ヶ岳／唐松尾山／谷急山／大菩薩嶺／雁坂嶺／破風山／諏訪山／三宝山

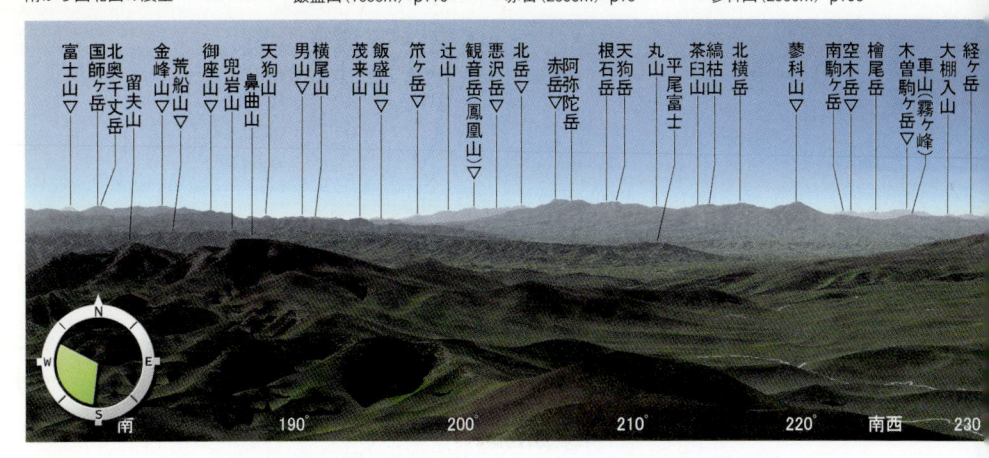

南から西北西の展望　　　飯盛山(1658m) p110　　　赤岳(2899m) p18　　　蓼科山(2530m) p106

富士山
国師ヶ岳
北奥千丈岳
留夫山
金峰山
荒船山
御座山
兜岩山
天狗山鼻曲山
横尾山
男山
茂来山
飯盛山
辻山
笠ヶ岳
観音岳(鳳凰山)
悪沢岳
北岳
阿弥陀岳
赤岳
根石岳
天狗岳
丸山
平尾富士
縞枯山
茶臼山
北横岳
蓼科山
檜尾岳
空木岳
南駒ヶ岳
大棚入山
車山(霧ヶ峰)
木曽駒ヶ岳
経ヶ岳

南　　190°　　200°　　210°　　220°　南西　230

西北西から北東の展望　　　妙高山(2454m) p150　　　横手山(2307m) p144

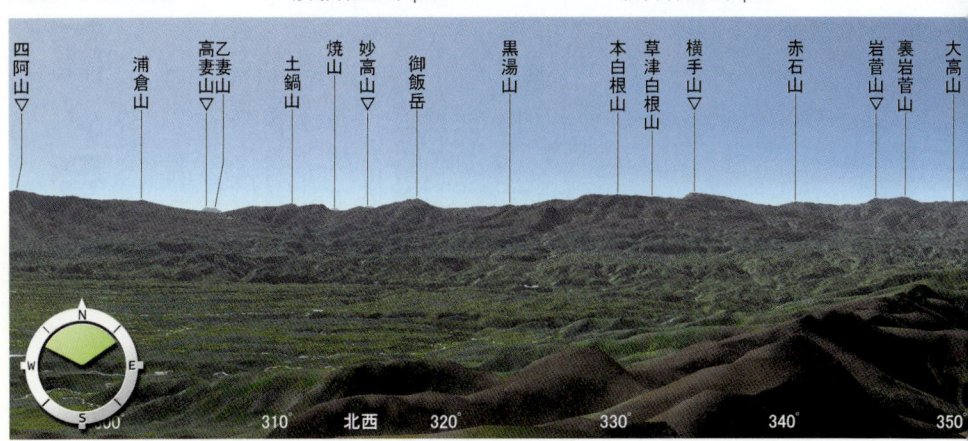

四阿山
浦倉山
高妻山
乙妻山
土鍋山
妙高山
焼山
御飯岳
黒湯山
草津白根山
本白根山
横手山
赤石山
岩菅山
裏岩菅山
大高山

300　310　北西　320°　330°　340°　350

北東から南の展望　　　黒檜山(2715m) p120　　　筑波山(860m) p26

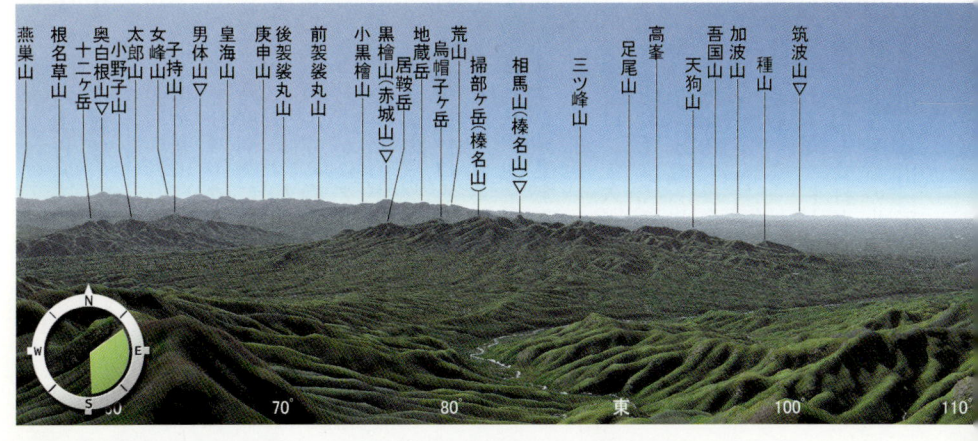

燕巣山
根名草山
奥白根山
十二ヶ岳
太郎山
小野子山
女峰山
子持山
男体山
皇海山
庚申山
後袈裟丸山
前袈裟丸山
荒地蔵岳
烏帽子岳
居鞍岳
黒檜山(赤城山)
小黒檜山
掃部ヶ岳(榛名山)
相馬山(榛名山)
三ツ峰山
高峯
足尾山
吾国山
天狗山
加波山
種山
筑波山

60　70　80　東　90　100　110

129　浅間隠山（浅間山周辺）

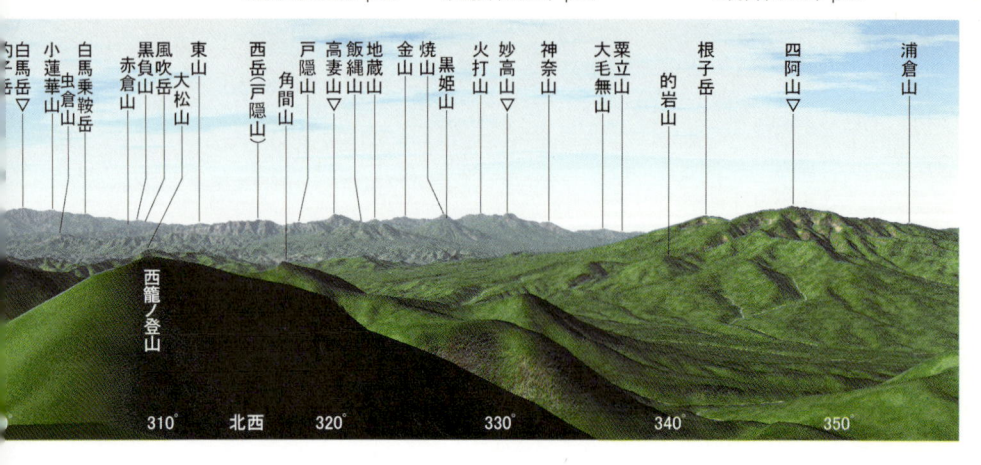

高妻山（2353m）p138　　妙高山（2454m）p150　　四阿山（2354m）p132

浦倉山　四阿山▽　根子岳　的岩山　大毛無山　粟立山　神奈山　黒姫山　妙高山▽　火打山　金山　焼山　地蔵山　飯縄山　高妻山　戸隠山　角間山　西岳（戸隠）　東山　大松山　風吹岳　白馬乗鞍岳　黒負岳　赤倉岳　小蓮華岳　白馬岳▽　虫倉山　杓子岳▽

西籠ノ登山

310°　北西　320°　330°　340°　350°

黒斑山の登山道から見る籠ノ登山（左）と水ノ塔山　（撮影：中澤和夫）

籠ノ登山（かごのとやま）

手軽に登る日本庭園のような山
広がるダイナミックな展望

浅間山周辺
標高2227ｍ
緯度36度25分09秒
経度138度26分50秒

浅間山から西へ連なる連峰、黒斑山、籠ノ登山、湯ノ丸山にかけては、わたしの好きな山域のひとつである。その理由のひとつはダイナミックな展望にあることは確かだが、もうひとつはこの山が作り出したみごとな庭園美にある。

日本庭園は自然が手本と言われるが、コメツガ、シラビソの黒木を適度に配し、浅黄色のクマザサを一面に敷きつめて、計算したかのように岩と灌木をバランス良く置いた様は、まさにその言葉にぴったりである。わずかに2000ｍを越える標高ながら、火山であるが故に森林限界近い環境となったのが幸いしたのであろう。

灌木の類は、クロマメノキ、コケモモ、シラタマの木など、秋になると実を付けるものも多く、季節により花や実を楽しませてくれる。三方ヶ峰ではコマクサが可憐な花を咲かせ、池ノ平では小さいながらも立派な湿原にアヤメが群生する。変化に富んだ魅力を持つ山々だ。

ダイナミックな展望は、佐久平、上田平から立ち上がった山であることにもよるのだろうか。北アルプスは奥穂高岳、槍ヶ岳、水晶岳、大汝山（立山）などが、南アルプスは北岳、農鳥岳、悪沢岳、赤石岳など、中央アルプスも木曽駒ヶ岳、空木岳、南駒ヶ岳などが展望できる。さらに、富士山も金峰山の脇に見える。もっとも遠くに見えるのは、茨城県水戸市の西北、西茨城郡七会村と東茨城郡桂村の境にある高取山、標高356ｍの小山だ。

籠ノ登山へは黒斑山の登山口でよく知られる車

130

乗鞍岳(3026m) p298　　奥穂高岳(3190m) p290　　薬師岳(2926m) p270

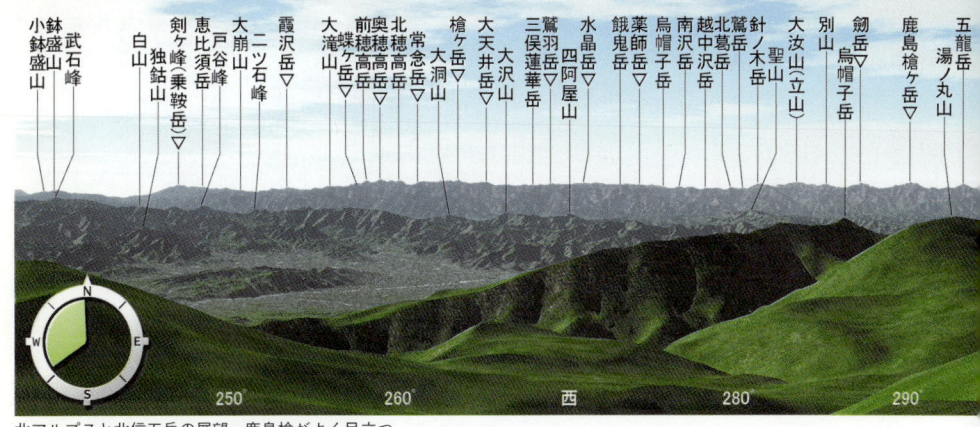

五龍岳／湯ノ丸山／鹿島槍ヶ岳▽／烏帽子岳／剣岳▽／針ノ木岳／聖山／大汝山(立山)▽／別山／南沢岳／烏帽子岳／越中葛岳／鷲羽岳▽／北葛岳▽／水晶岳▽／餓鬼岳／薬師岳▽／鷲羽岳▽／三俣蓮華岳▽／四阿屋山／大滝岳／前穂高岳▽／奥穂高岳▽／北穂高岳／蝶ヶ岳▽／常念岳／槍ヶ岳▽／大洞山／大天井岳／大沢山／霞沢岳／二ツ石峰／大崩岳／剣ヶ峰(乗鞍岳)▽／戸谷峰／恵比須岳／白山／独鈷山／武石峰／小鉢盛山／鉢盛山

250° 260° 西 280° 290°

北アルプスと北信五岳の展望。鹿島槍がよく目立つ

籠ノ登山から見える山
（興味深いもの）

山名	標高	距離	方位
高取山	356	165.0	86.1
茶臼山	1415	150.3	208.6
富士山	3776	120.1	167.7
赤石岳	3120	109.4	193.9
会津駒ヶ岳	2133	106.8	49.0
剣ヶ峰(御嶽山)	3067	104.7	236.4
男体山	2484	100.9	67.3
荒沢岳	1969	98.1	39.4
南駒ヶ岳	2841	98.1	215.9
空木岳	2864	96.2	216.3
越後駒ヶ岳	2003	96.1	35.4
燧ヶ岳	2356	95.6	51.3
奥白根山	2578	93.1	62.8
中ノ岳	2085	92.9	37.1
陣馬形山	1445	92.6	206.9
平ヶ岳	2141	91.4	44.7
宝剣岳	2931	91.1	219.2
木曽駒ヶ岳	2956	90.7	219.8
農鳥岳	3026	90.5	192.1
間ノ岳	3189	88.0	193.0
剣ヶ峰(乗鞍岳)	3026	87.4	246.8
皇海山	2144	85.1	69.0
北岳	3192	84.7	192.8
至仏山	2228	84.2	50.1
仙丈ヶ岳	3033	81.1	197.0
剣岳	2998	77.7	287.1
巻機山	1967	77.3	36.5
三俣蓮華岳	2841	77.1	267.8
雲取山	2017	76.8	144.3
大汝山(立山)	3015	76.1	283.4
甲斐駒ヶ岳	2967	75.7	194.5
水晶岳	2986	75.7	270.8
奥穂高岳	3190	73.1	258.8
白馬岳	2932	72.2	301.6
槍ヶ岳	3180	72.2	263.4
黒檜山(赤城山)	1828	68.6	76.5

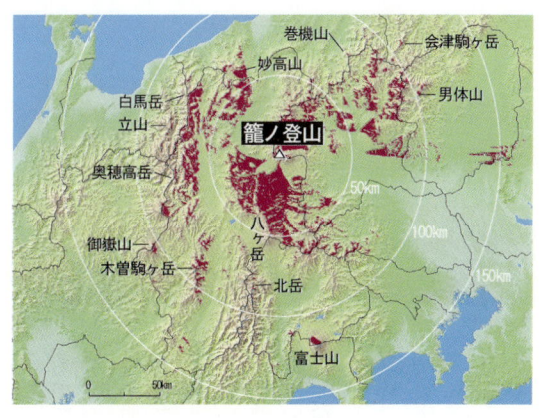

坂道峠、高峰温泉を経て水ノ塔山を登るのが一般的だ。車坂峠へは長野新幹線佐久平駅、しなの鉄道小諸駅からバスの便があるが、本数が少ないので、タクシーを利用しても良い。高峰温泉に一泊し、翌日山頂を目指すのも良いだろう。水ノ塔山から籠ノ登山の間は火口壁である赤ゾレの縁を行く。岩稜の通過もあるので足元に注意したい。籠ノ登山から西籠ノ登山までは往復1時間ほどである。こちらも展望が良いので、時間と体力に余裕があれば往復してみよう。

下山は兎平まで下り、林道を高峰温泉まで戻るのが交通の便が良い。以前は地蔵峠から小諸駅までバスが出ていたが廃止されている。地蔵峠から鹿沢温泉まで下り、バスで万座鹿沢口駅へ出る方法もある。

131　籠ノ登山（浅間山周辺）

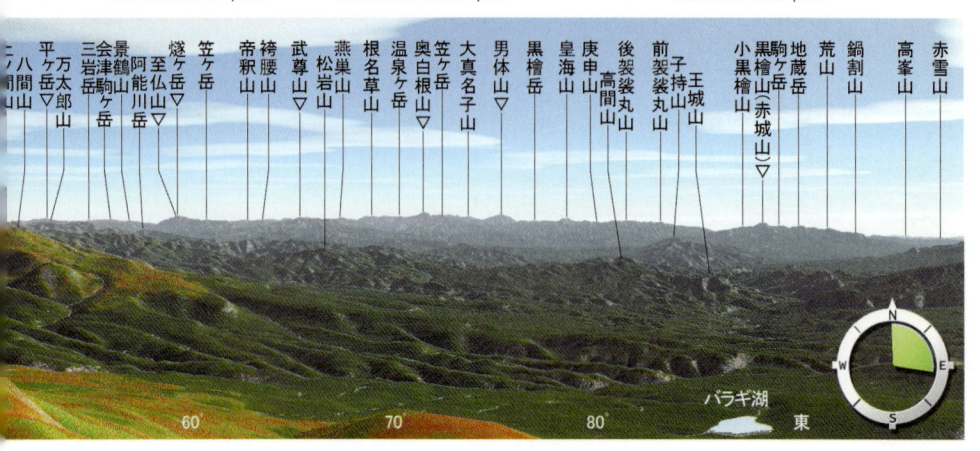

燧ヶ岳(2356m) p172　　奥白根山(2578m) p158　　黒檜山(2715m) p120

赤雪山／高峯山／鍋割山／荒山／地蔵岳／駒ヶ岳／黒檜山(赤城山)▽／小黒檜山／王城山／子持山／前袈裟丸山／後袈裟丸山／高間山／庚申山／皇海山／黒檜山／男体山／大真名子山／笠ヶ岳／奥白根山▽／温泉ヶ岳／根名草山／燕巣山／松岩山／武尊山／袴腰山／帝釈山／笠ヶ岳／燧ヶ岳▽／至仏山／阿能川岳／三岩岳／景鶴山／会津駒ヶ岳／平ヶ岳／万太郎山／八間山

バラギ湖　東

四阿山（あずまやさん）

古くからの信仰の山から望む北アルプスを真横に見る展望

浅間山周辺
標高 2354メートル
緯度 36度32分30秒
経度 138度24分46秒

嬬恋村から見る四阿山

四阿山は古くからの山岳信仰の山として知られ、山頂には上州側、信州側とふたつの祠があり、山家神社の奥宮が祀られている。鳥居があったという鳥居峠から古い参道である上州古道に沿って、行者の名にちなむ花童子ノ宮跡や賽ノ河原などの地名が残っている。

根子岳山麓の菅平にはわたしの大学の寮があったため、夏冬問わず頻繁に訪れていた。初めて根子岳へ登ったのは入道雲がいくつも聳え立った夏の午後。山頂からの帰り道、歩きはじめてほどなく空が暗くなり、なにやらゴロゴロとご機嫌の悪い音が聞こえはじめた。幸い、途中に避難小屋があるので、なんとかそこまではと思って先を急いだが、小屋の屋根が見えたところで土砂降りとなる。結局、その日は夜半まで雷様に居座られたため小屋に一泊。初めての避難小屋で心細いうえに、ネズミの運動会が始まり、翌朝はほうほうの体で菅平に下ったという苦い思い出がある。

『信濃奇勝録』によれば、頂上から見渡せば隣国の高山およそ十二州にかかってみなえる、という。それも無理からぬことで、もっとも遠くに見える山は、千葉県の野見金山で、標高はわずかに180メートル。房総半島のゴルフ場銀座のなかにある丘といった感じの山だ。

みごとなのは、なんといっても北アルプスだろう。ちょうど真横から見る角度になるので、奥穂高岳、槍ヶ岳、鷲羽岳、大汝山（立山）、そし

岩菅山(2295m) p148

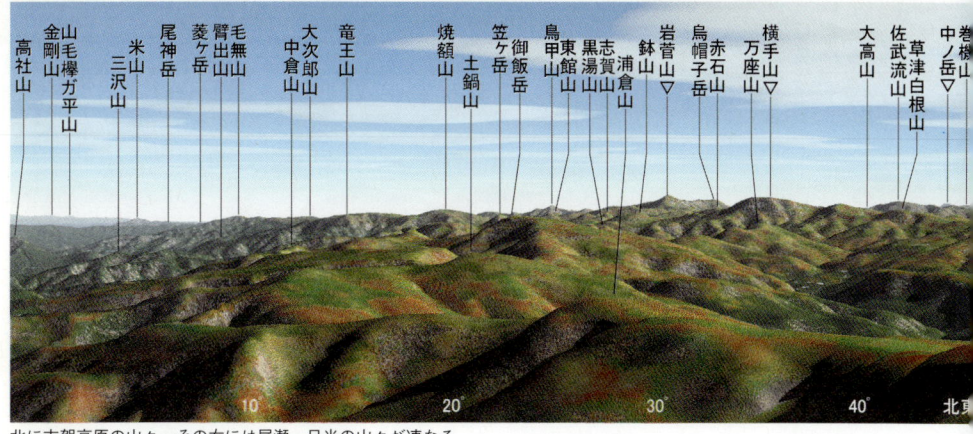

横手山▽ 草津白根山 中ノ条山 巻機山 佐武流山 大高山 万座山 烏帽子岳 赤石岳 岩菅山▽ 浦倉山 笠ケ岳 御飯岳 鳥甲山 東館山 黒湯山 志賀山 鉢山 土鍋山 焼額山 竜王山 大次郎山 中倉山 毛無山 臀出山 菱ケ岳 尾神岳 米山 三沢山 山毛欅ガ平山 金剛山 高社山

北に志賀高原の山々。その右には尾瀬、日光の山々が連なる

四阿山から見える山 (興味深いもの)			
山名	標高	距離	方位
野見金山	180	208.1	128.3
金北山	1172	173.4	358.1
筑波山	860	155.2	102.5
富士山	3776	134.0	167.6
剣ヶ峰(御嶽山)	3067	110.5	229.6
塩見岳	3047	109.3	190.9
南駒ヶ岳	2841	107.8	210.3
空木岳	2864	105.8	210.6
女峰山	2483	104.7	73.0
農鳥岳	3026	103.3	188.8
会津駒ヶ岳	2133	100.9	55.9
間ノ岳	3189	100.7	189.5
木曽駒ヶ岳	2956	99.8	213.4
男体山	2484	99.5	75.2
北岳	3192	97.4	189.3
観音岳(鳳凰山)	2840	93.7	186.0
仙丈ヶ岳	3033	93.4	192.8
剣ヶ峰(乗鞍岳)	3026	91.0	238.2
奥白根山	2578	90.6	71.3
燧ヶ岳	2356	90.4	59.2
甲斐駒ヶ岳	2967	88.4	190.3
平ヶ岳	2141	84.7	52.7
北奥千丈岳	2601	78.1	162.6
鉢盛山	2446	77.7	229.6
金峰山	2599	76.7	165.5
甲武信岳	2475	75.7	157.8
奥穂高岳	3190	74.1	248.0
槍ヶ岳	3180	72.0	252.3
劔岳	2998	71.7	277.4
大汝山(立山)	3015	71.1	273.3
黒檜山(赤城山)	1828	69.8	88.0
常念岳	2857	65.9	248.8
赤岳	2899	63.4	183.5
白馬岳	2932	63.2	292.5
鹿島槍ヶ岳	2889	60.3	278.9
オキの耳(谷川岳)	1977	56.6	54.4

後立山の山々とすべてが見渡せる。それに比べると、南アルプスは北岳、仙丈ヶ岳、農鳥岳、観音岳などが、中央アルプスも木曽駒ヶ岳、空木岳、南駒ヶ岳などが見えるものの、どうしても縦位置からなので大パノラマとはいかない。また富士山も、浅間山に連なる東篭ノ登山の上にわずかに頂を覗かせているだけだ。

四阿山へは群馬側からと長野県側からのアプローチがある。群馬県側からは、吾妻線万座鹿沢口駅からタクシーで鳥居峠まで入り根子岳へ縦走するコースがとれる。長野県側からは菅平をベースに、根子岳から四阿山に縦走する。四阿山から浦倉山へ縦走し、野地平の高層湿原を経由して嬬恋スキー場のバス停に出るコースも変化があって良い。

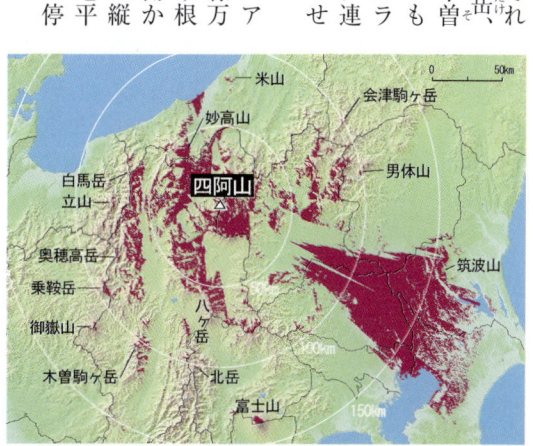

133 四阿山(浅間山周辺)

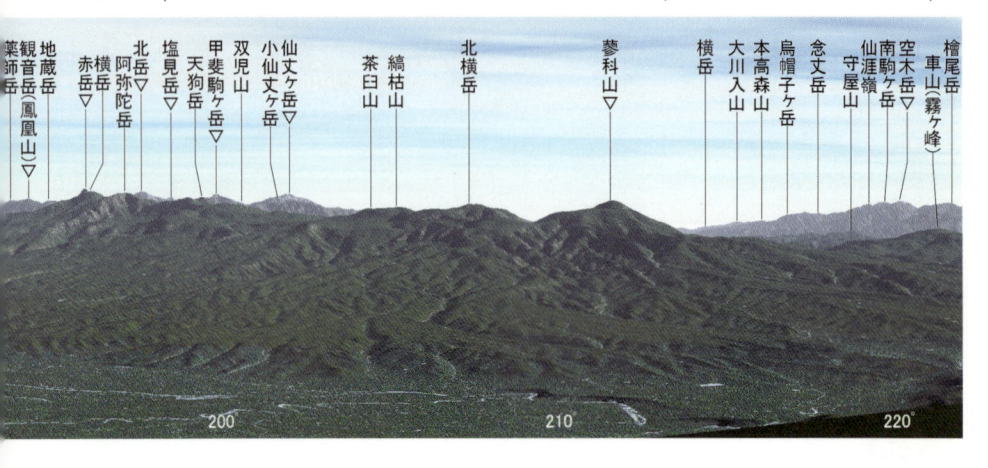

北岳（3192m）p200　　　　　　　　　蓼科山（2530m）p106　　　　　　　　空木岳（2864m）p242

パノラマ写真ラベル（左から右）:
菜飾岳／地蔵岳 観音岳（鳳凰山）／北岳▽／阿弥陀岳／横岳／赤岳／塩見岳▽／甲斐駒ケ岳／天狗岳／双児山／小仙丈ケ岳／仙丈ケ岳▽／茶臼山／縞枯山／北横岳／大川入山／本高森山／烏帽子ケ岳／蓼科山▽／横岳／守屋山／仙涯嶺／南駒ケ岳／空木岳▽／念丈岳／檜尾岳／車山（霧ヶ峰）

200°　　　　　　　　210°　　　　　　　　220°

浅間山

日本を代表する活火山からのバーチャルな展望

浅間山周辺
標高 2568 トメル
緯度 36度27分13秒
経度 138度39分09秒

浅間山は昭和48年の噴火以来登山が規制されているが、パノラマ展望図の作成には支障がない。登れない山からの展望を楽しむ。逆にもともとそのことが目的でソフトをつくりはじめたのでもあるから、現実には山頂に立ってない浅間山にはぴったりだ。

さて、憧れの展望はどうであろう。前掛山が少し邪魔であるが、360度ぐまなく見渡せるようだ。とくに横位置から眺めることになる奥穂高岳、槍ヶ岳、剱岳、鹿島槍ヶ岳などの北アルプスの展望がよさそうである。一方、特徴的なのは南アルプス、中央アルプスは木曽駒ヶ岳、空木岳、南駒ヶ岳などが顔を出しているだけだ。

もっとも遠くに見えるのは、房総半島の南端近く、太平洋に面した清澄山だ。なかなか個性的なこの大展望、実際に目にできる日が楽しみである。

浅間山は現在でも活発な活動を続ける活火山である。山名のアサはアソなどと並んで南方語で火を意味する。麓の鎌原村を埋めたことで有名な大噴火は天明3年の8月に発生した。8月4日に吾妻火砕流が北麓を流下し、翌日の8月5日に山腹の一部が崩壊して巨大な岩塊を含んだ鎌原岩屑流が発生し、地表の土砂を掘り起こしながら高速で流下し鎌原村な

雪をかぶった浅間山

134

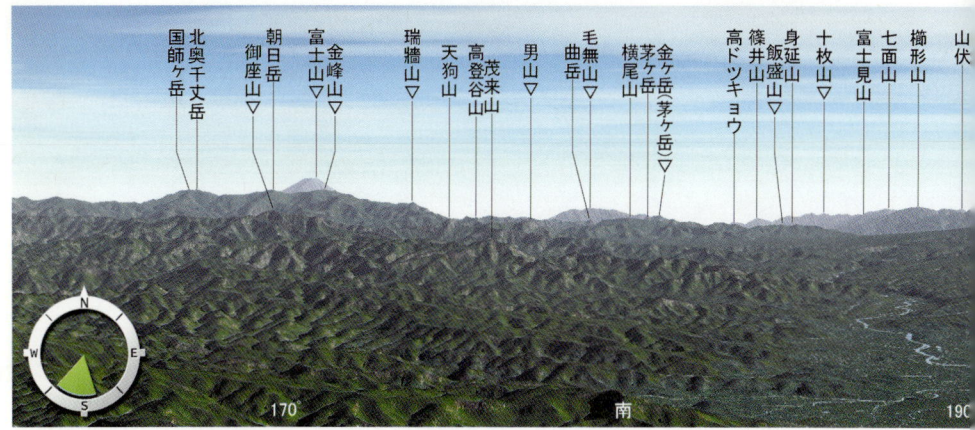

御座山(2112m) p114　　　男山(1851m) p112　　　飯盛山(1658m) p110

山伏／櫛形山／七面山／富士見山／十枚山／身延山／篠井山／飯盛山／高ドツキョウ／金ケ岳(茅ケ岳)／茅ケ岳／横尾山／毛無山／曲岳／男山／天狗山／高登谷山／茂来山／瑞牆山／金峰山／富士山／朝日岳／御座山／北奥千丈岳／国師ヶ岳

南には佐久平をはさんで八ヶ岳が大きく、南アルプスを隠す

浅間山から見える山
(興味深いもの)

山名	標高	距離	方位
清澄山	377	201.8	132.6
筑波山	860	142.8	97.5
十枚山	1726	128.5	185.8
守門岳	1537	122.8	26.2
富士山	3776	117.4	170.9
剣ヶ峰(御嶽山)	3067	109.7	239.0
会津駒ヶ岳	2133	102.8	45.9
南駒ヶ岳	2841	101.1	219.5
赤椰岳	2798	100.4	219.5
空木岳	2864	99.3	220.0
塩見岳	3047	97.3	198.4
男体山	2484	95.3	65.0
木曽駒ヶ岳	2956	94.1	223.6
越後駒ヶ岳	2003	93.6	31.6
剣ヶ峰(乗鞍岳)	3026	93.2	249.3
燧ヶ岳	2356	91.3	47.9
中ノ岳	2085	90.1	33.1
八海山	1778	89.3	29.8
黒部五郎岳	2840	88.1	269.2
薬師岳	2926	87.9	274.8
奥白根山	2578	87.8	60.0
平ヶ岳	2141	87.8	41.0
北岳	3192	85.1	197.5
劔岳	2998	84.6	286.7
三俣蓮華岳	2841	83.9	269.0
大汝山(立山)	3015	83.1	283.3
水晶岳	2986	82.5	271.8
鷲羽岳	2924	82.3	270.0
仙丈ヶ岳	3033	82.0	201.9
観音岳(鳳凰山)	2840	80.6	194.1
至仏山	2228	80.1	46.3
奥穂高岳	3190	79.6	260.8
槍ヶ岳	3180	78.8	265.0
白馬岳	2932	78.7	299.9
甲斐駒ヶ岳	2967	76.4	199.8
鹿島槍ヶ岳	2889	73.6	289.4

どを埋め、最後に吾妻渓谷に達し、吾妻川に一時的なダムを作った。その後、このダムが決壊して、下流の利根川水系に洪水を引き起こして甚大な被害を与えた。この時の噴火で大気中に放出された塵は日光をさえぎり、気温の低下を招いて、小氷期と呼ばれる気候変動の原因となった。

浅間山は火山活動の状況により登山の規制範囲が変わるので事前に確認すること。平成13年8月現在、小諸側からは山頂手前の前掛山まで、軽井沢側は峰ノ茶屋までが入山可能となっており、それより先は立入禁止となっている。深田百名山ブームの中で、どうしても浅間山だけはクリアできないということで、最近までは浅間山を一望できる外輪山の一角、黒斑山登頂で、それに代えていた。

135　浅間山（浅間山周辺）

190°–230° (南西)

鳳凰山(2840m) p196　　蓼科山(2530m) p106　　木曽駒ヶ岳(2956m) p236

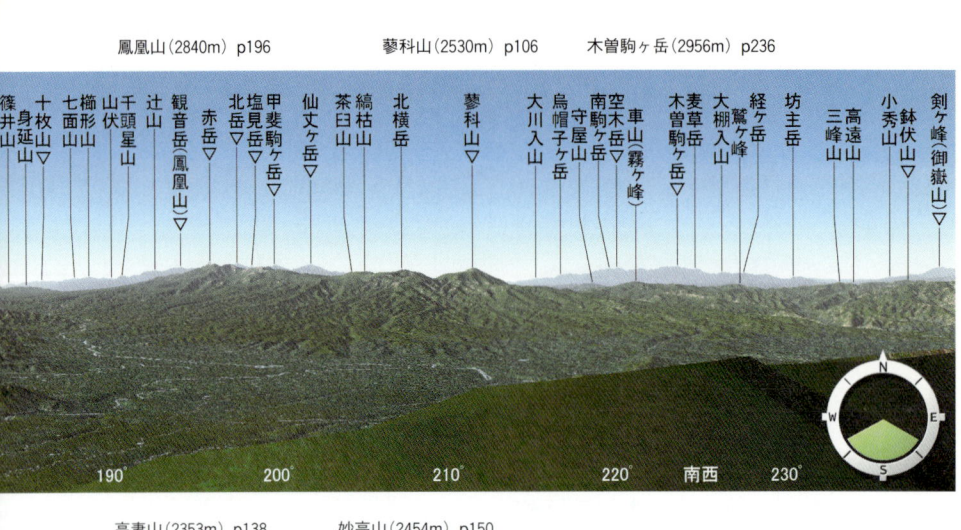

- 篠井山
- 身延山
- 十枚山
- 櫛形山
- 七面山
- 千頭星山
- 山伏
- 辻山
- 観音岳(鳳凰山)
- 赤岳
- 甲斐駒ヶ岳
- 塩見岳
- 北岳
- 仙丈ヶ岳
- 茶臼山
- 縞枯山
- 北横岳
- 蓼科山
- 大川入山
- 烏帽子ヶ岳
- 守屋山
- 南駒ヶ岳
- 空木岳
- 車山(霧ヶ峰)
- 鷲ヶ峰
- 経ヶ岳
- 麦草岳
- 大棚入山
- 木曽駒ヶ岳
- 坊主岳
- 三峰山
- 高遠山
- 鉢伏山
- 小秀山
- 剣ヶ峰(御嶽山)

310°–350° (北西)

高妻山(2353m) p138　　妙高山(2454m) p150

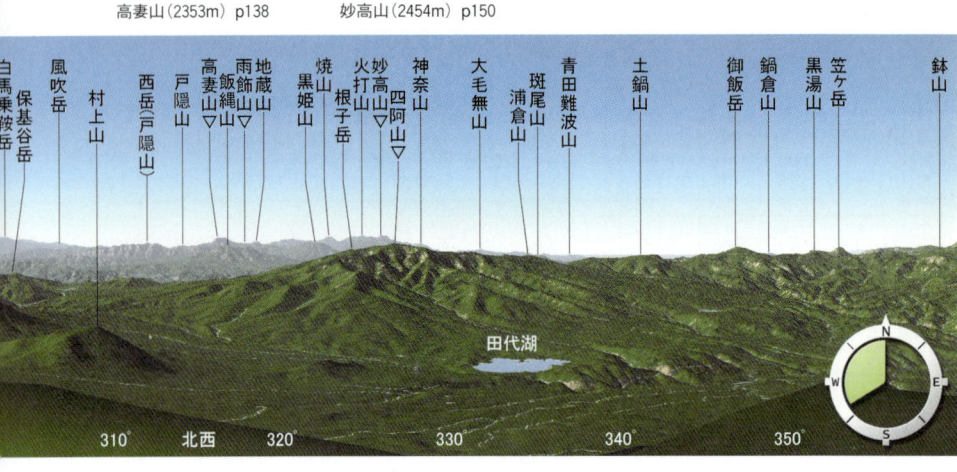

- 白馬乗鞍岳
- 保基谷岳
- 風吹岳
- 村上山
- 西岳(戸隠山)
- 戸隠山
- 高妻山
- 雨飾山
- 地蔵山
- 火打山
- 妙高山
- 焼山
- 黒姫山
- 根子岳
- 四阿山
- 神奈山
- 大毛無山
- 斑尾山
- 涌倉山
- 青田難波山
- 土鍋山
- 御飯岳
- 鍋倉山
- 黒湯山
- 笠ヶ岳
- 鉢山

田代湖

70°–110° (東)

相馬山(1411m) p118　　筑波山(860m) p26

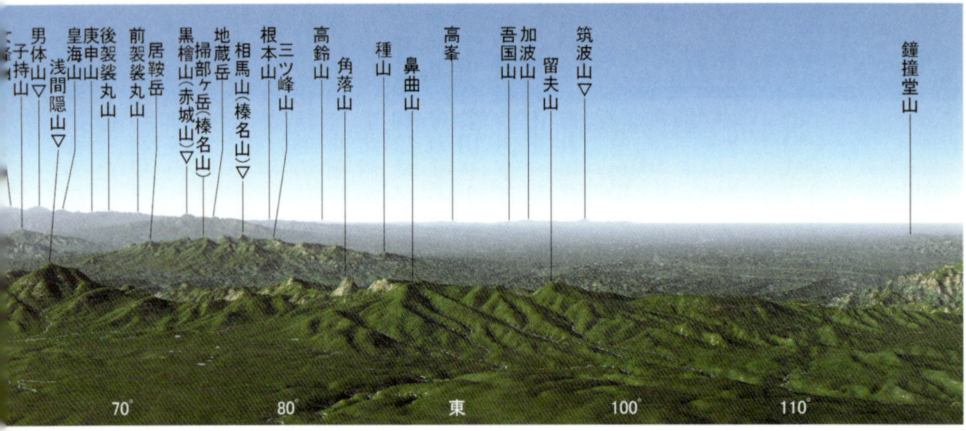

- 子持山
- 男体山
- 浅間隠山
- 皇海山
- 庚申山
- 後袈裟丸山
- 前袈裟丸山
- 居鞍岳
- 根本山
- 三ツ峰山
- 相馬山(榛名山)
- 地蔵岳
- 黒檜ヶ岳(赤城山)
- 掃部ヶ岳(榛名山)
- 高鈴山
- 角落山
- 鼻曲山
- 種山
- 高峯
- 吾国山
- 加波山
- 留夫山
- 筑波山
- 鐘撞堂山

南東から南西の展望

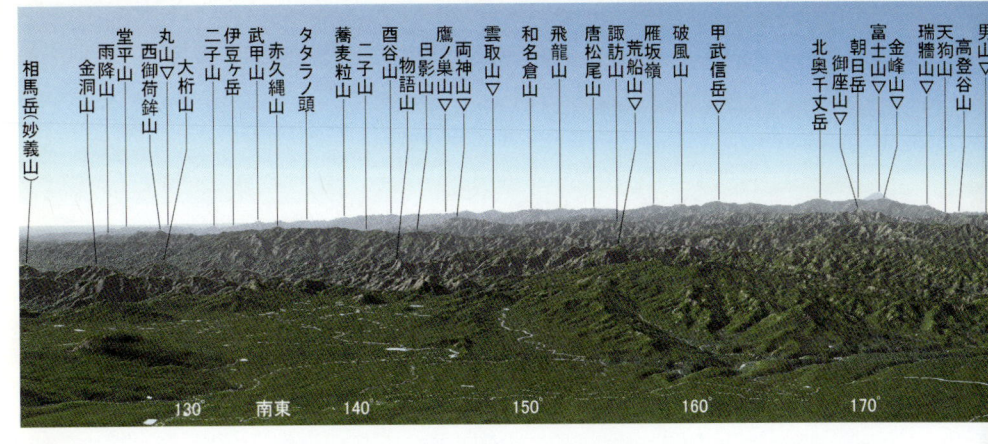

両神山(1723m) p42　　甲武信岳(2475m) p44

- 相馬岳（妙義山）
- 金洞山
- 雨降山
- 堂平山
- 丸山
- 西御荷鉾山
- 大桁山
- 伊豆ヶ岳
- 武甲山
- 赤久縄山
- 二子山
- 両神山
- タタラノ頭
- 日影山
- 鷹ノ巣山
- 蕎麦粒山
- 西谷山物語山
- 二子山
- 雲取山
- 和名倉山
- 飛龍山
- 唐松尾山
- 諏訪山
- 雁坂嶺
- 荒船山
- 破風山
- 甲武信岳
- 北奥千丈岳
- 御座山
- 朝日岳
- 富士山
- 金峰山
- 瑞牆山
- 天狗山
- 高登谷山
- 男山

130°　南東　140°　150°　160°　170°

南西から北の展望

奥穂高岳(3190m) p290　　薬師岳(2926m) p270　　劒岳(2998m) p264

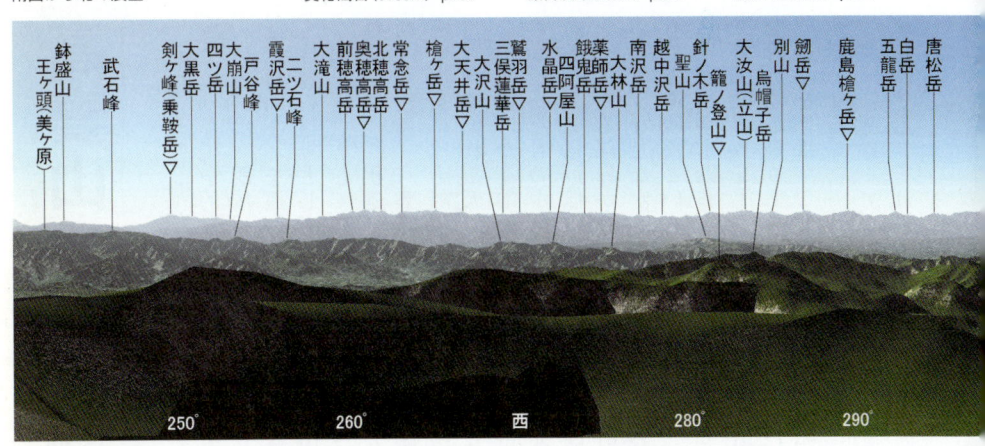

- 鉢盛山 王ヶ頭（美ヶ原）
- 武石峰
- 剣ヶ峰（乗鞍岳）
- 大黒岳
- 四ツ岳
- 大崩山
- 戸谷峰
- 二ツ石峰
- 霞沢岳
- 大滝山
- 前穂高岳
- 奥穂高岳
- 北穂高岳
- 常念岳
- 槍ヶ岳
- 大天井岳
- 大沢岳
- 三俣蓮華岳
- 鷲羽岳
- 南沢岳
- 薬師岳
- 餓鬼岳
- 水晶岳
- 鬼岳
- 四阿屋山
- 越中沢岳
- 聖山
- 針ノ木岳
- 籠ノ登山
- 烏帽子岳
- 大汝山（立山）
- 別山
- 劒岳
- 鹿島槍ヶ岳
- 五龍岳
- 白岳
- 唐松岳

250°　260°　西　280°　290°

北から南東の展望

白砂山(2140m) p154　　谷川岳(1977m) p184

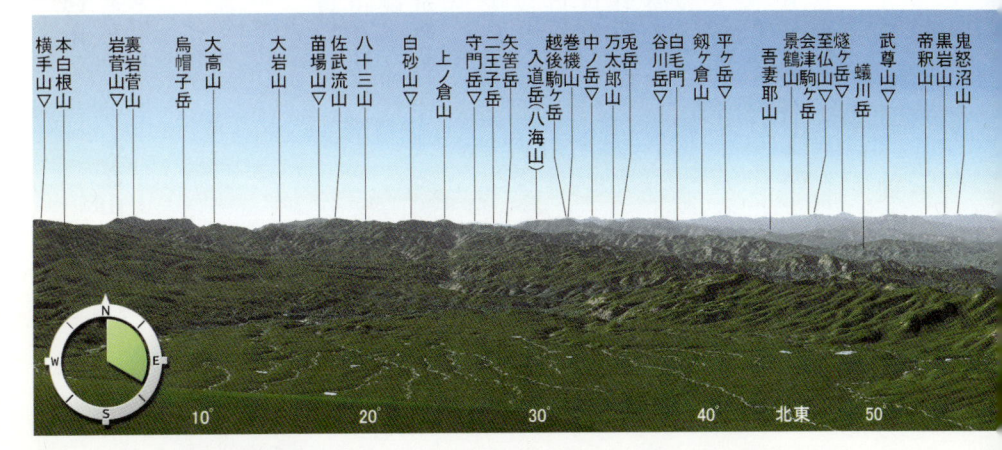

- 本白根山
- 横手山
- 裏岩菅山
- 岩菅山
- 烏帽子岳
- 大高山
- 佐武流山
- 八十三山
- 苗場山
- 白砂山
- 上ノ倉山
- 守門岳
- 二王子岳
- 矢筈岳
- 越後駒ヶ岳 入道岳（八海山）
- 巻機山
- 兎岳
- 中ノ岳
- 万太郎山
- 谷川岳
- 白毛門
- 剣ヶ倉山
- 平ヶ岳
- 吾妻耶山
- 景鶴山
- 会津駒ヶ岳
- 至仏山
- 燧ヶ岳
- 蟻川岳
- 武尊山
- 帝釈山
- 黒岩山
- 鬼怒沼山

10°　20°　30°　40°　北東　50°

137　浅間山（浅間山周辺）

白馬岳（2932m）p252

杓子岳／白馬岳▽／鵯峰／小蓮華山／鉢ヶ岳／白馬乗鞍岳・赤倉山／雪倉岳／赤男山／風吹岳／朝日岳／岩菅山／長栂山／舩岳／黒負山

260　西　280

高妻山
信州と越後の間に聳え戸隠富士と呼ばれるピラミダルな山

戸隠連峰の最高峰である高妻山は、すっと胸がすくような鋭角的な山容が特徴的な山である。
高妻山は、西岳、本院岳、八方睨、九頭龍山、五地蔵山などを連ねる戸隠連峰の最高峰で、古くから修験の道場として栄えた戸隠山を表山と言い、一不動を起点として高妻山に至るルートは裏山と呼ばれている。二釈迦、三文殊、四普賢、五地蔵、六弥勒、七観音、八薬師、九勢至などの行場跡があり、高妻山頂には十阿弥陀如来が祀られている。
岩穴に隠れた天照大神が、外の祭り騒ぎに岩戸を少し開けた途端に、天手力男命が岩戸を放り投げて落としたものが戸隠山になったとする、戸隠山の有名な天ノ岩戸伝説からすれば高妻山は岩戸のヒンジにあたる部分かもしれない。岩戸が引戸であったらヒンジなどなかっただろうが、どうも扉のようなものであったということか。
それはさておき、高妻山の展望の良さは、最遠望の地点が鳥海山（310キロ）であることからもわかる。最遠望の山は弓なりになった日本海のおかげで、かなり遠望距離を伸ばすことができる。高妻山から鳥海山までもその視線はほとんどが海上通過となる。
至近にある北アルプスは、もちろん奥穂高岳、槍ヶ岳、剣岳、鹿島槍ヶ岳などはなかなか難かしいが、信越の山では弓なりになった日本海のおかげで、かなり遠望距離を伸ばすことができる。高妻山から鳥海山までもその視線はほとんどが海上通過となる。
至近にある北アルプスは、もちろん奥穂高岳、槍ヶ岳、剣岳、鹿島槍ヶ岳などの中央アルプスは、木曽駒ヶ岳、空木岳、南駒ヶ岳などの中央アルプスが見渡せる。それにとどまらず、木曽駒ヶ岳、空木岳、南駒ヶ岳などの中央アルプスが通過となる。

八方睨から見るピラミダルな高妻山（撮影：岡田敏夫）

信越国境
標高　2353メートル
緯度　36度48分00秒
経度　138度03分07秒

138

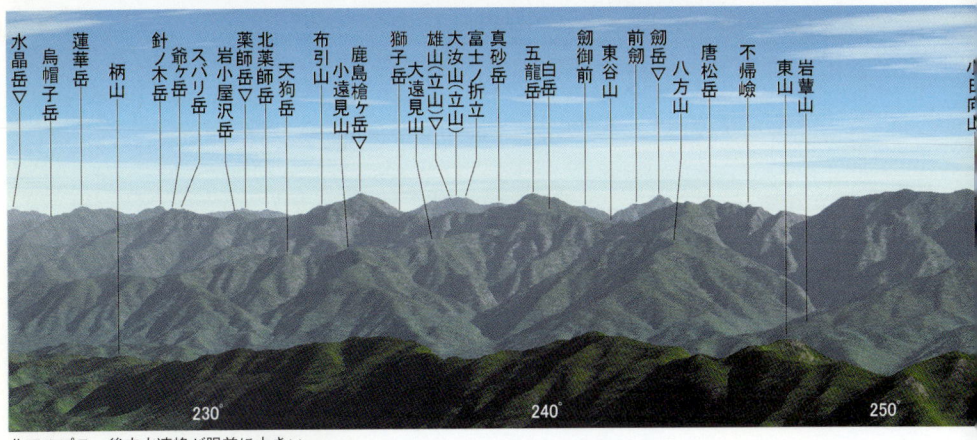

薬師岳(2926m) p270　　立山(3003m) p268　　劒岳(2998m) p264

水晶岳 ▽
蓮華岳
烏帽子岳
柄山
針ノ木岳
爺ヶ岳
岩小屋沢岳
スバリ岳
薬師岳 ▽
北薬師岳
天狗岳
布引山
小遠見山
鹿島槍ヶ岳 ▽
大遠見山
獅子岳
雄山(立山) ▽
大汝山(立山)
富士ノ折立
真砂岳
白岳
五龍岳
剱御前
前剱
劒岳 ▽
八方山
唐松岳
不帰嶮
岩蕈山
東山

北アルプス・後立山連峰が眼前に大きい

高妻山から見える山
（興味深いもの）

山　名	標　高	距　離	方　位
鳥海山	2236	309.7	33.9
月山	1984	260.8	41.3
大朝日岳	1870	231.5	44.9
一切経山	1949	220.4	61.2
磐梯山	1819	200.1	63.0
飯豊山	2105	187.6	50.9
富士山	3776	170.9	158.9
光岳	2591	162.2	178.9
聖岳	3013	153.0	177.0
赤石岳	3120	148.8	176.3
悪沢岳	3141	144.6	175.3
塩見岳	3047	136.5	175.0
間ノ岳	3189	129.0	172.8
男体山	2484	128.5	91.3
北岳	3192	126.0	172.2
空木岳	2864	121.7	190.0
浅草岳	1585	121.1	59.7
仙丈ヶ岳	3033	120.4	174.3
会津駒ヶ岳	2133	119.2	76.2
奥白根山	2578	118.1	89.6
北奥千丈岳	2601	117.3	151.5
甲斐駒ヶ岳	2967	116.8	171.7
甲武信岳	2475	116.0	148.2
木曽駒ヶ岳	2956	114.3	191.2
燧ヶ岳	2356	111.3	80.7
赤岳	2899	96.3	162.6
オキの耳(谷川岳)	1977	78.4	86.7
奥穂高岳	3190	67.2	212.6
槍ヶ岳	3180	62.3	215.5
浅間山	2568	60.6	135.8
常念岳	2857	60.1	208.9
薬師岳	2926	58.3	231.1
水晶岳	2986	57.7	224.2
大天井岳	2922	57.5	213.1
大汝山(立山)	3015	45.9	237.4
劒岳	2998	43.5	243.3

プス、北岳、塩見岳（しおみだけ）、赤石岳（あかいしだけ）、光岳（てかりだけ）などの南アルプス、そして富士山と中部山岳から東北にかけての主だった山はほとんど見えるといっても過言ではないだろう。

高妻山へは、長野駅からバスで戸隠高原に入り、往復するルートが一般的だ。行程が長く、アップダウンもあるので、時間と体力配分に気を配りたい。日帰りの行程はきついので、戸隠キャンプ場付近か一不動避難小屋に一泊すると良い。ただし一不動避難小屋は小さいので、シーズン中は混雑することが予想される。

一不動避難小屋に泊まれば、乙妻山（おとつまやま）まで登頂することも可能だ。高妻山から乙妻山への登路は若干荒れているが、往復2時間程度をみれば良い。

139　高妻山（信越国境）

パノラマ1（260°〜310°、西方向）

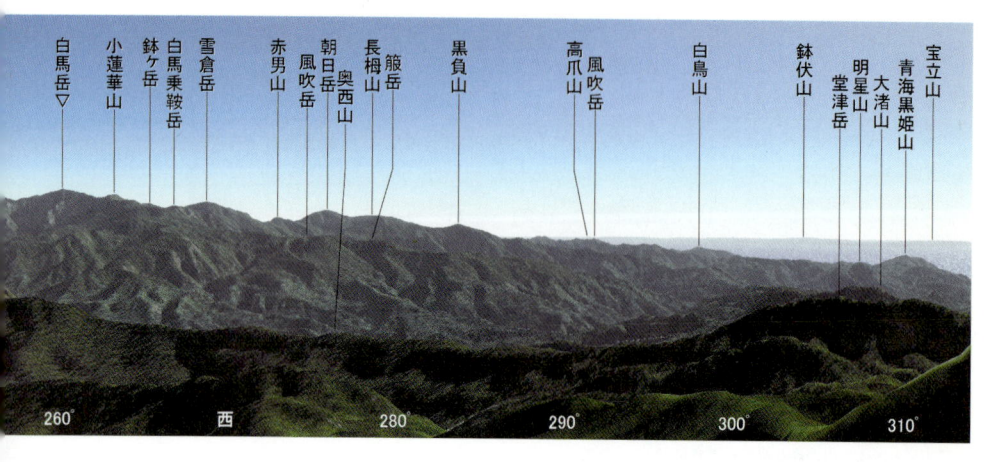

白馬岳▽ / 小蓮華山 / 鉢ヶ岳 / 白馬乗鞍岳 / 雪倉岳 / 赤男山 / 朝日岳 / 長栂山 / 鵯岳 / 奥西山 / 鳳吹岳 / 黒負山 / 高爪山 / 鳳吹岳 / 白鳥山 / 鉢伏山 / 堂津岳 / 明星山 / 大渚山 / 青海黒姫山 / 宝立山

260° 西 270° 280° 290° 300° 310°

妙高山(2454m) p150　　守門岳(1537m) p194　　中ノ岳(2085m) p188

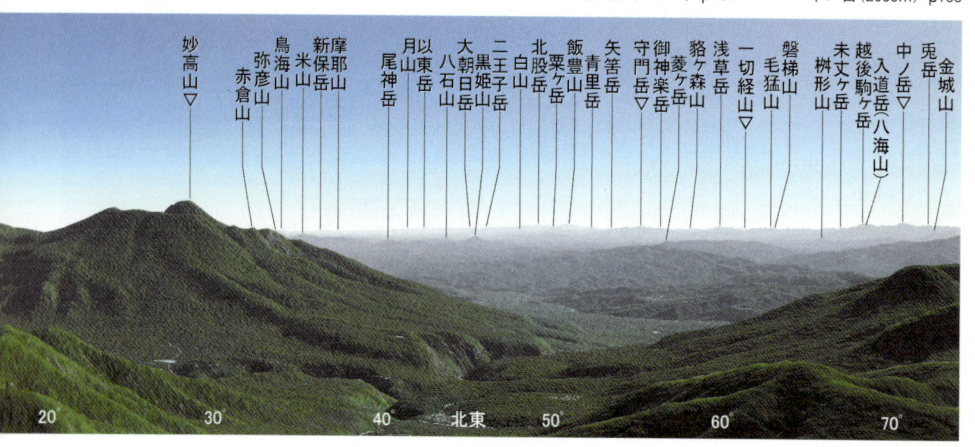

パノラマ2（20°〜70°、北東方向）

妙高山▽ / 赤倉山 / 弥彦山 / 鳥海山 / 米山 / 新保岳 / 摩耶山 / 尾神岳 / 月山 / 以東岳 / 八石山 / 大朝日岳 / 黒姫山 / 二王子岳 / 白山 / 北股岳 / 粟ヶ岳 / 飯豊山 / 青里岳 / 矢筈岳 / 守門岳▽ / 御神楽岳 / 菱ヶ岳 / 貉ヶ森山 / 浅草岳 / 一切経山 / 毛猛山 / 磐梯山 / 桝形山 / 未丈ヶ岳 / 越後駒ヶ岳 / 入道岳(八海山) / 中ノ岳▽ / 兎岳 / 金城山

20° 30° 40° 北東 50° 60° 70°

甲武信岳(2475m) p44　　富士山(3776m) p86　　甲斐駒ヶ岳(2967m) p204　　鉢伏山(1928m) p94

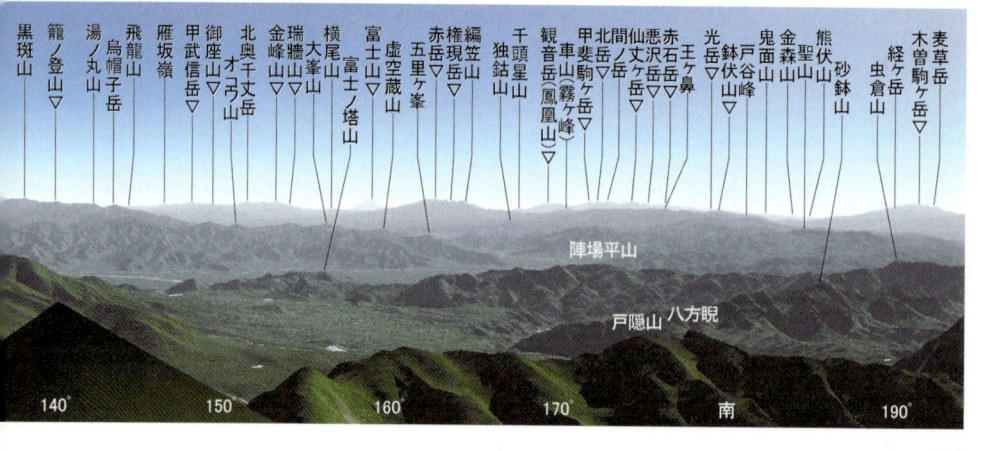

パノラマ3（140°〜190°、南方向）

黒斑山 / 籠ノ登山 / 湯ノ丸山 / 飛龍山 / 烏帽子岳 / 雁坂嶺 / 甲武信岳▽ / 御座山 / 北奥千丈岳 / オ弓山 / 金峰山 / 大峯山 / 瑞牆山 / 横尾山 / 富士ノ塔山 / 富士山▽ / 虚空蔵山 / 五里ヶ峯 / 編笠山 / 赤権現山 / 千頭星山 / 独鈷山 / 観音峰(鳳凰山) / 車山(霧ヶ峰) / 甲斐駒ヶ岳▽ / 北岳 / 仙丈ヶ岳 / 悪沢岳 / 赤石岳 / 王ヶ鼻 / 光岳 / 鉢伏山▽ / 戸谷峰 / 鬼面山 / 金森山 / 熊聖山 / 砂鉢山 / 鉢伏山 / 麦草岳 / 経ヶ岳 / 木曽駒ヶ岳 / 虫倉山

陣場平山　戸隠山　八方睨

140° 150° 160° 170° 南 190°

140

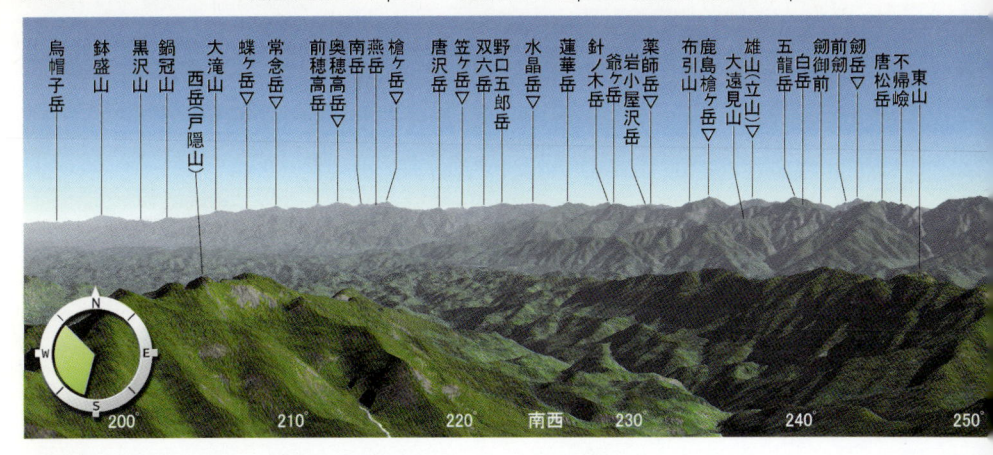

南南西から北西の展望　　奥穂高岳(3190m) p290　　水晶岳(2986m) p258　　鹿島槍ヶ岳(2889m) p254

烏帽子岳／鉢盛山／黒沢山／鍋冠山／大滝山／西岳(戸隠山)／蝶ヶ岳／常念岳／燕岳／前穂高岳／奥穂高岳／南岳／槍ヶ岳／笠ヶ岳／唐沢岳／双六岳／野口五郎岳／水晶岳／蓮華岳／針ノ木岳／爺ヶ岳／岩小屋沢岳／薬師岳▽／鹿島槍ヶ岳▽／布引山／大遠見山▽／雄山(立山)▽／五龍岳／白岳／劔御前／前劔／劔岳／唐松岳／不帰嶮／東山

北西から東の展望

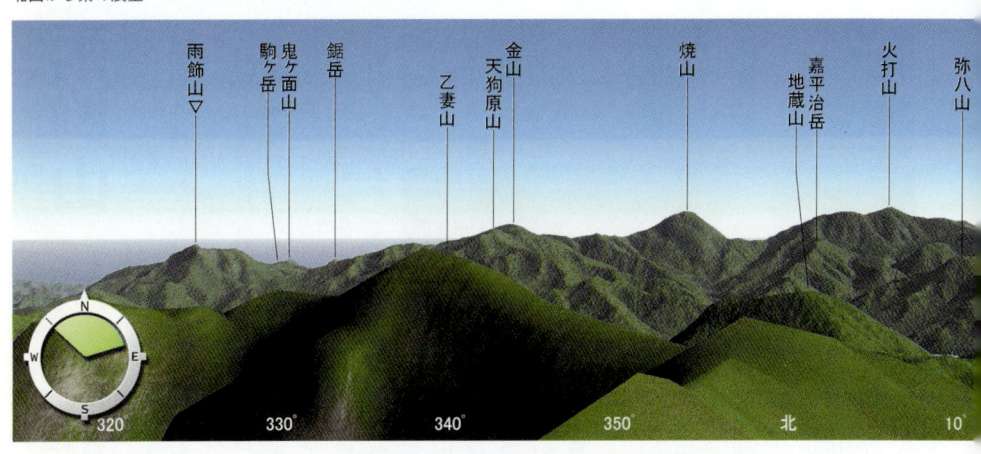

雨飾山▽／駒ヶ岳／鬼ヶ面山／鋸岳／乙妻山／天狗原山／金山／焼山／嘉平治岳／地蔵山／火打山／弥八山

東から南南西の展望　　岩菅山(2295m) p148　　横手山(2307m) p144

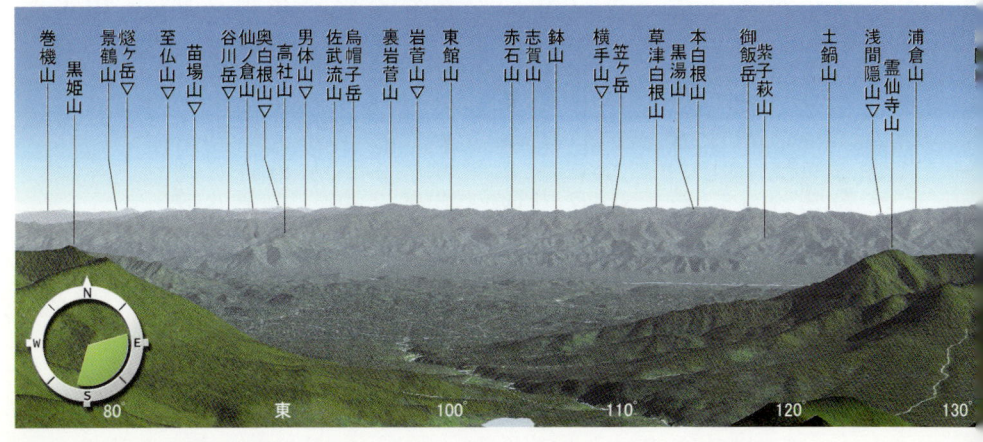

巻機山／黒姫山／景鶴山／燧ヶ岳／至仏山／苗場山／奥白根山／仙ノ倉岳／谷川岳／高社山／男体山／佐武流山／裏岩菅山／烏帽子岳／岩菅山／東館山／赤石山／志賀山／鉢山／横手山／笠ヶ岳／草津白根山／黒湯山／本白根山／御飯岳／紫子萩山／霊山寺山／浅間隠山／土鍋山／浦倉山

141　高妻山（信越国境）

岩菅山（2295m）p148　　　　　　　　　　浅間山（2568m）p134　　金峰山（2599m）p48

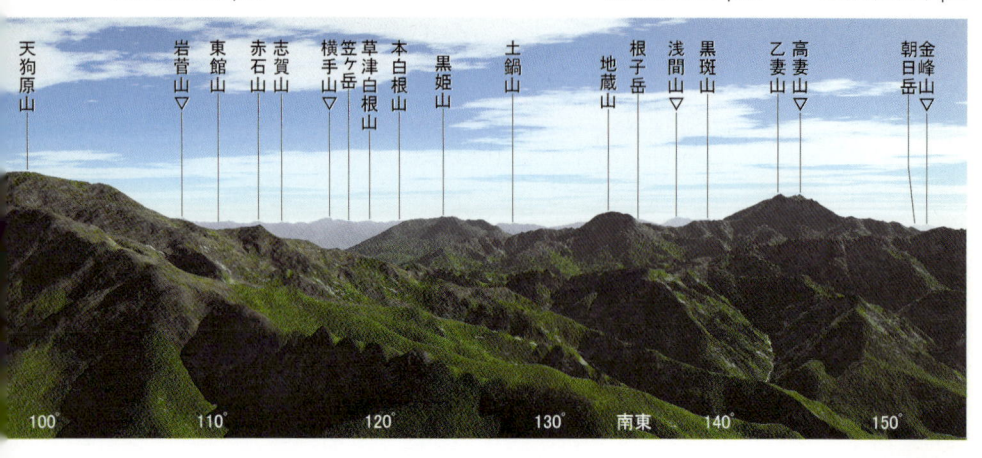

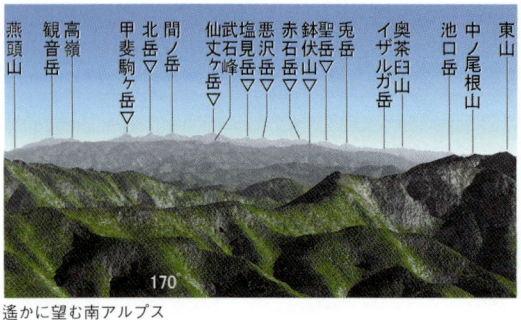

天狗原山 ▽
岩菅山 ▽
東館山
赤石山
志賀山
横手山
笠ケ岳
草津白根山
本白根山
黒姫山
土鍋山
地蔵山
根子岳
浅間山
黒斑山
乙妻山
高妻山
朝日岳
金峰山 ▽

100°　110°　120°　130°　南東　140°　150°

燕頭山
高嶺
観音岳
甲斐駒ケ岳
北岳
間ノ岳
塩見岳
悪沢岳
赤石山
鉢伏山
武石峰
仙丈ケ岳
奥茶臼山
イザルガ岳
聖岳
兎岳
池口岳
中ノ尾根山
東山

170°

遙かに望む南アルプス

雨飾山（あまかざりやま）

日本海の荒海に面して聳える　アルペン的風貌の山

信越国境
標高　1963メートル
緯度　36度54分07秒
経度　137度57分46秒

　深田久弥に「久恋の頂」と愛され、石川欣一に「ポカリと浮いた可愛い山」と評された雨飾山。頸城山群の中にあって、標高は2000メートルに及ばないながらも、登行意欲をそそられる形の良さ、稜線のお花畑やわずかだが目撃証言のあるライチョウ、山麓のふたつの出湯と、魅力的な要素をたっぷりとつめ込んだ山だ。

　双耳峰の山頂には、北峰には越後側を向いた石祠と信州側を向いた2基の新しい石碑が建てられている。越後側には急峻に切れ落ちた地形をしており、それだけに越後側の信仰が篤かったのであろう。山名は、雨乞いのために山頂に祭壇を祀ったという「雨乞いの山」説があるが、その他にもアマ火山を聞き誤ったなどの諸説がある。

　その価値は展望においても高い。まずもって日本海が眺められることである。山頂から目に飛び込んでくる荒海は、太平洋岸に暮らす人間にとってははるばると旅してきたことをひしひしと感じさせる光景だ。

　後立山連峰、頸城山群の連なりは山座同定の意欲をかき立てる存在であるし、フォッサマグナの大地溝を通して、遠く北岳、仙丈ケ岳、塩見岳、赤石岳などの南アルプスが見えるのも嬉しい。北アルプスは後立山はもちろん、奥穂高岳、槍ケ岳、大汝山（立山）なども見える。また、中央アルプスも木曽駒ケ岳、三ノ沢岳、宝剣岳などが見えている。残念ながら富士山は富士隠しならぬ戸隠山に隠され

142

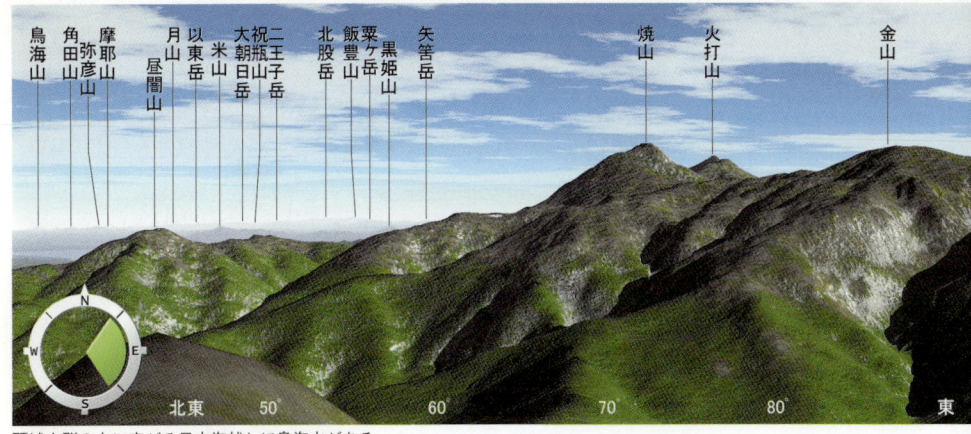

頸城山群の左に広がる日本海越しに鳥海山がある

雨飾山から見える山
(興味深いもの)

山名	標高	距離	方位
鳥海山	2236	305.0	36.2
月山	1984	257.9	44.2
大朝日岳	1870	229.5	48.3
飯豊山	2105	187.2	55.0
池口岳	2392	174.5	177.7
聖岳	3013	164.9	174.4
大沢岳	2819	161.8	174.9
赤石岳	3120	160.8	173.6
悪沢岳	3141	156.7	172.6
塩見岳	3047	148.7	172.2
間ノ岳	3189	141.3	170.2
北岳	3192	138.4	169.5
金北山	1172	137.7	14.2
観音岳(鳳凰山)	2840	136.6	166.9
仙丈ヶ岳	3033	132.6	171.3
甲斐駒ヶ岳	2967	129.3	168.9
金峰山	2599	128.8	152.3
三ノ沢岳	2846	126.8	186.9
木曽駒ヶ岳	2956	124.2	186.6
男山	1851	113.6	152.3
赤岳	2899	109.6	160.4
蓼科山	2530	93.4	161.3
鉢伏山	1928	82.4	173.9
浅間山	2568	74.3	137.4
奥穂高岳	3190	73.5	202.5
蝶ヶ岳	2677	71.3	197.3
槍ヶ岳	3180	68.2	204.4
常念岳	2857	67.3	198.2
大天井岳	2922	64.0	201.5
草津白根山	2171	59.5	121.1
横手山	2307	56.5	117.0
大汝山(立山)	3015	47.4	220.4
鹿島槍ヶ岳	2889	36.3	212.1
白馬岳	2932	24.1	228.9
高妻山	2353	13.8	144.8
火打山	2462	9.6	76.1

て見えないが、それもまた一興だろう。もっとも遠くに見える山は、山形・秋田の県境にある鳥海山。日本海の上、305キロの遠望である。

交通の便が悪いので小谷温泉か梶山新湯に一泊して山頂を目指すのが一般的である。車を利用した往復であれば日帰りも可能である。大糸線南小谷駅からバスで小谷温泉に入り、大海川に沿って木道などが整備された道を歩く。荒菅沢に出て、再度尾根に取り付き急登をこなせば稜線に出る。稜線を南下してほどなく笹平。ここからワンピッチで山頂である。

帰路は笹平から梶山温泉へと急坂を下る。梶山温泉から北陸本線糸魚川駅へのバスが出る山口までは林道歩きとなるが、途中のゲートまでタクシーを呼ぶことも可能である。

瑞牆山(2230m) p52　　浅間山(2568m) p134　　　　　赤岳(2899m) p18

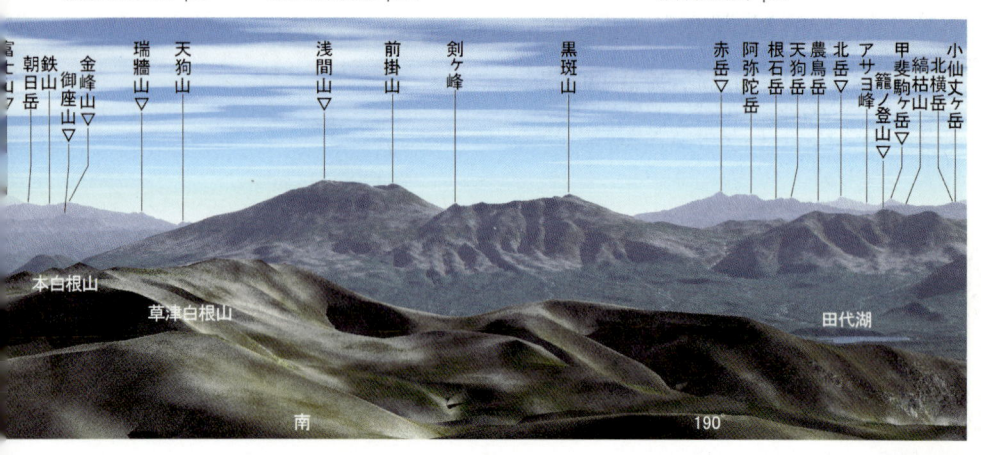

山頂からの山名ラベル（右から左）：小仙丈ヶ岳、北岳、縞枯山、甲斐駒ヶ岳、籠ノ登山、アサヨ峰、赤岳、農鳥岳、天狗岳、根石岳、阿弥陀岳、北岳、黒斑山、剣ヶ峰、前掛山、浅間山、天狗山、瑞牆山、金峰山、鉄山、御座山、朝日岳、富士山

本白根山　草津白根山　　　　　　　　　　　田代湖

南　　　　　　　　　　　　　190

横手山

香り立つ焼きたてパンを頬張りながら楽しめる大展望

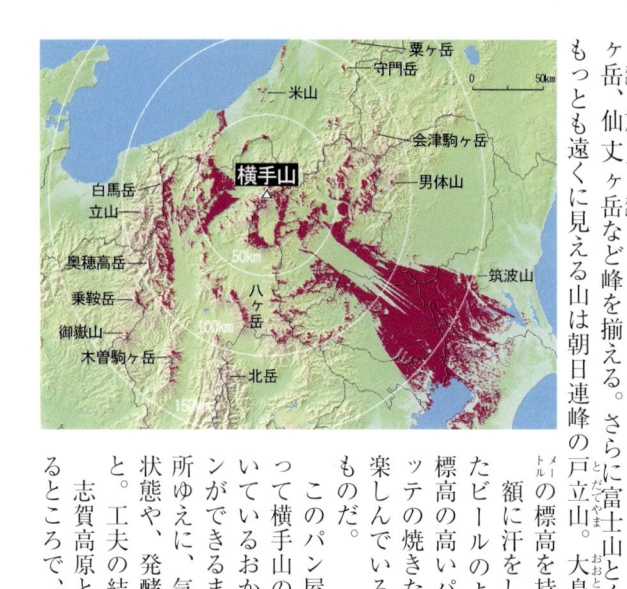

横手山は苦渋の山である。山頂まで動く歩道やリフトが通じているので、登るという行為にはほど遠いものがある。しかしながら上信国境では一、二を争う標高であり、展望の良さは折り紙付きであるから無視するわけにはいかない。

北アルプスは奥穂高岳、槍ヶ岳、白馬岳、大汝山（立山）などが、中央アルプスは木曽駒ヶ岳、空木岳、南駒ヶ岳などが、南アルプスは北岳、農鳥岳、甲斐駒ヶ岳、仙丈ヶ岳など峰を揃える。もっとも遠くに見える山は朝日連峰の戸立山。さらに富士山とくれば、その展望は一級のものだ。大鳥池のかたわらに聳える1552メートルの標高を持つ山だ。

額に汗をしないで得られる展望は気の抜けたビールのようだと思いながらも、「日本一標高の高いパン屋さん」と言われる山頂ヒュッテの焼きたてのパンを頬張りながら眺めを楽しんでいると、そんなことは忘れてしまうものだ。

このパン屋さん、最近ではかなり有名になって横手山の名物になっているが、パンを焼いているおかみさんの話によれば、満足なパンができるまでにかなり苦労されたようだ。高所ゆえに、気温や湿度が適度にならず、粉の状態や、発酵の具合など、コツが必要とのこと。工夫の結晶である。

志賀高原といえば、冬はスキー場で知られるところで、歩かずにすむのはスキー場の施

上信国境
標高 2307ﾄﾙ
緯度 36度40分08秒
経度 138度31分34秒

144

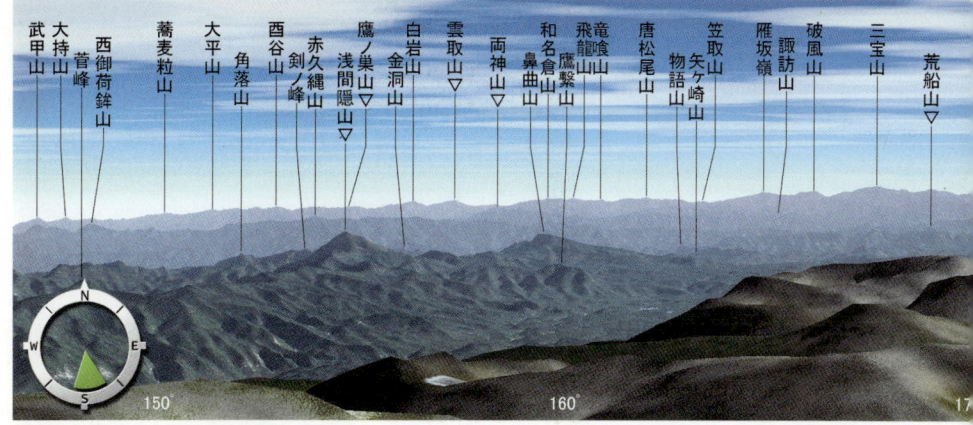

浅間隠山(1757m) p126　　両神山(1723m) p42

武甲山／大持山／菅峰／西御荷鉾山／蕎麦粒山／大平山／角落山／西谷山／剣ノ峰／浅間隠山／赤久縄山／鷹ノ巣山／白岩／金洞山／雲取山／両神山／鼻曲山／和名倉山／鷹繋山／飛龍山／竜喰山／唐松尾山／笠取山／矢ヶ崎山／雁坂嶺／諏訪山／物語山／破風山／三宝山／荒船山

南方向には奥秩父の山並みの上に富士が頭を出す

横手山から見える山
（興味深いもの）

山名	標高	距離	方位
戸立山	1552	222.4	31.2
清澄山	377	222.4	138.2
二王子岳	1420	161.5	31.9
金北山	1172	160.0	354.4
筑波山	860	149.2	108.7
富士山	3776	146.2	172.8
剣ヶ峰（御嶽山）	3067	127.4	227.8
空木岳	2864	123.1	211.3
農鳥岳	3026	119.1	192.7
木曽駒ヶ岳	2956	117.1	213.8
間ノ岳	3189	116.6	193.3
北岳	3192	113.3	193.2
仙丈ヶ岳	3033	109.6	196.4
剣ヶ峰（乗鞍岳）	3026	107.2	234.7
甲斐駒ヶ岳	2967	104.3	194.5
雲取山	2017	97.7	157.2
守門岳	1537	97.4	33.7
入笠山	1955	91.4	200.4
薬師岳	2926	90.5	256.1
奥穂高岳	3190	89.2	242.0
金峰山	2599	88.9	174.2
鷲羽岳	2924	87.5	250.5
水晶岳	2986	86.9	252.2
槍ヶ岳	3180	86.6	245.5
蝶ヶ岳	2677	83.2	239.6
大汝山（立山）	3015	81.7	263.1
劔岳	2998	81.4	266.7
赤岳	2899	78.7	190.3
奥白根山	2578	77.2	79.0
燧ヶ岳	2356	74.8	64.6
御座山	2112	70.8	174.0
越後駒ヶ岳	2003	70.2	43.9
鹿島槍ヶ岳	2889	69.8	266.1
白馬岳	2932	69.2	278.4
平ヶ岳	2141	68.3	57.0
黒檜山（赤城山）	1828	60.8	101.2

志賀草津道路の山田峠から見る横手山（撮影：岡田敏夫）

設を利用しているためだ。そのため、2000メートルを越える山でありながら、冬でも手軽に山頂まで登ることができる。もちろん、パン屋さんのある横手山頂ヒュッテも通年営業している。冠雪したアルプスの山々をいながらにして眺められるのは何と言ってもいちばんだ。さらに、この山は樹氷の美しさでも知られる。夏には、山頂にはニッコウキスゲが咲き、高山植物も多い。展望に加えてさまざまな楽しみの多い山である。

横手山は山頂まで歩くところはほとんどないで、周辺の山と組み合わせて楽しむのが良い。長野電鉄湯田中駅からバスで渋峠に行き、リフトで横手山に登り、草津峠を経て四十八池、志賀山をめぐるコースは大きな登りもなく家族連れでも楽しめる。逆コースならば、最後を横手山の大展望で締めくくることができる。

145　横手山（上信国境）

赤岳(2899m) p18　　入笠山(1955m) p232　　木曽駒ヶ岳(2956m) p236　　御嶽山(3067m) p302

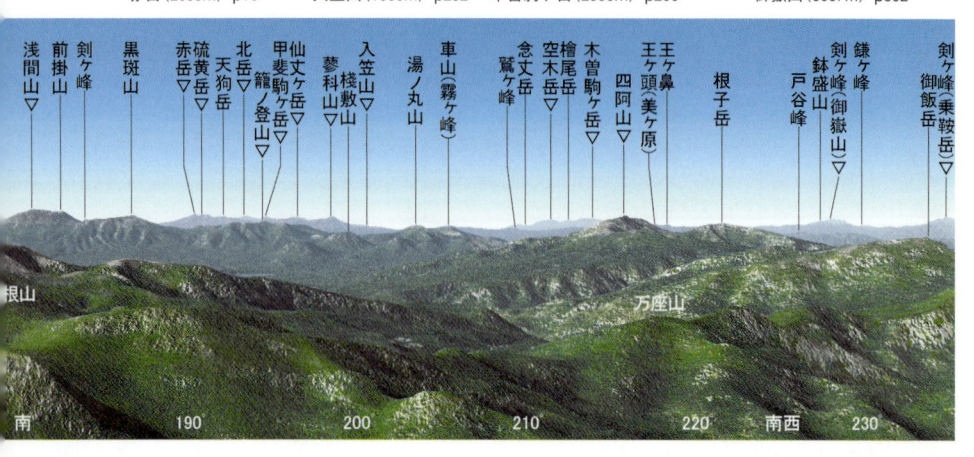

浅間山▽　前掛山　剣ヶ峰　黒斑山　赤岳▽　硫黄岳▽　北岳▽　天狗岳　仙丈ヶ岳▽　甲斐駒ヶ岳▽　籠ノ登山　入笠山▽　桟敷山　蓼科山▽　車山(霧ヶ峰)　湯ノ丸山　念丈岳　鷲ヶ峰　檜尾岳▽　空木岳▽　木曽駒ヶ岳▽　四阿山▽　王鼻　王ヶ頭(美ヶ原)　根子岳　鎌ヶ峰　剣ヶ峰(御嶽山)▽　鉢盛山　戸谷峰　剣ヶ峰(乗鞍岳)▽　御飯岳▽

根山　　　　190°　　　　200°　　　　210°　　　　220°　　南西　230°

万座山

妙高山(2454m) p150

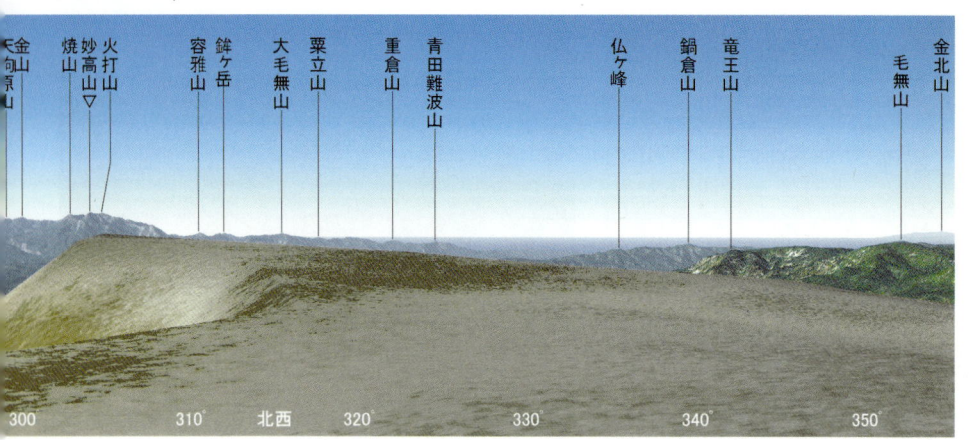

天狗原山　金山　焼山　妙高山▽　火打山　鉾ヶ岳　容雅山　大毛無山　粟立山　青田難波山　重倉山　仏ヶ峰　鍋倉山　竜王山　毛無山　金北山

300°　　　310°　北西　320°　　　330°　　　340°　　　350°

至仏山(2228m) p168　　奥白根山(2578m) p158　　黒檜山(2715m) p120

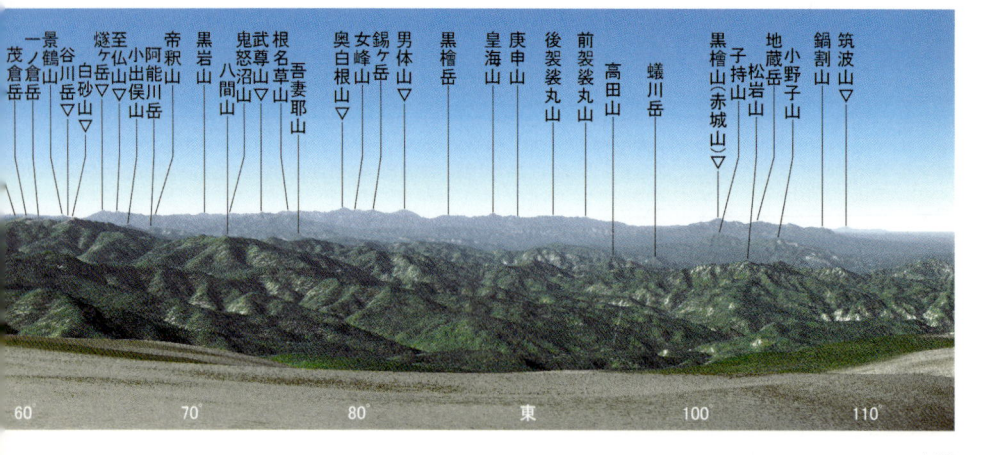

一景倉岳　茂倉岳　谷川岳▽　鶴ヶ岳▽　至仏山▽　燧ヶ岳▽　小出俣山　阿能川岳　帝釈山　黒岩山　根名草山　武尊山▽　鬼怒沼山　吾妻耶山　八間山　奥白根山▽　女峰山　錫ヶ岳　男体山▽　黒檜岳　高田山　庚申山　皇海山　後袈裟丸山　前袈裟丸山　蟻川岳　黒檜山(赤城山)▽　子持山　地蔵岳　松岩山　小野子山　鍋割山　筑波山▽

60°　　70°　　80°　　東　100°　　110°

146

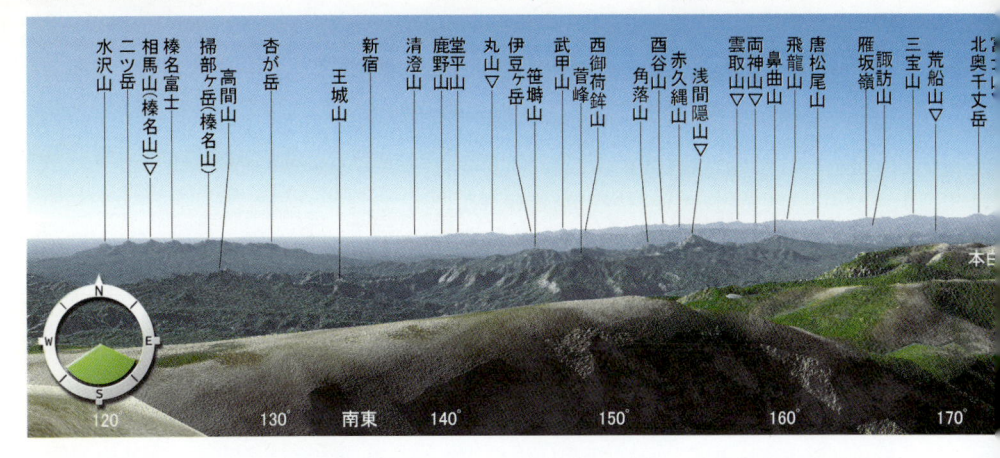

東南東から南西の展望　　丸山(960m) p34　　雲取山(2017m) p38

パノラマ上のラベル（右から左）:
富士山 / 北奥千丈岳 / 水沢山 / 二ツ岳 / 榛名富士 / 相馬山(榛名山) / 掃部ヶ岳(榛名山) / 高間山 / 杏が岳 / 王城山 / 新宿 / 清澄山 / 鹿野山 / 堂平山 / 伊豆ヶ岳 / 笹塒山 / 武甲山 / 西御荷鉾山 / 菅峰 / 赤久縄山 / 西谷山 / 角落山 / 浅間隠山 / 雲取山 / 両神山 / 鼻曲山 / 飛龍山 / 唐松尾山 / 雁坂嶺 / 諏訪山 / 三宝山 / 荒船山

方位: 120° / 130° 南東 / 140° / 150° / 160° / 170°

南西から北の展望　　薬師岳(2926m) p270　　劔岳(2998m) p264　　白馬岳(2932m) p252

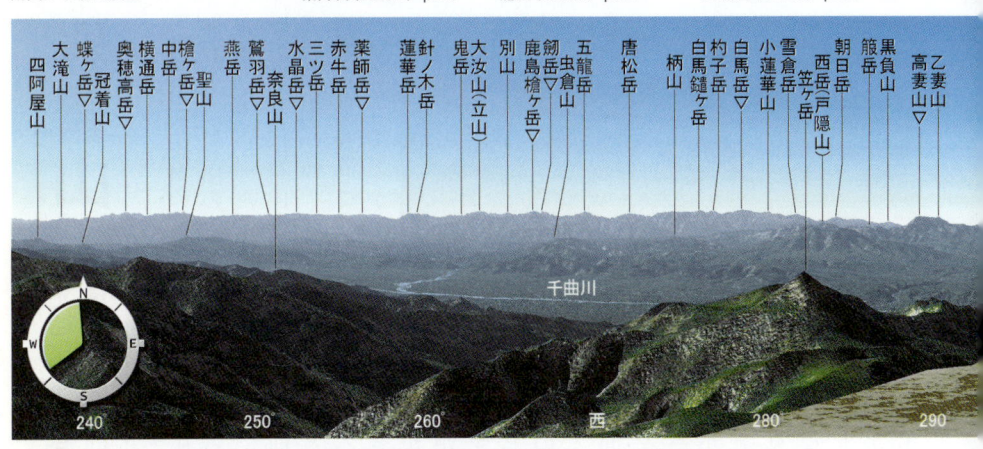

パノラマ上のラベル（右から左）:
四阿屋山 / 大滝山 / 蝶ヶ岳 / 奥穂高岳 / 冠着山 / 横通岳 / 中岳 / 檜尾山 / 聖岳 / 燕岳 / 鷲羽岳 / 奈良山 / 水晶岳 / 三ツ岳 / 赤牛岳 / 薬師岳 / 針ノ木岳 / 蓮華岳 / 鬼岳 / 大汝山(立山) / 別山 / 鹿島槍ヶ岳 / 剱岳 / 虫倉山 / 五龍岳 / 唐松岳 / 柄山 / 白馬鎗ヶ岳 / 杓子岳 / 白馬岳 / 小蓮華山 / 笠ヶ岳 / 西岳(戸隠山) / 雪倉岳 / 朝日岳 / 黒負山 / 箙岳 / 乙妻山 / 高妻山

千曲川

方位: 240° / 250° / 260° / 西 / 280° / 290°

北から東南東の展望　　岩菅山(2295m) p148　　苗場山(2145m) p28

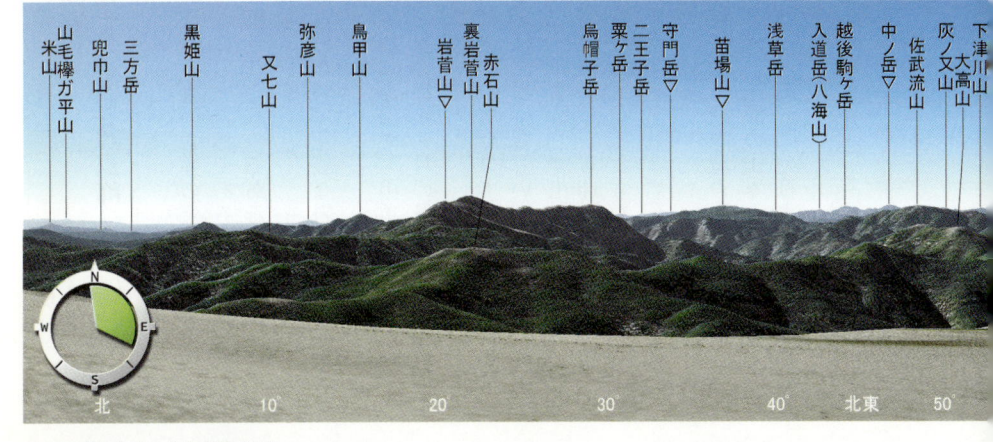

パノラマ上のラベル（右から左）:
米山 / 山毛欅ガ平山 / 兜巾山 / 三方岳 / 黒姫山 / 又七山 / 鳥甲山 / 弥彦山 / 裏岩菅山 / 岩菅山 / 赤石山 / 烏帽子岳 / 粟ヶ岳 / 二王子岳 / 守門岳 / 苗場山 / 浅草岳 / 越後駒ヶ岳 / 入道岳(八海山) / 中ノ岳 / 佐武流山 / 灰ノ又山 / 大高山 / 下津川山

方位: 北 / 10° / 20° / 30° / 40° 北東 / 50°

147　横手山（上信国境）

パノラマ上部ラベル（左から右）:
台倉高山 / 孫兵衛山 / 笠ヶ岳 / 黒岩 / 物見山 / 鬼怒沼山 / 大黒山 / 燕巣山 / 四郎岳 / 根名草山 / 上ノ倉山 / 温泉ヶ岳 / 金精山 / 太郎山 / 奥白根山 / 錫ヶ岳 / 男体山 / 宿堂坊山 / 黒檜岳 / 白砂山▽ / 皇海山 / 後袈裟丸山 / 前袈裟丸山

武尊山(2158m) p182　男体山(2484m) p156　白砂山(2140m) p154

80°　東　100°

白砂山から見る岩菅山（奥）

岩菅山（いわすげやま）

観光地化した志賀高原に手付かずの自然を残す一等三角点峰

上信国境
標高 2295メートル
緯度 36度44分31秒
経度 138度33分35秒

岩菅山を東南の白砂山から望むと、圧倒的なもの凄い岩壁の上に乗っているのがわかる。岩菅山のまさに「岩」にあたるものがこの大岩盤であろう。大規模な地殻変動と中津川のたゆみない浸食によって削り出されたものであるが、西側の穏やかな表情からは想像もできない厳しい一面である。

岩菅山の「菅」は霧氷（スガ）のことであるらしい。急峻な岩壁と厳しい寒さに畏敬の念を感じて作り出された名であろうか。

岩菅山は古くから御岳講による信仰登山が行われた山で、山頂に岩菅大権現を祀る石祠があり、今も毎年5月の最終日曜日に開山祭や神事が行われている。

長野オリンピックの滑降コースがこの山に作られようとしたことは記憶に新しい。ちょうど岩菅山を訪れたのは、この問題が白熱していた時で、山頂の滑降コース予定地点には、目印の杭がシラビソの林の中へ向かって打たれ、なんともやりきれない思いをした。幸い計画は中止され、岩菅山は以前と変わらぬ静けさを保っている。

山頂からは東に上信越国境の原生林の尾根、その背後に上州、日光、尾瀬の山々が連なる。もっとも遠くに見えるのは、山形県の日本海寄り温海町の八方峰、標高446メートル。

西の北信五岳の左後方には白馬岳、五龍岳、鹿島槍ヶ岳などの後立山から槍・穂高に続く北アルプス、木曽駒ヶ岳、麦草岳など中央アルプス、北岳

148

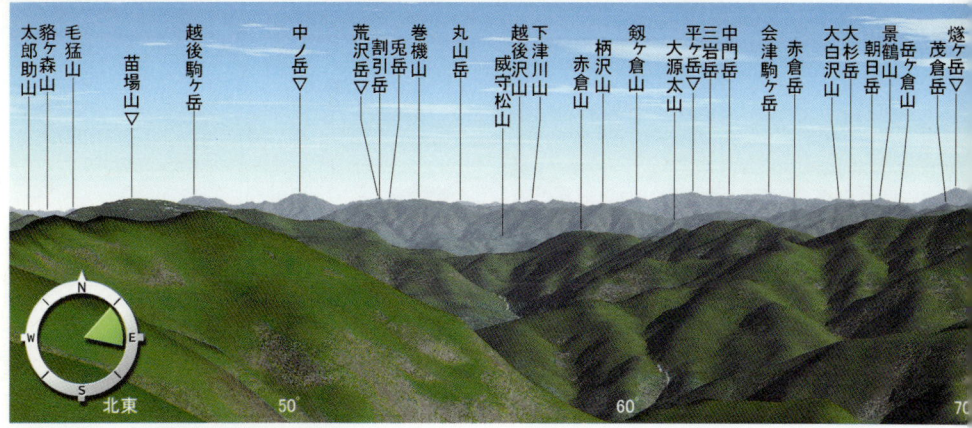

上信越国境の山々が連なる北東方向の展望

岩菅山から見える山
（興味深いもの）

山名	標高	距離	方位
八方峰	446	229.0	23.4
清澄山	377	226.6	140.1
飯豊山	2105	160.0	39.1
富士山	3776	154.0	174.3
金北山	1172	152.2	353.0
剣ヶ峰(御嶽山)	3067	135.1	226.1
塩見岳	3047	133.9	194.7
農鳥岳	3026	127.7	193.2
麦草岳	2733	125.8	213.7
木曽駒ヶ岳	2956	125.5	212.9
間ノ岳	3189	125.2	193.8
北岳	3192	121.9	193.7
仙丈ヶ岳	3033	118.3	196.7
剣ヶ峰(乗鞍岳)	3026	114.5	232.2
甲斐駒ヶ岳	2967	112.9	194.9
雲取山	2017	104.2	160.5
笠ヶ岳	2897	102.0	242.6
北奥千丈岳	2601	97.4	174.0
金峰山	2599	96.7	176.4
奥穂高岳	3190	95.8	238.6
薬師岳	2926	95.7	251.8
鷲羽岳	2924	93.3	246.5
槍ヶ岳	3180	92.9	241.7
水晶岳	2986	92.5	248.0
常念岳	2857	87.6	238.4
大天井岳	2922	87.5	241.7
赤岳	2899	87.2	191.3
大汝山(立山)	3015	86.0	257.9
劔岳	2998	85.2	261.4
男体山	2484	83.2	87.9
会津駒ヶ岳	2133	78.4	64.1
蓼科山	2530	74.6	198.6
鹿島槍ヶ岳	2889	73.8	260.0
奥白根山	2578	73.1	84.8
白馬岳	2932	71.5	271.7
燧ヶ岳	2356	68.9	69.7

甲斐駒ヶ岳、仙丈ヶ岳、塩見岳など南アルプスなどの大パノラマが広がる。奥秩父連山の上には154キロ離れた富士山が小さな頭を見せる。

マイカーであれば高天ガ原付近の駐車場に停めて、夏山リフトを利用して東館山まで登る。リフトの営業開始時間は朝遅いこともあるので、前もって確認しておくと良い。東館山からの展望も良い。東館山からはスキー場の中を登る。スキー場が終わるとようやく登山道となりほどなく寺子屋山に着く。寺子屋山からは樹林の尾根道をたどるが、ところどころから岩菅山が望める。ノッキリで一ノ瀬への道を分け、最後の急登をこなすと山頂である。なお、岩菅山より若干標高の高い裏岩菅山までは往復2時間程度である。

149 岩菅山（上信国境）

白馬岳（2932m）p252

天狗ノ頭／白馬鑓ヶ岳／杓子岳／白馬岳▽／旭岳／小蓮華山／白馬乗鞍岳／清水岳／鉢ヶ岳／雪倉岳

240　　　250

妙高山
後立山連峰の展望が大きい
信越地方を代表する魁偉な越の中山

妙高山の名は仏教の「須弥山」にちなむと言われている。この山は仏教世界の中心に聳える高さ56万キロの巨大な山で、漢訳され妙高山と呼ばれる。もっとも妙高の名は、かつて「越の名香山」と呼ばれ、それを音読みした「みょうこう」に妙高の字をあてたという説もある。

妙高山は30万年前頃から活動を始め、2万年前には標高2800メートル程度の富士山型の円錐火山に成長した。1万年前に山体崩壊を起こす噴火が発生し、東に大きく開いた馬蹄形のカルデラが形成された。その後に成長した中央火口丘が現在の山頂である。

さて、ここからの展望ポイントのひとつは、後立山の山々と立山連峰・剣岳の微妙な重なりであろう。岩小屋沢岳やさわだけあたりも入り組んでいて、山名をパズルのように解いていくのにはもってこいの対象であるが、ここでは掲載したCGならではの楽しみ方をしてみよう。上に掲載した展望図は2段になっている。下段は「もし後立山連峰がなかった時」の同じ位置からの展望である。当然ながら立山も剣岳も丸見えの体である。左には薬師岳が長い稜線を伸ばしていることがわかる。こんな展望図が作れるのもCGならではである。

さてその他の展望だが、この山らしいのは日本海をへだてて山形県と秋田県にまたがる鳥海山が見えることだろう。この鳥海山がもっとも遠くに見える山となる。その距離は298.2キロ、間に海をはさむと遠望距離はずいぶん延びるものだ。間

麓のイモリ池に山容を映す秋の妙高山（撮影：富嶽仙人）

信越国境
標高 2454メートル
緯度 36度53分29秒
経度 138度06分49秒

150

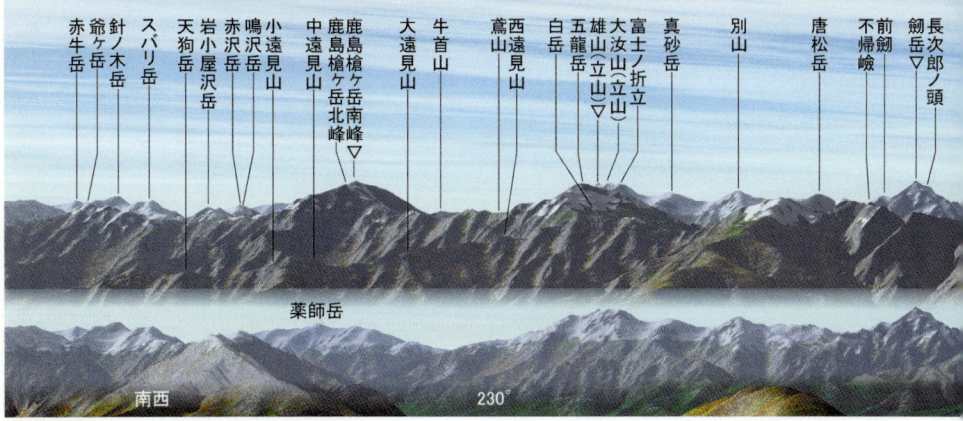

鹿島槍ヶ岳(2889m) p254　　立山(3003m) p268

後立山の展望。もし後立山がなければ下段のようになる

妙高山から見える山
（興味深いもの）

山名	標高	距離	方位
鳥海山	2236	298.2	34.1
月山	1984	249.6	41.9
熊野岳(蔵王山)	1841	248.2	55.2
以東岳	1771	222.3	43.0
大朝日岳	1870	220.4	45.8
東吾妻山	1975	208.5	63.4
磐梯山	1819	190.7	65.0
富士山	3776	178.6	161.7
飯豊山	2105	177.0	52.3
池口岳	2392	173.3	182.2
光岳	2591	172.3	180.8
聖岳	3013	162.9	179.1
赤石岳	3120	158.7	178.5
奥茶臼山	2474	156.1	181.4
悪沢岳	3141	154.4	177.6
塩見岳	3047	146.3	177.5
農鳥岳	3026	141.3	175.4
間ノ岳	3189	138.5	175.7
金北山	1172	136.1	8.7
北岳	3192	135.4	175.1
南駒ヶ岳	2841	134.8	191.7
薬師岳	2780	133.8	172.3
観音岳(鳳凰山)	2840	133.1	172.5
空木岳	2864	132.7	191.6
仙丈ヶ岳	3033	130.1	177.2
甲斐駒ヶ岳	2967	126.2	174.9
宝剣岳	2931	126.1	192.6
木曽駒ヶ岳	2956	125.3	192.8
北奥千丈岳	2601	124.0	156.0
男体山	2484	123.6	96.0
将棊頭山	2730	123.4	192.1
甲武信岳	2475	122.1	152.9
金峰山	2599	122.1	157.7
会津朝日岳	1624	115.0	71.0
赤岳	2899	104.7	167.2
奥穂高岳	3190	78.7	212.0

近くの北アルプスはもちろん奥穂高岳まで見通せる。遠くは木曽駒ヶ岳、宝剣岳、北岳、仙丈ヶ岳、南駒ヶ岳などの中央アルプス、塩見岳、赤石岳なども見ることができる。富士山もその左に姿を見せるだろう。

お急ぎの展望派にとっての最短コースは、燕温泉からのものだ。マイカー利用の場合も周回コースとなるので便利だ。燕温泉へは信越本線関山駅からバスが運行されている。燕温泉に一泊して朝早く発てばその日のうちに下山できる。

山をじっくり楽しむならば、定番コースだが、笹ヶ峰から入山し火打山をこなして高谷池ヒュッテか黒沢池ヒュッテに一泊、翌朝妙高の頂上をきわめて、燕温泉に下山するコースが良いだろう。

151　妙高山（信越国境）

250°–290° (西)

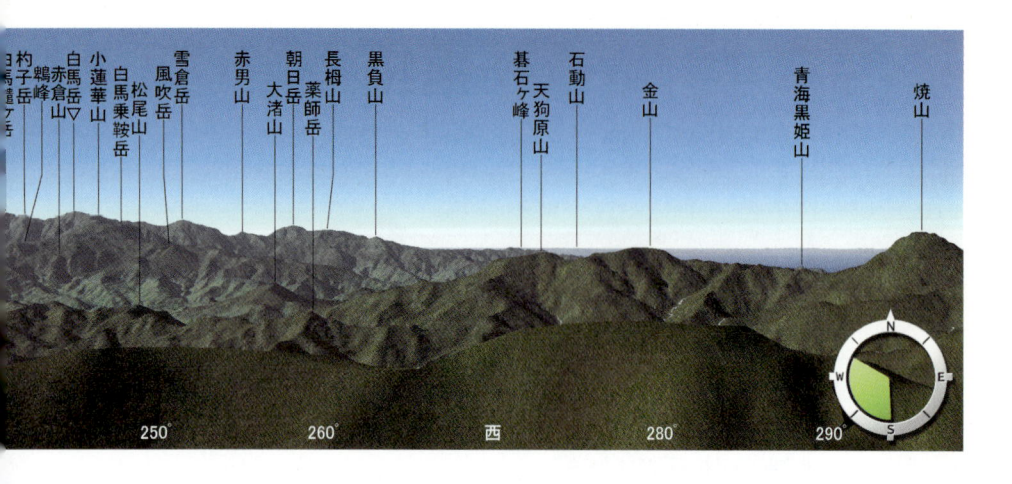

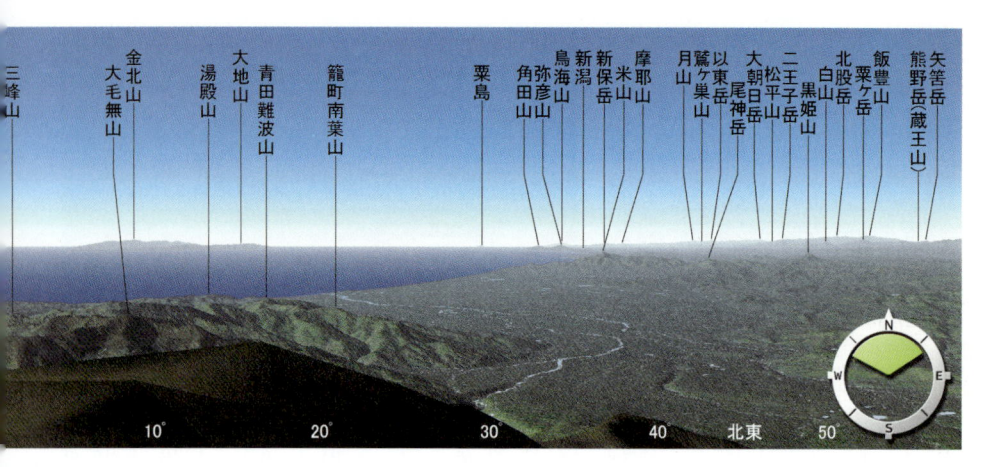

杓子岳 / 白馬岳 / 鵯峰 / 赤倉山 / 小蓮華山 / 白馬乗鞍岳 / 松尾山 / 雪倉岳 / 風吹岳 / 赤男山 / 大渚山 / 朝日岳 / 薬師岳 / 長栂山 / 黒負山 / 碁石ヶ峰 / 天狗原山 / 石動山 / 金山 / 青海黒姫山 / 焼山

10°–50° (北東)

三峰山 / 大毛無山 / 金北山 / 湯殿山 / 大地山 / 青田難波山 / 籠町南葉山 / 粟島 / 摩耶山 / 鳥海山 / 新潟 / 新保岳 / 米山 / 弥彦山 / 角田山 / 月山 / 鷲ヶ巣山 / 以東岳 / 大朝日岳 / 白神岳 / 松平山 / 二王子岳 / 北股岳 / 白山 / 粟ヶ岳 / 飯豊山 / 熊野岳(蔵王山) / 矢筈岳

浅間隠山(1757m) p126　　籠ノ登山(2227m) p130　　富士山(3776m) p86

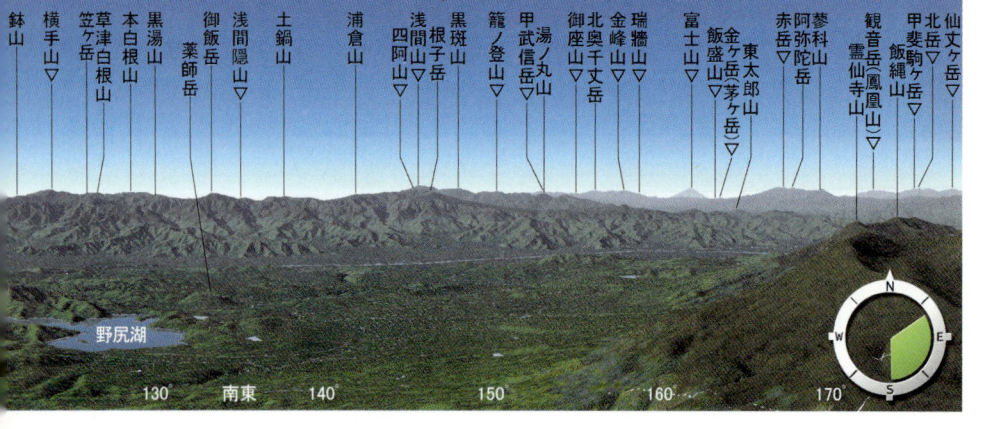

130°–170° (南東)

鉢山 / 横手山 / 本白根山 / 黒湯山 / 草津白根山 / 笠ヶ岳 / 御飯岳 / 浅間隠山 / 薬師岳 / 土鍋山 / 浦倉山 / 浅間四阿山 / 黒斑山 / 根子岳 / 籠ノ登山 / 湯ノ丸山 / 甲武信岳 / 北奥千丈岳 / 御座山 / 瑞牆山 / 金峰山 / 東太郎山 / 金ヶ岳茅ヶ岳 / 飯盛山 / 富士山 / 赤岳 / 阿弥陀岳 / 蓼科山 / 観音岳(鳳凰山) / 飯縄山 / 霊仙寺山 / 仙丈ヶ岳 / 北岳 / 甲斐駒ヶ岳

野尻湖

南から西北西の展望

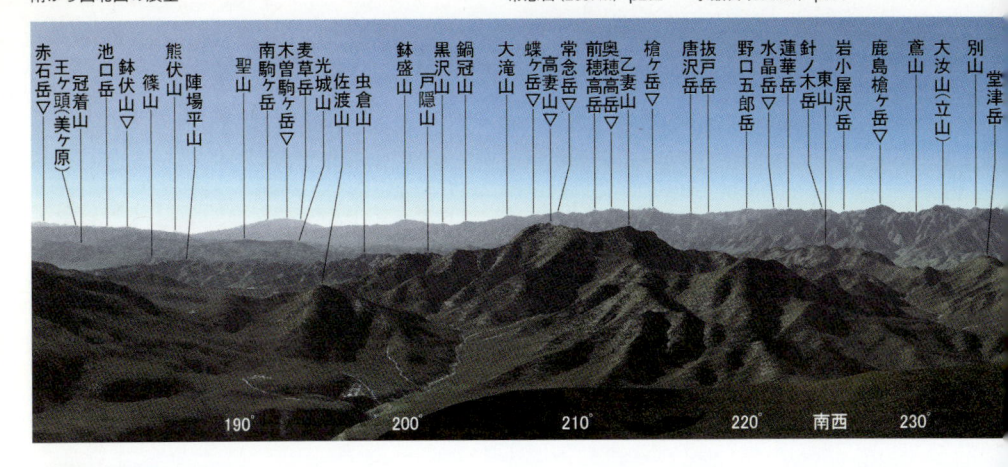

常念岳(2857m) p282　水晶岳(2986m) p258

labels (left to right): 赤石岳 / 王頭山・美ヶ原 / 冠着山 / 池口岳 / 鉢伏山 / 篠山 / 熊伏山 / 陣場平山 / 聖山 / 南駒ヶ岳 / 木曽駒ヶ岳 / 麦草岳 / 光城山 / 佐渡山 / 虫倉山 / 鉢盛山 / 大滝山 / 黒沢山 / 鍋冠山 / 戸隠山 / 乙妻山 / 蝶ヶ岳 / 高妻山 / 常念岳 / 前穂高岳 / 奥穂高岳 / 槍ヶ岳 / 唐沢岳 / 抜戸岳 / 野口五郎岳 / 水晶岳 / 蓮華岳 / 針ノ木岳 / 岩小屋沢岳 / 鹿島槍ヶ岳 / 鳶山 / 大汝山(立山) / 別山 / 堂津岳

190°　200°　210°　220°　南西　230°

西北西から北東の展望

labels: 鉢伏山 / 黒沢岳 / 影火打 / 火打山 / 鉾ヶ岳 / 大峰 / 不動山

310°　北西　320°　330°　340°　350°

北東から南の展望

平ヶ岳(2141m) p176　奥白根山(2578m) p158

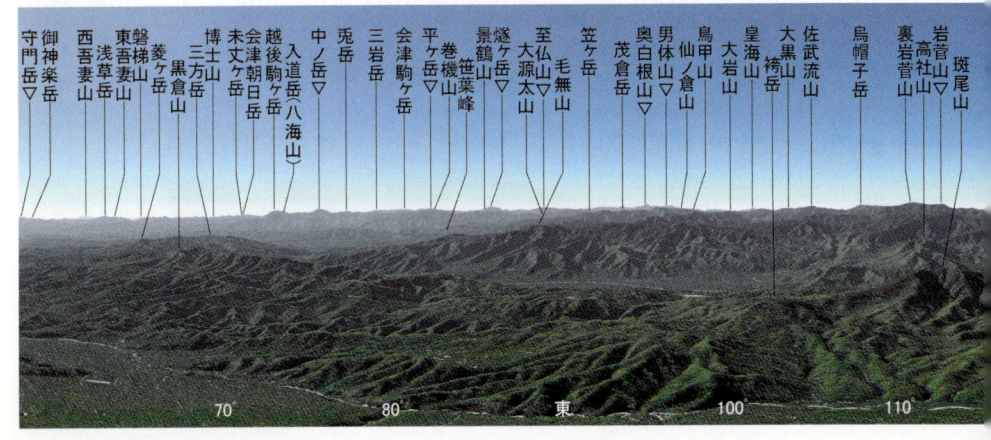

labels (left to right): 守門岳 / 御神楽岳 / 西吾妻山 / 東吾妻山 / 浅草岳 / 磐梯山 / 菱ヶ岳 / 黒倉山 / 三方山 / 博士山 / 未丈ヶ岳 / 会津朝日岳 / 越後駒ヶ岳 / 入道岳(八海山) / 中ノ岳 / 兎岳 / 三岩岳 / 会津駒ヶ岳 / 平ヶ岳 / 巻機山 / 笹ヶ峰 / 景鶴山 / 燧ヶ岳 / 大源太山 / 至仏山 / 毛無山 / 笠ヶ岳 / 茂倉岳 / 奥白根山 / 男体山 / 仙ノ倉山 / 烏甲山 / 大岩山 / 皇海山 / 大黒山 / 佐武流山 / 烏帽子岳 / 裏岩菅山 / 岩菅山 / 斑尾山

70°　80°　東　100°　110°

153　妙高山（信越国境）

苗場山(2145m) p28

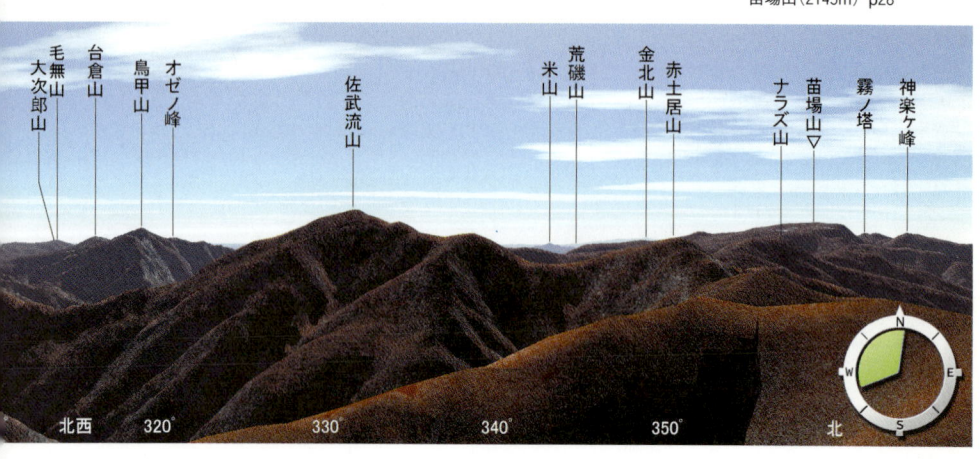

北西　320°　330°　340°　350°　北

毛無山／大次郎山／台倉山／鳥甲山／オゼノ峰／佐武流山／霧ノ塔／神楽ヶ峰／苗場山▽／ナラズ山／赤土居山／金北山／米山／荒磯山

白砂山
しらすなやま

ニッコウキスゲが咲く分水嶺の湖畔から登る静かな国境の山

白砂山は今でこそ、観光地化された野反湖から登れば日帰りも可能の山になってしまったが、かつては秘境中の秘峰であった。この野反湖から落ちる水は、魚野川を経て信濃川、日本海へと注ぐ。ちょうど分水嶺にあたる現在の野反湖は、昭和31年に完成した発電用の人造湖である。ダムができる前は野反池と呼ばれた小さなふたつの池と、そのまわりにニッコウキスゲなどの花々が揺れる湿原が広がっていた。池はコイ、フナ、ドジョウなどが多く棲息し、渡り鳥が羽を休める泊り場だったという。現在も、湖畔にはノゾリキスゲと呼ばれるニッコウキスゲなどの高山植物が多く、目を楽しませてくれる。

この山を初めて訪れたのは湖畔のキャンプ場が賑わう7月。堂岩山中腹の「冷たくてうめえ水」と書かれた水場で幕営し、翌日早朝に山頂を目指した。頂まであとわずかのところで、朝の遮光になにやら黒いものが道をおせんぼしている。近づいてみると笹の斜面を転がるように笹の斜面を落ちていった。どうやら、われわれは熊の朝食を邪魔してしまったようであった。

白砂山は西峰、中峰、東峰の三峰からなる台形の山で、西峰に三等三角点がある。山頂からは、信越国境、志賀高原の山、上州の山、上越国境の山と360度のパノラマが広がる。日本アルプスも、槍ヶ岳、大天井岳、鹿島槍ヶ岳、大汝山（立山）などの北、木曽駒ヶ岳、宝剣岳、南駒ヶ岳などの中央、観音岳などの南が見

堂岩山付近から見る白砂山

上信国境
標高2140㍍
緯度36度44分17秒
経度138度41分37秒

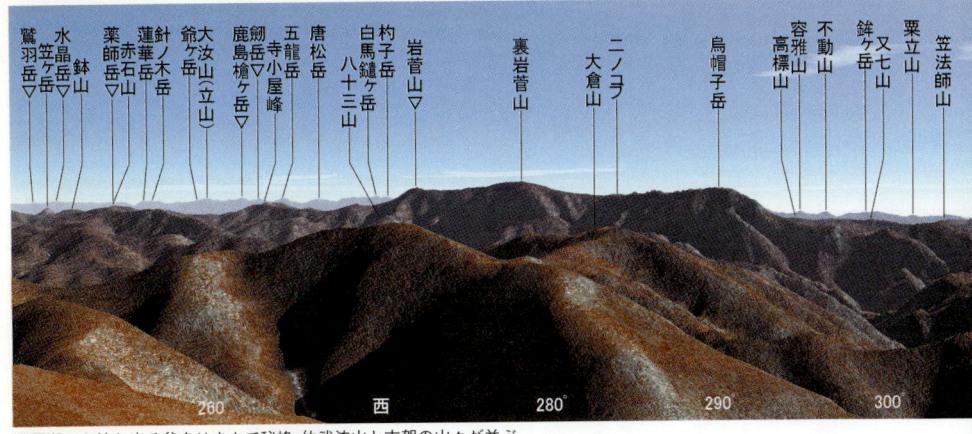

水晶岳（2986m）p258　　　　岩菅山（2295m）p148

山名ラベル（左から右）：鷲羽岳▽、水晶岳▽、鉢ヶ岳、薬師岳▽、赤石岳、蓮華岳、針ノ木岳、爺ヶ岳、大沢山（立山）、劔岳、鹿島槍ヶ岳、白馬鑓ヶ岳、寺小屋峰、五龍岳、八十三山、唐松岳、杓子岳、白馬岳、岩菅山▽、裏岩菅山、ニノコヨ、大倉山、烏帽子岳、高標山、容雅山、不動山、鉾ヶ岳、又七山、笠法師山、栗立山

260　西　280°　290°　300°

野反湖から流れ出る谷をはさんで秘峰・佐武流山と志賀の山々が並ぶ

白砂山から見える山
（興味深いもの）

山名	標高	距離	方位
鳥海山	2236	287.9	24.0
清澄山	377	218.8	142.6
愛宕山	408	214.6	146.6
金北山	1172	154.5	348.7
飯豊山	2105	153.0	35.6
富士山	3776	152.8	178.8
笊ヶ岳	2629	150.9	195.1
二王子岳	1420	147.3	28.7
南駒ヶ岳	2841	139.7	214.8
空木岳	2864	137.8	215.1
東川岳	2671	137.8	215.6
宝剣岳	2931	132.6	217.0
木曽駒ヶ岳	2956	132.1	217.4
剣ヶ峰（乗鞍岳）	3026	123.9	235.9
観音岳（鳳凰山）	2840	120.1	197.0
笠ヶ岳	2897	112.6	245.7
薬師岳	2926	107.0	254.1
三俣蓮華岳	2841	106.2	249.0
鷲羽岳	2924	104.2	249.4
槍ヶ岳	3180	103.4	245.1
雲取山	2017	100.4	167.0
野口五郎岳	2924	100.3	250.5
大天井岳	2922	98.0	245.3
大汝山（立山）	3015	97.6	259.7
劔岳	2998	97.0	262.7
北奥千丈岳	2601	96.4	181.2
金峰山	2599	96.3	183.6
針ノ木岳	2821	92.9	256.4
赤岳	2899	89.9	198.9
鹿島槍ヶ岳	2889	85.5	261.8
守門岳	1537	83.1	28.1
両神山	1723	80.4	170.4
男体山	2484	71.2	87.3
会津駒ヶ岳	2133	68.1	59.5
黒檜山（赤城山）	1828	48.8	113.6
浅間山	2568	39.8	202.5

える。また、富士山も奥秩父の稜線の上にわずかに頭を出す。もっとも遠くに見える山は日本海に面した鳥海山で、その距離は287.9キロに達する。

登山のベースになる野反湖までバスが入るのは夏季のみ。しかも1日2往復なので、吾妻線長野原草津口駅からタクシーまたはマイカーの利用が便利である。野反湖畔にはバンガローやキャンプ場があるので、ここで一泊するのも良い。

体力に余裕があれば、帰路は堂岩山の手前から八間山に抜けるコースも良い。八間山からは富士見峠または野反湖バス停の双方に下りることができる。なお、白砂山から遠く望める佐武流山、苗場山へのルートはヤブがひどく、エキスパート向きである。

155　白砂山（上信国境）

パノラマ山名（左から右）：

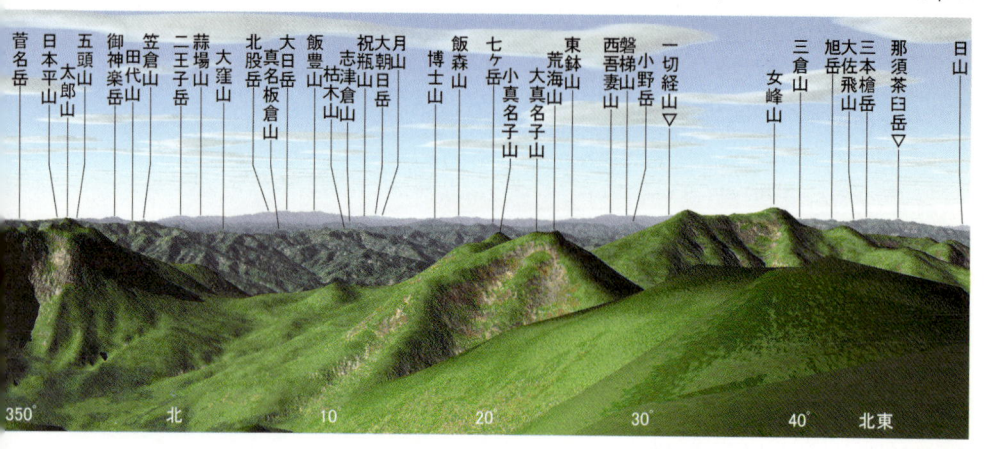

菅名岳／日本平山／五頭山／太郎山／御神楽岳／田代山／笠倉山／二王子岳／蒜場山／大窪山／北股岳／大日岳／祝瓶山／志津倉山／飯豊山／月山／日朝日岳／大真名子山／小真名子山／七ヶ岳／飯森山／博士山／東鉢山／荒海山／磐梯山／西吾妻山／一切経山(1949m) p180／小野岳／三倉山／女峰山／那須茶臼岳(1915m) p164／三本槍岳／大佐飛岳／旭岳／日山

350° 北　10　20　30　40° 北東

中禅寺をはさんで望む男体山（撮影：富嶽仙人）

男体山 (なんたいさん)

中禅寺湖畔から立ち上がる円錐形をした日光のシンボル

奥多摩や奥武蔵あたりから遠望する男体山は形の良い台形をしていて、すぐにそれとわかる日光方面の格好のランドマークである。裾野がほとんどないので、どちらかというとショートケーキに乗った苺のような雰囲気でもある。もっとも麓の中禅寺湖から見る男体山は富士山とはまた違った豪快な雰囲気の円錐だ。しかし、これの容姿も北側の志津峠あたりまで回り込むと、だいぶ形が崩れてきてしまう。これは深くえぐられた大きな谷が北へ延びているからである。

われわれの火山のイメージは富士山のような円錐形だが、実際、完全な円錐形をした山は少ない。日本にあっては、富士山と北海道の後方羊蹄山くらいが、きれいな円錐を保っているだけで、他は山頂が吹き飛んだり、著しく浸食されている。美人薄命か、火山にとっても美しい時期は短いようだ。

男体山は延暦元(782)年、勝道上人によって開かれ、当時は補陀落山(ふだらくさん)と呼び観音浄土のことを指していたが、後に二荒山と記すようになり、これがさらに音読みされて日光になったという。

男体山はランドマークと書いたが、それだけいろなところから望むことができると言うことは、逆に言えば展望にすぐれた山と言うことだ。中央アルプスは見えないが、北アルプスは奥穂高岳、槍ヶ岳、大天井岳、鷲羽岳などが、南アルプスは北岳、間ノ岳、仙丈ヶ岳、赤石岳などが展望できる。大森貝塚を発見したモースが男体山に登った時、見と

日光
標高 2484トル
緯度 36度45分54秒
経度 139度29分27秒

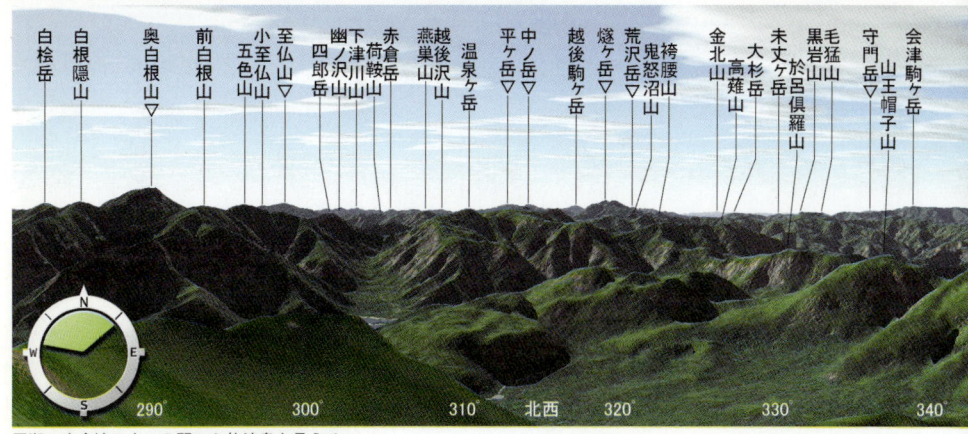

奥白根山(2578m) p158　　　平ヶ岳(2141m) p176　　　守門岳(1537m) p194

白桧岳／白根隠山／奥白根山▽／前白根山／至仏山／小至仏山／五色山／幽ノ山／下津川山／四郎岳／赤倉岳／荷鞍岳／燕巣山／越後沢山／温泉ヶ岳／中ノ岳▽／平ヶ岳▽／越後駒ヶ岳／燧ヶ岳▽／荒沢岳▽／鬼怒沼山／袴腰山／大杉岳／高薙山／金北山／未丈ヶ岳／於呂倶羅山／黒岩山／毛猛山／守門岳▽／山王帽子山／会津駒ヶ岳

290°　　300°　310°　北西　320°　　330°　340°

尾瀬、南会津の山々の間から佐渡島も見える

男体山から見える山
（興味深いもの）

山名	標高	距離	方位
宮塚山(利島)	508	249.7	184.4
剣ヶ峰(御嶽山)	3067	204.8	242.4
月山	1984	203.5	13.2
空木岳	2864	190.0	232.8
剣ヶ峰(乗鞍岳)	3026	188.4	247.7
赤石岳	3120	187.9	220.0
悪沢岳	3141	183.1	220.4
金北山	1172	179.6	326.1
薬師岳	2926	177.1	259.8
鷲羽岳	2924	173.4	257.1
奥穂高岳	3190	173.2	252.8
槍ヶ岳	3180	171.5	254.6
富士山	3776	170.3	204.0
大朝日岳	1870	170.2	12.8
農鳥岳	3026	169.7	221.9
間ノ岳	3189	168.2	222.8
劔岳	2998	168.1	265.1
大天井岳	2922	166.2	255.0
北岳	3192	165.2	223.3
常念岳	2857	165.2	253.3
仙丈ヶ岳	3033	165.0	225.7
甲斐駒ヶ岳	2967	158.7	225.6
鹿島槍ヶ岳	2889	156.6	264.8
白馬岳	2932	154.6	270.2
乗鞍岳	2469	151.0	271.5
御正体山	1682	150.5	199.7
塔ノ岳	1491	148.4	191.5
鉢伏山	1928	144.6	242.9
赤岳	2899	133.7	229.1
雁ヶ腹摺山	1874	131.4	204.6
蓼科山	2530	129.9	235.9
高妻山	2353	128.5	272.1
陣馬山	855	126.8	193.3
金峰山	2599	125.9	218.3
妙高山	2454	123.6	276.9
飯豊山	2105	122.4	8.9

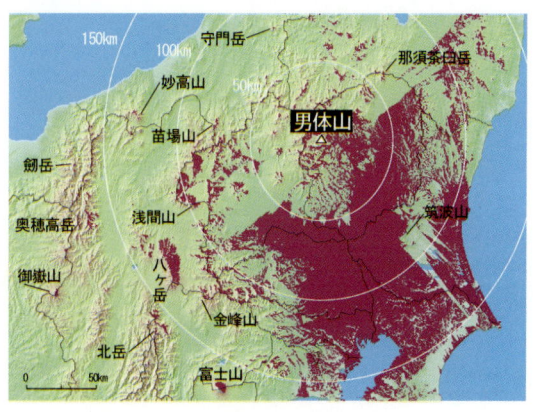

れたという富士山も見える。もっとも遠くに見える山は、伊豆七島の利島にある宮塚山。その距離は249.7キロ、関東平野を越えた展望だ。

日光駅からのバスを下りた二荒山神社からの登路は男体山の表登山道であるが、標高差が1000メートル以上あるため急登が続きガレ場もある。しかし、一気に高度を稼げ、周囲の展望も素晴らしい。八合目には仮社務所兼避難小屋があり、通年開放されている。なお、下山口の志津峠からは林道歩きとなる。マイカーであれば、逆コースをとり、志津峠に車を置いて往復するのが楽である。ただし、志津峠までの道は悪路であり、4WD車が欲しいところ。志津峠には数台分の駐車スペースがある。

157　男体山（日光）

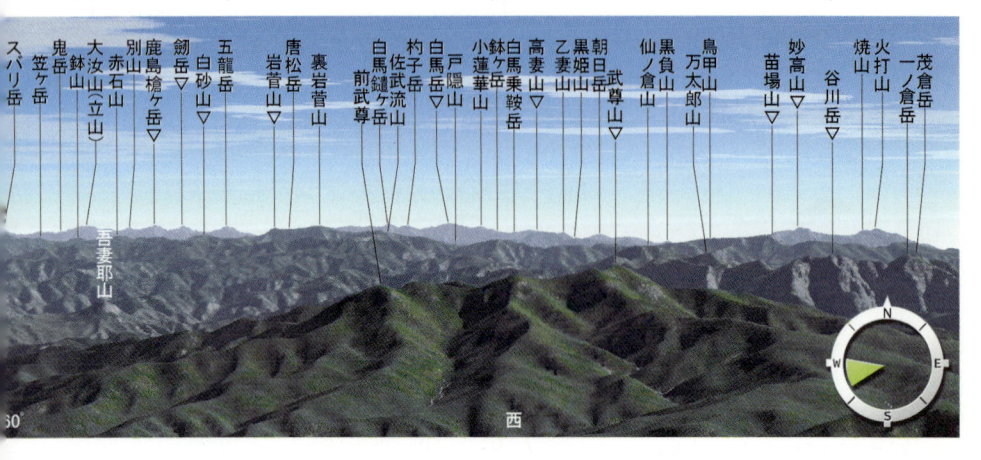

鹿島槍ヶ岳(2889m) p254　　　白馬岳(2932m) p252　　　苗場山(2145m) p28

茂倉岳
一ノ倉岳
火打山
焼山
谷川岳
妙高山
苗場山
鳥甲山
万太郎山
黒負山
仙ノ倉山
高妻山
乙妻山
黒姫山
朝日岳
武尊山
白馬乗鞍岳
小蓮華山
鉢ヶ岳
杓子岳
白馬岳
戸隠山
佐武流山
白馬鑓ヶ岳
前武尊
裏岩菅山
唐松岳
岩菅山
五龍岳
白砂山
剱岳
鹿島槍ヶ岳
別山
大汝山(立山)
赤石山
鬼石山
鉢山
笠ヶ岳
スバリ岳
吾妻耶山

西

奥白根山
おくしらねさん

高山植物に彩られ、雄大な展望の広がる関東以北の最高峰

日光
標高 2578メートル
緯度 36度47分55秒
経度 139度22分33秒

関東地方の最高峰であり、ここより北は遠くカムチャツカまでこの山を越える高さの山はない。と言ってもこの山、すでに約2000メートルの高さがあるところに噴出した小さな火山なので、親亀の背に小亀状態のちゃっかりものである。大きな山体にちょこんと山頂部を乗せた姿は遠くからでもすぐそれとわかり、近くからはドーム状でなかなか迫力がある。

さて、白根山の名は山の色からきているようだ。岩石が白っぽい色をしていることと、麓から見た時にいちばん早く雪が付き、いちばん遅くまで雪が残ることからであろう。この山を彩るのは、岩や雪だけではない。シラネアオイやハクサンチドリ、ハクサンフウロなど多彩な花々もそのひとつだ。いくつかの種類は火山性の土地と厳しい気候によって、独特の変異を遂げシラネの名を冠したものも多数ある。その代表的なものがシラネアオイだ。

シラネアオイは白根山で発見された、一属一種の日本特産種であり、7センチほどの淡紅紫色の大輪の花を付けるが、時には白色の花を見かけることもある。白根山周辺では弥陀ヶ池の群落が素晴らしかったが、鹿害と人害のため数を減らしてしまった。

この山からの展望は、関東でもっとも標高が高いだけに、さえぎるものがない。奥穂高岳、槍ヶ岳、白馬岳、常念岳などの北アル

158

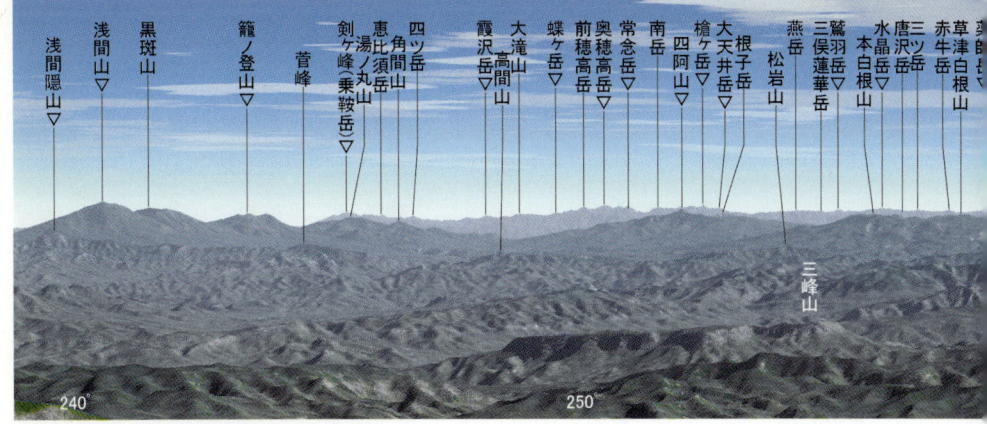

浅間山(2568m) p134　　　　　霞沢岳(2646m) p288　　　常念岳(2857m) p282

西方遥かに北アルプスを望む展望

| 奥白根山から見える山 ||||
| (興味深いもの) ||||
山名	標高	距離	方位
宮塚山(利島)	508	252.9	182.0
愛宕山	408	194.7	163.3
清澄山	377	194.5	158.6
聖岳	3013	188.9	216.4
赤石岳	3120	184.5	216.8
麦草岳	2733	180.9	232.5
剣ヶ峰(乗鞍岳)	3026	180.5	245.3
木曽駒ヶ岳	2956	180.1	232.0
悪沢岳	3141	179.6	217.0
千枚岳	2880	179.1	216.6
神山(箱根山)	1438	176.6	190.5
蝙蝠岳	2865	173.3	217.6
金北山	1172	170.9	328.2
富士山	3776	169.9	200.3
大朝日岳	1870	169.2	16.4
薬師岳	2926	167.8	257.9
三俣蓮華岳	2841	166.3	254.7
農鳥岳	3026	166.0	218.4
奥穂高岳	3190	164.7	250.4
鷲羽岳	2924	164.3	255.0
間ノ岳	3189	164.3	219.2
槍ヶ岳	3180	162.7	252.3
北岳	3192	161.2	219.6
仙丈ヶ岳	3033	160.6	222.1
雄山(立山)	3003	159.1	261.4
劔岳	2998	158.3	263.4
大天井岳	2922	157.4	252.7
常念岳	2857	156.6	250.9
観音岳(鳳凰山)	2840	155.1	218.6
甲斐駒ヶ岳	2967	154.3	221.8
御正体山	1682	150.9	195.4
蛭ヶ岳	1673	147.1	188.4
鹿島槍ヶ岳	2889	146.8	262.9
白馬岳	2932	144.4	268.2
一切経山	1949	129.3	36.2
赤岳	2899	128.7	224.7

　奥白根山には五つのコースがある。なかでは、菅沼から弥陀ヶ池を経由して奥白根山に達するコースがもっとも楽である。また、丸沼高原スキー場のゴンドラは夏季も営業しており、これを利用すれば山頂駅から2時間40分ほどで山頂に達することができる。バスを利用する場合は、日光湯元温泉からのコースとなる。8時間近い歩行時間となるので、前日に、東武日光駅からバスで湯元温泉に入り、宿泊しておく必要がある。

　ス、木曽駒ヶ岳、麦草岳などの中央アルプス、北岳、仙丈ヶ岳、聖岳、赤石岳などの南アルプス、そして富士山と、幅広い展望が広がる。もっとも遠くに見える山は、関東平野を越え、伊豆大島を越えて利島をつくる標高508メートルの円錐形の火山だ。その距離は252・9キロになる。
　奥白根山は、だけあって、木曽駒ヶ岳、麦草岳などの中央アルプス、北岳、仙丈ヶ岳、聖岳、赤石岳などの南アルプス、

丸沼ゴンドラ山頂駅付近から見る奥白根山（撮影：須部方夫）

310°〜350° 北西

ピーク名（右から左に記載の山名ラベル）:
- 会津駒ヶ岳
- 矢筈岳
- 毛無山
- 粟ヶ岳
- 浅草岳
- 毛猛山
- 守門岳
- 大杉岳
- 未丈ヶ岳
- 燕巣山
- 毛猛山
- 弥彦山
- 燧ヶ岳(2356m) p172
- 金剛山
- 金北山
- 荒沢岳
- 灰ノ又山
- 越後駒ヶ岳
- 平ヶ岳
- 四郎岳
- 中ノ岳(2085m) p188
- 景鶴山
- 入道岳（八海山）
- 越後沢山
- 赤倉岳
- 下津川山
- 幽ノ沢山
- 米山
- 至仏山
- 守門岳(1537m) p194

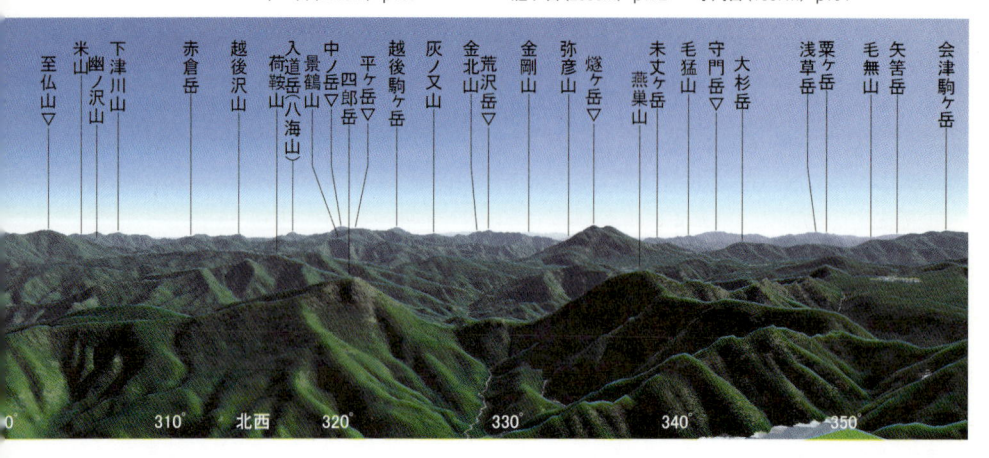

70°〜110° 東

- 男体山(2484m) p156 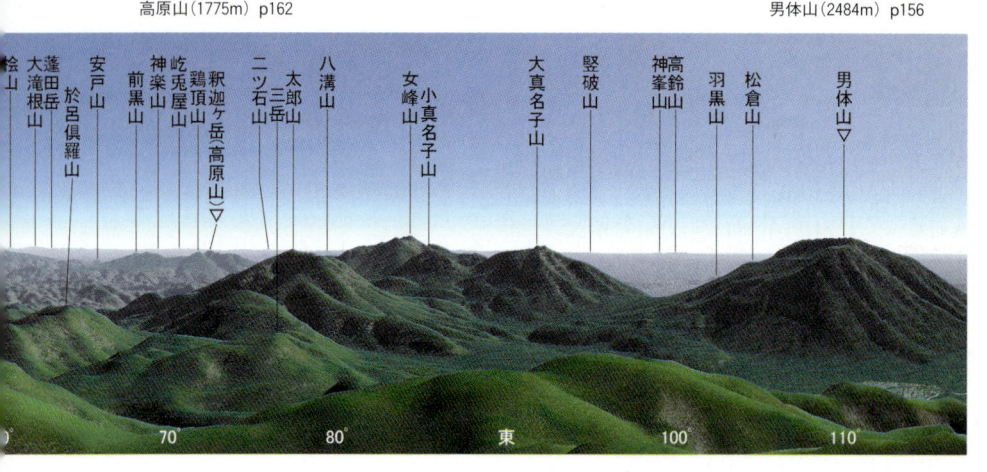
- 松倉山
- 羽黒山
- 高鈴山
- 神峯山
- 堅破山
- 大真名子山
- 小真名子山
- 女峰山
- 八溝山
- 二ツ石山
- 太郎山
- 三鶏頂山
- 屹兎屋山
- 釈迦ヶ岳（高原山）▽
- 神楽山
- 前黒山
- 安戸山
- 於呂倶羅山
- 蓬田岳
- 大滝根山
- 高原山(1775m) p162

190°〜230° 南西

- 宮塚山
- 宿堂坊山
- 大山
- 二子山
- 蛭ヶ岳(1673m) p32
- 庚申山
- 丹沢山
- 陣馬山
- 大室山
- 前袈裟丸山
- 後袈裟丸山
- 皇海山
- 御正体山
- 西谷山
- 茅ヶ岳
- 富士山(3776m) p86
- 小金沢山
- 飛龍山
- 和名倉山
- 唐松尾山
- 雁坂嶺
- 両神山
- 西御荷鉾山
- 甲武信ヶ岳
- 北奥千丈岳
- 金峰山(2599m) p48
- 黒山
- 小川山
- 悪沢岳
- 鋸岳
- 間ノ岳
- 北岳
- 仙丈ヶ岳
- 権現岳
- 赤岳(2899m) p18
- 硫黄岳
- 天狗岳
- 縞枯山
- 蓼科山
- 北横岳
- 相馬山（榛名山）
- 大棚入山
- 掃部ヶ岳（榛名山）
- 車山（霧ヶ峰）
- 子持山

160

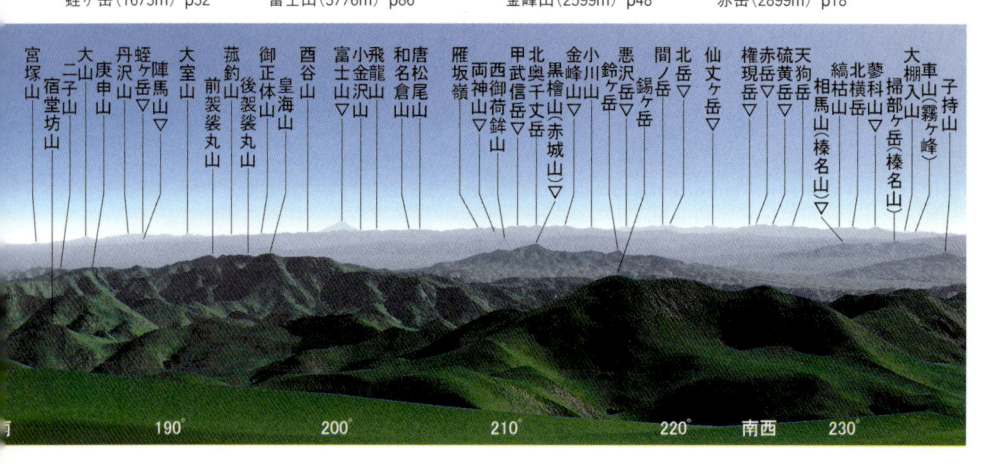

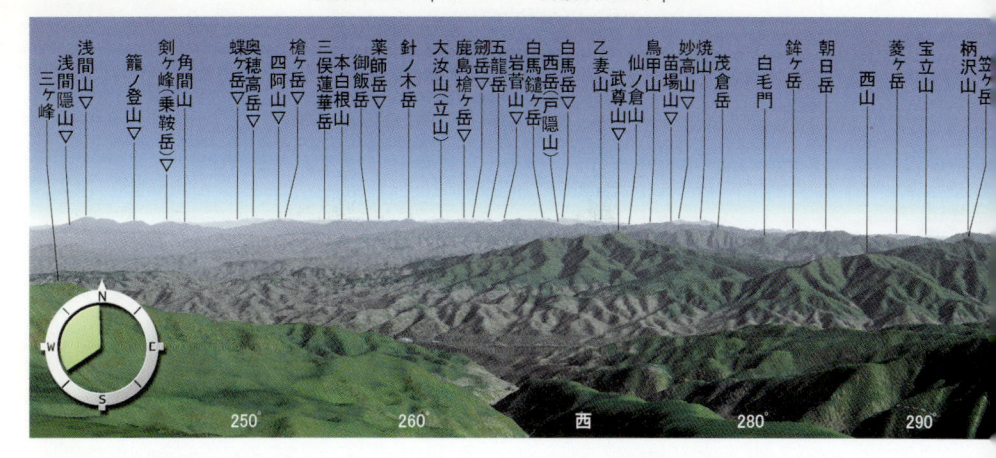

南西から北の展望　　薬師岳(2926m) p270　　武尊山(2158m) p184

三ヶ峰
浅間隠山
浅間山
籠ノ登山
剣ヶ峰・乗鞍岳
角間山
奥穂高岳
蝶ヶ岳
本白根山
御飯岳
槍ヶ岳
三俣蓮華岳
四阿山
薬師岳
針ノ木岳
大汝山(立山)
鹿島槍ヶ岳
岩菅山
白馬鑓ヶ岳
剱岳
五龍岳
白馬岳
西岳(戸隠山)
武尊山
乙妻山
仙ノ倉山
鳥甲山
苗場山
妙高山
焼山
茂倉岳
白毛門
鉢ヶ岳
朝日岳
西山
菱ヶ岳
宝立山
笠ヶ岳
柄沢山

北から東南東の展望　　一切経山(1949m) p180

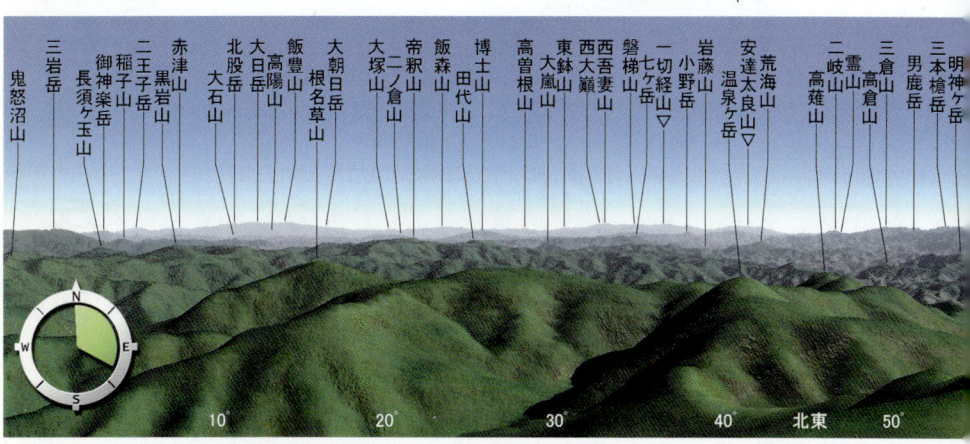

鬼怒沼山
三岩岳
長須ヶ玉山
御神楽岳
稲子岳
二王子岳
黒岩山
赤津山
大石山
北股岳
大日岳
高陽山
飯豊山
根名草山
大朝日岳
二ノ倉山
大塚山
帝釈山
飯森山
田代山
博士山
高曽根山
大嵐山
東鉢山
西大巓
西吾妻山
磐梯山
一切経山
七ヶ岳
小野岳
岩藤山
温泉ヶ岳
安達太良山
荒海山
二岐山
高倉山
霊山
三倉山
男鹿岳
三本檜山
明神ヶ岳
高薙山

東南東から南西の展望　　筑波山(860m) p26

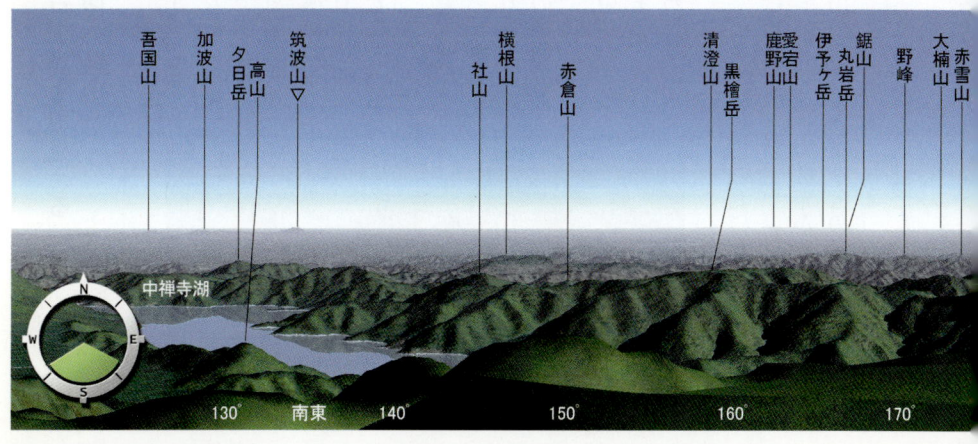

吾国山
加波山
高山
夕日岳
筑波山
社山
横根山
赤倉山
清澄山
黒檜岳
鹿野山
愛宕山
伊予ヶ岳
丸岩岳
鋸山
野峰
大楠山
赤雪山

中禅寺湖

161　奥白根山（日光）

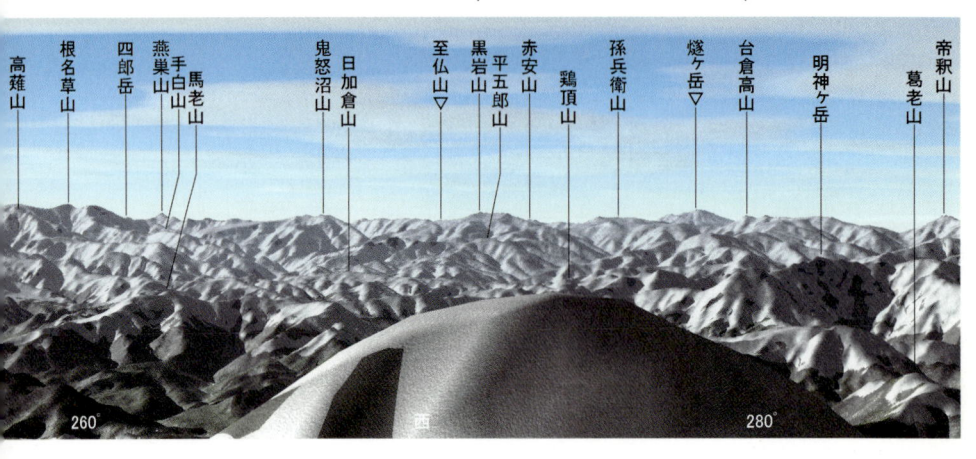

パノラマ上部ラベル（左→右）:
高薙山／根名草山／四郎岳／燕巣山／手白山／馬老山／日加倉山／鬼怒沼山／至仏山▽／黒岩山／平五郎山／赤安山／鶏頂山／孫兵衛山／燧ヶ岳▽／台倉高山／明神ヶ岳／葛老山／帝釈山

至仏山(2228m) p168　　燧ヶ岳(2356m) p172

260°　西　280°

釈迦ヶ岳（高原山）

伊豆大島まで見える展望の名山

ひと口に展望の良い山といっても、ただ360度の展望が得られれば良いかというとそうでもない。超遠景が得られるのは1年のうちでもごくわずかであるから、例えば筑波山のように周囲の山までの距離が遠い独立峰では、天気が良くても展望の印象は薄いものになることが多い。逆に南アルプスの夜叉神峠や日向山など、遠望よりも近景の大きな山を見るのに適した山もあるわけだ。

展望の名山と言われている北アルプスの蝶ヶ岳や、南アルプスの笊ヶ岳などは、一方で迫力ある山塊の景観と、もう一方で奥行きのある遠望が得られる。両者の魅力を併せ持っているが故の名山としての評価であろう。

そうは言ってもやはり周囲に自分より高い山があると、なんとなくそちらの山が気になってしまう。遠い祖先が樹上生活をしていた頃の衝動のあらわれであろうか。

関東平野が北東に徐々に高度を上げていく栃木県矢板市の北にある高原山は、日光と那須の間にある独立峰である。高原山は鶏頂山、西平岳、釈迦ヶ岳などの総称で、最高点の釈迦ヶ岳には一等三角点が置かれている。近くの日光から南会津方面の展望がすぐれているが、関東平野方面の富士山や南アルプスなどの遠望もできる。南アルプスは北岳、甲斐駒ヶ岳、仙丈ヶ岳、悪沢岳などが見え、もっとも遠くに見えるのは東京上空を横切っての伊豆大島、三原山である。ただし、北と中央のアル

中岳への登りから見る釈迦ヶ岳　（撮影：桑子登）

那須・塩原
標高1795メートル
緯度36度54分00秒
経度139度46分36秒

162

甲斐駒ヶ岳(2967m) p204　　　　男体山(2484m) p156

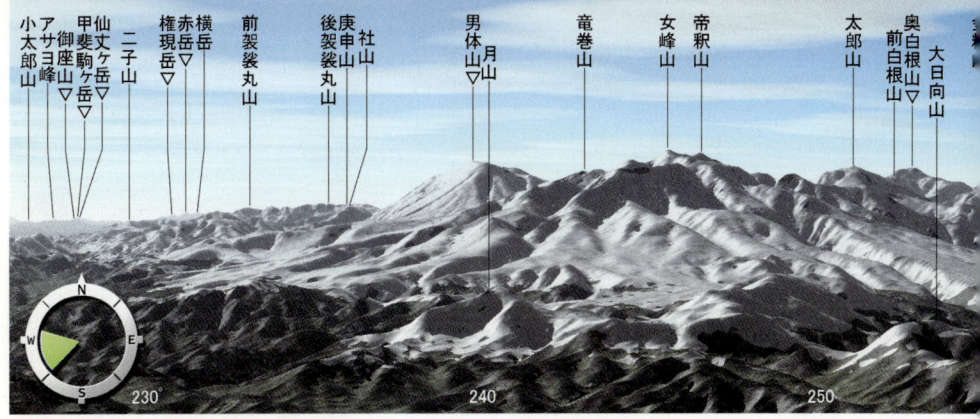

小太郎山／アヨ峰／御座山／仙丈ヶ岳／甲斐駒ヶ岳／二子山／権現岳／赤岳／横岳／前袈裟丸山／後袈裟丸山／庚申山／社山／月山／男体山／竜巻山／女峰山／帝釈山／太郎山／前白根山／奥白根山／大日向山

日光から尾瀬の山々を間近に望むことができる

釈迦ヶ岳から見える山
（興味深いもの）

山名	標高	距離	方位
三原山(伊豆大島)	764	243.8	188.2
悪沢岳	3141	211.3	223.1
農鳥岳	3026	198.1	224.7
間ノ岳	3189	196.7	225.4
清澄山	377	195.7	169.9
富士山	3776	195.1	209.2
仙丈ヶ岳	3033	193.9	228.0
北岳	3192	193.8	225.9
観音岳(鳳凰山)	2840	187.5	225.2
甲斐駒ヶ岳	2967	187.5	227.9
地蔵岳	2764	187.0	225.6
蕎釣山	1379	174.7	204.4
御正体山	1682	174.2	206.1
塔ノ岳	1491	169.6	199.1
蛭ヶ岳	1673	167.0	200.2
権現岳	2715	165.1	230.7
赤岳	2899	162.9	231.1
雁ヶ腹摺山	1874	156.6	211.0
金峰山	2599	153.9	222.4
大菩薩嶺	2057	152.6	213.4
北奥千丈岳	2601	151.4	221.2
陣馬山	855	148.9	201.7
甲武信岳	2475	144.6	220.8
御座山	2112	142.2	227.8
雲取山	2017	137.9	213.0
両神山	1723	128.4	221.0
飯豊山	2105	106.1	356.6
筑波山	860	80.1	158.8
守門岳	1537	79.2	314.3
浅草岳	1585	68.9	315.7
至仏山	2228	53.7	270.5
燧ヶ岳	2356	44.1	278.0
奥白根山	2578	37.4	252.6
那須茶臼岳	1915	29.9	33.5
男体山	2484	29.9	239.6
女峰山	2483	23.5	245.4

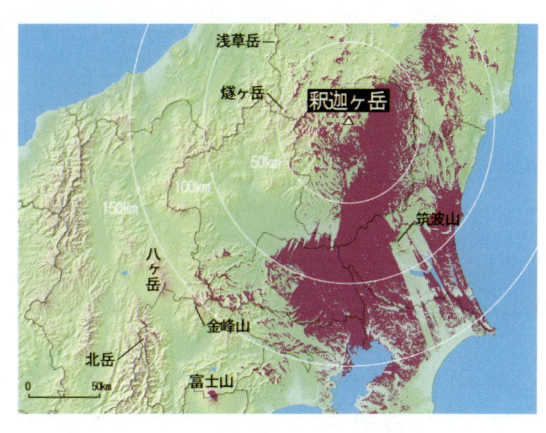

　高原山の登山口の鶏頂山スキー場までは東武鬼怒川駅からバスが運行されているが季節運行のうえ便が悪く、登山向きではない。タクシーまたはマイカーの利用が現実的だ。また、ハンターマウンテンスキー場のゴンドラが夏季にも運行されるようになり、明神岳(みょうじんだけ)からの登山道が整備された。この道がもっとも楽なコースだろう。

　以前からのルートでは、鶏頂山荘からはスキー場のゲレンデの中を登る。リフト終点でスキー場から離れ大沼入口に出る。弁天沼につくと、釈迦ヶ岳と鶏頂山の分岐になる。釈迦ヶ岳へは左に、笹の道を行く。鞍部から急坂を登りつめれば山頂である。

163　釈迦ヶ岳（那須・塩原）

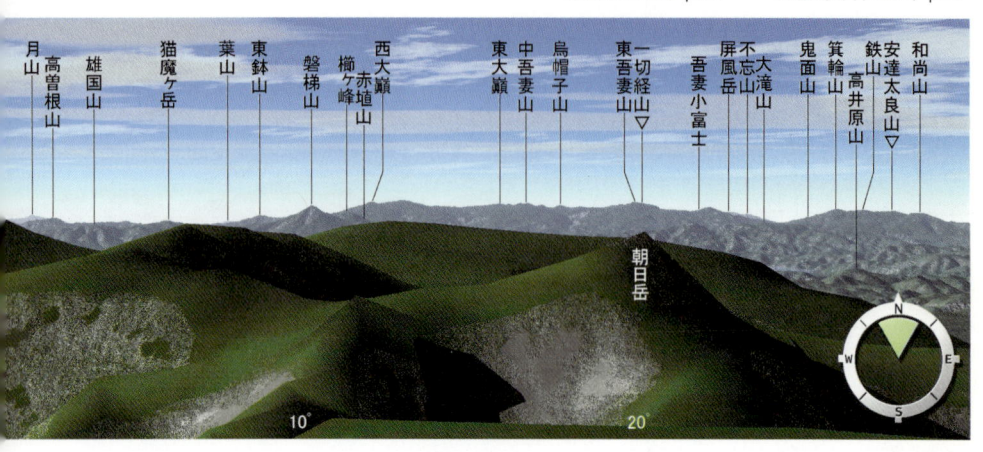

一切経山(1949m) p180　　安達太良山(1700m) p178

月山／高曽根山／雄国山／猫魔ヶ岳／葉山／東鉢山／磐梯山／櫛ヶ峰／赤埴山／西大嶺／烏帽子山／中吾妻山／東大嶺／一切経山▽／東吾妻山▽／吾妻小富士／屏風岳／不忘山／大滝山／鬼面山／箕輪山／鉄山／高井原山／安達太良山▽／和尚山

朝日岳

茶臼岳（那須）
活火山から関東平野を越え富士山遠望に挑戦

山頂西側から噴煙を上げる茶臼岳（撮影：須部方夫）

茶臼岳は硫黄の臭いとともに記憶に残る山である。いまも活発な噴気活動を続ける山であるために、大きな樹木にさえぎられることもなく、展望にはもってこいの山だ。もっとも、夏場は名物の雷様に出会わないかと、雲の動きを気にしながらということになるが、それを忘れるほどの展望が得られる。

まずは、日光から尾瀬、会津にかけてのひしめきあった山並みは圧巻である。さらに飯豊連峰や磐梯山、吾妻連峰、安達太良山といった東北の名山も姿を見せてくれるのは嬉しい。そして遠望の難易度ではウルトラC級に入る富士山は、225キロの彼方。視線は群馬県から埼玉県の関東平野を通過するため、よほど日頃の行いの良い人でないと見るのは難しいであろう。残念なのは北・中央・南アルプスがともに見えないこと。日光付近の山岳が邪魔をしてしまっている。もっとも遠くに見える山は、岩手県の釜石市、大船渡市、気仙郡住田町にまたがる標高1351メートルの五葉山。準平原の平坦な山で、眺望の良いことで知られている。その距離は278.1キロである。

茶臼山、茶臼岳という山名はあちらこちらに見受けられるが、茶臼というのは茶を挽く臼のことである。台形をした山の形が茶臼に似ていることから名付けられたものであろう。茶臼はもともと茶道具のひとつであったが、高価であったことから馴染みがなくなり、挽き茶を使うことが一般的になってしまった。

那須・日光
標高 1915ｍ
緯度 37度07分29秒
経度 139度57分46秒

164

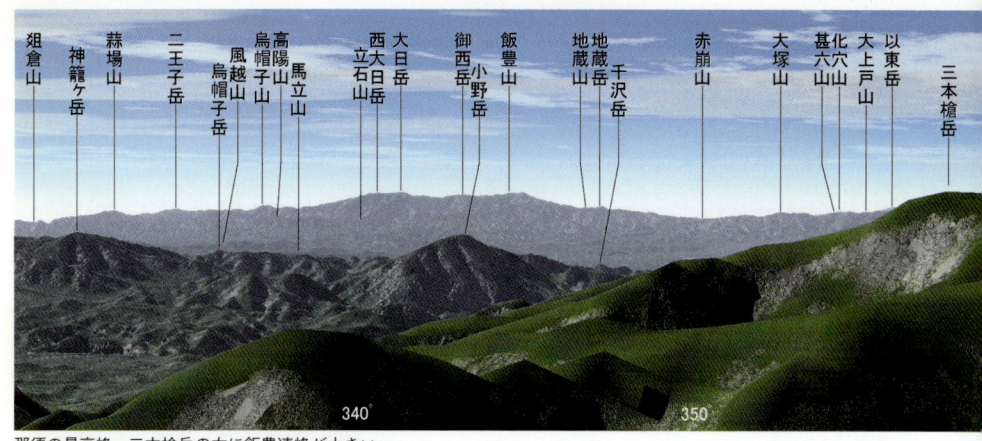

那須の最高峰、三本槍岳の左に飯豊連峰が大きい

茶臼岳から見える山
（興味深いもの）

山名	標高	距離	方位
五葉山	1351	278.1	33.3
富士山	3776	225.0	209.9
清澄山	377	218.4	175.4
御正体山	1682	203.9	207.3
塔ノ岳	1491	198.8	201.4
大山	1252	198.0	199.5
蛭ヶ岳	1673	196.2	202.3
金峰山	2599	183.5	221.1
北奥千丈岳	2601	181.1	220.0
陣馬山	855	178.3	203.8
甲武信岳	2475	174.4	219.6
両神山	1723	158.1	219.7
月山	1984	158.1	2.0
西御荷鉾山	1286	142.7	221.1
筑波山	860	100.4	173.0
二王子岳	1420	95.2	334.6
飯豊山	2105	84.1	344.4
守門岳	1537	79.3	292.7
越後駒ヶ岳	2003	78.8	270.1
至仏山	2228	74.4	250.9
一切経山	1949	72.1	20.1
平ヶ岳	2141	71.7	259.2
景鶴山	2004	69.4	254.6
浅草岳	1585	69.1	290.7
御神楽岳	1386	64.8	312.9
奥白根山	2578	63.5	235.4
燧ヶ岳	2356	63.1	252.8
安達太良山	1700	62.1	27.4
男体山	2484	57.9	226.6
会津駒ヶ岳	2133	54.8	261.1
磐梯山	1819	53.7	10.3
女峰山	2483	51.4	227.6
八溝山	1022	35.0	127.8
高原山	1795	29.9	213.6
七ヶ岳	1636	27.1	269.9
三本槍岳	1917	2.8	357.4

現在の茶臼岳は3〜4万年前の大規模な山体崩壊によって生じた馬蹄形のカルデラの中心にできた溶岩円頂丘で、過去同じような溶岩円頂丘を作っては大爆発で吹き飛ばす火山活動があったようである。最近でも昭和38年（1963）に水蒸気爆発を起こしている。

東北本線黒磯駅からのバスを那須山麓で降りロープウェイを利用すれば、山頂駅まで4分、山頂駅から茶臼岳山頂まで30分である。これではもの足りないので、秘湯三斗小屋温泉で一泊し、翌日朝日岳や三本槍岳などを縦走すると良い。ロープウェイ周辺の観光客の賑わいを避けたいなら、三本槍岳から北温泉へ抜けるコースも良い。また時間があれば甲子山まで足を延ばし、甲子温泉へ下りるコースもある。

安達太良山(1700m) p178

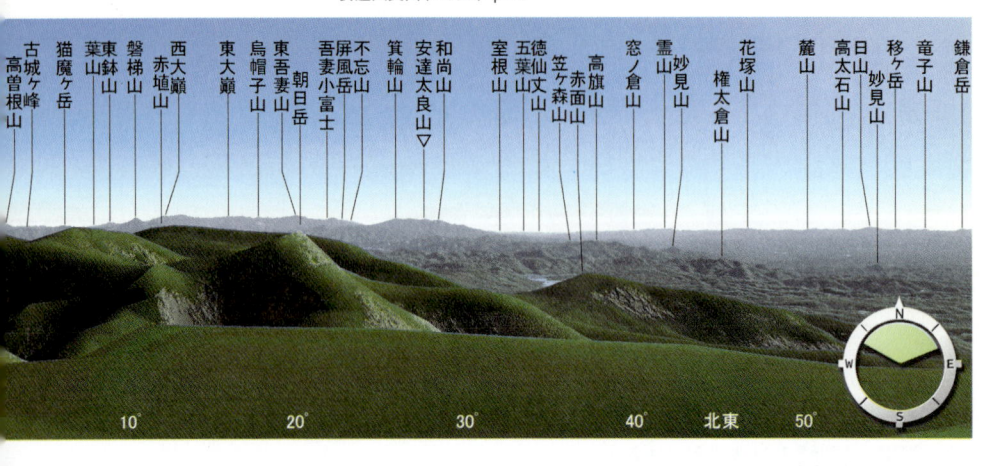

右から左（北東方面）:
鎌倉岳／竜子山／移ヶ岳／妙見山／日山／高太石山／麓山／花塚山／霊山／妙見山／窓ノ倉山／権太倉山／高旗山／赤面山／徳仙丈山／五葉山／笠ヶ森山／吾妻小富士／室根山／和尚山／朝日岳／安達太良山▽／不忘山／屏風岳／東吾妻山／烏帽子山／箕輪山／吾妻小富士／磐梯山／赤埴山／西大巓／東大巓／葉山／東鉢山／猫魔ヶ岳／古城ヶ峰／高曽根山

10°　20°　30°　40°　北東　50°

筑波山(860m) p26

八溝山／堅破山／神峯山／高鈴山／見張山／久慈男体山／難台山／吾国山／加波山／筑波山▽／清澄山／愛宕山

130°　南東　140°　150°　160°　170°

至仏山(2228m) p168　　荒沢岳(1969m) p192　　守門岳(1537m) p194

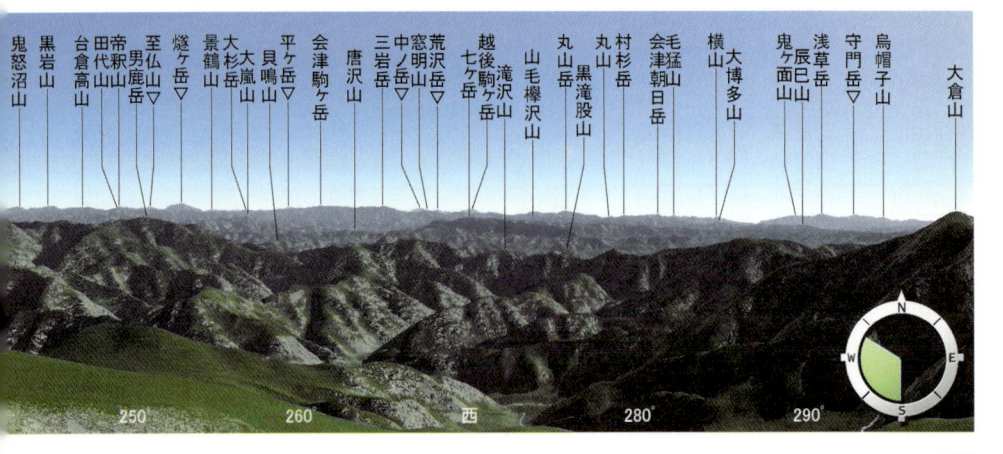

鬼怒沼山／黒岩山／台倉高山／田代山／帝釈山／男鹿岳／至仏山▽／燧ヶ岳／景鶴山／大嵐山／大杉山／平ヶ岳／貝鳴山／会津駒ヶ岳／唐沢山／三岩岳／中ノ岳／窓明山／荒沢岳▽／越後駒ヶ岳／七ヶ岳／竜ヶ岳／山毛欅沢山／黒滝股山／丸山／丸山岳／村杉岳／会津朝日岳／毛猛山／横山／大博多山／鬼ヶ面山／守門岳▽／辰巳山／浅草岳／烏帽子山／大倉山

250°　260°　西　280°　290°

西北西から東北東の展望

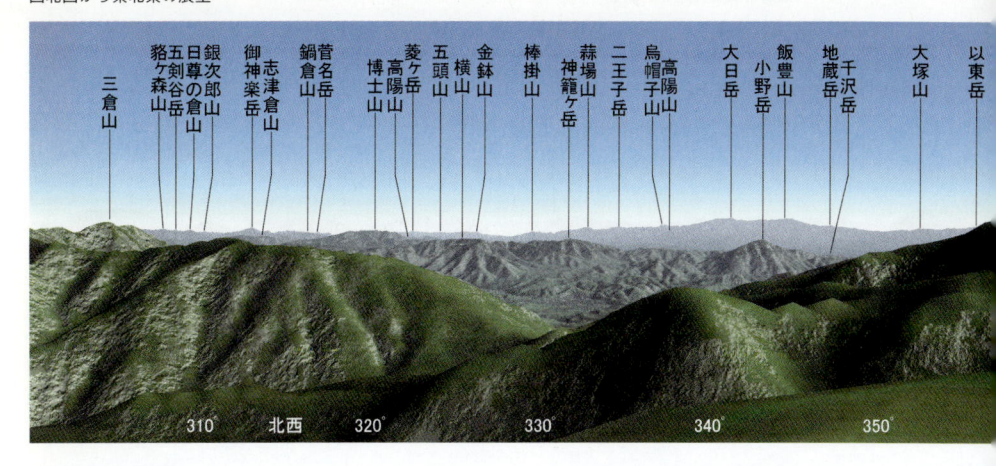

ラベル（左から右）: 三倉山、貉ヶ森山、五剣谷岳、日尊の倉山、銀次郎山、御神楽岳、志津倉山、鍋倉山、菅名岳、横山、五頭山、菱ヶ岳、高陽山、博士山、金鉢山、棒掛山、蒜場山、神籠ヶ岳、二王子岳、烏帽子山、高倉山、大日岳、飯豊山、小野岳、地蔵岳、千沢岳、大塚山、以東岳

310° 北西 320° 330° 340° 350°

東北東から南の展望

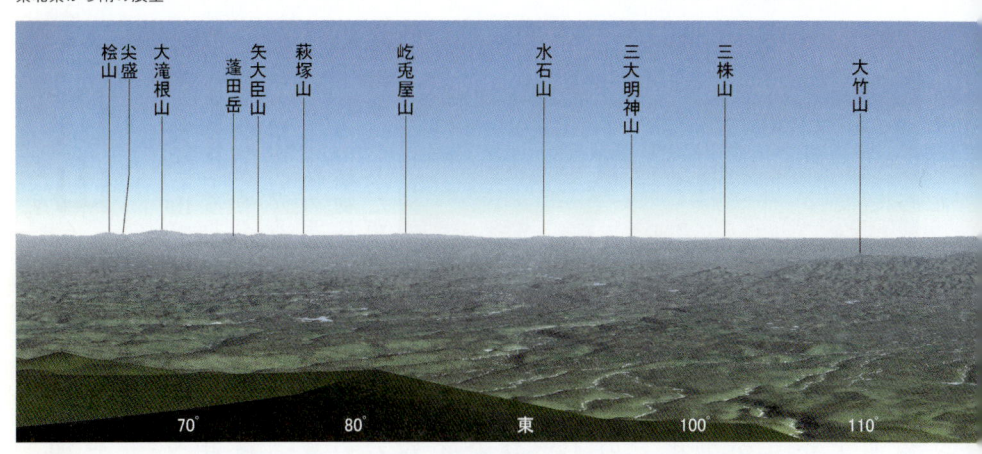

ラベル（左から右）: 桧山、尖盛、大滝根山、蓬田岳、矢大臣山、萩塚山、屹兎屋山、水石山、三大明神山、三株山、大竹山

70° 80° 東 100° 110°

南から西北西の展望

富士山(3776m) p86　　　男体山(2484m) p156

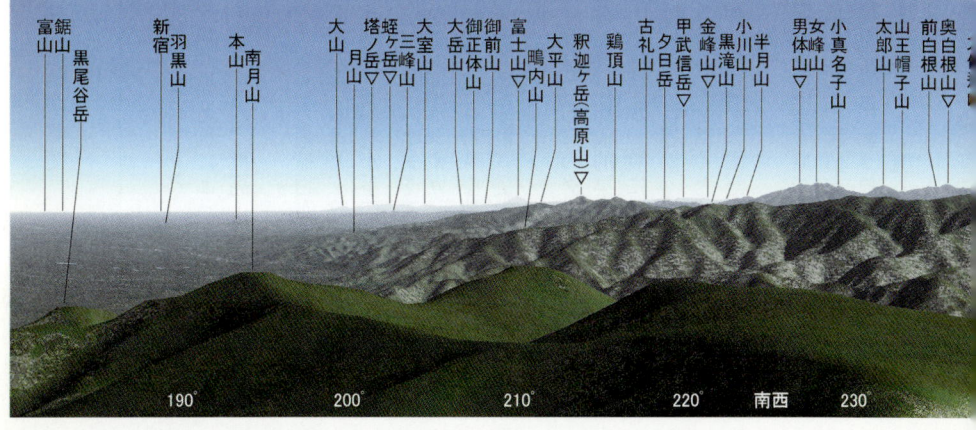

ラベル（左から右）: 富山、鋸山、黒尾谷岳、新宿、羽黒山、本山、南月山、大山、塔ノ岳▽、蛭ヶ岳▽、三峰山、大室山、御前岳、御正体山、大岳山、富士山▽、大平山、鳴虫山、釈迦ヶ岳(高原山)▽、鶏頂山、古礼山、甲武信岳▽、夕日岳、金峰山、黒滝山、小川山、半月山、男体山、女峰山、小真名子山、太郎山、山王帽子山、前白根山▽、奥白根山▽

190° 200° 210° 220° 南西 230°

167　茶臼岳（那須・日光）

那須茶臼岳（1915m）p164

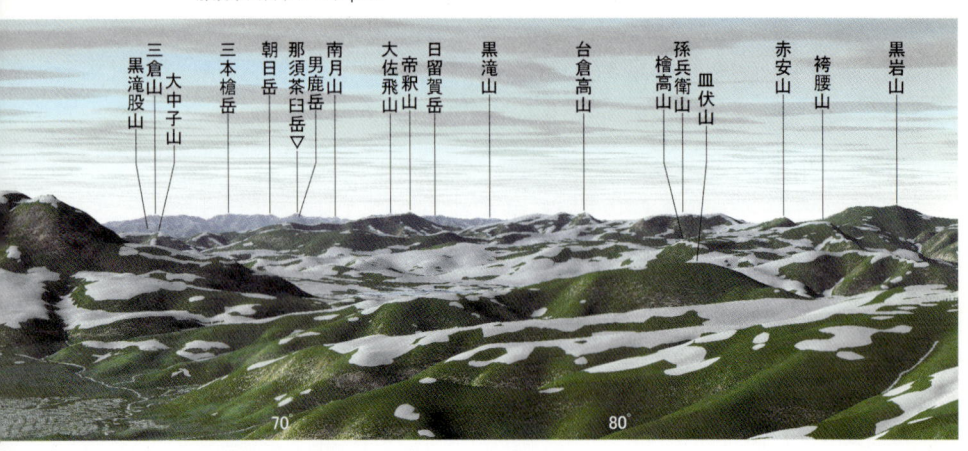

パノラマ図ラベル（左から右）：黒岩山／袴腰山／赤安山／皿伏山／孫兵衛山・檜高山／台倉高山／黒滝山／日留賀岳／大佐飛山／南月山／男鹿山／那須茶臼岳▽／帝釈山／朝日岳／三本槍岳／大中子山／三倉山・黒滝股山

至仏山（しぶつさん）

特産種の高山植物の花を咲かせて尾瀬を見守るおだやかな山

尾瀬ヶ原の母なる山が燧ヶ岳ならば、父なる山は至仏山であろう。おおらかな姿で尾瀬ヶ原を見下ろし、見守る山。蛇紋岩という独特の地質によって、ホソバヒナウスユキソウやクモイイカリソウなどの稀少種をはぐくみ、標高1600メートル付近までハイマツ帯が広がる。

1万2千年前の氷河期には、北極地域に生育する北方系植物が勢力を強め、至仏山もこれらの植物に覆われていた。その後氷河期が終わると、徐々に北方系植物は姿を消していったが、至仏山では蛇紋岩という特殊な環境が手伝ってこれらの植物が生き残った。これを「蛇紋岩残存植物」と呼んでいる。オゼソウやタカネシオガマなどがこれにあたる。また、蛇紋岩という特殊な地質のために、元の種から矮小化するなど変形した植物を「蛇紋岩変形植物」と呼んでいる。ホソバヒナウスユキソウ、クモイイカリソウはこちらのグループである。

尾瀬の素晴らしさは比較的早くから世に知られていたが、至仏山の価値が一般に認知されるのは尾瀬ヶ原に比べればはるかに遅かった感がある。残雪期には植生の踏み荒らしを防ぐために全面的な登山禁止処置がとられているが、まだまだ山の姿は痛々しいかぎりだ。

ここからの展望は尾瀬ヶ原のあますところない眺めと、上越国境の山々の眺望が同時に得られるのが特徴である。燧ヶ岳と尾瀬ヶ原の組み合わせはいつまでも飽くことの知らない光景であるし、憧れの平

尾瀬ヶ原から見る至仏山（撮影：日比光則）

尾瀬・南会津
標高 2228メートル
緯度 36度54分12秒
経度 139度10分23秒

安達太良山(1700m) p178

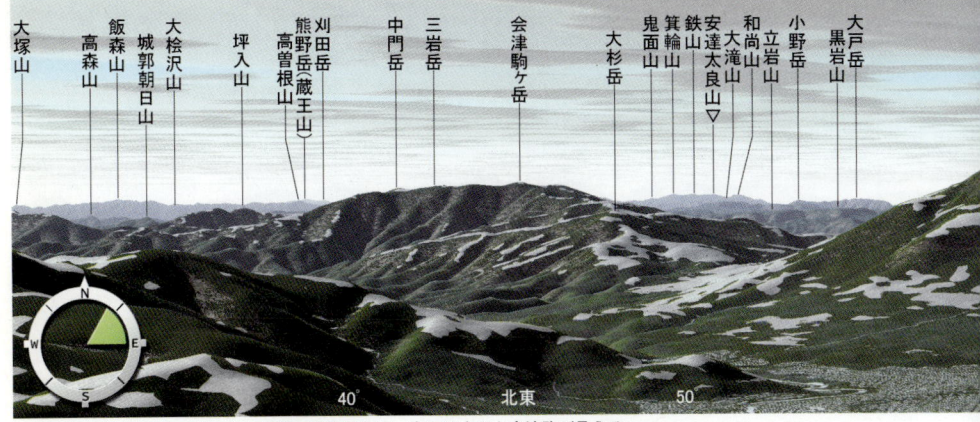

大塚山／高森山／飯森山／城郭朝日山／大桧沢山／坪入山／高曽根山／熊野岳(蔵王山)／刈田岳／中門岳／三岩岳／会津駒ヶ岳／大杉岳／鬼面山／箕輪山／鉄山／安達太良山▽／大滝山／和尚岳／立岩山／小野岳／大戸岳／黒岩山

正面に燧ヶ岳が大きく、広々とした瀬ヶ原を見下す。左には大きな会津駒が見える

至仏山から見える山
（興味深いもの）

山 名	標高	距離	方位
三原山(伊豆大島)	764	242.5	175.2
愛宕山	408	211.5	159.4
上河内岳	2803	191.4	208.9
剣ヶ峰(御嶽山)	3067	188.7	234.0
仙涯嶺	2734	181.5	222.6
南駒ヶ岳	2841	180.9	222.9
悪沢岳	3141	179.3	210.0
空木岳	2864	179.1	223.2
富士山	3776	175.8	193.3
宝剣岳	2931	174.6	224.9
木曽駒ヶ岳	2956	174.2	225.2
農鳥岳	3026	165.2	210.8
間ノ岳	3189	163.3	211.6
北岳	3192	160.1	211.8
仙丈ヶ岳	3033	158.5	214.3
蛭ヶ岳	1673	157.2	181.1
鉢盛山	2446	156.0	234.9
観音岳(鳳凰山)	2840	154.4	210.5
奥穂高岳	3190	152.5	243.9
甲斐駒ヶ岳	2967	152.4	213.7
北穂高岳	3106	151.5	244.3
鷲羽岳	2924	150.7	248.8
水晶岳	2986	150.0	249.8
常念岳	2857	144.3	244.0
雄山(立山)	3003	143.6	255.6
劔岳	2998	142.3	257.8
大菩薩嶺	2057	131.4	193.0
鹿島槍ヶ岳	2889	131.0	256.7
白馬岳	2932	127.2	263.1
安達太良山	1700	126.9	50.8
赤岳	2899	126.0	215.0
金峰山	2599	124.6	203.4
北奥千丈岳	2601	123.3	201.5
蓼科山	2530	118.5	221.8
雲取山	2017	118.0	190.1
高妻山	2353	100.6	263.7

ヶ岳から人跡まれな山々へ思いを募らせるのも悪くない。

遠望でも、奥穂高岳、常念岳、白馬岳、劔岳など北アルプス、木曽駒ヶ岳、宝剣岳、仙丈ヶ岳、南駒ヶ岳などの中央アルプス、北岳、悪沢岳などの南アルプス。そして富士山と広い展望が得られる。もっとも遠くに見える山は伊豆大島の三原山。つまり太平洋まで視界が広がっているということだ。

至仏山は植生保護のため、残雪期の5月から6月は全面登山禁止の処置がとられている。期間は年によって異なるので事前に確認してから出かけたい。また、上越線沼田駅からのバスを戸倉で乗り継ぎ、鳩待峠か、山ノ鼻で入って前日一泊して、ゆっくりと楽しみたい山だ。

169　至仏山（尾瀬・南会津）

男体山(2484m) p156

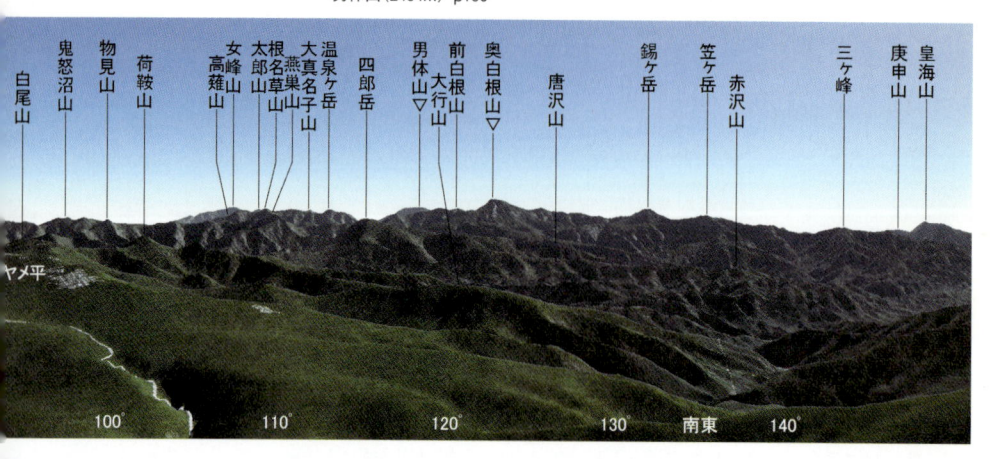

パノラマラベル(左から右へ):
白尾山 / 鬼怒沼山 / 物見山 / 荷鞍山 / 高薙山 / 女峰山 / 根名草山 / 太郎山 / 燕巣山 / 大真名子山 / 温泉ヶ岳 / 四郎岳 / 前白根山 / 大行山 / 男体山▽ / 奥白根山▽ / 唐沢山 / 錫ヶ岳 / 笠ヶ岳 / 赤沢山 / 三ヶ峰 / 庚申山 / 皇海山

ヤメ平

100° 110° 120° 130° 南東 140°

蓼科山(2530m) p106　　御嶽山(3067m) p302　　谷川岳(1977m) p184　　白馬岳(2932m) p252

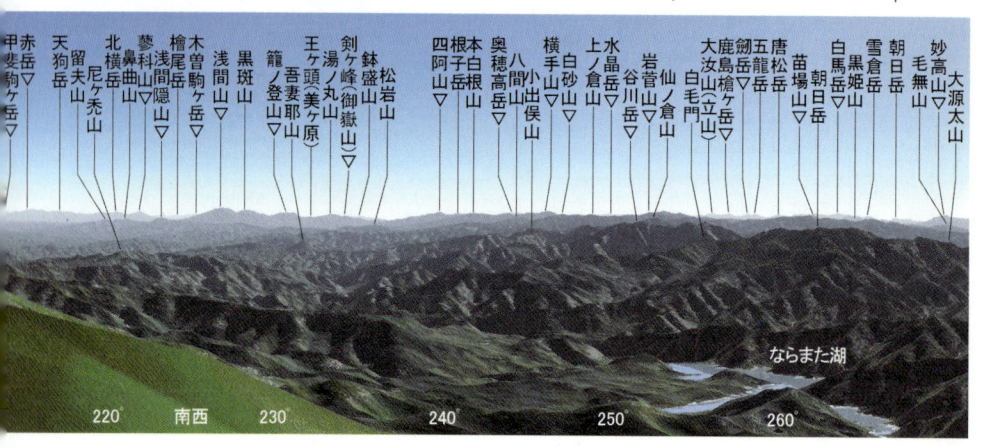

甲斐駒ヶ岳▽ / 赤岳 / 天狗山 / 留夫山 / 尼ヶ禿山 / 北横岳 / 鼻曲山 / 蓼科山▽ / 浅間隠山 / 檜尾岳 / 木曽駒ヶ岳▽ / 湯ノ丸山 / 浅間山▽ / 黒斑山 / 鉢岩山 / 松岩山 / 剣ヶ峰御嶽山▽ / 王ヶ頭(美ヶ原) / 吾妻耶山 / 籠ノ登山 / 根子岳 / 白根山 / 四阿山▽ / 奥穂高岳 / 横手山 / 八間山 / 小出俣山 / 上ノ倉山 / 白砂山 / 水晶岳 / 谷川岳 / 岩菅山 / 仙ノ倉山 / 大汝山(立山) / 白毛門 / 剱岳 / 鹿島槍ヶ岳 / 五龍岳 / 唐松岳 / 仙ノ倉山 / 苗場山 / 朝日岳 / 白馬岳▽ / 黒姫山 / 雪倉岳 / 朝日岳 / 毛無山 / 妙高山 / 大源太山

ならまた湖

220° 南西 230° 240° 250° 260°

荒沢岳(1969m) p192

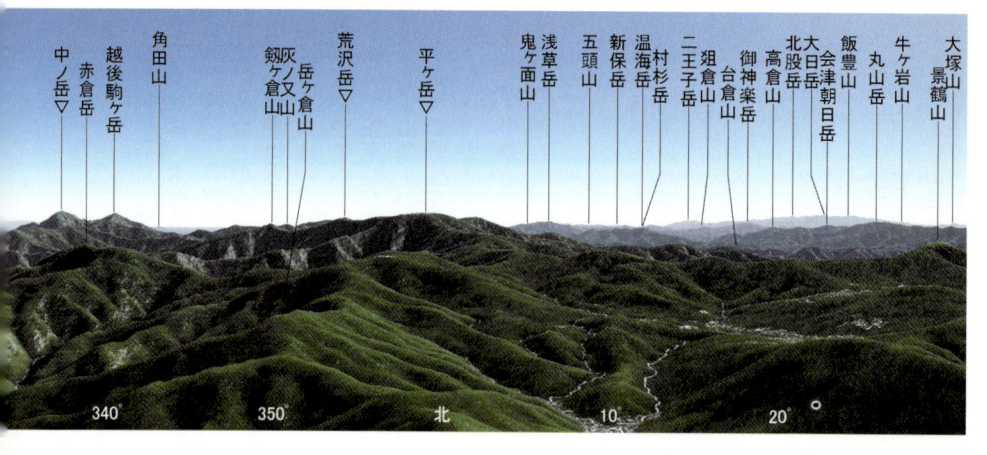

中ノ岳▽ / 赤倉岳 / 越後駒ヶ岳 / 角田山 / 岳ヶ倉山 / 剱ヶ倉山 / 灰ノ又山 / 荒沢岳▽ / 平ヶ岳▽ / 鬼ヶ面山 / 浅草岳 / 五頭山 / 新保岳 / 村杉岳 / 温海岳 / 浅草岳 / 台倉岳 / 二王子岳 / 祖倉岳 / 高倉岳 / 御神楽岳 / 北股岳 / 大日岳 / 会津朝日岳 / 飯豊山 / 丸山岳 / 牛ヶ岩山 / 景鶴山 / 大塚山

340° 350° 北 10° 20°

170

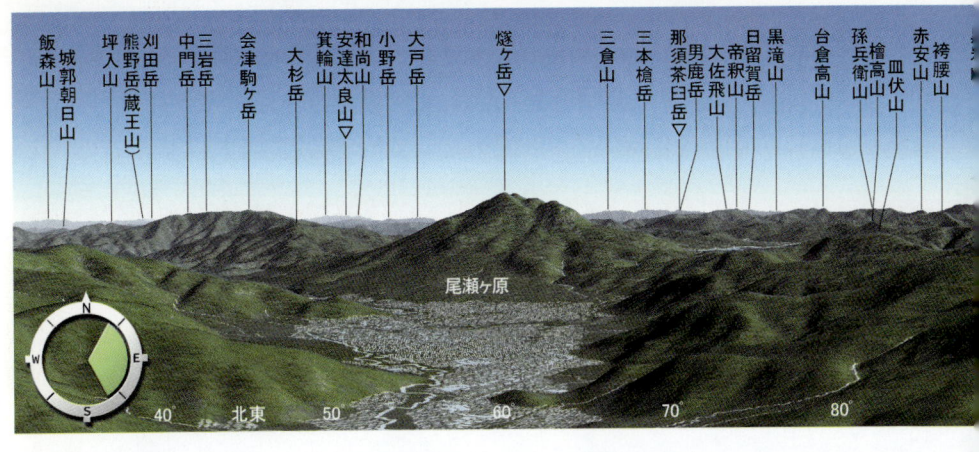

北北東から南南東の展望　安達太良山(1700m) p178　燧ヶ岳(2356m) p172　那須茶臼岳(1915m) p164

飯森山／城郭朝日山／熊野岳(蔵王山)／刈田岳／坪入山／三岩岳／中門岳／会津駒ヶ岳／和尚山／安達太良山▽／箕輪山／大杉岳／小野岳／大戸岳／燧ヶ岳▽／三倉山／三本槍岳／那須茶臼岳▽／男鹿岳／大佐飛山／帝釈山／日留賀岳／黒滝山／台倉高山／孫兵衛山／檜高山／皿伏山／袴腰山／赤安山

尾瀬ヶ原

40°　北東　50°　60°　70°　80°

南南東から西の展望　黒檜山(2715m) p120　雲取山(2017m) p38

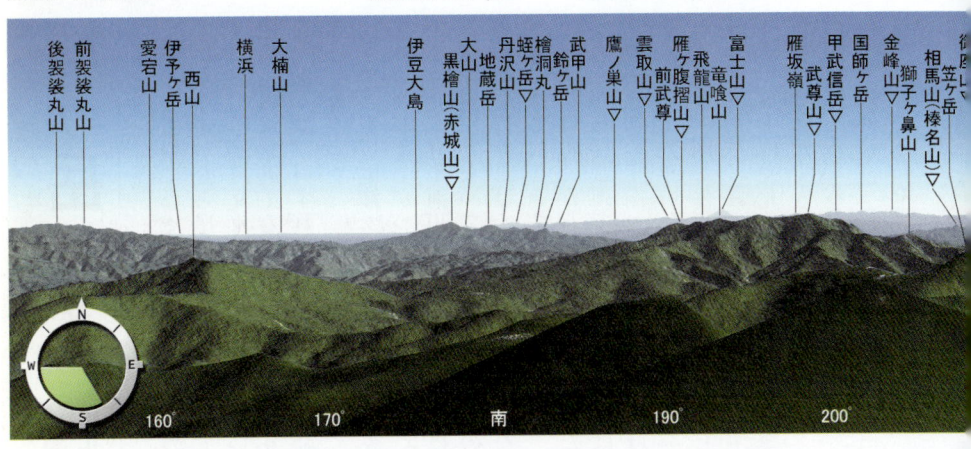

後袈裟丸山／前袈裟丸山／愛宕山／伊予ヶ岳／西山／横浜／大楠山／伊豆大島／大山／黒檜山(赤城山)▽／地蔵岳／蛭ヶ岳／丹沢山／檜洞丸／鈴ヶ岳／武甲山／鷹ノ巣山／雲取山／雁腹摺山／前武尊／飛龍山／竜喰山／富士山／雁坂嶺／武尊山▽／甲武信岳／国師ヶ岳／金峰山／獅子ヶ鼻山／相馬山(榛名山)▽／笠ヶ岳／御座山

160°　170°　南　190°　200°

西から北北東の展望

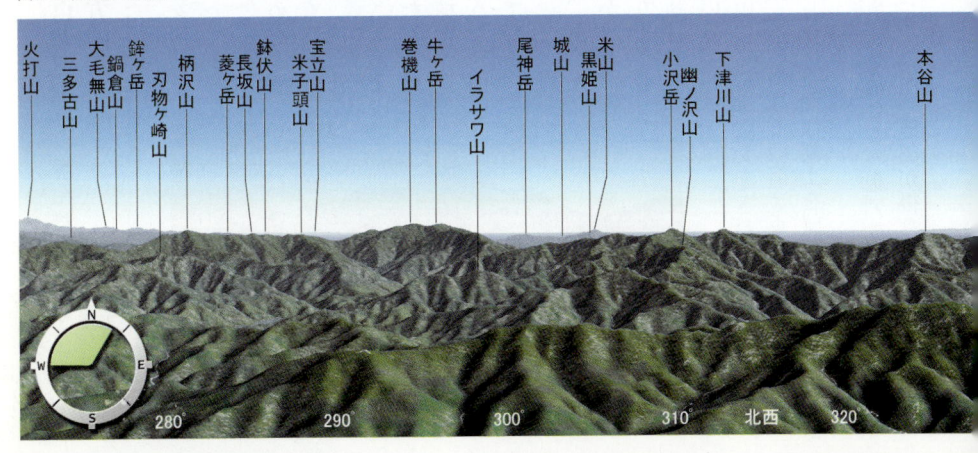

火打山／三多古山／大毛無山／鍋倉岳／鈱ヶ岳／刃物ヶ崎山／柄沢山／鉢伏山／長坂山／菱ヶ岳／宝立山／米子頭山／巻機山／牛ヶ岳／イラサワ山／尾神岳／城山／黒姫山／米山／小沢岳／幽ノ沢山／下津川山／本谷山

280°　290°　300°　310°　北西　320°

171　至仏山（尾瀬・南会津）

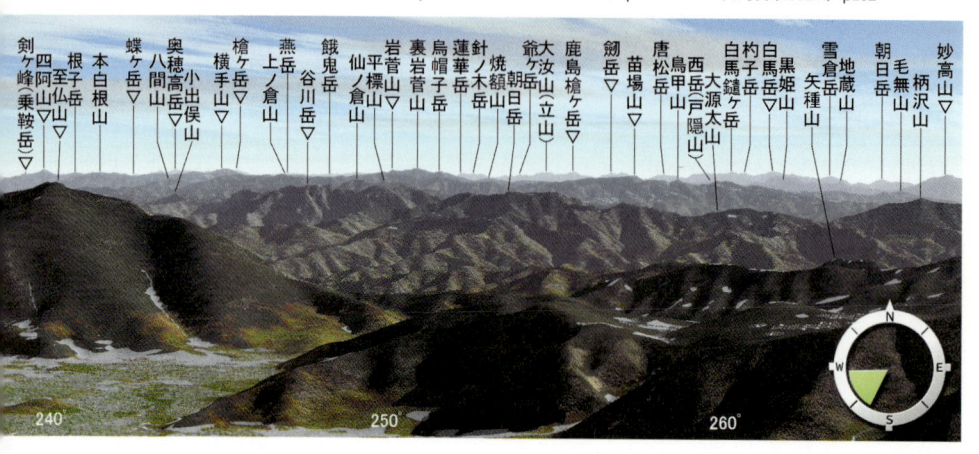

パノラマ上部の山名（左から右）：
剣峰乗鞍岳▽／四阿山／根子岳／本白根山／至仏山／八間山／蝶ヶ岳／奥穂高岳／小出俣山／横手山／槍ヶ岳／燕岳／上ノ倉山／谷川岳／餓鬼岳／仙ノ倉山／平標山／岩菅山／烏帽子岳／裏岩菅山／蓮華岳／針ノ木岳／焼額山／爺ヶ岳／大汝山（立山）／鹿島槍ヶ岳／剱岳／苗場山／唐松岳／鳥甲山／西岳（戸隠山）／大源太山／白馬鑓ヶ岳／杓子岳／白馬岳／黒岳／雪倉岳／矢種山／地蔵山／朝日岳／毛無山／柄沢山／妙高山

奥穂高岳（3190m）p290　　岩菅山（2295m）p148　　剱岳（2998m）p264　　白馬岳（2932m）p252

240　　250　　260°

燧ヶ岳（柴安嵓）

尾瀬の自然を生み、育んだ東北地方の最高峰

尾瀬・南会津
標高 2350メートル
緯度 36度54分12秒
経度 139度10分23秒

尾瀬の風景になくてはならない存在の燧ヶ岳。この山がなかったら尾瀬の魅力は半減していたであろう。というより尾瀬自体の存在も危ういところだ。瑠璃色の水を湛える尾瀬沼、宝石をちりばめたような尾瀬ヶ原、いずれも燧ヶ岳の噴火活動なくしては存在しなかった。

もっとも、尾瀬ヶ原についてはよく説明されるように、湖が干上がってできたのではなく、むしろ地下水位の上昇や河川からの土砂の流入に、植物の遺骸が泥炭層となって積み重なり、池塘のような地面の凹凸を作り上げたとするのが定説になっている。

尾瀬はまさに生きているわけである。

燧ヶ岳は古くからの信仰の山であったが、登る山ではなかった。この山を初めて開いたのは、尾瀬沼のほとりに長蔵小屋を建てた平野長蔵であり、明治22年8月のことである。同じ年に木暮理太郎も登頂している。

独立峰だけに燧ヶ岳からの展望は、至仏山に劣らず広大をきわめる。運がよければ遠く富士山や北岳、仙丈ヶ岳、農鳥岳、悪沢岳などの南アルプス、八ヶ岳などを望むことができる。「はるかな尾瀬」越しにはるかな富士を望む。これほどの贅沢が他にあるだろうか。

それ以外にも、奥穂高岳、槍ヶ岳、白馬岳、剱岳などの北アルプス、木曽駒ヶ岳、宝剣岳、空木岳などの中央アルプスと、思った以上の展望が得られることだろう。

尾瀬沼に姿を映す朝の燧ヶ岳（撮影：伊藤順一）

172

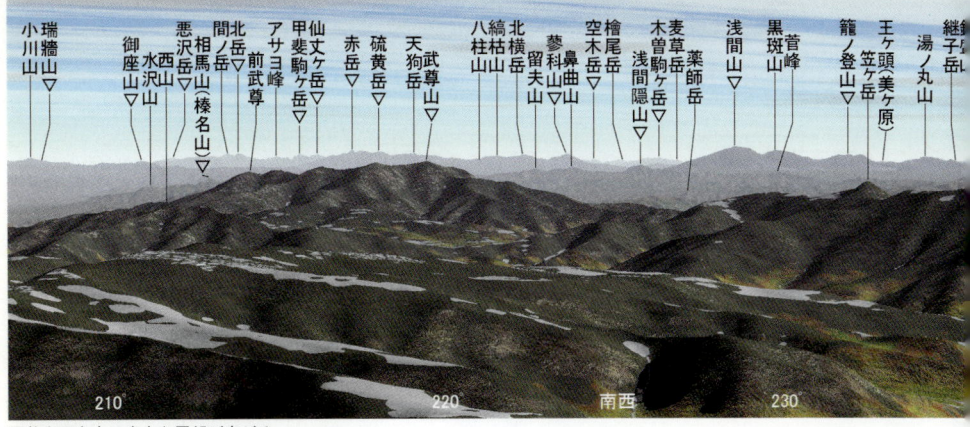

瑞牆山(2230m) p52　　仙丈ヶ岳(3033m) p206　　空木岳(2864m) p242　　籠ノ登山(2227m) p130

至仏山の左右に広大な展望が広がる

燧ヶ岳から見える山
（興味深いもの）

山名	標高	距離	方位
坪野山	301	227.5	280.6
聖岳	3013	198.8	211.5
南駒ヶ岳	2841	192.0	224.0
空木岳	2864	190.2	224.2
悪沢岳	3141	189.4	211.8
宝剣岳	2931	185.7	225.9
木曽駒ヶ岳	2956	185.4	226.2
富士山	3776	183.8	196.0
塩見岳	3047	182.4	213.2
剣ヶ峰(乗鞍岳)	3026	181.4	239.2
農鳥岳	3026	175.4	212.7
間ノ岳	3189	173.5	213.4
北岳	3192	170.3	213.7
仙丈ヶ岳	3033	169.0	216.1
鉢盛山	2446	167.5	235.3
観音岳(鳳凰山)	2840	164.5	212.6
三俣蓮華岳	2841	164.1	248.0
奥穂高岳	3190	164.0	243.7
蛭ヶ岳	1673	163.5	184.6
甲斐駒ヶ岳	2967	162.8	215.6
鷲羽岳	2924	162.1	248.3
槍ヶ岳	3180	161.4	245.5
大天井岳	2922	156.0	245.6
常念岳	2857	155.8	243.8
大汝山(立山)	3015	154.5	254.7
劍岳	2998	153.3	256.6
鹿島槍ヶ岳	2889	142.1	255.5
白馬岳	2932	137.8	261.3
赤岳	2899	136.6	217.1
金峰山	2599	134.0	206.4
北奥千丈岳	2601	132.5	204.7
雲取山	2017	125.8	194.1
一切経山	1949	121.3	44.1
御座山	2112	118.9	210.9
安達太良山	1700	115.6	49.9
妙高山	2454	104.6	266.4

　もっとも遠くに見える山は石川県の能登半島中部の鳳至郡門前町にある坪野山。標高301メートルの丘のような山だ。

　燧ヶ岳への登路は、尾瀬ヶ原から、御池から、と5本開かれている。燧ヶ岳だけを目指す場合には、会津高原駅からバスに乗った尾瀬御池泊とするのが最短路となる。一日目は尾瀬御池泊からのコースが良いが、浅草から東武鉄道直通の尾瀬夜行列車などを利用すれば夜行日帰りも可能だ。下山は燧新道から尾瀬沼東岸に出て、大清水か沼山峠へ抜けてバスを利用する。またはナデックボ下り沼尻から見晴十字路を経て山ノ鼻へのコース新道から見晴十字路を経て山ノ鼻へのコースをとれば、あと一泊を重ねて至仏山も楽しむことができる。

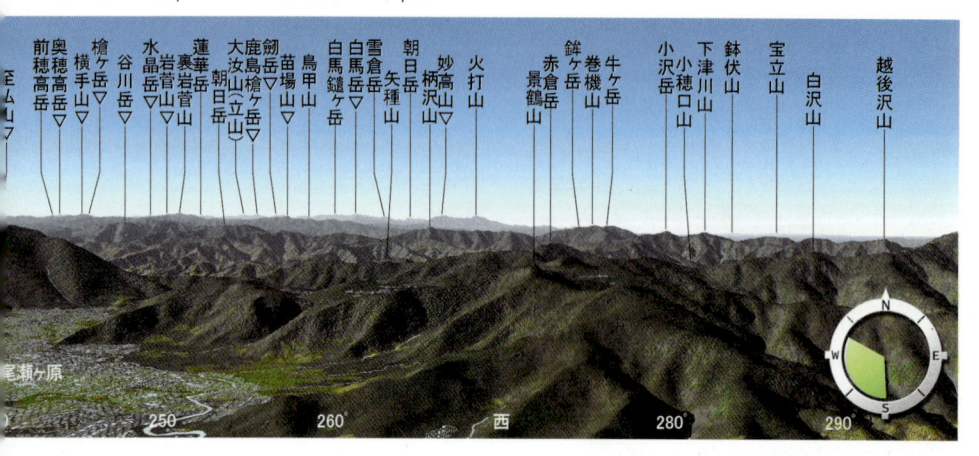

槍ヶ岳(3180m) p276　白馬岳(2932m) p252

パノラマ上のラベル（左から右）:
前穂高岳／奥穂高岳／槍ヶ岳／横手山／谷川岳／水晶岳／岩菅山／蓮華岳／裏岩菅山／鹿島槍ヶ岳／大女鑓（立山）／劒岳／苗場山／鳥甲山／白馬岳／白馬鑓ヶ岳／雲倉岳／朝日岳／矢種山／妙高山／柄沢山／火打山／鉾ヶ岳／赤倉岳／景鶴山／牛ヶ岳／巻機山／小穂口山／小沢岳／下津川山／鉢伏山／宝立山／白沢山／越後沢山

尾瀬ヶ原　250°　260°　西　280°　290°

一切経山(1949m) p180　安達太良山(1700m) p178

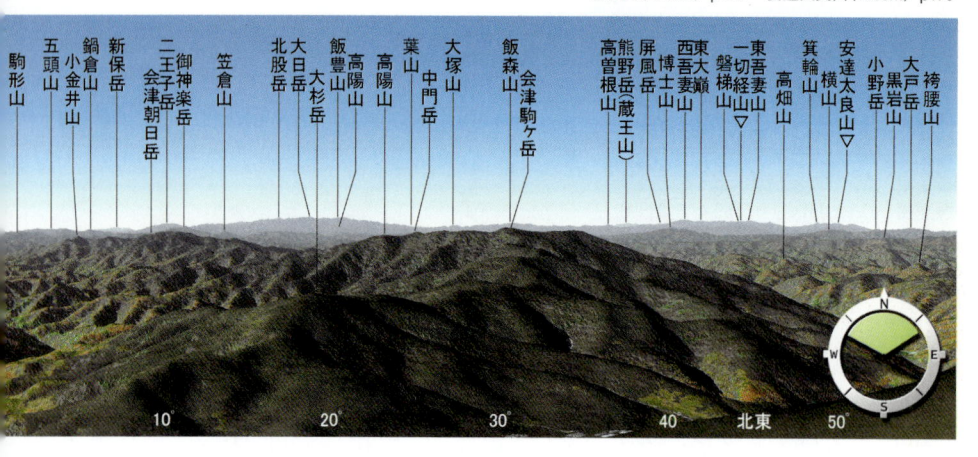

駒形山／五頭山／小金井山／鍋倉山／新保岳／二王子岳／会津朝日岳／御神楽岳／笠倉山／北股岳／大日岳／高杉山／飯豊山／葉山／高陽山／大塚山／中門岳／飯森山／会津駒ヶ岳／高曽根山／熊野岳(蔵王山)／屏風岳／博士山／西吾妻山／磐梯山／一切経山／東吾妻山／安達太良山／横山／箕輪山／高畑山／小野岳／安達太良山▽／大戸岳／黒岩山／袴腰山

10°　20°　30°　40°　北東　50°

男体山(2484m) p156　奥白根山(2578m) p158

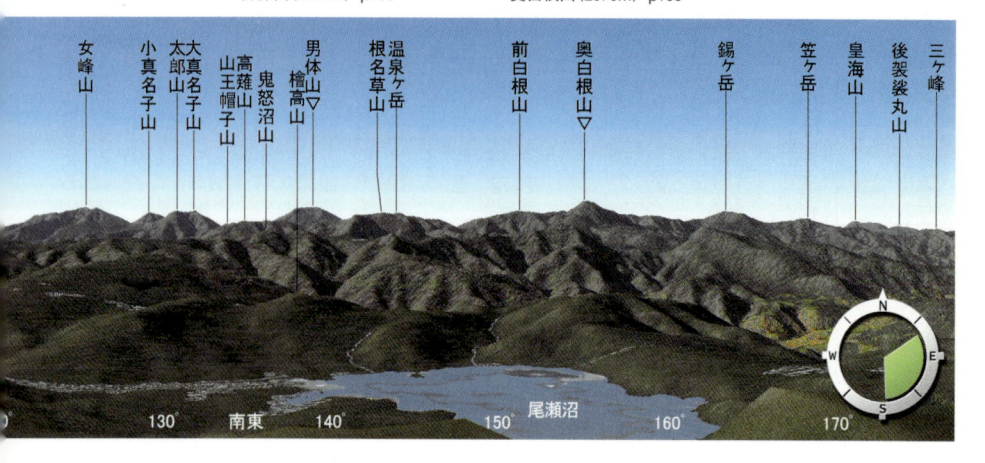

女峰山／小真名子山／大真名子山／太郎山／高薙山／鬼怒沼山／檜高山／山王帽子山／男体山▽／根名草山／温泉ヶ岳／前白根山／奥白根山▽／錫ヶ岳／笠ヶ岳／皇海山／後袈裟丸山／三ヶ峰

130°　南東　140°　150°　尾瀬沼　160°　170°

174

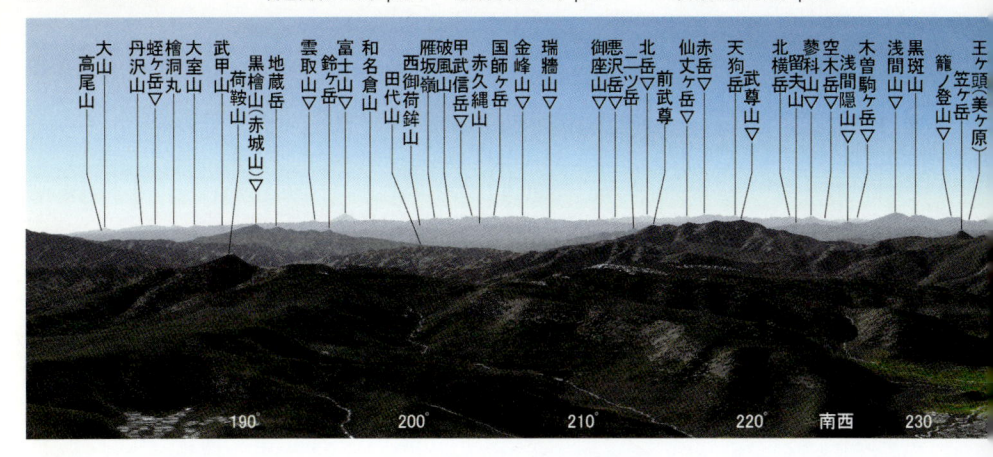

南から西北西の展望　　富士山(3776m) p86　　金峰山(2599m) p48　　武尊山(2158m) p182

峰より南西方向、190°〜230°のパノラマ。

ラベル（左から右）：
高尾山／大山／丹沢山／蛭ヶ岳／檜洞丸／大室山／武甲山／黒檜山(赤城山)／地蔵岳／荷鞍山／雲取山／富士山／鈴ヶ岳／和名倉山／田代山／西御荷鉾山／破風山／雁坂嶺／甲武信ヶ岳／赤久縄山／国師ヶ岳／金峰山／瑞牆山／御座山／悪沢岳／北奥千丈岳／赤岳／仙丈ヶ岳／天狗岳／武尊山／前武尊／北横岳／蓼科山／留夫山／空木岳／浅間隠山／木曽駒ヶ岳／浅間山／黒斑山／籠ノ登山／王ヶ頭・美ヶ原

西北西から東北東の展望　　荒沢岳(1969m) p192　　守門岳(1537m) p194

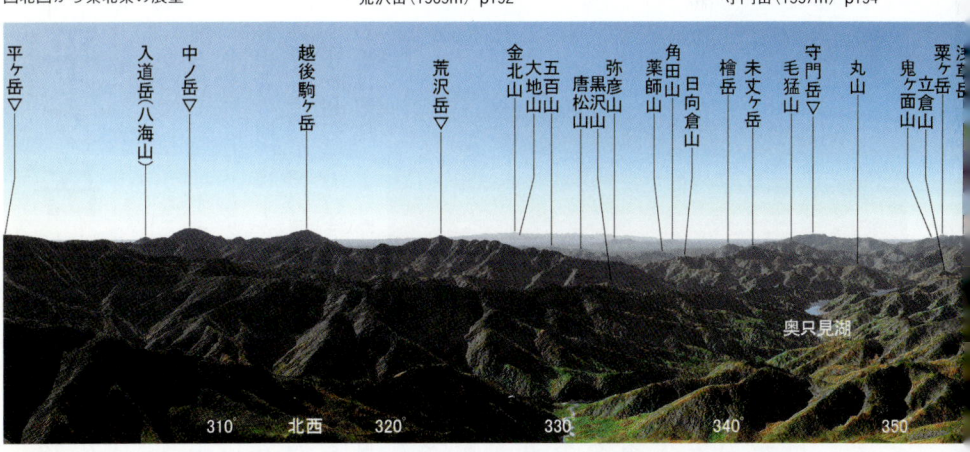

ラベル：
平ヶ岳／入道岳(八海山)／中ノ岳／越後駒ヶ岳／荒沢岳／金北山／五百山／大地山／弥彦山／唐黒沢山／角田山／薬師山／日向倉山／檜岳／未丈ヶ岳／毛猛山／守門岳／丸山／粟ヶ岳／津ヶ岳／立倉山／鬼ヶ面山

奥只見湖

東北東から南の展望　　高原山(1795m) p162

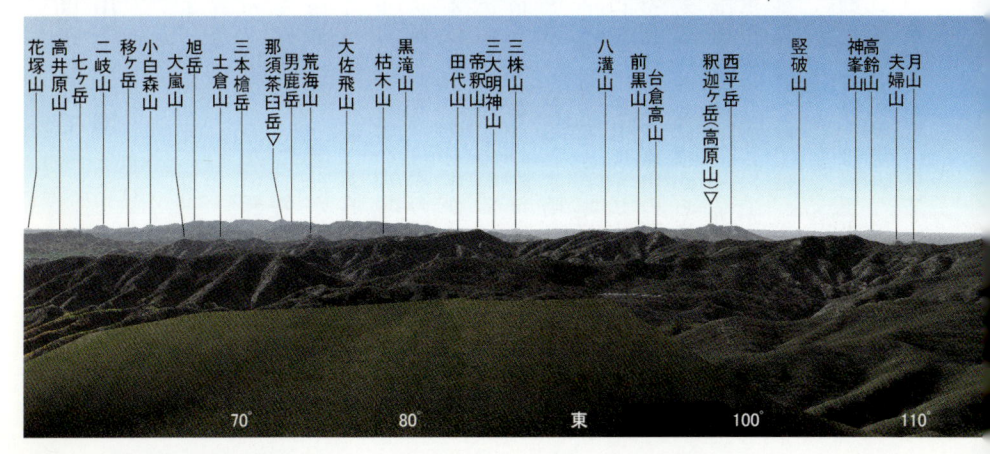

ラベル：
花塚山／高井原山／七ヶ岳／二岐山／移ヶ岳／小白森山／大嵐山／旭岳／土倉山／三本檜岳／那須茶臼岳／男鹿山／荒海山／大佐飛山／黒滝山／枯木山／三大明神山／帝釈山／田代山／三株山／八溝山／台倉高山／前黒山／西平岳／釈迦ヶ岳(高原山)／竪破山／高鈴山／神峯山／夫婦山／月山

175　燧ヶ岳（尾瀬・南会津）

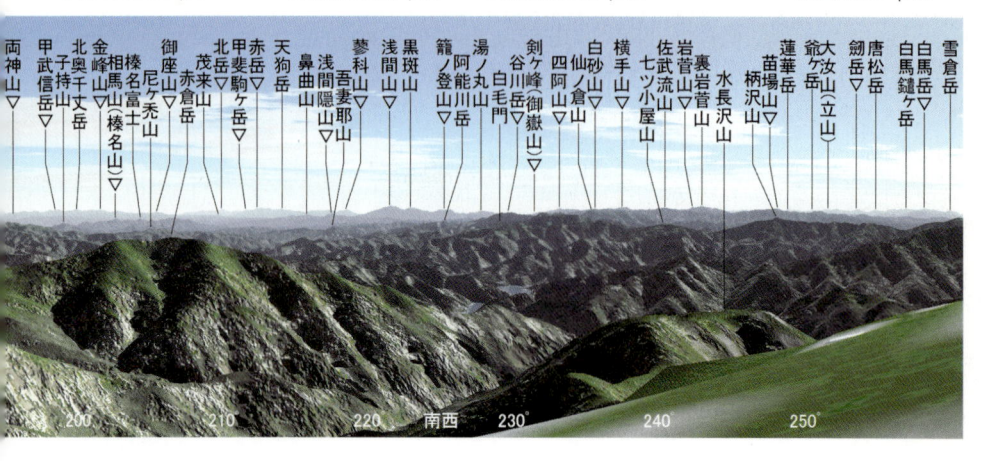

パノラマ山名:
金峰山(2599m) p48　蓼科山(2530m) p106　御嶽山(3067m) p302　劒岳(2998m) p264

両神山／甲武信岳／甲子千丈ヶ岳／北奥千丈ヶ岳／金峰山／榛名山(相馬富士)／御座山／赤城山／茂来山／北横岳／甲斐駒ヶ岳／赤岳／天狗岳／鼻曲山／浅間隠山／蓼科山／浅間山／黒斑山／籠ノ登山／四阿山／白毛門／湯ノ丸山／谷川岳／剣ヶ峰(御嶽山)／白砂山／仙ノ倉山／白毛山／佐武流山／岩菅山／裏岩菅山／柄沢山／水長沢山／苗場山／横手山／七ツ小屋山／蓮華岳／爺ヶ岳／大汝山(立山)／剣ヶ岳／唐松岳／白馬鑓ヶ岳／白馬岳／雪倉岳

200°　210°　220°　南西230°　240°　250°

平ヶ岳 (ひらがたけ)

奇岩と高山植物に見守られて高層湿原が広がる山上の楽園

尾瀬・南会津
標高 2141m
緯度 37度00分07秒
経度 139度10分15秒

かつては遙かなる遠き山であった平ヶ岳も、昭和40年に鷹ノ巣からのルートが開削されてからはすっかりその神秘性は失われた。

平ヶ岳はもともとは平嶽と呼ばれていたが、山らしくない響きであったためか、登山者の間では平ヶ岳と言う名前で通るようになった。この名前はもともと越後側の呼称で、上州の藤原側ではその山姿から塗桶山という名前が付けられている。

平ヶ岳の魅力はまさに山上の楽園とも言うべき湿原群にある。湿原の愛好家にとっては聖地のような存在であろう。

湿原の生育には多雪の環境と水はけの悪い火山性の地質が必要である。日本のほとんどの高層湿原は、平ヶ岳をはじめ、北日本から中部日本にかけての火山起源の山に分布している。

さて、山頂三角点からの眺望はあまり良くないで、木道をさらにたどると素晴らしい展望が開けている。東は大きな燧ヶ岳から尾瀬を囲む山々越しに、男体山や奥白根山。そして至仏山とその向こうに武尊山。条件が良ければ武尊山の右手には富士山が見えるはずである。さらに横から串刺しに見る上越国境の山々は重壮な迫力だ。アルプスも、北が後立山連峰の白馬岳から五龍岳にかけてがよく見える。爺ヶ岳から餓鬼岳にかけては、手前の苗場山などの上越国境の山々の隙間からかろうじて見える。（立山）や劔岳も計算上は展望可能。そして南は北岳、間ノ岳、農鳥岳、甲斐駒ヶ岳などの北部の山の巨みが見える。残念ながら中央アルプスは浅間山の

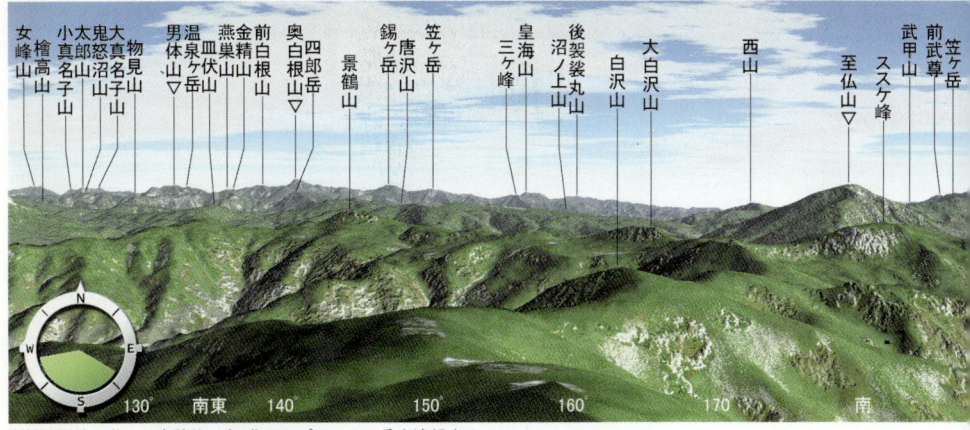

男体山(2484m) p156　　　　　　　　　　　　　　　　　　至仏山(2228m) p168

パノラマ山名（左から右へ）: 女峰山／檜高山／小真名子山／大真名子山／太郎山／鬼怒沼山／物見山／男体山▽／温泉ヶ岳／皿伏山／燕巣山／金精山／前白根山／奥白根山▽／四郎岳／錫ヶ岳／景鶴山／笠ヶ岳／唐沢山／白沢山／皇海山／沼ノ上山／三峰／後袈裟丸山／大白沢山／西山／至仏山▽／武甲山／前武尊／笠ヶ岳／ススケ峰

利根川源流の谷から奥秩父、南・北アルプス、八ヶ岳を遠望する

平ヶ岳から見える山
（興味深いもの）

山名	標高	距離	方位
鳥海山	2236	245.2	18.0
剣ヶ峰（御嶽山）	3067	195.2	231.4
千枚岳	2880	188.4	207.9
富士山	3776	186.4	192.4
農鳥岳	3026	174.6	208.9
間ノ岳	3189	172.6	209.6
北岳	3192	169.4	209.8
熊野岳（蔵王山）	1841	169.1	41.1
観音岳（鳳凰山）	2840	163.8	208.5
アサヨ峰	2799	163.7	210.8
甲斐駒ヶ岳	2967	161.5	211.5
三俣蓮華岳	2841	156.9	244.8
鷲羽岳	2924	154.8	245.0
水晶岳	2986	153.9	245.9
野口五郎岳	2924	150.8	245.7
雄山（立山）	3003	146.5	251.5
剱岳	2998	144.8	253.6
唐沢岳	2632	143.0	245.6
金北山	1172	142.1	329.5
赤岳	2899	135.0	212.3
金峰山	2599	134.6	201.4
鹿島槍ヶ岳	2889	133.7	252.1
瑞牆山	2230	133.5	203.0
北奥千丈岳	2601	133.5	199.7
白馬鑓ヶ岳	2903	129.7	257.0
白馬岳	2932	128.7	258.3
川苔山	1363	127.8	182.5
甲武信岳	2475	127.5	198.2
縞枯山	2403	127.3	216.4
蓼科山	2530	126.8	218.4
一切経山	1949	125.1	49.1
男山	1851	125.0	206.7
東吾妻山	1975	122.5	49.6
安達太良山	1700	120.5	54.9
御座山	2112	118.7	205.3
武甲山	1295	116.7	183.2

体に隠されて見ることができない。遠くに見える山は、鳥海山。もっとも日本海側の山らしい。飯豊連峰の杁差岳と二王子岳間の鞍部から眺められるはずであるが、なかなか肉眼では難しいだろう。鳥海山が見えるあたりは蔵王山や吾妻山、磐梯山、安達太良山などが見える。他に東北の山では蔵王山や吾妻山、磐梯山、安達太良山などが見える。

平ヶ岳へのコースは会津高原駅からタクシーを利用する鷹ノ巣からの往復が唯一である。近年中ノ岐川からの短時間コースがあると言われているが、林道は閉鎖されていて利用できない。鷹ノ巣を早朝に出発すれば日帰りも可能であるが、往復12時間の長丁場であるので、ペース配分には十分気を配りたい。池ノ岳にはテント数張分の幕営スペースがあるのでテント山行がおすすめだ。

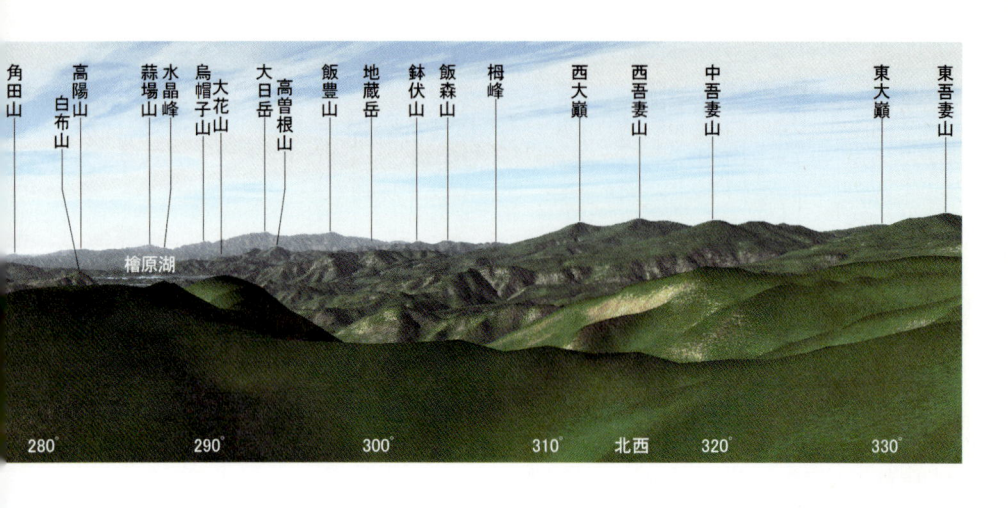

パノラマ山名(左から):
角田山／高陽山／白布山／蒜場山／水晶峰／烏帽子山／大花山／大日岳／高曽根山／飯豊山／地蔵岳／鉢伏山／飯森山／栂峰／西大巓／西吾妻山／中吾妻山／東大巓／東吾妻山

檜原湖

280° 290° 300° 310° 北西 320° 330°

安達太良山（あだたらやま）

東北の玄関口にある光太郎の詩で著名な山

東北南部
標高1700メートル
緯度37度37分16秒
経度140度17分16秒

安達太良山の主峰は、その形状から別名乳首山とも呼ばれている溶岩の盛り上がりである。もっとも標高の高い山が主峰になるのが通例だが、安達太良山の場合は北に連なる鉄山や箕輪山（みのわさん）のほうが主峰の乳首山より標高が高いという、めずらしい山だ。

安達太良山といえば詩人にして彫刻家の高村光太郎の詩の存在を忘れるわけにはいかないであろう。

あれが阿多多羅山
あのひかるのが阿武隈川

智恵子は東京に空がないといふ、
ほんとの空が見たいといふ。
（中略）
智恵子は遠くを見ながら言ふ。
阿多多羅山の山の上に
毎日出てゐる青い空が
智恵子のほんとの空だといふ。
あどけない空の話である。

『樹下の二人』

『あどけない話』

東北線の車窓から眺める安達太良山は茫漠としている。山稜は雲に煙っていることが多く、その灰色の雲の向こうに本当の空が隠れているのであろうか。
すでに東北の山の範疇に入る、この山から

地図山名: 早池峰山／五葉山／船形山／蔵王山／飯豊山／浅草岳／安達太良山／女峰山

100km／200km／300km

178

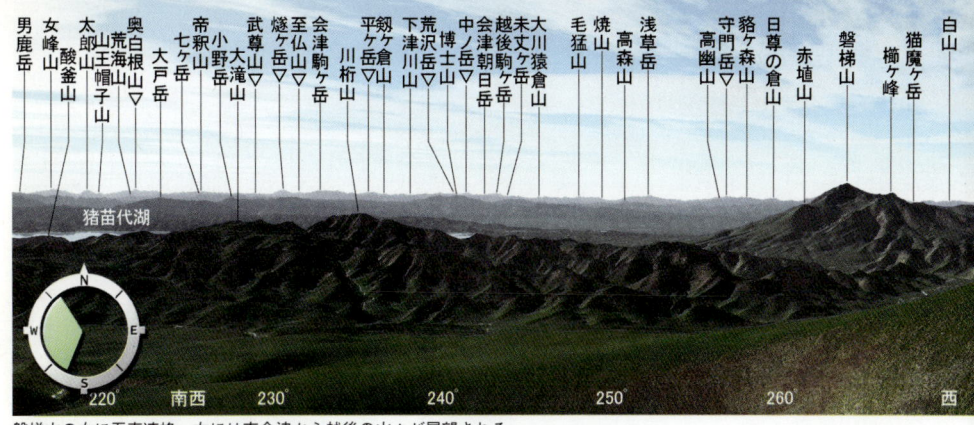

奥白根山(2578m) p158　　平ヶ岳(2141m) p176　　守門岳(1537m) p194

男鹿岳／女峰山／太郎山／酸ヶ湯／奥白根山／七ヶ岳／帝釈山／大戸岳／武尊山／大滝山／小野岳／燧ヶ岳／至仏山／会津駒ヶ岳／平ヶ岳／剱ヶ倉山／川桁山／大川猿倉山／未丈ヶ岳／越後駒ヶ岳／中ノ岳／会津朝日岳／下津川山／荒沢岳／博士山／浅草岳／焼山／高森山／毛猛山／駱ヶ森山／守門岳／高幽山／日尊の倉山／赤埴山／磐梯山／猫魔ヶ岳／櫛ヶ峰／白山

猪苗代湖

220° 南西　230°　240°　250°　260°　西

磐梯山の右に吾妻連峰、左には南会津から越後の山々が展望される

安達太良山から見える山（興味深いもの）

山名	標高	距離	方位
早池峰山	1917	239.1	25.5
六角牛山	1294	222.7	31.8
五葉山	1351	216.4	35.2
焼山	2400	214.3	249.4
筑波山	860	155.7	186.2
加波山	709	147.3	185.0
武尊山	2158	136.7	228.9
金華山	445	135.0	55.9
弥彦山	634	130.8	274.5
至仏山	2228	126.9	231.4
中ノ岳	2085	122.6	241.3
奥白根山	2578	121.9	221.8
越後駒ヶ岳	2003	120.7	243.1
平ヶ岳	2141	120.5	235.5
荒沢岳	1969	116.3	240.5
燧ヶ岳	2356	115.6	230.5
鬼怒沼山	2141	115.3	225.0
大真名子山	2375	114.8	217.3
太郎山	2367	114.2	218.9
小真名子山	2323	113.6	217.5
女峰山	2483	111.8	216.8
未丈ガ岳	1553	108.6	243.7
毛猛山	1517	106.4	248.0
守門岳	1537	104.7	256.6
会津駒ヶ岳	2133	104.4	232.7
帝釈山	2060	103.0	225.6
田代山	1971	101.4	225.2
浅草岳	1585	98.1	252.0
会津朝日岳	1624	94.9	242.4
七ヶ岳	1636	78.4	225.5
那須茶臼岳	1915	62.1	207.6
大日岳（飯豊山）	2128	60.0	293.2
熊野岳（蔵王山）	1841	59.5	12.9
飯豊本山	2105	57.3	297.0
二岐山	1544	50.3	214.4
大滝根山	1192	47.0	128.7

なだらかな山稜を見せる安達太良山の山頂付近（撮影：富嶽仙人）

は中部山岳の日本アルプスや富士山は見ることができない。もっとも遠くに見える山は岩手県の早池峰山、見える山の中でもっとも標高が高いのは日光の奥白根山と、東北南部の山らしい展望のラインナップである。

安達太良山は見た目の穏やかさとは裏腹に今も活動を続ける活火山である。とくに、鉄山、矢筈森、船明神山で囲まれた直径約1キロの沼ノ平火口では、火山ガスや泥熱水の噴出が続いており、平成8年から泥熱水の噴出が盛んである。平成9年9月15日には14名の登山者が火山ガスに襲われ、内4名が亡くなるという凄惨な事故が発生している。東北本線二本松駅から岳温泉でバスを乗り継ぎ奥岳まで入る。奥岳からゴンドラを利用すれば山頂まで1時間30分ほどで達することができる。沼ノ平を通過するコースは、進入禁止となっている。

179　安達太良山（東北南部）

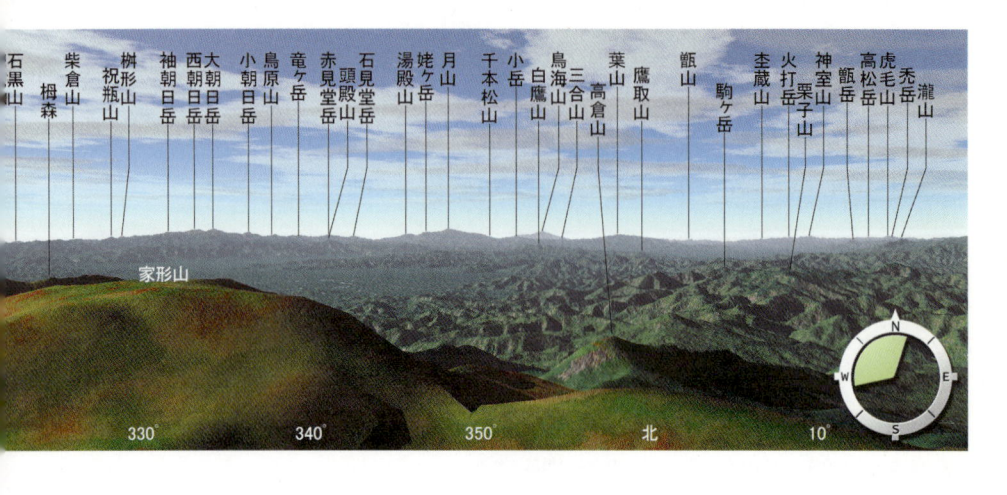

パノラマ山名（右から左）：駒ヶ岳、杏蔵山、火打岳、栗子山、甑岳、神室山、高松岳、甑岳、虎毛山、秀岳山、瀧山、鷹取山、葉山、高倉山、三合山、鳥海山、白鷹岳、小岳、千本松山、月山、姥ヶ岳、湯殿山、石見堂岳、頭殿山、赤見堂岳、竜ヶ岳、大朝日岳、西朝日岳、小朝日岳、神朝日岳、桝形山、祝瓶山、柴倉山、栂森、石黒山

家形山

330° 340° 350° 北 10°

五色沼の先に見えるなだらかな一切経山（撮影：鷲頭隆）

一切経山（いっさいきょうやま）

湿原に神秘的な湖沼を抱いて 吾妻連峰で活動を続ける火山

東北南部
標高1949㍍
緯度37度44分07秒
経度140度14分40秒

空海が一切経を埋めたということから名付けられた一切経山は吾妻連峰の玄関口である。一切経山から吾妻小富士にかけては観光地化が進んでいるので、奥深い山の雰囲気はないが、少しはずれた桶沼のあたりまで来ると観光地の喧噪も去って静かである。

桶沼のすぐ裏手には、連峰唯一の営業小屋である吾妻小舎がある。わたしが訪れたのは秋もたけなわの10月。ウィークデイであったためか、その日の小屋のお客はわたしを含めてたった二人だけ。主人夫妻の暖かいもてなしを受けたのが思い出深く残っている。

翌日は一切経山から「吾妻の瞳」と呼ばれる五色沼を経て吾妻連峰の縦走へ。五色沼はこの天候によって微妙に湖水の色彩を変えることからこの名が付けられた。この付近の紅葉は涙が出るほどの色彩美を誇り、いろは沼の池塘に映る青空と草紅葉のコントラスト、梵天岩の迫力ある大展望と、秋の一日をたっぷり楽しめた山行であった。

吾妻連峰は緩やかな台地状の山並みが続く広大な連峰で、一切経山は、吾妻小富士や東吾妻山などとともに表吾妻と呼ばれている。対して連峰最高峰の西吾妻山や、人形石、西大嶺などは裏吾妻と呼ばれている。

東北の山らしさが色濃い一切経山だが、展望で特筆すべきは、北アルプスの一部、五龍岳が見えることだ。他の中央、南のアルプス、さらに富士山も

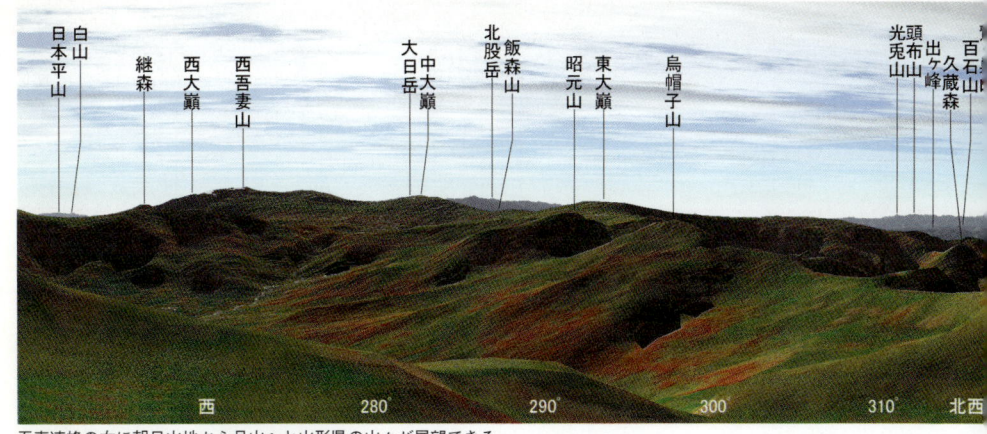

吾妻連峰の右に朝日山地から月山へと山形県の山々が展望できる

一切経山から見える山
（興味深いもの）

山名	標高	距離	方位
五龍岳	2814	251.4	242.3
高妻山	2353	220.4	242.5
火打山	2462	212.9	245.6
五葉山	1351	208.5	38.0
佐武流山	2192	175.8	233.0
筑波山	860	167.9	184.4
鳥海山	2236	152.3	353.6
武尊山	2158	142.7	224.0
皇海山	2144	141.2	215.0
高松岳	1348	140.4	12.9
虎毛山	1433	133.8	14.0
奥白根山	2578	129.3	216.8
八海山	1778	128.7	237.4
男体山	2484	126.7	212.0
中ノ岳	2085	125.9	235.4
平ヶ岳	2141	125.1	229.7
越後駒ヶ岳	2003	123.7	237.0
禿岳	1262	123.2	14.3
大真名子山	2375	123.1	212.3
太郎山	2367	122.1	213.7
小真名子山	2323	121.8	212.5
燧ヶ岳	2356	121.3	224.7
女峰山	2483	120.2	211.7
荒沢岳	1969	119.9	234.3
未丈ガ岳	1553	111.6	237.0
会津駒ヶ岳	2133	109.7	226.2
帝釈山	2060	109.7	219.5
田代山	1971	108.3	219.0
浅草岳	1585	99.3	244.3
会津朝日岳	1624	98.2	234.7
荒海山	1581	94.0	214.6
月山	1984	92.3	348.1
御神楽岳	1386	76.0	252.1
那須茶臼岳	1915	72.1	200.2
祝瓶山	1417	60.5	328.1
大滝根山	1192	58.4	136.1

見えないのに、越後山脈の鞍部、かなたに五龍岳が251.4㎞の距離を置いて見える。もちろん、これがもっとも遠くに見える山で、そのうえもっとも標高の高い山だ。

一切経山だけではもの足りないので、東大巓、西吾妻山と縦走し、白布温泉に下山するのが良い。福島駅からのバスを浄土平で下り吾妻小舎に一泊し、翌日早朝に出発するか、途中の弥兵衛平小屋に一泊する行程となる。白布温泉からはバスで米沢駅に出る。縦走の時間がなければ、一切経山周辺と東吾妻山と組み合わせて散策するのも良いだろう。また、兵子から姥湯温泉、滑川温泉、湿原へ下りて、東大巓に登り返すコース、西吾妻山から白布峠へ抜けるコースなどがある。他には姥ヶ原から谷地平へ抜けるコースもとれる。

181　一切経山（東北南部）

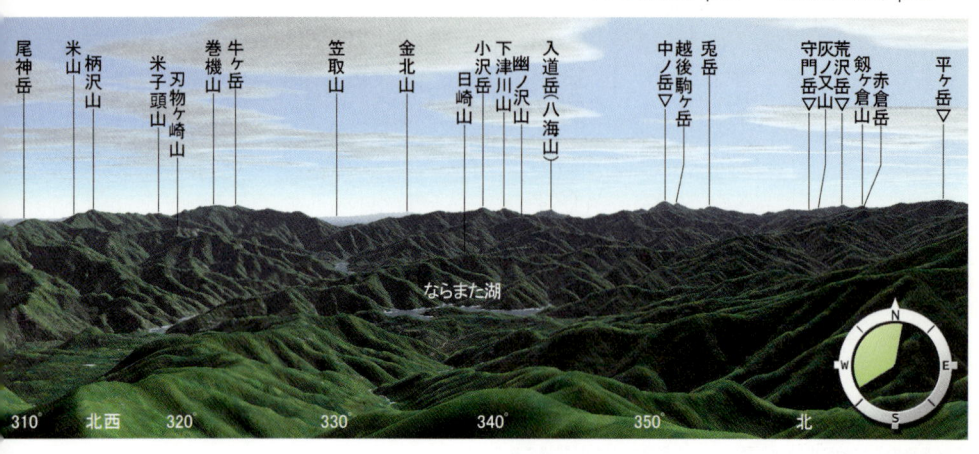

中ノ岳（2085m）p188　　荒沢岳（1969m）p192

尾神岳／米山／柄沢山／米子頭山／刃物ヶ崎山／巻機山／牛ヶ岳／笠取山／金北山／日崎山／小沢岳／下津川山／幽ノ沢山／入道岳（八海山）／中ノ岳／越後駒ヶ岳／兎岳／荒沢岳／灰ノ又山／守門岳／剣ヶ倉山／赤倉岳／平ヶ岳

ならまた湖

310°　北西　320°　330°　340°　350°　北

武尊山（ほたかやま）

上州の奥深くに、ひとり峰をそばだてる「忘れられた名峰」

上越国境
標高　2158メートル
緯度　36度48分19秒
経度　139度07分57秒

赤城山の北方に位置する武尊山は、沖武尊、中ノ岳、家ノ串、剣ヶ峰、前武尊の諸峰を冠し、四方に裾野を広げた独立峰である。関東平野に広く張り出した赤城山や榛名山と異なり、麓からは容易にその山体を把握するのは難しい山だが、赤城山に匹敵する大きな山である。山名は日本武尊の東征伝説にちなみ、山頂付近には銅像まで祀られている。片品村花咲から前武尊までの登山道は、木曽御嶽山や八海山を中興開山した普寛行者によって、寛政6年に開かれたと伝えられており、山頂に安置されている日本武尊の銅像は嘉永3年に建立されたものだ。この銅像は右腕が欠けて破損がひどかったため、地元の人達を中心とする浄財によって修復が行われ、右手をかざして南の空を睨んでいる。

上信の山や渋川あたりから、初夏、あるいは晩秋、黒い赤城山の長い裾野越しにひときわ白い峰々を輝かせている。それが武尊山の印象だ。

独立峰だけに展望もすぐれている。とくに一ノ倉沢の岩壁を抱いた谷川岳の絶好の展望台だ。谷川岳から巻機山、平ヶ岳といった利根川源流の山々、尾瀬の燧ヶ岳、日光の奥白根山と、飽くことを知らない雄大な展望が広がり、時間の経つのも忘れるほどである。

北アルプスは槍ヶ岳、大天井岳、鹿島槍ヶ岳、大汝山（立山）などが、中央アルプスも木曽駒ヶ岳、宝剣岳、南駒ヶ岳などが見えている。南アルプスの一部も観

戸神山から見る雪の武尊山（撮影：岡田敏夫）

182

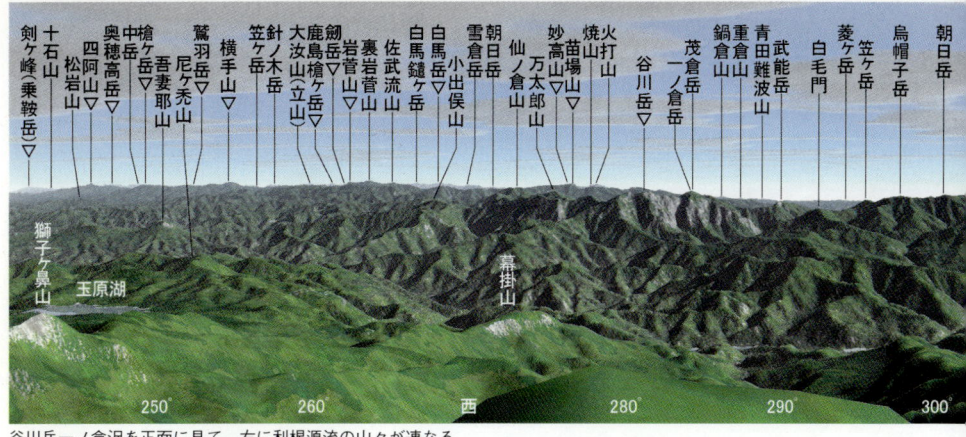

奥穂高岳(3190m) p290　　鹿島槍ヶ岳(2889m) p254　　妙高山(2454m) p150

谷川岳一ノ倉沢を正面に見て、右に利根源流の山々が連なる

武尊山から見える山
（興味深いもの）

山名	標高	距離	方位
鳥海山	2236	287.9	24.0
清澄山	377	218.8	142.6
愛宕山	408	214.6	146.6
金北山	1172	154.5	348.7
飯豊山	2105	153.0	35.6
富士山	3776	152.8	178.8
笊ヶ岳	2629	150.9	195.1
二王子岳	1420	147.3	28.7
南駒ヶ岳	2841	139.7	214.8
空木岳	2864	137.8	215.1
東川岳	2671	137.8	215.6
宝剣岳	2931	132.6	217.0
木曽駒ヶ岳	2956	132.1	217.4
剣ヶ峰(乗鞍岳)	3026	123.9	235.9
観音岳(鳳凰山)	2840	120.1	197.0
笠ヶ岳	2897	112.6	245.7
薬師岳	2926	107.0	254.1
三俣蓮華岳	2841	106.2	249.0
鷲羽岳	2924	104.2	249.4
槍ヶ岳	3180	103.4	245.1
雲取山	2017	100.4	167.0
野口五郎岳	2924	100.3	250.5
大天井岳	2922	98.0	245.3
大汝山(立山)	3015	97.6	259.7
劔岳	2998	97.0	262.7
北奥千丈岳	2601	96.4	181.2
金峰山	2599	96.3	183.6
針ノ木岳	2821	92.9	256.4
赤岳	2899	89.9	198.9
鹿島槍ヶ岳	2889	85.5	261.8
守門岳	1537	83.1	28.1
両神山	1723	80.4	170.4
男体山	2484	71.2	87.3
会津駒ヶ岳	2133	68.1	59.5
黒檜山(赤城山)	1828	48.8	113.6
浅間山	2568	39.8	202.5

音岳などが見え、富士山も望むことができる。もっとも遠くに見える山は、鳥海山でその距離287・9㌔㍍と相当の遠望になる。

武尊山へは山麓の四方から数本のコースがある。しかしいずれも交通の便が悪いので、山麓の民宿等に一泊して翌日早朝に出発するなどの工夫が必要である。山麓へは上越線沼田駅からバスを利用する。山中泊であれば手小屋沢避難小屋などを利用することになる。

日帰りであれば、武尊牧場からのコースが比較的容易である。下山は武尊オリンピアスキー場を経由して鍛冶屋に出るか、旭小屋コースを使って川場キャンプ場へ下山すれば良い。鍛冶屋にはバスの便があるが、旭小屋の場合はキャンプ場からタクシーを呼び、沼田駅に出ることになる。

183　武尊山（上越国境）

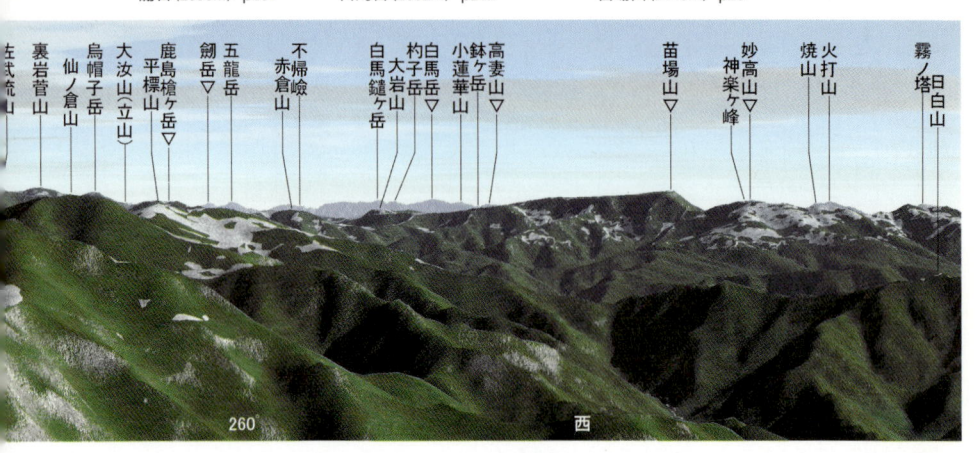

剱岳(2998m) p264　　白馬岳(2932m) p252　　苗場山(2145m) p28

左俣荒山 / 裏岩菅山 / 仙ノ倉山 / 烏帽子岳 / 大汝山(立山) / 鹿島槍ヶ岳 平標山 / 五龍岳 剱岳▽ / 不帰嶮 赤倉山 / 高妻山 小鉢ヶ岳 / 白馬岳▽ 杓子岳 大岩岳 / 白馬鑓ヶ岳 / 苗場山▽ / 妙高山▽ 神楽ヶ峰 / 火打山 焼山 / 日白山 霧ノ塔

260　　　　　　　　西

月夜野町から遠望する谷川岳（撮影：岡田敏夫）

谷川岳（オキの耳）

魔の山とおそれられる分水嶺

世界有数の豪雪地帯に属する谷川岳。そこに積もった大量の雪は春になれば当然の如くにゆるくなり、多数の雪崩を誘発する。ちょうど、ヤスリをかけるが如く、きめの細かい雪のヤスリが山稜を削り出す。山に詳しくない人に「谷川岳に行く」というと死にに行くような顔をされるほど、悪名高き一ノ倉沢の岩壁もこうして研ぎ澄まされていった。

周囲の幽玄な岩場に比べて稜線は丸く穏やかだ。山頂のふたつのピーク、トマの耳、オキの耳ともに展望は抜群。ちなみに「トマ」とは手前、「オキ」とは奥を表し、上州側から見たピークの位置関係を表している。このふたつの耳が遠くからは動物の耳の形に見えることから、谷川岳は別名「耳ふたつ」と呼ばれることもある。

谷川岳はもともと平安時代に山岳信仰の霊山として開かれた。ザンゲ岩やノゾキなどの地名は信仰登山の名残りで、双耳峰であるトマの耳とオキの耳は薬師岳とも呼ばれており、もう一峰のオキの耳には富士浅間神社の奥宮が祀られている。トマの耳とオキの耳との鞍部付近は高山植物も豊富で、イブキジャコウソウ、ミヤマダイコンソウ、ヨツバシオガマ、ジョウシュウアズマギク、タテヤマウツボグサなどの他、尾瀬と谷川連峰だけに見られるホソバヒナウスユキソウも咲く。オキの耳からは越後や尾瀬の山々をはじめとした山また山の嬉しい悲鳴。遠く富士山の三角錐と、苗

上越国境
標高1977メートル
緯度36度50分14秒
経度138度55分48秒

184

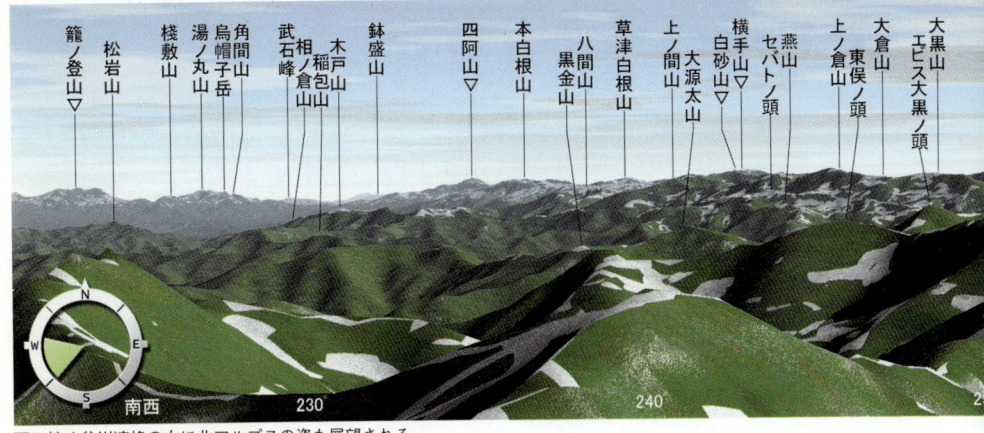

籠ノ登山(2227m) p130　　　四阿山(2354m) p132　　　横手山(2307m) p144

山名ラベル（左から右）:
籠ノ登山▽／松岩山／桟敷山／湯ノ丸山／烏帽子岳／角間山／木戸山／相稲包山／武石峰／鉢盛山／四阿山▽／上ノ間山／本白根山／草津白根山／大源太山／白砂山／八間山／黒金山／横手山▽／燕山／セバトノ頭／東俣ノ頭／上ノ倉山／大倉山／大黒山／エビス大黒ノ頭

南西　230°　240°

西に続く谷川連峰の右に北アルプスの姿も展望される

谷川岳から見える山
（興味深いもの）

山名	標高	距離	方位
御殿山	364	214.6	154.3
愛宕山	408	213.5	153.1
笠ヶ岳	2629	168.0	201.2
剣ヶ峰(御嶽山)	3067	167.0	231.5
富士山	3776	164.8	186.4
大山	1252	157.3	169.9
丹沢山	1567	152.6	172.0
蛭ヶ岳	1673	151.0	172.8
金北山	1172	149.6	340.1
農鳥岳	3026	148.6	204.9
間ノ岳	3189	146.4	205.7
北岳	3192	143.1	205.9
観音岳(鳳凰山)	2840	137.9	204.2
鉢盛山	2446	134.2	232.0
北股岳	2025	131.6	28.2
大汝山(立山)	3015	120.6	256.4
剱岳	2998	119.6	258.9
金峰山	2599	110.6	194.4
北奥千丈岳	2601	109.9	192.3
雲取山	2017	108.9	179.3
赤岳	2899	108.4	207.7
鹿島槍ヶ岳	2889	108.2	257.7
五龍岳	2814	107.0	259.6
白馬岳	2932	104.9	265.5
甲武信岳	2475	104.5	190.0
和名倉山	2036	104.1	182.5
縞枯山	2403	100.1	212.5
男山	1851	99.6	200.2
武甲山	1295	99.4	171.2
蓼科山	2530	99.3	215.1
弥彦山	634	96.8	353.6
御座山	2112	93.7	198.1
両神山	1723	90.6	185.0
高妻山	2353	78.4	267.2
荒船山	1423	75.0	200.5
妙高山	2454	73.0	274.9

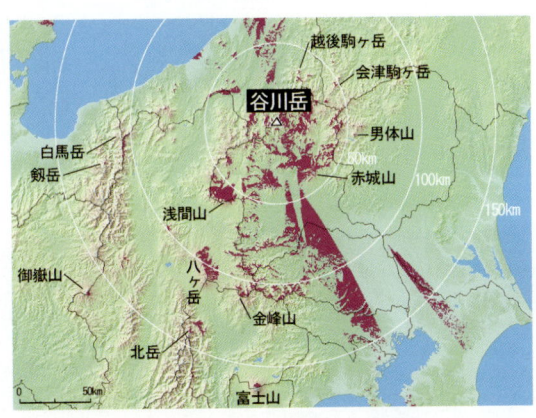

場山の傾いた山稜越しにわずかに見える北アルプスはチェックポイントだ。
その北アルプスで見えるのは白馬岳、大汝山(立山)、剱岳など。南アルプスも北岳、間ノ岳、農鳥岳などが見えるはずだ。もっとも遠くに見える山は、千葉県富山町と丸山町にまたがる御殿山。千葉県で数少ない登山対象となる伊予ヶ岳のすぐ東にある、標高364メートルの山だ。

谷川岳へは、上越線水上駅からバスを利用し、土合口駅からロープウェイで天神平に上がり、山頂を目指す。下山は西黒尾根が良い。マイカーの場合はロープウェイ駅周辺の駐車場を利用できる。西黒尾根の下りは鎖場などがあるので、初心者はロープウェイで下山したほうが無難だろう。

185　谷川岳（上越国境）

中ノ岳(2085m) p188　　荒沢岳(1969m) p192　　平ヶ岳(2141m) p176

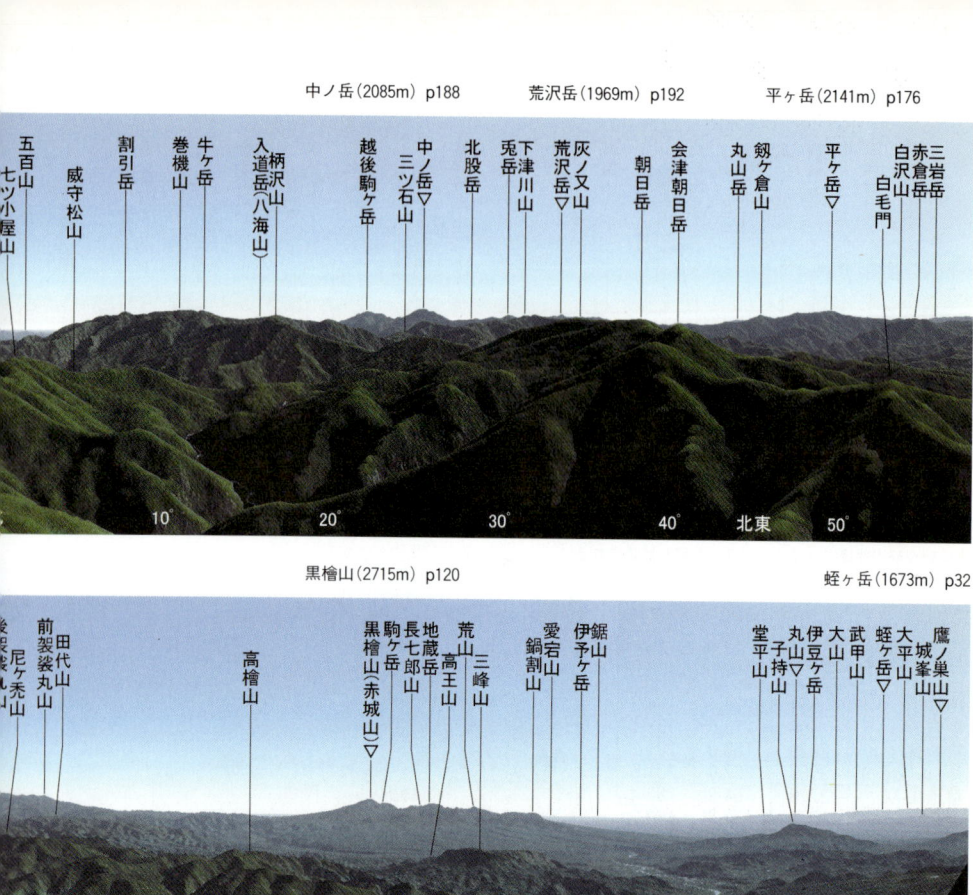

パノラマ方位ラベル（左から右へ）:
五百山／七ツ小屋山／威守松山／割引岳／巻機山／牛ヶ岳／柄沢山／入道岳(八海山)／越後駒ヶ岳／三ツ石山／中ノ岳▽／北股岳／兎岳／下津川山／灰ノ又山／荒沢岳／会津朝日岳／朝日岳／丸山岳／会津駒ヶ岳／剱ヶ倉山／平ヶ岳▽／白沢山／白毛門／赤倉岳／三岩岳

方位: 10°　20°　30°　40°　50°　北東

黒檜山(2715m) p120　　　　　　　　　　　　　　　　蛭ヶ岳(1673m) p32

愛宕山／田代山／前袈裟丸山／尼ヶ禿山／高檜山／荒山／駒ヶ岳／地蔵岳／長七郎山／黒檜山(赤城山)▽／三峰山／鍋割山／愛宕山／伊予ヶ岳／鋸山／堂平山／丸山／伊豆ヶ岳／子持山／大山／武甲山／蛭ヶ岳▽／大平山／大城峯山／鷹ノ巣山

方位: 130°　南東　140°　150°　160°　170°

岩菅山(2295m) p148　　白馬岳(2932m) p252　　妙高山(2454m) p150

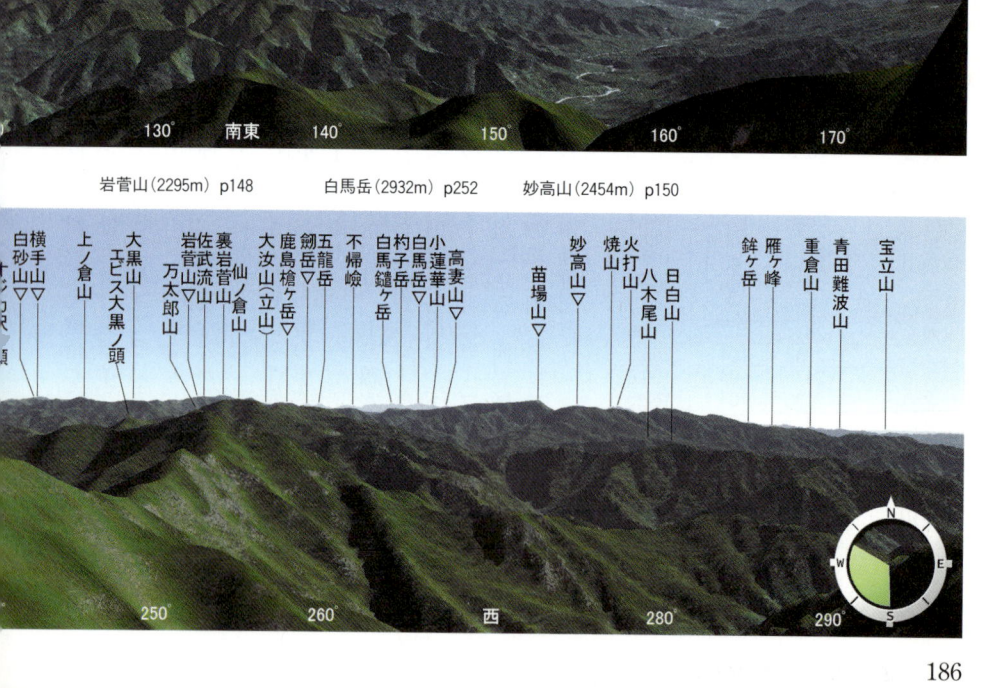

白砂山／横手山／上ノ倉山／大黒山／仙ノ倉山／エビス大黒ノ頭／岩菅山▽／佐武流山／裏岩菅山／万太郎山／鹿島槍ヶ岳／剱岳／五龍岳／不帰嶮／白馬鑓ヶ岳／杓子岳／白馬岳▽／小蓮華山／高妻山／苗場山／妙高山▽／火打山／焼山／日白山／八木尾山／雁ヶ峰／鉾ヶ岳／重倉山／青田難波山／宝立山

方位: 250°　260°　西　280°　290°

186

西北西から東北東の展望

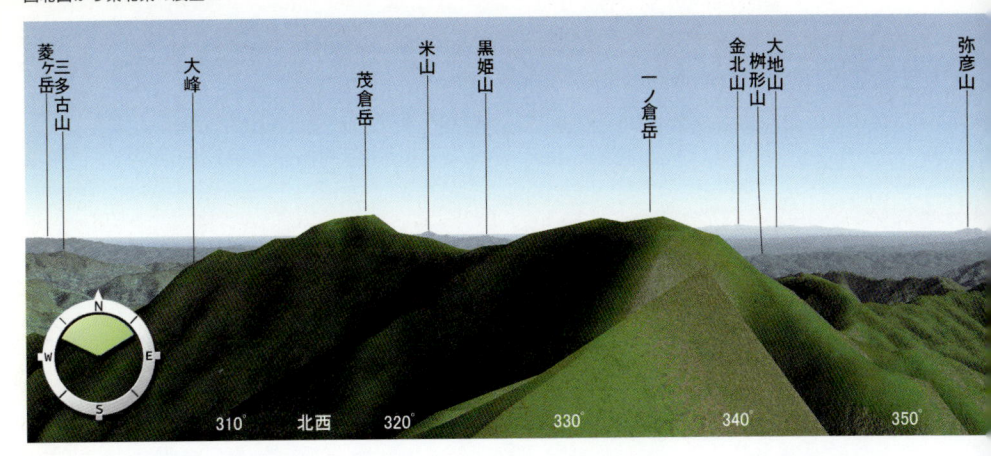

菱ヶ岳／三多古山／大峰／茂倉岳／米山／黒姫山／一ノ倉岳／大地山・桝形山／金北山／弥彦山

310° 北西 320° 330° 340° 350°

奥白根山（2578m）p158　武尊山（2158m）p182

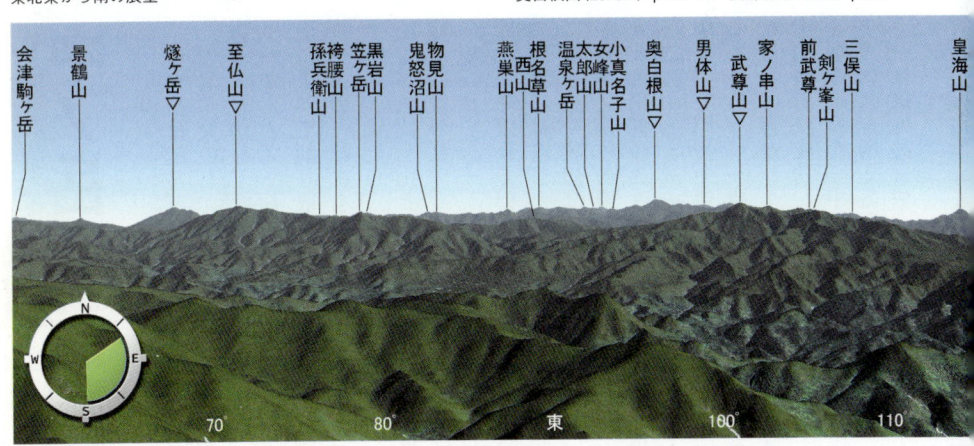

東北東から南の展望

会津駒ヶ岳／景鶴山／燧ヶ岳／至仏山／孫兵衛山・袴腰山・笠ヶ山／黒岩山／鬼怒沼山／物見山／燕巣山／根名草山・西名草山／温泉ヶ岳／太郎山／小真名子山・女峰山／奥白根山▽／男体山／武尊山▽／家ノ串山／前武尊・剣ヶ峯山／三俣山／皇海山

70° 80° 東 100° 110°

北岳（3192m）p200　浅間山（2568m）p134

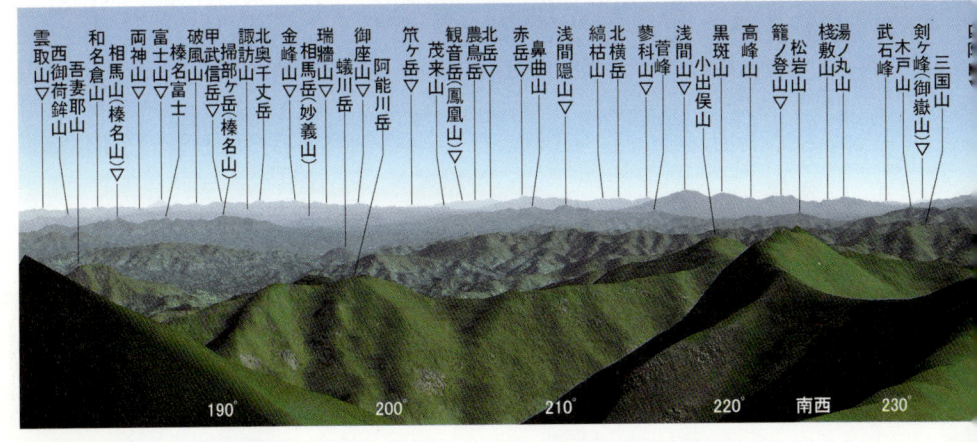

南から西北西の展望

雲取山▽／西御荷鉾山／吾妻耶山／和名倉山／相馬山（榛名山）▽／両神山／富士山／榛名富士／破風山／甲武信ヶ岳／掃部ヶ岳（榛名山）／北奥千丈岳／諏訪山／金峰山▽／瑞牆山／蟻川岳／御座山／阿能川岳／笊ヶ岳／観音岳（鳳凰山）／茂来山／相馬岳（妙義山）／北岳／農鳥岳／赤岳／鼻曲山／浅間隠山／縞枯山／北横岳／蓼科山／浅間山／黒斑山／小出俣山／高峰山／籠ノ登山／松岩山／桟敷山／湯ノ丸山／木戸山／剣ヶ峰御嶽山▽／武石峰／三国山

190° 200° 210° 220° 南西 230°

187　谷川岳（上越国境）

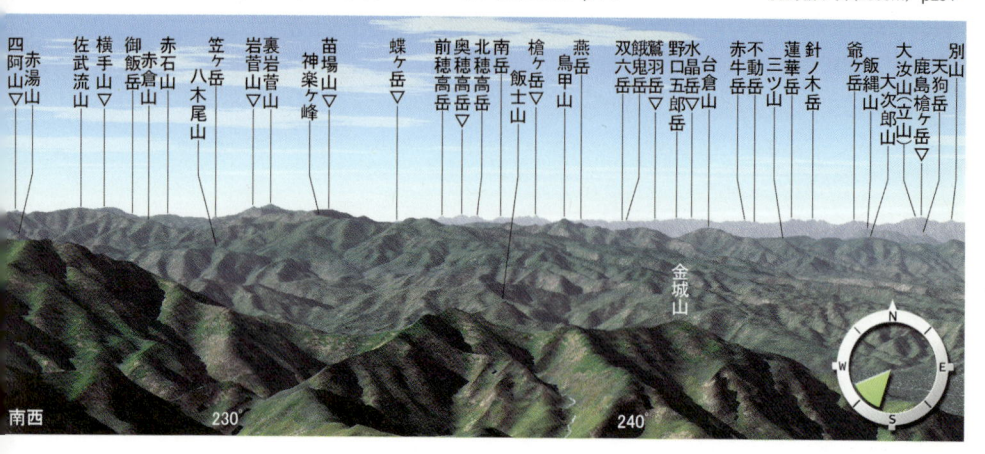

山名ラベル（左から右）:
赤湯山／四阿山／佐武流山／横手山／御飯岳／赤倉岳／赤石山／笠ヶ岳／八木尾山／裏岩菅山／岩菅山／神楽ヶ峰／苗場山／蝶ヶ岳／燕岳／鳥甲山／槍ヶ岳／飯士山／南岳／北穂高岳／奥穂高岳／前穂高岳／双六岳／餓鬼岳／鷲羽岳／水晶岳／野口五郎岳／台倉山／赤牛岳／不動岳／三ツ岳／蓮華岳／針ノ木岳／爺ヶ岳／飯縄山／大汝山（立山）／大次郎山／鹿島槍ヶ岳／天狗岳／別山

苗場山(2145m) p28　　槍ヶ岳(3180m) p276　　鹿島槍ヶ岳(2889m) p254

金城山

南西　　230°　　240°

中ノ岳 (なかのだけ)

越後三山の中心にどっしりと構える越後山脈を代表する名山

中ノ岳は越後三山の最高峰ながら、そのありふれた山名が災いしてか、あまり知名度が高くない山である。しかし、八海山からの縦走路中、とくに難所のオカメノゾキあたりから仰ぐ中ノ岳は大きく、雪崩によって削り取られた岩壁を配した様子は、南アルプスの一峰にも劣らない重厚な山容を誇っている。

越後三山とは、越後駒ヶ岳、八海山、中ノ岳の三山で、魚沼三山とも呼ばれる。かつては信仰登山が盛んに行われ、今でも八海山などは信仰登山者の数が多い。この三山を結ぶ縦走路はかつては「三山がけ」と呼ばれていた修業の道だった。今でも中ノ岳の山頂には古びた石碑や猿田彦神の銅像が置かれている。八海山から中ノ岳への厳しい道を行き交った、江戸時代の人々の信仰のこころに触れるような山頂だ。

この山からの展望は、近景では平ヶ岳と尾瀬の山々、守門岳や浅草岳といった越後の山、そして遠望では富士山がハイライトとなるであろう。一般に展望では順光になる山のほうが条件が良いが、とくに遠望とも なると山容がシルエットになる逆光のほうが見分けやすい。福島県の日山からの富士山撮影に成功した鈴木一雄氏も、富士が黒く浮き上がる夕暮れの一瞬にチャンスを掴み取った。中ノ岳からの富士山の場合も逆光のシルエットを狙うと展望できるチャンスも増えるだろう。

それ以外の遠望では、奥穂高岳、槍ヶ岳、大汝山（立山）、水晶岳などの北ア

日向山から見るおおらかな山容の中ノ岳（撮影：岡田敏夫）

越後
標高 2085 トル
緯度 37度05分07秒
経度 139度04分39秒

188

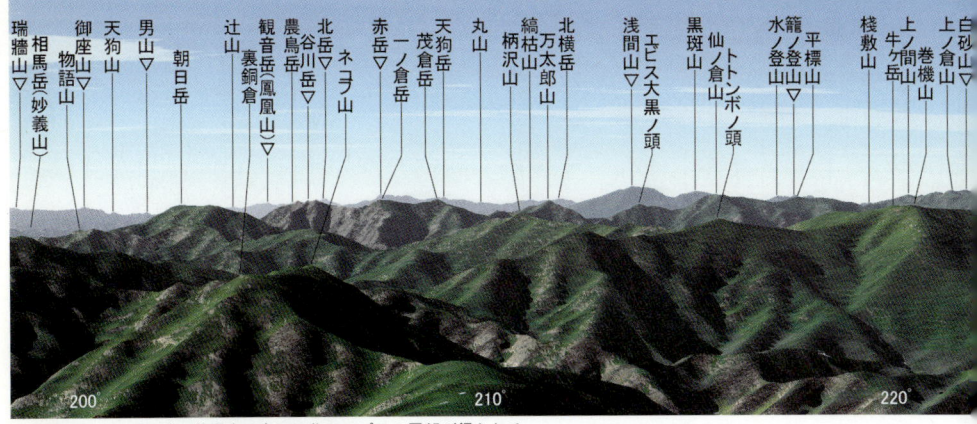

御座山(2112m) p114　　北岳(3192m) p200　　浅間山(2568m) p134　　籠ノ登山(2227m) p130

谷川連峰の上に八ヶ岳、苗場山の右には北アルプスの展望が得られる

中ノ岳から見える山
（興味深いもの）

山名	標高	距離	方位
鳥海山	2236	239.2	20.5
布引山	2584	200.1	201.8
富士山	3776	193.9	189.4
農鳥岳	3026	179.1	205.1
丹沢山	1567	178.9	177.5
蛭ヶ岳	1673	177.5	178.2
間ノ岳	3189	176.9	205.7
北岳	3192	173.6	205.9
観音岳(鳳凰山)	2840	168.4	204.5
熊野岳(蔵王山)	1841	168.1	45.2
双六南峰	2819	155.4	239.5
奥穂高岳	3190	155.3	235.7
以東岳	1771	155.2	25.7
涸沢岳	3110	154.9	236.0
北穂高岳	3106	154.1	236.1
三俣蓮華岳	2841	153.8	240.3
槍ヶ岳	3180	152.0	237.5
鷲羽岳	2924	151.7	240.5
水晶岳	2986	150.6	241.4
蝶ヶ岳	2677	149.7	234.1
野口五郎岳	2924	147.5	241.0
常念岳	2857	147.1	235.4
大天井岳	2922	146.6	237.3
大汝山(立山)	3015	141.8	246.9
金峰山	2599	140.6	196.8
劔岳	2998	139.9	248.9
北奥千丈岳	2601	139.8	195.2
赤岳	2899	138.9	207.3
針ノ木岳	2821	138.3	244.3
雲取山	2017	137.0	185.0
甲武信岳	2475	134.2	193.5
爺ヶ岳	2670	130.5	245.4
金北山	1172	130.0	330.6
鹿島槍ヶ岳	2889	129.2	247.0
一切経山	1949	125.9	54.7
御座山	2112	124.0	200.0

ルプス、北岳、間ノ岳、農鳥岳などの南アルプス、北岳も狙えるだろう。ただし、中央アルプスは見えない。もっとも遠くに見える山は山形県と秋田県の境にある鳥海山。お隣の県の山だが、その距離は239.2㎞ある。

中ノ岳を単独で登るのであれば、上越線六日町駅からバスで野中まで入り、十字峡からの往復となるが、あまり一般的ではない。多くの場合は、上越線小出駅からバスで大湯温泉に入り、越後駒ヶ岳から縦走するコースがとられている。二泊三日の行程となり、宿泊地は駒ノ湯温泉、駒ノ小屋、中ノ岳避難小屋のいずれかになる。また、十字峡から中ノ岳に登り、兎岳、大水上山を経て丹後山へと縦走するコース、あるいはその逆コースは静かな山旅が楽しめる。

189　中ノ岳（越後）

パノラマ1（南方向 140°〜190°）

至仏山(2228m) p168　　武尊山(2158m) p182　　鷹ノ巣山(1737m) p36

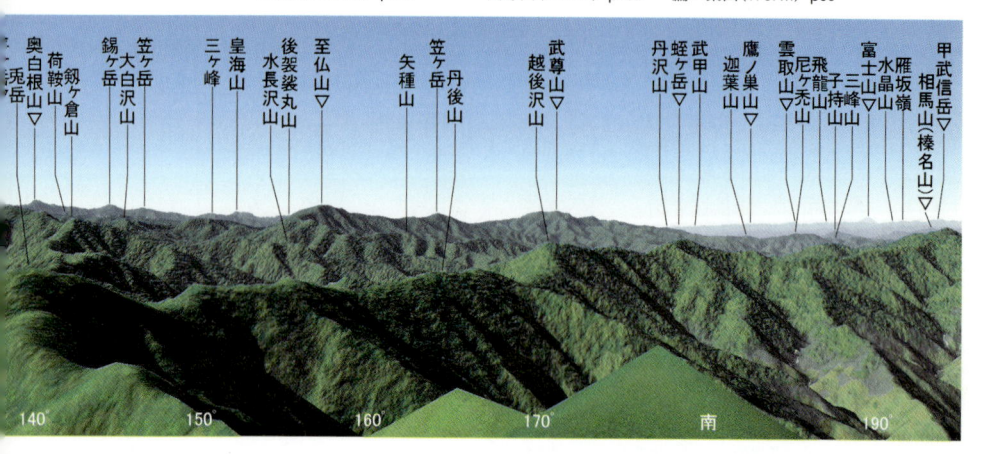

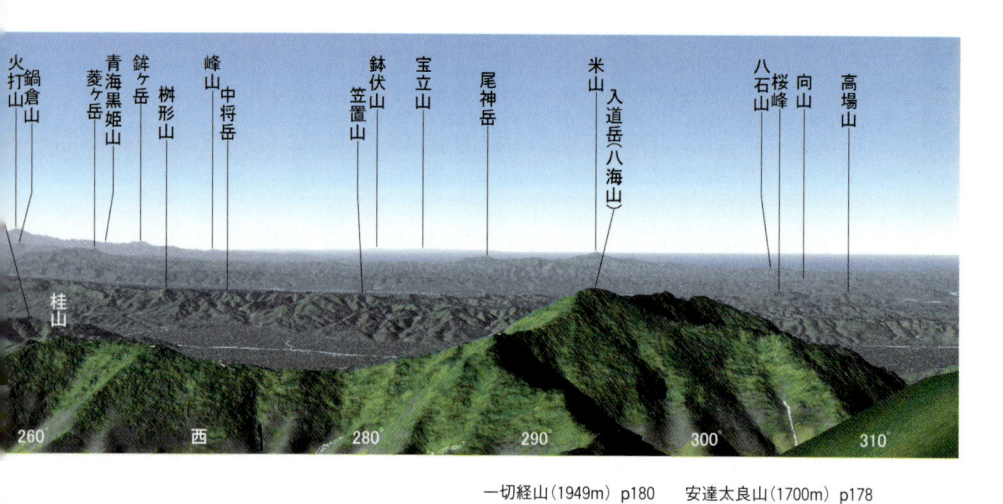

- 奥白根山
- 一況岳
- 荷鞍山
- 錫ケ岳
- 剣ケ倉山
- 笠ケ岳
- 大白沢山
- 三ケ峰
- 皇海山
- 水長沢山
- 後袈裟丸山
- 至仏山
- 丹後山
- 笠ケ岳
- 矢種山
- 越後沢山
- 武尊山
- 丹沢山
- 蛭ケ岳
- 武甲山
- 迦葉山
- 鷹ノ巣山
- 雲取山
- 尼ケ禿山
- 飛龍山
- 子持山
- 富士山
- 三峰
- 雁坂嶺
- 水晶山
- 相馬山(榛名山)
- 甲武信岳

パノラマ2（西方向 260°〜310°）

- 火打山
- 鍋倉山
- 青海黒姫山
- 鉾ケ岳
- 菱ケ岳
- 峰山
- 桝形山
- 中将岳
- 鉢伏山
- 笠置山
- 宝立山
- 尾神岳
- 米山
- 入道岳(八海山)
- 八石山
- 桜峰
- 向山
- 高場山
- 桂山

パノラマ3（北東方向 20°〜60°）

一切経山(1949m) p180　　安達太良山(1700m) p178

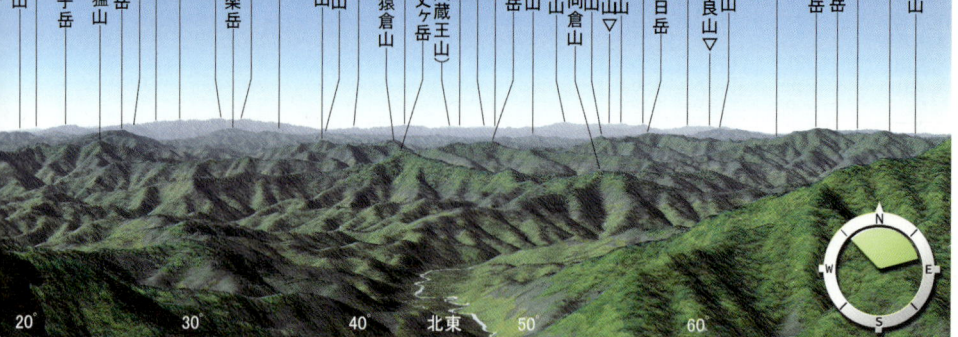

- 摩耶山
- 鳥海山
- 二王子岳
- 地神山
- 滝沢峰
- 浅草岳
- 毛猛山
- 北股岳
- 大日岳
- 飯豊山
- 御神楽岳
- 高陽山
- 鍋倉山
- 横山
- 大塚山
- 大川猿倉山
- 飯森山
- 未丈ケ岳
- 熊野岳(蔵王山)
- 刈田岳
- 屏風岳
- 不忘山
- 村杉岳
- 高森山
- 高倉山
- 日向倉山
- 西吾妻山
- 一切経山
- 東吾嬬山
- 会津朝日岳
- 磐梯山
- 箕輪山
- 安達太良山
- 博士山
- 鍵金山
- 神籠ケ岳
- 丸山岳
- 小野岳
- 高倉山
- 餅倉山

東から南南西の展望

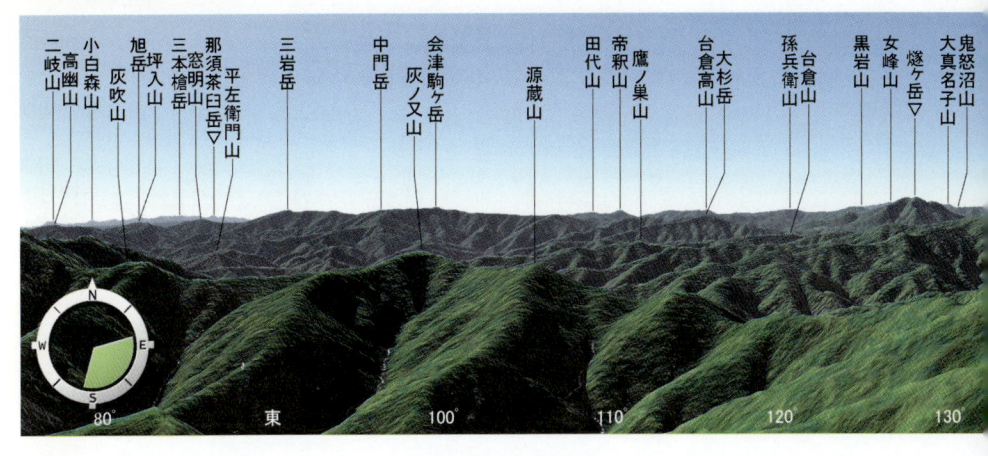

二岐山
高幽山
小白森山
灰吹山
旭岳
坪入山
三本檜岳
窓明山
那須茶臼岳
平左衛門山
三岩岳
灰ノ又山
中門岳
会津駒ヶ岳
源蔵山
田代山
帝釈山
鷹ノ巣山
大杉岳
台倉高山
台倉山
孫兵衛山
黒岩山
女峰山
燧ヶ岳
大真名子山
鬼怒沼山

80°　東　100°　110°　120°　130°

南南西から北西の展望　　　白砂山 (2140m) p154　　　鷲羽岳 (2924m) p262

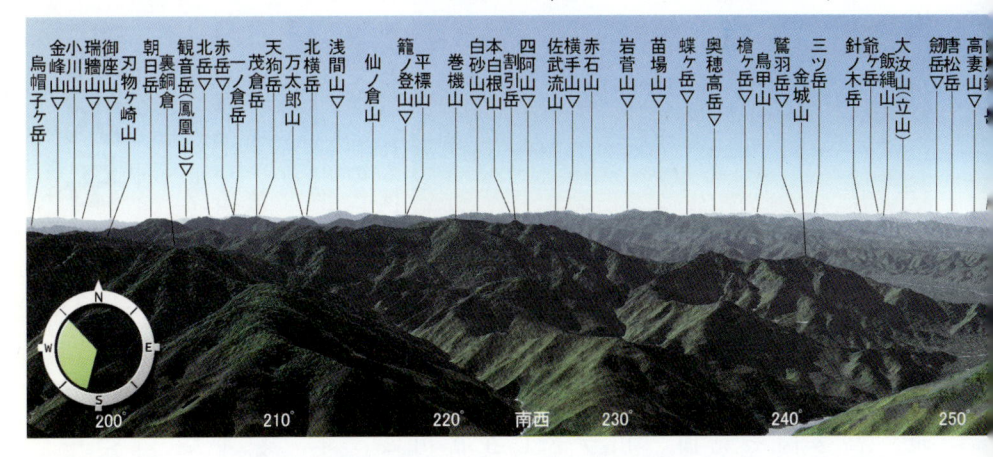

烏帽子岳
金峰山
小川山
瑞牆山
御座山
糠塚山
朝日岳
刃物ヶ崎山
裏鋸山
観音倉
北岳
赤岳
一ノ倉岳
茂倉岳
天狗岩
万太郎山
北横手山
浅間山
仙ノ倉山
平標山
籠ノ登山
巻機山
白根山
白砂山
本白根山
割引岳
四阿山
佐武流山
横手山
赤石山
岩菅山
苗場山
蝶ヶ岳
奥穂高岳
槍ヶ岳
鳥甲山
鷲羽岳
三ツ岳
金城山
針ノ木岳
爺ヶ岳
大汝山(立山)
飯縄山
剱岳
戸隠山
唐松岳
高妻山

200°　210°　220°　南西　230°　240°　250°

北西から東の展望

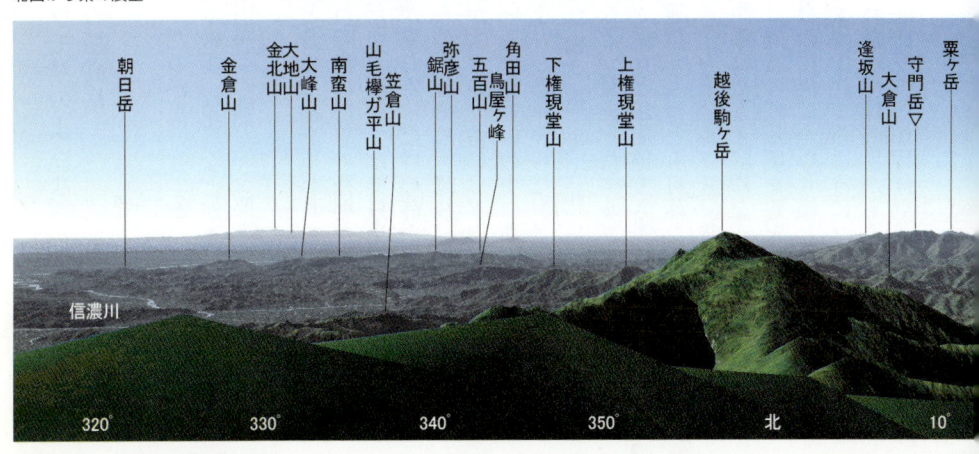

朝日岳
金倉山
金北山
大地山
大峰山
南蛮山
笠倉山
山毛欅ガ平山
弥彦山
五百子峰
鳥屋ヶ峰
角田山
下権現堂山
上権現堂山
越後駒ヶ岳
逢坂山
大倉山
守門岳
粟ヶ岳

信濃川

320°　330°　340°　350°　北　10°

191　中ノ岳（越後）

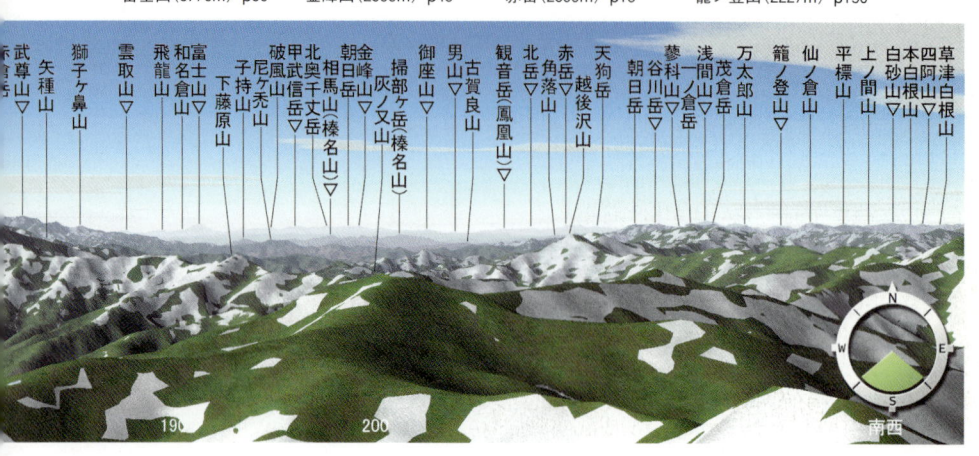

富士山(3776m) p86　　金峰山(2599m) p48　　赤岳(2899m) p18　　籠ノ登山(2227m) p130

草津白根山／四阿山／本白根山／白砂山／上ノ間山／平標山／仙ノ倉山／籠ノ登山／茂倉岳／万太郎山／浅間山／蓼科山／谷川岳／朝日岳／天狗岳／赤岳／越後沢山／北岳／角落山／観音岳(鳳凰山)／男山／古賀良山／御座山／掃部ヶ岳(榛名山)／朝金峰山(灰ノ又山)／北奥千丈岳／相馬山(榛名山)／甲武信岳／破風山／尼ヶ禿山／子持山／下藤原山／富士山／和名倉山／飛龍山／雲取山／獅子ヶ鼻山／矢種山／武尊山／糸空山

銀山平から見る荒沢岳（撮影：須部方夫）

荒沢岳（あらさわだけ）

奥只見湖の奥にコウモリのような翼を広げる「越後の穂高岳」

越後
標高 1969メートル
緯度 37度06分02秒
経度 139度08分53秒

深田久弥の百名山に惜しくも選ばれなかったのが幸いしてか、荒沢岳は静かな雰囲気を残している。鋭角な山容やスリルある岩場、鎖場などが連続する変化に富んだ登山コース、麓ののどかな銀山平に銀山湖と、魅力的な要素がコンパクトにつまった山である。

登山口の銀山平には、今から800年ほど昔に、都を追われてこの地に流された尾瀬三郎房利の伝説が伝えられている。江戸時代には銀の採掘が行われて「銀山千軒」と言われるほど賑わいを見せたところだが、現在では奥只見湖の観光客や尾瀬への入山者が立ち寄るだけの静かな集落である。

荒沢岳からの展望では、越後三山の駒ヶ岳、中ノ岳の存在感が大きい。南には平ヶ岳が大きく尾根を張り出している。深い山の中にあるために、遠望はあまりきかないと思いがちだが、大きな山脈越しに北アルプスは槍ヶ岳、大天井岳、燕岳、間ノ岳、大汝山（立山）などが見え、南アルプスも北岳、観音岳、笊ヶ岳などが展望できる。富士山も見えて、この方面の遠望がもっとも可能なようで、もっとも遠くに見える山も南アルプス、笊ヶ岳の南にある布引山。その距離は204キロになる。

展望図では残雪の残る頃を想定して描いてみた。雪の付き具合の再現はかなり難しい。雪は斜面の傾斜と標高によって決まるようにプログラミングしているが、これだけでは限界がある。例えば、雪渓などの再現には日の当たり具合や、雪崩による集雪な

192

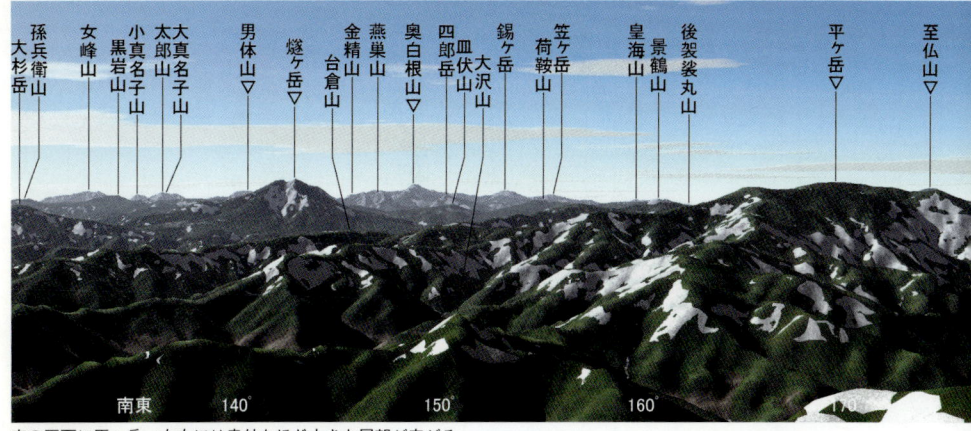

男体山(2484m) p156　　奥白根山(2578m) p158　　　　　　　平ヶ岳(2141m) p176

大杉岳／孫兵衛山／女峰山／小真名子山／太郎山／大真名子山／男体山▽／燧ヶ岳／奥白根山▽／四郎岳／皿伏山／大沢岳／錫ヶ岳／笠ヶ岳／荷鞍山／金精山／燕巣山／景鶴山／皇海山／後袈裟丸山／平ヶ岳▽／至仏山

南東　140°　　150°　　160°

南の正面に平ヶ岳。左右には意外なほど大きな展望が広がる

荒沢岳から見える山
（興味深いもの）

山名	標高	距離	方位
布引山	2584	204.0	203.3
笊ヶ岳	2629	202.4	203.4
富士山	3776	196.7	191.2
農鳥岳	3026	183.3	206.7
間ノ岳	3189	181.2	207.3
北岳	3192	178.0	207.5
観音岳(鳳凰山)	2840	172.6	206.2
アサヨ峰	2799	172.2	208.4
甲斐駒ヶ岳	2967	169.9	209.0
熊野岳(蔵王山)	1841	162.4	44.1
奥穂高岳	3190	161.4	236.5
三俣蓮華岳	2841	160.1	240.9
槍ヶ岳	3180	158.2	238.3
鷲羽岳	2924	158.0	241.1
水晶岳	2986	156.9	241.9
野口五郎岳	2924	153.8	241.6
大天井岳	2922	152.8	238.1
燕岳	2763	149.5	239.4
大汝山(立山)	3015	148.2	247.3
剱岳	2998	146.4	249.2
金峰山	2599	144.2	199.1
赤岳	2899	143.4	209.2
北奥千丈岳	2601	143.2	197.5
雲取山	2017	139.3	187.6
甲武信岳	2475	137.4	195.9
爺ヶ岳	2670	136.9	245.9
鹿島槍ヶ岳	2889	135.6	247.5
蓼科山	2530	134.4	214.8
御座山	2112	127.8	202.4
両神山	1723	122.6	193.0
一切経山	1949	119.9	53.6
安達太良山	1700	116.3	59.8
荒船山	1423	109.4	204.8
磐梯山	1819	98.9	55.5
飯豊本山	2105	97.2	30.3
浅間山	2568	95.1	216.1

どもを考慮に入れる必要がある。いずれは雪形などが再現できるようになればいいと思ってはいるのだが……。

上越新幹線浦佐駅から乗ったバスを白光岩バス停で下車し、登山口に向かう。登山口からいきなりの急登にひと汗かくと前山に出て、荒沢岳が見えてくる。前嵓の下部からは鎖場とハシゴが連続し、やせ尾根の悪路を通過する。前嵓からはハイマツの中の急な尾根道となる。主稜線に出ればまもなく山頂である。

この登山道にかけられた鎖やハシゴは、秋には雪崩による被害を避けるために外される。

荒沢岳の登山道は銀山平からの一本だけで、登山口からの標高差が1200メートルにもなり、途中に鎖場や梯子が連続するのでペース配分には気を配りたい。

193　荒沢岳（越後）

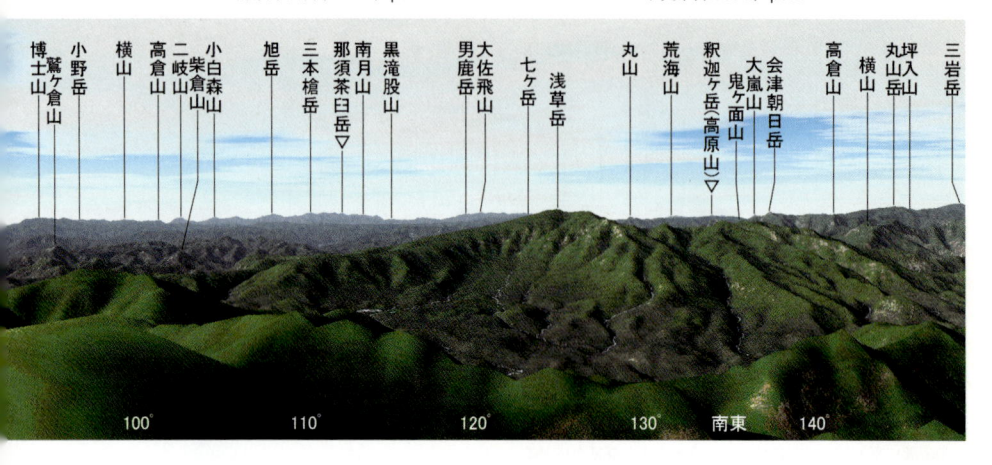

山名ラベル（左から右）:
博士山、鷲ヶ倉山、小野岳、横山、高倉山、二岐山、小白森山、大佐飛岳、七ヶ岳、丸山、荒海山、釈迦ヶ岳(高原山)▽、会津朝日岳、大嵐山、鬼ヶ面山、高倉山、横山、丸山岳、坪入山、三岩岳、旭岳、三本槍岳、那須茶臼岳▽、南月山、黒滝股山、男鹿岳、浅草岳

那須茶臼岳（1915m）p164　　　高原山（1795m）p162

守門岳（すもんだけ）

豪雪地帯に聳える、ブナに守られた越後の独立峰

麓から仰ぐ守門岳は標高以上に高く見える山だ。隣の浅草岳と並び、越後の独立峰として魅力ある一峰である。

守門岳は古い時代に活動を終えた火山である。かつての火口跡を囲むように、大岳、青雲、袴岳、烏帽子山などのピークが連なっている。北側と南側は、噴火とその後の浸食によって深い谷が刻まれているが、西側はかつての火山の緩やかな裾野の一部が残っている。このような非対称性山稜のために、守門岳は巨大な雪庇が発達することでも有名である。西側の緩斜面を吹き上げてきた季節風によって、東側の断崖の上に10メートルを越す雪庇が発達する。この雪庇は残雪期でも残っているほどで、地元の栃尾市では雪庇を見学する『雪庇ツアー』も催されている。

守門岳を訪れたのは6月。梅雨の晴れ間をうまく利用することができた山行であったが、この時期の太陽の照りつけは真夏並みの激しさで、すっかりバテバテになってしまった。そんな干上がった体を潤してくれたのが山頂直下の水場。守門岳はびっくりするほど大きなブナの宝庫である。たっぷりの残雪に、こすれた大きな根回り穴をあけながら、山頂近くまで密生している。ブナの水はうまい。水の味はその山の植生にかなり影響されるようだ。東北のブナの水がやはり好みとしては最高であり、針葉樹や、スギ、ヒノキの味はか

越後
標高 1537メートル
緯度 37度23分52秒
経度 139度08分11秒

194

安達太良山(1700m) p178

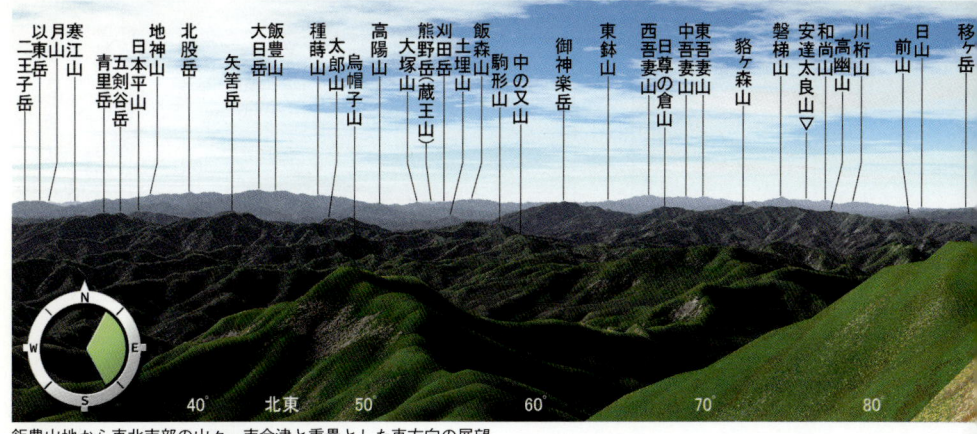

飯豊山地から東北南部の山々、南会津と重畳とした東方向の展望

山名ラベル: 以東岳/寒江山/月山/二王子岳/五剣谷岳/青里岳/日本平山/地神山/北股岳/飯豊山/大日岳/種蒔山/矢筈岳/太郎山/烏帽子岳/高陽山/大塚山/刈田岳/熊野岳(蔵王山)/土埋山/飯森山/駒形山/中の又山/御神楽岳/東鉢山/西吾妻山/中吾妻山/東吾妻山/貉ヶ森山/磐梯山/安達太良山▽/和尚山/高幽山/川桁山/日前山/移ヶ岳

守門岳から見える山
（興味深いもの）

山名	標高	距離	方位
鳥海山	2236	205.0	22.6
奥穂高岳	3190	180.9	227.6
涸沢岳	3110	180.5	227.8
北穂高岳	3106	179.7	227.8
槍ヶ岳	3180	177.0	229.0
鷲羽岳	2924	175.5	231.4
水晶岳	2986	174.0	232.2
常念岳	2857	173.0	226.9
大天井岳	2922	171.7	228.5
燕岳	2763	167.9	229.5
針ノ木岳	2821	160.6	234.0
鹿島槍ヶ岳	2889	150.5	235.6
月山	1984	149.8	31.2
白馬岳	2932	141.5	240.3
熊野岳(蔵王山)	1841	141.5	53.8
大滝根山	1192	138.7	91.4
浅間山	2568	122.8	206.6
以東岳	1771	122.2	30.6
高妻山	2353	117.0	235.8
飯縄山	1917	115.2	230.9
焼山	2400	111.1	241.8
妙高山	2454	106.8	238.5
安達太良山	1700	104.7	75.9
金北山	1172	104.6	318.7
横手山	2307	97.4	214.0
西吾妻山	2035	96.4	66.6
磐梯山	1819	85.7	74.4
白砂山	2140	83.1	208.4
那須茶臼岳	1915	79.3	112.2
男体山	2484	76.9	155.7
苗場山	2145	72.9	213.0
飯豊本山	2105	71.4	44.6
奥白根山	2578	69.8	162.1
武尊山	2158	65.7	180.3
燧ヶ岳	2356	50.8	164.8
巻機山	1967	48.9	198.3

なり落ちる。もっとも、喉の乾きが極限に達すれば、さほど違いがなくなってしまうのは人情というたところではあるが。

さて展望だが、日本アルプスで見えるのは北アルプスだけ。奥穂高岳、槍ヶ岳、水晶岳、鹿島槍ヶ岳などが見える。残念ながら富士山も見えないため、この地から見るもっとも標高の高い山は奥穂高岳、3190メートルということになる。もっとも遠くに見えるのは鳥海山で、その距離は205キロ。

前日は只見線大白川駅から30分ほどの大白川集落の民宿などに宿泊し、翌朝山頂を目指すのが良い。マイカーであれば、上祝沢登山口まで入ることができる。また、二分にある守門村のキャンプ場を拠点にしても良い。二分からは保久礼小屋を経るコースなどふたつのコースがある。

残雪の守門岳（撮影：打田鍈一）

守門岳（越後）

空木岳(2864m) p242　　仙丈ヶ岳(3033m) p206　　御嶽山(3067m) p302

風穴山／摺古木山／安平路山／念丈岳／継子岳／馬ノ背／摩利支天山／剣ヶ峰(御嶽山)▽／小仙丈ヶ岳／仙丈ヶ岳▽／大仙丈ヶ岳／東川岳／空木岳／赤椰岳／南駒ヶ岳／仙涯嶺／小太郎山／南越百山／越百山／百間ナギ

260°　　西　　280°

観音岳（鳳凰山）

比良山系を遠望する南アルプス前衛の山

わたしが南アルプスについて最初に印象深く感じた風景は、地蔵岳のオベリスクであった。初めて買い求めたガイドブック、未知の世界の扉を開いた瞬間、目に飛び込んできたのは、紫色の岩が花弁のように寄り添ってできたような、異様なオベリスクの姿であった。

辞書を紐解くとオベリスクとは、古代エジプトの祭具であり、先端が細く尖った巨大な四角形の石柱だそうだ。地蔵岳のオベリスクは、古来、密教を支える山岳修験者らによって大日如来に見立てられ、大日岩と名付けられた。その後、地蔵信仰が盛んになると地蔵岩と呼ばれるようになったが、大日如来より地蔵菩薩の優しいお姿のほうがぴったりだと思う。

実際のオベリスクは、紫色の神秘の岩ではなく灰色がかった花崗岩。印刷の具合か、あるいは空の色が岩に反射したのか、いつかあの紫色のオベリスクに出会えないかと密かに願っている。

鳳凰山の山名は、この大日如来に見立てられたオベリスクから法王山となったという説の他に、奈良朝の女帝孝謙天皇が奈良田に滞在し、その間に法皇山となったという説などがある。鳳凰山は現在は薬師岳、観音岳、地蔵岳の総称であるが、かつては地蔵岳が鳳凰山であるとする鳳凰一山説があった。

鳳凰三山の最高峰、観音岳からの南アルプスの展望は野呂川をはさんで聳える北岳に集中するが、視野を広げれば、仙丈ヶ岳や悪沢岳も見える。さらに目を転じれば、奥穂高岳、槍ヶ岳、白馬岳、剱岳だけでなく、富士山もカメラマンには人気である。

鳳凰三山のシンボル、地蔵岳のオベリスク（撮影：富嶽仙人）

南アルプス　標高2840メートル　緯度35度42分07秒　経度138度18分17秒

北岳(3192m) p200

間ノ岳　中白根山　北岳▽

白根御池

南西　230°　240°　250°

観音岳から南アルプス北部と中央アルプスを展望する

観音岳から見える山
（興味深いもの）

山名	標高	距離	方位
蓬莱山	1174	226.2	256.7
釈迦ヶ岳(高原山)	1795	187.5	44.4
荒沢岳	1969	172.6	25.7
中ノ岳	2085	168.4	24.0
燧ヶ岳	2356	164.5	32.0
平ヶ岳	2141	163.8	28.0
男体山	2484	159.0	41.7
奥白根山	2578	155.1	38.0
至仏山	2228	154.4	30.0
巻機山	1967	153.5	22.4
御前峰(白山)	2702	147.2	290.4
武尊山	2158	143.2	31.0
オキノ耳(谷川岳)	1977	137.9	23.8
雨飾山	1963	136.6	347.1
妙高山	2454	133.1	352.6
苗場山	2145	131.5	15.1
白馬岳	2932	127.1	337.4
高妻山	2353	123.9	349.5
劔岳	2998	119.5	329.0
大汝山(立山)	3015	114.9	327.7
鹿島槍ヶ岳	2889	114.0	334.0
水晶岳	2986	102.2	322.0
達磨山	982	96.0	149.4
四阿山	2354	93.7	5.9
槍ヶ岳	3180	92.4	320.3
奥穂高岳	3190	88.0	317.9
塔ノ岳	1491	82.5	109.2
剣ヶ峰(乗鞍岳)	3026	81.3	303.7
浅間山	2568	80.6	14.0
剣ヶ峰(御嶽山)	3067	77.4	286.1
雲取山	2017	60.2	73.3
富士山	3776	53.8	134.5
空木岳	2864	44.1	272.6
赤岳	2899	30.4	11.1
悪沢岳	3141	24.9	206.4
北岳	3192	6.6	243.1

どの北アルプス、空木岳、南駒ヶ岳、赤梛岳などの中央アルプス。間近の八ヶ岳と広い展望を得ることができる。もっとも遠くに見えるはずの山は蓬莱山。滋賀県志賀町と大津市の境にある比良山系南主稜の主峰、1174メートルの一等三角点の山である。

鳳凰三山は南アルプスの入門コースとしていくつかのコースが整備されているが、夜叉神峠からが比較的楽である。中央本線甲府駅からのバスを夜叉神峠登山口で下車し、峠に向かう。峠から杖立峠までは単調な登りである。南御室小屋を過ぎ、砂払岳からは白峰三山が望める。薬師岳との鞍部に薬師岳小屋があり、ここで一泊する。翌日は薬師岳に登り、地蔵岳からドンドコ沢を下ると、中央本線韮崎駅までのバスが出る青木鉱泉に出る。

197　観音岳（南アルプス）

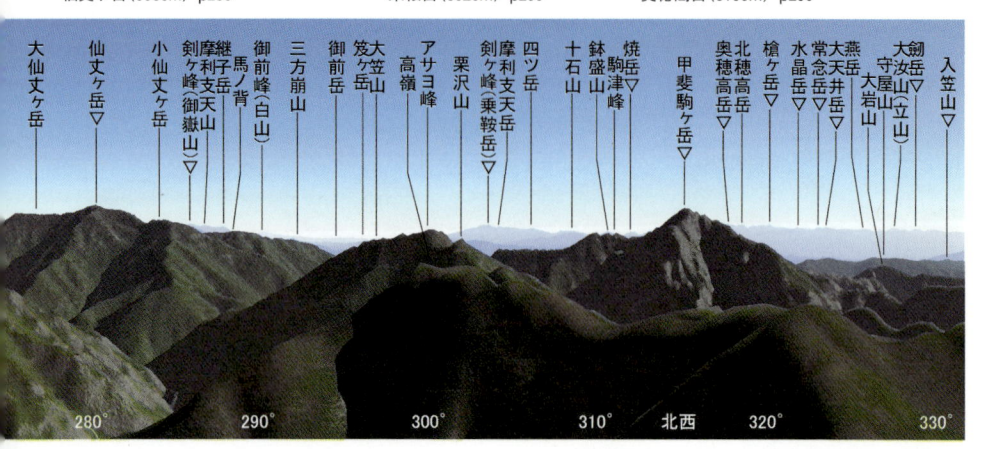

仙丈ヶ岳(3033m) p206　　乗鞍岳(3026m) p298　　奥穂高岳(3190m) p290

パノラマラベル（左から右へ）:
大仙丈ヶ岳 ▽／仙丈ヶ岳 ▽／小仙丈ヶ岳 ▽／剣ヶ峰▽／摩利支天岳▽／継子岳▽／馬ノ背／御前峰〈白山〉▽／三方崩山／御前山／大笠山／笈ヶ岳／アサヨ峰／栗沢山／十石山／鉢盛山／焼岳／剣ヶ峰〈乗鞍岳〉▽／摩利支天岳／四ツ岳／駒津峰／甲斐駒ヶ岳／奥穂高岳／北穂高岳／水晶岳／槍ヶ岳／大天井岳／常念岳／燕岳／大岩山／劍岳▽／汝岳〈立山〉▽／守屋山／入笠山 ▽

280°　290°　300°　310°　北西　320°　330°

奥白根山(2578m) p158　　金峰山(2599m) p48　　雲取山(2017m) p38　　大菩薩峠(1897m) p56

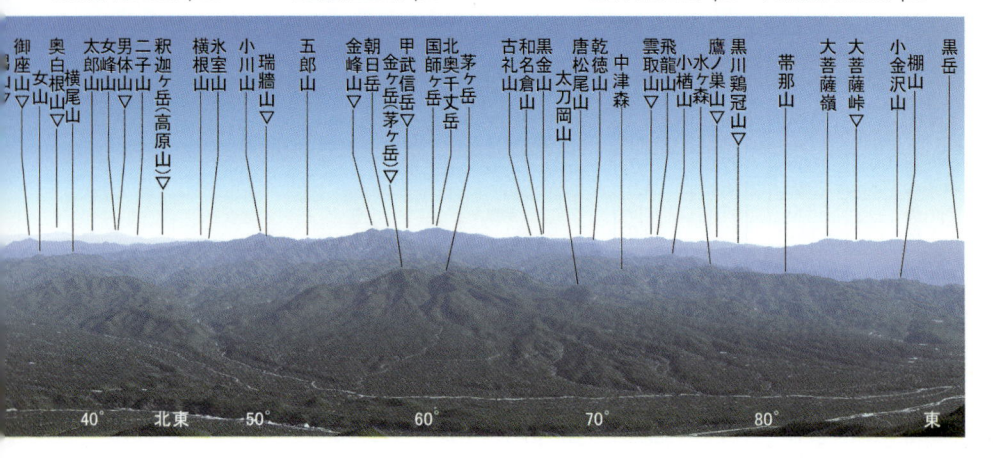

御座山／奥女峰山／横根山／太郎峰山／男体山／二子山／釈迦ヶ岳・高原山／氷室山／横尾山／小川山／瑞牆山／五郎山／金峰山／朝日岳／甲武信ヶ岳／国師ヶ岳／北奥千丈岳／茅ヶ岳／古札山／黒金山／名倉山／唐松尾山／乾徳山／中津森／太刀岡山／雲取山／飛龍山／小水森／鷹ノ巣山／黒川鶏冠山／大水山／帯那山／大菩薩嶺／大菩薩峠／小金沢山／棚山／黒岳

40°　北東　50°　60°　70°　80°　東

十枚山(1726m) p22　　笊ヶ岳(2629m) p222　　悪沢岳(3141m) p212

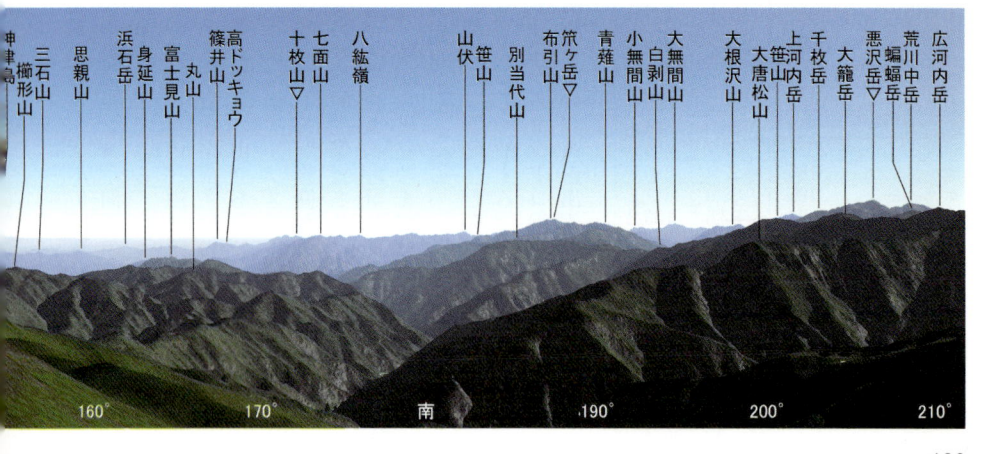

申吾島／三石山／思親山／浜石岳／身延山／富士見山／丸山／七面山／山伏／高ドッキョウ／十枚山／八紘嶺／別当代山／布引山／笊ヶ岳▽／青薙山／小無間山／大無間山／白剥山／山伏／大根沢山／大唐松山／大籠岳／悪沢岳▽／蝙蝠岳／上河内岳／千枚岳／荒川中岳／広河内岳

160°　170°　南　190°　200°　210°

198

南南西から北北西の展望

北岳(3192m) p200

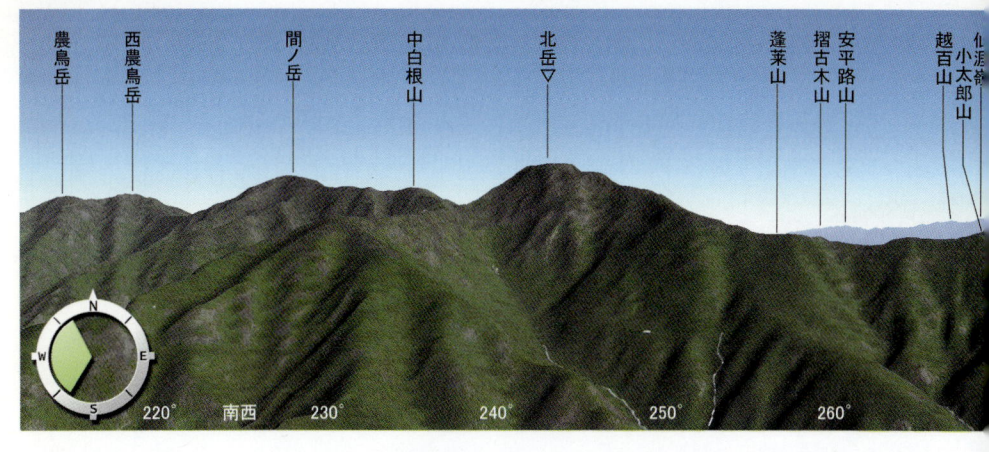

農鳥岳／西農鳥岳／間ノ岳／中白根山／北岳／蓬莱山／安平路山／摺古木山／越百山／仙涯嶺／小太郎山

220° 南西　230°　240°　250°　260°

北北西から東の展望

蓼科山(2530m) p106　赤岳(2899m) p18　中ノ岳(2085m) p188

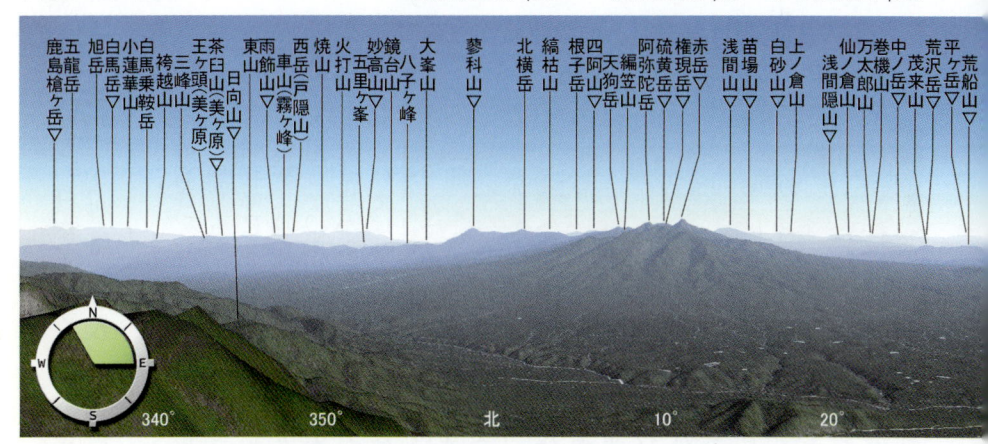

鹿島槍ヶ岳／五龍岳／旭岳／白馬岳／小蓮華山／白馬乗鞍岳／王ヶ頭／茶臼山／三峰越／袴腰山／日向山／美ヶ原／東車山／西車山／雨飾山／焼山／火打山／妙高山／鏡五里ヶ峯／高台八ヶ峰／大峯山／蓼科山／北横岳／縞枯山／根子岳／四阿山／阿弥陀岳／硫黄岳／権現岳／赤編笠山／浅間隠山／苗場山／白砂山／上ノ倉山／浅間山／仙ノ倉山／万太郎山／巻機山／中ッ又山／茂沢山／荒沢山／来岳山／平ヶ岳／荒船山

340°　350°　北　10°　20°

東から南南西の展望

蛭ヶ岳(1673m) p32　御坂十二ヶ岳(1683m) p12　富士山(3776m) p86

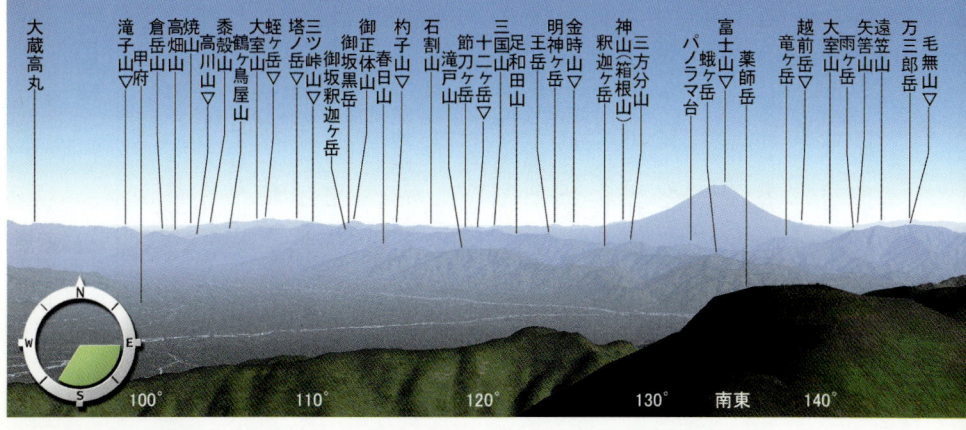

大蔵高丸／滝子山／大谷ヶ丸／倉掛山／高畑山／焼山／黍殻山／鶴寝山／大蛭ヶ岳／御坂黒岳／塔ヶ岳／三ツ峠山／御正体山／杓子山／春日山／石割山／十二ヶ岳／三国山／節刀ヶ岳／足和田山／明神ヶ岳／神山王岳／金時山／三方分山／神山(箱根山)／釈迦ヶ岳／富士山／蛾ヶ岳／パノラマ台／薬師岳／越前岳／大室山／蛾ヶ岳／竜ヶ岳／矢筈山／遠笠山／万三郎岳／毛無山

100°　110°　120°　130° 南東　140°

199　観音岳（南アルプス）

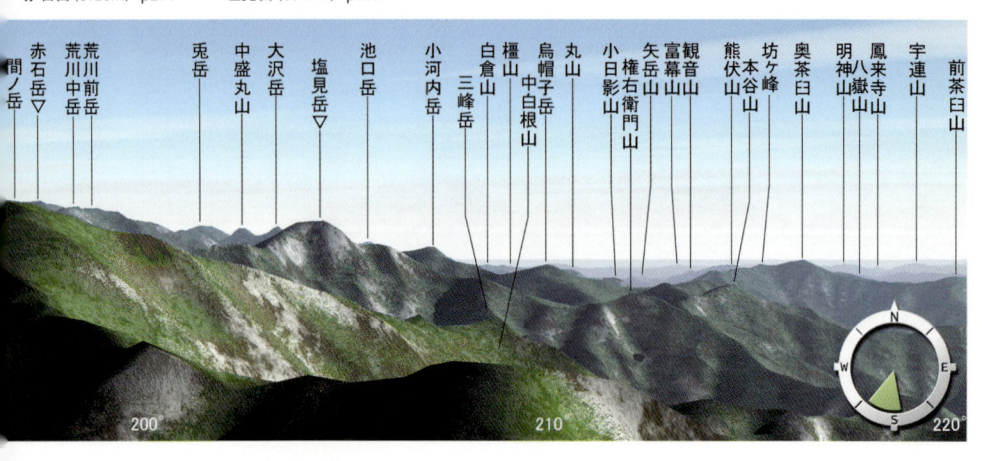

赤石岳（3120m）p214　　塩見岳（3047m）p208

山名ラベル（左から右へ）：
間ノ岳／赤石岳▽／荒川前岳／荒川中岳／兎岳／中盛丸山／大沢岳／塩見岳▽／池口岳／小河内岳／櫂立岳／白倉山／三峰岳／樵木山／中白根山／烏帽子岳／丸山／権右衛門山／小日影山／矢岳山／富幕山／観音山／熊伏山／本谷山／奥茶臼山／坊ヶ峰／鳳来寺山／八嶽山／明神山／宇連山／前茶臼山

北岳 (きただけ)

日本アルプスの最高峰「夢見る巨人」から望む広大な展望

南アルプス
標高 3192メートル
緯度 35度40分29秒
経度 138度14分20秒

稜線に咲くトウヤクリンドウと北岳（撮影：富嶽仙人）

日本第二の高峰、北岳。富士山が開放的な空間にどかっと腰を据えているのに対して、北岳は幾重もの山並みの奥に隠された秘峰とも言うべき山である。

かつては、秘峰にふさわしく前山を越えて日数をかけて登る遙かな山であった。身延線の青柳駅（現在の増穂町）から2000メートル近い大峠を越え西山温泉を経由して野呂川を遡るか、あるいは夜叉神峠から杖立峠を越えるか、または大武川赤薙沢をつめて広河原に出るのが主なルートだった。いずれにしても、アプローチが今でいえばひとつの登山に匹敵するものだった。

勝沼あたりから甲府盆地越しに望む冬の北岳は、小烏烏水のいう「空線の上に、夢みる巨人」の表現がぴったりである。下界は穏やかな日差しが注いでいても、白嶺の上には白い雪煙が幾筋も立っている。山と自分とに一線を感じる瞬間だ。

北岳からの展望はその高さに恥じず広大である。北は甲斐駒から仙丈、そして塩見岳、赤石岳と、折り重なる南アルプスの山々が壮観だ。遠く富士の嶺は意外に高く感じる。富士のように見下ろすだけの展望ではない。

木曽駒ヶ岳、空木岳、南駒ヶ岳などの中央アルプスは意外と近く、はるかに奥穂高岳、槍ヶ岳、白馬岳、大汝山（立山）などの北アルプスを望む。

もっとも遠くに見える山は、奈良県吉野郡下北山村と十津川村の境にある、修験道で知られた大峰の釈迦ヶ岳だ。

200

笊ヶ岳（2629m）p222

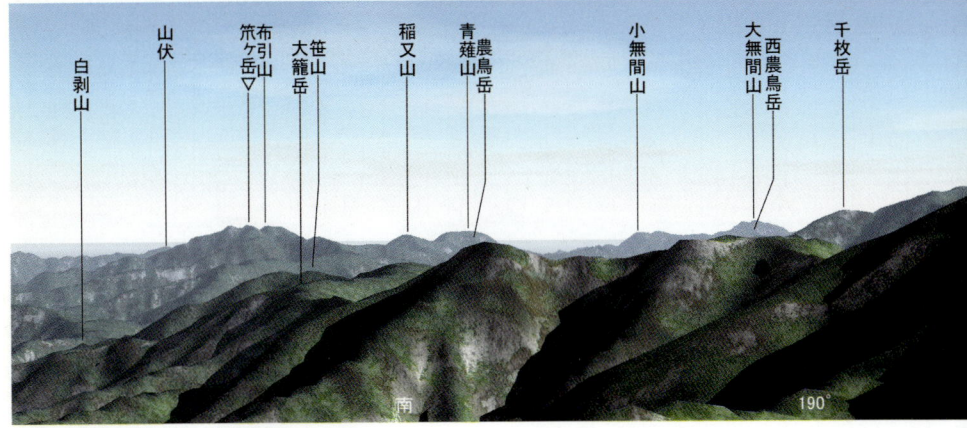

白剥山／山伏／布引山／笊ヶ岳▽／大籠岳／笹山／稲又山／青薙山／農鳥岳／小無間山／大無間山／西農鳥岳／千枚岳

南　190°

北岳から南アルプスの山々を展望する

北岳から見える山
（興味深いもの）

山名	標高	距離	方位
釈迦ヶ岳（大峰）	1800	274.8	231.6
仏生ヶ嶽	1805	272.7	231.8
弥山	1895	269.8	232.7
大普賢岳	1780	262.6	232.9
日出ヶ岳（大台ヶ原山）	1695	255.2	230.2
武奈ヶ嶽	1214	217.3	258.6
釈迦ヶ岳（高原山）	1795	193.8	45.0
清澄山	377	182.8	107.5
筑波山	860	178.5	69.4
荒沢岳	1969	178.0	27.0
越後駒ヶ岳	2003	177.4	24.7
御池岳	1247	174.5	252.1
中ノ岳	2085	173.6	25.4
燧ヶ岳	2356	170.3	33.1
平ヶ岳	2141	169.4	29.3
男体山	2484	165.2	42.5
奥白根山	2578	161.2	39.0
至仏山	2228	160.1	31.3
武尊山	2158	148.9	32.3
谷川岳	1977	143.1	25.5
御前峰（白山）	2702	142.7	292.3
妙高山	2454	135.4	355.2
黒檜山（赤城山）	1828	130.5	40.8
白馬岳	2932	127.8	340.3
高妻山	2353	126.0	352.3
剱岳	2998	119.2	332.1
大汝山（立山）	3015	114.4	331.0
鹿島槍ヶ岳	2889	114.3	337.3
横手山	2307	113.3	13.0
槍ヶ岳	3180	91.2	324.4
奥穂高岳	3190	86.5	322.1
剣ヶ峰（乗鞍岳）	3026	78.2	307.9
剣ヶ峰（御嶽山）	3067	72.7	289.6
富士山	3776	56.3	128.0
木曽駒ヶ岳	2956	41.3	288.1
空木岳	2864	38.4	277.4

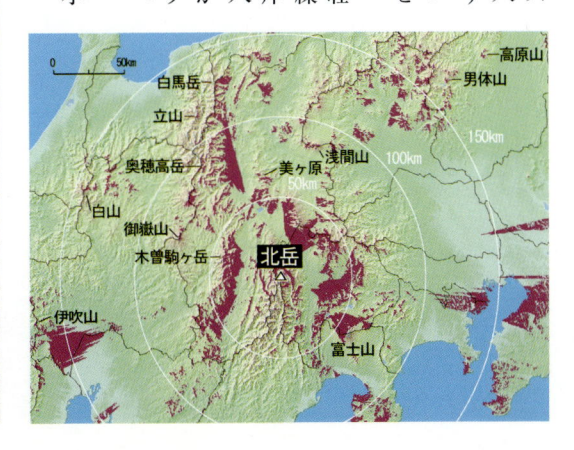

登山ルートは、中央本線甲府駅からのバスが入る広河原からはじまる。大樺沢から八本菌のコルを経由、二俣から右俣を草すべりへ、あるいは白根御池から草すべりというコースが一般的だ。通好みなら裏からの北岳を望むことができる両俣からのコースもある。

大樺沢から八本菌のコースは、広河原山荘から登山道に入る。小さなアップダウンを繰り返し、崩壊地を過ぎる。再び崩壊地を右岸から迂回し、樹林を抜けると大樺沢二俣。八本菌へは左のコースをとる。八本菌のコルから一日目の宿泊地の北岳山荘へは山腹をトラバースする。翌日は北岳に登り、肩ノ小屋へと下りる。小太郎尾根の分岐まで緩く下り、分岐から草すべりの急坂を下る。白根御池小屋からはさらに急坂を下って広河原に戻る。

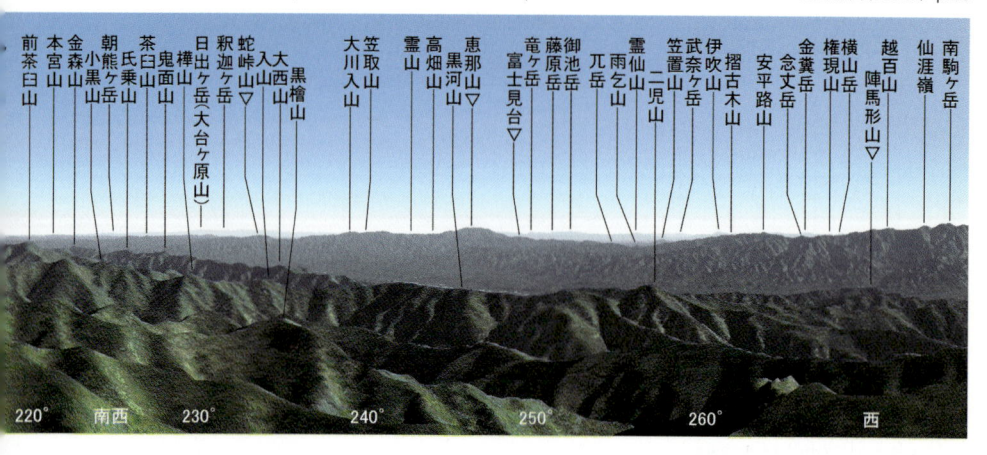

蛇峠山(1664m) p30　　恵那山(2191m) p248　　陣馬形山(1445m) p226

上段パノラマ（220°～西）ラベル（左から右）:
前茶臼山／本宮山／金森山／朝小熊ケ岳／氏乗山／茶臼山／鬼面山／日出ケ岳(大台ヶ原山)／樺山／釈迦ケ岳／蛇峠山▽／大入山／黒檜山／笠取山／大川入山／霊山／高畑山／黒河山／恵那山▽／藤原岳／御池岳／竜ヶ岳／富士見台／雨乞山／仙山／二児山／霊山／笠置山／伊奈ケ岳／摺古木山／伊吹山／武奈ケ岳／念丈ヶ岳／金糞岳／権現山／横山岳／陣馬形山▽／越百山／仙涯嶺／南駒ヶ岳

高妻山(2353m) p138　　四阿山(2354m) p132　　浅間隠山(1757m) p126

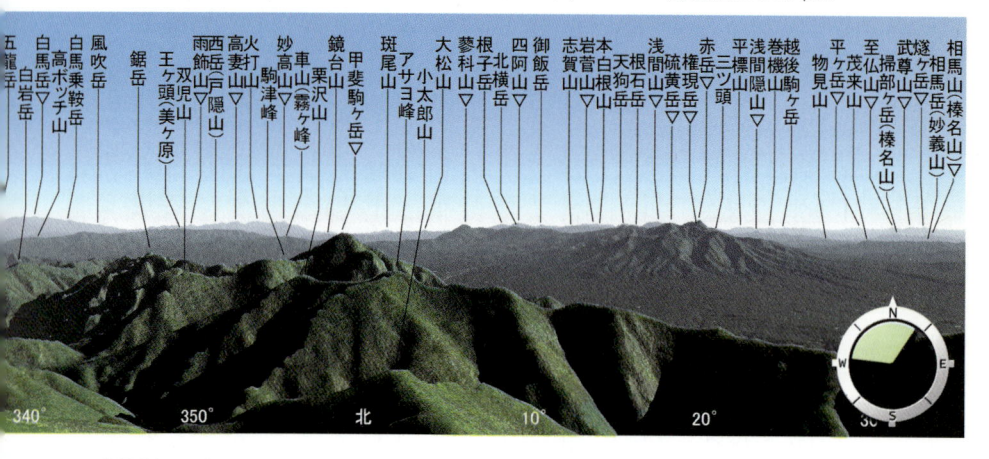

中段パノラマ（340°～30°）ラベル（左から右）:
五龍岳／白岩岳／白馬岳／白馬鑓ヶ岳／白馬乗鞍岳／風吹岳／鋸岳／西飯縄山／雨飾山／戸隠山／高妻山▽／火打山／妙高山／車山／栗沢山（霧ケ峰）／鏡台山／蓼科山／甲斐駒ヶ岳／斑尾山／アサヨ峰／小太郎山／大松山／蓼科山／根子岳／四阿山▽／御飯岳／志賀山／岩菅山／本白根山／浅間白根火山／硫黄岳／権現岳／赤岳／天狗岳／三ツ頭／平標山／浅間隠山▽／巻機山／越後駒ヶ岳／平ヶ岳／至仏山／武尊山／茂来山／掃部ケ岳（榛名山）／相馬山（榛名山）▽／妙義山

杓子山(1598m) p78　　富士山(3776m) p86　　達磨山(982m) p24

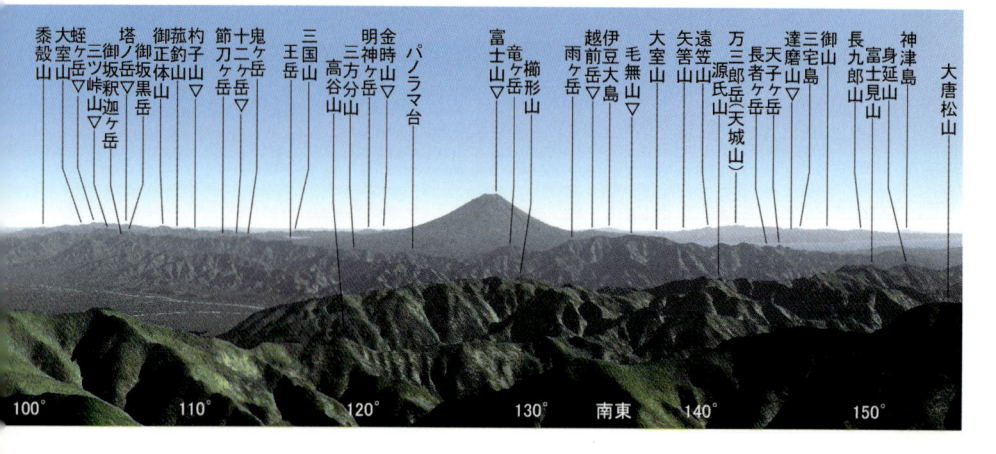

下段パノラマ（100°～150°）ラベル（左から右）:
黍殻山／大室山／蛭ヶ岳／三ツ峠／室釈迦ケ岳／塔ノ岳／御坂黒岳／御坂釈迦ケ岳／菰釣山／杓子山▽／十二ヶ岳／鬼ヶ岳／節刀ヶ岳／三方分山／明神ケ岳／金時山／三国山／王岳／パノラマ台／富士山▽／竜ヶ岳／櫛形山／越前岳／伊豆ケ岳／雨ヶ岳／大島／毛無山／大室山／矢筈山／遠笠山／万三郎岳（天城山）／長者ヶ岳／達磨山▽／三宅島／御蔵島／長九郎山／富士見山／身延山／神津島／大唐松山

南南東から西の展望

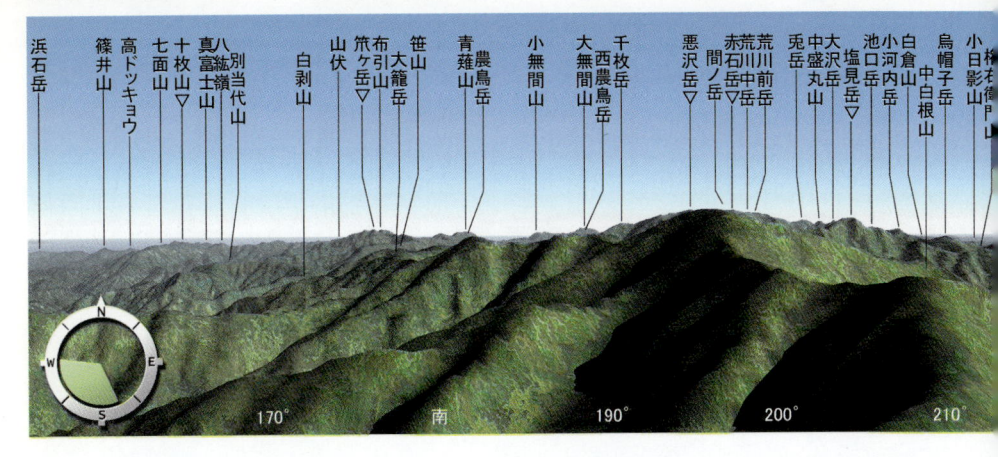

笊ヶ岳(2629m) p222　　悪沢岳(3141m) p212　　塩見岳(3047m) p208

浜石岳　篠井山　高ドッキョウ　七面山　十枚山　八紘嶺　真富士山　別当代山　笹山　大籠岳　布引山　笊ヶ岳　山伏　白剥山　青薙山　農鳥山　笹山　小無間山　大無間山　西農鳥岳　千枚岳　悪沢岳　間ノ岳　赤石岳　荒川前岳　荒川中岳　兎岳　中盛丸山　大沢岳　池口岳　小河内岳　塩見岳　白岳　中白根山　烏帽子岳　小日影山　槍石門山

170°　南　190°　200°　210°

西から北北東の展望

乗鞍岳(3026m) p298　　槍ヶ岳(3180m) p276

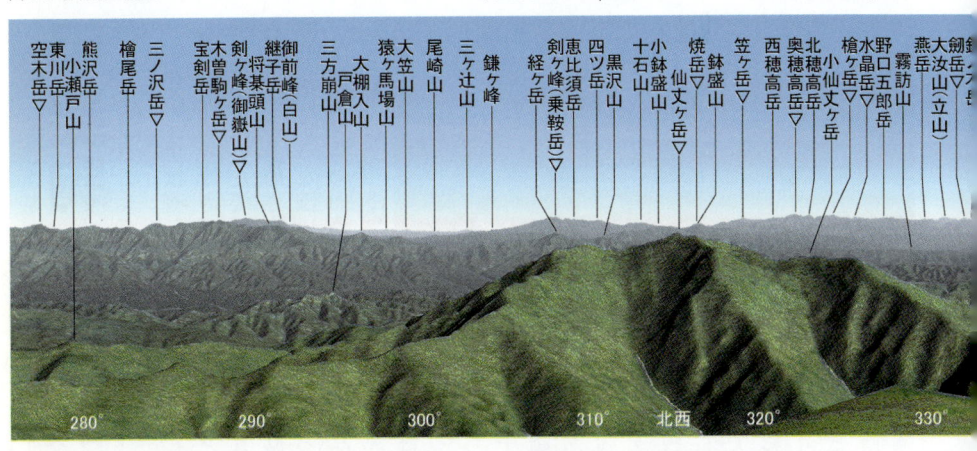

空木岳　東川岳　熊沢岳　小瀬戸山　檜尾岳　三ノ沢岳　宝剣岳　木曽駒ヶ岳　剣ヶ峰(御嶽山)　継子岳　御前峰(白山)　大笠山　猿ヶ馬場山　大棚入山　三方崩山　尾崎山　三ヶ辻山　鎌ヶ峰　経ヶ岳　剣ヶ峰乗鞍岳　恵比須岳　四ツ岳　黒沢岳　小鉢盛山　十石山　仙丈ヶ岳　鉢盛山　焼岳　笠ヶ岳　西穂高岳　奥穂高岳　北穂高岳　槍ヶ岳　小仙丈ヶ岳　水晶岳　五郎岳　霧訪山　燕岳　大鋒汝山(立山)　鉾ヶ岳

280°　290°　300°　310°　北西　320°　330°

北北東から南南東の展望

筑波山(860m) p26　　大菩薩峠(1897m) p56

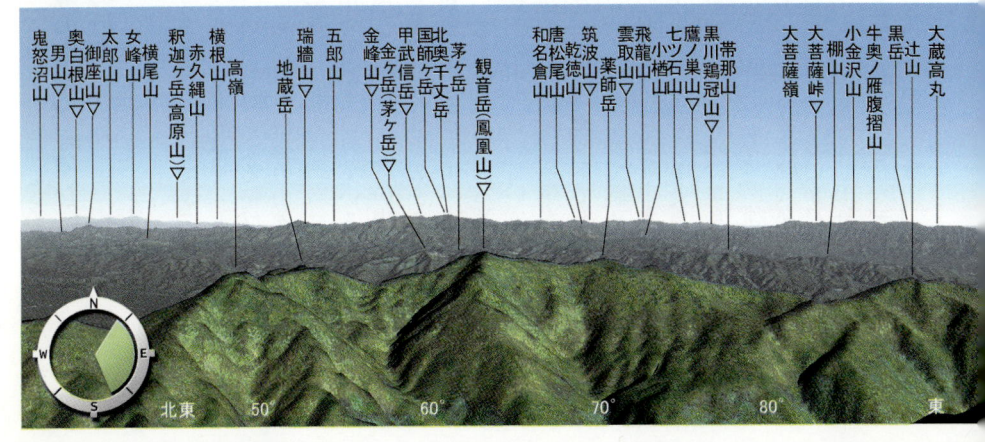

鬼怒沼　奥白根山　男体山　太郎山　女峰山　横尾山　赤薙山　釈迦ヶ岳高原山　横根山　高嶺　瑞牆山　地蔵岳　五郎山　金峰山　甲武信ヶ岳(茅ヶ岳)　国師ヶ岳　北奥千丈岳　茅ヶ岳　観音岳(鳳凰山)　和名倉山　唐松尾山　筑波山　乾徳山　雲取山　飛龍山　小ツツ楢山　七ツ石山　鷹巣山　黒川鶏冠山　帯那山　大菩薩峠　大菩薩嶺　小金沢山　牛奥ノ雁腹摺山　大蔵高丸　辻山　黒岳　大蔵高丸

北東　50°　60°　70°　80°　東

203　北岳（南アルプス）

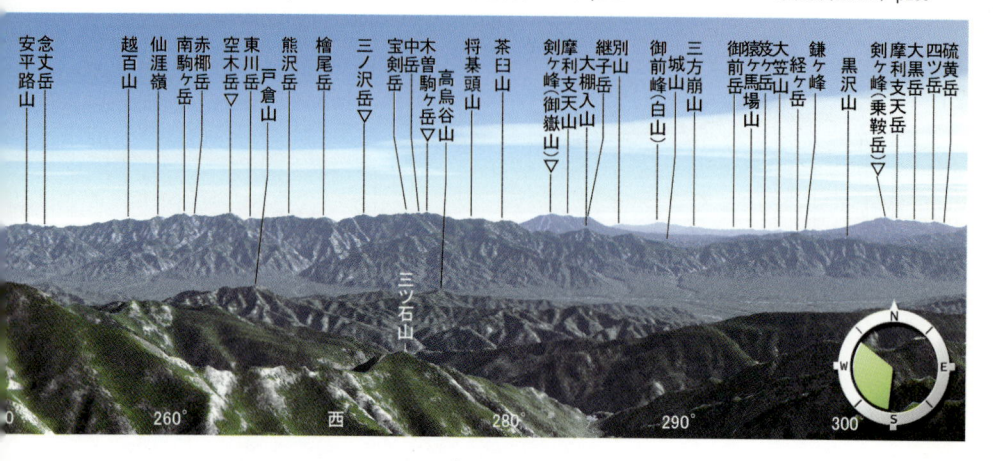

パノラマ山名（左から右）:
安平路山／念丈岳／越百山／仙涯嶺／南駒ヶ岳／赤椰岳／東川岳／空木岳／戸倉山／熊沢岳／檜尾岳／三ノ沢岳／宝剣岳／木曽駒ヶ岳／中岳／将棊頭山／高烏谷山／茶臼山／三方崩山／別山／継子岳／大棚入山／摩利支天山／剣ヶ峰〈御嶽山〉▽／御前峰〈白山〉／城山／御嶽前山／大滝山／笠ヶ岳／鎌ヶ峰／黒沢山／剣ヶ峰〈乗鞍岳〉▽／摩利支天岳／大日岳／四ツ岳／硫黄岳

方位・距離目盛: 260°／西／280°／290°／300°

空木岳（2864m）p242　御嶽山（3067m）p302　乗鞍岳（3026m）p298

三ツ石山

日向山から見上げる甲斐駒ヶ岳

甲斐駒ヶ岳

中央本線の車窓から望む花崗岩の巨峰

南アルプス
標高2967m
緯度35度45分28秒
経度138度14分12秒

甲斐駒ヶ岳は南アルプスの槍ヶ岳ともいえる鋭角な山容であるが、南アルプスらしい肉厚の重厚さで本家槍ヶ岳に勝るとも劣らない存在感を示している。とくに摩利支天を抱いた姿は甲斐路を旅するときにはいつも目にする格好のランドマークである。その急峻さからか甲斐駒ヶ岳は厳冬にあっても白嶺の山々ほど白くない。いぶし銀のような渋い金属質の輝きを放っている。

甲斐駒ヶ岳の山姿については文学作品の中でも讃えられている。作家宇野浩二は「恰も舞台に出てゐる団十郎のやうに見えた」と『山恋ひ』の中で形容し、また甲府にしばらく暮らしたことのある太宰治は「あの三角に尖った銀色の、そうしていま夕日を受けてバラ色に光っているあの山の名だけは、知っている。」と『八十八夜』の中で書いている。

甲斐駒ヶ岳からの眺望はまず第一に仙丈ヶ岳の展望であろう。両山はセットで登る場合も多く、登山者が強い思い入れをもって眺める山だ。

仙丈ヶ岳の洞こうには恵那山から空木岳、木曽駒ヶ岳へと連なる中央アルプス、奥穂高岳、槍ヶ岳、そして御嶽山の右には白山も望める。馬岳、大汝山〈立山〉などの北アルプスからさらに目を移せば、蓼科山から続く八ヶ岳が大蛇のようにのたりと首を回しているのが目に入る。鳳凰越しの富士とピラミダルな北岳も印象的である。南アルプスの南部も塩見岳、悪沢岳などが見えている。もっとも遠くに見えるのは三株山、福島県南部の阿武

塩見岳（3047m）p208　　　　　　　　　　　　　　　　　　仙丈ヶ岳（3033m）p206

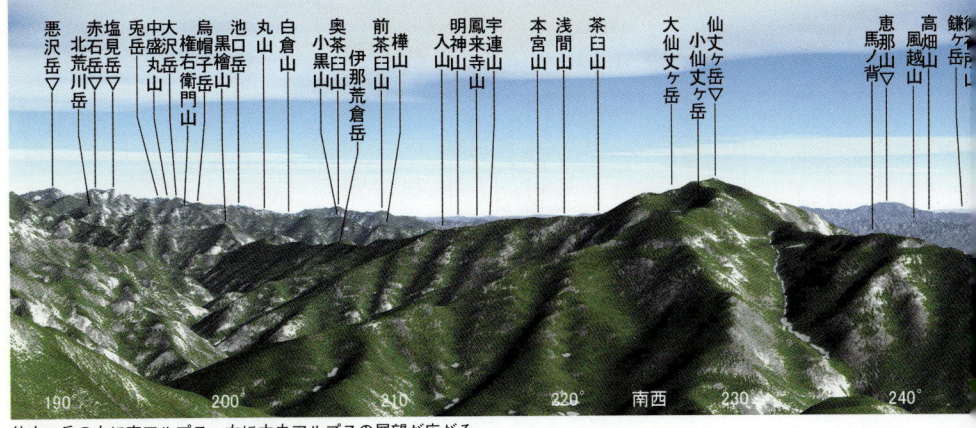

仙丈ヶ岳の左に南アルプス、右に中央アルプスの展望が広がる

甲斐駒ヶ岳から見える山
（興味深いもの）

山名	標高	距離	方位
三株山	842	253.4	55.8
八溝山	1022	224.3	53.9
釈迦ヶ岳（高原山）	1795	187.5	47.0
御在所山	1212	184.4	244.1
御池岳	1247	177.4	249.2
荒沢岳	1969	169.9	28.4
平ヶ岳	2141	161.5	30.9
奥白根山	2578	154.3	41.2
武尊山	2158	141.3	34.4
御前峰（白山）	2702	139.3	288.8
苗場山	2145	127.4	18.5
妙高山	2454	126.2	355.0
黒檜山（赤城山）	1828	123.8	43.7
白馬岳	2932	119.0	338.9
岩菅山	2295	112.9	14.7
劔岳	2998	111.0	330.0
大汝山（立山）	3015	106.3	328.7
鹿島槍ヶ岳	2889	105.7	335.5
横手山	2307	104.3	14.3
塔ノ岳	1491	90.4	111.6
槍ヶ岳	3180	83.7	320.8
奥穂高岳	3190	79.3	318.1
常念岳	2857	77.9	324.0
浅間山	2568	76.4	19.6
剣ヶ峰（乗鞍岳）	3026	72.7	302.3
剣ヶ峰（御嶽山）	3067	69.9	282.5
雲取山	2017	64.8	80.1
富士山	3776	62.6	134.5
木曽駒ヶ岳	2956	39.2	275.2
蓼科山	2530	38.7	7.7
空木岳	2864	38.1	263.6
悪沢岳	3141	28.9	189.7
赤岳	2899	26.5	26.9
塩見岳	3047	21.0	193.3
北岳	3192	9.2	178.7
仙丈ヶ岳	3033	6.3	228.8

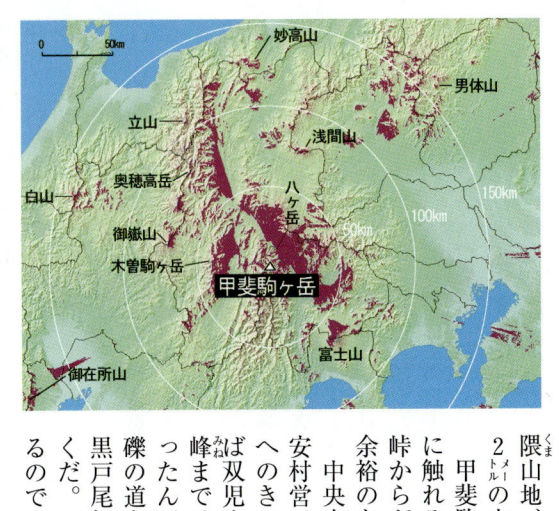

隈山地、茨城県に近い古殿町にある標高842メートルの山だ。

甲斐駒ヶ岳を黒戸尾根から登ればその神髄に触れることができると思うが、今では北沢峠からが一般的で、仙丈ヶ岳と組み合わせて余裕のある山旅を楽しめる。

中央本線甲府駅から広河原までのバスに乗り継いだ北沢峠から、安村営バスに乗り継いだ北沢峠から、森林限界を抜けて六方石から右へ一般ルートの砂礫の道を行く。摩利支天への道を右に分け、双児山も展望が良い。駒津峰からハイマツの中を行く。駒津峰までは双児山である。双児山へのきつい登りが始まる。

黒戸尾根からの道と合流すれば山頂はまもなくだ。下りは往路を戻るがかなりの急坂となるので、足元に気を付けたい。

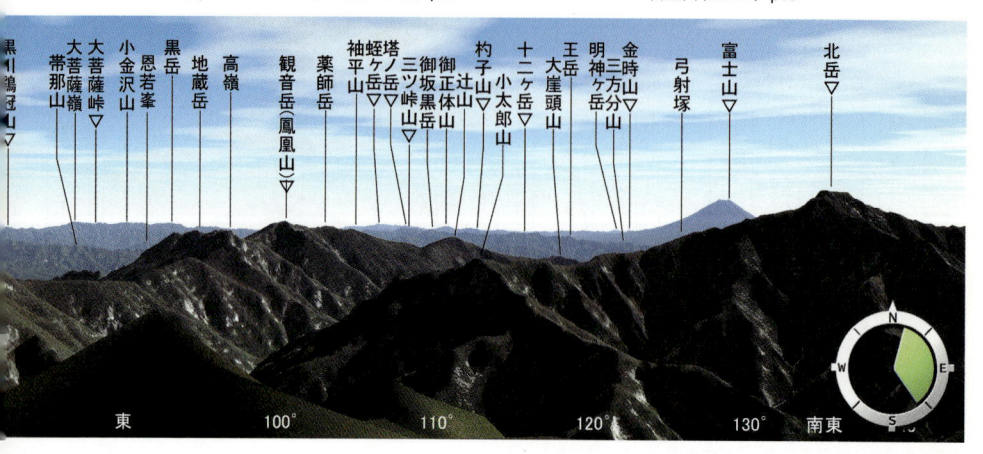

パノラマ山名:
黒川鶏冠山 ▽ 帯那山 ▽ 大菩薩嶺 ▽ 大菩薩峠 ▽ 小金沢山 ▽ 恩若峯 ▽ 黒岳 ▽ 地蔵岳 ▽ 高嶺 ▽ 観音岳（鳳凰山）▽ 薬師岳 ▽ 塔ノ平 ▽ 蛭ヶ岳 ▽ 袖ノ山 ▽ 三ツ峠山 ▽ 御坂黒岳 ▽ 御正体山 ▽ 杓子山 ▽ 小太郎山 ▽ 十二ヶ岳 ▽ 王岳 ▽ 大崖頭山 ▽ 明神ヶ岳 ▽ 三方分山 ▽ 金時山 ▽ 弓射塚 ▽ 富士山 ▽ 北岳 ▽

大菩薩峠（1897m）p56　　塔ノ岳（1491m）p72　　富士山（3776m）p86

東　100°　110°　120°　130°　南東

仙丈ヶ岳

カールを抱き高山植物の花々に彩られる「南アルプスの女王」

南アルプス
標高3033メートル
緯度35度43分13秒
経度138度11分01秒

仙丈ヶ岳はどこか斜に構えたところがある個性的な山である。

この山が個性的なことの要素のひとつは、南アルプスの主脈から外れていることであろう。甲斐駒ヶ岳、北岳、塩見岳を結ぶ線よりもかなり西にずれながらも3000メートルの大きな山体を誇っている。仙丈ヶ岳は伊那方面から見るのが良いのはこのためだ。伊那から見る仙丈ヶ岳はびっくりするほど大きな山容で他の峰々を圧倒している。

次に南アルプスとしては明瞭なカール地形が残っていることにある。仙丈小屋のある藪沢カールをはじめ、大仙丈カール、小仙丈カールと大きなカールが残されている。以前は藪沢カールにモレーンも残されているとされてきたが、最近の研究でこれはカールの急な岩壁から岩や石が崩れ落ちてできた地形のプロテーラス・ランパートだと考えられている。

そして、日本の3000メートル峰のうち、一峰を除いてすべて見えること。実はその見えない山とは農鳥岳。西農鳥岳は見えるものの、間ノ岳の巨体で山頂部は隠されているところが斜に構えた仙丈ヶ岳らしい。

もちろん、わが国標高第一位の富士山は第二位の北岳と背比べするように見え、奥穂高岳、槍ヶ岳、白馬岳、剱岳などの北アルプス、伊那谷をはさんで木曽駒ヶ岳、空木岳、南駒ヶ岳などの中央アルプス、南アルプスは最北部の甲斐駒ヶ岳から北岳、塩見岳、赤石岳、そして南部の光岳あたりまで見える。もっとも遠くに見える

北岳から見るおおらかな山容の仙丈ヶ岳（撮影：富嶽仙人）

206

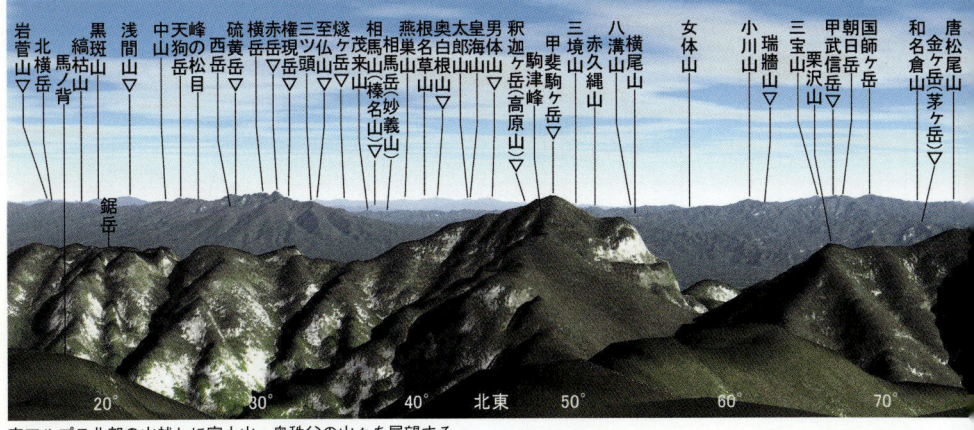

浅間山(2568m) p134　　至仏山(2228m) p168　　甲斐駒ヶ岳(2967m) p204　　甲武信岳(2475m) p44

南アルプス北部の山越しに富士山、奥秩父の山々を展望する

仙丈ヶ岳から見える山
◇（興味深いもの）

山名	標高	距離	方位
釈迦ヶ岳（大峰）	1800	274.1	230.1
燧ヶ岳	2356	169.0	35.4
男体山	2484	165.0	44.9
奥白根山	2578	160.6	41.4
武尊山	2158	147.5	35.0
御前峰（白山）	2702	136.2	291.1
妙高山	2454	130.1	357.2
白馬岳	2932	121.4	341.7
劔岳	2998	112.4	333.2
大汝山（立山）	3015	107.6	332.0
掃部ヶ岳（榛名山）	1449	103.2	35.3
槍ヶ岳	3180	84.2	325.1
大喰岳	3101	83.7	324.8
中岳	3084	83.1	324.5
浅間山	2568	82.0	21.7
南岳	3033	81.9	324.3
北穂高岳	3106	80.4	323.5
涸沢岳	3110	80.1	323.0
奥穂高岳	3190	79.4	322.7
前穂高岳	3090	78.1	323.0
剣ヶ峰（乗鞍岳）	3026	71.2	307.1
雲取山	2017	70.3	77.4
剣ヶ峰（御嶽山）	3067	66.3	286.9
富士山	3776	63.4	128.7
甲武信岳	2475	53.5	66.8
蓼科山	2530	43.7	13.2
木曽駒ヶ岳	2956	35.1	282.7
笊ヶ岳	2629	33.5	168.1
聖岳	3013	33.2	186.8
赤岳	2899	32.4	31.1
赤石岳	3120	28.8	184.7
荒川中岳	3083	24.8	183.4
悪沢岳	3141	24.3	180.2
塩見岳	3047	16.2	180.1
間ノ岳	3189	9.1	153.7
北岳	3192	7.1	135.2

　は大峰の釈迦ヶ岳。奈良県吉野郡下北山村と十津川村の境にある、修験道で知られた山だ。甲斐駒ヶ岳とセットで登るのであれば、北沢峠に泊まり、一日目を甲斐駒ヶ岳、二日目を仙丈ヶ岳とすれば効率良く山が楽しめる。しかし、いつかは仙丈ヶ岳から塩見岳へ続く長大な仙塩尾根へと一歩を踏み出したいところだ。

　北沢峠へは、中央本線甲府駅から広河原行きのバスに乗り、広河原で芦安村営バスに乗り継ぐ。北沢峠から小仙丈尾根を急登し、道が緩くなると大滝ノ頭。右に馬ノ背へのコースを分ける。ハイマツ帯になった岩の急斜面を登ると小仙丈ヶ岳。山頂まで快適な稜線歩きとなる。巡回コースにしたければ重幸新道から登り、小仙丈尾根を下ると良い。

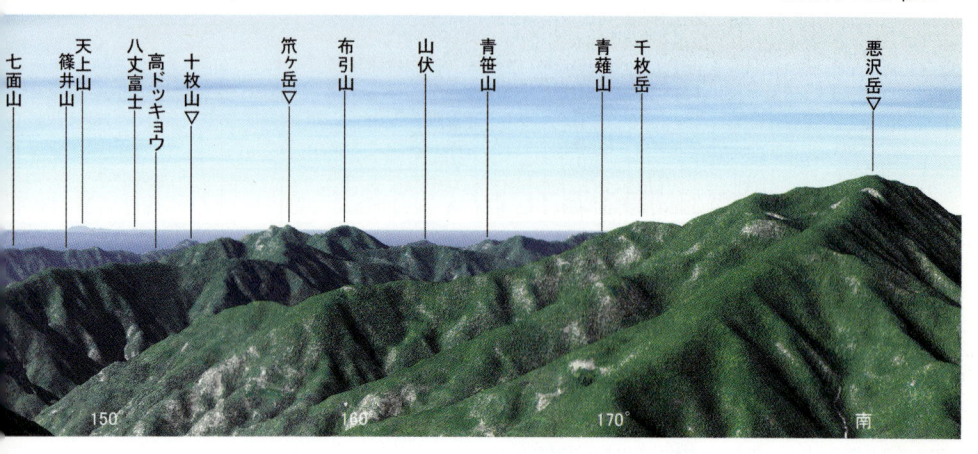

十枚山(1726m) p22　　　　　　　　　　　　　　　　　　　　　悪沢岳(3141m) p212

七面山／天上山／篠井山／八丈富士／高ドッキョウ／十枚山▽／笊ヶ岳▽／布引山／山伏／青笹山／青薙山／千枚岳／悪沢岳▽

三伏峠付近からの塩見岳

塩見岳(しおみだけ)

塩の道の歴史が残る峠を越えた太平洋を望む3000メートル峰

塩見岳の名は海を見るで「汐見」よりも麓の鹿塩上流にある食塩泉からきた名前であるらしい。しかし、この山からは文字通り太平洋を見ることができる。理論的にはさらに三宅島、神津島や遠く八丈島までの遠望も可能だ。南アルプスが海に近いことを実感させる事実である。

南の三伏峠から望んだ塩見岳は、北俣岳と天狗岩を両翼に従えた姿が均整がとれ美しい。北の仙塩尾根からは丸い頭が印象深い。南アルプスの要に聳えるにふさわしい風格である。さらに遙か都心からも望むことができるのはさすがである。羽田空港の待合ロビーやJR京葉線舞浜駅などから見ることが報告されている。

山頂からの展望は、北の白峰三山(しらねさんざん)と南の赤石岳、聖岳などの山々がほぼ等距離になり、南アルプスを丸呑みにする展望が得られる。さらに、奥穂高岳、槍ヶ岳(やりがたけ)、剱岳(つるぎだけ)、白馬岳(しろうまだけ)などの北アルプス、木曽駒ヶ岳、空木岳、南駒ヶ岳(みなみこまがたけ)などの中央アルプス、富士山とその展望はさすがに広い。先にも述べたがもっとも遠くに見えるはずの山は八丈島の八丈富士で、その距離は300キロを越える。

塩見岳へは三つのルートがある。古くからの伊那街道をたどる塩川コース、比較的歩行時間が短くて登りも楽な鳥倉林道・豊口山(とよぐちやま)コース、南アルプスらしさの感じられる大曲からの塩見新道である。なかでは飯田線伊那大島駅からバスを利用でき、三伏峠を経る塩川コースを歩いてみたい。この道は、鹿塩

南アルプス
標高3047メートル
緯度35度34分26秒
経度138度10分59秒

208

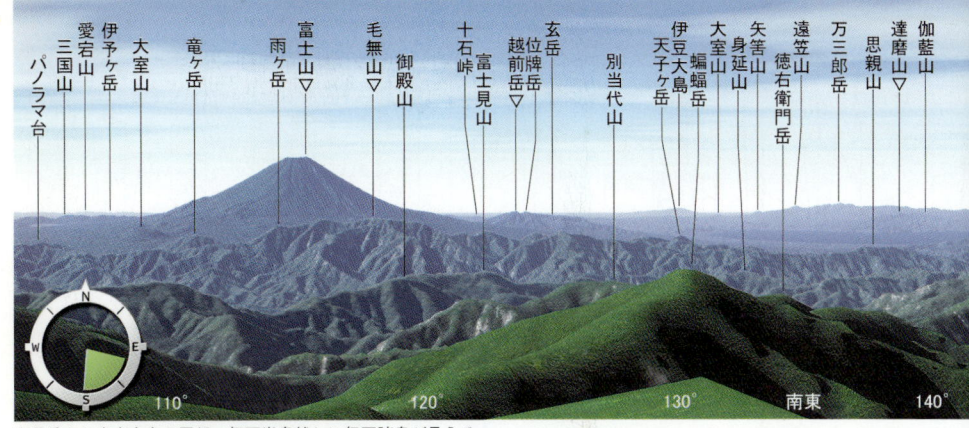

富士山(3776m) p86　　越前岳(1504m) p84　　達磨山(982m) p24

塩見岳から南東方向の展望。伊豆半島越しに伊豆諸島が見える

塩見岳から見える山
（興味深いもの）

山名	標高	距離	方位
八丈富士	854	307.0	151.2
釈迦ヶ岳(大峰)	1800	264.0	232.8
大普賢岳	1780	251.9	234.2
燧ヶ岳	2356	182.4	32.5
武尊山	2158	161.1	31.7
能郷白山	1617	152.5	278.3
妙高山	2454	146.3	357.5
伊豆大島	764	145.1	130.1
白馬岳	2932	136.9	343.9
岩菅山	2295	133.9	14.5
劔岳	2998	127.1	336.5
鹿島槍ヶ岳	2889	123.0	341.5
大汝山(立山)	3015	122.2	335.6
四阿山	2354	109.3	10.8
槍ヶ岳	3180	97.9	330.6
大天井岳	2922	97.9	333.8
浅間山	2568	97.3	18.2
奥穂高岳	3190	92.9	328.8
塔ノ岳	1491	89.9	98.2
剣ヶ峰(乗鞍岳)	3026	82.0	316.2
雲取山	2017	75.6	65.3
剣ヶ峰(御嶽山)	3067	72.7	299.3
蓼科山	2530	59.6	9.7
富士山	3776	54.7	115.4
金峰山	2599	51.8	50.3
赤岳	2899	47.1	20.9
木曽駒ヶ岳	2956	41.8	305.0
三ノ沢岳	2846	41.2	301.4
空木岳	2864	36.8	296.0
南駒ヶ岳	2841	36.5	292.9
甲斐駒ヶ岳	2967	21.0	13.3
笊ヶ岳	2629	17.9	157.3
聖岳	3013	17.2	193.2
仙丈ヶ岳	3033	16.2	0.1
赤石岳	3120	12.6	190.5
北岳	3192	12.2	24.3

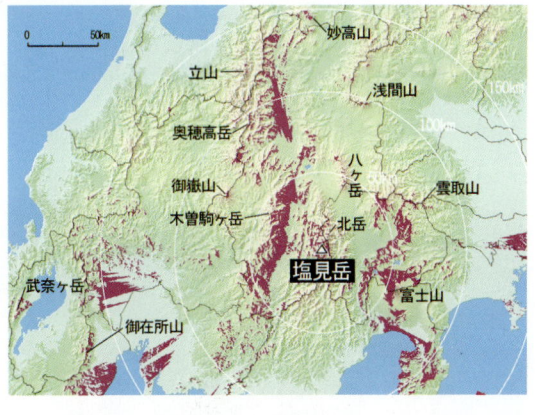

だけではまかないきれない塩を求めて伊那から三伏峠を越え、大井川西俣を下り、さらに転付峠を越えて甲州新倉に出る塩の道で、かつては頻繁に人が往来したルートでもある。

バスの終点塩川から、しばらくは沢沿いの道を行く。水無川を渡ると尾根に取り付き、急登がいくぶんやわらぐと水場の標識になる。再び急登となり、やがて鳥倉林道からの道に合流する。つづら折りの登りを経て三伏峠に着く。一日目はここで宿泊し、二日目の早朝塩見岳を目指す。三伏山に登り、本谷山の急な登りをこなす。ゆるく下って塩見新道の道と合わせる。森林限界を過ぎてやがて塩見小屋。ここから塩見岳へは岩場の登りとなり、帰路は再び三伏峠に一泊して、翌日下山すると良い。

209　塩見岳（南アルプス）

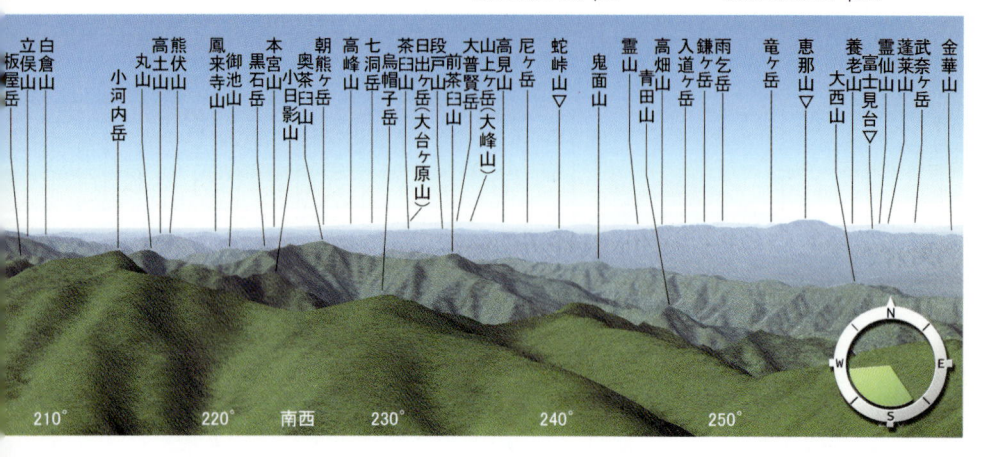

蛇峠山(1664m) p30　恵那山(2191m) p248

上段パノラマ（210°〜250°付近、南西方向）の山名:

立板屋岳・白倉山・白土山・熊伏山・高丸山・小河内岳・鳳来寺山・奥三界山・黒法師岳・本宮山・朝熊山・小茶臼・日影山・高峰山・七洞岳・烏帽子岳・茶臼山・日出ヶ岳(大台ヶ原山)・段ヶ峰・前茶臼山・大普賢岳・高見山・大峰山・尼ヶ岳・鎌ヶ岳・蛇峠山・鬼面山・霊山・高畑青田山・入道ヶ岳・養老山・竜ヶ岳・恵那山・恵那富士見台・霊仙山・蓬莱ヶ岳・武奈ヶ岳・金華山・大西山

常念岳(2857m) p282　白馬岳(2932m) p252　妙高山(2454m) p150　浅間山(2568m) p134

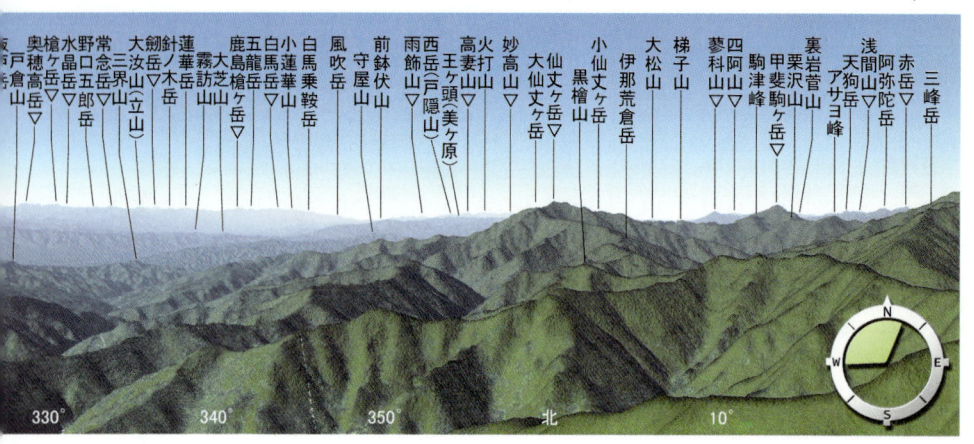

中段パノラマ（330°〜10°付近、北方向）の山名:

奥穂高岳・槍ヶ岳・水野倉岳・常念岳・大晶岳・三汝岳・三界山(立山)・剣岳・針ノ木岳・蓮華岳・鹿島槍ヶ岳・五竜岳・白馬鑓岳・白馬岳・小蓮華山・風吹岳・前鉢伏山・雨飾山・守屋山・西岳(戸隠)・高妻山・火打山・妙高山・仙丈ヶ岳・黒姫山・仙丈ヶ岳・王ヶ頭(美ヶ原)・伊那荒倉岳・小仙丈ヶ岳・大松山・梯子山・四阿山・蓼科山・駒ヶ岳・菅沢山・甲斐駒ヶ岳・栗沢山・岩菅山・裏天狗・浅間山・天狗岳・アサヨ峰・阿弥陀・赤岳・三峰岳

三ツ峠山(1786m) p80　富士山(3776m) p86　達磨山(982m) p24

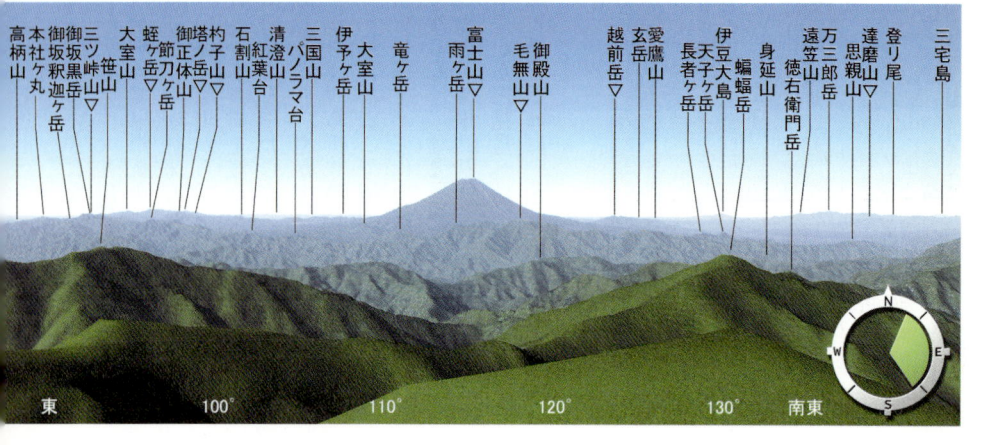

下段パノラマ（100°〜130°付近、東〜南東方向）の山名:

高柄・本社ヶ丸・御坂黒岳・三ツ峠山・大室山・釈迦ヶ岳・蛭ヶ岳・御節刀岳・塔ノ岳・杓子山・御正体山・石割山・清澄山・紅葉山・三国パノラマ台・伊予ヶ岳・大室山・竜ヶ岳・富士山・雨毛無山・御殿山・御前岳・玄岳・愛鷹山・越前岳・伊豆蝙蝠岳・天長島・長者ヶ岳・身延山・遠笠山・徳右衛門岳・万三郎岳・達磨山・思親山・登り尾・三宅島

210

塩見岳（南アルプス）

南南東から西の展望　笊ヶ岳(2629m) p222　　悪沢岳(3141m) p212

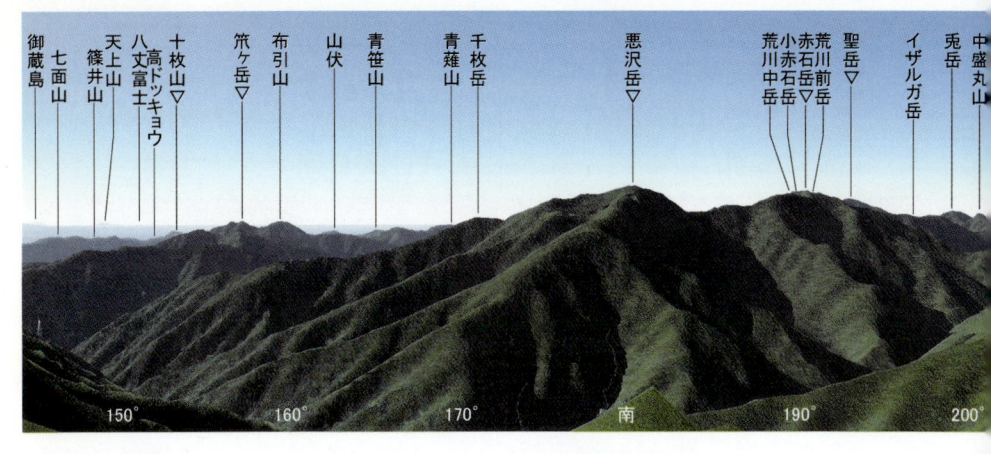

主な山名（左から右）：
御蔵島／七面山／天上山／八丈富士／高ドッキョウ／篠井山／十枚山／笊ヶ岳▽／布引山／山伏／青笹山／青薙山／千枚岳／悪沢岳▽／荒川中岳／赤石岳／小赤石岳／荒川前岳／聖岳▽／イザルガ岳／兎岳／中盛丸山

方位：150°／160°／170°／南／190°／200°

西から北北東の展望　御嶽山(3067m) p302

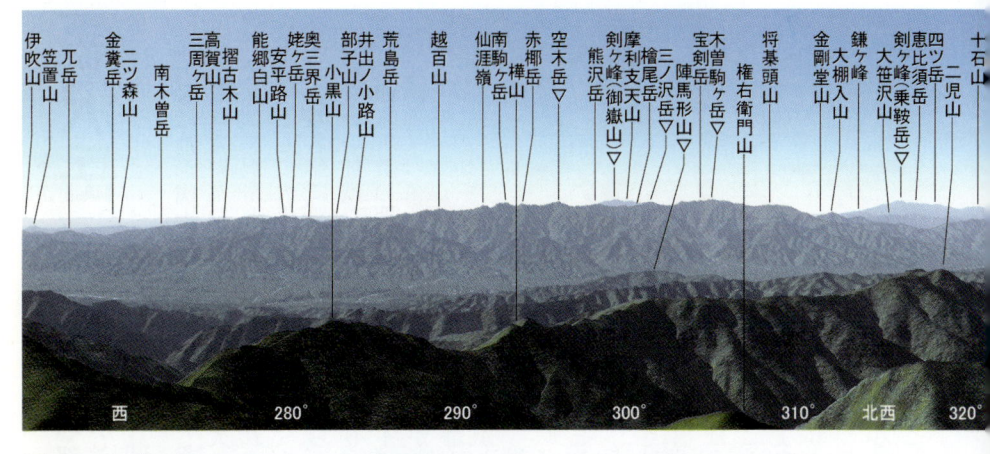

主な山名（左から右）：
伊吹山／笠置山／兀岳／金鞍山／二ツ森山／南木曽岳／三周ヶ岳／高賀山／摺古木山／能郷白山／部子山／井出ノ小路山／姥ヶ岳／奥三界岳／小黒川／荒島岳／越百山／仙涯嶺／南駒ヶ岳／赤椰樺山／空木岳／熊沢岳／摺利支天／剣ヶ峰御嶽山▽／三ノ沢岳／檜尾岳／陣馬形山／宝剣岳／木曽駒ヶ岳▽／権右衛門山／将棊頭山／金剛堂山／鎌ヶ峰／大棚入山／剣ヶ峰乗鞍岳▽／恵比須岳／四ツ岳／笠ヶ岳／二児山／十石山

方位：西／280°／290°／300°／310°／北西／320°

北北東から南南東の展望　金峰山(2599m) p48　　雲取山(2017m) p38

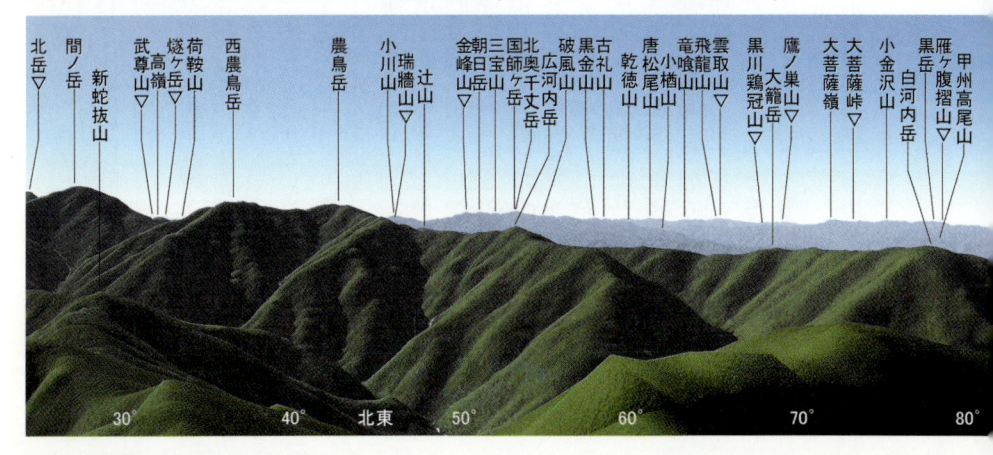

主な山名（左から右）：
北岳▽／間ノ岳／新蛇抜山／武尊山／燧ヶ岳／荷鞍山／西農鳥岳／農鳥岳／小川山／瑞牆山／辻山／金峰山▽／朝日岳／三国山／北奥千丈岳／国師ヶ岳／破風山／広河内岳／黒金山／古礼山／唐松尾山／乾徳山／飛龍山／雲取山▽／小喰栖山／鷹ノ巣山／黒川鶏冠山／大菩薩嶺／大菩薩峠／大籠岳／小金沢山／白河内岳／黒桴山／雁腹摺山／甲州高尾山

方位：30°／40°／北東／50°／60°／70°／80°

210°　　　　　　　　　　220°　　　南西　　　　　　230°

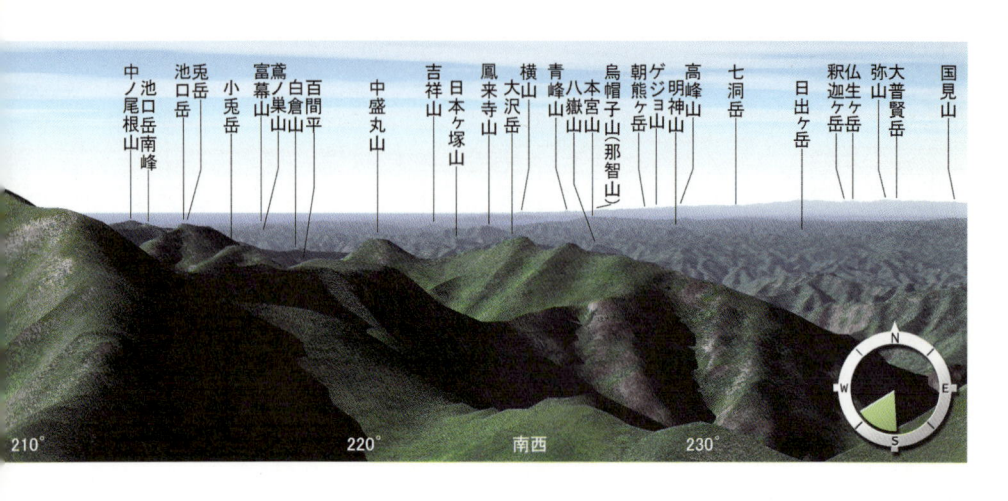

山名（左から右へ）：
中ノ尾根山／池口岳南峰／池口岳／兎岳／小兎岳／百間平／白倉岳／富幕山／蔦ノ巣山／大沢岳／横山／青峰山／八嶽山／本宮山／烏帽子山（那智山）／朝熊ヶ岳／ゲジョ山／明神山／高峰山／七洞岳／日出ヶ岳／釈迦ヶ岳／仏生ヶ岳／弥山／大普賢岳／国見山／中盛丸山／吉祥山／鳳来寺山／日本ヶ塚山

悪沢岳

赤石山脈の核心部に聳える ジャイアントから見る南部の巨峰群

南アルプス
標高 3141メートル
緯度 35度30分03秒
経度 138度10分57秒

　悪沢岳は地形図上は「東岳」となっている。前岳、中岳と続く荒川三山の一峰として見なされているわけであるが、深田久弥氏ではないが東岳ではなんとなく味気ない。それは悪沢岳という名前を使い慣れているからではないだろうか。山姿を見て北岳という名前がしっくりくるにも別名として大樺岳などがあったが、この名前に慣れ親しんでいるからかもしれない。いい加減なものである。そんないい加減な人間を圧倒するボリュームで迫る悪沢岳。厳冬期、上空を飛ぶ旅客機から雲雪の間にモノクロのレリーフとして浮かび上がった悪沢岳を見たことがある。不気味なほど静かに現れては、また静かに雲間に消えていった。私の技量ではなかなか会えない一面を垣間見た思いがした。

　悪沢岳からの展望は赤石岳をはじめ、南アルプス南部の巨峰をたっぷり楽しむに限る。そう滅多に見られる山姿ではないのだから。

　もちろん、北部の北岳も見えるし、富士山も見える。さらに、北アルプスも奥穂高岳、槍ヶ岳、白馬岳、劔岳などが、中央アルプスは木曽駒ヶ岳、空木岳、南駒ヶ岳などを望むことができる。もっとも遠くに見えるのは八丈島の八丈富士。ここも太平洋が望まれる3000メートル峰だ。

　悪沢岳の名前はこの山から北東に流れ落ちる悪沢に由来する。険悪で通行が困難な沢のことを悪い沢、すなわち悪沢と呼ぶことが多

212

聖岳（3013m） p216

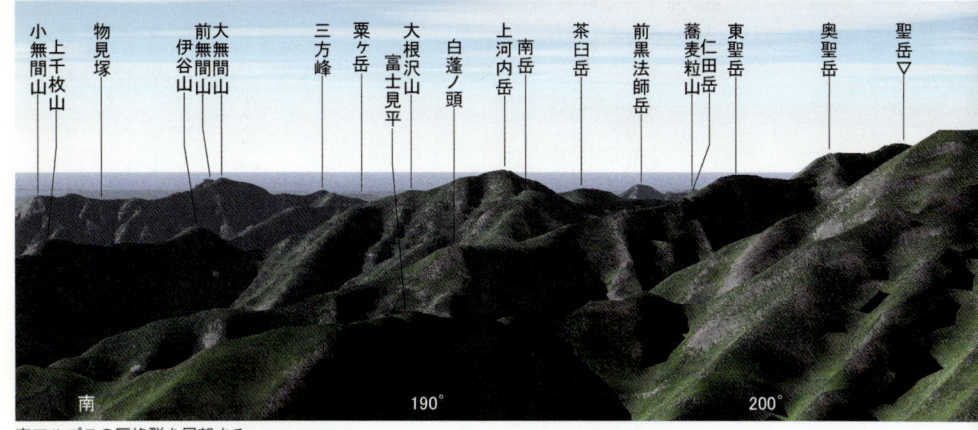

パノラマ画像ラベル（右から左）: 聖岳▽、奥聖岳、東聖岳、仁田岳、蕎麦粒山、前黒法師岳、茶臼岳、上河内岳、南岳、白蓬ノ頭、大根沢山、富士見平、粟ヶ岳、三方峰、大無間山、前無間山、伊谷山、物見塚、上千枚山、小無間山

南　190°　200°

南アルプスの巨峰群を展望する

悪沢岳から見える山
（興味深いもの）

山名	標高	距離	方位
八丈富士	854	300.0	150.4
那智山	909	289.6	226.9
仏生ヶ嶽	1805	257.0	234.5
大普賢岳	1780	247.2	235.8
釈迦ヶ岳（高原山）	1795	211.3	42.2
燧ヶ岳	2356	189.4	31.2
男体山	2484	183.1	39.6
奥白根山	2578	179.6	36.3
武尊山	2158	168.1	30.2
妙高山	2454	154.4	357.7
黒檜山（赤城山）	1828	148.7	37.4
御前峰（白山）	2702	146.7	300.0
白馬岳	2932	144.7	344.8
劔岳	2998	134.5	337.9
鹿島槍ヶ岳	2889	130.7	342.6
大汝山（立山）	3015	129.6	337.1
水晶岳	2986	115.2	333.1
笠ヶ岳	2897	106.9	327.9
大天井岳	2922	105.2	335.7
槍ヶ岳	3180	105.0	332.8
常念岳	2857	100.3	335.9
奥穂高岳	3190	99.9	331.2
塔ノ峰	1491	89.1	93.0
剣ヶ峰（乗鞍岳）	3026	88.0	319.9
王ヶ頭（美ヶ原）	2034	80.7	355.1
雲取山	2017	79.3	60.0
剣ヶ峰（御嶽山）	3067	77.0	304.6
金峰山	2599	57.4	44.1
赤岳	2899	54.8	17.9
富士山	3776	51.8	107.2
木曽駒ヶ岳	2956	46.8	313.2
三ノ沢岳	2846	45.9	310.1
空木岳	2864	41.0	306.3
仙丈ヶ岳	3033	24.3	0.2
北岳	3192	19.9	14.8
聖岳	3013	9.4	204.1

塩見岳から見る悪沢岳

い。同様な名前としては、尾瀬の至仏山の南にある悪沢岳がある。この山も東面を流下するワル沢に由来する。あるいは、北海道のウエンシリ岳もその仲間だ。こちらはアイヌ語ではあるが、その意味はウエン（悪い）シリ（沢）となり、まさに悪沢岳である。

悪沢岳の北東面と南面にはカールが点在する。とくに南面の荒川カールは雄大なお花畑が広がることで知られている。

悪沢岳は荒川三山の縦走や赤石岳と組み合わせて登られることが多い。主に静岡駅から入る椹島、または飯田線伊那大島駅から入る三伏峠を起点としたコースがとられるが、いずれも長時間の歩行を強いられる。畑薙第一ダムから椹島への東海フォレストのバス便の運行は、道路状況に左右されるので事前に確認しておきたい。

213　悪沢岳（南アルプス）

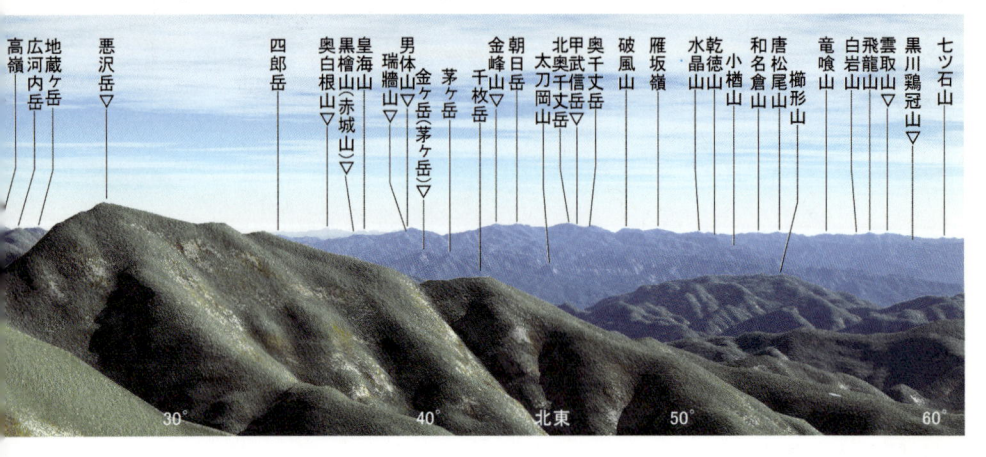

パノラマ上部ラベル（左から右）:
悪沢岳(3141m) p212　　男体山(2484m) p156　　甲武信岳(2475m) p44　　雲取山(2017m) p38

高嶺／広河内岳／地蔵ヶ岳／悪沢岳▽／四郎岳／茅ヶ岳／金ヶ岳(茅ヶ岳)／皇海山／男体山／黒檜山(赤城山)／奥白根山▽／太刀岡山／奥秩父／甲武信岳／北奥千丈岳／破風山／雁坂嶺／水晶山／乾徳山／小楢山／和名倉山／唐松尾岡山／櫛形山／雲取山▽／黒川鶏冠山／七ツ石山／飛龍山／白岩山／竜喰山

30°　　40°　　北東　　50°　　60°

千枚岳から望む赤石岳（撮影：清水隆雄）

赤石岳 あかいしだけ

東京都心からも望まれる南アルプスの盟主からの好展望

南アルプス
標高 3120メートル
緯度 35度27分41秒
経度138度09分27秒

赤石山脈の盟主、赤石岳。その名は赤いチャートが露出した赤石沢に由来する。赤石沢の名を冠した山というのは、往時の道なき頃の原始性を偲ばせるものがあってこころ躍る。南アルプスの南部にはそうした山が多い。南アルプスの北部もそうであるが、南部の赤石岳や聖岳も都心から望むことができる。富士は見えてもまさかアルプスは見えないだろうと思っている東京人にとっては意外だ。可視マップを見ると南アルプスの前衛の山と、大菩薩から丹沢にかけてのふたつの障壁をみごとにすり抜けた可視域が、関東平野に広がっているのがわかる。

計算すればいとも簡単にわかるが、昭和の初めに実際に展望しながらそれを証明したのが木暮理太郎である。木暮は『望岳都東京』のなかで、赤石岳について次のようにいっている。「南アルプスの中でもう一つ厄介なのは赤石であります。これは小石川の牛天神から見えるのですが、小赤石をも含めた全部ではなく、小赤石との鞍部から頂上の南斜面へかけて半分しか見えない。それで鑑定に骨が折れますが、岩尾根の具合や雪に印した襞の形から推して、どうしても赤石に相違ない」

わたしが山岳展望に興味を持つきっかけのひとつとなったのは、山岳雑誌に載った都心からの南アルプスの遠望写真であった。もちろん、それが後日計算によって求められるものになろうとは知る由もなく、ただただ憧れの山々が、まさしく白い壁のよう

白馬岳(2932m) p252　　高妻山(2353m) p138　　仙丈ヶ岳(3033m) p206　　甲斐駒ヶ岳(2967m) p204

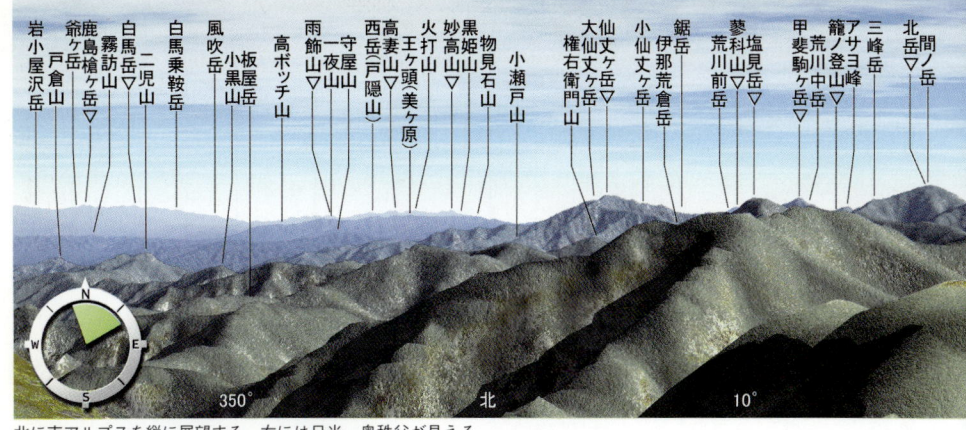

山名ラベル（左から右へ）：岩小屋沢岳、爺ヶ岳、鹿島槍ヶ岳、戸倉山、霧訪山、白馬岳、二児山、白馬乗鞍岳、風吹岳、小黒山、板屋岳、高ボッチ山、雨飾山、一夜山、守屋山、西岳(戸隠山)、高妻山、王ケ頭(美ヶ原)、火打山、妙高山、黒姫山、物見岩山、小瀬戸山、仙丈ケ岳、大仙丈ケ岳、仙丈ヶ岳、小仙丈ヶ岳、権右衛門山、鋸岳、伊那荒倉岳、蓼科山、荒川前岳、塩見岳、甲斐駒ヶ岳、籠川中岳、甲斐駒ヶ岳、三峰岳、アサヨ峰、アサヨ登山、北岳、間ノ岳

350°　　北　　10°

北に南アルプスを縦に展望する。右には日光、奥秩父が見える

赤石岳から見える山
（興味深いもの）

山名	標高	距離	方位
八丈富士	854	297.3	149.6
那智山	909	284.9	227.2
仏生ヶ嶽	1805	252.6	235.0
大普賢岳	1780	242.9	236.3
太郎山	2367	192.0	38.0
男体山	2484	187.9	39.2
奥白根山	2578	184.5	36.1
妙高山	2454	158.7	358.5
黒檜山(赤城山)	1828	153.5	37.1
白馬岳	2932	148.3	346.1
御前峰(白山)	2702	147.0	301.9
劔岳	2998	137.8	339.4
鹿島槍ヶ岳	2889	134.2	344.1
大汝山(立山)	3015	132.8	338.7
黒部五郎岳	2840	117.4	331.8
笠ヶ岳	2897	109.5	330.1
槍ヶ岳	3180	108.0	334.9
常念岳	2857	103.4	338.0
奥穂高岳	3190	102.7	333.5
塔ノ岳	1491	91.3	90.2
剣ヶ峰(乗鞍岳)	3026	90.0	322.8
蛭ヶ岳	1673	89.1	87.9
雲取山	2017	83.5	58.2
扇山	1138	80.0	75.6
剣ヶ峰(御嶽山)	3067	77.7	308.1
甲武信岳	2475	71.7	45.9
滝子山	1610	65.6	73.2
金峰山	2599	62.1	42.7
富士山	3776	52.9	101.9
木曽駒ヶ岳	2956	48.4	318.8
三ノ沢岳	2846	47.2	315.9
空木岳	2864	42.0	312.9
南駒ヶ岳	2841	41.2	310.4
甲斐駒ヶ岳	2967	33.6	12.2
仙丈ヶ岳	3033	28.8	4.7
北岳	3192	24.7	17.2

に浮かんでいる写真に驚嘆していた。赤石岳からも、北岳、仙丈ヶ岳、甲斐駒ヶ岳、聖岳などの南アルプス、富士山はもちろん、奥穂高岳、槍ヶ岳、白馬岳、剱岳などの北アルプス、木曽駒ヶ岳、三ノ沢岳、空木岳などの中央アルプスが展望できる。もっとも遠くに見えるはずの山は八丈富士。297.3㌖の超遠望だ。

赤石岳への最短コースのひとつが椹島から大倉尾根をたどるコースである。一日目は静岡駅からバスで畑薙第一ダムまで行き、東海フォレストのリムジンバスに乗り継いで椹島に入る。二日目は赤石小屋か、山頂の赤石岳避難小屋に泊まる行程となる。山頂避難小屋は夏期のみ管理人が入る。三日目は中岳避難小屋か千枚小屋とするのが順当であろう。

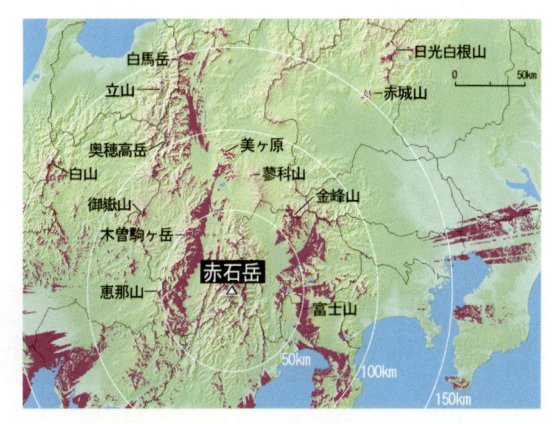

215　赤石岳（南アルプス）

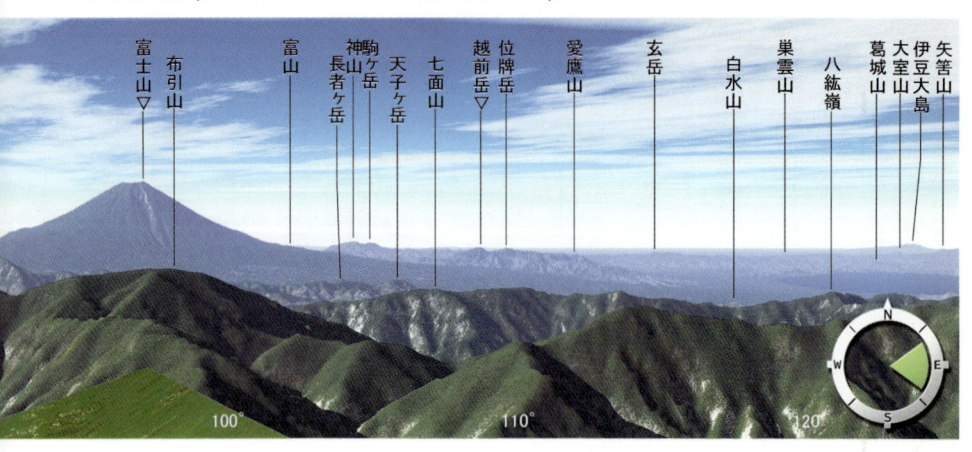

富士山（3776m）p86　　越前岳（1504m）p84

矢筈山／伊豆大島／大室山／葛城山／八紘嶺／巣雲山／白水山／玄岳／愛鷹山／位牌岳／越前岳▽／駒ヶ岳／神者ヶ岳／長者ヶ岳／天子ヶ岳／七面山／富山／富士山▽／布引山

聖岳 ひじりだけ

ひとり修業の道をいく聖の姿にも似た 最南端の3000ﾒｰﾄﾙ峰

日本の3000ﾒｰﾄﾙ峰の最南端を守る重鎮が聖岳である。その名に恥じない貫禄の山だ。聖岳の聖は麓の聖沢に由来し、それも険悪な沢を「へづり」ながら登行したことから転訛したらしい。また、長野県側では「日知る岳」の別名もある。伊那谷から日の出の方向に秀麗な三角錐で目立つこの山に、特別な思いを寄せたくなったとしても不思議ではない。恵那山の麓、長野県阿智村にはその名も日の入山という小さな山がある。この山から見るとちょうど真東90度の方向に聖岳が聳えている。まさに聖岳が日の出とともに最初に日が当たる「日の出山」に相当するのであろう。

この聖岳、中央本線の勝沼ぶどう郷駅や大菩薩峠から望むと、赤石岳の左にわずかに前山の上から頭を出している。しかし、そのピラミダルな山容は印象的である。ある時には遠く大菩薩連嶺の山上から雪に輝く白い三角錐を、また大井川を上流に遡り、赤石沢との合流点の赤石渡で遙かに望んだ時、その峻峰はひとり修業する聖のような孤高の姿に見え、こころ打たれるものがある。由来はともかくとして、聖岳とはまさに的を得た名前だと思う。

その聖岳からは大きな赤石岳と仙丈ヶ岳、そして微妙に見え隠れする白峰三山、と南アルプスの3000ﾒｰﾄﾙ峰の展望が特徴。富士山は左右に美しい曲線を引いている。中央アルプスも木曽駒ヶ岳、三ノ沢岳、空木岳などが見え、北アルプスは奥穂高

南アルプス
標高3013ﾒｰﾄﾙ
緯度35度25分22秒
経度138度08分23秒

中盛丸山付近から見る聖岳と富士山（撮影：富嶽仙人）

216

雲取山(2017m) p38　　雁ヶ腹摺山(1874m) p14　　扇山(1138m) p66　　蛭ヶ岳(1673m) p32

飛龍山／雲取山／黒川鶏冠山／七ツ石山／大菩薩嶺／大菩薩峠／牛奥ノ雁腹摺山／小金沢山／黒岳／雁ヶ腹摺山／滝子山／権現山／扇山／御坂黒岳／御坂釈迦ヶ岳／節刀ヶ岳／三ツ峠山／十二ヶ岳／今倉山／パノラマ台／赤鞍ヶ岳／霜山／大室山／御正体山／杓子山／蛭ヶ岳／菰釣山／竜ヶ岳／塔ノ岳／大山

東に富士山を見る展望。その右には伊豆半島越しに伊豆大島が見える

聖岳から見える山
（興味深いもの）

山名	標高	距離	方位
八丈富士	854	294.4	148.9
那智山	909	280.8	227.6
大普賢岳	1780	239.2	236.9
大台ヶ原山	1695	231.0	234.1
燧ヶ岳	2356	198.8	30.8
奥白根山	2578	188.9	35.7
雨飾山	1963	164.9	354.5
御在所山	1212	163.0	254.6
妙高山	2454	162.9	359.1
黒檜山(赤城山)	1828	157.9	36.6
白馬岳	2932	152.1	347.0
御前峰(白山)	2702	147.9	303.7
劒岳	2998	141.3	340.6
鹿島槍ヶ岳	2889	137.9	345.2
大汝峰(立山)	3015	136.2	340.0
黒部五郎岳	2840	120.4	333.4
槍ヶ岳	3180	111.2	336.6
常念岳	2857	106.8	339.7
奥穂高岳	3190	105.9	335.3
焼岳	2455	102.2	330.9
塔ノ岳	1491	93.0	87.5
剣ヶ峰(乗鞍岳)	3026	92.5	325.2
蛭ヶ岳	1673	90.9	85.2
王ヶ頭(美ヶ原)	2034	89.1	358.1
雲取山	2017	87.2	56.3
扇山	1138	82.7	73.0
剣ヶ峰(御嶽山)	3067	79.2	311.3
黒川鶏冠山	1716	75.0	57.0
滝子山	1610	68.5	70.1
金峰山	2599	66.4	41.3
富士山	3776	53.8	97.1
木曽駒ヶ岳	2956	50.7	323.3
富士見台	1739	46.7	278.3
空木岳	2864	43.9	318.4
仙丈ヶ岳	3033	33.2	6.8
塩見岳	3047	17.2	13.1

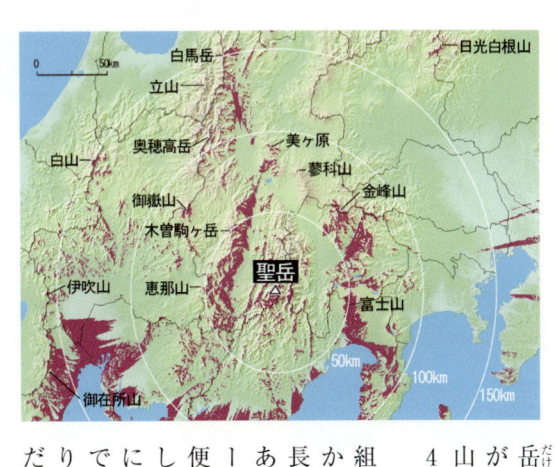

　聖岳、槍ヶ岳、白馬岳、大汝山（立山）などが遠望できる。もっとも遠くに見えるはずの山は、八丈島の八丈富士。その距離は294.4キロになる。

　聖岳へは、静岡県側の椹島から赤石岳を登る周回コース、畑薙第一ダムから茶臼岳、上河内岳を越えていくコース、長野県伊那谷側の便ヶ島からのコースなどがある。このうち便ヶ島からのコースはマイカーやタクシーを使うとアプローチが短縮できて人気があった。しかし、小屋は平成9年に閉鎖され、取り壊しとなってしまった。今では、静岡駅からのバスを畑薙第一ダムで乗り継いで入る椹島からのコースが最短となるだろう。

217　聖岳（南アルプス）

十枚山 (1726m) p22

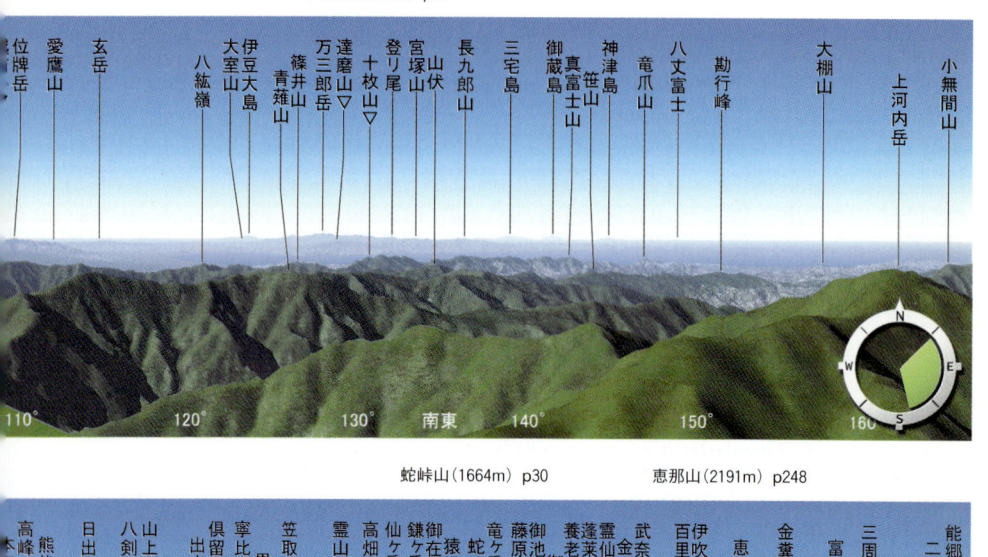

パノラマ labels (110°–160°, 南東方向):
位牌岳／愛鷹山／玄岳／八絋嶺／大室山／伊豆大島／青薙山／篠井三郎岳／達磨山／十枚山／登リ尾／宮塚山／山伏／長九郎山／三宅島／御蔵島／真富士山／笹津島／神津島／八丈富士／竜爪山／勘行峰／大棚山／上河内岳／小無間山

蛇峠山 (1664m) p30　　恵那山 (2191m) p248

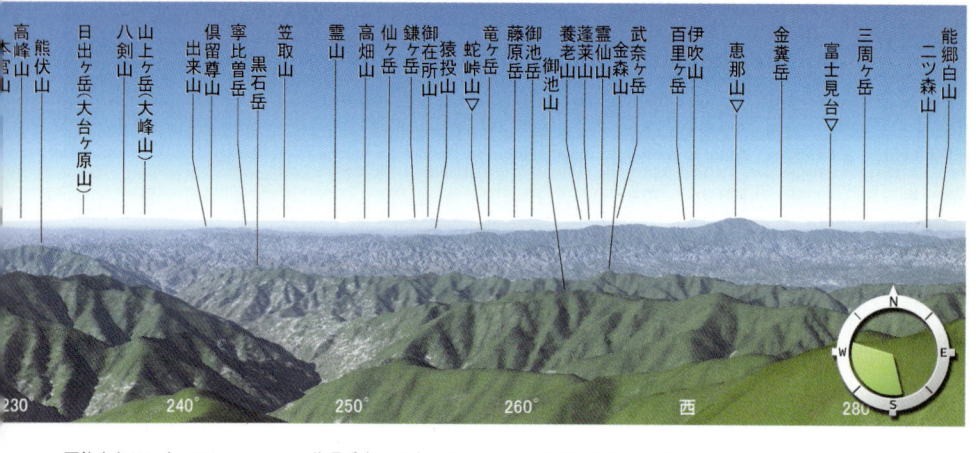

パノラマ labels (230°–280°, 西方向):
本写山／高峰山／熊伏山／日出ヶ岳（大台ヶ原山）／八剣山／山上ヶ岳（大峰山）／倶留尊山／寧比曽岳／笠取山／黒石岳／仙岳／鎌ヶ岳／御在所岳／猿投山／竜爪山／蛇峠山／高畑山／霊山／御池岳／藤原岳／養老山／蓬莱山／比叡山／武奈ヶ岳／金糞岳／伊吹山／百里ヶ岳／恵那山／富士見台／三周ヶ森／二ツ森山／能郷白山

雨飾山 (1963m) p142　　塩見岳 (3047m) p208　　悪沢岳 (3141m) p212

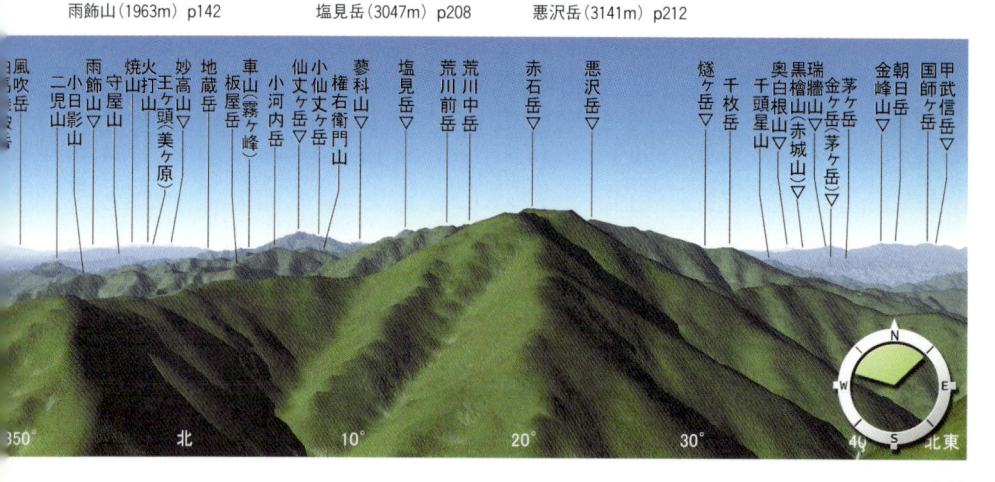

パノラマ labels (350°–40°, 北〜北東方向):
風吹岳／二児山／小日影山／雨飾山／焼山／火打山／妙高山／守門岳／地蔵岳／板屋岳／車山（霧ヶ峰）／仙丈ヶ岳／小仙丈ヶ岳／権右衛門山／蓼科山／塩見岳／荒川前岳／荒川中岳／赤石岳／悪沢岳／千枚岳／燧ヶ岳／奥白根山／千頭星山／黒檜山（赤城山）／瑞牆山／茅ヶ岳／金ヶ岳／金峰山／朝日岳／国師ヶ岳／甲武信岳

北東から南の展望

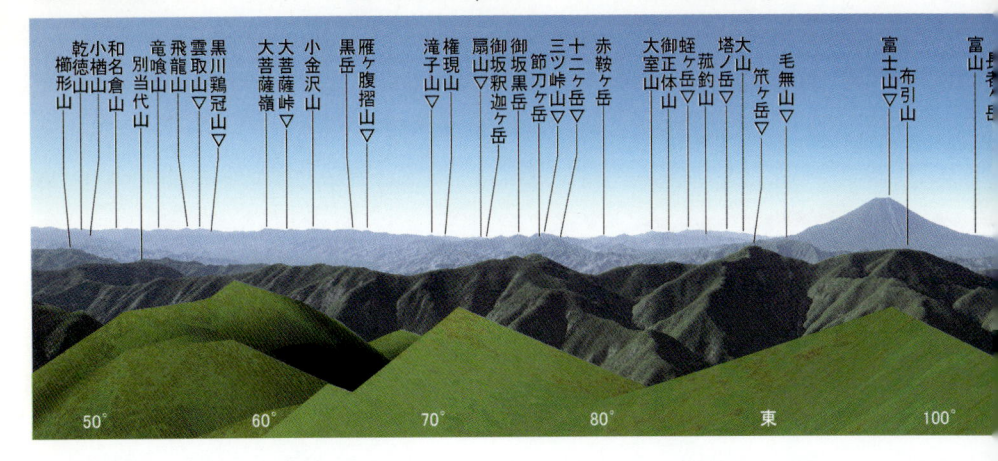

滝子山(1610m) p68　　塔ノ岳(1491m) p72

主な山：乾櫛形山、小楢山、和名倉山、飛龍山、雲取山、竜喰山、別当代山、黒川鶏冠山、大菩薩嶺、大菩薩峠、小金沢山、黒岳、雁ヶ腹摺山、滝子山、権現山、扇山、御坂黒岳、御坂釈迦ヶ岳、節刀ヶ岳、三ツ峠山、十二ヶ岳、赤鞍ヶ岳、大室山、御正体山、蛭ヶ岳、菰釣山、塔ノ岳、大山、笊ヶ岳、毛無山、富士山、布引山、富山

（50°〜100° 東）

南から西の展望

光岳(2591m) p220

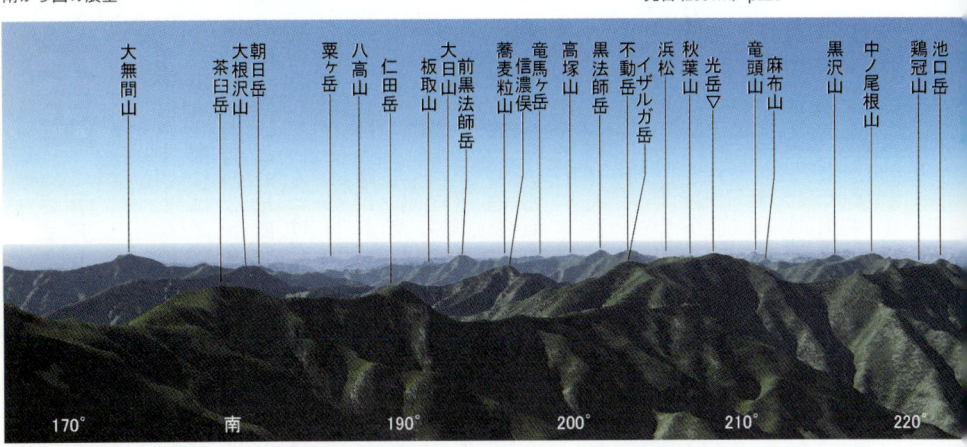

主な山：大無間山、朝日岳、大根沢山、茶臼岳、粟ヶ岳、仁田岳、八高山、大日山、板取山、前黒法師岳、蕎麦粒山、竜馬ヶ俣、高塚山、黒法師岳、不動岳、イザルガ岳、浜松、秋葉山、光岳、竜頭山、麻布山、黒沢山、中ノ尾根山、池口岳、鶏冠山

（170°〜220°、南）

西から北東の展望

御嶽山(3067m) p302　　木曽駒ヶ岳(2956m) p236

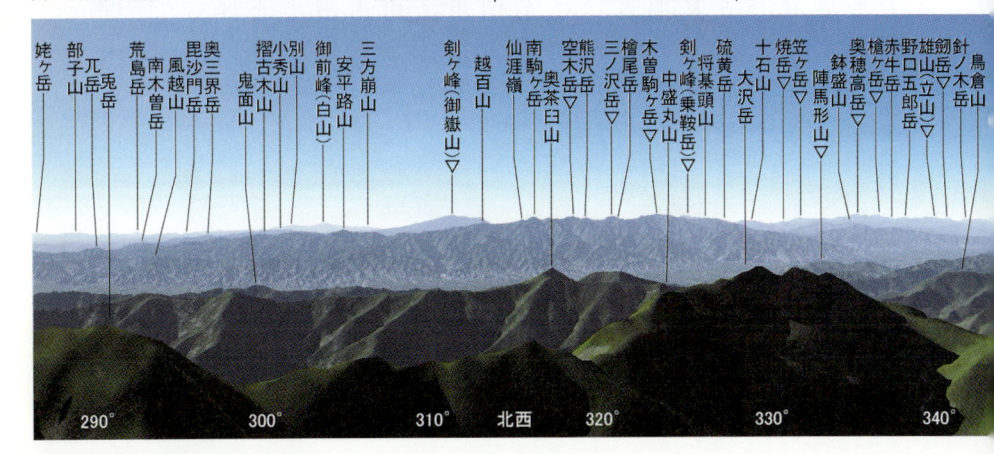

主な山：姥ヶ岳、部子山、兀岳、荒島岳、毘沙門岳、南木曽岳、風越山、奥三界岳、摺古木山、小秀山、別山、御前峰(白山)、安平路山、三方崩山、剣ヶ峰(御嶽山)、越百山、仙涯嶺、南駒ヶ岳、空木岳、熊沢岳、檜尾岳、三ノ沢岳、木曽駒ヶ岳、中岳、宝剣岳、将棊頭山、乗鞍岳、硫黄岳、十石山、焼岳、笠ヶ岳、鉢盛山、陣馬形山、奥穂高岳、槍ヶ岳、赤牛岳、雄山(立山)、野口五郎岳、劔岳、針ノ木岳、烏倉山、鳥倉山

（290°〜340°、北西）

219　聖岳（南アルプス）

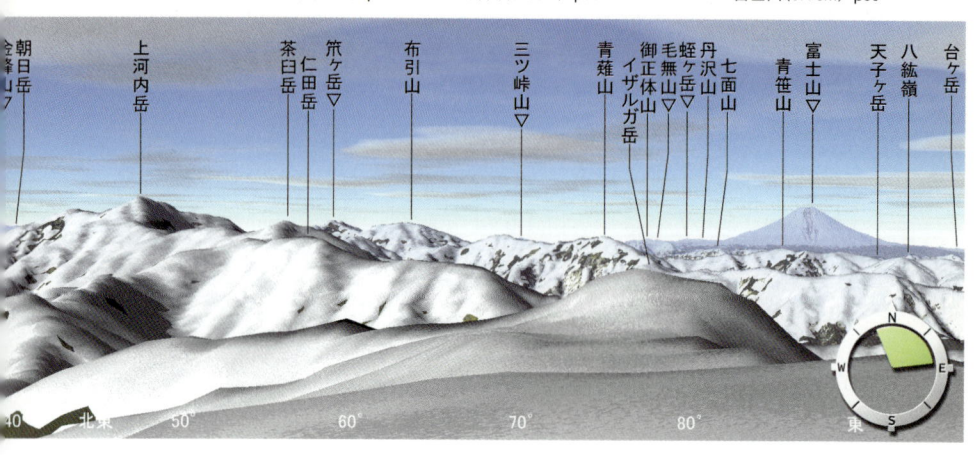

笊ヶ岳(2629m) p222　三ツ峠山(1786m) p80　　富士山(3776m) p86

台ヶ岳／朝日岳／金峰山／上河内岳／茶臼岳／仁田岳／笊ヶ岳／布引山／三ツ峠山／青薙山／御正体山／イザルガ岳／毛無山／蛭ヶ岳／丹沢山／七面山／富士山／青笹山／天子ヶ岳／八紘嶺

光岳 てかりだけ
さまざまな境界をなす 南アルプス最南端の憧憬の山

光岳はさまざまな境界が錯綜する山である。まず、この山より南には2500メートルを超える山岳はもうない。日本列島の2500メートル以上の山岳は、北は奥白根山、南はこの光岳の、緯度にして約1度半の間に凝縮されているわけだ。登山者が行き交う山として光岳がひとつの区切りである。これより南はいわゆる深南部と呼ばれ、一筋縄ではいかない山々の領域となる。さらに高山の象徴ともいえるハイマツの群生地の南限でもあり、ひときわ明瞭な亀甲状地形も残っている。遠い氷河期の記憶は光岳で閃光のような光を放って消え去るのである。光岳の名前の由来ともなっている石灰岩の巨岩は、まるでこれらの境界を示す標石のようである。

山名はこの石灰岩の巨岩が夕陽に照らされて輝いて見えたことからとされている。ただし、明治43年の『山岳』(日本山岳会発行)の縦走記録には「三隅岳」とされており、光岳の文字はないことから、比較的最近の命名であるらしい。光岳から加森山へと派生する尾根には、池口岳、合地山といった深南部ファンには聞いただけで身震いするような蒼々とした山々が連なっている。信濃俣、大無間山といった人跡まれな山々が連なる。昭和50年10月には、環境庁によって「大井川源流部原生自然環境保全地域」に指定されるほど、原始の自然に恵まれた山域である。

南アルプス
標高2591メートル
緯度35度20分18秒
経度138度05分02秒

聖岳から望む光岳(中央)(撮影:清水隆雄)

220

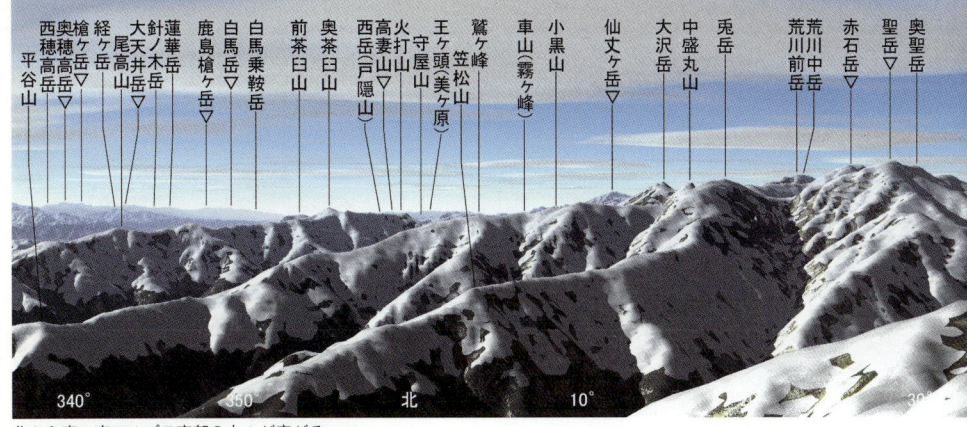

奥穂高岳(3190m) p290　　高妻山(2353m) p138　　仙丈ヶ岳(3033m) p206　　赤石岳(3120m) p214

平谷山／西穂高岳／奥穂高岳／槍ヶ岳／経ヶ岳／大天井岳／針ノ木岳／蓮華岳／鹿島槍ヶ岳／白馬岳／白馬乗鞍岳／前茶臼山／西岳(戸隠)／高妻山／奥茶臼山／火打山／守屋山／王ヶ頭(美ヶ原)／笠松山／鷲ヶ峰／車山(霧ヶ峰)／小黒山／仙丈ヶ岳／大沢山／中盛丸山／兎岳／荒川前岳／荒川中岳／赤石岳／聖岳／奥聖岳

340°　　350°　　北　　10°

北から東へ南アルプス南部の山々が広がる

光岳から見える山
(興味深いもの)

山名	標高	距離	方位
八丈富士	854	289.2	147.1
仏生ヶ嶽	1805	239.4	236.7
山上ヶ岳	1719	230.1	239.0
大普賢岳	1780	229.9	238.2
武奈ヶ嶽	1214	199.0	268.2
火打山	2462	175.8	359.5
焼山	2400	175.6	358.6
妙高山	2454	172.3	0.8
白馬岳	2932	160.3	349.5
御前峰(白山)	2702	149.3	307.7
鹿島槍ヶ岳	2889	145.9	348.0
野口五郎岳	2924	127.9	341.7
大天井岳	2922	119.0	343.2
槍ヶ岳	3180	118.1	340.6
常念岳	2857	114.1	343.7
奥穂高岳	3190	112.6	339.6
王ヶ頭(美ヶ原)	2034	98.5	1.2
蛭ヶ岳	1673	97.2	79.9
鉢盛山	2446	88.2	340.3
剣ヶ峰(御嶽山)	3067	82.3	318.5
金峰山	2599	76.8	39.5
三ツ峠山	1785	69.8	70.2
富士山	3776	58.5	87.3
木曽駒ヶ岳	2956	56.1	333.2
三ノ沢岳	2846	54.3	331.1
空木岳	2864	48.6	330.2
南駒ヶ岳	2841	47.3	328.5
恵那山	2191	45.6	284.8
富士見台	1739	44.2	291.3
仙丈ヶ岳	3033	43.3	12.0
毛無山	1964	42.6	78.2
蛇峠山	1664	35.9	270.6
十枚山	1726	28.3	109.2
笊ヶ岳	2629	18.5	59.1
赤石岳	3120	15.2	26.0
聖岳	3013	10.6	28.4

光岳はさすがに高度が下がっているために樹林が多くなり展望はすこぶる良いと言うわけにはいかないが、それでも、聖岳や上河内岳の雄姿が印象深い。計算上は奥穂高岳、槍ヶ岳、常念岳、白馬岳などの北アルプス、木曽駒ヶ岳、空木岳、南駒ヶ岳などの中央アルプス、南アルプスは北部の仙丈ヶ岳までも見える。その距離58・5キロと比較的近い富士山はもちろん見えている。もっとも遠くに見えるのは太平洋の海原を越えた八丈島の八丈富士、その間の距離は289・2キロにもなる。

光岳への最短コースは易老渡からのコースであるが、飯田線飯田駅からタクシーの利用となる。静岡駅からのバスを利用し、畑薙第一ダムから茶臼岳を経るコースは途中2泊の行程となる。

221　光岳(南アルプス)

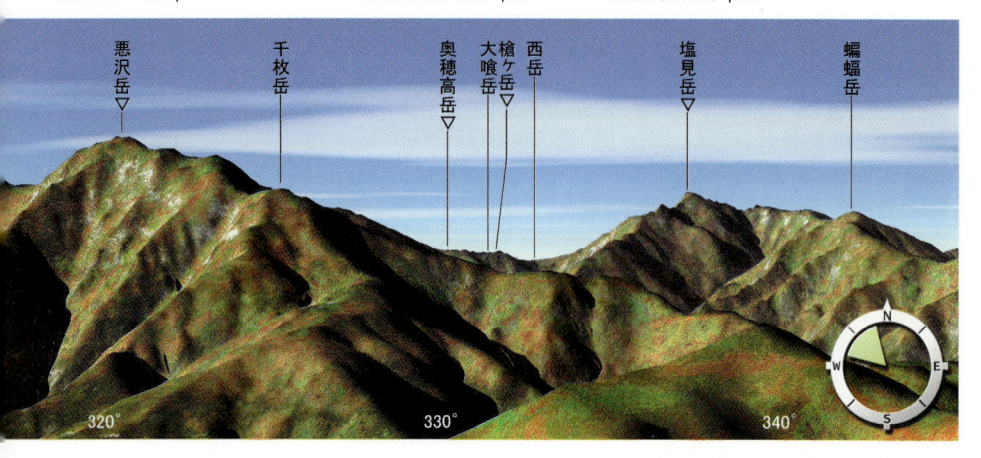

悪沢岳（3141m）p212　　　　奥穂高岳（3190m）p290　　　　塩見岳（3047m）p208

悪沢岳▽　千枚岳　西岳　槍ヶ岳▽　大喰岳　奥穂高岳▽　塩見岳▽　蝙蝠岳

320°　　330°　　340°

生木割と偃松尾の鞍部から見る笊ヶ岳（撮影：Walstone）

笊ヶ岳（ざるがたけ）

南アルプスのジャイアントが一望 第一級の展望が広がる山

展望に優れた山の条件のひとつは必ずしもその山の高さではなく、迫力ある景観が得られるかということにある。その点では、南アルプスの主峰群を間近に眺めることができる笊ヶ岳の展望は一級品に相当するだろう。とくに圧巻は荒川三山、赤石岳、聖岳である。これらの山の並びと笊ヶ岳の位置関係は直角に近いので、絶好のロケーションとなる。深い谷をうがったその姿は、山塊と呼ぶのにふさわしい。

悪沢岳の右には塩見岳が意外な鋭角の頂を見せている。塩見岳と悪沢岳の鞍部からは北アルプスの槍、穂高が理論的には見えるはずだ。

ただし、この部分を撮影した写真をお持ちの方から拝借して調べたところ、どうやら実際には難しいようである。少なくともその写真にはそれらしい山は写っていなかった。計算で使用した地形モデルでは、手前の南アルプスの稜線が低く見積もられていることと樹林による影響が原因であろう。ただし、気差（気差については34頁の丸山の頂を参照）の値が大きくなるような特別な気象条件では、可能性がないわけではない。もっとも、そのような条件は厳冬期などに多く発生するので、さらに撮影できる機会は減ってしまうが……。

塩見岳からさらに仙丈ヶ岳、間ノ岳、農鳥岳と3000メートル峰が続き、北岳は槍のように尖っている。中央アルプスはこれらの巨峰にはばまれて全く姿を見せない。鳳凰三山の稜線沿いからは、赤岳がわずかに頭を覗かせる。そして、富士山。丸い小笊の上

南アルプス
標高 2629メートル
緯度 35度25分27秒
経度 138度15分34秒

222

赤石岳(3120m) p214

赤石岳、荒川三山が眼前に峰を連ねる展望

笊ヶ岳から見える山
(興味深いもの)

山 名	標高	距離	方位
八丈富士	854	289.1	150.9
荒沢岳	1969	202.4	22.9
巻機山	1967	183.7	19.9
武尊山	2158	172.2	26.8
オキの耳(谷川岳)	1977	168.0	20.8
白砂山	2140	150.9	14.8
伊豆大島	764	129.3	126.5
浅間隠山	1757	119.6	17.1
檜ヶ岳	3180	115.8	331.7
大喰岳	3101	115.3	331.4
奥穂高岳	3190	110.7	330.2
塔ノ岳	1491	82.1	87.4
蛭ヶ岳	1673	80.1	84.8
雲取山	2017	78.3	52.1
御座山	2112	74.6	24.8
扇山	1138	72.3	70.6
甲武信岳	2475	68.5	38.1
赤岳	2899	61.4	9.3
金峰山	2599	59.6	33.6
滝子山	1610	58.3	66.7
越前岳	1504	52.8	112.8
蛇峠山	1664	52.6	260.1
三ツ峠山	1785	51.7	74.2
金ヶ岳(茅ヶ岳)	1764	47.7	28.2
富士山	3776	43.0	99.2
仙丈ヶ岳	3033	33.5	348.2
観音岳(鳳凰山)	2840	31.0	7.5
北岳	3192	27.8	356.1
毛無山	1964	25.8	91.9
間ノ岳	3189	24.7	353.4
農鳥岳	3026	21.9	354.6
光岳	2591	18.5	239.2
塩見岳	3047	17.9	337.3
悪沢岳	3141	11.0	320.6
聖岳	3013	10.8	269.2
赤石岳	3120	10.1	294.0

笊ヶ岳へは、身延線身延駅からバスに田代まで乗り、転付峠から白根南嶺の稜線を南下するコースと、静岡市側の椹島側から登るコースとがある。後者は崩落等による危険個所が多く一般的でない。いずれも稜線には山小屋などの施設がなく二泊程度のテント泊となり、水場も少ないので十分な計画が必要である。また、一部コースが不明瞭なところもあり、相応の体力と経験が必要とされる。

笊ヶ岳に重なるように浮かぶ富士の画は花札のようで、どこか日本的でほっとさせるものがある。もっとも遠くに見えるはずの山は八丈富士。水平線上に標高570メートル以上がわずかに見えるという厳しい条件ではあるが、289キロかなたの太平洋に浮かぶ島の姿を見ることができるはずである。

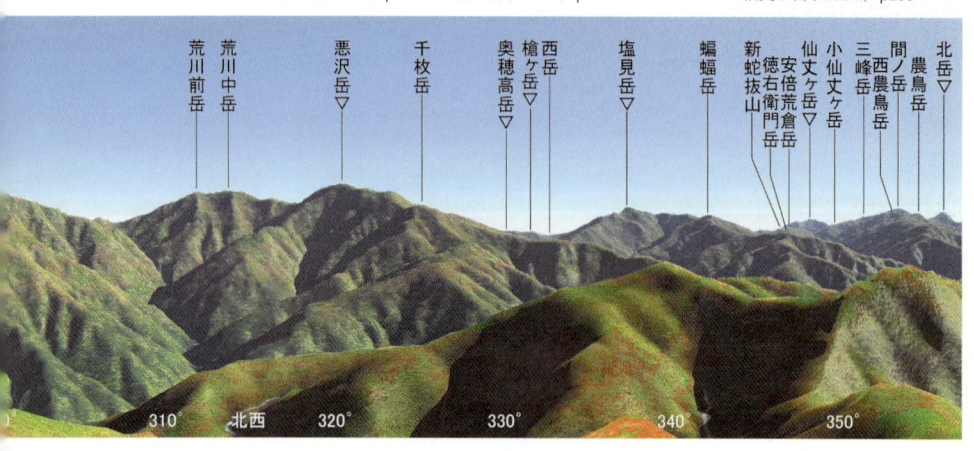

悪沢岳(3141m) p212　　槍ヶ岳(3180m) p276　　仙丈ヶ岳(3033m) p206

荒川前岳 / 荒川中岳 / 悪沢岳▽ / 千枚岳 / 奥高高岳 / 槍ヶ岳 / 西岳 / 塩見岳▽ / 蝙蝠岳 / 新蛇抜山 / 徳右衛門岳 / 安倍荒倉岳 / 仙丈ヶ岳▽ / 小仙丈ヶ岳 / 三峰岳 / 西農鳥岳 / 間ノ岳 / 農鳥岳 / 北岳▽

310° 北西 320° 330° 340° 350°

扇山(1138m) p66　　塔ノ岳(1491m) p72　　富士山(3776m) p86

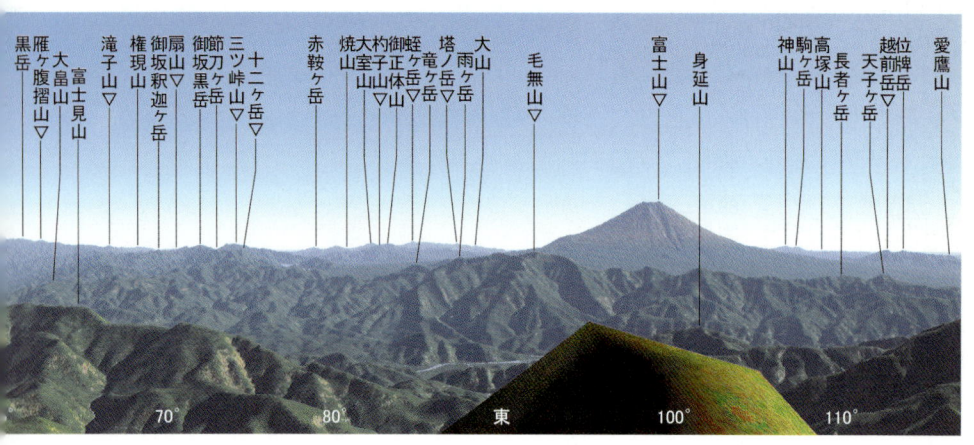

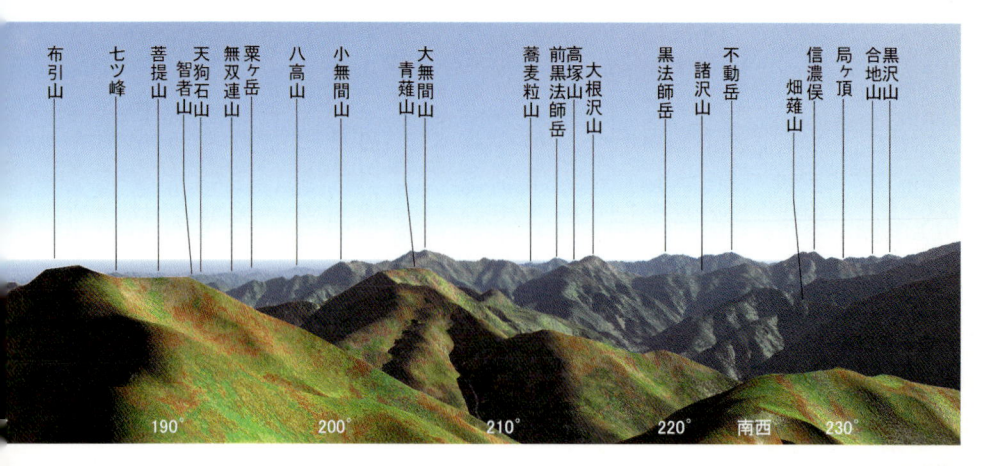

黒岳 / 雁ヶ腹摺山 / 大畠山 / 富士見山 / 滝子山 / 権現山 / 扇山 / 御坂黒岳 / 御坂釈迦ヶ岳 / 節刀ヶ岳 / 三ツ峠山 / 十二ヶ岳 / 赤鞍ヶ岳 / 焼山 / 大室山 / 杓子山 / 御正体山 / 蛭ヶ岳 / 竜ヶ岳 / 塔ノ岳 / 大山 / 雨山 / 毛無山▽ / 富士山▽ / 身延山 / 神山 / 駒ヶ岳 / 高塚山 / 長者ヶ岳 / 天子ヶ岳 / 前牌岳 / 越位牌岳 / 愛鷹山

70° 80° 東 100° 110°

布引山 / 七ツ峰 / 菩提山 / 天狗石山 / 智者山 / 無双連山 / 粟ヶ岳 / 八高山 / 小無間山 / 大無間山 / 青薙山 / 大根沢山 / 前黒法師岳 / 高塚山 / 黒法師岳 / 蕎麦粒岳 / 不動岳 / 諸沢山 / 局ヶ頂 / 信濃俣 / 畑薙山 / 合地山 / 黒沢山

190° 200° 210° 220° 南西 230°

224

西南西から北の展望　　　蛇峠山(1664m) p30　　聖岳(3013m) p216

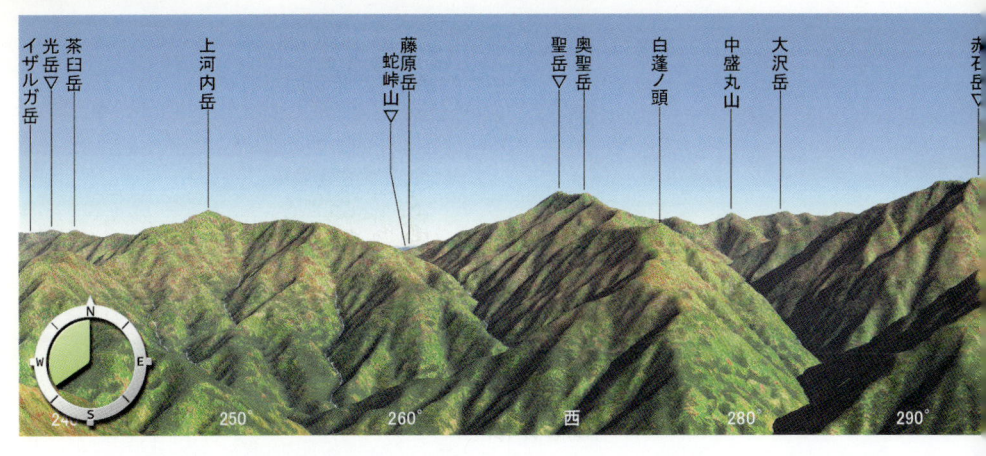

イザルガ岳／光岳／茶臼岳／上河内岳／藤原岳／蛇峠山／奥聖岳／聖岳▽／白蓬ノ頭／中盛丸山／大沢岳／赤石岳

240° 250° 260° 西 280° 290°

北から東南東の展望　　　白砂山(2140m) p154　　武尊山(2158m) p182　　甲武信岳(2475m) p44

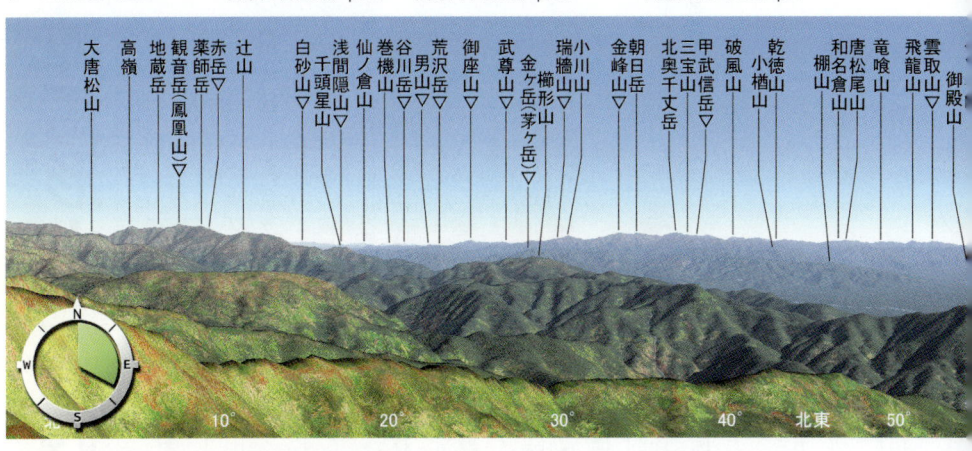

大唐松山／高嶺／地蔵岳／観音岳(鳳凰山)／薬師岳／赤岳／辻山／白砂山▽／千頭星山／浅間隠山／仙ノ倉山／巻機山／谷川岳／荒沢山／男山／御座山／武尊山▽／瑞牆山／金ヶ岳(茅ヶ岳)▽／櫛形山／小川山／朝日岳／金峰山／甲武信岳▽／三宝山／北奥千丈岳／破風山／乾徳山／小楢山／唐松尾山／和名倉山／棚山／竜喰山／飛龍山／雲取山▽／御殿山

10° 20° 30° 40° 北東 50°

東南東から西南西の展望　　　達磨山(982m) p24

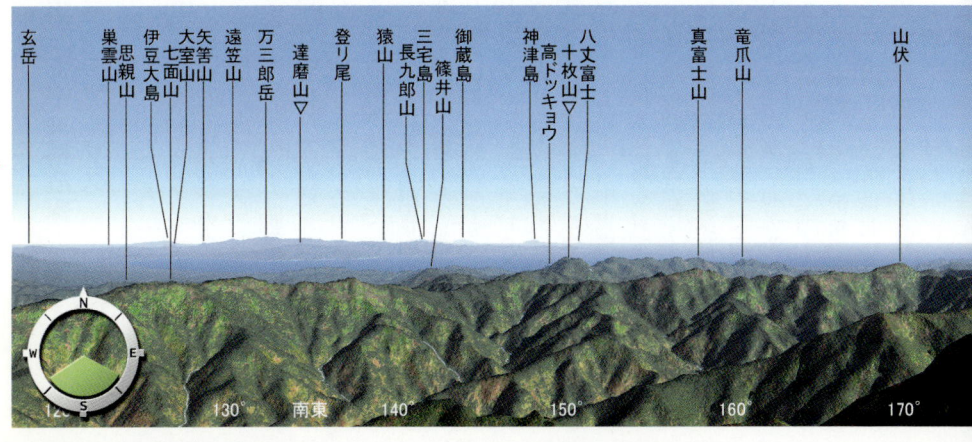

玄岳／巣雲山／思親山／伊豆大島／七面山／大室山／矢筈山／遠笠山／万三郎岳／達磨山▽／登り尾／猿山／長九郎山／三宅島／篠井山／御蔵島／神津島／高ドッキョウ／八丈富士／十枚山▽／真富士山／竜爪山／山伏

120° 130° 南東 140° 150° 160° 170°

225　笊ヶ岳（南アルプス）

三ノ沢岳（2846m）p240

熊沢岳 / 篶ノ笛山 / 檜尾岳 / 三ノ沢岳▽ / 池山 / 宝剣岳 / 中岳 / 伊那前岳 / 将棊頭山

陣馬形山

伊那谷に突き出した中央構造線の山から見る三つのアルプス

南アルプス
標高 1445ｍ
緯度 35度40分27秒
経度 137度59分01秒

恵まれているといえばこれほど立地条件に恵まれている山もなかなかないだろう。ふたつのアルプスに囲まれ山岳展望としては定評のある伊那谷の真ん中、中川村に聳え、三つのアルプスを同時に望める山。とくに、中央アルプスとの位置関係は、別項で紹介した笠ヶ岳、あるいは蝶ヶ岳のように東側からの展望となって光の具合もちょうど良い。山頂まで車道が通じているので何度でも通える点も嬉しい。

惜しむらくは対象までの距離が離れていることだ。展望の名山として定評のある、笠ヶ岳から奥穂高岳までは7ｷﾛであるのに笊ヶ岳から奥聖岳までは10ｷﾛ、同じく蝶ヶ岳から北岳まで23ｷﾛもある。距離が災いしてか霞んで何も見えないことも多いようだ。「とくに見所のない山」と早合点され、そうそうに帰って行かれる方も見受けられる。

陣馬形山の東には山ひとつへだてて、中央構造線が走っている。中央構造線は、諏訪湖付近から静岡県水窪町を経て、豊橋市、紀伊半島、北四国、九州を縦断する大きな断層で、断層による破砕帯を川が浸食することで、谷となって見えているものである。

さて見える山だが、北アルプスは白馬岳、五龍岳、鹿島槍ヶ岳、爺ヶ岳など、中央アルプスは宝剣岳、三ノ沢岳、空木岳、南駒ヶ岳など、南アルプスは北岳、仙丈ヶ岳、塩見岳、赤石岳などが望まれる。伊那山地の

中央アルプスを横から見る展望

念丈岳 / 烏帽子ヶ岳 / 越百山 / 仙涯嶺 / 南駒ヶ岳 / 黒覆山 / 傘山 / 赤梛岳

陣馬形山から見える山
（興味深いもの）

山名	標高	距離	方位
火打山	2462	138.7	3.1
焼山	2400	138.4	1.9
高妻山	2353	125.0	2.7
白馬岳	2932	122.0	350.5
戸隠山	1904	121.8	2.9
五龍岳	2814	111.1	349.3
鹿島槍ヶ岳	2889	107.5	348.6
爺ヶ岳	2670	103.5	348.4
王ヶ頭(美ヶ原)	2034	62.2	10.2
蓼科山	2530	55.3	30.4
車山(霧ヶ峰)	1925	51.3	21.9
天狗岳	2646	50.9	41.1
硫黄岳	2760	50.1	43.9
恵那山	2191	43.3	233.8
富士見台	1739	38.4	236.6
池口岳	2392	38.4	172.5
聖岳	3013	31.2	153.0
赤石岳	3120	28.3	146.2
悪沢岳	3141	26.3	136.7
荒川前岳	3068	25.8	140.6
荒川中岳	3083	25.7	139.7
甲斐駒ヶ岳	2967	24.7	67.8
編笠山	2514	23.6	57.2
鋸岳	2685	23.5	60.3
北岳	3192	23.1	89.7
間ノ岳	3189	22.3	97.9
奥茶臼山	2474	22.3	159.6
塩見岳	3047	21.2	121.5
将棊頭山	2730	20.1	315.4
三ノ沢岳	2846	19.9	301.0
宝剣岳	2931	19.7	307.1
伊那前岳	2911	19.5	308.6
仙丈ヶ岳	3033	18.8	74.1
越百山	2613	16.3	272.1
南駒ヶ岳	2841	15.9	281.0
空木岳	2864	15.8	288.3

山だけに富士山は南アルプスに隠されてしまう。したがって、見えるもっとも高い山は北岳、3192メートル。見えるはずのもっとも遠い山は、新潟県・頚城山塊の火打山。距離は138.7キロと比較的近いので、見える機会も多そうだ。

陣馬形山頂には、キャンプ場や牧場があり、車道も山頂まで続いている。マイカーの場合は、松川ICで中央自動車道を下り、小渋ダム方面に向かい、広域基幹林道陣馬形線に入る。

歩いて登る場合には、広域基幹林道陣馬形線に登山口があり、山頂まではおよそ1時間30分ほどだ。登山道は、急な傾斜はなく、笹が刈り払われていて歩きやすい。途中、何回か林道と交差する。電波塔の立つ舗装された林道からは平坦な道となり、右手が開けて南アルプスが見える。作業小屋を見て、キャンプ場に着くと山頂である。

西方から見た陣馬形山（写真提供：中川村）

三ノ沢岳(2846m) p240

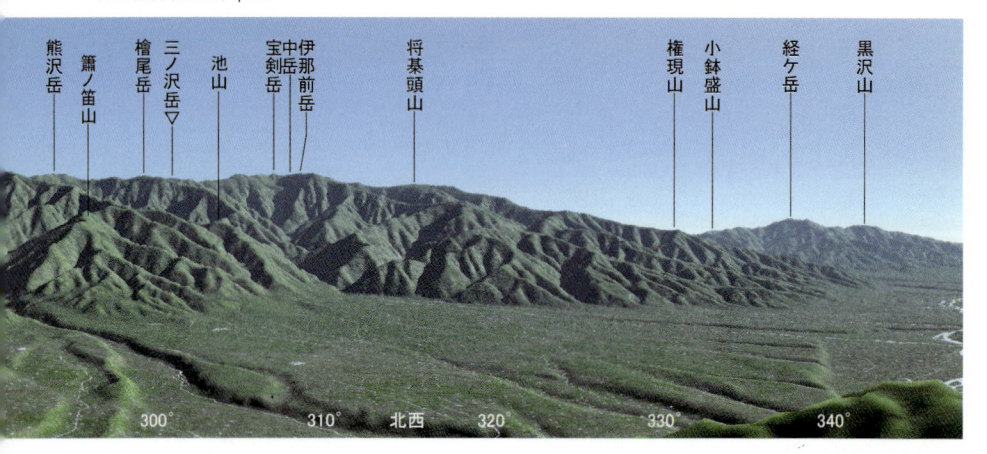

- 熊沢岳
- 簿ノ笛山
- 檜尾岳
- 三ノ沢岳▽
- 池山
- 宝剣岳
- 中岳
- 伊那前岳
- 将棊頭山
- 権現山
- 小鉢盛山
- 経ケ岳
- 黒沢山

300° 310° 北西 320° 330° 340°

甲斐駒ヶ岳(2967m) p204 / 北岳(3192m) p200

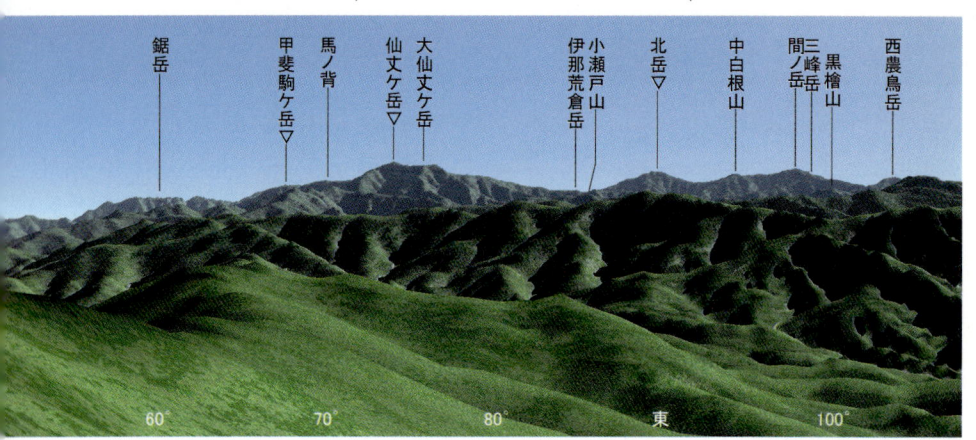

- 鋸岳
- 甲斐駒ケ岳▽
- 馬ノ背
- 大仙丈ケ岳
- 仙丈ケ岳▽
- 小瀬戸山
- 伊那荒倉山
- 北岳▽
- 中白根山
- 間ノ岳
- 三峰岳
- 黒檜山
- 西農鳥岳

60° 70° 80° 東 100°

蛇峠山(1664m) p30

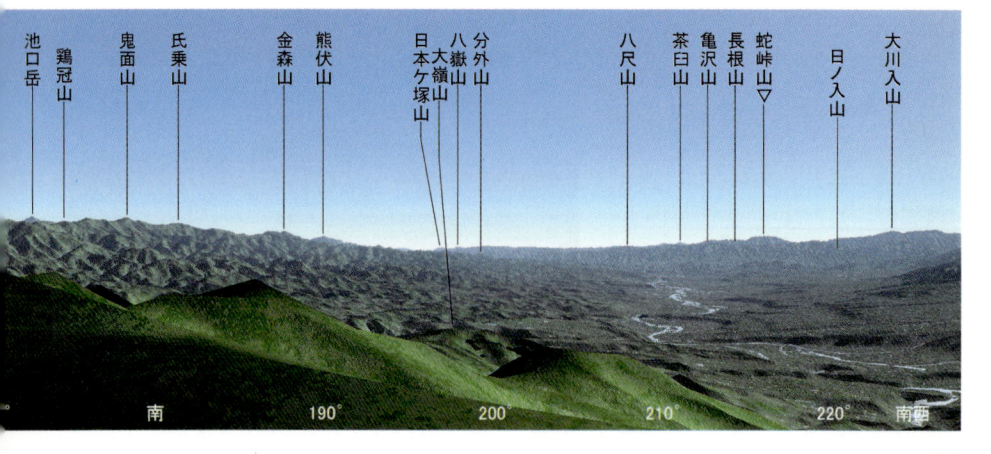

- 池口岳
- 鶏冠山
- 鬼面山
- 氏乗山
- 金森山
- 熊伏山
- 日本ケ塚山
- 大嶺山
- 八嶽山
- 分外山
- 八尺山
- 茶臼山
- 亀沢山
- 長根山
- 蛇峠山▽
- 日ノ入山
- 大川入山

南 190° 200° 210° 220° 南西

南西から北の展望

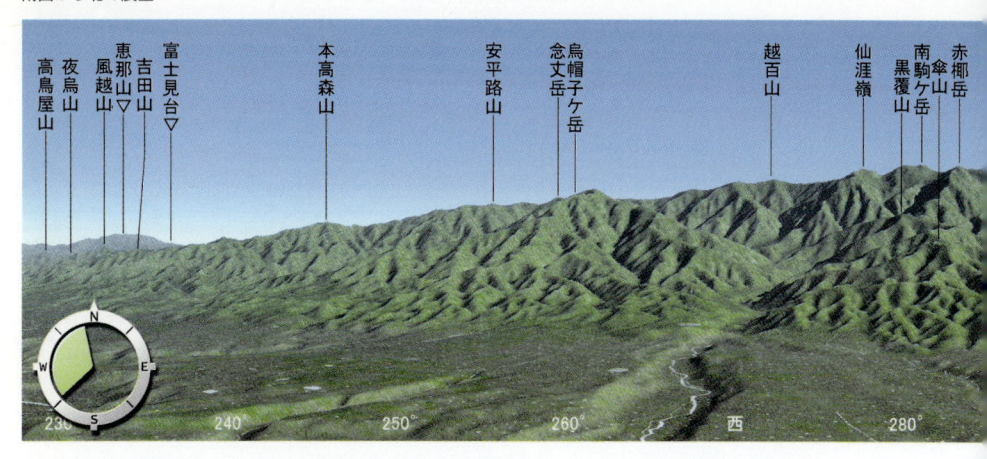

パノラマ図 方位: 230°〜280° (西)

山名（右から左）: 赤椰岳／傘山／南駒ケ岳／黒覆山／仙涯嶺／越百山／烏帽子ケ岳／念丈岳／安平路山／本高森山／富士見台／吉田山／恵那山▽／風越山／夜烏山／高烏屋山

北から東南東の展望 美ヶ原(2006m) p96 蓼科山(2530m) p106

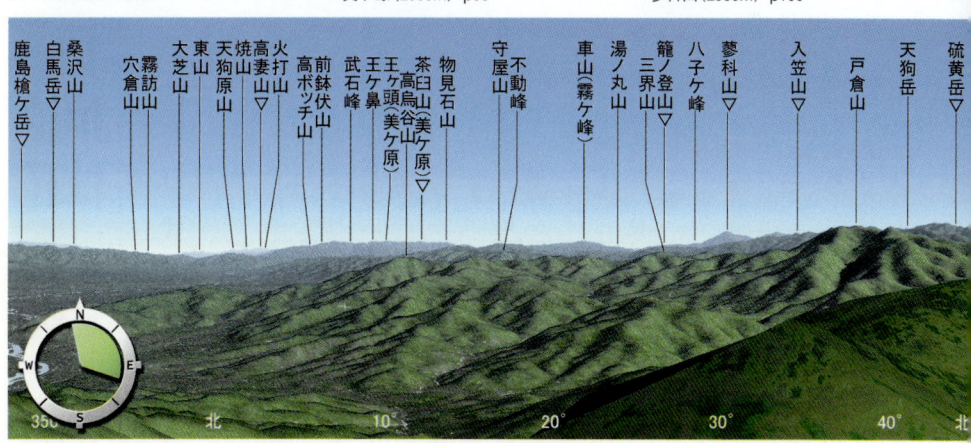

方位: 350°〜北〜10°〜20°〜30°〜40°〜北

山名（右から左）: 硫黄岳／天狗岳／戸倉山／入笠山▽／蓼科山／八子ケ峰／籠ノ登山／三界山／湯ノ丸山／車山(霧ケ峰)／不動峰／守屋山／物見石山／茶臼山(美ヶ原)／高烏谷山／王ヶ鼻／王ヶ頭(美ヶ原)／前鉢伏山／武石峰／高ボッチ山／火打山／天狗原山／焼山／妻山／大芝山／東山／霧訪山／穴倉山／桑沢山／白馬岳／鹿島槍ケ岳▽

東南東から南西の展望 悪沢岳(3141m) p212 聖岳(3013m) p216

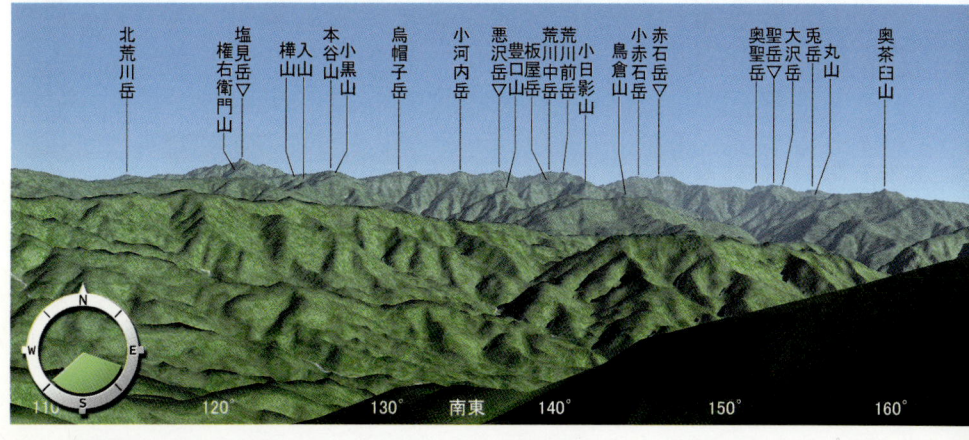

方位: 110°〜120°〜130°〜南東〜140°〜150°〜160°

山名（右から左）: 奥茶臼山／丸山／兎岳／大沢岳／奥聖岳／聖岳▽／赤石岳▽／小赤石岳／鳥倉山／小日影山／悪沢岳／豊口山／板屋岳／荒川中岳／荒川前岳／小河内岳／烏帽子ケ岳／樺入山／本谷山／小黒山／塩見岳▽／権右衛門山／北荒川岳

229 陣馬形山（南アルプス）

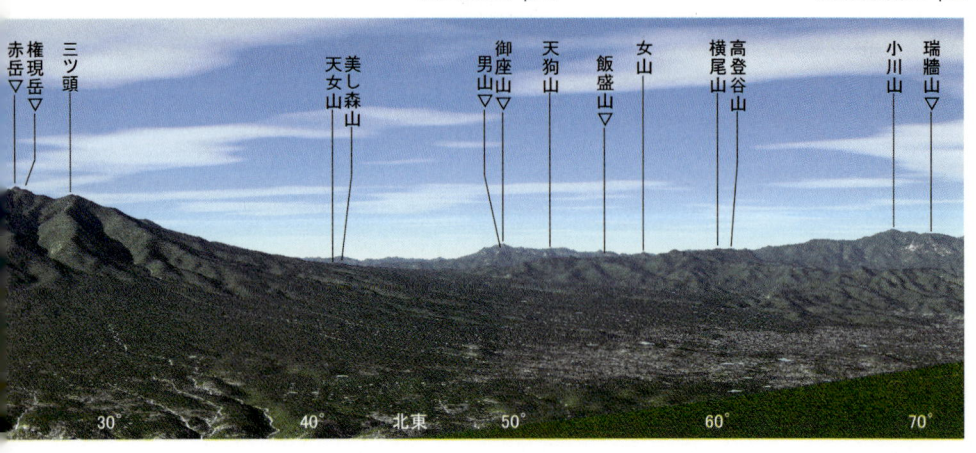

男山（1851m）p112　　　　　瑞牆山（2230m）p52

瑞牆山▽　小川山▽　高登谷山▽　横尾山▽　女山　飯盛山▽　天狗山▽　御座山▽　男山▽　美し森山　天女山▽　三ツ頭　権現岳▽　赤岳▽

30°　40°　北東　50°　60°　70°

日向山（ひなたやま）

花崗岩砂による白亜の大斜面に立つ岩塔越しに見る八ヶ岳

南アルプス
標高1660メートル
緯度35度48分08秒
経度138度16分17秒

眩しい光の中にぽっと飛び出すと月の砂漠が広がっていた。

日向山はきわめて個性的な山である。南アルプスの前衛として、標高もさほど高くなく、山頂は樹林の中にあってとりたてて特徴がない山に見える。しかし、その一角、ちょうど八ヶ岳の方向に銀砂に覆われ、白亜の石柱が立ち並ぶ大斜面を有している。雁ヶ原と呼ばれるこの斜面は、浸食された花崗岩によって作られた天然の枯山水である。冷たく光る銀色の空間と、優美な裾野を引いた八ヶ岳とのコントラストが鮮烈で秀麗だが、雁ヶ原の前景なくしてその魅力は語れない。『甲斐国志』には、濁山の名で載っており、「白禿山ナリ土人其ノ色ノ清濁ヲ望ンデ雨ヲ知ル」とある。天気予報の山であったようだ。

もうひとつの展望は見上げる甲斐駒ヶ岳の迫力である。足元の小さな砂粒との対比が面白い。南アルプスは甲斐駒以外は鳳凰三山など一部にかぎられる。ただし、この山は甲斐駒ヶ岳の北西にあるため、南アルプスは甲斐駒ヶ岳の姿もある。遠望がきくのは北方向で、もっとも遠くに見える山は、頸城山塊の火打山。その距離は125・6キロになる。中央アルプスは見えないが、北は白馬岳あたりがわずかに覗ける。日向山はアプローチが悪いので、中央本線長坂駅からタクシー、またはマイカー

日向山の雁ヶ原から八ヶ岳を望む

230

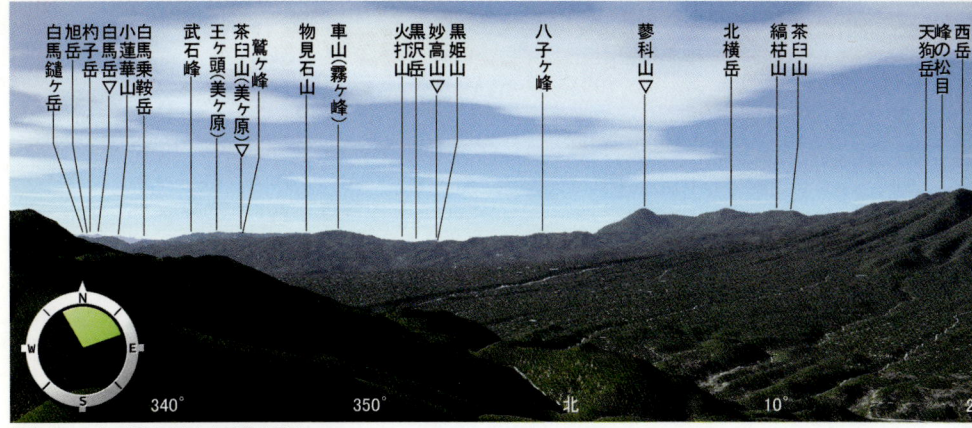

白馬岳(2932m) p252　　　妙高山(2454m) p150　　蓼科山(2530m) p106

パノラマラベル（左から右）:
白馬鑓ヶ岳／旭岳／杓子岳／白馬乗鞍岳／小蓮華山／武石峰／茶臼山(美ヶ原)／王ヶ頭(美ヶ原)／鷲ヶ峰／茶臼山／物見石山／車山(霧ヶ峰)／火打山／妙高山／黒姫山／八子ヶ峰／蓼科山／北横岳／縞枯山／茶臼山／天狗岳／峰の松目／西岳

340°　　350°　　北　　10°

優美な八ヶ岳の裾野が広大な風景を描く

日向山から見える山
（興味深いもの）

山名	標高	距離	方位
火打山	2462	125.6	351.7
妙高山	2454	121.6	353.3
白馬岳	2932	115.6	336.6
蛭ヶ岳	1673	86.0	113.8
大室山	1588	79.0	113.8
富士山	3776	64.1	139.7
三ツ峠山	1785	56.1	119.8
滝子山	1610	55.8	109.8
大菩薩峠	1900	53.1	97.7
十二ヶ岳	1683	49.3	129.3
王ヶ頭(美ヶ原)	2034	49.2	342.5
御坂釈迦ヶ岳	1641	48.5	123.0
節刀ヶ岳	1736	48.1	129.0
甲武信岳	2475	42.9	73.8
乾徳山	2031	40.1	86.6
御座山	2112	39.7	49.5
北奥千丈岳	2601	36.8	78.3
小楢山	1713	35.5	93.6
車山(霧ヶ峰)	1925	34.0	348.5
蓼科山	2530	33.5	3.6
金峰山	2599	32.8	76.3
北横岳	2480	31.9	7.9
瑞牆山	2230	30.6	70.6
天狗岳	2646	25.2	17.4
横岳	2829	22.2	24.4
茅ヶ岳	1704	21.9	92.0
赤岳	2899	20.6	25.4
阿弥陀岳	2805	20.4	22.7
権現岳	2715	18.2	25.9
三ツ頭	2580	17.6	28.2
編笠山	2524	16.8	23.2
薬師岳	2780	12.3	162.8
観音岳(鳳凰山)	2840	11.5	164.8
高嶺	2779	10.3	171.7
地蔵岳	2764	10.3	166.1
甲斐駒ヶ岳	2967	5.8	212.4

で登山口まで入るのが良い。車は矢立石まで入ることができるが、道路状況によって手前から歩くことになる。

矢立石からしばらくは林の中の道を行く。やがて笹が出てくるとまもなく日向山の三角点である。林の間から明るい光に導かれるように道をたどると、花崗岩の雁ヶ原に飛び出す。雁ヶ原は非常に崩れやすいので安易に崖に近づかないようにしたい。これだけではもの足りないので、尾白渓谷の探勝を楽しんでから下るのがよいだろう。花崗岩の崩壊地をぬって砂の斜面を慎重に下る。錦滝までは急坂になっているので足元には注意したい。錦滝から矢立石までは甲斐駒ヶ岳を見ながらの林道歩きとなる。帰りのタクシーを矢立石まで呼んでおくのを忘れないように。

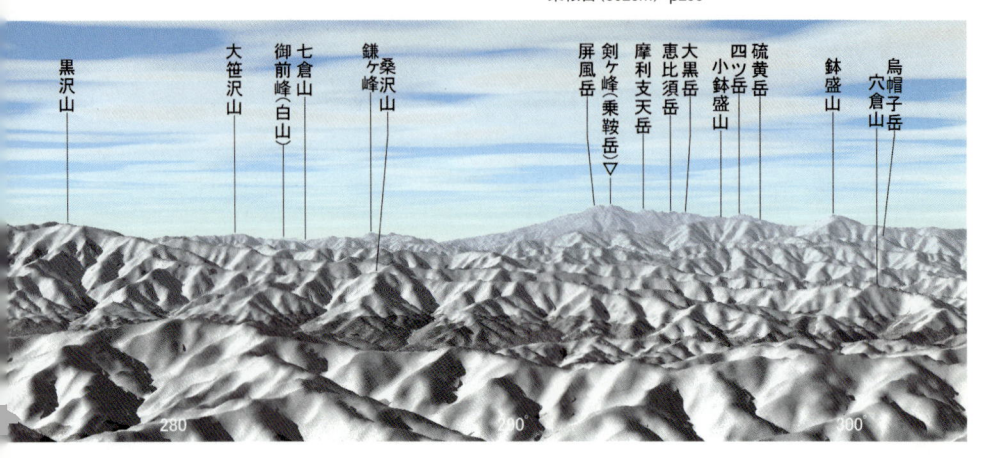

乗鞍岳（3026m）p298

パノラマ図の山名（右から左）：
烏帽子岳／穴倉山／鉢盛山／硫黄岳／四ツ岳／小鉢盛山／大黒岳／恵比須岳／摩利支天岳／剣ヶ峰〈乗鞍岳〉▽／屏風岳／桑沢山／鎌ヶ峰／七倉山／御前峰〈白山〉／大笹沢山／黒沢山

入笠山 にゅうかさやま

手ごろな登山で加賀白山まで遠望 展望派におすすめの山

南アルプス
標高 1955メートル
緯度 35度53分46秒
経度 138度10分18秒

入笠山は遠方からそれとわかるような、はっきりした特徴がある山容の山ではない。甲斐駒ヶ岳から長く続く尾根の最後に盛り上がりを見せる一峰にすぎない。あたかも南アルプスが残したエネルギーを、惰性のごとく吐き出したかのような山だ。しかし、それだけで隅に追いやってしまうことができない素晴らしい展望が得られる山である。南アルプスこそ甲斐駒ヶ岳、仙丈ヶ岳、観音岳などの北部の一部の山しか見えないが、奥穂高岳、槍ヶ岳、剣岳、大汝山（立山）などの北アルプス、木曽駒ヶ岳、空木岳、南駒ヶ岳、恵那山などの中央アルプスのパノラマが広がっている。さらに、中央アルプスの経ヶ岳の間からは、加賀の白山をも望むことができる。白山の可視マップを作ってみると、このあたりでは入笠山と北の小入笠山にポツリと可視域がある。八ヶ岳や南アルプスには随所に白山が見える場所はあるが、この付近からそれ以外のところで白山が見えるのは入笠山くらいである。

アルプスなどの高い山々に囲まれているために遠望もさえぎられることになり、見えるもっとも遠くの山も加賀白山の七倉山で、距離は130.9キロ。富士山は甲斐駒ヶ岳の尾根の上に姿を見せる。

これだけの展望がたった40分程度の山歩きで得られるのである。凛とした冬の林道をスキーでたどり、マナスル山荘で冴え渡る星空

232

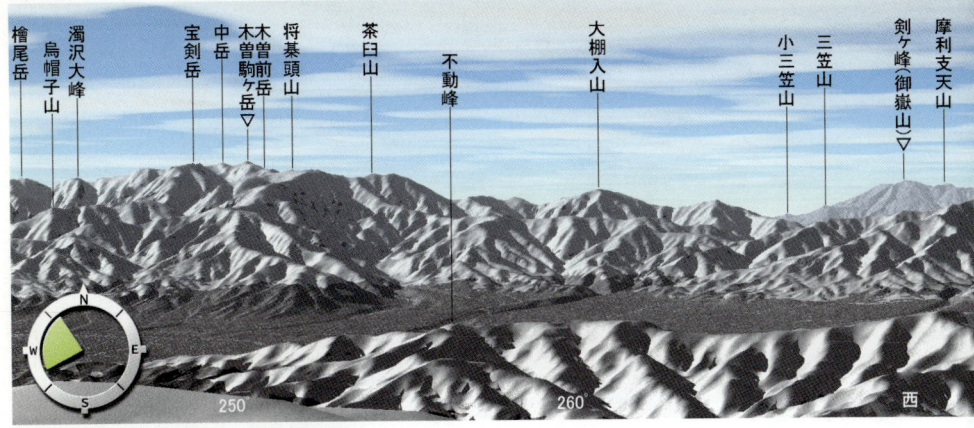

木曽駒ヶ岳(2956m) p236　　　　　　　　　　　御嶽山(3067m) p302

檜尾岳／烏帽子山／濁沢大峰／宝剣岳／将棊頭山／中岳／木曽前岳／木曽駒ヶ岳▽／茶臼山／不動峰／大棚入山／小三笠山／三笠山／剣ヶ峰（御嶽山）▽／摩利支天山

御嶽山と乗鞍岳の間にかすかに白山が望める

入笠山から見える山
（興味深いもの）

山名	標高	距離	方位
七倉山	2557	130.9	283.8
大汝峰（白山）	2684	130.0	283.5
御前峰（白山）	2702	129.4	283.2
白馬岳	2932	102.6	338.9
蛭ヶ岳	1673	98.6	117.1
劒岳	2998	94.8	328.4
五龍岳	2814	92.5	336.1
大室山	1588	91.7	117.5
横手山	2307	91.4	20.2
大汝山（立山）	3015	90.3	326.8
本白根山	2160	88.9	20.9
爺ヶ岳	2670	85.6	333.9
水晶岳	2986	77.9	319.1
富士山	3776	77.8	139.5
鷲羽岳	2924	75.9	317.9
蛇峠山	1664	75.5	215.5
四阿山	2354	74.8	16.7
笠ヶ岳	2897	72.7	309.9
恵那山	2191	72.2	226.0
三ツ峠山	1785	69.3	123.5
槍ヶ岳	3180	68.3	316.5
滝子山	1610	68.1	115.4
大天井岳	2922	67.0	320.9
北穂高岳	3106	64.9	314.0
奥穂高岳	3190	64.2	312.9
大菩薩峠	1897	64.1	105.8
剣ヶ峰（御嶽山）	3067	62.4	269.8
常念岳	2857	62.2	320.1
剣ヶ峰（乗鞍岳）	3026	60.4	292.9
甲武信岳	2475	50.3	88.2
南駒ヶ岳	2841	39.1	236.5
空木岳	2864	37.5	238.5
木曽駒ヶ岳	2956	35.2	250.4
蓼科山	2530	25.5	25.7
観音岳（鳳凰山）	2840	24.6	150.8
甲斐駒ヶ岳	2967	16.4	159.0

に流れ星を数え、早朝、きりりとしまった雪を踏みしめて大展望の山頂に立つ。初級者でも冬山の感動を味わうことができる山である。また、初夏にはスズラン、レンゲツツジなど花の多い山でもある。

夏山シーズン中は、富士見駅からマナスル山荘のある入笠山バス停までバスが運行されるが、それ以外はタクシーあるいは富士見パノラマスキー場のゴンドラを利用する。冬期はスキー場のゴンドラで上がり、マナスル山荘まで25分ほど。マナスル山荘から山頂までは20分ほどなので、展望だけを目的にするのであれば至極便利である。

展望をたっぷり楽しんだあとは、ゆるやかな尾根の山歩きを中央本線青柳駅まで楽しむか、南にある大阿原(おおあはら)湿原の散策など、工夫を凝らして楽しみたい。

入笠湿原から見た入笠山（撮影：須部方夫）

233　入笠山（南アルプス）

硫黄岳(2760m) p104　　赤岳(2899m) p18　　　　　　　　金峰山(2599m) p48

丸山／中山／天狗岳／根石岳／峰の松目／硫黄岳／横岳／阿弥陀岳／赤岳▽／西岳／編笠山／権現岳▽／三ツ頭／高登谷山／五郎山／甲武信ヶ岳／飯盛山／横尾山／三宝山／瑞牆山／朝日岳／金峰山／奥千丈岳／五里山

北東　　60°　　70°　　80°　　東

仙丈ヶ岳(3033m) p206　　　　　　　　　陣馬形山(1445m) p226

鋸岳／釜無山／間ノ岳／中白根山／三峰岳／仙丈ヶ岳／大仙丈ヶ岳／馬ノ背／小仙丈ヶ岳／地蔵岳／二児山／鬼面山／茶臼山／戸倉山／陣馬形山▽／蛇峠山▽

170°　　南　　200°　　210°

乗鞍岳(3026m) p298　　焼岳(2455m) p294　　槍ヶ岳(3180m) p276　　劔岳(2998m) p264

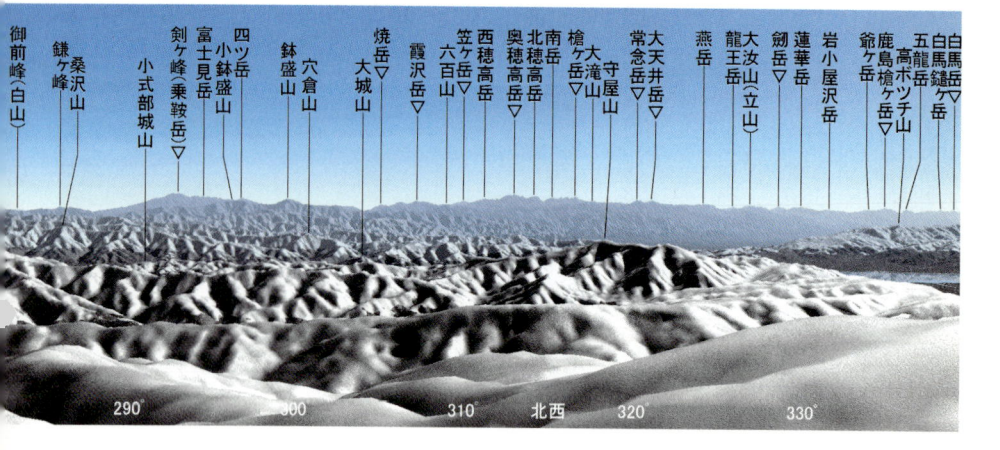

御前峰(白山)／鎌ヶ峰／桑沢山／小式部城山／剣ヶ峰(乗鞍岳)／富士見岳／四ツ岳／小鉢盛山／鉢盛山／穴倉山／大城山／焼岳／霞沢岳／西穂高岳／笠ヶ岳／奥穂高岳／北穂高岳／南岳／槍ヶ岳／大滝山／守屋山／常念岳▽／大天井岳▽／燕岳／龍王岳／大汝山(立山)／劔岳／蓮華岳／岩小屋沢岳／鹿島槍ヶ岳／高妻山／爺ヶ岳／五龍岳／白馬鑓ヶ岳／白馬岳

290°　　300°　　310°　　北西　　320°　　330°

234

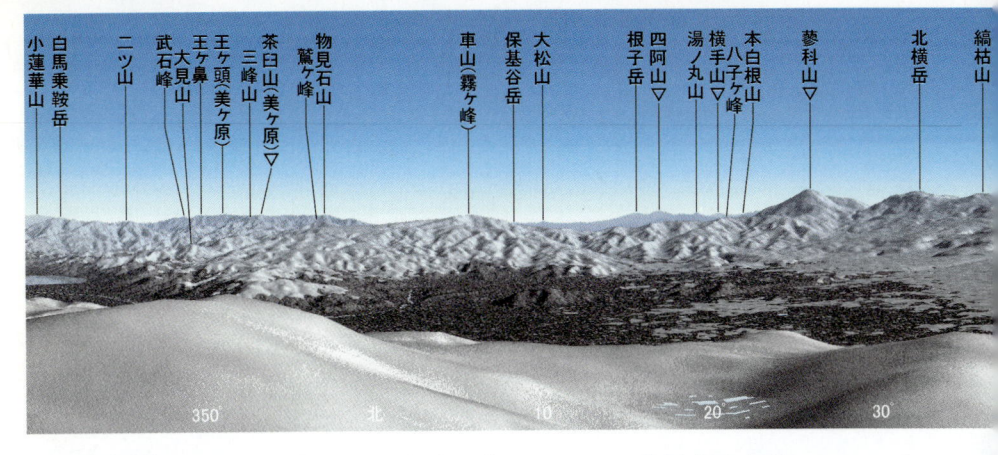

北北西から東の展望　　　　　　　　　　　　四阿山(2354m) p132

主な山名（左から右へ）:
小蓮華山／白馬乗鞍岳／二ツ山／武石峰／大見山／王ケ鼻／王ケ頭(美ヶ原)／三峰山／茶臼山(美ヶ原)▽／鷲ケ峰／物見石山／保基谷岳／大松山／車山(霧ケ峰)／根子岳／四阿山▽／湯ノ丸山／横手山／八ケ峰／本白根山／蓼科山／北横岳／縞枯山

350°　北　10°　20°　30°

東から南西の展望　　　三ツ峠山(1786m) p80　　　富士山(3776m) p86

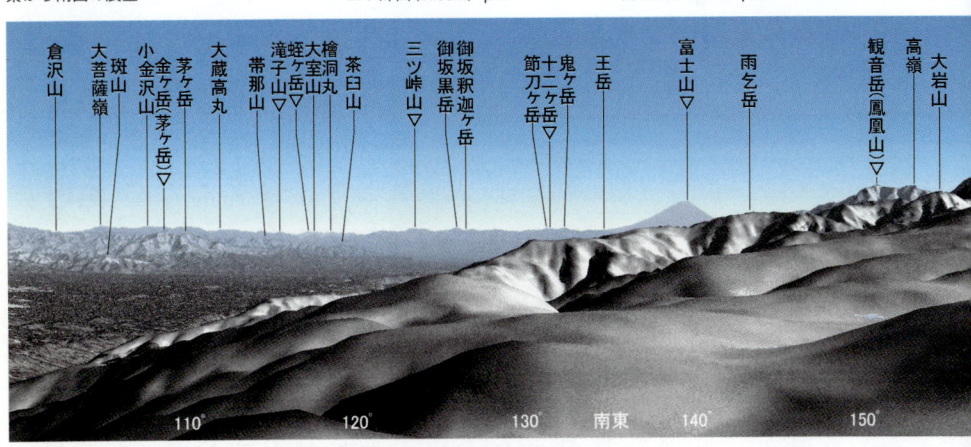

倉沢山／大菩薩嶺／斑山／小金沢山／金ケ岳(茅ケ岳)▽／茅ケ岳／大蔵高丸／滝子山／蛭ケ岳／帯那山／檜洞丸／大室山／茶臼山／三ツ峠山▽／御坂黒岳／御坂釈迦ケ岳／鬼ケ岳／十二ケ岳／節刀ケ岳／王岳／富士山▽／雨乞岳／観音岳(鳳凰山)／高嶺／大岩山

110°　120°　130°　南東　140°　150°

南西から北北西の展望　　　木曽駒ヶ岳(2956m) p236

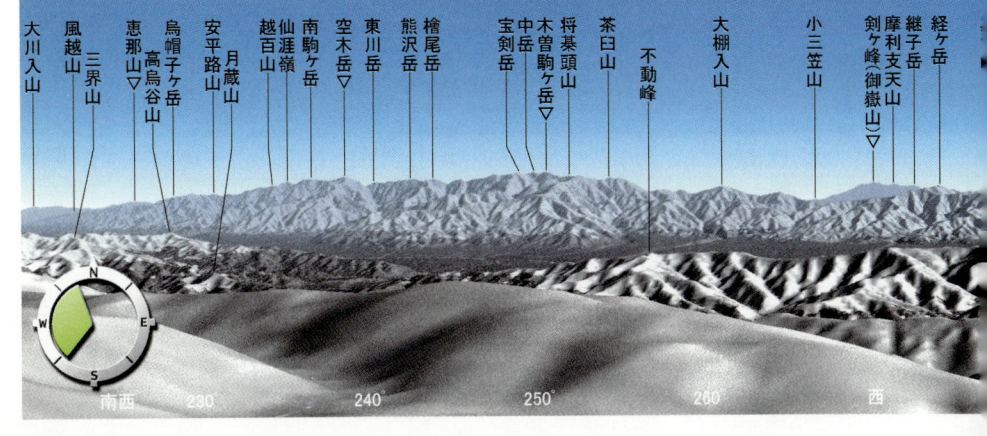

大川入山／風越山／三界山／恵那山／安平路山／烏帽子ケ岳／高鳥谷山／月蔵山／南駒ケ岳／空木岳／東川岳／熊沢岳／檜尾岳／仙涯嶺／越百山／宝剣岳／中岳／木曽駒ケ岳▽／将棊頭山／茶臼山／不動峰／大棚入山／小三笠山／剣ケ峰・御嶽山▽／摩利支天山／継子岳／経ケ岳

南西　230°　240°　250°　260°　西

235　入笠山（南アルプス）

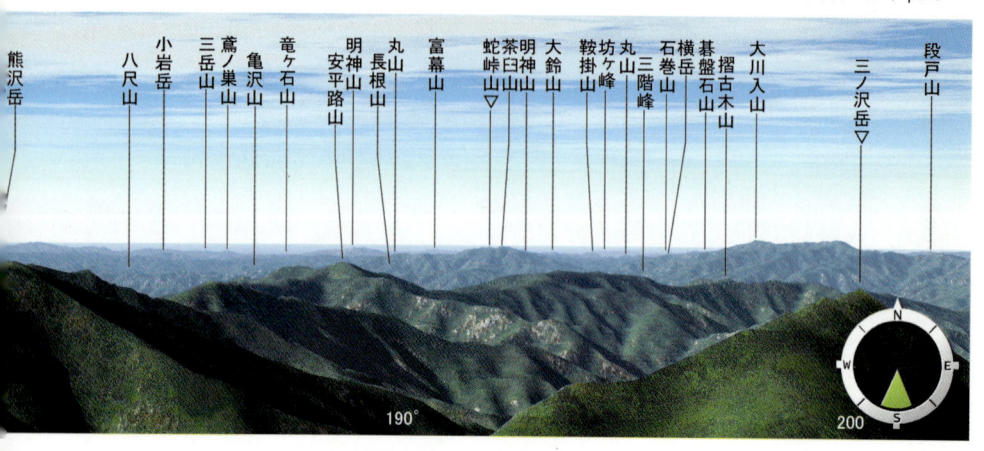

蛇峠山（1664m）p30　　　三ノ沢岳（2846m）p240

熊沢岳／八尺山／小岩岳／竜ヶ石山／亀沢山／鳶ノ巣山／三岳山／丸山／長根山／明神山／安平路山／富幕山／蛇峠山▽／鞍掛峰／坊主峰／茶臼山／明神山／大鈴山／三階峰／丸山／巻狩山／横岳／碁盤石山／摺古木山／大川入山／三ノ沢岳▽／段戸山

190°　　200

中岳から見る木曽駒ヶ岳の山頂（撮影：須部方夫）

木曽駒ヶ岳（きそこまたけ）

朝日に浮かぶ山、夕日に照らされる山の展望台

中央アルプス
標高2956トル
緯度35度47分22秒
経度137度48分16秒

重厚に折り重なった北アルプスや南アルプスの山並みにくらべて、中央アルプスは前衛と呼べる山も少なく、一重の山稜でシンプルに構成された、いわば間奏曲のような存在である。木曽駒ヶ岳も古くからの信仰の山であり、かのウェストンも松からこの山を越えて伊那谷へと抜けた歴史のある山にもかかわらず、千畳敷に架かったロープウェイの影響もあってか登山対象としては一見すると魅力が薄い。

しかし、山岳展望にとっての地理的位置は抜群である。御嶽、奥穂高岳、槍ヶ岳、白馬岳、妙高、大汝山（立山）などの北アルプスに始まって、浅間山、八ヶ岳、奥秩父。そして、夕日に屏風絵のように浮かび上がる北岳、甲斐駒ヶ岳、塩見岳、赤石岳などの南アルプスと富士。南に空木岳、越百山と連なる中央アルプスの山も美しい。もっとも遠くに見えるのは大峰の釈迦ヶ岳。奈良県吉野郡下北山村と十津川村の境にある、修験道で知られた山である。このあたりは南アルプスの山とも共通している。

江戸時代は高遠藩の領地で、二回の検分が行われている。二回目の検分の記録『後駒ヶ嶽一覧記』には山頂からの展望が「一、戸隠山、子の方に当る　一、烏帽子嶽、亥子の方に当る　一、乗鞍が嶽、右同断　一、御嶽、戌亥の間に当る」と記述されている。江戸時代にも、展望ファンはいたようだ。

236

空木岳(2864m) p242

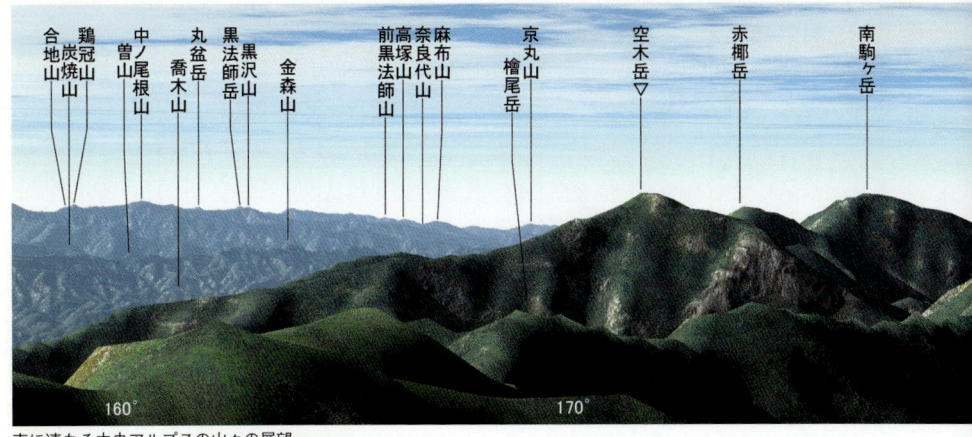

南に連なる中央アルプスの山々の展望

ラベル（左から右）: 合地山／炭焼山／鶏冠山／中ノ尾根山／奥三ノ宇曽山／丸盆岳／黒沢山／黒法師岳／金森山／前黒法師岳／高塚山／奈良代山／麻布山／京丸山／檜尾岳／空木岳▽／赤椰岳／南駒ヶ岳

木曽駒ヶ岳から見える山
（興味深いもの）

山名	標高	距離	方位
釈迦ヶ岳(大峰)	1800	254.3	223.6
仏生ヶ嶽	1805	252.0	223.7
大普賢岳	1780	241.4	224.6
大比叡	848	196.1	246.3
燧ヶ岳	2356	185.4	45.3
奥白根山	2578	180.1	51.1
至仏山	2228	174.2	44.4
武尊山	2158	164.1	46.2
御在所山	1212	152.1	236.2
鳥甲山	2038	135.8	30.7
白砂山	2140	132.1	36.9
火打山	2462	127.9	10.5
焼山	2400	127.2	9.3
岩菅山	2295	125.5	32.4
妙高山	2454	125.3	12.6
横手山	2307	117.1	33.4
高妻山	2353	114.3	11.1
白馬岳	2932	107.6	357.8
五龍岳	2814	96.5	357.2
富士山	3776	96.2	119.3
浅間山	2568	94.1	43.1
劒岳	2998	94.0	349.7
鹿島槍ヶ岳	2889	92.7	356.8
大汝山(立山)	3015	88.8	349.2
甲武信岳	2475	84.5	80.7
薬師岳	2926	78.9	342.8
金峰山	2599	74.7	82.7
黒部五郎岳	2840	71.0	340.4
大天井岳	2922	64.5	351.7
槍ヶ岳	3180	62.9	347.0
笠ヶ岳	2897	62.7	338.6
奥穂高岳	3190	57.2	345.7
光岳	2591	56.1	153.0
赤岳	2899	54.8	68.3
赤石岳	3120	48.4	138.6
塩見岳	3047	41.8	124.8

白い花崗岩とハイマツとのコントラスト、南アルプスのシルエットを眺めながらの山旅は、一見ではわからない奥深い味わいを感じさせてくれる。

駒ヶ岳ロープウェイの開通で木曽駒ヶ岳は日帰りのハイキングコースになった。しかし、千畳敷カールの登り下りなどは足場が悪いので、足回りはしっかりした装備で出かけたい。朝一番のロープウェイで上がれば、千畳敷の散策と宝剣岳を越える行程でも十分余裕がある。なお宝剣岳周辺は滑落に注意したい。

木曽駒ヶ岳は古くからの信仰登山のルートが木曽側から開かれており、木曽福島コース、上松コースなどがある。また、伊那側からは雨乞いのために濃ヶ池に登ったといわれ、木場から将棊頭山を経るルートがある。

237　木曽駒ヶ岳（中央アルプス）

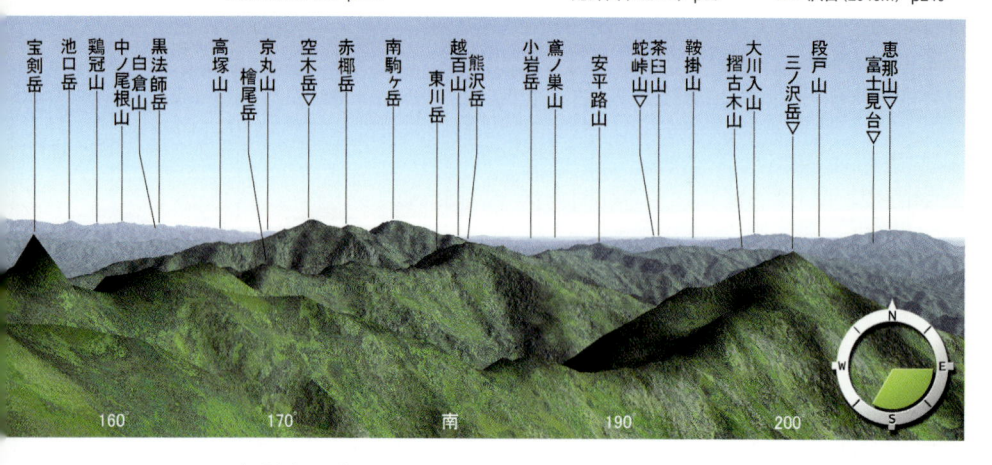

空木岳(2864m) p242　蛇峠山(1664m) p30　三ノ沢岳(2846m) p240

宝剣岳／池口岳／鶏冠山／中ノ尾根山／白倉山／黒法師岳／高塚山／丸山／檜尾岳／京丸山／空木岳／赤椰山／南駒ヶ岳／東川岳／越百山／熊沢岳／小岩岳／鳶ノ巣山／安平路山／茶臼山／蛇峠山▽／鞍掛山／大川入山／摺古木山／三ノ沢岳▽／段戸山／富士見台／恵那山

160　170　南　190　200

御嶽山(3067m) p302

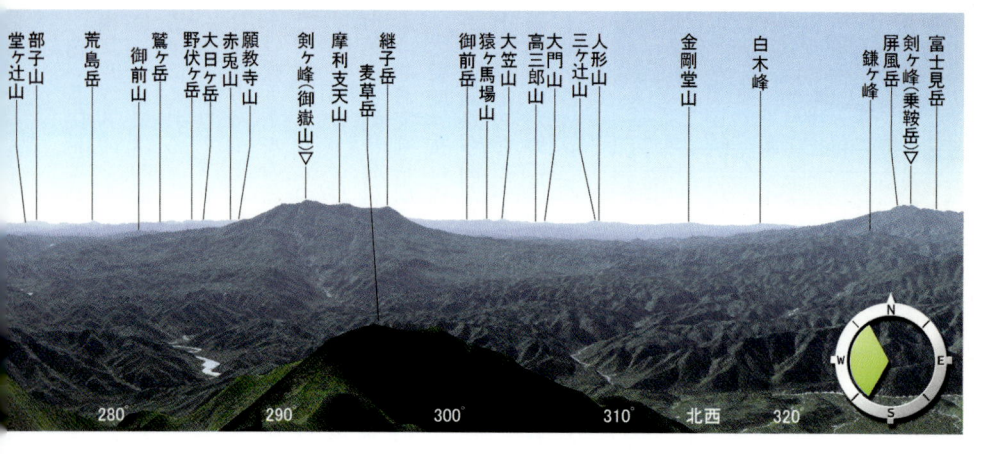

部子山／堂ヶ辻山／白鳥島岳／荒島岳／御前岳／鷲ヶ岳／願教寺山／赤兎山／大日ヶ岳／野伏ヶ岳／剣ヶ峰(御嶽山)▽／摩利支天山／麦草岳／継子岳／大笠山／大門山／高三郎山／猿ヶ馬場山／御前岳／人形山／三ヶ辻山／金剛堂山／白木峰／富士見岳／剣ヶ峰(乗鞍岳)▽／屏風山／鎌ヶ峰

280　290　300°　310°　北西　320

浅間山(2568m) p134　蓼科山(2530m) p106　赤岳(2899m) p18　甲武信岳(2475m) p44

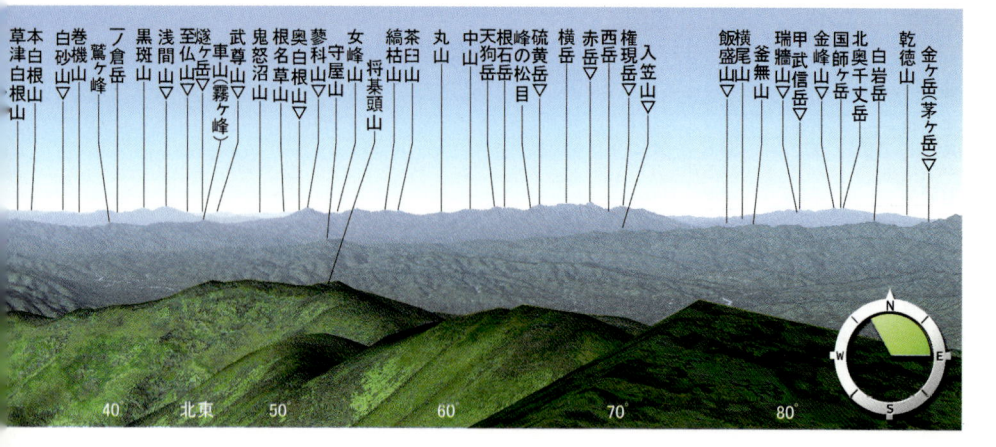

本白根山／草津白根山／白砂山／巻機山／鷲ヶ峰／乙倉岳／黒斑山／浅間山／至仏山／逢ヶ岳／武尊山／尊仏岳(霧ヶ峰)／車山／鬼怒沼山／根名草山／奥白根山／蓼科山／女峰山／茶臼山／縞枯山／丸山／中山／天狗岳／根石岳／硫黄岳／横岳／赤岳／西岳／権現岳／入笠山／飯盛山／横尾山／瑞牆山／甲武信岳／釜無山／金峰山／国師岳／北奥千丈岳／白岩岳／乾徳山／金ヶ岳(茅ヶ岳)

40　北東　50　60　70　80°

238

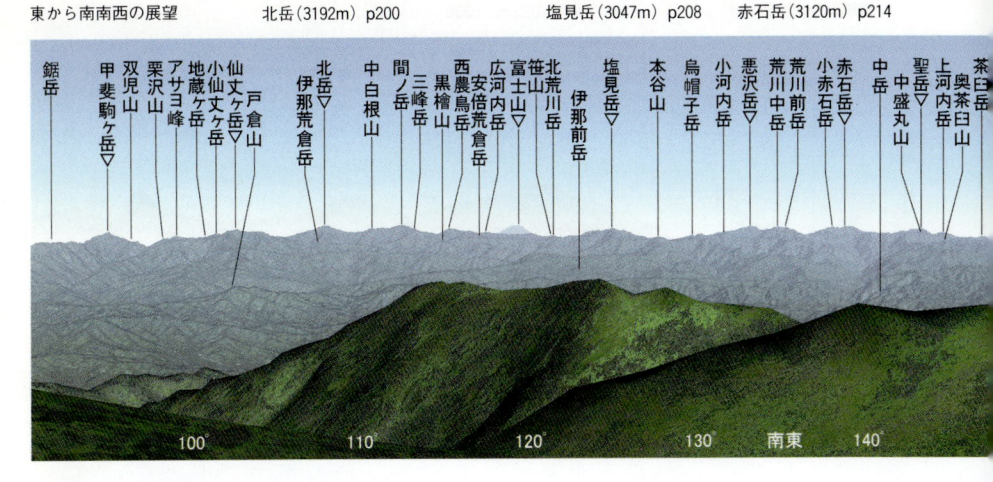

東から南南西の展望　北岳(3192m) p200　　塩見岳(3047m) p208　　赤石岳(3120m) p214

峰々（右から左）: 鋸岳、甲斐駒ヶ岳▽、双児山、栗沢山、アサヨ峰、地蔵ヶ岳、小仙丈ヶ岳、仙丈ヶ岳、戸倉山、北岳▽、伊那荒倉岳、中白根山、間ノ岳、三峰岳、黒檜山、西農鳥岳、安倍荒倉岳、広河内岳、富士山、笹山、北荒川岳、伊那前岳、塩見岳▽、本谷山、烏帽子岳、小河内岳、悪沢岳、荒川中岳、荒川前岳、赤石岳▽、小赤石岳、中岳、中盛丸山、聖岳、上河内岳、奥茶臼山、茶臼岳

100°　110°　120°　130°　南東　140°

南南西から北北西の展望

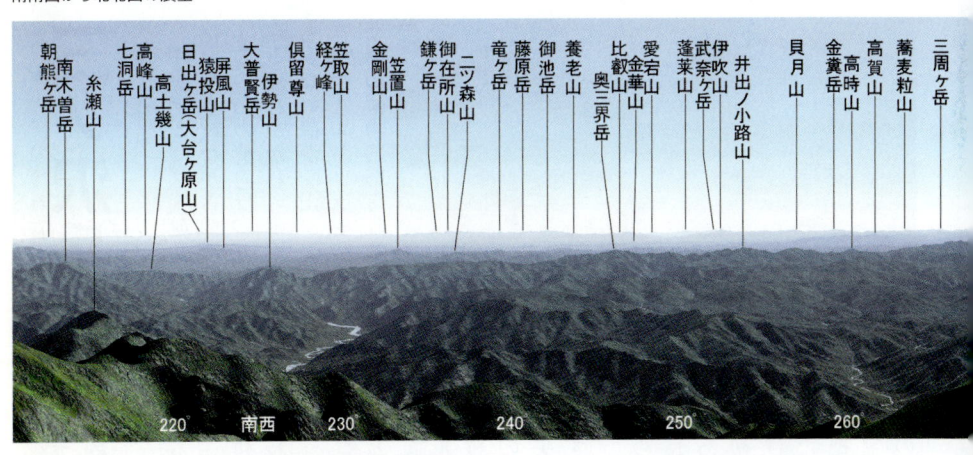

峰々: 朝熊ヶ岳、南木曽岳、糸瀬山、七洞岳、高峰山、高土幾山、日出ヶ岳/大台ヶ原山、猿投山、屏風山、大普賢岳、伊勢山、倶留尊山、笠取山、経ヶ峰、金剛山、笠置山、鎌ヶ岳、御在所岳、二ツ森山、御池岳、藤原岳、竜ヶ岳、養老山、比叡山、愛宕山、金華山、伊吹山、武奈ヶ岳、蓬莱山、伊奈岳山、井出ノ小路山、貝月山、金糞岳、高時山、高賀山、蕎麦粒山、三周ヶ岳

220°　南西　230°　240°　250°　260°

北北西から東の展望　槍ヶ岳(3180m) p276　　高妻山(2353m) p138

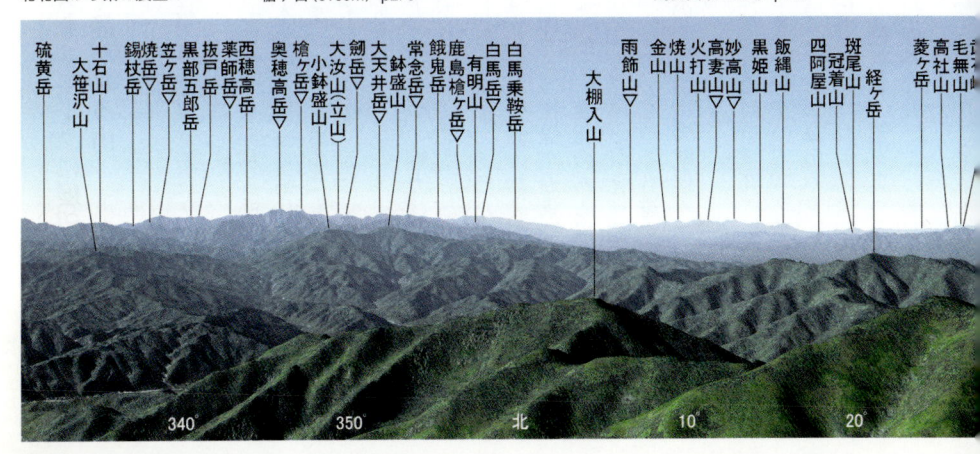

峰々: 硫黄岳、十石山、大笹沢山、錫杖岳、笠ヶ岳、焼岳、黒部五郎岳、薬師岳、抜戸岳、西穂高岳、奥穂高岳、槍ヶ岳▽、小鉢盛山、大汝山(立山)、剱岳、大天井岳、鉢盛山、常念岳、餓鬼岳、鹿島槍ヶ岳、有明山、白馬岳、白馬乗鞍岳、大棚入山、雨飾山、焼山、金山、火打山、高妻山▽、妙高山、黒姫山、飯縄山、斑尾山、四阿屋山、冠着山、経ヶ岳、菱ヶ岳、高社山、毛無山

340°　350°　北　10°　20°

239　木曽駒ヶ岳（中央アルプス）

雨飾山(1963m) p142　　木曽駒ヶ岳(2956m) p236

白馬岳 / 白馬乗鞍岳 / 木曽前岳 / 雨飾山 / 金山 / 焼山 / 火打山 / 高妻山 / 妙高山 / 木曽駒ヶ岳 / 中岳 / 宝剣岳 / 伊那前岳

北　10°　20　30　40

中岳から見る三ノ沢岳（撮影：須部方夫）

三ノ沢岳 さんのさわだけ

中央アルプスをユニークに展望 カールを抱く静かなる山

中央アルプス宝剣岳から南西に延びる支稜上に位置する三ノ沢岳はカール地形を抱いた小粒ながら個性的な山である。

この山の魅力は、ロープウェイで便利な千畳敷カールから短時間で山頂に到達できるにもかかわらず、多くの人々で賑わう木曽駒ヶ岳や宝剣岳と異なり、訪れる人も少ない静かな山を楽しめることだろう。また、シンボルにもなっているカールに、コマウスユキソウやハクサンチドリ、コバイケイソウ、ミヤマクロユリなどの豊富な高山植物に彩られるお花畑があることであろう。

そして、もうひとつの魅力は展望である。ちょうど北アルプスでいえば穂高岳と笠ヶ岳の関係のように主稜線から外れた山であるために、木曽駒ヶ岳や宝剣岳の荒々しい木曽側の雄姿が眺められ、その中央アルプスの稜線を近景に配して南アルプスを遠望するという、変化のある風景が得られる。西側には、御嶽山が堂々と聳え、飽くことのない展望が楽しめる。なお、もっとも遠くに見えるであろう山は奈良県の大峰山系の釈迦ヶ岳で距離は251・8キロである。

10月初めに訪れた時は、花こそ終わっていたものの、抜けるような青空の下、紅葉の海にぽっかりと浮かんだ島のような御嶽山や乗鞍岳、新雪に光る槍ヶ岳や穂高岳、紅葉の波が急速に去りつつある木曽駒から宝剣の稜線を、頭を真っ白にして眺めつつ、山頂での至福の時を長いこと楽しめた。

中央アルプス
標高 2846メートル
緯度 35度46分00秒
経度 137度47分39秒

240

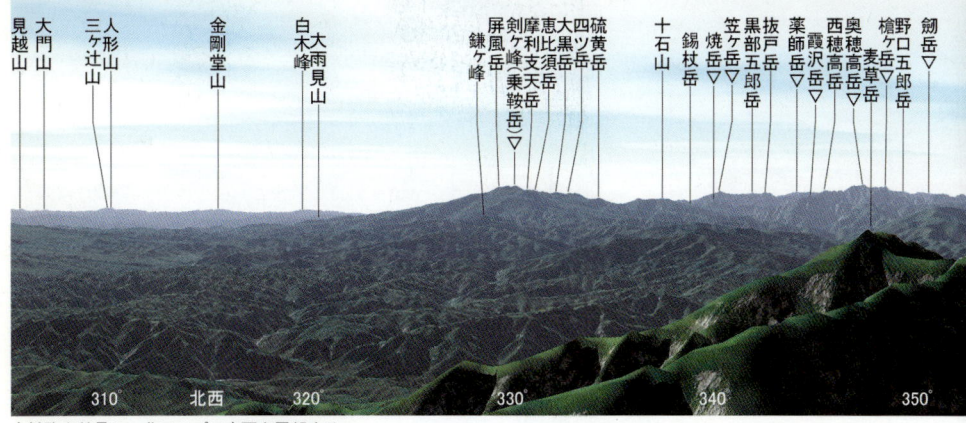

乗鞍岳（3026m）p298　　　笠ヶ岳（2897m）p272

見越山 / 大門山 / 人形山 / 三ヶ辻山 / 金剛堂山 / 白木峰 / 大雨見山 / 鎌ヶ峰 / 屏風岳 / 剣ヶ峰 / 摩利支天岳 / 恵比須岳 / 大黒岳 / 硫黄岳 / 四ツ岳 / 乗鞍岳▽ / 十石山 / 笠ヶ岳 / 焼岳 / 抜戸岳 / 黒部五郎岳 / 薬師岳 / 霞沢岳 / 西穂高岳 / 奥穂高岳 / 槍ヶ岳 / 麦草岳 / 野口五郎岳 / 劔岳▽

310　北西　320°　330°　340°　350°

木曽駒を前景に、北アルプス方面を展望する

三ノ沢岳から見える山
（興味深いもの）

山名	標高	距離	方位
釈迦ヶ岳	1800	251.8	223.8
大普賢岳	1780	238.9	224.9
山上ヶ岳（大峰山）	1719	238.4	225.7
日出ヶ岳（大台ヶ原山）	1695	233.3	221.7
比叡山	848	194.2	246.9
武奈ヶ岳	1214	180.9	252.6
御在所山	1212	149.9	236.8
御池岳	1247	141.1	242.8
伊吹山	1377	131.6	253.3
火打山	2462	130.6	10.7
焼山	2400	129.8	9.5
雨飾山	1963	126.8	6.8
高妻山	2353	116.9	11.3
戸隠山	1904	113.7	11.8
白馬乗鞍岳	2469	113.3	0.2
西岳（戸隠山）	2053	112.4	10.8
白馬岳	2932	110.1	358.3
荒島岳	1523	109.3	280.1
別山	2399	100.1	292.3
五龍岳	2814	99.0	357.8
劔岳	2998	96.3	350.5
富士山	3776	95.8	117.7
鹿島槍ヶ岳	2889	95.2	357.4
大汝山（立山）	3015	91.1	350.1
甲武信岳	2475	85.9	79.1
乾徳山	2031	83.4	85.4
薬師岳	2926	81.0	343.9
金峰山	2599	75.9	80.9
黒部五郎岳	2840	73.1	341.8
燕岳	2763	71.3	354.1
大天井岳	2922	66.9	352.8
槍ヶ岳	3180	65.1	348.3
常念岳	2857	62.2	354.4
奥穂高岳	3190	59.4	347.2
光岳	2591	54.3	150.9
赤石岳	3120	47.2	135.7

なお、この山からはすべての3000メートル峰を見ることができる。ここでの3000メートル峰とは、富士山、北岳、間ノ岳、仙丈ヶ岳、塩見岳、悪沢岳（荒川東岳）、赤石岳、農鳥岳（西農鳥岳）、聖岳、立山（大汝山）、槍ヶ岳、奥穂高岳、乗鞍岳、御嶽山の14座で、数値地図を使ったカシミールでの計算結果で見えることを確認した。3000メートル峰全山が見える山は三ノ沢岳の他にも計算上では45山ほどある。

三ノ沢岳へのアプローチは、千畳敷カールから往復するルートのみで、木曽側からの一般登山道はない。飯田線駒ケ根駅からバス、駒ヶ岳ロープウェイを利用して千畳敷駅で降り、極楽平への道をたどる。極楽平から宝剣岳方面へ入り、三ノ沢分岐から支稜を行く。分岐から往復4時間ほどである。

241　三ノ沢岳（中央アルプス）

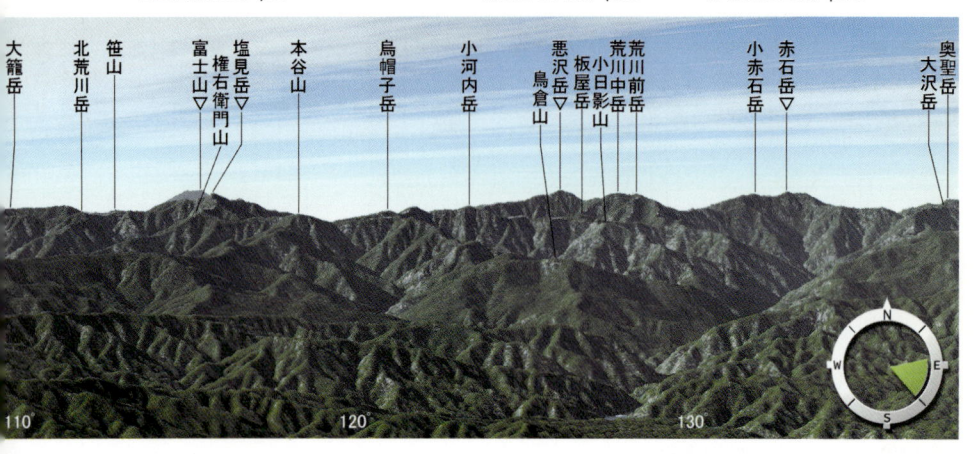

パノラマ上のラベル（左から右）：
大籠岳／北荒川岳・笹山／塩見岳・権右衛門山・富士山▽／本谷山／烏帽子岳／小河内岳／悪沢岳▽・荒川中岳・小日影山・板屋岳・荒川前岳・鳥倉山／赤石岳・小赤石岳▽／奥聖岳・大沢岳

上部ラベル：富士山(3776m) p86　悪沢岳(3141m) p212　赤石岳(3120m) p214

空木岳（うつぎだけ）

長大な南アルプスを真横から見て手中にできる絶好の展望台

中央アルプスを代表する山を挙げるとすれば、北部の木曽駒ヶ岳に対して南部は空木岳であろう。空木岳の名は植物のウツギに由来するというのが広く知られた説である。春先の残雪時に麓の伊那谷から見上げる空木岳は雪が岩肌に斑に残り、それがウツギが花を咲かせたように見えるからだということである。木曽駒ヶ岳のような純粋な雪形起源ではないが、残雪の形状からきている点では似たような部類に属すると言って良いであろう。

このような雪形や残雪の形状の変化もカシミールによってシミュレートできれば良いが、まだ少し難しい面がある。いちばんの要因としては地形データの細かさが足りないことであろう。雪形は微妙な地形や植生の変化により雪の溶け方や積雪量が変わって出現するが、現状で広く使われている50メートルメッシュと呼ばれる地形データでは、そこまでの地形が再現できない。例えば槍ヶ岳の穂先などもこの地形データだけで描くと丸い頂きになってしまう。近年は衛星写真の解像度が著しく上がり、これを利用して高精細な立体地形データを作ることも容易になっている。これらの細かいデータを使えるようになれば、島田娘や五人坊主などの雪形の出現から消滅までをデスクトップ上に再現することも可能になるだろう。

展望の特徴はやはり赤石山脈、つまり南アルプスを真横から眺められることである。北の甲斐駒ヶ岳から南の池口岳まで、山脈の名に相応しい長大な山並みを堪

秋色の空木岳（撮影：富嶽仙人）

中央アルプス
標高 2864メートル
緯度 35度43分08秒
経度 137度49分02秒

甲斐駒ヶ岳(2967m) p204　　仙丈ヶ岳(3033m) p206　　北岳(3192m) p200

鋸岳／戸倉山／甲斐駒ヶ岳▽／双児山／栗沢山／馬ノ背／アサヨ峰／小仙丈ヶ岳／仙丈ヶ岳▽／大仙丈ヶ岳／薬師岳／観音岳(鳳凰山)▽／伊那荒倉岳／北岳／小瀬戸山／中白根山／間ノ岳／三峰岳／黒檜山／農鳥岳／西農鳥岳／二児山

80　　　　　　　　　　　東　　　　　　　　　　100

北部から南部まで南アルプスの全容を一度に眺める

空木岳から見える山
（興味深いもの）

山名	標高	距離	方位
釈迦ヶ岳	1800	249.5	225.0
大普賢岳	1780	236.7	226.2
山上ヶ岳(大峰山)	1719	236.2	227.0
日出ヶ岳(大台ヶ原山)	1695	230.8	223.0
比叡山	848	194.1	248.6
燈ヶ岳	2356	190.2	43.4
男体山	2484	190.0	51.8
至仏山	2228	179.1	42.4
武尊山	2158	168.8	44.0
御在所山	1212	148.9	239.0
妙高山	2454	132.7	11.4
伊吹山	1377	132.1	255.7
横手山	2307	123.1	30.9
高妻山	2353	121.7	9.9
草津白根山	2160	120.9	31.7
西岳(戸隠山)	2053	117.3	9.3
浅間隠山	1757	110.9	42.4
御前峰(白山)	2702	106.0	297.4
四阿山	2354	105.8	30.2
浅間山	2568	99.3	39.6
籠ノ登山	2227	96.2	35.9
富士山	3776	91.6	115.4
甲武信岳	2475	85.0	75.3
金峰山	2599	74.9	76.7
槍ヶ岳	3180	70.7	347.5
奥穂高岳	3190	65.0	346.4
王ヶ頭(美ヶ原)	2034	62.0	24.8
蓼科山	2530	60.6	45.1
霞沢岳	2646	57.9	344.0
赤岳	2899	57.2	60.6
剣ヶ峰(乗鞍岳)	3026	49.1	331.1
光岳	2591	48.6	150.1
観音岳(鳳凰山)	2840	44.1	92.3
聖岳	3013	43.9	138.2
赤石岳	3120	42.0	132.7
悪沢岳	3141	41.0	126.0

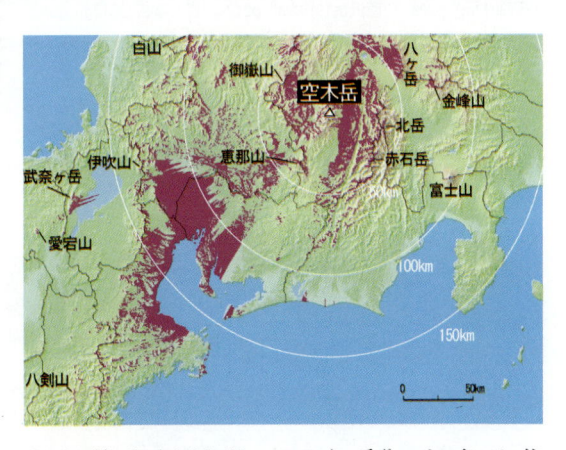

能することができる。振り返って北アルプスは木曽駒ヶ岳や三ノ沢岳の山並みが邪魔して条件が悪いが、奥穂高岳、槍ヶ岳、霞沢岳などは眺めることができる。もちろん、中央アルプスの展望はすこぶる良い。富士山は塩見岳と重なる位置に見える。もっとも遠くに見えるはずの山は奈良県の大峰山系の釈迦ヶ岳で距離は249．5キロである。

一般的な登山コースとしては飯田線駒ヶ根駅からバスで入り、駒ヶ岳ロープウェイを利用して、木曽駒ヶ岳に登り、濁沢大峰、檜尾岳、熊沢岳、東川岳と、中央アルプス主稜を南下し空木岳に達するルートだ。途中、木曽殿山荘で一泊するのが行程としては無理がない。他には、越百山から南駒ヶ岳を経て北上するプランも考えられる。

243　空木岳（中央アルプス）

高妻山(2353m) p138　横手山(2307m) p144　至仏山(2228m) p168

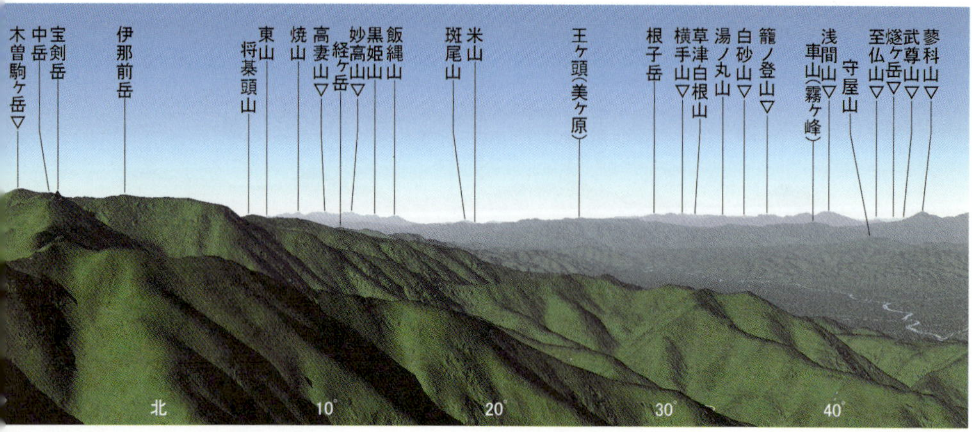

- 木曽駒ヶ岳▽
- 中岳
- 宝剣岳
- 伊那前岳▽
- 東山将基頭山
- 焼山
- 高妻山▽
- 妙高山▽
- 黒姫山
- 飯縄山
- 斑尾山
- 米山
- 王ヶ頭(美ヶ原)
- 根子岳
- 横手山
- 草津白根山
- 湯ノ丸山
- 白砂山
- 籠ノ登山
- 浅間山
- 車座ヶ岳(霧ヶ峰)
- 守屋山
- 至仏山▽
- 燧ヶ岳▽
- 武尊山▽
- 蓼科山▽

北　10°　20°　30°　40°

塩見岳(3047m) p208　悪沢岳(3141m) p212　聖岳(3013m) p216

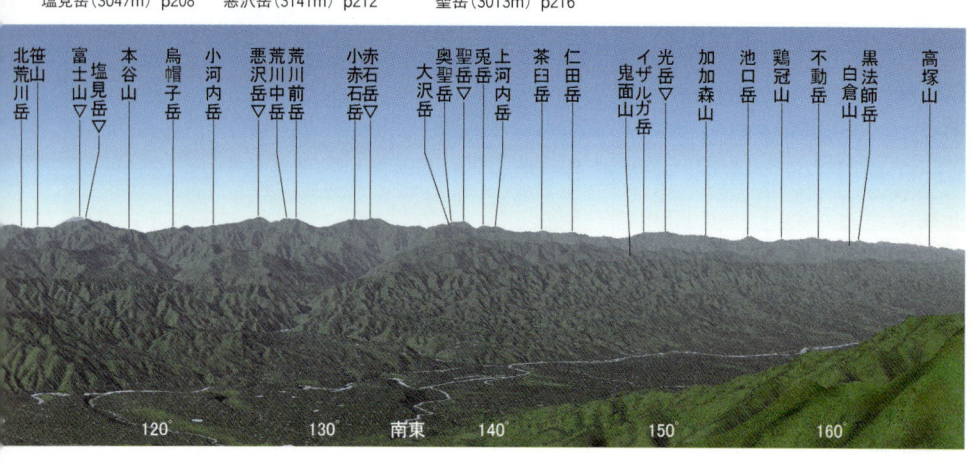

- 北荒川岳
- 笹山荒川岳
- 富士山▽
- 塩見岳▽
- 本谷山
- 烏帽子岳
- 小河内岳
- 悪沢前岳▽
- 荒川中岳▽
- 荒川前岳▽
- 小赤石岳▽
- 大沢岳
- 奥聖岳
- 聖岳
- 兎岳
- 上河内岳
- 茶臼岳
- 仁田岳
- 光岳
- イザルガ岳
- 鬼面山
- 加加森山
- 池口岳
- 鶏冠山
- 不動岳
- 白倉岳
- 黒法師岳
- 高塚山

120°　130°　南東　140°　150°　160°

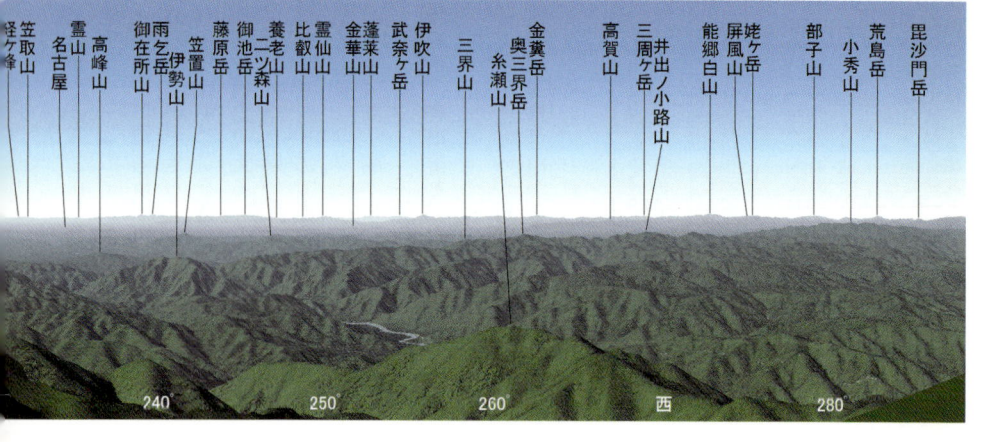

- 怪峰
- 笠取山
- 名古屋
- 霊山
- 高峰山
- 御在所山
- 雨乞岳
- 伊勢山
- 笠置山
- 藤原岳
- 養老池ノ山
- 御二ツ森山
- 比叡山
- 霊仙山
- 金華山
- 蓬莱ケ岳
- 武奈ヶ岳
- 伊吹山
- 奥三界岳
- 金糞岳
- 三界山
- 糸瀬山
- 三周ヶ岳
- 高賀山
- 能郷白山
- 井出ノ小路山
- 屏風山
- 姥ヶ岳
- 部子山
- 小秀山
- 荒島岳
- 毘沙門岳

240°　250°　260°　西　280°

244

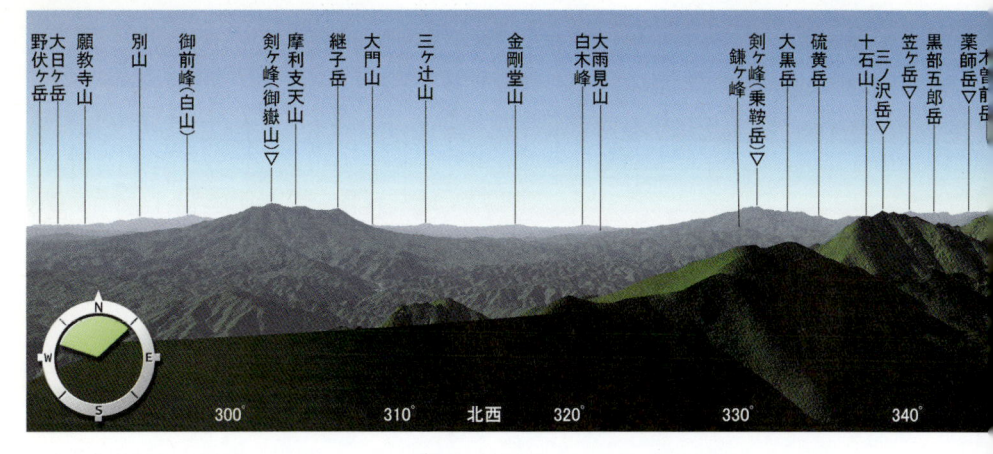

西北西から北東の展望　御嶽山(3067m) p302　　　乗鞍岳(3026m) p298

西北西から北東方向のパノラマ、主な山座：
- 野伏ヶ岳
- 大日ヶ岳
- 願教寺山
- 別山
- 御前峰(白山)
- 剣ヶ峰(御嶽山)▽
- 摩利支天山
- 継子岳
- 大門山
- 三ヶ辻山
- 金剛堂山
- 大雨見山
- 白木峰
- 剣ヶ峰(乗鞍岳)▽
- 鎌ヶ峰
- 大黒岳
- 硫黄岳
- 笠ヶ岳
- 十石山
- 三ノ沢岳▽
- 黒部五郎岳
- 薬師岳
- 木曽前岳

300°　310°　北西　320°　330°　340°

北東から南の展望　　　　甲武信岳(2475m) p44　　仙丈ヶ岳(3033m) p206

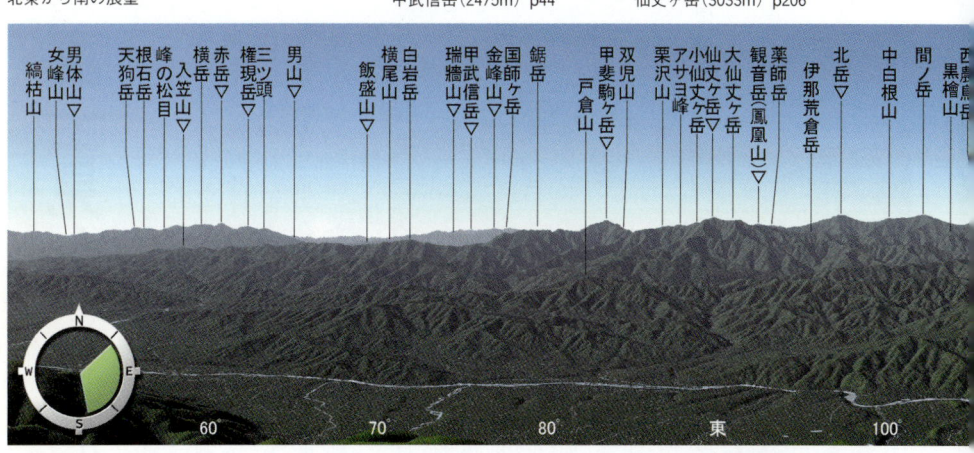

- 縞枯山
- 女峰山
- 男体山
- 天狗岳
- 根石岳
- 峰の松目
- 横入笠山
- 赤岳
- 三ツ頭
- 権現岳
- 男山
- 横尾山
- 白岩岳
- 飯盛山
- 瑞牆山
- 甲武信岳
- 金峰山
- 国師ヶ岳
- 鋸岳
- 甲斐駒ヶ岳
- 双児山
- 栗沢山
- アサヨ峰
- 仙丈ヶ岳
- 小仙丈ヶ岳
- 大仙丈ヶ岳
- 観音岳(鳳凰山)▽
- 薬師岳
- 伊那荒倉岳
- 北岳
- 中白根山
- 間ノ岳
- 西農鳥岳
- 戸倉山

60°　70°　80°　東　100°

南から西北西の展望　　　　　　　　　　　恵那山(2191m) p248

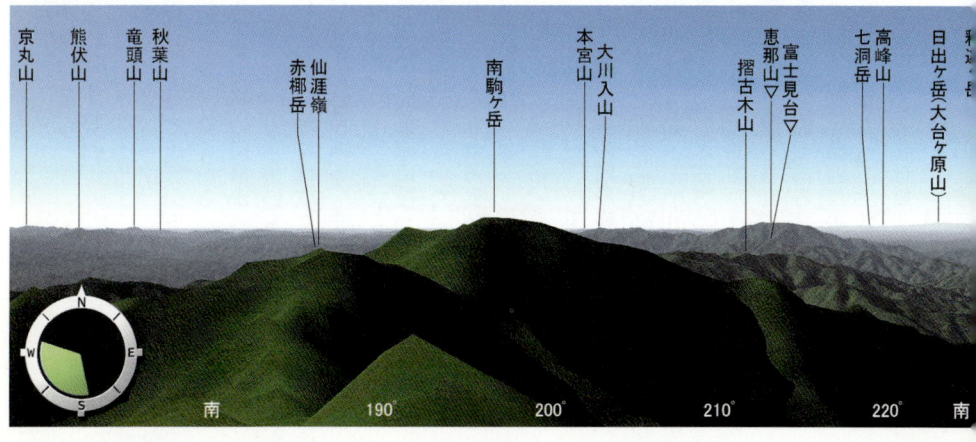

- 京丸山
- 熊伏山
- 竜頭山
- 秋葉山
- 仙涯嶺
- 赤椰岳
- 南駒ヶ岳
- 大川入山
- 本宮山
- 富士見台
- 恵那山▽
- 摺古木山
- 高峰山
- 七洞岳
- 日出ヶ岳(大台ヶ原山)

南　190°　200°　210°　220°　南

245　空木岳(中央アルプス)

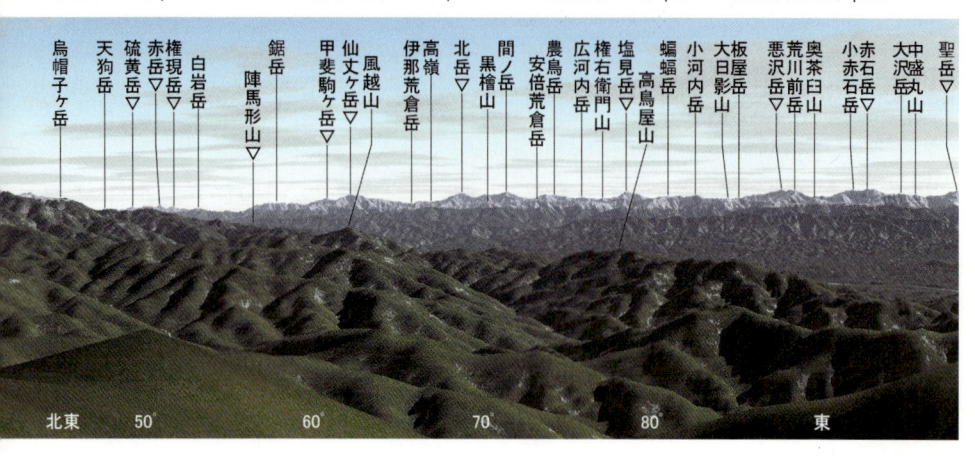

パノラマ山名表示(左から):
赤岳(2899m) p18　　仙丈ヶ岳(3033m) p206　　塩見岳(3047m) p208　　悪沢岳(3141m) p212

烏帽子ヶ岳／天狗岳／硫黄岳／赤岳／白岩岳／権現岳／鋸岳／陣馬形山／仙丈ヶ岳▽／甲斐駒ヶ岳▽／風越山／間ノ岳／黒檜山／北岳▽／高嶺／伊那荒倉岳／農鳥岳／安倍荒倉岳／広河内岳／権右衛門山／塩見岳▽／高鳥屋山／蝙蝠岳／小河内岳／大日影山／板屋岳／荒川前岳／悪沢岳▽／奥茶臼山／小赤石岳／赤石岳／中盛丸山／大沢岳／聖岳

北東　50°　60°　70°　80°　東

富士見台

古道の通る神坂峠に近い富士山の見えない富士見台

笹が一面に生える富士見台（写真提供：阿智村）

中央アルプスと恵那山の間に位置し、中央自動車道・恵那山トンネルの真上にあたるのが富士見台である。すぐ南には神坂峠があり、ここから短時間で山頂に到達できる。神坂峠は別名信濃坂峠と呼ばれ、8世紀の初めに都から陸奥国へのルートとして開かれた東山道の難所のひとつとして知られ、万葉集にも「ちはやぶる神の神坂に幣奉り斎ふ命は母父がため」と歌われている。峠には歌に詠まれた通りに、神坂に幣奉り斎う命は母父がため」と歌われている。峠には歌に詠まれた通りに、旅の安全を祈願した石製模造の幣を奉納した祭祀遺跡がある。また、縄文時代や弥生時代の土器や鏃も出土しており、かなり古くから使われていた峠のようだ。

富士見台周辺は広い笹原になっており、牛の放牧場として使われていた。それだけに広大な展望が得られ、ここを訪れる展望ファンも多い。近年までくに南アルプスの展望が良く、甲斐駒ヶ岳から仙丈ヶ岳、北岳、間ノ岳、農鳥岳、塩見岳、悪沢岳、赤石岳、聖岳、光岳とほぼすべての山を手中におさめることができる。新雪の頃や残雪の頃は白く輝く峰々がひときわ美しく眺められる。中央アルプス方面は木曽駒ヶ岳、越百山が間近に見え、空木岳、常念岳、水晶岳、鷲羽岳なども望むことができる。北アルプスの左手には乗鞍岳、御嶽山が独立して眺められ、さらに目を移せば加賀の白山まで眺望可能である。もっとも遠くに見えるであろう山は、琵琶湖西岸の比良山系に聳える蓬莱山で、距離は161.4キロである。

富士見台と名乗るからには富士山が見えると思い

中央アルプス
標高 1739メートル
緯度 35度28分59秒
経度 137度37分40秒

246

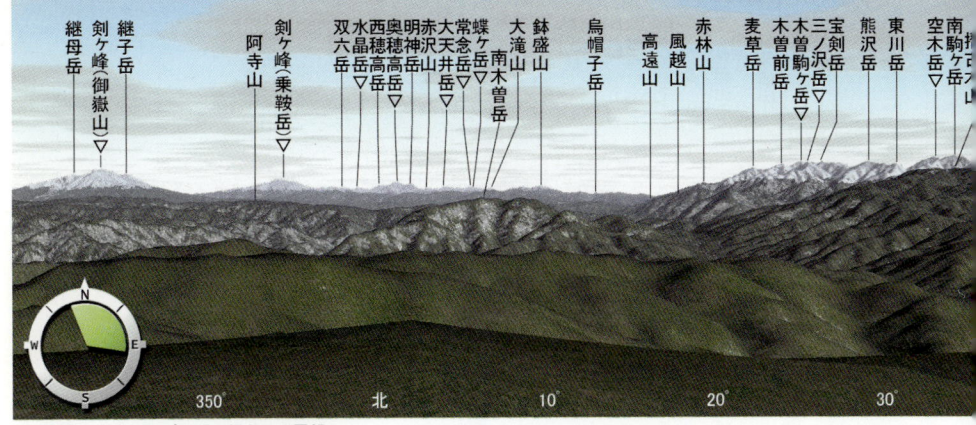

御嶽山(3067m) p302　　　奥穂高岳(3190m) p290　　　木曽駒ヶ岳(2956m) p236

パノラマ上部ラベル（左から右）：
継母岳／継子岳／剣ヶ峰・御嶽山▽／阿寺山／剣ヶ峰(乗鞍岳)▽／大滝山／鉢盛山／烏帽子岳／高遠山／鳳越山／赤林山／麦草岳／木曽前岳／木曽駒ヶ岳▽／三ノ沢岳／宝剣岳／熊沢岳／東川岳／空木岳／南駒ヶ岳／摺鉢山／双六岳／西穂高岳／奥穂高岳▽／明神岳／赤岳／大天井岳／常念岳／蝶ヶ岳

350°　　北　　10°　　20°　　30°

北から東へ日本アルプスが一望される展望

富士見台から見える山
(興味深いもの)

山名	標高	距離	方位
蓬莱山	1174	161.4	259.6
武奈ヶ岳	1214	159.3	261.7
御在所山	1212	121.6	245.4
御池岳	1247	115.5	253.3
伊吹山	1377	111.3	266.6
御前峰(白山)	2702	107.6	314.1
水晶岳	2986	104.7	358.6
鷲羽岳	2924	102.1	358.7
双六岳	2860	98.7	357.7
大天井岳	2922	98.0	3.7
常念岳	2857	93.9	5.3
蝶ヶ岳	2677	89.7	5.5
奥穂高岳	3190	89.4	1.0
赤岳	2899	86.1	50.8
権現岳	2715	83.9	51.6
霞沢岳	2646	81.9	0.6
剣ヶ峰(乗鞍岳)	3026	69.5	354.3
鉢盛山	2446	67.9	9.5
甲斐駒ヶ岳	2967	62.8	60.7
北岳	3192	59.1	68.7
間ノ岳	3189	57.2	71.3
農鳥岳	3026	57.1	74.2
仙丈ヶ岳	3033	56.6	62.1
安倍荒倉岳	2693	54.2	73.1
蝙蝠岳	2865	53.0	80.9
塩見岳	3047	51.1	78.4
悪沢岳	3141	50.1	87.5
戸倉山	1681	48.0	52.6
赤石岳	3120	47.9	92.7
剣ヶ峰(御嶽山)	3067	47.4	343.4
聖岳	3013	46.7	98.0
光岳	2591	44.2	111.1
陣馬形山	1445	38.4	56.4
木曽駒ヶ岳	2956	37.5	24.8
麦草岳	2733	37.5	22.0
宝剣岳	2931	36.9	26.0

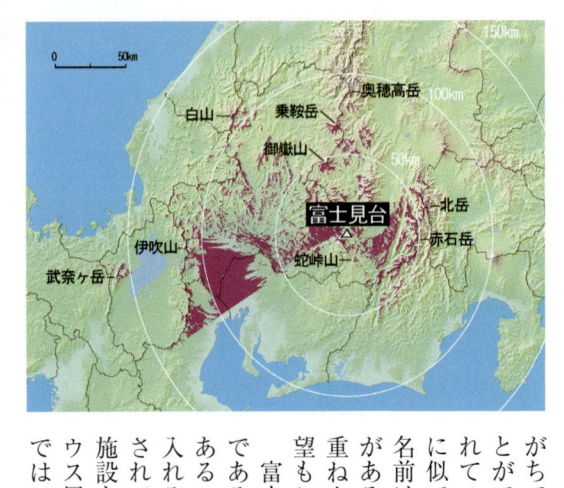

地図ラベル：白山／乗鞍岳／奥穂高岳／御嶽山／富士見台／北岳／伊吹山／赤石岳／蛇峠山／武奈ヶ岳

がちであるが、残念ながらここからは見ることができない。富士山はちょうど聖岳に隠されている。図らずもここからの聖岳は富士山に似ているところが皮肉である。富士見台の名前はそれほど古くなく、富士山信仰と関係があるようであるが、見えぬ富士山を聖岳と重ね合わせてのことか、「富士みたい」の願望もこもっているのであろう。

富士見台へは神坂峠まで車で入るのが便利である。神坂峠へは岐阜県側の中津川方面、あるいは長野県側の飯田方面のどちらからも入れるが、中津川からの道のほうがよく整備されている。峠近くには素泊まりながら宿泊施設もある。峠から30分ほどの登りでログハウス風の神坂小屋に到着し、ここから山頂までは10分ほどである。

247　富士見台（中央アルプス）

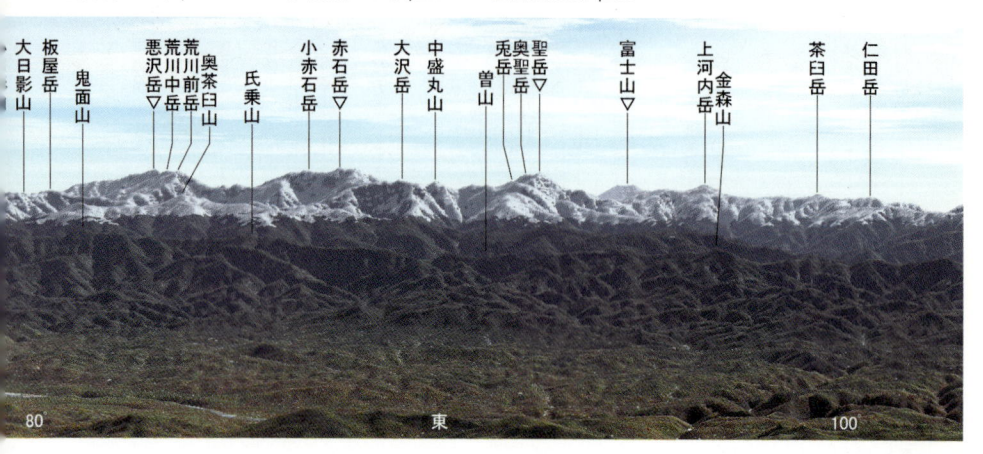

悪沢岳（3141m）p212　　赤石岳（3120m）p214　　聖岳（3013m）p216

山名ラベル（左から右）：大日影山、板屋岳、鬼面山、悪沢岳▽、荒川中岳、荒川前岳、奥茶臼山、氏乗山、小赤石岳、赤石岳▽、大沢岳、中盛丸山、兎岳、奥聖岳、聖岳▽、富士山▽、上河内岳、金森山、茶臼岳、仁田岳

80　　　　　　　　　　　　　　　　　東　　　　　　　　　　　　　　　　　100

恵那山（えなさん）

古代神話の数々を秘めた中央アルプス南端の重鎮

中央アルプス
標高 2191メートル
緯度 35度26分35秒
経度 137度35分53秒

横綱のようなずっしりとした重量感のある山容が恵那山の特徴である。多くのガイドブックなどでは中央アルプスの最南端の山として位置付けられているが、むしろ独立峰としての趣が強い。ちなみに中央アルプスの範囲についてはさまざまな意見がある。もっとも広い範囲をとる場合は南端を中央アルプスの範囲の南端の大川入山から北端の経ヶ岳までとし、北端を大棚入山あるいは権兵衛峠までとする約35キロの範囲を示す場合もある。前者は地理的に木曽山脈とされているものをそのまま中央アルプスとして読み替えたものだとすれば、後者はアルプスの名が示すような岩やハイマツの高山的な雰囲気が持続する山域という根拠になろうか。

恵那山の名は天照大神の胞衣をこの山に埋めたことからという説が一般的である。他にも山中の神社にはイザナギ・イザナミが祀られており、日本武尊の伝説があったりと、古代神話の十字路のような山である。古くは熊野山とも呼ばれ元来は山岳修験者によって開かれた山である。『日本山嶽志』には、「富士・浅間・白山・伊吹・近江の湖・伊勢の海一瞬に見渡す」とある。

恵那山の山頂からは若干灌木がうるさいところがあるものの360度の展望が得られる。北アルプスまでは遠くなってしまうものの奥穂高岳、常念岳、大天井岳、水晶岳などが

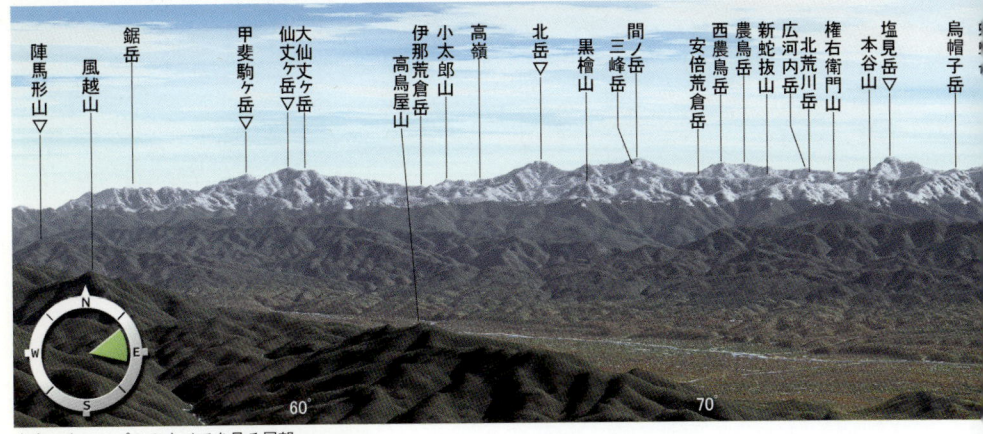

陣馬形山(1445m) p226　　甲斐駒ヶ岳(2967m) p204　　北岳(3192m) p200

ラベル（左から右）：陣馬形山▽、風越山、鋸岳、甲斐駒ヶ岳▽、大仙丈ヶ岳、仙丈ヶ岳▽、伊那荒倉岳、高鳥屋山、小太郎山、高嶺、北岳▽、黒檜山、間ノ岳、三峰岳、安倍荒倉岳、西農鳥岳、農鳥岳、新蛇抜山、広河内岳、北荒川岳、権右衛門山、塩見岳、本谷山、烏帽子岳

東方に南アルプスのすべてを見る展望

恵那山から見える山
（興味深いもの）

山名	標高	距離	方位
釈迦ヶ岳	1800	213.9	226.9
大普賢岳	1780	201.3	228.4
山上ヶ岳(大峰山)	1719	201.0	229.4
日出ヶ岳(大台ヶ原山)	1695	195.0	224.7
武奈ヶ岳	1214	155.8	263.2
飯縄山	1917	151.7	18.3
大汝山(立山)	3015	125.7	0.8
笠ヶ岳	1841	119.6	322.7
御池岳	1247	111.5	255.0
水晶岳	2986	109.1	0.2
御前峰(白山)	2702	108.7	316.8
伊吹山	1377	108.2	268.8
鷲羽岳	2924	106.5	0.3
荒島岳	1523	105.4	301.4
富士山	3776	102.9	94.7
大天井岳	2922	102.7	5.1
常念岳	2857	98.6	6.7
蝶ヶ岳	2677	94.4	6.9
奥穂高岳	3190	94.0	2.7
天狗岳	2646	93.7	46.7
西穂高岳	2909	92.8	1.7
赤岳	2899	91.1	49.8
剣ヶ峰(乗鞍岳)	3026	73.7	356.8
鉢盛山	2446	72.8	11.1
入笠山	1955	72.2	45.7
甲斐駒ヶ岳	2967	67.5	58.6
北岳	3192	63.5	65.9
間ノ岳	3189	61.4	68.3
仙丈ヶ岳	3033	61.3	59.7
農鳥岳	3026	61.2	70.9
大無間山	2329	55.2	111.8
塩見岳	3047	55.0	74.5
悪沢岳	3141	53.4	82.9
剣ヶ峰(御嶽山)	3067	51.0	347.9
赤石岳	3120	50.8	87.5
聖岳	3013	49.2	92.4

神坂峠方面から見る恵那山（写真提供：阿智村）

見える。中央アルプスは木曽駒ヶ岳、空木岳、南駒ヶ岳などの主要な山を望むことができる。南アルプスは北岳、仙丈ヶ岳、甲斐駒ヶ岳、赤石岳などをはじめ、南部の巨峰群の展望が良い。富士山は聖岳の右側に頭を出している。もっとも遠くに見えるであろう山は、奈良県の大峰山系・釈迦ヶ岳で距離は213.9キロである。

登山コースとしては南の黒井沢からと北の神坂峠からのふたつがある。黒井沢からの場合は、中央本線中津川駅から川上スケート場前までバスで入りここから登山口まで3時間の行程。タクシーやマイカーならば登山口に直接入れる。神坂峠の場合は、峠まで車で入り、山頂まで5〜6時間の行程。道のりは長いが展望の良い縦走コースである。山中で1泊する場合は、山頂の避難小屋や熊ノ池避難小屋が利用できる。

249　恵那山（中央アルプス）

南～南西 (190°–220°)

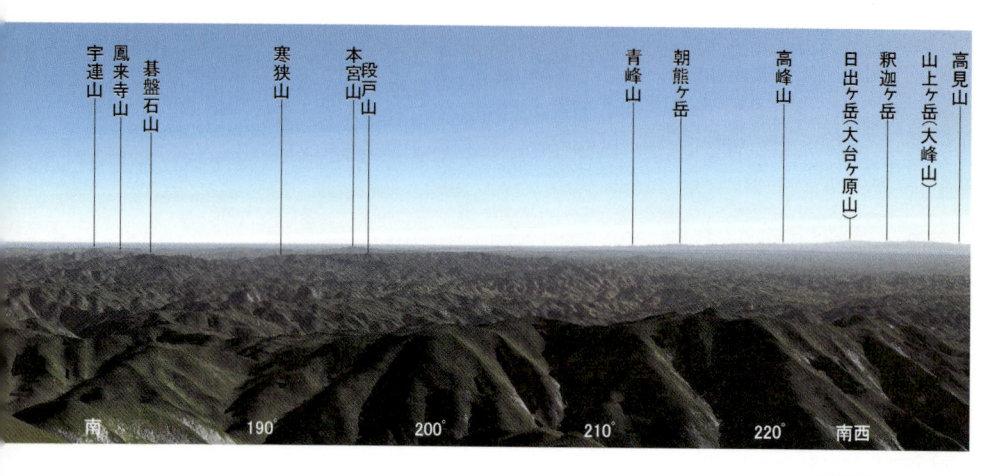

- 宇連山
- 鳳来寺山
- 碁盤石山
- 寒狭山
- 本宮山
- 段戸山
- 青峰山
- 朝熊ヶ岳
- 高峰山
- 日出ヶ岳(大台ヶ原山)
- 釈迦ヶ岳
- 山上ヶ岳(大峰山)
- 高見山

御嶽山(3067m) p302

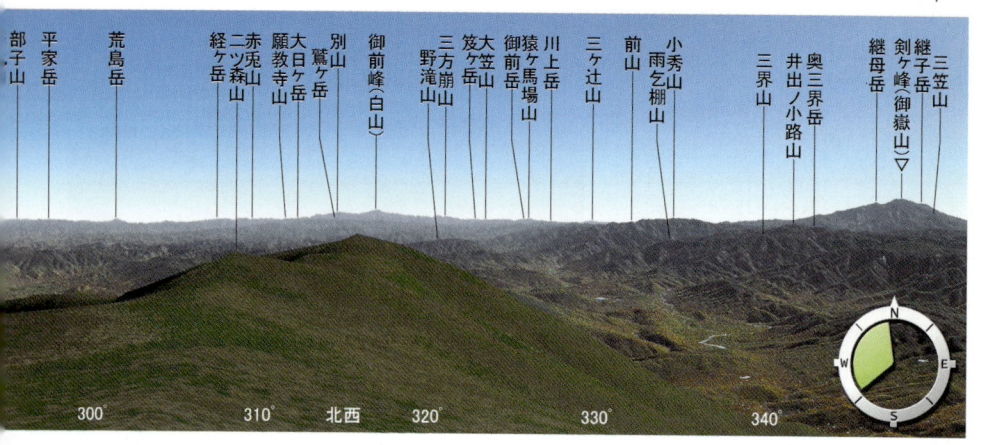

北西 (300°–340°)

- 部子山
- 平家岳
- 荒島岳
- 経ヶ岳
- 二ツ森山
- 赤兎山
- 大日ヶ岳
- 願教寺山
- 鷲ヶ岳
- 別山
- 御前峰(白山)
- 三方崩山
- 野滝山
- 笠ヶ岳
- 御前岳
- 猿ヶ馬場山
- 川上岳
- 前山
- 小秀山
- 雨乞棚山
- 三ケ辻山
- 奥三界岳
- 井出ノ小路山
- 三界山
- 継母岳
- 剣ヶ峰(御嶽山)
- 継子岳
- 三笠山

仙丈ヶ岳(3033m) p206　　塩見岳(3047m) p208　　富士山(3776m) p86

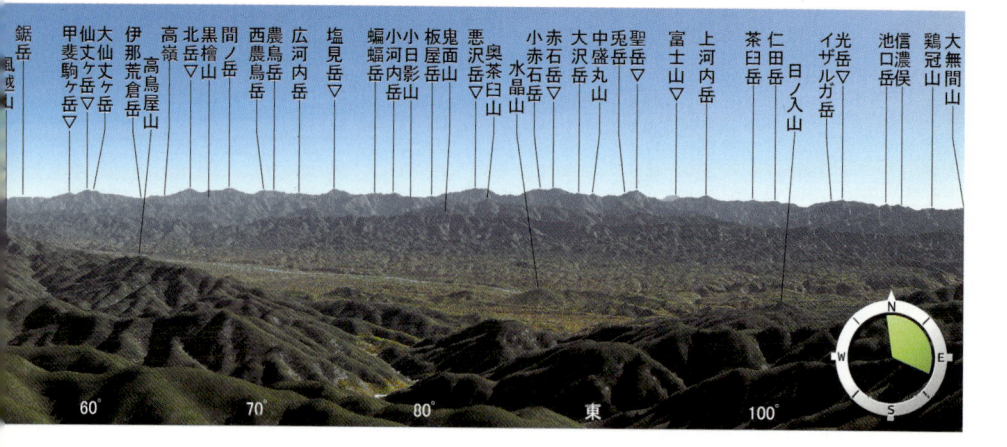

東 (60°–100°)

- 鋸岳
- 編成山
- 甲斐駒ヶ岳
- 仙丈ヶ岳
- 大仙丈ヶ岳
- 伊那荒倉岳
- 高嶺
- 高鳥屋山
- 北岳
- 黒檜山
- 間ノ岳
- 西農鳥岳
- 農鳥岳
- 広河内岳
- 塩見岳
- 蝙蝠岳
- 小河内岳
- 小日影山
- 板屋岳
- 鬼面山
- 奥茶臼山
- 悪沢岳
- 水晶岳
- 小赤石岳
- 赤石岳
- 大沢岳
- 中盛丸山
- 兎岳
- 聖岳
- 上河内岳
- 富士山
- 日ノ入山
- 茶臼岳
- 仁田岳
- 光岳
- イザルヶ岳
- 池口岳
- 信濃俣
- 鶏冠山
- 大無間山

東南東から南西の展望

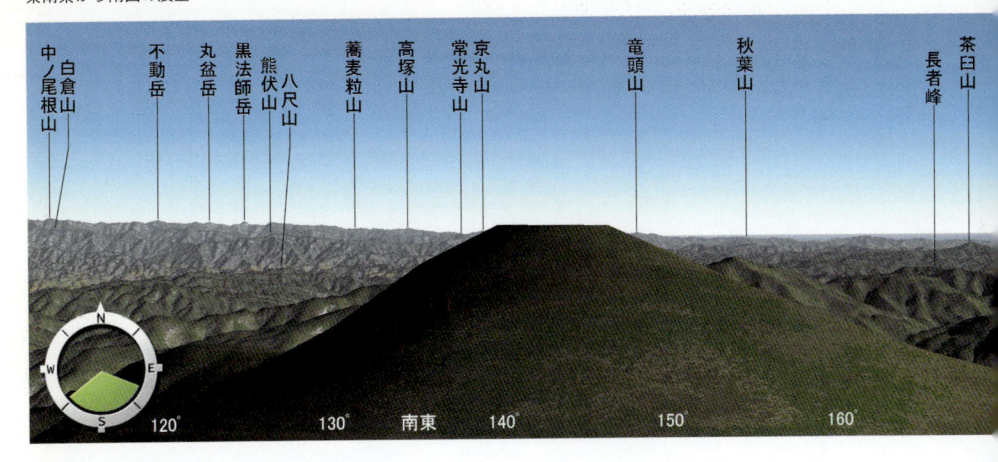

中ノ尾根山 / 白倉山 / 不動岳 / 丸盆岳 / 黒法師岳 / 熊伏山 / 八尺山 / 蕎麦粒山 / 高塚山 / 常光寺山 / 京丸山 / 竜頭山 / 秋葉山 / 長者峰 / 茶臼山

南西から北の展望

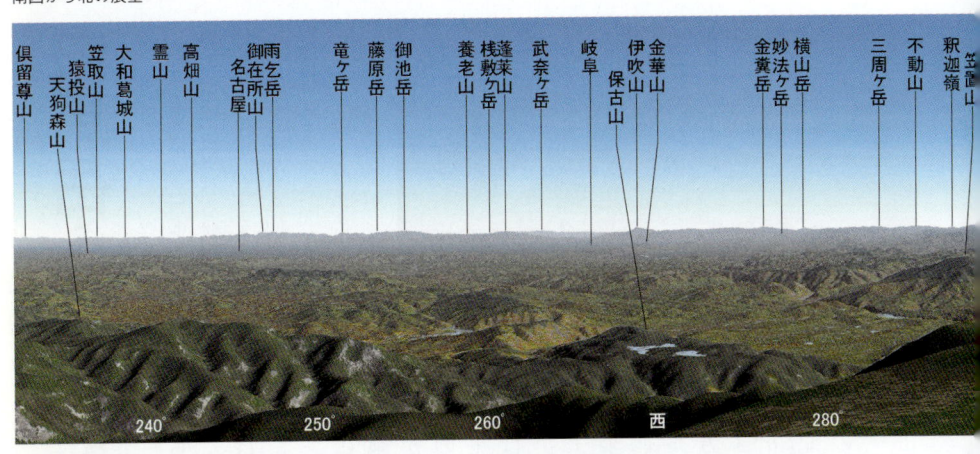

俱留尊山 / 笠取山 / 大和葛城山 / 猿投山 / 天狗森山 / 霊山 / 高畑山 / 雨乞岳 / 御在所岳 / 名古屋 / 竜ヶ岳 / 藤原岳 / 御池岳 / 養老山 / 桟敷ヶ岳 / 蓬莱山 / 伊吹山 / 金華山 / 保古山 / 岐阜 / 武奈ヶ岳 / 金鶏岳 / 妙法ヶ岳 / 横山岳 / 不動山 / 三周ヶ岳 / 釈迦嶺 / 笠ヶ岳

木曽駒ヶ岳 (2956m) p236　富士見台 (1739m) p246

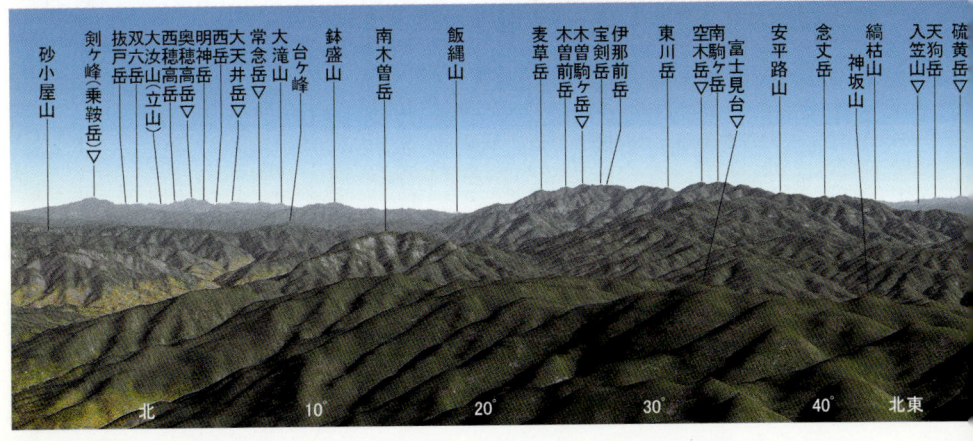

北から東南東の展望

砂小屋山 / 剣ヶ峰 (乗鞍岳) ▽ / 抜戸岳 / 大汝山 (立山) / 西穂高岳 / 奥穂高岳 / 明神岳 / 大天井岳 / 常念岳 / 大滝山 / 台ヶ峰 / 鉢盛山 / 南木曽岳 / 飯縄山 / 麦草岳 / 木曽前岳 / 木曽駒ヶ岳 / 宝剣岳 / 伊那前岳 / 富士見台 / 空木岳 / 南駒ヶ岳 / 東川岳 / 安平路山 / 念丈岳 / 縞枯山 / 神坂山 / 入笠山 ▽ / 天狗岳 ▽ / 硫黄岳 ▽

251　恵那山（中央アルプス）

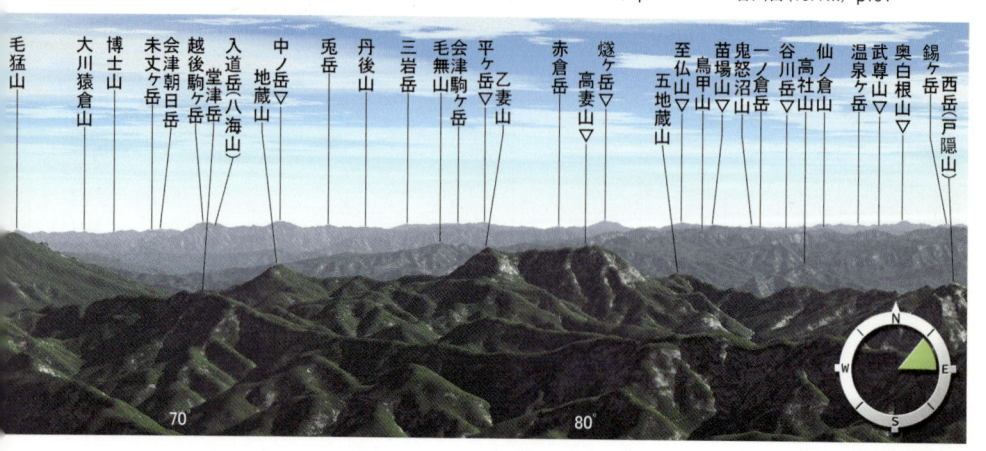

中ノ岳(2085m) p188　　　燧ヶ岳(2356m) p172　　　谷川岳(1977m) p184

毛猛山
大川猿倉山
博士山
未丈ヶ岳
会津朝日岳
越後駒ヶ岳
入道岳（八海山）
地蔵岳
中ノ岳
兎岳
丹後山
三岩岳
毛無山
会津駒ヶ岳
平ヶ岳
乙妻山
燧ヶ岳
赤倉岳
高妻山
至仏山
五地蔵山
鳥甲山
鬼怒沼山
苗場山
一ノ倉岳
谷川岳
高社山
仙ノ倉山
武尊山
奥白根山
錫ヶ岳
西岳（戸隠山）
温泉岳

白馬岳
しろうまだけ

涼しい大雪渓を登る
北アルプスの鬼門を押さえる山

北アルプス
標高2932メートル
緯度36度45分31秒
経度137度45分31秒

地名変遷の教科書的な存在として知られる白馬岳。境の壁面に現れる代掻き馬の雪形から「しろうま」と呼ばれていたものを、地図作成時に白馬の字をあてたことから「はくば」と読み違えるようになり村の名前をはじめとして広く使われるようになったとされている。しかし、必ずしも古地図に「白馬」の字が用いられていることや、W・ウエストンが登山した頃には「大蓮華」の名前で呼ばれていたことなどから、なかなか一筋縄ではいかない地名のようである。

さすがに北アルプスの北端に近いため、山頂からの展望の半分は日本海が占め、佐渡島や能登半島が遥か水平線上に浮かんで見える。もっとも遠方に見える山は山形県の鳥海山であり、距離にして328.6㎞に達する。超遠望の条件ではあるが、大部分が海上の見通しになり、ちょうど海の上に浮かんでいる姿に見えるために視認しやすく、写真撮影できる可能性も十分にある。

北アルプスでは荒々しい剣岳や立山が見所であり、遠方には奥穂高岳、槍ヶ岳などの諸峰を望むことができる。中央アルプスは木曽駒ヶ岳、宝剣岳、三ノ沢岳などの北部の山のみが展望可能だ。南アルプスは北岳、仙丈ヶ岳、塩見岳、悪沢岳などが朝の逆光の中にシルエットになっているだろう。富士山は八ヶ岳に寄り添うように聳えている。白馬岳付近は北アルプスの中でも富士山が見える

八方池に姿を映す白馬岳　（撮影：富嶽仙人）

252

雨飾山(1963m) p142　　　　　　　　　　守門岳(1537m) p194

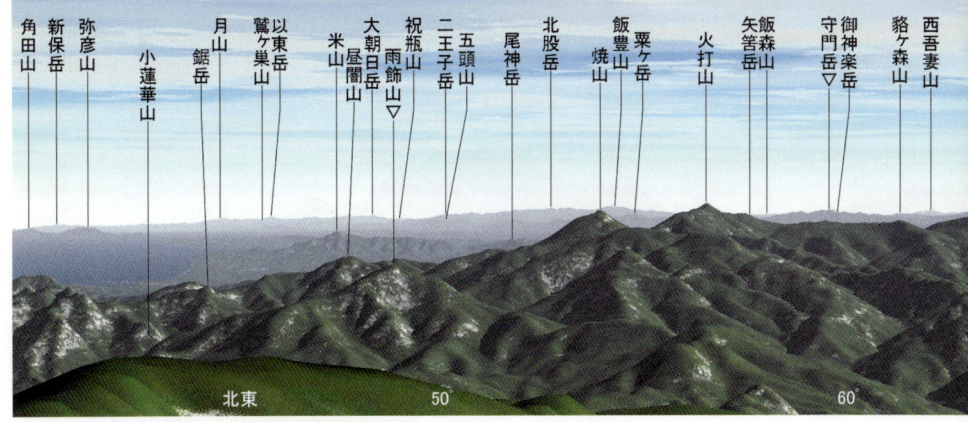

角田山／新保岳／弥彦山／小蓮華山／鋸岳／月山／鷲ヶ巣山／以東岳／雨飾山▽／大朝日岳／祝瓶山／昼間山／米山／二王子岳／五頭山／尾神岳／北股岳／粟ヶ岳／飯豊山／焼山／火打山／矢筈岳／飯森山／御神楽岳／守門岳▽／貉ヶ森山／西吾妻山

北東　　　　　　　50　　　　　　　　　　60

妙高、高妻の先に越後の山々が連なる北東方向の展望

白馬岳から見える山
（興味深いもの）

山名	標高	距離	方位
鳥海山	2236	328.6	37.0
月山	1984	282.0	44.5
大朝日岳	1870	253.7	48.2
西吾妻山	2035	237.6	62.0
飯豊山	2105	211.2	54.2
北股岳	2025	207.9	52.6
二王子岳	1420	199.5	50.0
富士山	3776	177.9	150.3
御神楽岳	1386	170.6	59.7
光岳	2591	160.3	169.3
男体山	2484	154.6	89.2
聖岳	3013	152.1	166.8
赤石岳	3120	148.3	165.8
雲取山	2017	146.2	132.9
会津駒ヶ岳	2133	145.7	76.8
悪沢岳	3141	144.7	164.5
奥白根山	2578	144.4	87.7
燧ヶ岳	2356	137.8	80.4
塩見岳	3047	136.9	163.6
間ノ岳	3189	130.4	160.9
平ヶ岳	2141	128.7	77.4
甲武信岳	2475	128.3	136.9
北岳	3192	127.8	160.1
金峰山	2599	125.4	141.4
武尊山	2158	122.7	87.1
仙丈ヶ岳	3033	121.4	161.5
甲斐駒ヶ岳	2967	119.0	158.7
御前峰(白山)	2702	110.9	233.1
三ノ沢岳	2846	110.1	178.3
木曽駒ヶ岳	2956	107.6	177.7
谷川岳	1977	104.9	84.8
赤岳	2899	103.2	147.7
掃部ヶ岳(榛名山)	1449	102.5	107.3
荒船山	1423	99.9	127.7
苗場山	2145	83.7	83.0
剣ヶ峰(乗鞍岳)	3026	74.6	194.3

北端に相当する。カシミールで計算した富士山可視マップによれば、白馬大池の北側ピーク（白馬乗鞍岳）が最北である。ここからの富士山はまるで物陰から覗いているように、八ヶ岳の編笠山と権現岳の鞍部から三分の二ほど頭を出した形で見える。

白馬岳へのアプローチはバラエティに富んでおり、数本の登山コースがある。もっともポピュラーなコースは大雪渓を登るもので、大糸線白馬駅からバスで猿倉に入り、大雪渓から大雪渓を登る。雪渓上は滑落と落石に充分注意したい。他には栂池からゴンドラを利用して白馬大池を経由して山頂を目指すコース、蓮華温泉から白馬大池を経て山頂に至るコースなどがある。どのコースも高山植物に彩られ、多くの登山者を集めている。

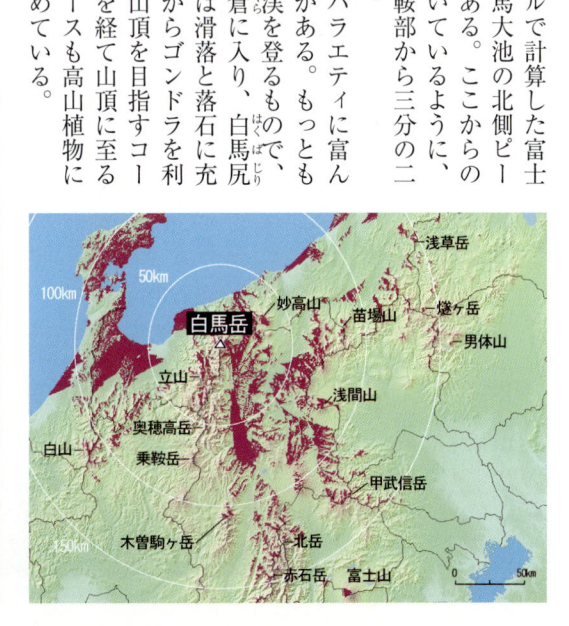

剱岳（2998m）p264

剱御前／黒部別山／剱岳／奥医王山／医王山／前剱／剱岳▽／三国山／池平山

西

鹿島槍ヶ岳

日本一の超遠望が得られる優美な双耳峰

南北ふたつの双耳峰からなる姿が美しい鹿島槍ヶ岳。槍というよりは火消しの道具であった刺股といった感じであるが、槍ヶ岳の名は明治に入ってからのもので、もともとは後立山と呼ばれていた。現在では白馬岳から爺ヶ岳に至る後立山連峰の名称として使われているが、もともとは立山から見た時に黒部川の対岸に連なる峰の第一の高山である鹿島槍ヶ岳を指す言葉であった。このことは『山岳』誌上に木暮理太郎が「後立山は鹿島槍ヶ岳に非らざる乎」として考察を発表している。さらに木暮はこの中で、「要するに後立山は鹿島槍ヶ岳のことであって、それが一遷して其邊一體の山を指す名に用ゐられ、ゴリフと音讀され、更に南北を分かち、再遷して單に北ゴリフのみの稱呼となったものと考えられる。」とし、現在の五龍岳が北後立山と呼ばれるようになり、その後鹿島槍ヶ岳の名が登場することにより、北後立山のみが五龍岳と呼ばれるようになったと考えている。

鹿島槍ヶ岳は展望でも大きな特徴を持っている。この山から計算上もっとも遠くに見える山は、山形県・秋田県の県境に位置する鳥海山で、その距離は341・3キロに及び、日本の中では有数の遠望距離になる。実際に証拠写真などはまだ撮られていないが、カシミールでのシミュレーションでは、火打山近くの金山の山腹に半分隠されながら、日本海に浮かぶ様が描かれる。見えている山体は山頂直下で標高差500メートル程度あり、視角にして約1度ほどあるので、500ミリ以上の望遠レンズ

大町市から見たみごとな双耳峰の鹿島槍ヶ岳（撮影：富嶽仙人）

北アルプス
標高2889メートル
緯度36度37分28秒
経度137度44分49秒

254

立山(3003m) p268

姥ヶ岳／芦倉山／丸山／鳶山／別山／御前峰／獅子岳／大汝峰／御前峰〈白山〉／大汝山〈立山〉／雄山〈立山〉▽／富士ノ折立／真砂岳

黒部の谷越しに立山、劒岳を見る西方の展望

鹿島槍ヶ岳から見える山
（興味深いもの）

山名	標高	距離	方位
鳥海山	2236	341.3	35.7
西吾妻山	2035	245.9	59.1
磐梯山	1819	233.3	61.6
飯豊山	2105	221.1	51.2
御神楽岳	1386	179.4	55.7
金北山	1172	172.6	17.8
富士山	3776	165.7	147.4
男体山	2484	156.6	83.7
奥白根山	2578	146.8	81.9
光岳	2591	145.9	167.8
燧ヶ岳	2356	142.1	74.5
聖岳	3013	137.9	165.0
赤石岳	3120	134.2	163.8
平ヶ岳	2141	133.7	71.3
至仏山	2228	131.0	75.9
悪沢岳	3141	130.7	162.4
黒檜山（赤城山）	1828	129.6	92.7
塩見岳	3047	123.0	161.2
両神山	1723	118.7	123.8
甲武信岳	2475	118.6	131.6
間ノ岳	3189	116.8	158.1
金峰山	2599	114.9	136.3
北岳	3192	114.3	157.0
谷川岳	1977	108.2	77.0
仙丈ヶ岳	3033	107.7	158.4
甲斐駒ヶ岳	2967	105.7	155.2
御前峰（白山）	2702	101.8	239.5
木曽駒ヶ岳	2956	92.7	176.7
赤岳	2899	91.6	142.1
苗場山	2145	87.7	73.4
白砂山	2140	85.5	81.2
蓼科山	2530	75.8	139.4
浅間山	2568	73.6	108.9
剣ヶ峰（乗鞍岳）	3026	60.0	196.8
奥穂高岳	3190	38.2	193.4
高妻山	2353	33.4	54.3

を使えば、十分確認できる可能性がある。その他に北アルプスでは奥穂高岳、槍ヶ岳、劒岳、水晶岳などが展望でき、さらに立山の左には白山も頭を覗かせる。中央アルプスでは木曽駒ヶ岳、宝剣岳、三ノ沢岳など、南アルプスでは北岳、仙丈ヶ岳、赤石岳、光岳など見える。富士山も距離はあるがもちろん展望可能だ。

登山ルートとしては、大糸線神城駅から遠見尾根を登り五龍岳を経て南下するコース、信濃大町駅からバスで扇沢に入り柏原新道で稜線に上がり爺ヶ岳を経て北上するコース、信濃大町からタクシーを利用し赤岩尾根から冷池山荘に出るコースなどがある。五龍岳から南下するコースには途中に八峰キレットと呼ばれる難所がある。

255　鹿島槍ヶ岳（北アルプス）

290°–330° (北西)

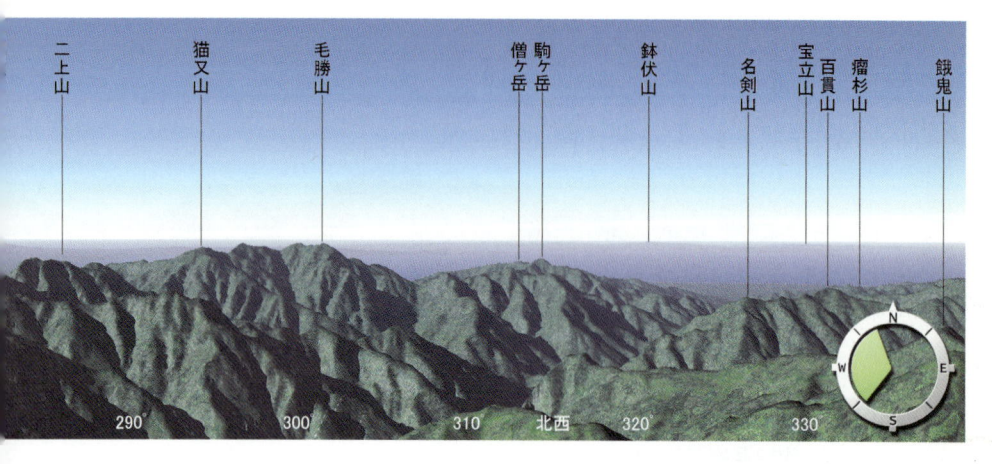

ラベル（左から右）:
- 二上山
- 猫又山
- 毛勝山
- 僧ヶ岳
- 駒ヶ岳
- 鉢伏山
- 名剣山
- 宝立山
- 百貫山
- 瘤杉山
- 餓鬼山

妙高山(2454m) p150　　平ヶ岳(2141m) p176　　横手山(2307m) p144

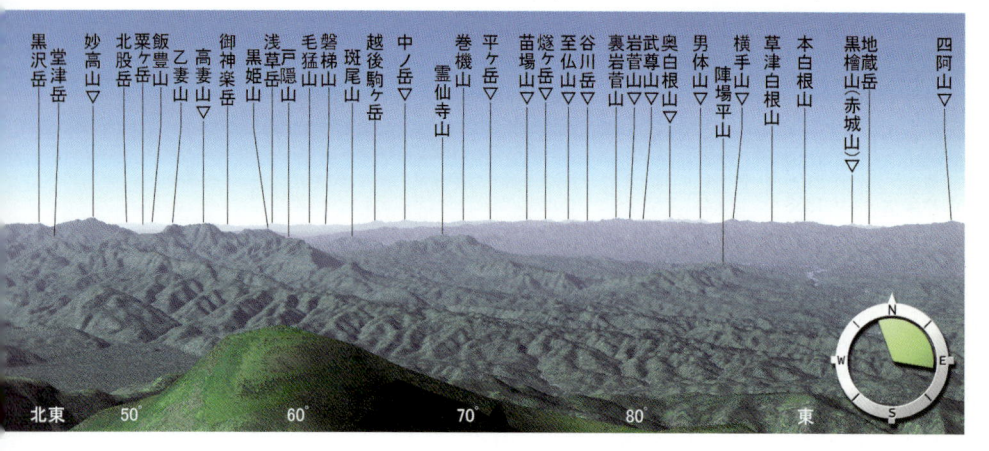

50°–80° (北東〜東)

ラベル（左から右）:
- 黒沢岳
- 堂津岳
- 妙高山 ▽
- 粟ヶ岳
- 飯豊山
- 北股岳
- 高妻山
- 乙妻山
- 御神楽岳
- 浅草岳
- 戸隠山
- 黒姫山
- 毛猛山
- 磐梯山
- 斑尾山
- 越後駒ヶ岳
- 中ノ岳
- 巻機山
- 平ヶ岳
- 霊仙寺山
- 苗場山
- 燧ヶ岳
- 至仏山
- 谷川岳
- 岩菅山
- 裏岩菅山
- 武尊山
- 奥白根山 ▽
- 男体山
- 陣場平山
- 横手山
- 草津白根山
- 本白根山
- 黒檜山（赤城山）▽
- 地蔵岳
- 四阿山 ▽

木曽駒ヶ岳(2956m) p236　　大天井岳(2922m) p280　　乗鞍岳(3026m) p298　　水晶岳(2986m) p258

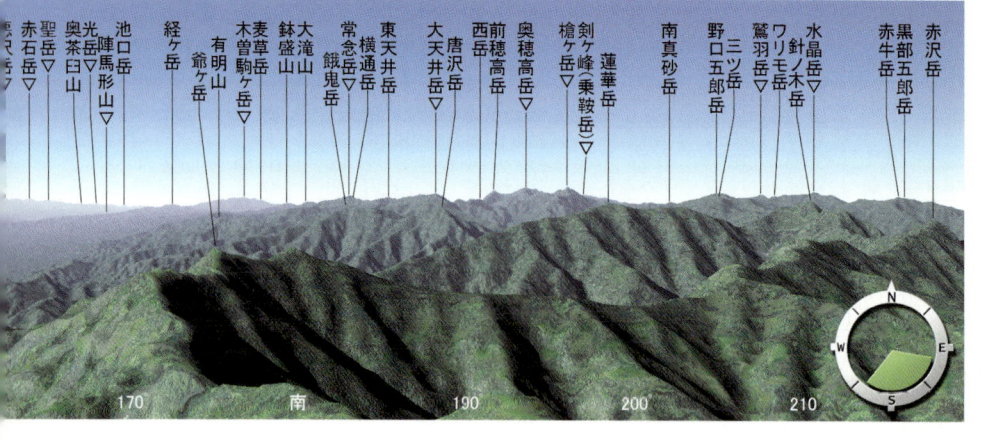

170°–210° (南)

ラベル（左から右）:
- 赤石岳
- 聖岳
- 光岳
- 奥茶臼山
- 池口岳
- 陣馬形山
- 経ヶ岳
- 有明山
- 爺ヶ岳
- 大滝山
- 鉢盛山
- 木曽駒ヶ岳 ▽
- 麦草岳
- 横通岳
- 常念岳
- 東天井岳
- 西岳
- 前穂高岳
- 穂高岳
- 唐沢岳
- 大天井岳
- 奥穂高岳
- 槍ヶ岳
- 剣ヶ峰（乗鞍岳）
- 蓮華岳
- 南真砂岳
- 野口五郎岳
- 三ツ岳
- 鷲羽岳
- ワリモ岳
- 針ノ木岳
- 水晶岳
- 赤牛岳
- 黒部五郎岳
- 赤沢岳

256

南西から北北西の展望

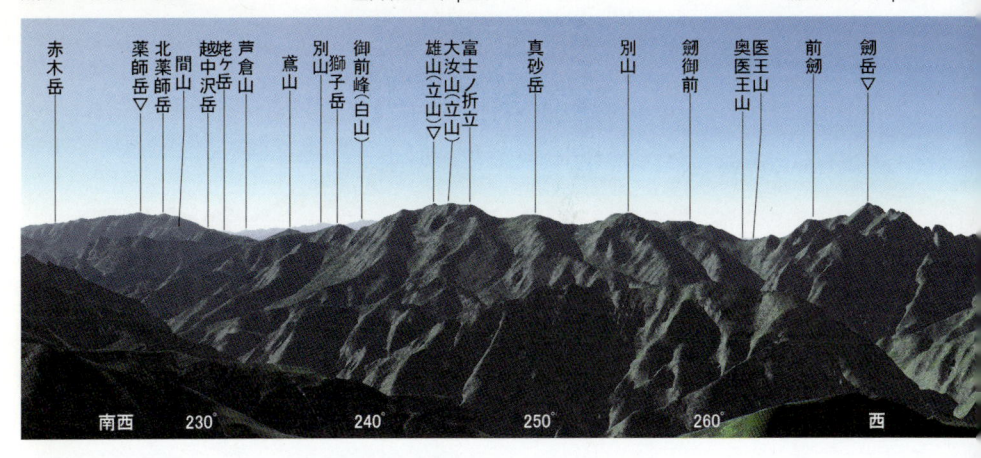

立山(3003m) p268　　　劒岳(2998m) p264

ラベル（左から右）: 赤木岳／薬師岳▽／北薬師岳／間山／越中沢岳／姥ケ岳／芦倉山／蔦山／別山／獅子岳／御前峰(白山)／大汝山／富士ノ折立／雄山(立山)／真砂岳／別山／劒御前／奥医王山／医王山／前劒／劒岳▽

南西　230°　240°　250°　260°　西

北北西から東の展望

白馬岳(2932m) p252

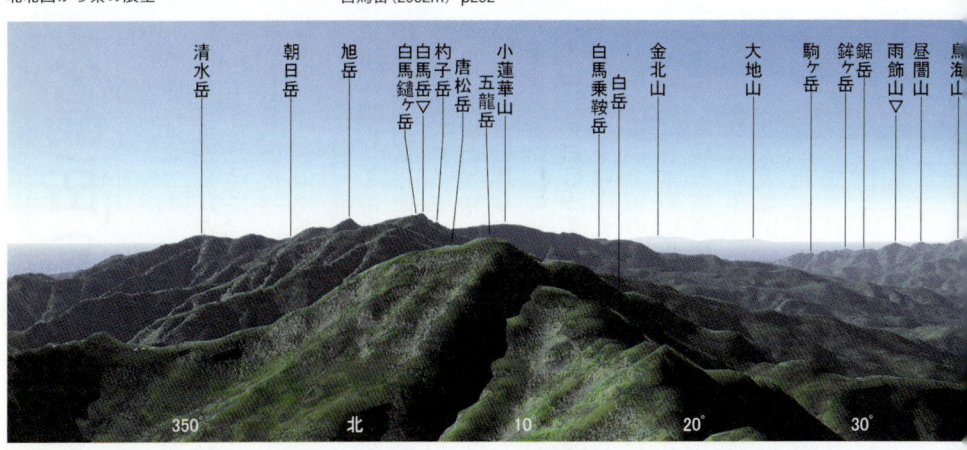

ラベル: 清水岳／朝日岳／旭岳／白馬鑓ケ岳／杓子岳／唐松岳／白馬岳／五龍岳／小蓮華山／白馬乗鞍岳／白岳／金北山／大地山／駒ケ岳／鋸岳／鉾ケ岳／雨飾山▽／昼闇山／鳥海山

350°　北　10°　20°　30°

東から南西の展望

荒船山(1423m) p124　　　甲武信岳(2475m) p44　　　富士山(3776m) p86

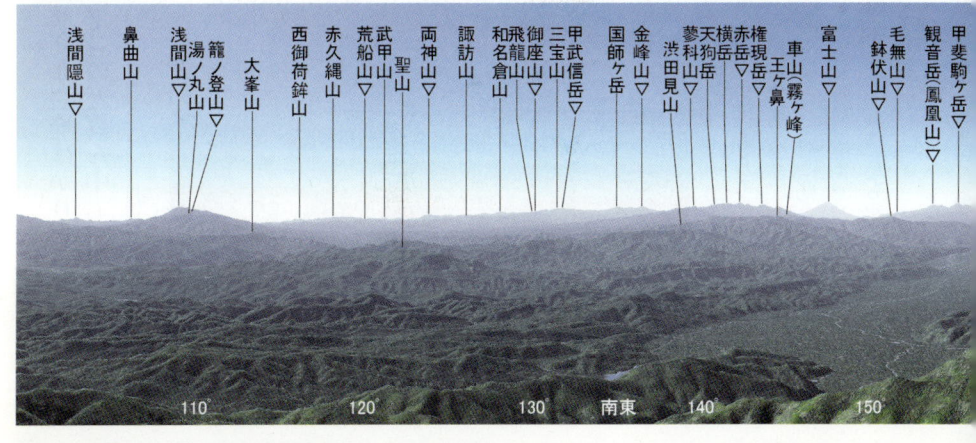

ラベル: 浅間隠山▽／鼻曲山／浅間山／湯ノ丸山／籠ノ登山／大峯山／西御荷鉾山／赤久縄山／荒船山▽／武甲山／聖山／両神山／諏訪山／和名倉山／飛龍山／御座山／三宝山／甲武信岳／国師ケ岳／金峰山／蓼科山／天狗岳／横岳／赤岳／権現岳／車山霧ケ峰／王ケ鼻／富士山／毛無山／鉢伏山／観音岳(鳳凰山)／甲斐駒ケ岳／渋田見山

110°　120°　130°　南東　140°　150°

257　鹿島槍ヶ岳（北アルプス）

槍ヶ岳（3180m）p276　　　奥穂高岳（3190m）p290

槍ヶ岳／大喰岳／中岳／北穂高岳／奥穂高岳／涸沢岳／ジャンダルム／蒲田富士／天狗ノ頭／間ノ岳／西穂高岳

水晶岳（黒岳）

周囲は3000メートル峰ばかりの北アルプスのど真ん中

北アルプス
標高2986メートル
緯度36度25分35秒
経度137度36分10秒

水晶岳は北アルプスでももっとも山深いところに位置し、麓からはなかなかその姿を望むことはできない。それだけに、周囲には3000メートル級の山々が林立し、大山岳パノラマが得られる。まさに至福の時を過ごせる山である。

もともとは黒岳と呼ばれていたようだが、雲ノ平から眺めると黒い山といった名前がぴったりの印象だ。水晶岳の名は、山頂付近で水晶やザクロ石が近年までたくさん採れたことによるのであろう。また百名山の深田久弥が水晶岳の名を気に入っていたことの影響も大きいかもしれない。

山頂はふたつの峰からなり、三角点のある北峰よりも南峰のほうが若干高い。以前より南峰の標高は3000メートルを超えているのでは、と言われていたが、国土地理院が全国の山岳標高を見直した成果を発表している『日本の山岳標高一覧―1003山―』によれば、南峰の標高は2986メートルであり、残念ながら3000メートルには届かない。

北アルプスの中心にあるだけに、奥穂高岳や槍ヶ岳はもちろん、笠ヶ岳、剱岳や白馬岳など主要な山はすべて見えるといっても良いであろう。しかし、中央アルプス方面は槍・穂高連峰にちょうど隠される位置になるために見ることができない。一方、南アルプスは北岳、間ノ岳、塩見岳、そして悪沢岳までが見えている。もっとも遠くに見える山は奈良県・大峰山系の八剣山で距離は293.6キロである。

野口五郎岳付近から見る水晶岳（撮影：富嶽仙人）

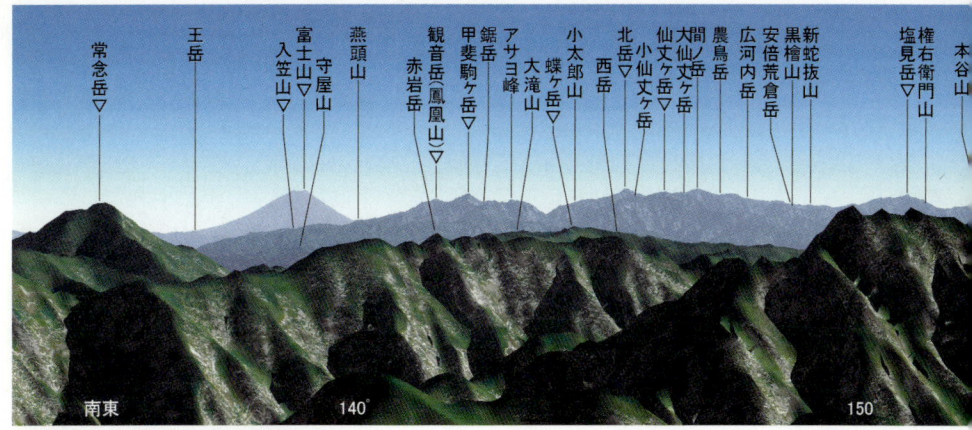

常念岳(2857m) p282　　富士山(3776m) p86　　　　　　北岳(3192m) p200

ラベル: 常念岳／王岳／富士山／入笠山／守屋山／燕頭山／観音岳(鳳凰山)／赤岩岳／甲斐駒ヶ岳／鋸岳／アサヨ峰／大滝山／蝶ヶ岳／小仙丈ヶ岳／北岳／西岳／仙丈ヶ岳／大仙丈ヶ岳／間ノ岳／農鳥岳／広河内岳／安倍荒倉岳／黒檜山／新蛇抜山／塩見岳／権右衛門山／本谷山／小太郎山

北鎌尾根を従えた槍ヶ岳と穂高の展望

水晶岳から見える山（興味深いもの）

山名	標高	距離	方位
八剣山	1915	293.6	212.1
弥山	1895	292.9	212.2
大普賢岳	1780	285.9	211.9
山上ヶ岳(大峰山)	1719	284.5	212.5
日出ヶ岳(大台ヶ原山)	1695	283.3	209.0
北股岳	2025	242.3	47.6
筑波山	860	225.1	94.9
御神楽岳	1386	202.8	52.6
女峰山	2483	178.1	75.5
男体山	2484	173.0	76.8
会津駒ヶ岳	2133	170.9	65.6
奥白根山	2578	163.9	74.8
燧ヶ岳	2356	161.4	68.1
富士山	3776	155.8	139.0
伊吹山	1377	155.5	224.3
平ヶ岳	2141	153.9	65.0
三ツ峠山	1785	145.9	131.4
黒檜山(赤城山)	1828	143.2	83.5
雲取山	2017	136.3	117.3
両神山	1723	119.9	111.5
甲武信岳	2475	116.4	119.2
悪沢岳	3141	115.2	152.8
掃部ヶ岳(榛名山)	1449	112.0	86.7
恵那山	2191	109.1	180.2
塩見岳	3047	108.1	150.8
苗場山	2145	107.8	64.1
農鳥岳	3026	106.0	147.2
間ノ岳	3189	103.3	146.7
観音岳(鳳凰山)	2840	102.2	141.6
北岳	3192	101.2	145.3
仙丈ヶ岳	3033	94.2	146.1
甲斐駒ヶ岳	2967	93.6	142.2
赤岳	2899	85.5	126.0
浅間山	2568	82.5	91.2
御前峰(白山)	2702	80.5	248.2
妙高山	2454	68.9	41.3

水晶岳は北アルプスの中心部にあるため、麓からはなかなか見えない山であるが、槍ヶ岳が見えることで有名な秩父の丸山からは望むことができる。ただし、冬の澄んだ大気の中で、しかも槍ヶ岳が見えるような蜃気楼現象が出現する条件が必要である。平野部で見ることのできるのは、下の可視マップを見るとわかるが、富山平野の一部である。

水晶岳へは直接登るルートはない。代表的なコースとしては、松本駅からのバスを平湯で乗り継いで新穂高温泉に入り、双六小屋から三俣蓮華岳を経由して水晶小屋に至り、野口五郎岳、烏帽子岳へと歩を進めていくルートである。水晶岳の山頂は二日目に踏むことになる。裏銀座コースの途中で踏まれることが多い。さらに、水晶岳を往復する。

259　水晶岳（北アルプス）

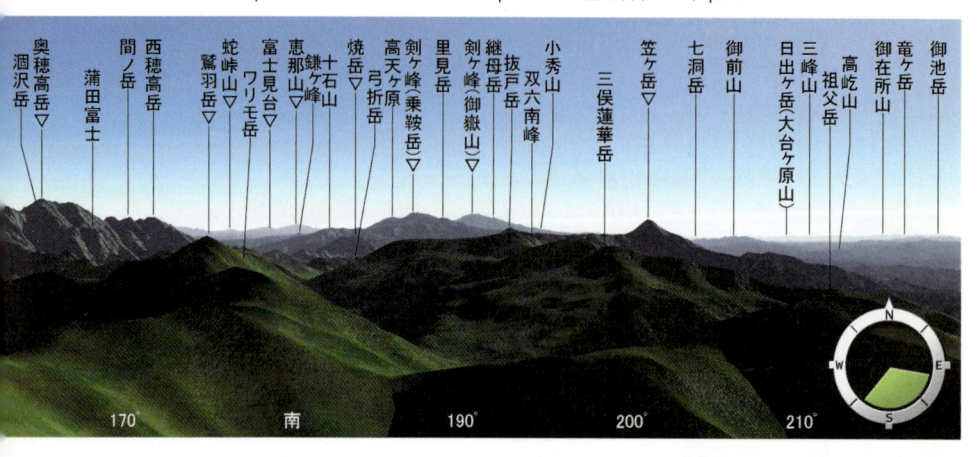

鷲羽岳(2924m) p262　　御嶽山(3067m) p302　　笠ヶ岳(2897m) p272

パノラマ注記(170°〜210°、南方向):
- 奥穂高岳
- 涸沢岳
- 蒲田富士
- 西穂高岳
- 間ノ岳
- 鷲羽岳
- 蛇峠山
- 富士見台
- 鎌ヶ峰
- 恵那山
- 十石山
- 高天ヶ原
- 剣ヶ峰・乗鞍岳
- 弓折岳
- 里見岳
- 継母岳
- 抜戸岳
- 剣ヶ峰・御嶽山
- 小秀山
- 双六南峰
- 三俣蓮華岳
- 笠ヶ岳
- 七洞岳
- 御前山
- 高屹山
- 祖父岳
- 三峰岳
- 日出ヶ岳(大台ヶ原山)
- 御在所山
- 竜ヶ岳
- 御池岳

170°　　南　　190°　　200°　　210°

薬師岳(2926m) p270

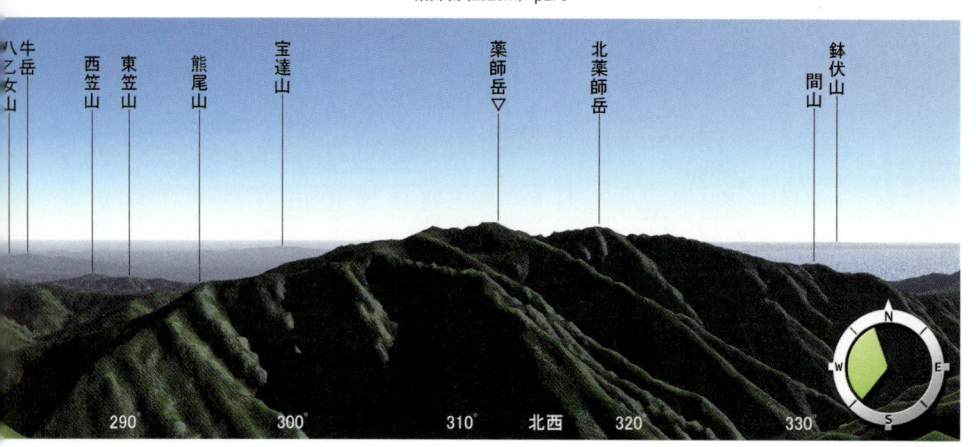

パノラマ注記(290°〜330°、北西方向):
- 牛岳
- 八乙女山
- 西笠山
- 東笠山
- 熊尾山
- 宝達山
- 薬師岳
- 北薬師岳
- 鉢伏山
- 間山

290°　　300°　　310°　　北西　　320°　　330°

守門岳(1537m) p194　　苗場山(2145m) p28　　奥白根山(2578m) p158　　筑波山(860m) p26

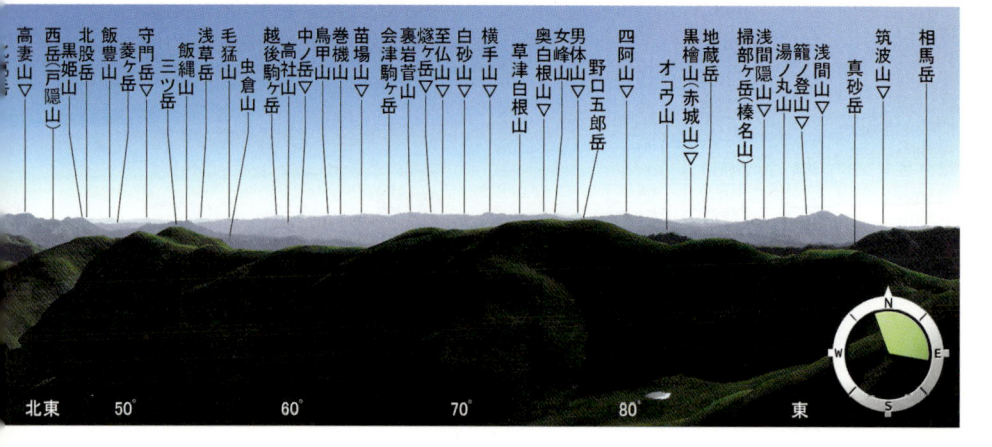

パノラマ注記(北東〜東):
- 高妻山
- 西岳戸隠山
- 黒姫山
- 北股岳
- 飯豊山
- 菱ヶ岳
- 豊山
- 守門岳
- 三ツ岳
- 浅草岳
- 飯縄山
- 毛猛山
- 越後駒ヶ岳
- 虫倉山
- 中ノ岳
- 巻機山
- 苗場山
- 燧ヶ岳
- 至仏山
- 会津駒ヶ岳
- 裏岩菅山
- 草津白根山
- 横手山
- 白砂山
- 奥白根山
- 女峰山
- 男体山
- 四阿山
- 野口五郎岳
- 地蔵岳
- 黒檜山(赤城山)
- 掃部ヶ岳(榛名山)
- 浅間隠山
- 湯ノ丸山
- 籠ノ登山
- 浅間山
- 筑波山
- 真砂岳
- 相馬岳
- オフリ山

北東　　50°　　60°　　70°　　80°　　東

260

東から南西の展望

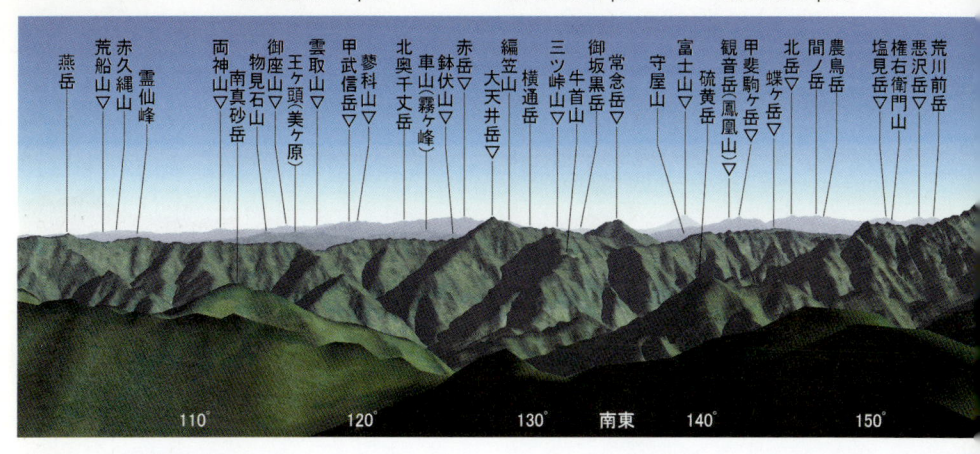

雲取山(2017m) p38　　三ツ峠山(1786m) p80　　北岳(3192m) p200

燕岳／荒船山／赤久縄山／霊仙峰／両神山／南真砂岳／物見石山／御座山／鉢伏山／王ヶ頭(美ヶ原)／雲取山／甲武信岳／蓼科山／北奥千丈岳／車山(霧ヶ峰)／編笠山／大天井岳／三ツ峠山／横通岳／牛首山／御坂黒岳／赤岳／常念岳／富士山／守屋山／硫黄岳／観音岳(鳳凰山)／甲斐駒ヶ岳／蝶ヶ岳／北岳／間ノ岳／農鳥岳／塩見岳／権右衛門山／悪沢岳／荒川前岳

110°　　120°　　130°　　南東　　140°　　150°

南西から北北西の展望

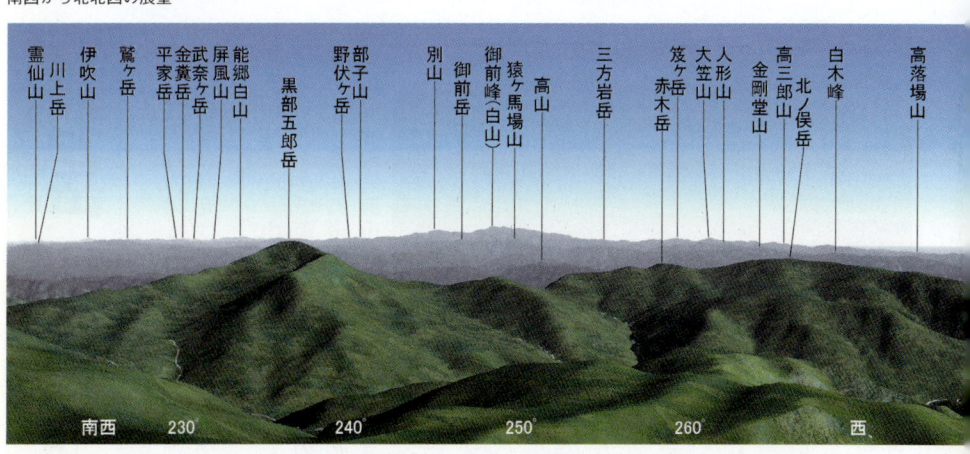

霊仙山／川上岳／伊吹山／鷲ヶ岳／平家岳／金黄ヶ岳／武奈ヶ岳／屏風山／能郷白山／黒部五郎岳／野伏ヶ岳／部子山／別山／御前峰(白山)／猿ヶ馬場山／高山／三方岩岳／赤木岳／笈ヶ岳／大笠山／人形山／金剛堂山／高三郎山／北ノ俣岳／白木峰／高落場山

南西　　230°　　240°　　250°　　260°　　西

北北西から東の展望

立山(3003m) p268　　白馬岳(2932m) p252

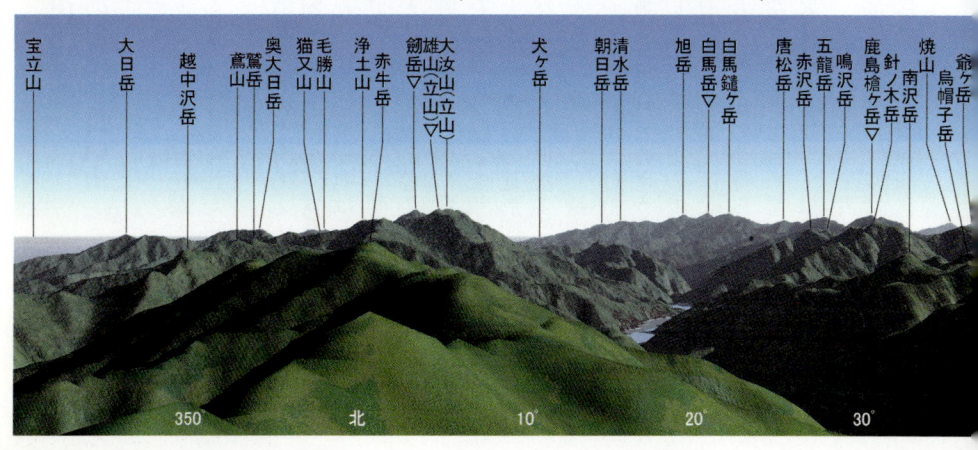

宝立山／大日岳／越中沢岳／鷲山／鳶山／奥大日岳／猫又山／毛勝山／赤牛岳／浄土山／雄山(立山)／大汝山(立山)／劔岳／犬ヶ岳／朝日岳／清水岳／旭岳／白馬岳／白馬鑓ヶ岳／唐松岳／五龍岳／赤沢岳／鳴沢岳／鹿島槍ヶ岳／針ノ木岳／南沢岳／焼山／烏帽子岳／爺ヶ岳

350°　　北　　10°　　20°　　30°

261　水晶岳（北アルプス）

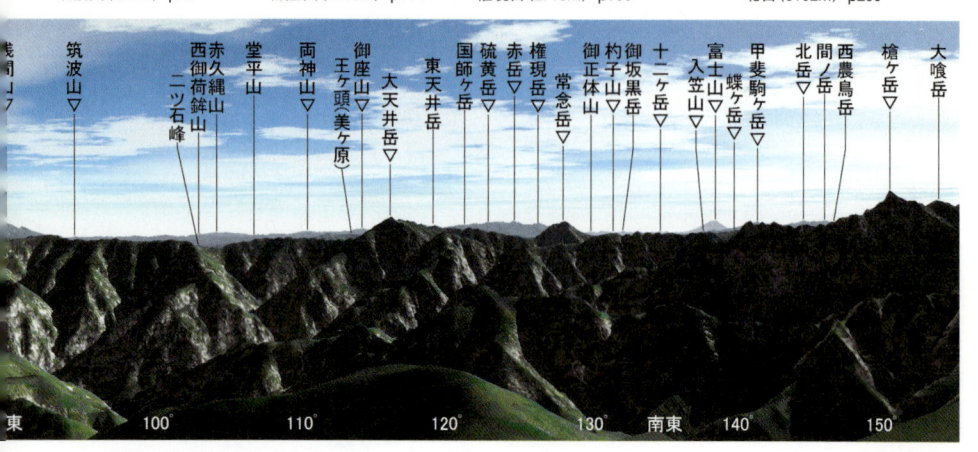

筑波山(860m) p26　　御座山(2112m) p114　　権現岳(2715m) p100　　北岳(3192m) p200

筑波山 ▽
赤久縄山 西御荷鉾山 二ツ石峰
堂平山
両神山 王ケ頭・美ケ原
御座山
大天井岳
東天井岳
硫黄岳 国師ケ岳
赤岳 権現岳
常念岳
御正体山 御坂黒岳 杓子山
十二ケ岳 富士山 入笠山
蝶ケ岳 甲斐駒ケ岳
間ノ岳 北岳
西農鳥岳
槍ケ岳
大喰岳

東　　100°　　110°　　120°　　130°　南東　140°　　150°

双六小屋から見る鷲羽岳（撮影：須部方夫）

鷲羽岳（わしばだけ）

宝石のように輝く山上湖がポイントの槍ケ岳の展望が良い山

鷲羽岳の魅力はなんといっても山上湖である鷲羽池の存在が大きい。この池と槍ケ岳の組み合わせは北アルプスの風景のなかでも良く知られた定番のうちのひとつであろう。

鷲羽岳はまた、山名の変遷でもいわくつきの山である。もともと江戸時代に北アルプスを隅々まで踏査していた加賀藩の絵図には、お隣の三俣蓮華岳が鷲羽岳となっており、さらに南の双六岳が蓮華と書かれていた。鷲羽池は龍神ノ池といい、鷲羽岳も龍神ノ池山または東鷲羽岳とされている。ところが明治期になって松本の猟師を案内人に立てた登山者が入るようになると、松本側での呼び方が一般的になり、現在のように一山ずつズレた山名が地図に記載されるようになった。ちなみに、大正5年発行の地形図までは三俣蓮華岳が鷲羽岳となっている。似たような事例では、越中側ではまったく逆が鷲羽岳と雪倉岳の呼称だったが、地図上では信州側の呼称に固定されている。地名は案外このような誤解や多重性を含みつつ流動していくものなのであろう。

さて、鷲羽岳からの展望は北アルプスの中核であるだけに迫力のあるものが得られる。まずは鷲羽池越しの槍ケ岳をぜひとも眺めておきたい。槍ケ岳の北鎌尾根の岩稜の間を縫っては南アルプスが見えるはずである。北岳、間ノ岳、甲斐駒ケ岳などが計算上は眺望可能である。南アルプス南部は薬師岳から眺望と同様に、槍穂高連峰に重なる位置関係にな

北アルプス
標高2924メートル
緯度36度24分11秒
経度137度36分19秒

262

白馬岳（2932m）p252　　　　　　守門岳（1537m）p194　　　岩菅山（2295m）p148

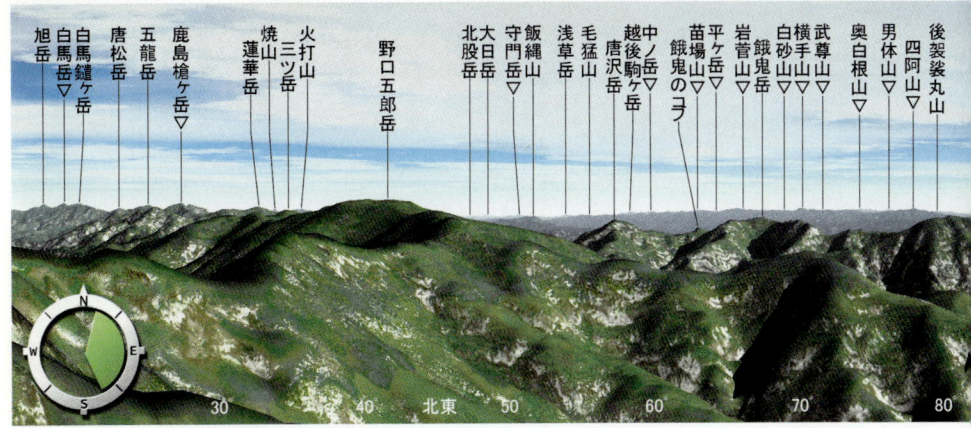

後　
袈　男　四
裟　体　阿
丸　山　山
山

奥　
白　横　武
根　手　尊
山　山　山

白　白　餓
砂　馬　鬼
山　鑓　岳
　　ヶ
　　岳

岩　苗　平
菅　場　ヶ
山　山　岳

中　越　餓
ノ　後　鬼
岳　駒　の
　　ヶ　ヨ
　　岳

北　大　飯　守
股　日　縄　門
岳　岳　山　岳

毛　浅　唐
猛　草　沢
山　岳　岳

火　三　焼
打　ツ　山
山　岳　蓮
　　　　華
　　　　岳

野　　　　　　鹿　五　唐　白　旭
口　　　　　　島　龍　松　馬　岳
五　　　　　　槍　ヶ　岳　鑓
郎　　　　　　ヶ　岳　　　ヶ
岳　　　　　　岳　　　　　岳

30　　　40　　北東　50　　　60　　　70　　　80

表銀座の山々を越えて日光から南アルプスの展望が得られる

鷲羽岳から見える山
（興味深いもの）

山名	標高	距離	方位
八剣山	1915	291.6	212.4
山上ヶ岳（大峰山）	1719	282.5	212.8
日出ヶ岳（大台ヶ原山）	1695	281.1	209.3
飯豊山	2105	246.6	48.5
北股岳	2025	243.9	47.1
筑波山	860	224.7	94.2
御神楽岳	1386	204.2	52.0
浅草岳	1585	178.8	53.8
守門岳	1537	175.5	50.5
燧ヶ岳	2356	162.1	67.3
荒沢岳	1969	158.0	60.2
伊吹山	1377	153.8	225.0
富士山	3776	153.7	138.4
越後駒ヶ岳	2003	153.6	58.2
杓子山	1598	152.6	131.4
三ツ峠山	1785	144.0	130.7
黒檜山（赤城山）	1828	143.3	82.5
両神山	1723	118.8	110.3
蛇峠山	1664	118.0	176.3
苗場山	2145	108.7	62.8
間ノ岳	3189	101.0	146.0
北岳	3192	98.9	144.5
荒船山	1423	95.2	103.1
甲斐駒ヶ岳	2967	91.4	141.3
横手山	2307	87.5	70.0
赤岳	2899	83.8	124.6
浅間山	2568	82.3	89.4
御前峰（白山）	2702	79.8	250.0
入笠山	1955	75.9	137.6
焼岳	2400	69.1	33.7
剣ヶ峰（御嶽山）	3067	57.7	191.2
王ヶ頭（美ヶ原）	2034	49.1	113.4
白馬岳	2932	41.7	19.1
剣ヶ峰（乗鞍岳）	3026	33.2	188.0
劒岳	2998	24.4	2.5
大汝山（立山）	3015	19.2	3.8

るので展望は不利である。中央アルプスは穂高に隠されて全く見えない。一方、富士山は南アルプスの左に位置し、前景に邪魔する山がないので、すっきりと見えるであろう。北東方向では、三ツ岳や蓮華岳の間から、ちょこんと坊主をしているように頭を覗かせる火打山や焼山の展望が面白い。劒岳や立山は水晶岳から南下する尾根に首まで隠されている。西にはカールをぱっと開けた黒部五郎岳とその左手には遠く白山を望むことができる。もっとも遠くに見える山は奈良県の大峰山系の八剣山で、距離は291.6キロである。

鷲羽岳へは直接の登路はない。主に裏銀座縦走コースの途中に踏まれることが多い。水晶小屋から2時間ほど、三俣山荘からは1時間30分ほどのアルバイトになる。

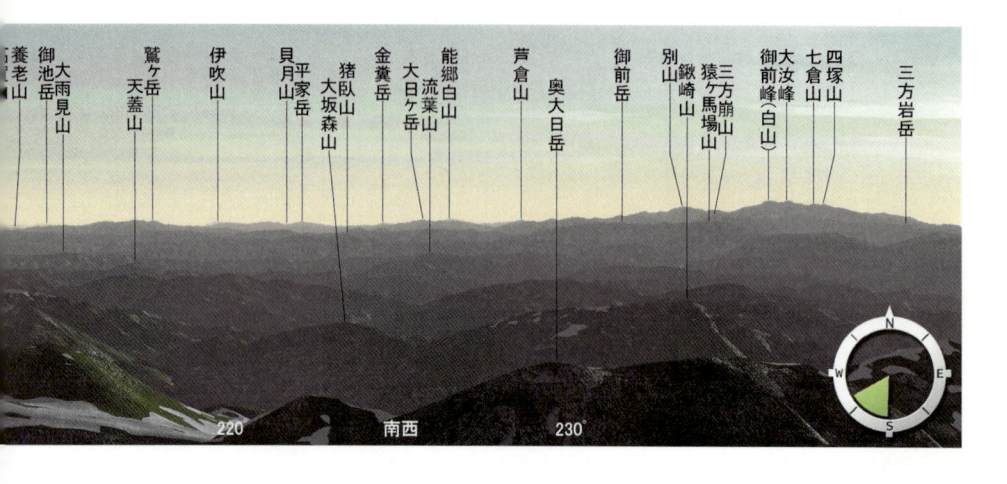

山の名称（左上のパノラマ、左から右へ）:
養老山／御池岳／大雨見山／鷲ヶ岳／天蓋山／伊吹山／貝月山／平家岳／猪臥山／大坂森山／金糞岳／大日ヶ岳／流葉山／能郷白山／芦倉山／奥大日岳／御前岳／別山／鍬崎山／三方崩山／猿ヶ馬場山／御前峰（白山）／大汝峰／七倉岳／四塚山／三方岩岳

220　　南西　　230

劒岳（つるぎだけ）

数々の歴史を秘め ドラマの舞台となった岩の殿堂

北アルプス
標高 2998 メートル
緯度 36度37分24秒
経度 137度37分02秒

岩と雪の殿堂として知られる劒岳。北アルプスの主要な山のうち、もっとも最後まで山頂を明け渡さなかった山である。明治40年の7月に陸地測量部の職員によって四等三角点を建設するために登られたが、近代登山の最初である。それまで誰も登ることができないと怖れられてきた山であったが、測量部の人々が山頂で見たものは、錆びた槍の穂先と錫杖の頭、さらに山頂直下の岩穴に焚き火の跡さえあった。この経緯は新田次郎が小説『劒岳〈点の記〉』に詳しく表している。

錫杖の頭は奈良時代後期から平安時代初期の作であると判明したが、いつ頃からここにあるものかは不明である。隣接する大日岳からも同様の遺物が見つかっており、いずれにしても山岳修験者らによって古くから劒岳が登られていたことは確かであろう。

劒岳周辺の登山道は、その後、冠松次郎、近藤茂吉、木暮理太郎、田部重治らによって開拓されていった。劒岳東側に流下する長大な雪渓には、このときに同行した案内人、宇治長次郎や佐伯平蔵にちなんだ名前が付けられている。日本では数少ない人名由来の地名であろう。

山頂からの展望は申し分ない。北アルプス方面は山が重なり合いひしめきあっているが、それぞれに個性ある姿を主張しており、山座同定（どうてい）が楽しい。遠望（えんぼう）だけは、笠ヶ岳の左手に御嶽山、槍ヶ岳と大天井岳の間より、中央ア

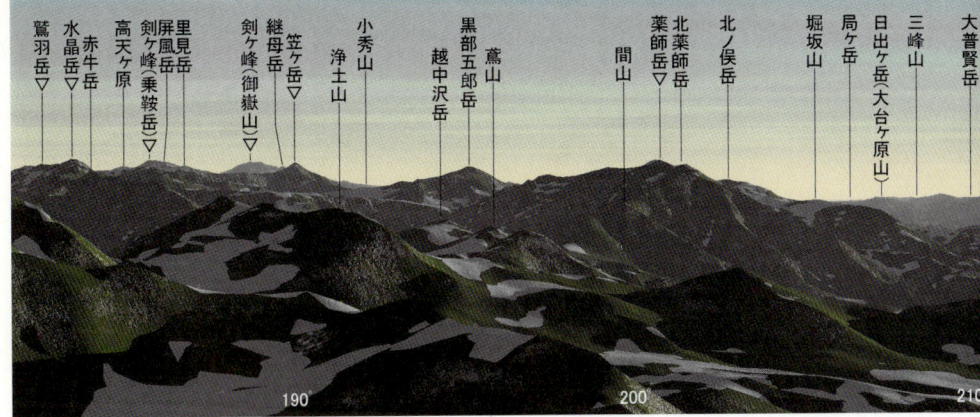

鷲羽岳(2924m) p262　　笠ヶ岳(2897m) p272　　　　薬師岳(2926m) p270

パノラマラベル（右から左）：大普賢岳／三峰山／日出ヶ岳(大台ヶ原山)／局ヶ岳／堀坂山／間山／北薬師岳／薬師岳▽／北ノ俣岳／鳶山／黒部五郎岳／越中沢岳／小秀山／浄土山／笠ヶ岳▽／継母岳／剣ヶ峰(御嶽山)／里見岳／屏風岳／剣ヶ峰(乗鞍岳)／高天ヶ原／赤牛岳／水晶岳／鷲羽岳▽

南西には美濃、紀伊半島の山々が展望できる

劔岳から見える山（興味深いもの）

山名	標高	距離	方位
仏生ヶ岳	1805	316.5	209.7
日出ヶ岳(大台ヶ原山)	1695	303.2	207.2
飯豊山	2105	230.3	52.9
御池岳	1247	193.6	214.4
金北山	1172	176.6	21.3
伊吹山	1377	172.6	219.5
富士山	3776	172.1	144.1
男体山	2484	168.1	84.0
奥白根山	2578	158.3	82.4
燧ヶ岳	2356	153.3	75.6
雲取山	2017	146.5	125.1
平ヶ岳	2141	144.8	72.6
聖岳	3013	141.3	160.3
黒檜山(赤城山)	1828	141.2	92.3
赤石岳	3120	137.8	159.1
武尊山	2158	136.8	81.0
悪沢岳	3141	134.5	157.5
両神山	1723	128.5	120.8
甲武信岳	2475	127.5	128.1
塩見岳	3047	127.1	156.2
金峰山	2599	123.1	132.3
間ノ岳	3189	121.6	152.9
谷川岳	1977	119.6	78.1
観音岳(鳳凰山)	2840	119.5	148.6
北岳	3192	119.2	151.8
仙丈ヶ岳	3033	112.4	152.8
甲斐駒ヶ岳	2967	111.0	149.6
南駒ヶ岳	2841	103.7	170.2
荒船山	1423	102.6	116.6
赤岳	2899	99.0	136.7
苗場山	2145	98.9	75.2
三ノ沢岳	2846	96.3	170.4
木曽駒ヶ岳	2956	94.0	169.6
御前峰(白山)	2702	91.9	235.8
浅間山	2568	84.6	106.2
剣ヶ峰(御嶽山)	3067	81.9	188.6

ルプスの木曽駒ヶ岳、宝剣岳、南駒ヶ岳などが眺望できる。常念岳の左には、南アルプスは甲斐駒ヶ岳と富士山が見えるであろう。南アルプスは甲斐駒ヶ岳、北岳、間ノ岳、仙丈ヶ岳、塩見岳、赤石岳、聖岳まで主要な山はほぼ見える。

劔岳へは初心者から熟達者までが楽しめる、さまざまなルートがある。このうち、一般的なのは、大糸線信濃大町または富山から立山黒部アルペンルートを利用し、室堂から前劔を経て山頂を往復するコースで、劔山荘に一泊する行程が無理ない。麓からのコースでは、富山地方鉄道の上市駅からタクシーを利用し馬場島から早月尾根をたどる健脚向きのコースがある。仙人池に映る裏劔を眺めるコースでは、室堂から別山乗越を越え、劔沢を下って仙人峠に出るか、黒四ダムから内蔵助平を経て、仙人峠に至るコースなどがある。

爺ヶ岳から見る劔岳（撮影：富嶽仙人）

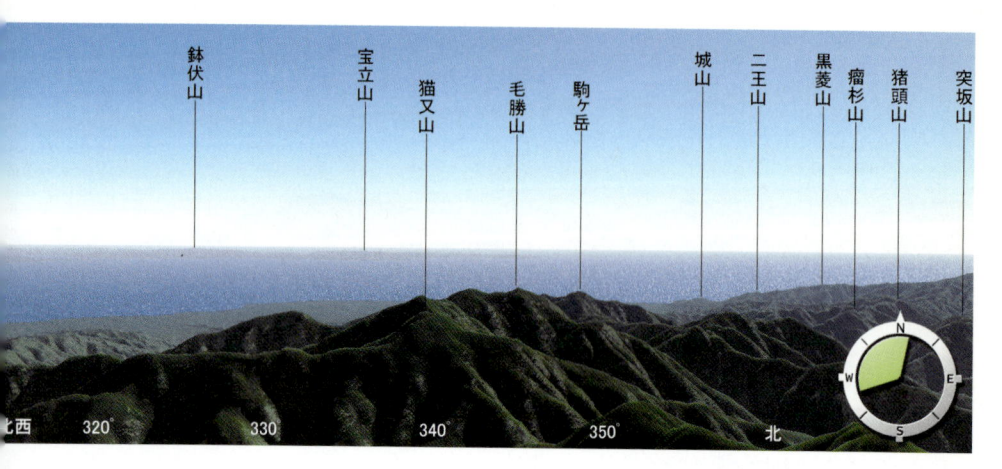

北西 320° 330° 340° 350° 北

鉢伏山　宝立山　猫又山　毛勝山　駒ヶ岳　城山　二王山　黒菱山　瘤杉山　猪頭山　突坂山

奥白根山(2578m) p158　　四阿山(2354m) p132　　浅間山(2568m) p134　　両神山(1723m) p42

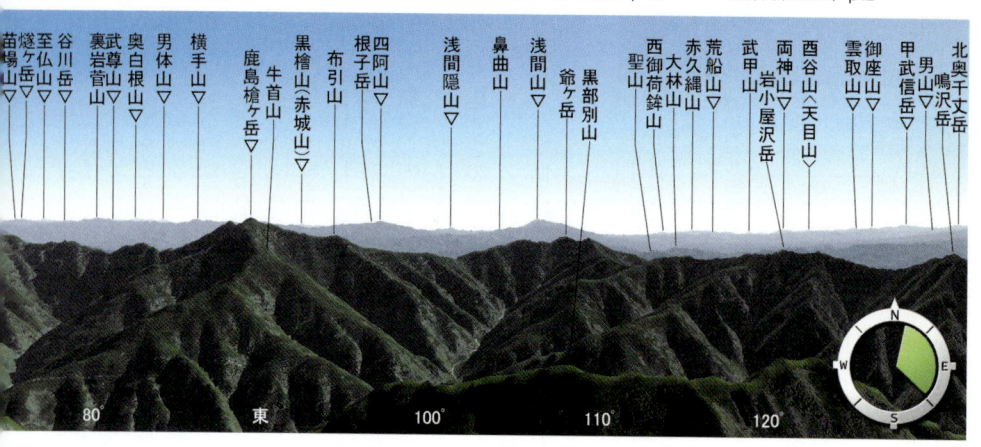

80° 東 100° 110° 120°

苗場山　燧ヶ岳　至仏山　谷川岳　武尊山　奥白根山　裏岩菅山　男体山　横手山　鹿島槍ヶ岳　牛首山　黒檜山(赤城山)　根子岳　四阿山　布引山　浅間隠山　鼻曲山　浅間山　爺ヶ岳　黒部別山　聖山　西御荷鉾山　大林山　赤久縄山　荒船山　武甲山　両神山　岩小屋沢岳　西谷山〈天目山〉　雲取山　御座山　甲武信岳　男山　鳴沢山　北奥千丈岳

薬師岳(2926m) p270

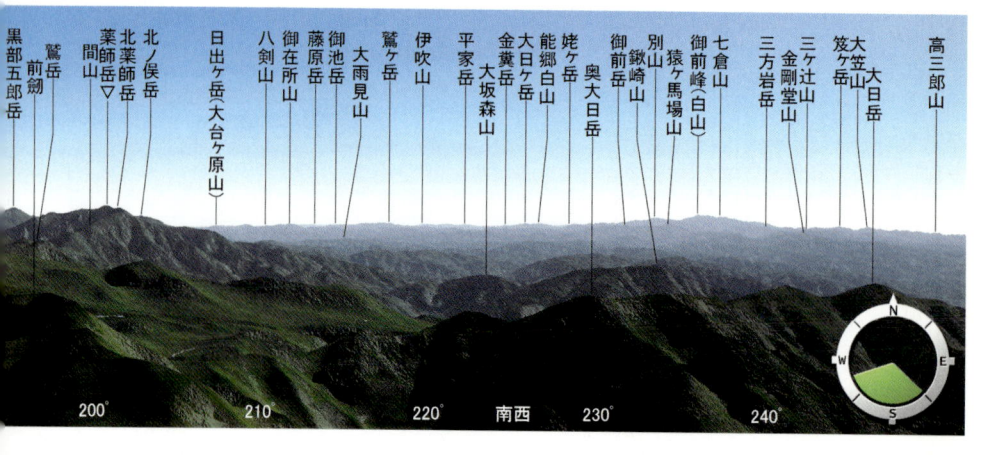

200° 210° 220° 南西 230° 240°

黒部五郎岳　鷲岳　前剱　北ノ俣岳　薬師岳　北薬師岳　間山　日出ヶ岳(大台ヶ原山)　八剣山　御在所山　藤原岳　御池岳　大雨見山　鷲ヶ岳　伊吹山　大日ヶ岳　大坂森山　平家岳　金黄岳　能郷白山　姥ヶ岳　奥大日岳　御嶽山　鍬崎山　別山　猿ヶ馬場山　大日ヶ岳　御前峰(白山)　七倉山　三方岩岳　金剛堂山　三ヶ辻山　笈ヶ岳　大笠山　大日岳　高三郎山

西南西から北の展望

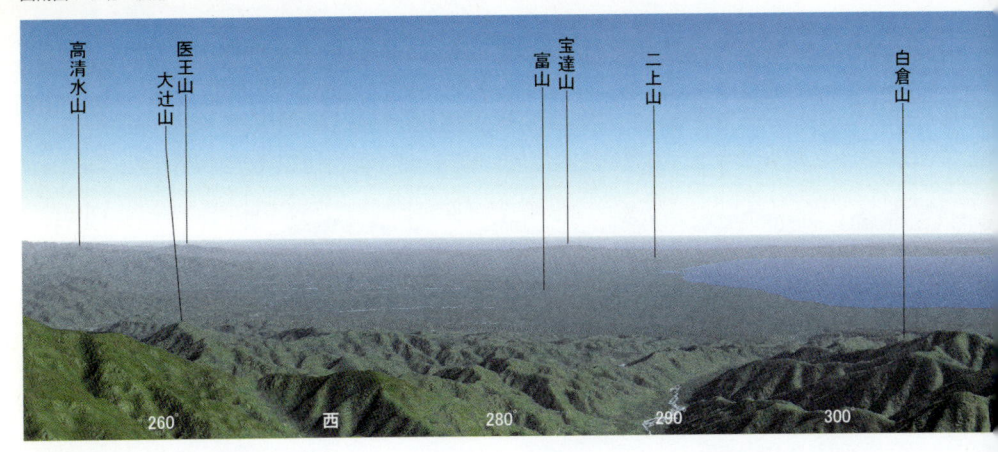

高清水山　医王山　大辻山　宝達山　富山　二上山　白倉山

260　西　280　290　300

北から南東の展望

白馬岳(2932m) p252　妙高山(2454m) p150

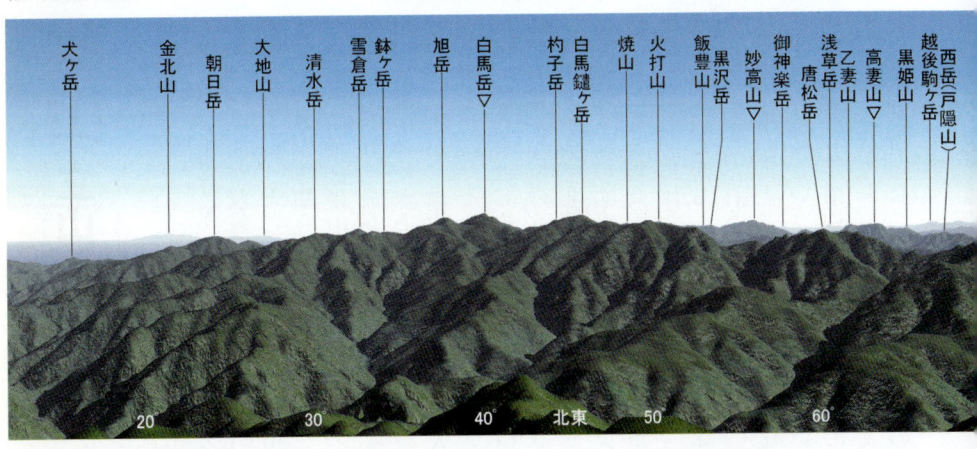

犬ヶ岳　金北山　朝日岳　大地山　清水岳　雪倉岳　鉢ヶ岳　旭岳　白馬岳▽　杓子岳　白馬鑓ヶ岳　焼山　火打山　飯豊山　黒沢岳　妙高山▽　御神楽岳　唐松岳　浅草岳　乙妻山　高妻山　黒姫山▽　越後駒ヶ岳　西岳々戸隠山

20　30　40　北東　50　60°

南東から西南西の展望

塩見岳(3047m) p208　槍ヶ岳(3180m) p276

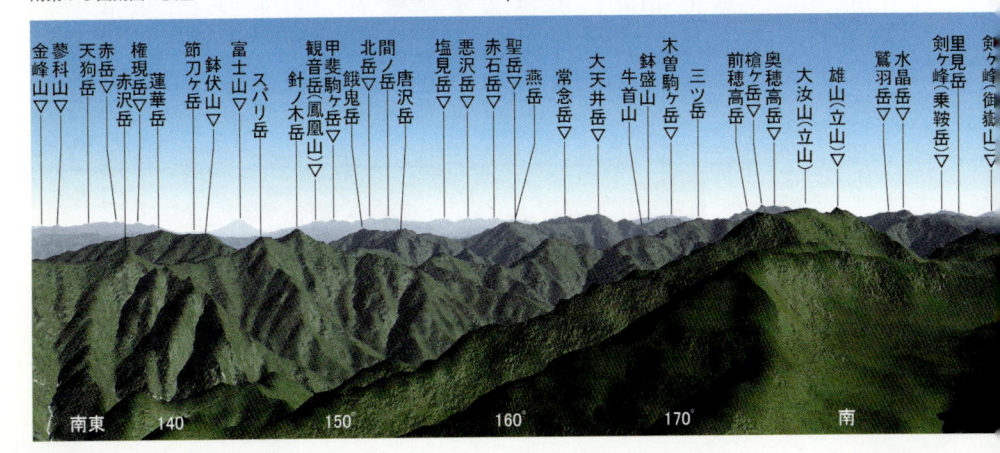

金峰山　蓼科山　天狗岳　赤岳▽　権現岳　赤沢岳　蓮華岳　鉢伏山　節刀ヶ岳　富士山　スバリ岳　針ノ木岳　観音岳・鳳凰山　甲斐駒ヶ岳　餓鬼岳　北沢岳　唐沢岳　間ノ岳　塩見岳▽　悪沢岳　赤石岳　燕岳　聖岳　常念岳　大天井岳　牛首山　鉢盛山　木曽駒ヶ岳　三ツ岳　前穂高岳　槍ヶ岳▽　奥穂高岳　大汝山(立山)　雄山(立山)▽　鷲羽岳　水晶岳　剣ヶ峰(乗鞍岳)　里見岳　剱ヶ峰・御獄山▽

南東　140　150°　160°　170°　南

267　劔岳（北アルプス）

奥穂高岳（3190m）p290　　笠ヶ岳（2897m）p272　　　　薬師岳（2926m）p270

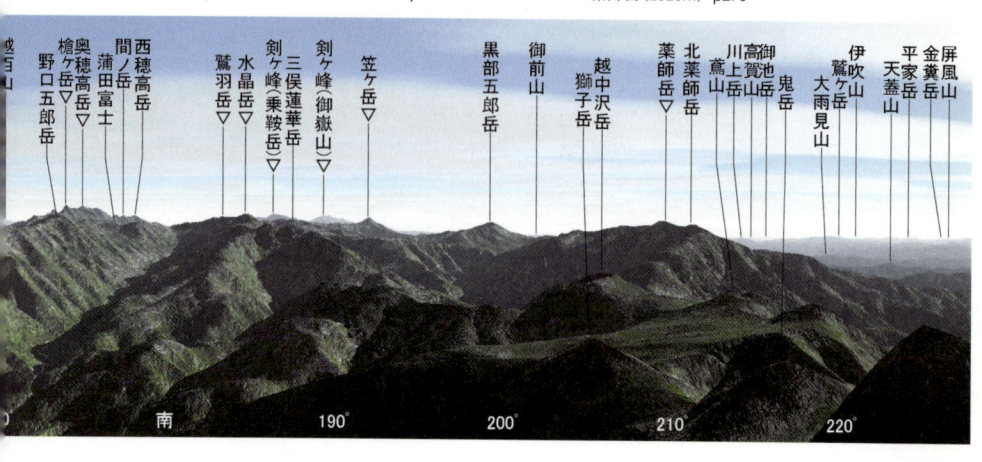

屏風山／金黄岳／平家岳／天蓋山／大雨見山／鷲ヶ峰／伊吹山／鬼岳／御池山／高賀山／御嶽山／川上岳／蔦山／北薬師岳／薬師岳／越中沢岳／獅子岳／御前山／黒部五郎岳／笠ヶ岳／鷲羽岳／水晶岳／剣ヶ峰・乗鞍岳／三俣蓮華岳／剣ヶ峰（御嶽山）／西穂高岳／間ノ岳／蒲田富士／槍ヶ岳／奥穂高岳／野口五郎岳

南　190°　200°　210°　220°

雄山（立山）

アルペンルートで賑わう北アルプスでもっとも古く開かれた山

北アルプス
標高3003メートル
緯度36度34分23秒
経度137度37分04秒

北アルプスでもっとも古く開かれた山が立山である。万葉集にも大伴家持が夏でも雪が残る山、多知夜麻を歌った長歌が収録されている。立山の由来は、神仏が現れたというところから来ており、山岳信仰の対象として古くから知られていた。

立山の山頂は雄山、大汝山、富士ノ折立の三峰に分かれており、最高峰は大汝山3015メートルである。雄山には雄山神社があることから、多くの参拝者や観光客が訪れるが、雄山を離れると急速に人が少なくなる。山頂を北にたどってみよう。左下に見える室堂周辺には地獄谷をはじめとして多くの噴気口や温泉がある。最盛期には五色ヶ原や弥陀ヶ原の土台となった溶岩流や火砕流を噴出したこれらはかつての立山火山の名残だ。立山火山は現在の立山カルデラ北部に中心を持ち、最盛期には五色ヶ原や弥陀ヶ原の土台となった溶岩流や火砕流を噴出した。もともと標高の高い場所に成長した火山であったため、最盛期にはかなりの標高になり、立山の標高を凌駕していたかもしれない。その後山体崩壊を起こしたため、現在では巨大な立山カルデラが見られるのみである。

山頂北端の富士ノ折立の東側には内蔵助カールがある。このカールの底にはまさに氷河の名残というべき雪田が残っている。最近の研究では、最下層にある氷の年代は1700年前の卑弥呼の時代のものであることが判明している。冬季には雪の吹き溜まりになり、20メートル程度の積雪があることから、盛夏でも完全に雪が融けることなく氷が溜まりこのような古い氷が融けずに残った。この氷の層となって積もり重なりこのような古い氷が融けずに残った。この氷の

青々とした水をたたえたみくりが池と立山（撮影：富嶽仙人）

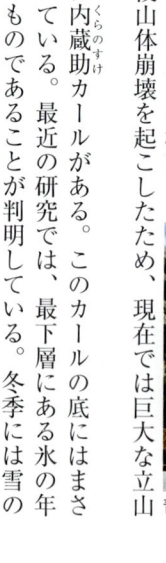

268

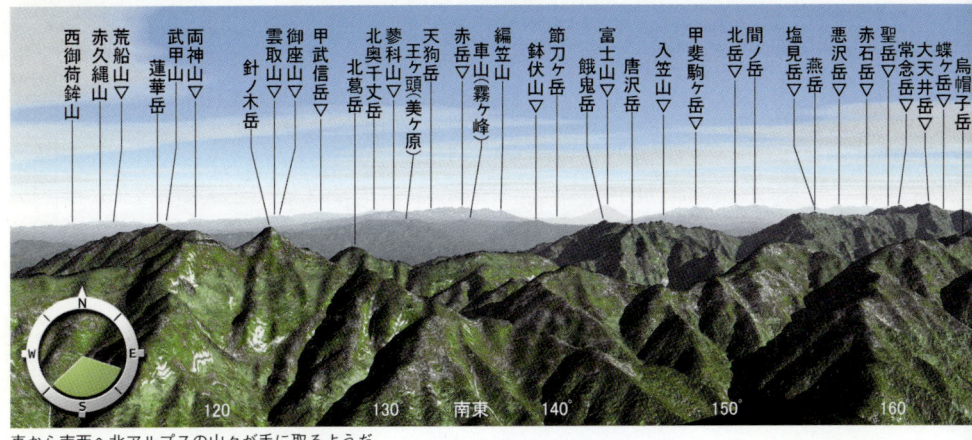

荒船山(1423m) p124　　蓼科山(2530m) p106　　富士山(3776m) p86　　塩見岳(3047m) p208

東から南西へ北アルプスの山々が手に取るようだ

雄山から見える山
（興味深いもの）

山　名	標　高	距　離	方　位
摩耶山	1020	285.4	40.1
金北山	1172	181.8	20.6
女峰山	2483	173.5	80.6
伊吹山	1377	168.4	220.7
富士山	3776	167.6	143.0
奥白根山	2578	159.1	80.4
燧ヶ岳	2356	154.8	73.6
皇海山	2144	154.3	84.6
武甲山	1295	149.8	116.9
御坂釈迦ヶ岳	1641	149.7	138.1
雲取山	2017	143.3	123.3
黒檜山（赤城山）	1828	141.0	90.1
武尊山	2158	137.8	78.7
聖岳	3013	136.0	159.6
赤石岳	3120	132.6	158.3
悪沢岳	3141	129.4	156.6
両神山	1723	125.6	118.6
甲武信岳	2475	124.1	126.0
塩見岳	3047	122.0	155.1
間ノ岳	3189	116.6	151.7
相馬山（榛名山）	1411	115.4	95.0
観音岳（鳳凰山）	2840	114.7	147.1
北岳	3192	114.3	150.5
仙丈ヶ岳	3033	107.4	151.5
甲斐駒ヶ岳	2967	106.2	148.2
南駒ヶ岳	2841	98.2	169.7
白砂山	2140	97.9	78.9
赤岳	2899	95.0	134.4
三ノ沢岳	2846	90.8	169.8
入笠山	1955	90.1	146.2
御前峰（白山）	2702	88.9	238.8
木曽駒ヶ岳	2956	88.5	169.0
浅間山	2568	83.1	102.5
蓼科山	2530	80.0	130.3
剣ヶ峰（御嶽山）	3067	76.4	189.3
妙高山	2454	56.6	51.2

塊は化石氷体と呼ばれている。

雄山からの展望では、奥穂高岳、槍ヶ岳、白馬岳、乗鞍岳などが見える。中央アルプスは木曽駒ヶ岳、三ノ沢岳から南駒ヶ岳まで展望可能だ。南アルプスは北岳、間ノ岳、仙丈ヶ岳から聖岳までが眺望範囲になる。富士山は唐沢岳の向こうにあるはずだ。もっとも遠くに見えるであろう山は、山形県の朝日連峰の北方に位置する摩耶山で、距離は285.4キロである。

信濃大町あるいは富山から立山黒部アルペンルートを利用し、室堂から一ノ越を経て雄山へ向かえば2時間30分ほどで登ることができる。雄山から大汝山を経て、真砂岳、別山、雷鳥沢とめぐり室堂に戻る循環コースをとると全行程で7時間ほどを要する。

269　雄山（北アルプス）

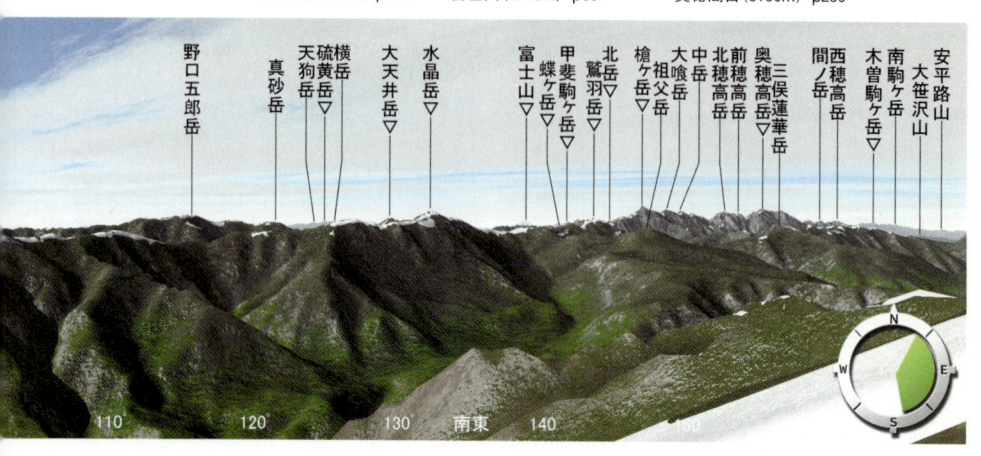

硫黄岳（2760m）p104　　富士山（3776m）p86　　奥穂高岳（3190m）p290

パノラマ山名ラベル（右から左）：安平路山／大笹沢山／南駒ヶ岳／木曽駒ヶ岳／西穂高岳／間ノ岳／中穂高岳／北穂高岳／前穂高岳／奥穂高岳／三俣蓮華岳／富士山／甲斐駒ヶ岳／蝶ヶ岳／槍ヶ岳／大喰岳／祖父岳／中岳／北岳／鷲羽岳／水晶岳／大天井岳／天狗岳／硫黄岳／横岳／真砂岳／野口五郎岳

110　120　130　南東　140

劔岳付近から見た薬師岳（撮影：富嶽仙人）

薬師岳

見事なカールをいくつも抱いた氷河地形の博物館

薬師岳は実にスケールの大きい雄大な山である。雲ノ平近くの水晶岳（黒岳）から眺めるのがいちばん形が良くまとまっているが、それでも巨大な山体はカメラのファインダーには収まりきれない。さらに北の赤牛岳からは、天然記念物にも指定されている、薬師岳東面の見事な形状のカール群が眺められる。カールの底にはS字状のモレーン（氷河前面の堆積物）もはっきりと認められ、氷河地形の博物館といったところである。

北アルプスの西端という位置から展望も個性的である。まず南には特異な形をした黒部五郎岳と、やや尖った形状の笠ヶ岳、抜戸岳の左には中央アルプスの安平路山から木曽駒までの稜線が見える。その左には槍・穂高の山並みが斜めに競り上がって天に突き上げている。槍ヶ岳と鷲羽岳が作る「窓」からは南アルプスの北岳が見えるはずであるが、北鎌尾根の岩峰に阻まれてかなり厳しい展望である。鷲羽岳の左手には甲斐駒ヶ岳と鳳凰三山が頭を出している。薬師岳からの南アルプスの展望はこの付近が唯一である。その左には富士山が見える。水晶岳から北に張り出す稜線越しには大天井岳と八ヶ岳が顔を出す。東から北にかけては後立山連峰とその背後に高妻山や火打山が望める。北には立山、劔岳が聳え、その向こうは日本海だ。西側の展望では白山が波頭のような山並みの上にゆるやかなカーブを描いているが、実際はもう少し高く見えるだろう。

北アルプス　標高2926メートル　緯度36度28分08秒　経度137度32分41秒

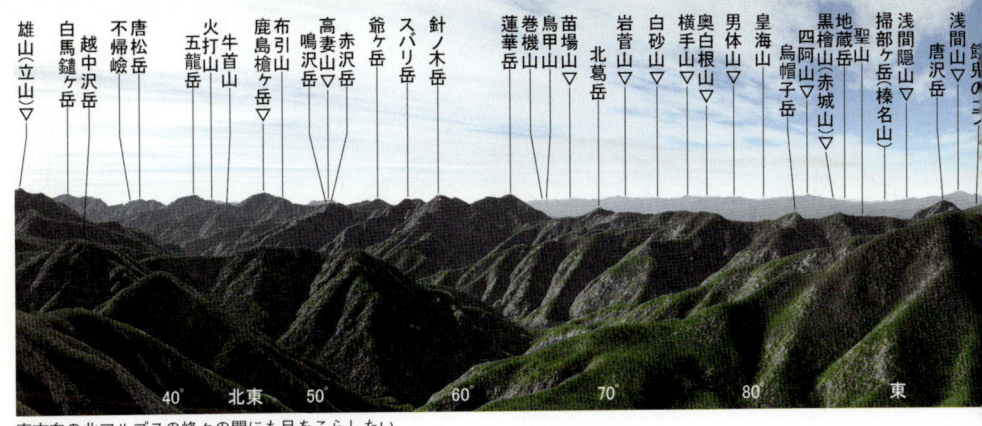

立山(3003m) p268　　鹿島槍ヶ岳(2889m) p254　　苗場山(2145m) p28　　黒檜山(2715m) p120

雄山(立山)▽
白馬鑓ヶ岳
越中沢岳
不帰嶮
唐松岳
火打山
牛首山
五龍岳
鹿島槍ヶ岳
布引山
鳴沢岳
高妻山
赤沢岳
爺ヶ岳
スバリ岳
針ノ木岳
蓮華岳
巻機山
烏甲山
苗場山
北葛岳
岩菅山
白砂山
横手山
奥白根山
男体山
皇海山
四阿山
烏帽子岳
黒檜山(赤城山)
地蔵岳
聖岳
掃部ヶ岳(榛名山)
浅間隠山
浅間山
唐沢岳
餓鬼岳

40°　北東　50°　　　60°　　　70°　　　80°　東

東方向の北アルプスの峰々の間にも目をこらしたい

薬師岳から見える山			
(興味深いもの)			
山名	標高	距離	方位
仏生ヶ岳	1805	298.4	210.2
山上ヶ岳(大峰山)	1719	285.8	211.1
日出ヶ岳(大台ヶ原山)	1695	285.0	207.6
国見山	1419	267.3	210.1
迷岳	1309	264.5	207.7
高見山	1248	262.1	210.7
御在所山	1212	190.3	212.7
女峰山	2483	182.1	77.3
男体山	2484	177.1	78.7
奥白根山	2578	167.8	76.8
富士山	3776	162.8	138.6
皇海山	2144	162.2	80.7
黒檜山(赤城山)	1828	148.0	85.5
武尊山	2158	146.8	74.7
相馬山(榛名山)	1411	121.5	89.3
苗場山	2145	110.6	67.4
観音岳(鳳凰山)	2840	109.2	140.9
北岳	3192	108.0	144.4
甲斐駒ヶ岳	2967	100.5	141.5
岩菅山	2295	95.7	71.2
横手山	2307	90.5	75.5
浅間山	2568	87.9	94.2
空木岳	2864	86.7	163.4
三ノ沢岳	2846	81.0	163.8
木曽駒ヶ岳	2956	78.9	162.6
御前峰(白山)	2702	77.6	243.5
火打山	2462	68.7	42.7
剣ヶ峰(御嶽山)	3067	64.1	185.2
高妻山	2353	58.3	50.8
剣ヶ峰(乗鞍岳)	3026	40.2	178.8
蝶ヶ岳	2677	25.8	140.9
鹿島槍ヶ岳	2889	25.0	46.3
奥穂高岳	3190	21.9	155.0
剱岳	2998	18.3	20.7
笠ヶ岳	2897	17.0	178.3
槍ヶ岳	3180	16.8	146.6

展望図と実際の風景では山の高さの感じがずいぶん違うことがある。ある山小屋の主人に、描いた展望図を見せたところ「もっと山が大きいはずだ」と指摘されたことがあった。目で見る風景はひとつ一つの山をズームレンズで切り取り、それらを頭の中で合成しているために、山の高さも強調されて見えてくる。展望図もだいたい1・2倍の高さに強調して描くと目で見た印象に近くなるようだ。

薬師岳への登山道は折立から太郎平を経由するコースが最短である。富山地方鉄道の有峰口駅から折立まではバスで約1時間。折立から太郎平小屋へは4時間ほどの行程である。初日は太郎平小屋に泊まるのが楽である。太郎平小屋から薬師岳まではおよそ3時間も見れば良いだろう。

271　薬師岳（北アルプス）

奥穂高岳(3190m) p290

滝子山▽
西穂高岳
間ノ岳
天狗ノ頭
明神岳
ジャンダルム
奥穂高岳▽
涸沢岳
蒲田富士
北穂高岳

ガスに煙る笠ヶ岳（撮影：富嶽仙人）

笠ヶ岳（かさがたけ）

飛騨側から槍・穂高連峰の荒々しい一面を見る

蒲田川をはさんで穂高岳の西に位置する笠ヶ岳は山頂部がまさに笠のような形をしておりその名に相応しい山容である。この笠の形も見る場所によって微妙に形を変えていく。写真などでも良く知られる穂高岳側からの眺めは菅笠のような大きく開いた笠を連想させる。一方、北へ回り込んで黒部五郎岳付近から眺める笠ヶ岳はつばがすぼまった感じになってくる。さらに西の飛騨側に入るとすっかり閉じた唐傘といったところであろうか。高山付近からだと右奥に見える槍ヶ岳の鋭い三角錐と笠ヶ岳の鈍角の三角錐の対比が面白い。高山からは春先の雪解けの頃になると、笠ヶ岳の南西斜面に白い馬の雪形が現れる。馬の雪形といえば白馬岳を連想するが、笠ヶ岳のそれはまさに白馬である。それが黒い代掻き馬なのに対して、笠ヶ岳を連想する。

穂高側から見た笠ヶ岳のもうひとつの特徴は山容に加えて山腹に水平に走る縞模様であろう。これは笠ヶ岳の起源が古い火山であることによる。火山の噴出物、溶岩や火砕流などの堆積物のうち、浸食されやすい地層が削られることによってみごとな縞模様が描き出されている。

また山頂の東側には数個のカールが存在し、かつての氷河の名残を示している。山頂直下には播隆平カールがあり、かつてはこのカールから溢れ出した氷河が緑ノ笠で二方向に分かれて穴毛谷に流下していた。

笠ヶ岳からの展望のハイライトはなんといっても

北アルプス
標高2897メートル
緯度36度18分56秒
経度137度33分01秒

272

燧ヶ岳（2356m）p172　　槍ヶ岳（3180m）p276

志賀山　笠ヶ岳　燧ヶ岳　白砂山　北鎌独標　槍ヶ岳　大喰岳　中岳　南岳　東

東側に槍ヶ岳から穂高連峰が間近に望まれる

笠ヶ岳から見える山
（興味深いもの）

山名	標高	距離	方位
八剣山	1915	280.7	212.6
弥山	1895	280.0	212.6
大普賢岳	1780	272.9	212.4
山上ヶ岳（大峰山）	1719	271.7	213.0
日出ヶ岳（大台ヶ原山）	1695	270.3	209.4
御在所山	1212	176.5	215.8
御正体山	1682	154.9	126.0
富士山	3776	150.1	134.5
伊吹山	1377	143.5	226.3
三ツ峠山	1785	141.8	126.4
滝子山	1610	139.8	122.5
御坂釈迦ヶ岳	1641	134.6	127.9
苗場山	2145	117.7	59.6
聖岳	3013	112.4	151.5
赤石岳	3120	109.5	149.7
大沢岳	2819	109.0	151.6
悪沢岳	3141	106.9	147.5
塩見岳	3047	100.1	145.0
間ノ岳	3189	96.2	140.3
荒島岳	1523	95.3	243.9
北岳	3192	94.4	138.6
甲斐駒ヶ岳	2967	87.4	134.8
仙丈ヶ岳	3033	87.3	138.9
妙高山	2454	81.3	38.0
御前峰（白山）	2702	72.2	255.9
南駒ヶ岳	2841	72.0	160.9
空木岳	2864	70.4	159.9
高妻山	2353	70.0	39.7
木曽駒ヶ岳	2956	62.7	158.5
守屋山	1650	62.2	128.1
剣ヶ峰（御嶽山）	3067	47.3	187.6
劒岳	2998	34.6	9.9
大汝山（立山）	3015	29.5	12.1
剣ヶ峰（乗鞍岳）	3026	23.2	179.2
薬師岳	2926	17.0	358.3
奥穂高岳	3190	9.2	108.4

飛騨側から見る槍・穂高連峰であろう。信州側からの姿と異なり、荒々しく雄々しい表情を見せる。笠ヶ岳を再興した播隆上人がこの景観に接して槍ヶ岳開山の決意をしたことも頷ける迫力である。

その他に見える山であるが、北アルプスでは剱岳、薬師岳など、中央アルプスでは木曽駒ヶ岳、三ノ沢岳、空木岳、南アルプスでは、北岳、甲斐駒ヶ岳、仙丈ヶ岳、鳳凰山などが展望できる。

富士山ももちろん望むことが可能だ。微妙な展望では、唐沢岳と野口五郎岳の間から高妻山と妙高山、槍ヶ岳と燕岳の間から裏岩菅山、苗場山が見えるはずである。計算上もっとも遠くに見える山は奈良県の大峰山系にある八剣山で距離にして280・7キロである。

273　笠ヶ岳（北アルプス）

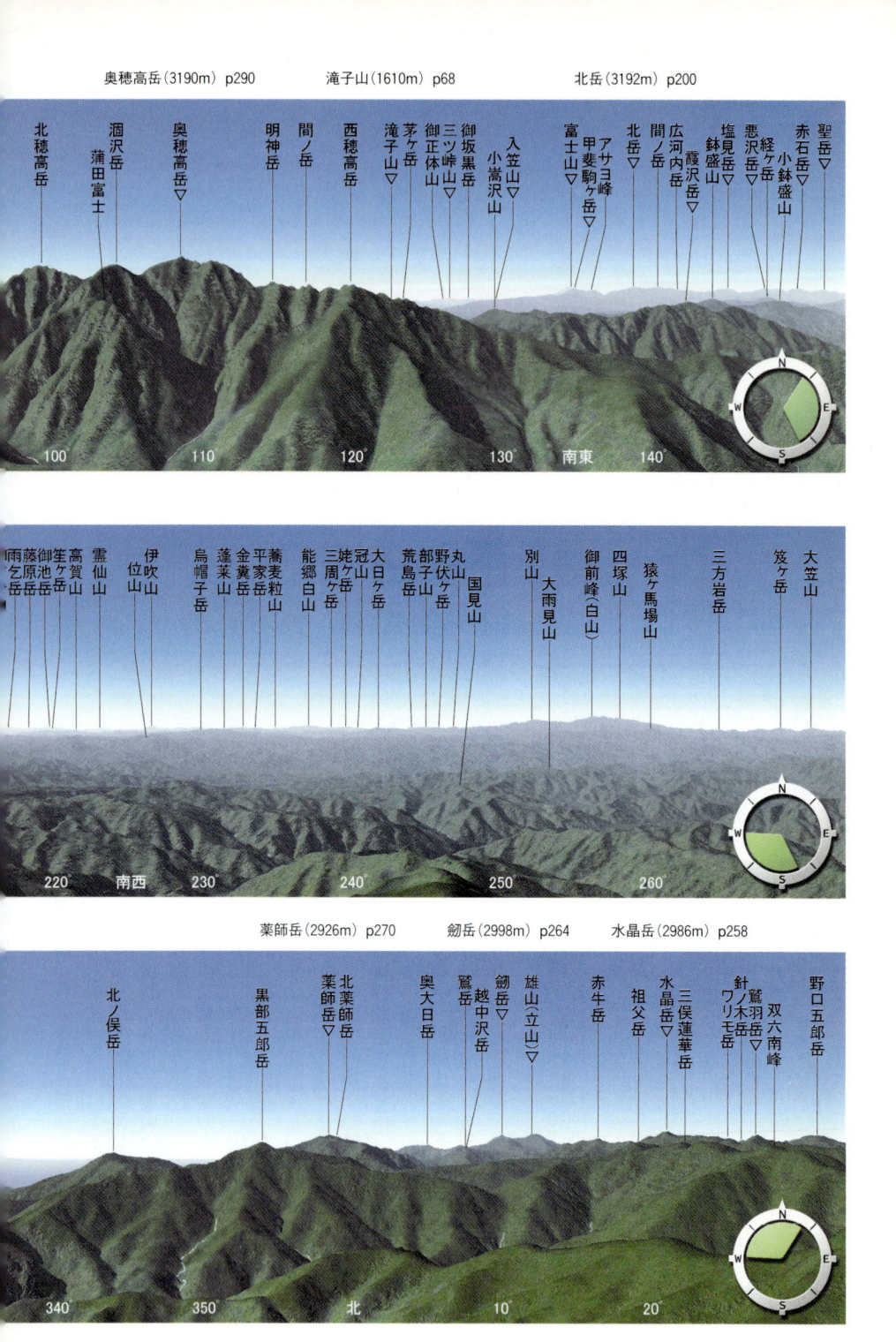

奥穂高岳（3190m）p290　　滝子山（1610m）p68　　北岳（3192m）p200

パノラマ1（100°〜140° 南東方向）の山名:
北穂高岳 / 涸沢岳・蒲田富士 / 奥穂高岳 / 明神岳 / 間ノ岳 / 西穂高岳 / 滝子山▽ / 茅ヶ岳▽ / 御正体山 / 三ツ峠山 / 御坂黒岳 / 小嵩沢山 / 入笠山▽ / 富士山▽ / 甲斐駒ヶ岳▽ / アサヨ峰 / 北岳▽ / 間ノ岳▽ / 広河内岳 / 霞沢岳▽ / 鉢盛山 / 塩見岳▽ / 悪沢岳 / 経ヶ岳 / 小鉢盛山 / 赤石岳▽ / 聖岳▽

パノラマ2（220°〜260° 南西方向）の山名:
雨乞岳・藤原岳 / 御池岳 / 笙ヶ岳 / 高賀山 / 霊仙山 / 伊吹山 / 位山 / 烏帽子岳 / 蓬莱山 / 菜畑山 / 平家粒山 / 金糞岳 / 蕎麦粒山 / 三周ヶ岳 / 姥ヶ岳 / 冠ヶ岳 / 大日ヶ岳 / 荒島岳 / 部子山 / 野伏ヶ岳 / 丸山 / 国見山 / 別山 / 大雨見山 / 御前峰〈白山〉 / 四塚山 / 猿ヶ馬場山 / 三方岩岳 / 笈ヶ岳 / 大笠山

薬師岳（2926m）p270　　剱岳（2998m）p264　　水晶岳（2986m）p258

パノラマ3（340°〜20° 北方向）の山名:
北ノ俣岳 / 黒部五郎岳 / 北薬師岳 / 薬師岳▽ / 奥大日岳 / 越中沢岳 / 鷲岳 / 剱岳▽ / 雄山〈立山〉▽ / 赤牛岳 / 祖父岳 / 水晶岳▽ / 三俣蓮華岳 / 鷲羽岳 / 針ノ木岳・ワリモ岳 / 双六南峰 / 野口五郎岳

北東から南東の展望

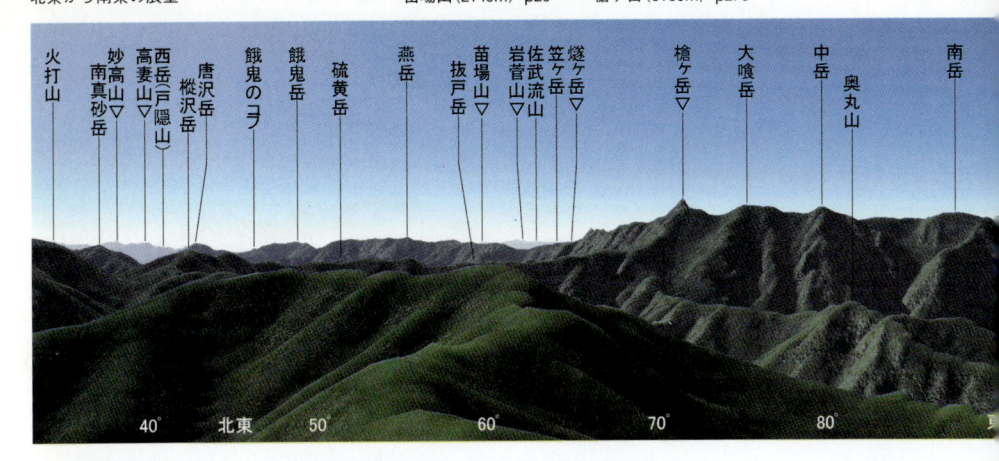

苗場山(2145m) p28　　槍ヶ岳(3180m) p276

火打山／妙高山／高妻山／西岳(戸隠岳)／樅沢岳／唐沢岳／餓鬼のヲ／餓鬼岳／硫黄岳／燕岳／苗場山▽／抜戸岳／佐武流山／岩菅山▽／笠ヶ岳▽／燧ヶ岳▽／槍ヶ岳▽／大喰岳／中岳／奥丸山／南岳／南真砂岳

40°　北東　50°　　60°　　70°　　80°

南東から西の展望

蛇峠山(1664m) p30　　御嶽山(3067m) p302

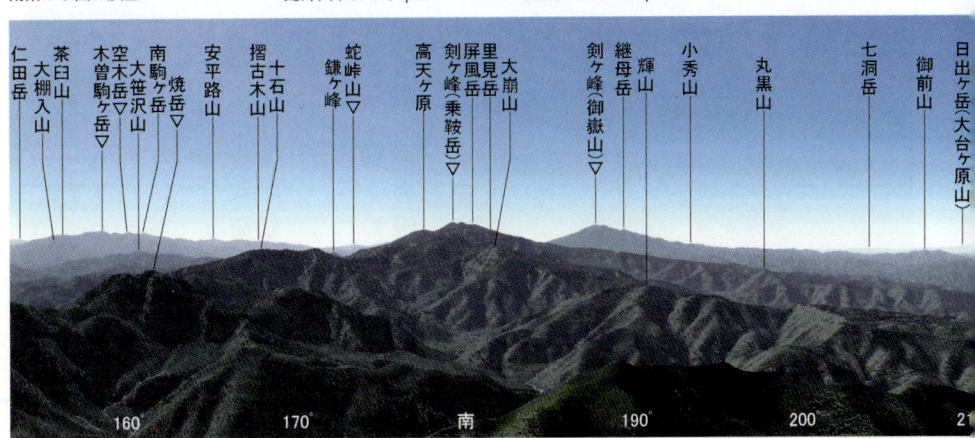

仁田岳／茶臼岳／大棚入山／南駒ヶ岳／空木岳／大笹沢山／木曽駒ヶ岳▽／焼岳／安平路山／十石山／摺古木山／蛇峠山／鎌ヶ峰／高天ヶ原／剣ヶ峰(乗鞍岳)▽／屏風岳／里見岳／大崩山／継母岳／剣ヶ峰(御嶽山)▽／輝山／小秀山／丸黒山／七洞岳／御前山／日出ヶ岳(大台ヶ原山)

160°　　170°　南　　190°　　200°　　210

西から北東の展望

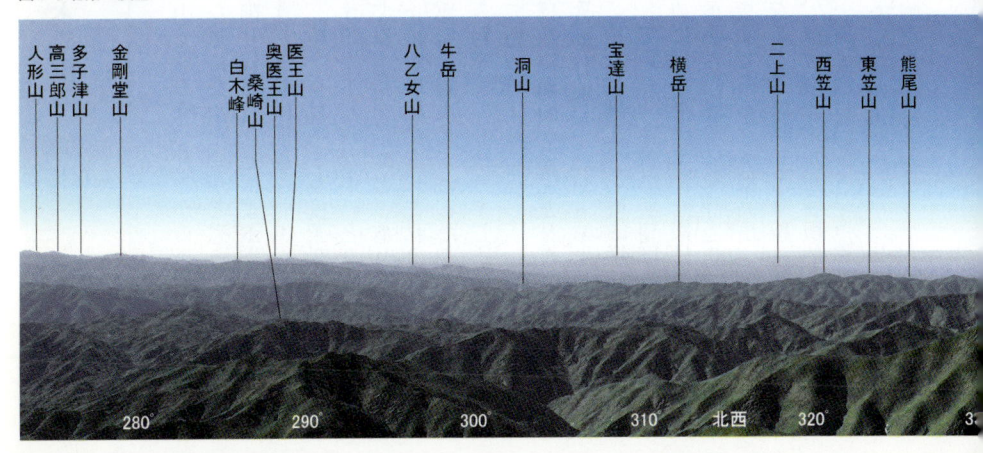

人形山／高三郎山／多子津山／金剛堂山／奥医王山／白木峰／桑崎山／医王山／八乙女山／牛岳／洞山／宝達山／横岳／二上山／西笠山／東笠山／熊尾山

280°　　290°　　300°　　310°　北西　320°

275　笠ヶ岳（北アルプス）

木曽駒ヶ岳(2956m) p236　　　　　　　奥穂高岳(3190m) p290

パノラマ山名ラベル（右から左）：三森山／鎌ヶ峰／中岳／涸沢岳／奥穂高岳▽／北穂高岳／摺古木山／南岳／安平路山／前穂高岳／越百山／三ノ沢岳▽／空木岳▽／木曽駒ヶ岳▽／宝剣岳／伊那前岳／小鉢盛山／茶臼山

涸沢岳から望む雲湧く槍ヶ岳（撮影：富嶽仙人）

槍ヶ岳（やりたけ）

だれもが憧れる日本の山の超人気ブランド

北アルプス
標高 3180メートル
緯度 36度20分31秒
経度 137度38分52秒

日本の山岳の中で富士山に次いで有名な山であろう。どこから見てもその名に恥じない山容を見せる槍ヶ岳。どうしてこんな形になったのかと思うが、その成因は周囲の四つの沢に発達した氷河が硬い岩を削り残したことによるものだそうだ。CGで山岳風景を描けるようになったとき、最初に描きたい山の代表が、富士山や槍ヶ岳だろう。富士山は見慣れているが、槍ヶ岳はある程度苦労しないと迫力ある姿を拝めないので、よりCGの対象に適するかもしれない。ところが、カシミールと数値地図（地形データ）を組み合わせて槍ヶ岳を描くと、あれっと思うような先の丸い槍ヶ岳が出現する。これは数値地図が50メートルの編み目で地形を表現しているためで、槍ヶ岳の尖鋒がその編み目をくぐり抜けてしまい、鋭さを表現できないのである。

この問題は数値地図が発売された当初から指摘され、Kragen氏が作成した『MoV』という風景CGソフトでは「槍ヶ岳補正」と呼ぶ独自の処理で槍の尖鋒を表現していた。本書の展望図も本来の姿にするために、地形データを微妙に修正している。

さて、山頂からの展望は期待通りに素晴らしい。これから目指すであろう奥穂高岳、遙かに低く見える焼岳、重なるように聳える乗鞍岳と御嶽山、西の彼方に白山、巨大なカールが特徴的な黒部五郎岳、北には立山、劍岳、白馬岳の諸峰が林立し、東は桃のような形状が美しい常念岳。中央アルプス方面は木曽駒ヶ岳、三ノ沢岳、空木岳など、南アル

甲斐駒ヶ岳(2967m) p204　　北岳(3192m) p200　　塩見岳(3047m) p208　　聖岳(3013m) p216

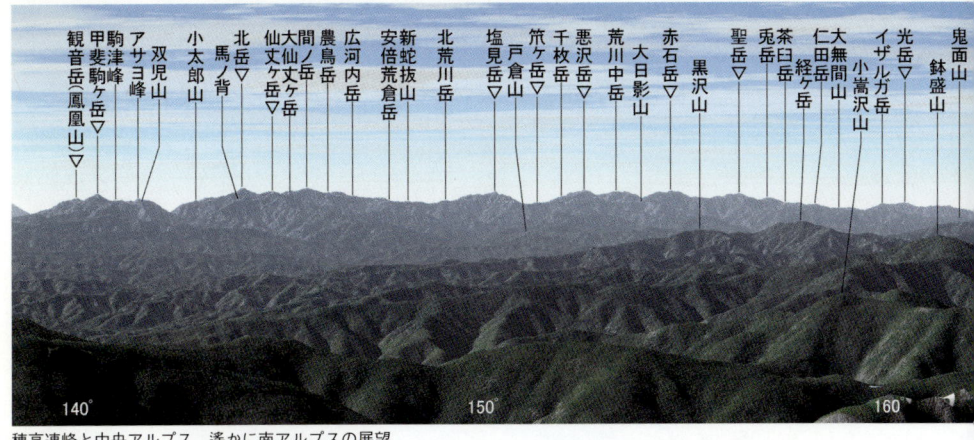

穂高連峰と中央アルプス、遙かに南アルプスの展望

槍ヶ岳から見える山
（興味深いもの）

山名	標高	距離	方位
月山	1984	322.9	39.9
以東岳	1771	295.5	40.6
大朝日岳	1870	293.2	42.7
山上ヶ岳(大峰山)	1719	279.0	214.3
飯豊山	2105	248.4	46.8
北股岳	2025	245.8	45.4
筑波山	860	220.5	92.6
守門岳	1537	177.0	48.1
男体山	2484	171.5	73.5
奥白根山	2578	162.7	71.3
燧ヶ岳	2356	161.4	64.5
越後駒ヶ岳	2003	154.2	55.3
伊吹山	1377	151.9	227.9
御正体山	1682	149.7	128.9
富士山	3776	146.1	137.8
武尊山	2158	142.5	68.4
黒檜山(赤城山)	1828	140.6	79.6
三ツ峠山	1785	136.8	129.6
光岳	2591	118.1	160.3
笊ヶ岳	2629	115.8	151.3
両神山	1723	113.0	107.8
聖岳	3013	111.2	156.3
苗場山	2145	108.7	58.7
甲武信岳	2475	108.5	115.9
赤石岳	3120	108.0	154.6
悪沢岳	3141	105.0	152.5
塩見岳	3047	97.9	150.3
農鳥岳	3026	96.0	146.2
間ノ岳	3189	93.2	145.7
岩菅山	2295	92.9	61.2
北岳	3192	91.2	144.0
荒船山	1423	90.2	99.4
横手山	2307	86.6	64.9
甲斐駒ヶ岳	2967	83.7	140.5
御前峰(白山)	2702	81.4	255.5
浅間山	2568	78.8	84.5

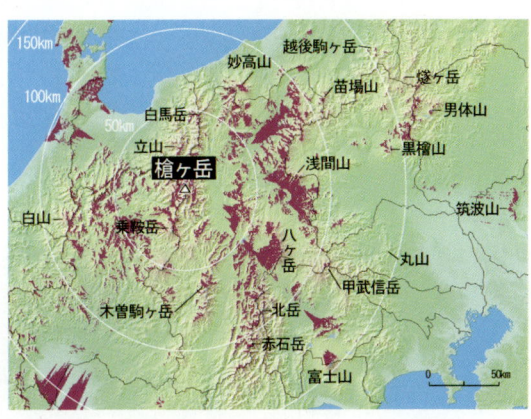

　槍ヶ岳へのオーソドックスなコースとしては、松本駅から上高地に入り、横尾、一ノ俣を通り、槍沢から槍ノ肩に出るルートである。この場合、途中の殺生ヒュッテに泊って翌朝に山頂を目指すのが無理がない。他に、裏銀座コースを利用し双六岳から西鎌尾根を使うルート、燕岳からの東鎌尾根をたどるルート、新穂高温泉から槍平に入り、飛騨乗越に出るルート、穂高岳から大キレットを越えてくるルートなど、北アルプスの十字路に相応しく、さまざまな道が通じている。

アルプスは北岳、甲斐駒ヶ岳、仙丈ヶ岳、赤石岳などが見える。もっとも遠くに見えるであろう山は、山形県の月山。距離にして322.9キロの超遠望の世界である。

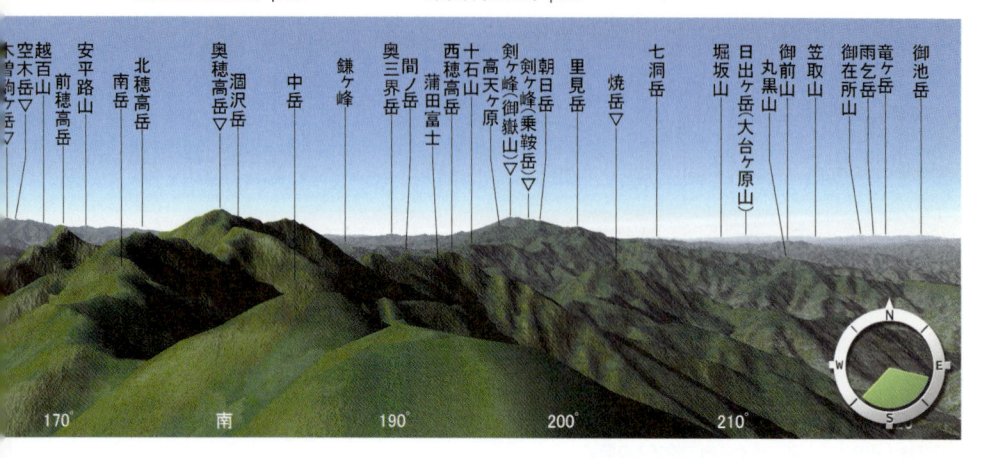

奥穂高岳(3190m) p290　　乗鞍岳(3026m) p298

パノラマ labels (170°–210°, 南):
木曽駒ヶ岳／空木岳／越百山／安平路山／前穂高岳／北穂高岳／南岳／涸沢岳／奥穂高岳／中岳／鎌ヶ峰／奥三界岳／間岳／十石峠／蒲田富士／西穂高岳／高天ヶ原／剣ヶ峰御嶽山／朝日岳／乗鞍岳／里見岳／焼岳／七洞岳／堀坂山／日出ヶ岳(大台ヶ原山)／御在所岳／雨乞岳／御前山／丸黒山／笠取山／竜ヶ岳／御池岳

薬師岳(2926m) p270　　水晶岳(2986m) p258

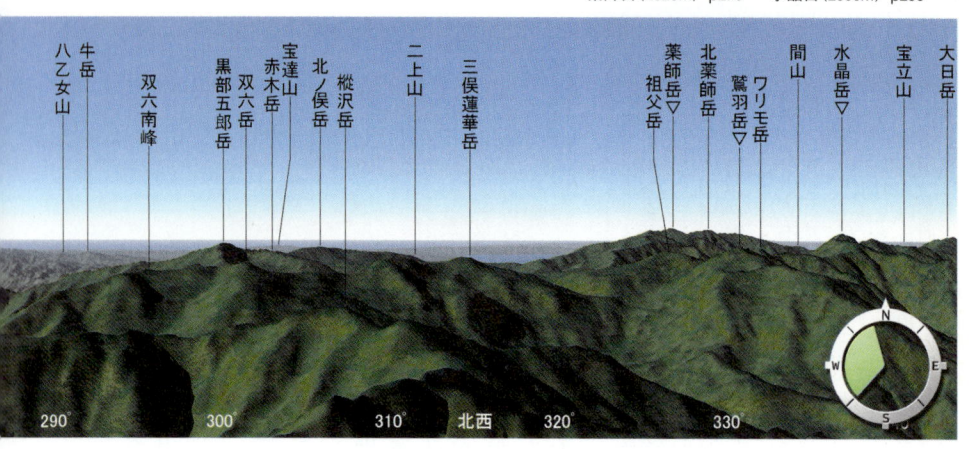

パノラマ labels (290°–330°, 北西):
八乙女山／牛岳／双六南峰／宝達山／赤木岳／北ノ俣岳／樅沢岳／黒部五郎岳／二上山／三俣蓮華岳／薬師岳／北薬師岳／祖父岳／ワリモ岳／鷲羽岳／間山／水晶岳／宝立山／大日岳

苗場山(2145m) p28　　奥白根山(2578m) p158　　籠ノ登山(2227m) p130　　筑波山(860m) p26

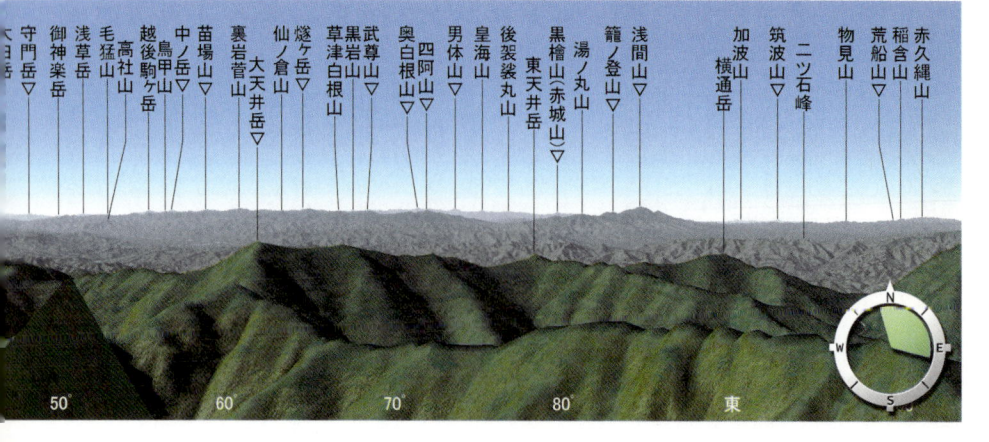

パノラマ labels (50°–80°, 東):
守門岳／御神楽岳／浅草岳／毛猛山／高社山／越後駒ヶ岳／中ノ岳／苗場山／裏岩菅山／燧ヶ岳／仙ノ倉山／大天井岳／武尊山／黒岩山／草津白根山／奥白根山／四阿山／男体山／皇海山／後袈裟丸山／東天井岳／黒檜山(赤城山)／湯ノ丸山／籠ノ登山／浅間山／二ツ石峰／筑波山／加波山／横通岳／物見山／荒船山／稲含山／赤久縄山

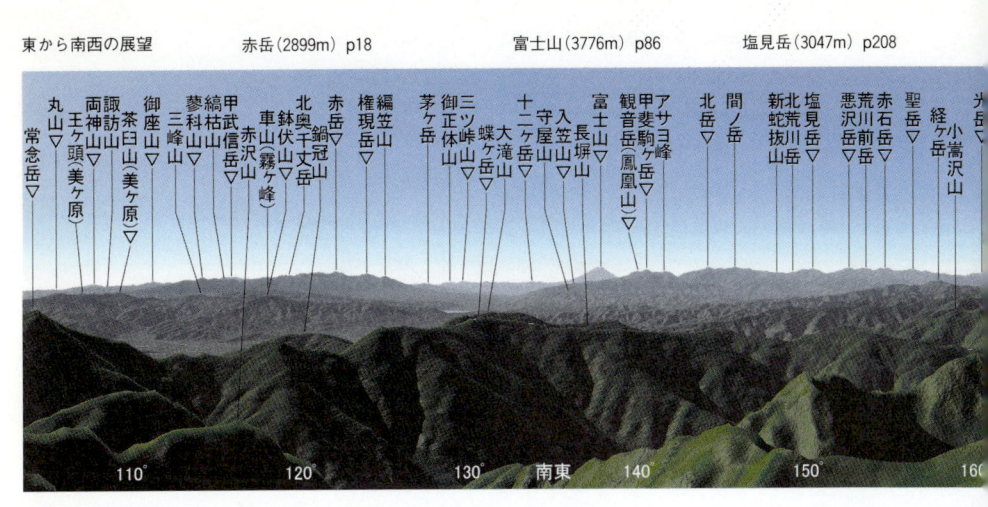

東から南西の展望　　　　赤岳(2899m) p18　　　　　富士山(3776m) p86　　　　塩見岳(3047m) p208

パノラマ注記（左から右）:
丸山／常念岳／王ヶ頭(美ヶ原)／諏訪神山／両神山／御座山／茶臼山(美ヶ原)／蓼科山／縞枯山／三峰山／甲武信岳／赤岳／奥千丈岳／北奥千丈岳／鉢伏山／車山(霧ヶ峰)／赤沢山／権現岳／編笠山／茅ヶ岳／御正体山／三ツ峠山／大滝山／蝶ヶ岳／十二ヶ岳／守屋山／入笠山／富士山／長塀山／甲斐駒ヶ岳／観音岳(鳳凰山)／アサヨ峰／北岳／間ノ岳／新北岳／塩見岳／荒川抜山／赤石岳／荒川前岳／悪沢岳／聖岳／経ヶ岳／光岳／小嵩沢山

南西から北北西の展望　　　　　　　笠ヶ岳(2897m) p272

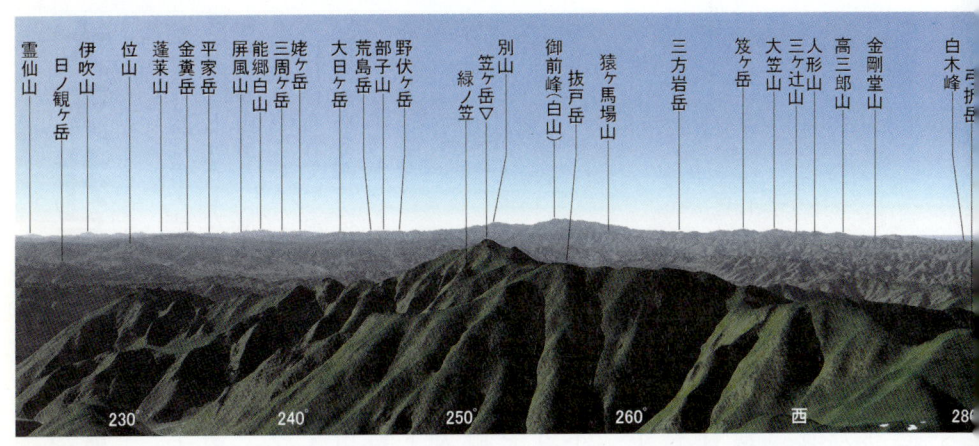

雪仙山／伊吹山／日ノ観ヶ岳／位山／蓬莱山／金黄岳／平家岳／能郷白山／屏風岳／三周ヶ岳／荒島岳／姥ヶ岳／部子山／野伏ヶ岳／別山／笠ヶ岳／緑ノ笠／御前峰(白山)／抜戸岳／猿ヶ馬場山／三方岩岳／笈ヶ岳／大笠山／三ケ辻山／人形山／高三郎山／金剛堂山／白木峰／一ノ折

北西から東の展望　　　　　　　　　　　　白馬岳(2932m) p252　　　雨飾山(1963m) p142

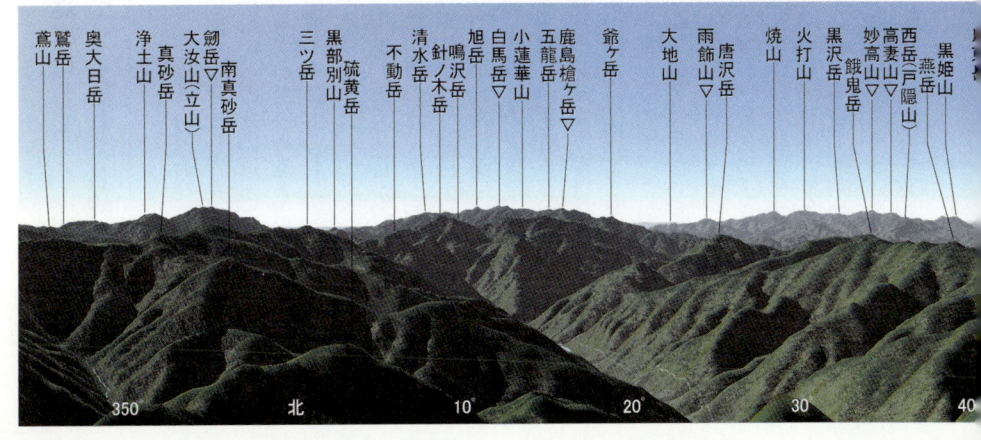

鳶山／鷲岳／奥大日岳／浄土山／剱岳／大汝山(立山)／南真砂岳／真砂岳／硫黄岳／黒部別山／三ツ岳／不動岳／清水岳／鳴沢岳／針ノ木岳／旭岳／白馬岳／小蓮華山／五龍岳／鹿島槍ヶ岳／爺ヶ岳／大地山／唐沢岳／雨飾山／焼山／火打山／黒沢岳／餓鬼岳／妙高山／高妻山／燕岳／西岳(戸隠山)／黒姫山

279　槍ヶ岳（北アルプス）

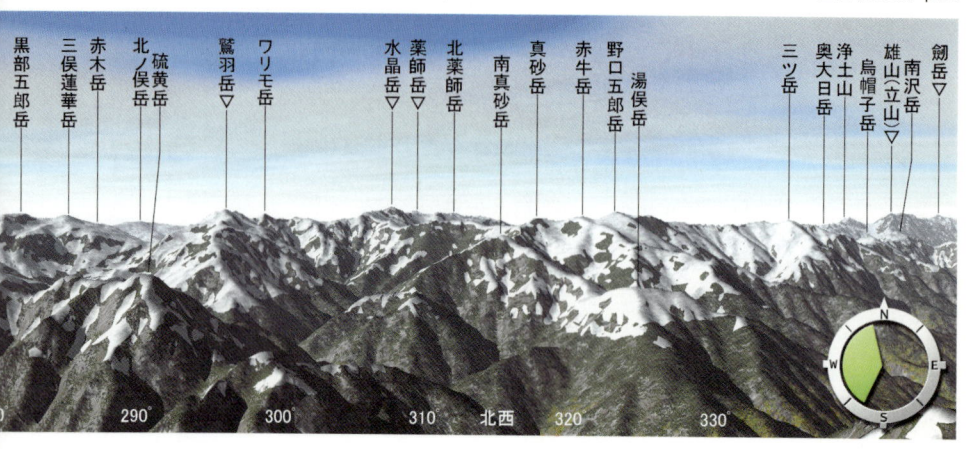

パノラマラベル（左から右）：
黒部五郎岳 ▽ 三俣蓮華岳 ▽ 赤木岳 ▽ 北ノ俣岳 ▽ 硫黄岳 ▽ 鷲羽岳（2924m）p262 ▽ ワリモ岳 ▽ 水晶岳（2986m）p258 ▽ 北薬師岳 ▽ 薬師岳 ▽ 南真砂岳 ▽ 真砂岳 ▽ 赤牛岳 ▽ 野口五郎岳 ▽ 湯俣岳 ▽ 三ツ岳 ▽ 奥大日岳 ▽ 浄土山 ▽ 烏帽子岳 ▽ 雄山（立山）▽ 南沢岳 ▽ 劒岳 ▽ 立山（3003m）p268

290° 300° 310 北西 320 330

地図ラベル：
150km／100km／50km
守門岳／浅草岳／妙高山／苗場山／燧ヶ岳／白馬岳／男体山／浅間山／黒檜山／大天井岳／筑波山／白山／八ヶ岳／丸山／木曽駒ヶ岳／北岳／赤石岳／富士山

大天井岳（おてんしょうだけ）

常念山脈の最高峰にして月山まで展望できる隠れた名峰

北アルプス　標高2922メートル
緯度36度21分54秒
経度137度42分04秒

大天井岳は槍・穂高連峰の東を併走する常念山脈の最高峰であり、根張りのどっしりとした山容が特徴の山である。表銀座コースの要所でもあり、燕岳からの登山道と、槍ヶ岳からの登山道、常念岳からの登山道がここでひとつに集まり接続されている。山腹には山頂をトラバースするための巻き道が三角形を描くように付けられているので、山頂を踏まずに通過する登山者も多く、3000メートルに近い標高がある割には軽んじられている山である。W・ウエストンが妻とともに山頂を踏んだ頃は、大天井岳から東天井岳を経て南下する登山道のみであったが、大正9年から大正12年にかけて燕岳山麓の案内人であり猟師でもある小林喜作が、槍ヶ岳へ至る縦走路を開削し、現在の表銀座コースを楽しめるようになった。山頂直下北側の切り通し岩には小林喜作のレリーフがはめ込まれている。

名前の由来は山頂を意味する「てんしょう」から来たもので、このあたりの山の中でもひときわ目立つ存在であったので「お」が付いて「おてんしょう」になったようである。漢字の表記は白馬岳（しろうまだけ）のような当て字だ。

大天井岳からの展望の特徴は、北鎌尾根を真正面にした槍ヶ岳の雄姿が眺められることだ。ここからの槍は鎌首をもたげた大蛇のように威厳と精悍さを放っている。北に目を移せば、劒岳、白馬岳なども遠く聳えている。

奥穂高岳（3190m）p290　　　　　　　　　　槍ヶ岳（3180m）p276

奥穂高岳▽／北穂高岳／涸沢岳／南岳／中岳／大喰岳／槍ヶ岳▽／抜戸岳／御前峰（白山）／猿ヶ馬場山／三方岩岳／弓折岳／笠ヶ岳／大笠山／樅沢岳／双六南峰

220　南西　230°　240°　250°　260°　西

鋸歯状の北鎌尾根を従えた槍ヶ岳と北アルプスの展望

大天井岳から見える山
（興味深いもの）

山　名	標　高	距　離	方　位
月山	1984	317.9	39.6
以東岳	1771	290.5	40.2
飯豊山	2105	243.1	46.5
北股岳	2025	240.6	45.1
筑波山	860	215.8	93.3
金北山	1172	201.3	16.4
男体山	2484	166.2	73.9
奥白根山	2578	157.4	71.7
燧ヶ岳	2356	156.0	64.7
富士山	3776	144.9	139.9
武尊山	2158	137.1	68.6
黒檜山（赤城山）	1828	135.4	80.3
三ツ峠山	1785	134.8	131.8
光岳	2591	119.0	163.0
聖岳	3013	111.8	159.1
両神山	1723	109.3	109.9
赤石岳	3120	108.4	157.5
悪沢岳	3141	105.2	155.4
苗場山	2145	103.3	58.6
恵那山	2191	102.7	185.2
塩見岳	3047	97.9	153.5
茅ヶ岳	1704	96.7	130.5
農鳥岳	3026	95.6	149.4
北岳	3192	90.6	147.5
御座山	2112	89.3	114.0
岩菅山	2295	87.5	61.1
御前峰（白山）	2702	86.7	254.6
荒船山	1423	85.9	101.7
仙丈ヶ岳	3033	83.7	148.5
甲斐駒ヶ岳	2967	82.8	144.2
横手山	2307	81.2	65.2
赤岳	2899	74.4	125.8
南駒ヶ岳	2841	74.2	172.3
浅間山	2568	73.8	86.1
妙高山	2454	69.0	32.1
三ノ沢岳	2846	66.9	172.7

燕岳から正面に見る大天井岳（撮影：柳原修一）

中央アルプスはほぼ縦位置から眺めることになるが、木曽駒ヶ岳、三ノ沢岳、南駒ヶ岳などが見えるはずである。常念岳の三角錐の向こうには富士山と北岳、甲斐駒ヶ岳、仙丈ヶ岳、聖岳などの南アルプスの山々が連なっている。

もっとも遠くに見える山は、山形県の月山でその距離317・9㌔に達する。黒姫山と飯綱山の間からわずかに頭を出しているはずである。

大天井岳へ直接登るルートはない。縦走の途中に立ち寄る形になる。代表的なコースは、燕岳から大天井岳を経て、喜作新道を槍ヶ岳へと向かうもので、切り通し岩から喜作新道と分かれて、山頂へと向かうことになる。他には、常念小屋から横通岳へ上がり、コマクサの揺れる東天井岳を通過して、北上するコースがある。常念小屋から3～4時間の行程である。

281　大天井岳（北アルプス）

槍ヶ岳(3180m) p276

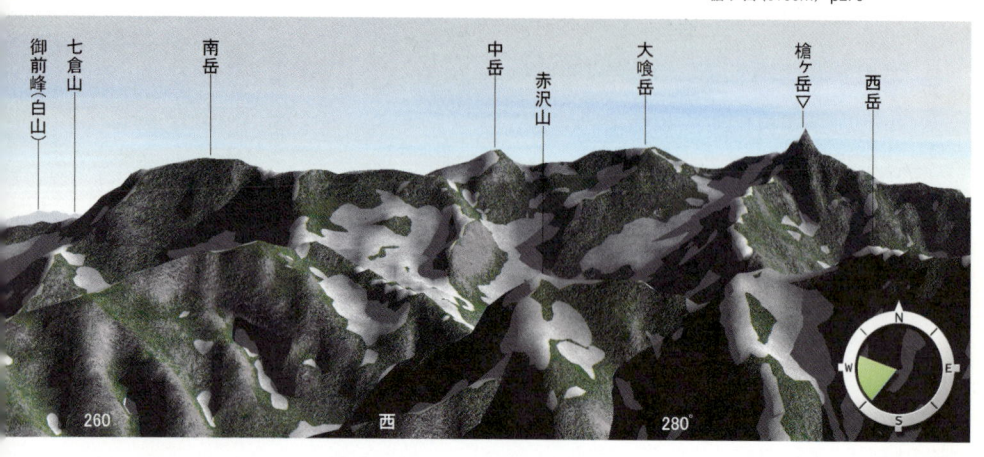

御前峰〈白山〉 / 七倉山 / 南岳 / 中岳 / 赤沢山 / 大喰岳 / 槍ヶ岳▽ / 西岳

260　　　　　　　西　　　　　　280

涸沢カールから見る秋の常念岳（撮影：富嶽仙人）

常念岳 (じょうねんだけ)

安曇野からの山岳風景を代表する名山から楽しむ槍・穂高の展望

松本からその端正な三角錐を望むことができる常念岳は姿形から古来多くの人々を引き付けて止まない存在である。古くはW・ウエストンをして「松本付近から見える山々のうちでとくに印象的なのは、優美な三角形をした常念岳である」と言わしめ、大正年間には、麓の堀金尋常高等小学校の校長であり、常念校長と異名をとった大の常念岳ファンであった佐藤嘉市氏が毎週の朝礼でかならず「常念を見ろ」と口癖のように語ったことは有名である。

また常念岳周辺は北アルプスでも古くから開かれた場所である。常念小屋は北アルプスではもっとも古い山小屋であり、かつてはここから一ノ俣を下り槍沢に出て、槍ヶ岳へと向かう最短ルートとして使われていた。

常念岳の最大の魅力はなんといっても山頂からの槍・穂高連峰の展望であろう。とくに豊科から一ノ沢を登り、常念乗越にたどり着いたときに一気に眼前に広がる展望は実に感動的である。ここからの穂高岳は同じく穂高の展望の名所として知られる蝶ヶ岳に比べて、若干距離があるものの、涸沢カールを中心にして、前穂高から北穂高までぐるりと取り巻いている姿は風格があり、まさに北アルプスの雄に相応しい。一方、槍ヶ岳は、少し首を傾け斜に構えている姿がかわいらしい。

北に目を転じれば、剱岳、白馬岳などまでも望むことができる。また、中央アルプスの木曽駒ヶ岳、三ノ沢岳、南駒ヶ岳をはじめ、南アルプスの北岳、

北アルプス
標高2857メートル
緯度36度19分32秒
経度137度43分39秒

282

奥穂高岳（3190m）p290

猫岳 / 大崩山 / 明神岳 / 前穂高岳 / 奥穂高岳▽ / 涸沢岳 / 北穂高岳

南西　230　240　250

槍・穂高連峰が屏風のように眼前に広がる

常念岳から見える山
（興味深いもの）

山名	標高	距離	方位
以東岳	1771	292.3	39.3
飯豊山	2105	244.4	45.4
北股岳	2025	242.1	43.9
筑波山	860	213.3	92.2
金北山	1172	204.9	15.4
浅草岳	1585	175.5	49.4
男体山	2484	165.2	72.3
奥白根山	2578	156.6	69.9
燧ヶ岳	2356	155.8	62.9
越後駒ヶ岳	2003	149.4	53.2
富士山	3776	140.0	139.5
武尊山	2158	136.5	66.6
三ツ峠山	1785	130.1	131.1
十二ヶ岳	1683	124.7	135.5
光岳	2591	114.1	163.5
聖岳	3013	106.8	159.4
両神山	1723	105.6	108.1
赤石岳	3120	103.4	157.8
甲武信岳	2475	101.3	116.8
悪沢岳	3141	100.3	155.7
恵那山	2191	98.6	186.8
塩見岳	3047	92.9	153.6
御前峰（白山）	2702	87.9	257.8
北岳	3192	85.6	147.3
荒船山	1423	82.8	99.1
甲斐駒ヶ岳	2967	77.9	143.7
浅間山	2568	71.9	82.6
妙高山	2454	71.6	28.7
赤岳	2899	69.9	124.0
南駒ヶ岳	2841	69.6	173.7
雨飾山	1963	67.3	18.1
入笠山	1955	62.2	139.8
三ノ沢岳	2846	62.2	174.4
宝剣岳	2931	60.8	173.0
高妻山	2353	60.1	28.7
木曽駒ヶ岳	2956	59.8	173.3

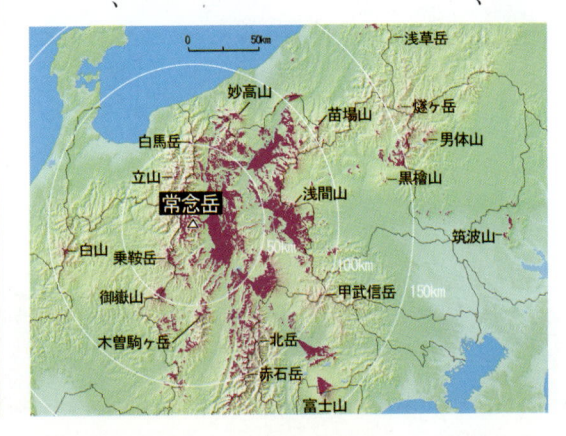

甲斐駒ヶ岳、仙丈ヶ岳、聖岳などの展望も得られる。富士山は八ヶ岳と南アルプスの間に走る糸魚川―静岡構造線の地溝帯に沿って、遙かに望むことができる。もっとも遠くに見えるはずの山は、山形県と新潟県にまたがる朝日連峰の以東岳で距離にして292・3キロである。

アプローチとしては、一般的によく使われる一ノ沢からの登山道、直登する三股からの登山道がある。一ノ沢からの登山道は、大糸線豊科駅から登山口までタクシーを利用し、常念小屋まで5時間程度の行程。小屋で一泊して翌朝に山頂を目指すと良い。三股からのルートは前常念を経て直接山頂を目指すため、かなりきつい登りになり、下山路として使われることが多い。

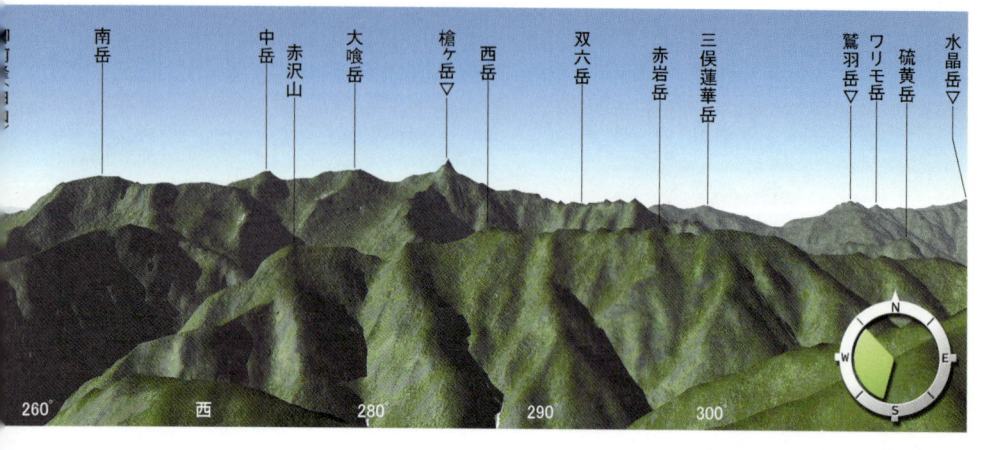

槍ヶ岳 (3180m) p276　　　　鷲羽岳 (2924m) p262

南岳／中岳／赤沢山／大喰岳／槍ヶ岳▽／西岳／双六岳／赤岩岳／三俣蓮華岳／鷲羽岳／ワリモ岳／硫黄岳／水晶岳▽

260°　　西　　280°　　290°　　300°

妙高山 (2454m) p150　　守門岳 (1537m) p194　　岩菅山 (2295m) p148　　奥白根山 (2578m) p158

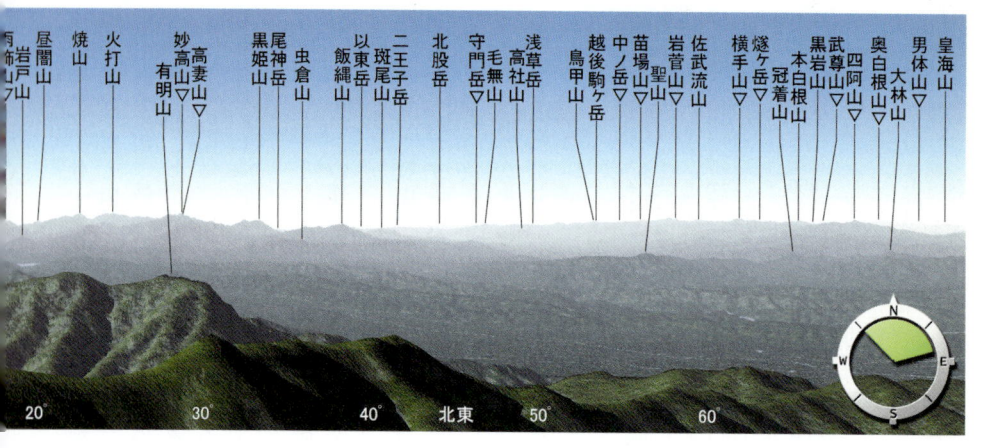

雨飾山／昼闇山／焼山／火打山／妙高山▽／有明山／高妻山／戸隠山／黒姫山／尾神岳／虫倉山／二王子岳／斑尾山／北股岳／以東岳／飯縄山／守門岳／毛無山／浅草岳／高社山／佐武流山／岩菅山／苗場山／中ノ岳／鳥甲山／越後駒ヶ岳／横手山／燧ヶ岳／本白根山／冠着山／黒岩山／武尊山／四阿山／奥白根山▽／大林山／男体山／皇海山

20°　　30°　　40°　北東　50°　　60°

北岳 (3192m) p200　　赤石岳 (3120m) p214　　木曽駒ヶ岳 (2956m) p236　　恵那山 (2191m) p248

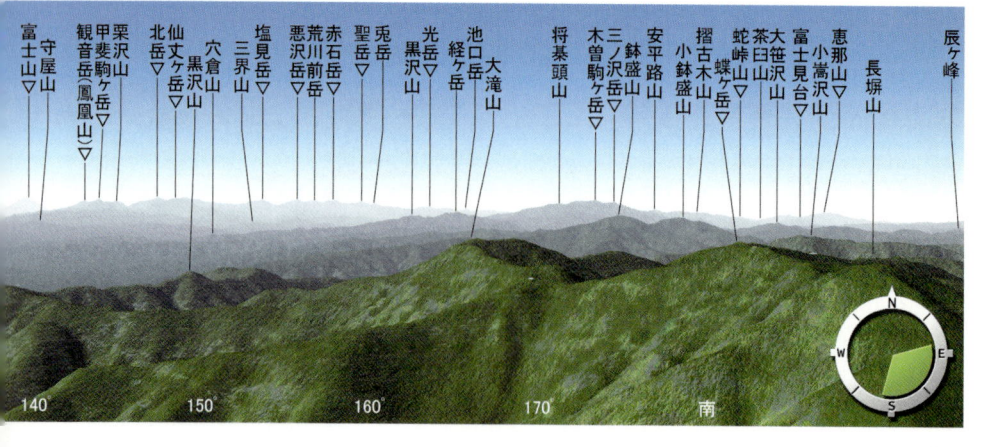

富士山／守屋山／栗沢山／甲斐駒ヶ岳／観音岳／鳳凰山／北岳▽／仙丈ヶ岳／穴倉山／塩見岳／三界山／荒川前岳／悪沢岳／赤石岳／聖岳／兎岳／光岳／池口岳／経ヶ岳／大滝山／将棊頭山／安平路山／鉢盛山／三ノ沢岳／蝶ヶ岳／木曽駒ヶ岳／摺古木山／小鉢盛山／蛇峠山／茶臼山／大笹山／富士見台／小嵩沢山／恵那山▽／長塀山／辰ヶ峰

140°　　150°　　160°　　170°　　南

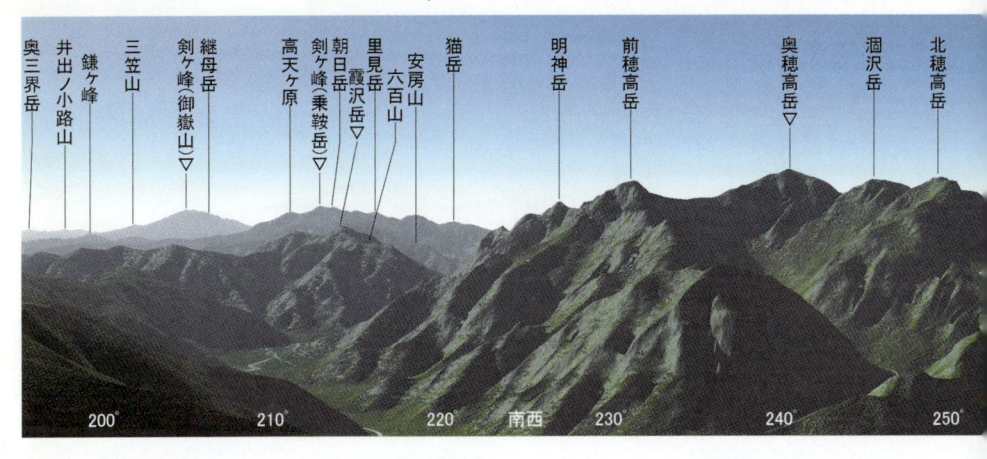

南南西から北西の展望　　　　　霞沢岳(2646m) p288　　　　　　　　奥穂高岳(3190m) p290

奥三界岳／井出ノ小路山／鎌ヶ峰／三笠山／継母岳／剣ヶ峰・御嶽山▽／高天ヶ原／朝日岳／剣ヶ峰(乗鞍岳)▽／霞沢岳／里見山／六百山／安房山／猫岳／明神岳／前穂高岳／奥穂高岳／涸沢岳／北穂高岳

200°　210°　220°　南西　230°　240°　250°

北東から東北東の展望　　　　　立山(3003m) p268　　　　　　　　鹿島槍ヶ岳(2889m) p254

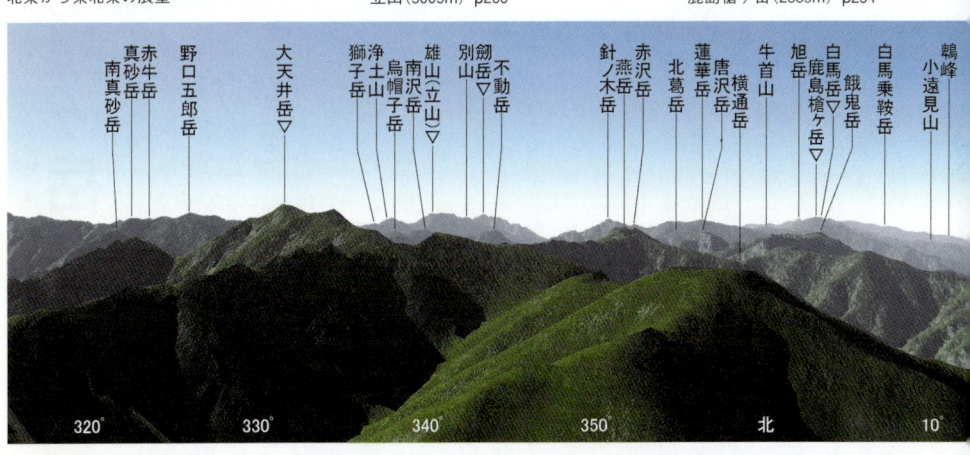

南真砂岳／真砂岳／赤牛岳／野口五郎岳／大天井岳／獅子岳／浄土山／烏帽子岳／南沢岳／雄山〈立山〉▽／別岳／剱岳／不動岳／赤沢岳／燕岳／針ノ木岳／北葛岳／蓮華岳／唐沢岳／横通岳／牛首山／旭岳／鹿島槍ヶ岳／白馬岳／餓鬼岳／白馬乗鞍岳／小遠見山／鵡峰

320°　330°　340°　350°　北　10°

東北東から南南西の展望　　　　荒船山(1423m) p124　　　　　　　蓼科山(2530m) p106

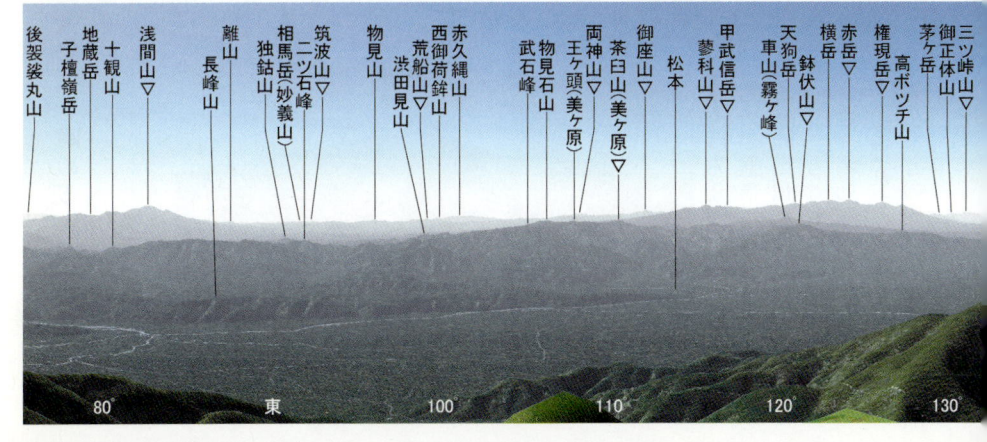

後裂裟丸山／子檀嶺岳／地蔵岳／十観山／浅間山／離山／長峰山／物見山／筑波山▽／二ツ石峰／相馬岳・妙義山／独鈷山／赤久縄山／西御荷鉾山／荒船山／渋田見山／物見山／武石峰／物見石山／甲武信ヶ岳▽／茶臼山(美ヶ原)／両神山／王ヶ頭・美ヶ原／御座山／蓼科山▽／松本／鉢伏山／天狗岳／車山(霧ヶ峰)／横岳／赤岳／権現岳／茅ヶ岳／高ボッチ山／御正体山／三ツ峠山

80°　東　100°　110°　120°　130°

285　常念岳（北アルプス）

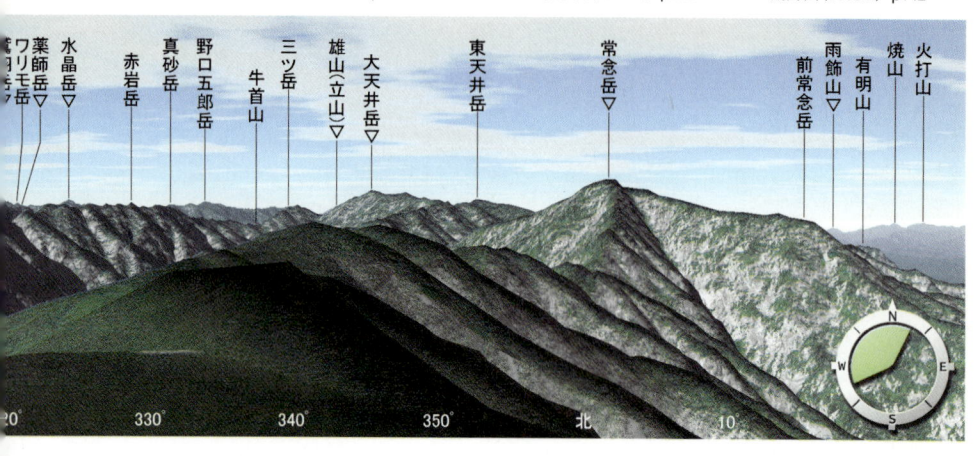

立山（3003m）p268　　　常念岳（2857m）p282　　　雨飾山（1963m）p142

火打山 / 焼山 / 有明山 / 雨飾山 / 前常念岳 / 常念岳 / 東天井岳 / 大天井岳 / 雄山（立山）/ 三ツ岳 / 牛首山 / 野口五郎岳 / 真砂岳 / 赤岩岳 / 水晶岳 / 薬師岳 / ワリモ岳

320　330　340　350　北　10

蝶ヶ岳（ちょうがたけ）

槍・穂高連峰の岩の大伽藍を眺める絶好のロケーションの山

標高2677メートルの蝶ヶ岳は北アルプスの中にあってはぱっとしない標高であり、山容ものっそりとしていて、松本からの展望でも取り立てた特徴はなく、北端の蝶槍と呼ばれる尖峰をもってようやく蝶ヶ岳と判別できる程度である。しかし、この山はこと展望に関しては、日本でも一、二を数える名山である。

梓川をへだてて4〜5キロの至近距離から穂高岳の岩の大伽藍が眺められる地点はこの山をおいて他にない。北の常念岳からの眺めも良いが距離が若干遠くなってしまうのと、穂高岳は斜め方向からの展望になってしまう。また、南の徳本峠からでは縦位置からの展望となるので、横の広がりに乏しい。

それに対して蝶ヶ岳は穂高のほぼ真東に位置するというロケーションの良さと、見上げる角度、距離感がほど良い位置関係にあり、前穂や明神の岩稜や、涸沢から槍ヶ岳まで連続するぱっくり口を開けたカール群、氷河の流れた摩擦音が聞こえてきそうないずれもが大迫力をもって迫ってくる。

蝶ヶ岳の名前は蝶の雪形に由来する。この雪形は現在の山頂近くの信州側斜面に出現する。ちなみに山頂は近年になって移されたもので、もともとは蝶ヶ槍の南にある三角点であったが、現在の山頂標高の見直しで、より高い地点が見つかったところから移動してしまった。

北アルプス以外では、木曽駒ヶ岳、三ノ沢岳、宝剣岳などの中央アルプス、北岳、

蝶ヶ岳の新しい山頂付近（撮影：柳原修一）

北アルプス
標高2677メートル
緯度36度17分15秒
経度137度43分34秒

奥穂高岳(3190m) p290

| 明神岳 | 前穂高岳 | 奥穂高岳▽ | 涸沢岳 | 北穂高岳 | 南岳 | 中岳 | 大喰岳 | 槍ヶ岳▽ |

260° 西 280° 290° 300° 310°

荘厳な槍・穂高連峰の展望

蝶ヶ岳から見える山
(興味深いもの)

山名	標高	距離	方位
杁差岳	1636	248.4	41.7
北股岳	2025	245.2	43.3
大日岳	2128	242.9	44.5
二王子岳	1420	238.4	40.8
筑波山	860	213.3	91.1
男体山	2484	166.7	70.9
奥白根山	2578	158.2	68.5
燧ヶ岳	2356	157.9	61.5
伊吹山	1377	153.3	231.4
御正体山	1682	140.5	128.8
富士山	3776	136.9	138.3
三ツ峠山	1785	127.5	129.6
光岳	2591	110.1	162.8
苗場山	2145	106.2	54.0
両神山	1723	104.5	105.9
聖岳	3013	102.9	158.6
赤石岳	3120	99.6	156.8
甲武信岳	2475	99.5	114.6
悪沢岳	3141	96.5	154.6
恵那山	2191	94.4	187.0
岩菅山	2295	90.0	55.7
塩見岳	3047	89.2	152.3
御座山	2112	84.0	109.2
横手山	2307	83.2	59.2
荒船山	1423	82.4	96.1
北岳	3192	82.2	145.6
妙高山	2454	75.4	27.2
仙丈ヶ岳	3033	75.2	146.6
甲斐駒ヶ岳	2967	74.6	141.7
浅間山	2568	72.7	79.3
雨飾山	1963	71.3	17.1
赤岳	2899	67.7	121.0
高妻山	2353	63.9	27.0
木曽駒ヶ岳	2956	55.7	172.6
剣ヶ峰(御嶽山)	3067	49.0	206.8
王ヶ頭(美ヶ原)	2034	34.9	101.4

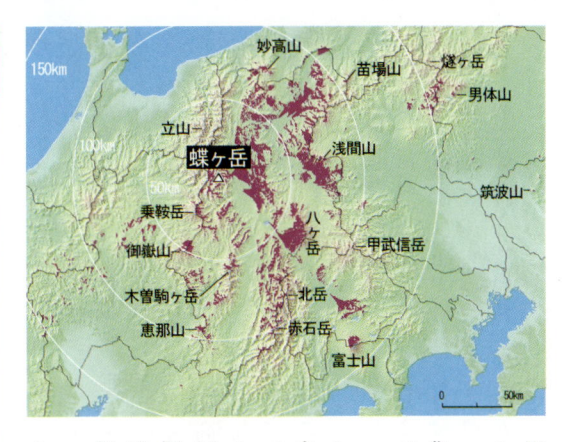

甲斐駒ヶ岳、仙丈ヶ岳、富士山、塩見岳などの南アルプス、富士山なども望むことができる。もっとも遠くに見える山としては、山形県の飯豊連峰北部の杁差岳で、距離248・4㌔である。

蝶ヶ岳へのアプローチは安曇野側からのコースと、上高地からのふたつのコースがある。安曇野側からは、大糸線豊科駅からタクシーで三股まで入り、蝶ヶ岳を目指すが、コースの後半は急な登りが持ち構えている。上高地側からのアプローチのひとつは、徳沢から長塀尾根をたどるもので、コース前半はきつい登りだが、ところどころで槍・穂高の眺めが得られる。また、横尾から稜線に突き上げるコースもあるが、急な登りが連続し展望も少ない。

287 蝶ヶ岳(北アルプス)

常念岳（2857m）p282　　蝶ヶ岳（2677m）p286

本白根山／草津白根山／大滝山／鳥甲山／長塀山／蝶ヶ岳▽／前常念岳／常念岳▽／横通岳／中山／東天井岳／明神岳／前穂高岳／奥穂高岳▽

10°　20°　30°　40°　北東　50°

霞沢岳 かすみざわだけ

穂高岳の迫力ある展望が得られる 知られざる山

北アルプス
標高 2646 メートル
緯度 36度13分16秒
経度 137度38分26秒

上高地にあって梓川をはさんで穂高と対峙する山である霞沢岳は、穂高に目を奪われている人々の背後にひっそりと佇んでいる。最近までの唯一の登路は上高地から霞沢岳へ突き上げる八右衛門沢をつめる方法のみであり、あくまで玄人向けの山であったが、徳本峠からの道が開削されたため、楽に山頂に立てるようになった。名前は南面の霞沢に由来し、古くは霞岳とも呼ばれていた。

霞沢岳からの展望はなんといっても眼前の穂高岳の偉容であろう。この位置から眺める穂高岳は、鷲が羽を広げたように悠然として迫力に満ちた姿で迫ってくる。北アルプスでは他に、常念岳、双六岳、笠ヶ岳などが見えるが、圧倒的な穂高の迫力にはどうしても印象が薄くなる。背の低い焼岳がかわいらしく眼下に見えるのが面白い。目を凝らせば上高地を散策する人の姿も見ることができるだろう。遠望では中央アルプスの木曽駒ヶ岳、三ノ沢岳、空木岳など見え、南アルプスの北岳、甲斐駒ヶ岳、赤石岳、塩見岳などが見える。富士山も運が良ければ眺望可能だ。

計算上もっとも遠くに見える山は琵琶湖の西岸、比良山系にある武奈ヶ岳で、その距離は190・1キロに達する。

登山道は徳本峠からのルートが一般的である。松本電鉄新島々駅から上高地に入れば、徳本峠まで3時間弱。島々宿から徳本峠越えの道をいけば、峠まで8時間。一日目は徳本峠小屋に泊まり、翌早朝に霞沢岳を目指す。峠から山頂までの道は落

梓川畔から見上げる六百山（左）と霞沢岳（撮影：柳原修一）

288

笠ヶ岳(2897m) p272

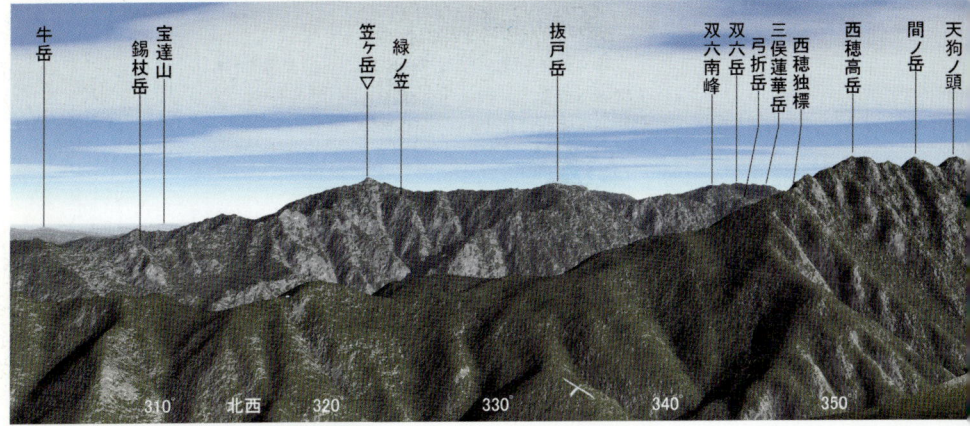

山名ラベル（左から右へ）: 牛岳／宝達山・錫杖岳／笠ヶ岳／緑ノ笠／笠ヶ岳▽／抜戸岳／双六南峰／双六岳／弓折岳／三俣蓮華岳／西穂独標／西穂高岳／間ノ岳／天狗ノ頭

圧倒的迫力の穂高岳の左右の山々にも気を配りたい

霞沢岳から見える山
(興味深いもの)

山名	標高	距離	方位
武奈ヶ岳	1214	190.1	236.5
女峰山	2483	182.0	68.3
男体山	2484	176.4	69.4
奥白根山	2578	168.1	67.0
蛭ヶ岳	1673	158.0	120.6
武尊山	2158	148.5	63.6
富士山	3776	136.9	133.8
三ツ峠山	1785	129.1	124.9
滝子山	1610	127.4	120.6
光岳	2591	105.8	157.6
上河内岳	2803	103.2	153.2
聖岳	3013	99.4	152.8
赤石岳	3120	96.3	150.8
悪沢岳	3141	93.7	148.3
草津白根山	2160	92.3	59.2
塩見岳	3047	86.9	145.5
恵那山	2191	86.4	182.5
間ノ岳	3189	82.9	140.1
浅間山	2568	81.8	75.1
北岳	3192	81.1	138.1
御前峰(白山)	2702	78.5	264.8
四阿山	2354	77.9	62.6
甲斐駒ヶ岳	2967	74.3	133.5
仙丈ヶ岳	3033	74.0	138.4
赤岳	2899	71.3	112.7
南駒ヶ岳	2841	59.6	165.0
空木岳	2864	57.9	163.9
木曽駒ヶ岳	2956	50.1	162.8
守屋山	1650	49.5	124.4
剣ヶ峰(御嶽山)	3067	39.1	201.6
鉢伏山	1928	38.1	99.5
双六岳	2860	17.4	344.0
剣ヶ峰(乗鞍岳)	3026	14.9	211.5
常念岳	2857	13.9	33.9
笠ヶ岳	2897	13.2	322.2
奥穂高岳	3190	7.5	5.1

石なども多く足場は悪い。平成4年には山頂付近にあった三本岩のうちのひとつが崩落したことも記憶に新しい。また、往復の行程が長いのでペース配分には充分注意したい。途中、K2と呼ばれるピークに達すると一気に展望が開ける。K2および本峰からの展望も素晴らしい。帰路は徳本峠に戻り、上高地へ下るか、反対側の島々谷へ下るかのいずれかのコースがとれる。島々谷へ出る場合にはさらに岩魚留小屋で一泊する必要があろう。

霞沢岳の登頂のために泊まる徳本峠小屋は、北アルプス登山の黎明期の雰囲気をいまだに残す数少ない山小屋であり、ランプの山小屋として知られる。大展望を満喫し、いにしえの登山者の姿を思い出させる山小屋に泊まれば、しっとりとした山旅を楽しめる。

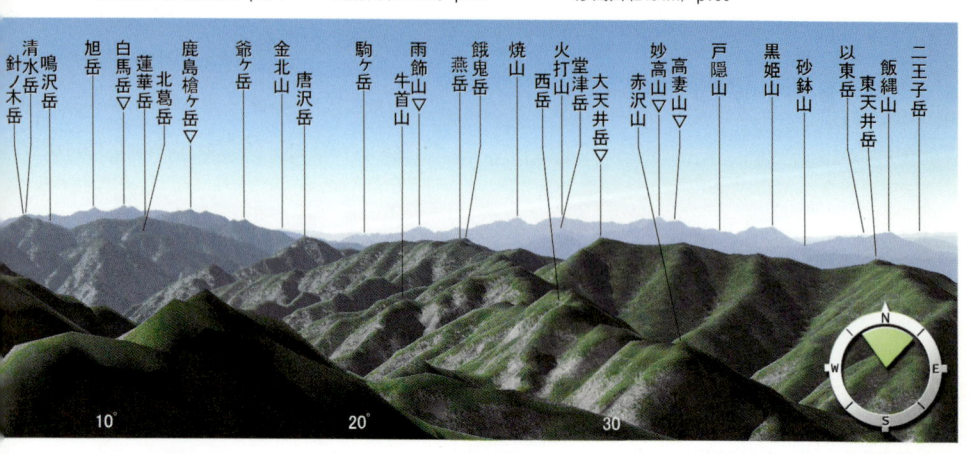

パノラマ山名(左から右):
針ノ木岳／清水岳／鳴沢岳／旭岳／白馬岳／蓮華岳／北葛岳／鹿島槍ヶ岳▽(2889m) p254／爺ヶ岳／金北山／唐沢岳／駒ヶ岳／雨飾山／牛首山／大天井岳／堂津岳／西岳／火打山／焼山／餓鬼岳／燕岳／雨飾山(1963m) p142／妙高山▽／赤沢山／高妻山／戸隠山／砂鉢山／黒姫山／砂鉢山／以東岳／東天井岳／飯縄山／妙高山(2454m) p150／二王子岳

10°　　　20°　　　30°

奥穂高岳（おくほたかだけ）

一度は訪れてみたい 北アルプスの最高峰

日本第三の高峰にして、北アルプスの主峰である奥穂高岳。北アルプスでも槍ヶ岳と並んでもっとも人気の高い山といって良いであろう。

穂高岳の名は、古く奈良時代以前から安曇野を治めていた安曇氏の守護神である穂高見命を祀った穂高神社に由来する。奥宮は上高地明神池畔に位置し、御神体は背後の明神岳そのものとなっている。昭和5年に発行された陸地測量部の地図にて前穂高岳、奥穂高岳に山岳名が確定されるまでは、前穂高岳を中心とした山岳を穂高岳と総称していた。

日本アルプスを世界に紹介した、かの英国人宣教師ウエストンも前穂高岳をもって穂高岳に登頂したとしている。昭和の初めに釜トンネルが開通するまでは、徳本峠を越えて上高地に入り、さらに穂高岳を目指すという山旅が一般的であった。ウエストンもこの道をたどって穂高岳や槍ヶ岳を目指した。

さて、カシミールを使えば簡単に穂高岳を様々な角度から眺めてみることができる。その中ではやはり涸沢カールを手中に抱いたように見える常念岳からの眺望が良く迫力がある。蝶ヶ岳まで南下すると、前穂高岳から奥穂高岳、涸沢岳、北穂高岳が一列に並んだ形になるので、印象は若干薄れてくる。変わったところでは、霞沢岳あるいは六百山からの眺望。前穂高と西穂高を両翼に従えた姿は北アルプスの雄に相応しい風格である。

奥穂高岳からの展望はその標高に恥じぬ広大なも

蝶ヶ岳から見る涸沢カールを抱いた穂高連峰（撮影：富嶽仙人）

北アルプス
標高 3190メートル
緯度 36度17分21秒
経度 137度38分53秒

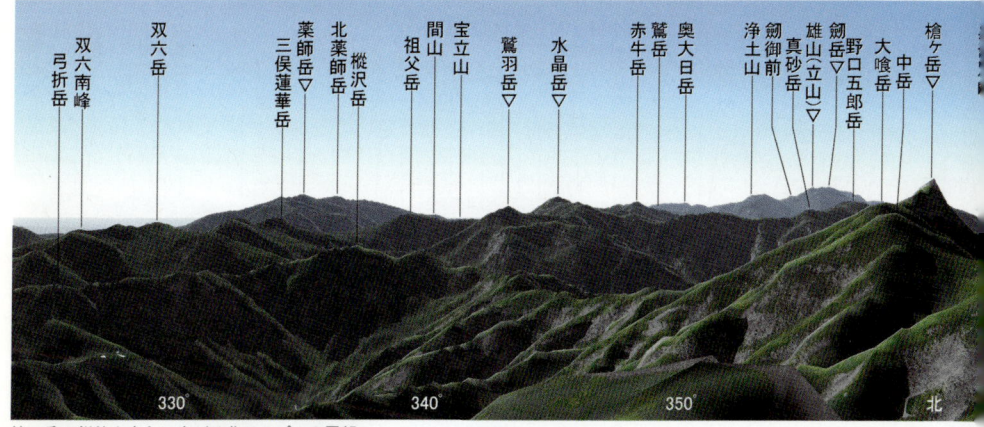

薬師岳(2926m) p270　　水晶岳(2986m) p258　　立山(3003m) p268

山名ラベル（左から右）：
弓折岳、双六南峰、双六岳、三俣蓮華岳、薬師岳▽、北薬師岳、樅沢岳、祖父岳、間山、宝立山、鷲羽岳▽、水晶岳▽、赤牛岳、鷲岳、奥大日岳、浄土山、剱御前、真砂岳、雄山(立山)▽、剱岳、野口五郎岳、大喰岳、中岳、槍ヶ岳▽

槍ヶ岳の鋭鋒を中心に広がる北アルプスの展望

奥穂高岳から見える山
（興味深いもの）

山名	標高	距離	方位
月山	1984	327.4	39.2
以東岳	1771	300.0	39.8
仏生ヶ岳	1805	286.5	213.9
日出ヶ岳(大台ヶ原山)	1695	272.2	211.4
飯豊山	2105	252.4	45.8
北股岳	2025	249.9	44.4
筑波山	860	220.3	91.1
金北山	1172	210.8	16.9
御神楽岳	1386	209.3	48.6
守門岳	1537	180.9	46.7
男体山	2484	173.2	71.7
奥白根山	2578	164.7	69.4
燧ヶ岳	2356	164.0	62.7
蛭ヶ岳	1673	161.4	123.0
越後駒ヶ岳	2003	157.5	53.5
至仏山	2228	152.5	63.0
武尊山	2158	144.7	66.2
富士山	3776	141.8	136.2
黒檜山(赤城山)	1828	141.7	77.2
三ツ峠山	1785	133.1	127.7
滝子山	1610	130.8	123.6
御坂釈迦ヶ岳	1641	125.9	129.4
西御荷鉾山	1286	115.2	97.2
光岳	2591	112.6	159.4
苗場山	2145	111.9	56.1
甲武信岳	2475	106.0	113.1
聖岳	3013	105.9	155.0
赤石岳	3120	102.7	153.2
悪沢岳	3141	99.9	150.9
恵那山	2191	94.0	182.7
塩見岳	3047	92.9	148.5
横手山	2307	89.2	61.5
間ノ岳	3189	88.5	143.5
観音岳(鳳凰山)	2840	88.0	137.5
北岳	3192	86.5	141.8
御前峰(白山)	2702	80.2	259.2

のである。北アルプスでは槍ヶ岳をはじめ、鷲羽岳、白馬岳、剱岳など、中央アルプスの木曽駒ヶ岳、宝剣岳、空木岳、南アルプスの北岳、赤石岳、塩見岳、聖岳、そして富士山などが展望できる。もっとも遠く見えるはずの山は山形県の月山で、距離にして327・4キロと超遠望の対象である。

一般的な登山コースとしては、上高地から涸沢を経てザイテングラードと呼ばれる尾根を登るコースがよく使われる。他に、槍ヶ岳から大キレット越えてくるコース、新穂高温泉から白出沢を経由して穂高岳山荘に至る健脚向きのコース、上高地から岳沢を経て前穂高岳を通過してくるコースなどがある。できれば涸沢に一泊し、朝日に染まる穂高をカールから見てみたい。

パノラマ1 (東〜南東, 100°〜140°)

荒船山(1423m) p124　蓼科山(2530m) p106　蛭ヶ岳(1673m) p32　富士山(3776m) p86

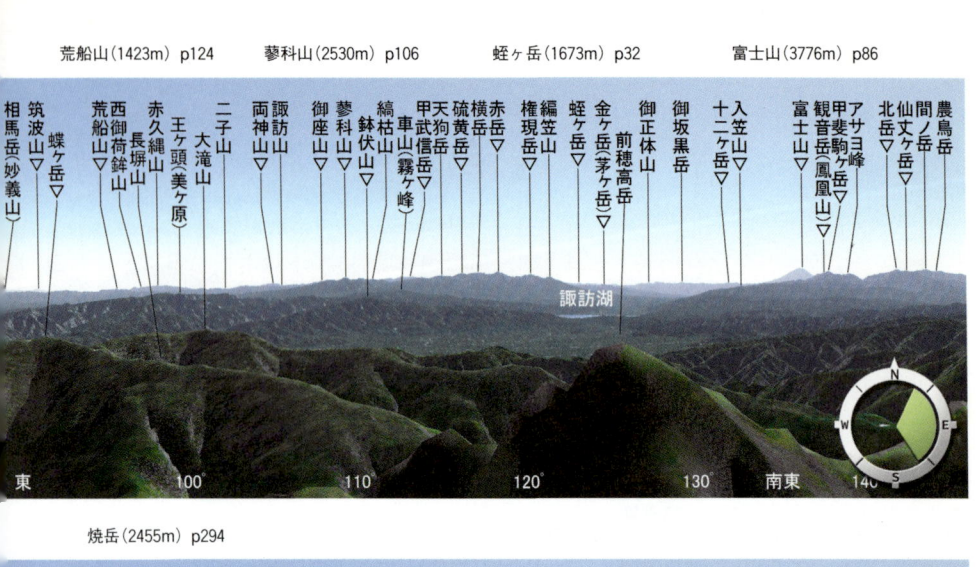

相馬岳(妙義山)／筑波山／蝶ヶ岳／荒船山／西御荷鉾山／赤久縄山／長塀山／二子山／大滝山／王ヶ頭・美ヶ原／諏訪山／両神山／御座山／蓼科山／鉢伏山／縞枯山／甲武信岳／天狗岳／硫黄岳／横岳／赤岳／権現岳／編笠山／蛭ヶ岳／金ヶ岳(茅ヶ岳)／前穂高岳／御正体山／御坂黒岳／入笠山／十二ヶ岳／アサヨ峰／甲斐駒ヶ岳／観音岳／鳳凰山／北岳／仙丈ヶ岳／富士山／間ノ岳／農鳥岳

諏訪湖

パノラマ2 (南西, 210°〜260°)

焼岳(2455m) p294

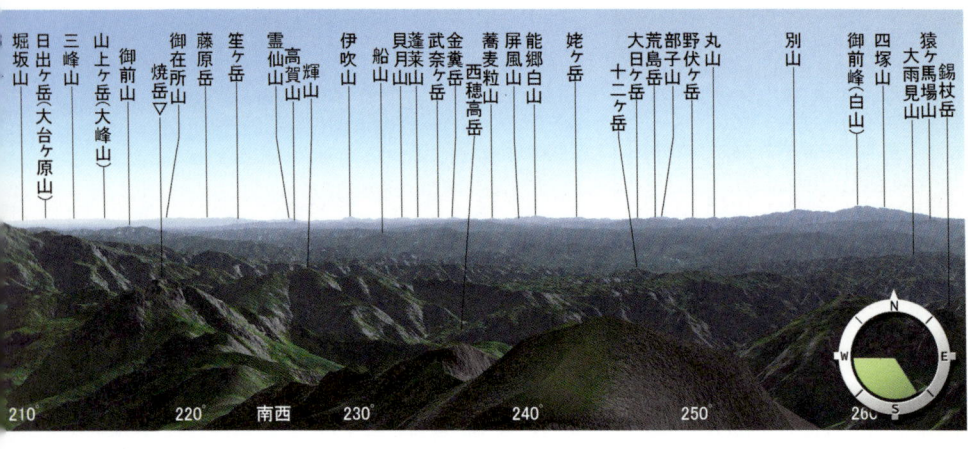

堀坂山／日出ヶ岳(大台ヶ原山)／三峰山／山上ヶ岳(大峰山)／御前山／藤原岳／御在所山／笙ヶ岳／霊仙山／高賀山／伊吹山／輝山／船山／蓬莱山／貝月山／武奈ヶ岳／金糞岳／蕎麦粒山／西穂高岳／能郷白山／屏風山／姥ヶ岳／大日ヶ岳／荒島岳／部子山／野伏ヶ岳／丸山／十二ヶ岳／別山／御前峰(白山)／四塚山／大雨見山／猿ヶ馬場山／錫枝岳

パノラマ3 (北西〜北〜北東, 330°〜20°)

薬師岳(2926m) p270　劔岳(2998m) p264　白馬岳(2932m) p252

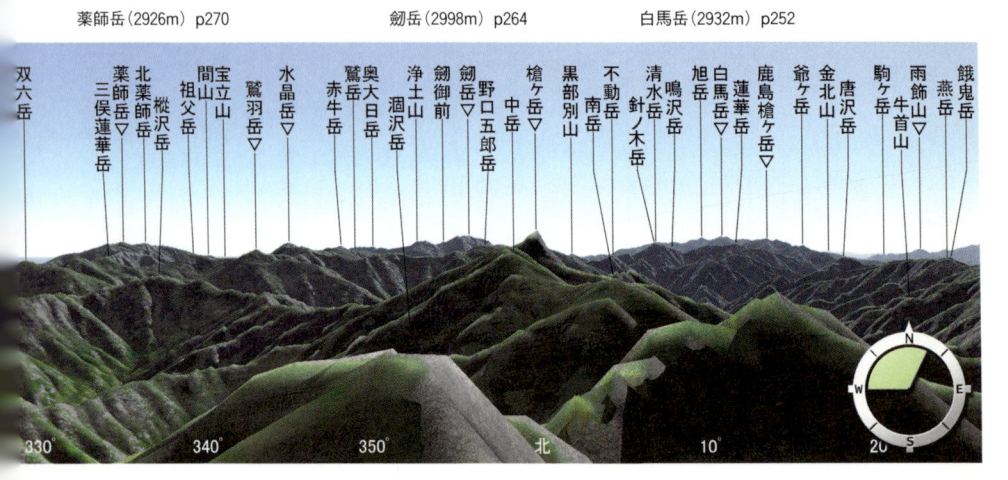

双六岳／三俣蓮華岳／薬師岳／北薬師岳／樅沢岳／祖父岳／間山／宝立山／鷲羽岳／水晶岳／鷲岳／奥大日岳／赤牛岳／浄土山／廻沢岳／劔御前／劔岳／野口五郎岳／槍ヶ岳／中岳／黒部別山／南岳／不動岳／清水岳／針ノ木岳／鳴沢岳／蓮華岳／白馬岳／鹿島槍ヶ岳／旭岳／爺ヶ岳／金北山／唐沢岳／駒ヶ岳／雨飾山／燕岳／餓鬼岳／鬼岳

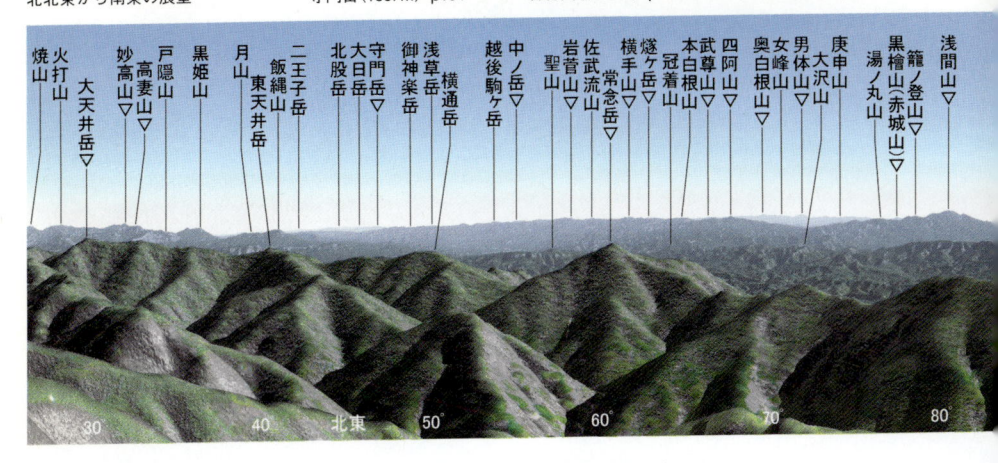

北北東から南東の展望　　守門岳(1537m) p194　　岩菅山(2295m) p148　　男体山(2484m) p156

- 焼山
- 火打山
- 大天井岳
- 妙高山
- 高妻山
- 戸隠山
- 黒姫山
- 月山
- 東天井岳
- 飯縄山
- 二王子岳
- 北股岳
- 大日岳
- 守門岳
- 御神楽岳
- 浅草岳
- 横通岳
- 越後駒ヶ岳
- 中ノ岳
- 聖岳
- 佐武流山
- 岩菅山
- 常念岳
- 横手山
- 燧ヶ岳
- 冠着山
- 武尊山
- 本白根山
- 四阿山
- 女峰山
- 男体山
- 大沢山
- 奥白根山
- 庚申山
- 籠ノ登山
- 黒檜山(赤城山)
- 湯ノ丸山
- 浅間山

南東から西の展望　　木曽駒ヶ岳(2956m) p236　　恵那山(2191m) p248

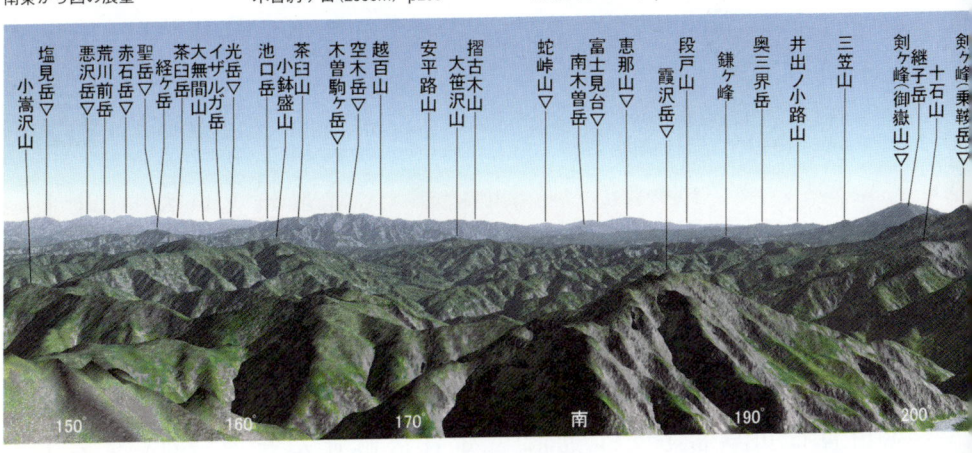

- 塩見岳
- 小嵩沢山
- 悪沢岳
- 荒川前岳
- 赤石岳
- 聖岳
- 茶臼岳
- 大無間山
- イザルガ岳
- 光岳
- 小鉢盛山
- 池口岳
- 茶臼山
- 木曽駒ヶ岳
- 空木岳
- 越百山
- 大笹沢山
- 摺古木山
- 安平路山
- 蛇峠山
- 南木曽岳
- 富士見台
- 霞沢岳
- 恵那山
- 段戸山
- 奥三界岳
- 鎌ヶ峰
- 井出ノ小路山
- 三笠山
- 十石山
- 継子岳
- 剣ヶ峰(御嶽山)
- 剣ヶ峰(乗鞍岳)

西から北北東の展望　　笠ヶ岳(2897m) p272

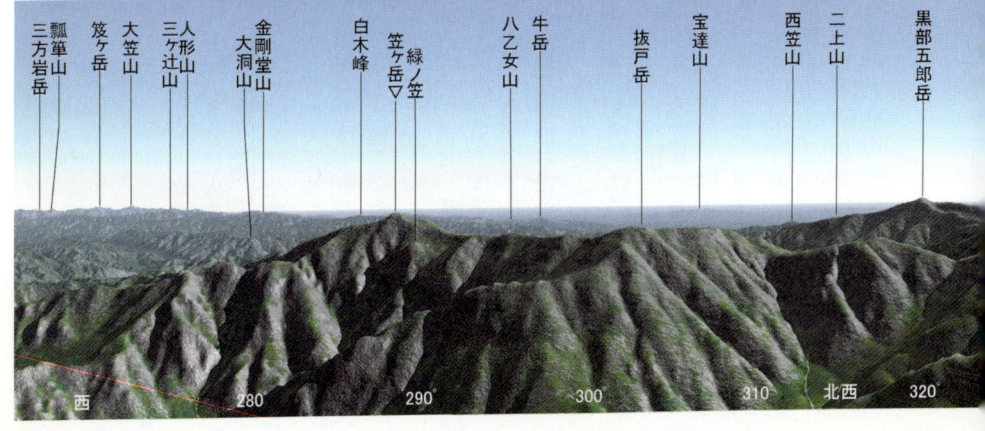

- 三方岩山
- 瓢箪山
- 笈ヶ岳
- 大笠山
- 人形山
- 三ヶ辻山
- 大洞山
- 金剛堂山
- 白木峰
- 緑ノ笠
- 笠ヶ岳
- 八乙女山
- 牛岳
- 抜戸岳
- 宝達山
- 西笠山
- 二上山
- 黒部五郎岳

293　奥穂高岳（北アルプス）

奥穂高岳（3190m） p290

南岳／蒲田富士／西穂高岳／涸沢岳／間ノ岳／奥穂高岳／前穂高岳／明神岳

30°　40°　北東　50°

焼岳（やけだけ）

上高地の景観を作り上げた北アルプス唯一の活火山

焼岳といえば大正池、大正池といえば上高地と、焼岳と上高地は切っても切れぬ縁でつながっている。北アルプスで唯一の噴火記録のある活火山であり、上高地周辺の景観にも多大な影響を与えてきた。太古では飛騨側に流れていた活動によって信州側へと流れを変えさせ、最近では大正4年の噴火によって発生した泥流で梓川を堰き止めて大正池を生んだ。しかしこの大正池も昭和64年の噴火で発生した泥流で埋め立てが加速し、最近では人工的な浚渫工事などによってなんとか生きながらえているといった形だ。

昭和2年から大正池を発電用の調整池として活用していることからやむをえないとしても、自然の強大な力の前に、人間の無力さを思い知らされるような気がする。

さて焼岳からの展望であるが、北アルプスにあっては標高が低いため、槍ヶ岳、奥穂高岳、水晶岳、鷲羽岳などは展望できるものの、立山方面の展望は得られない。中央アルプスと南アルプスは、木曽駒ヶ岳、霞沢岳と乗鞍岳の間から望むことができ、甲斐駒ヶ岳、塩見岳、越百山、聖岳などが遠望できる。富士山は、わずかに顔を出す。計算上山に重なるように蛭ヶ岳や大室山、檜洞丸も見えるが、視認するのはかなり困難であろう。最遠望の山は奈良県の大峰山系の八剣山、距離274.3㎞である。

地図：笈ヶ岳／白山／木曽駒ヶ岳／鉢盛山／焼岳／北岳／赤石岳／小金山／丹沢山／富士山／伊吹山／蓬莱山／経ヶ峰

北アルプス
標高2455メートル
緯度36度13分36秒
経度137度35分13秒

294

鷲羽岳(2924m) p262　　　　　　　　　　　　　　　槍ヶ岳(3180m) p276

北　　　　　　　　　10°　　　　　　　　　20°

ラベル（左から右）: 双六南峰 / 双六岳 / 水晶岳 / ワリモ岳 / 鷲羽岳 / 弓折岳 / 樅沢岳 / 野口五郎岳 / 真砂岳 / 三ツ岳 / 南真砂岳 / 槍ヶ岳 / 大喰岳 / 中岳

奥穂高岳と前穂高岳が作る吊尾根のカーブが美しい

焼岳から見える山（興味深いもの）

山名	標高	距離	方位
八剣山	1915	274.3	214.3
弥山	1895	273.6	214.4
大普賢岳	1780	266.5	214.1
山上ヶ岳(大峰山)	1719	265.3	214.8
御在所山	1212	170.6	218.7
蛭ヶ岳	1673	162.4	119.9
御池岳	1247	157.4	222.7
大室山	1588	155.5	120.2
富士山	3776	140.9	132.6
伊吹山	1377	139.4	230.2
滝子山	1610	131.8	119.7
小楢山	1713	108.9	116.6
上河内岳	2803	106.0	150.9
聖岳	3013	102.2	150.5
赤石岳	3120	99.3	148.5
大沢岳	2819	98.8	150.6
悪沢岳	3141	96.8	146.0
金ヶ岳(茅ヶ岳)	1764	95.5	119.2
塩見岳	3047	90.2	143.2
農鳥岳	3026	89.1	138.6
観音岳(鳳凰山)	2840	87.0	131.7
間ノ岳	3189	86.6	137.8
北岳	3192	84.9	135.9
甲斐駒ヶ岳	2967	78.3	131.4
仙丈ヶ岳	3033	77.8	136.0
御前峰(白山)	2702	73.7	264.0
入笠山	1955	64.1	124.6
越百山	2613	63.8	162.1
南駒ヶ岳	2841	61.6	160.8
木曽駒ヶ岳	2956	52.3	157.9
野口五郎岳	2924	23.3	11.2
水晶岳	2986	22.2	3.6
鷲羽岳	2924	19.6	4.8
蝶ヶ岳	2677	14.2	61.6
槍ヶ岳	3180	13.9	23.1
奥穂高岳	3190	8.8	38.3

焼岳は平成4年まで登山規制が続いていたが、火山活動の低下で再び登山が可能になった。ルートは、上高地から新中尾峠に登り山頂に至るコース、新穂高温泉から焼岳登山口を経て新中尾峠に上がり、山頂を目指すコース、中ノ湯温泉から直接山頂に至るコースの三つがある。上高地からのコースは新中ノ湯からの新道と中ノ湯バス停からの旧道があるが、後者のほうが一般によく利用される。中ノ湯温泉へは松本電鉄新島々駅からバスを利用する。いずれも山頂は南峰にあるが崩落の危険があるため登山禁止である。また、山頂の三角点は南峰にある明治44年噴火の火口跡であるインキョ穴と呼ばれる底なし穴がぱっくり口を開けている。有毒ガス噴出の危険もあるので、無風時やガスに巻かれた時などは注意したい。

上高地に聳える焼岳（撮影：富嶽仙人）

霞沢岳(2646m) p288　　　滝子山(1610m) p68　　富士山(3776m) p86

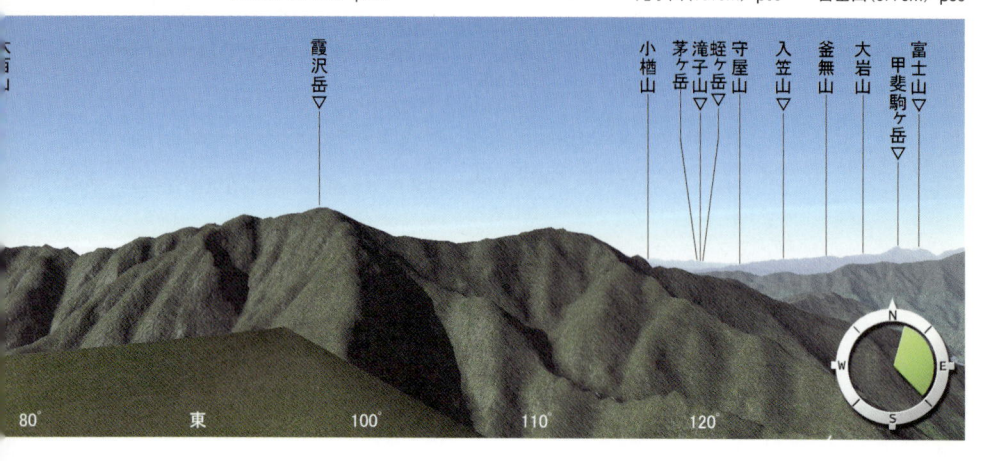

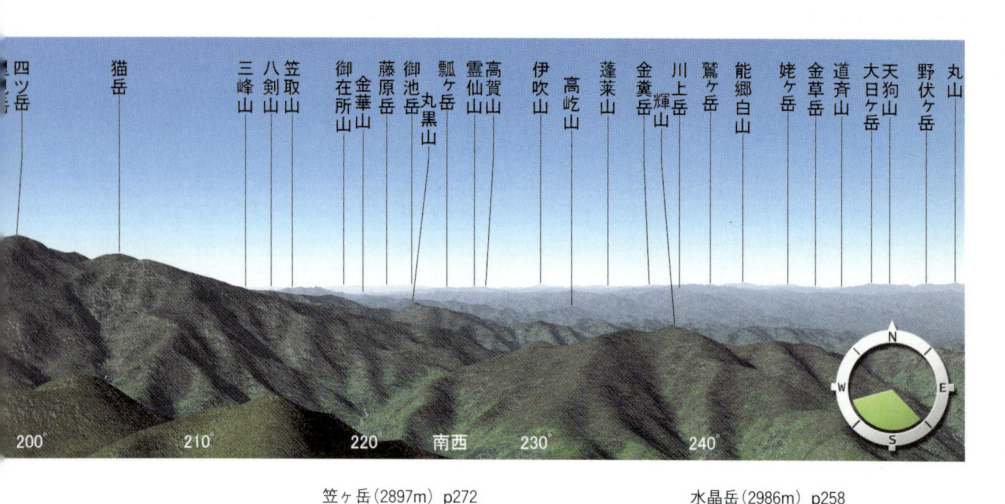

- 霞沢岳 ▽
- 小楢山
- 茅ヶ岳
- 蛭ヶ岳
- 滝子山
- 守屋山
- 入笠山 ▽
- 釜無山
- 大岩山
- 甲斐駒ヶ岳
- 富士山 ▽

80°　東　100°　110°　120°

- 四ツ岳
- 猫岳
- 三峰山
- 八剣山
- 笠取山
- 御在所山
- 金華山
- 藤原岳
- 御池岳
- 丸黒山
- 瓢ヶ岳
- 霊仙山
- 高賀山
- 伊吹山
- 高屹山
- 蓬莱山
- 金糞岳
- 輝山
- 川上岳
- 鷲ヶ岳
- 能郷白山
- 姥ヶ岳
- 金草岳
- 道斉山
- 大日ヶ岳
- 天狗山
- 野伏ヶ岳
- 丸山

200°　210°　220°　南西　230°　240°

笠ヶ岳(2897m) p272　　　水晶岳(2986m) p258

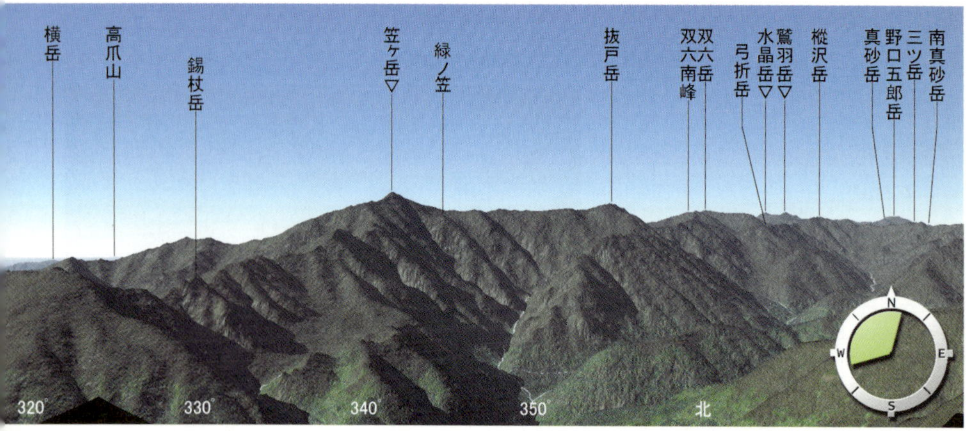

- 横岳
- 高爪山
- 錫杖岳
- 笠ヶ岳 ▽
- 緑ノ笠
- 抜戸岳
- 双六岳
- 双六南峰
- 弓折岳
- 水晶岳 ▽
- 鷲羽岳
- 樅沢岳
- 野口五郎岳
- 三ツ岳
- 真砂岳
- 南真砂岳

320°　330°　340°　350°　北

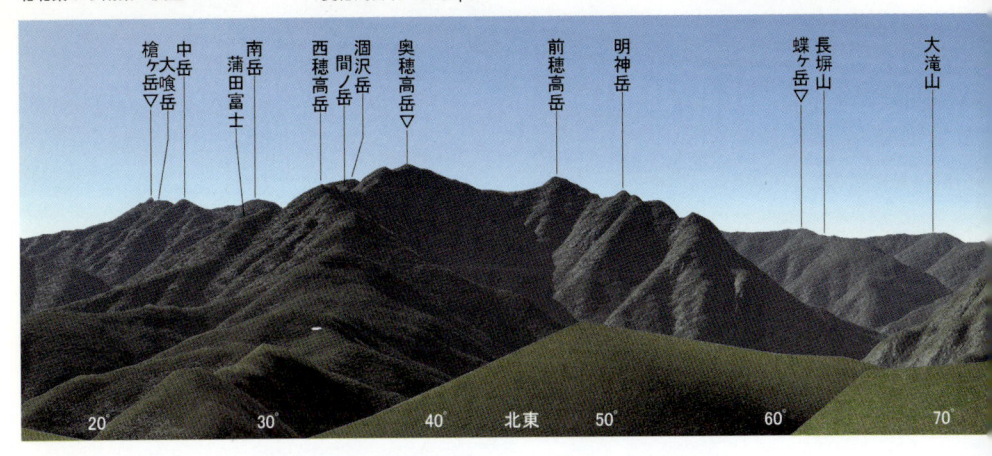

北北東から南東の展望　　奥穂高岳（3190m）p290　　蝶ヶ岳（2677m）p286

ラベル（左から右）: 槍ヶ岳、大喰岳、中岳、南岳、蒲田富士、西穂高岳、間ノ岳、涸沢岳、奥穂高岳▽、前穂高岳、明神岳、長塀山、蝶ヶ岳▽、大滝山

南東から西南西の展望　　木曽駒ヶ岳（2956m）p236

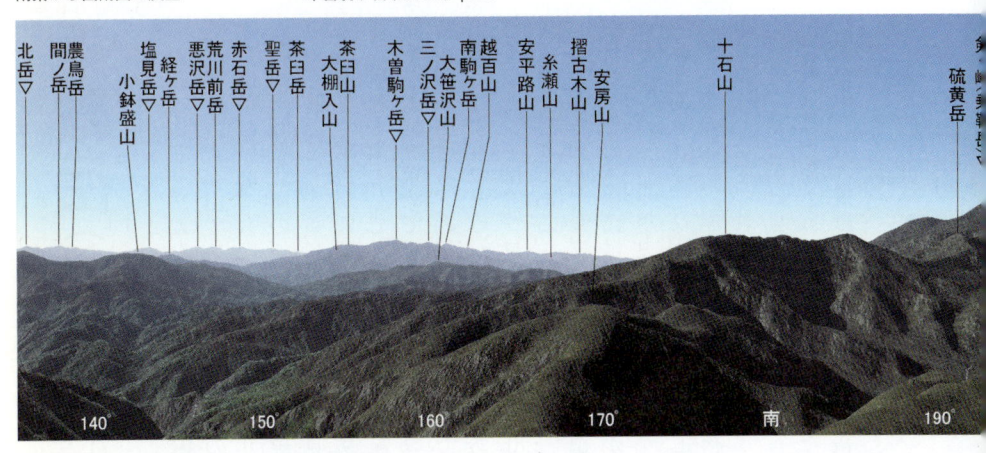

ラベル（左から右）: 北岳▽、農鳥岳、間ノ岳、経ヶ岳、塩見岳、小鉢盛山、悪沢岳▽、荒川前岳、赤石岳▽、聖岳、茶臼岳、大棚入山、茶臼山、木曽駒ヶ岳▽、三ノ沢岳、大笹沢山、南駒ヶ岳、越百山、摺古木山、糸瀬山、安平路山、安房山、十石山、硫黄岳

西南西から北北東の展望

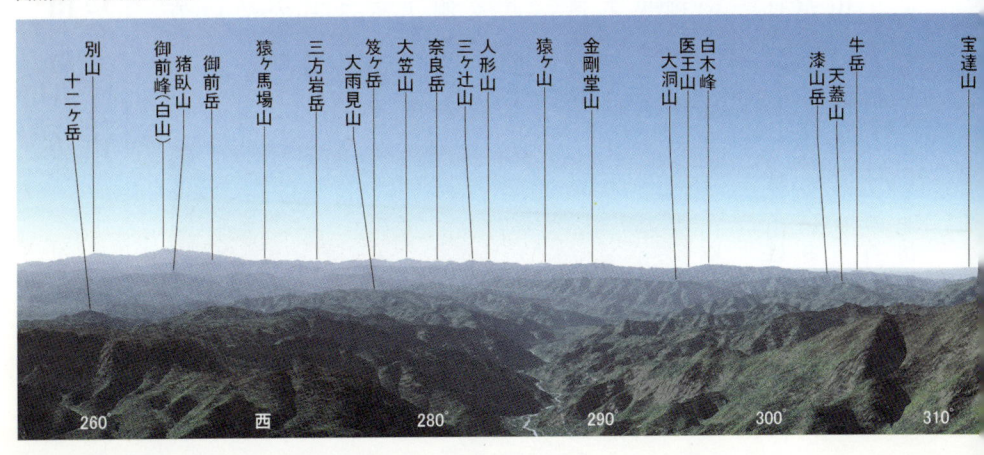

ラベル（左から右）: 別山、十二ヶ岳、御前岳、猪臥山、御前峰（白山）、猿ヶ馬場山、三方岩岳、大雨見山、大笠山、笈ヶ岳、奈良岳、三ヶ辻山、人形山、猿ヶ山、金剛堂山、大洞山、医王山、白木峰、漆山岳、天蓋山、牛岳、宝達山

297　焼岳（北アルプス）

木曽駒ヶ岳(2956m) p236　空木岳(2864m) p242

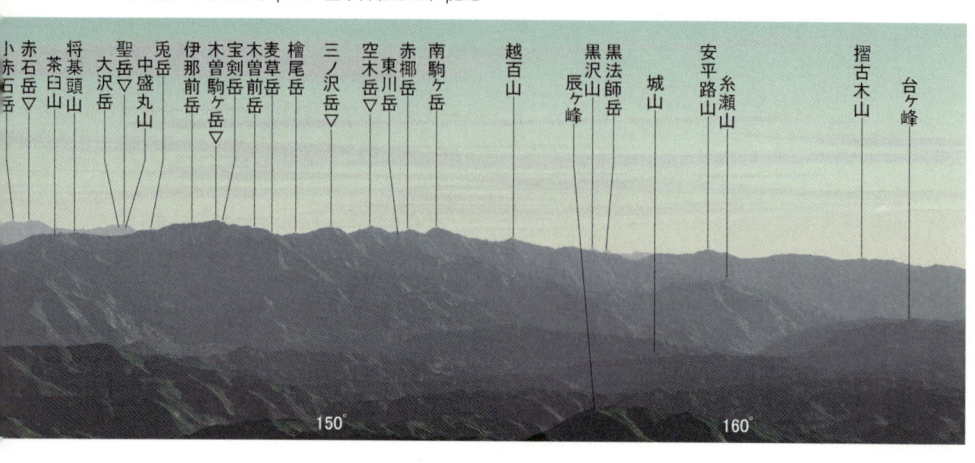

山名（右から左へ）:
台ヶ峰　摺古木山　安平路山　糸瀬山　城山　黒法師岳　黒沢山　辰ヶ峰　越百山　南駒ヶ岳　三ノ沢岳　空木岳▽　東川岳　伊那前岳　宝剣岳　木曽駒ヶ岳▽　麦草岳　檜尾岳　赤椰岳　中盛丸山　兎岳　聖岳▽　大沢岳　将基頭山　茶臼山　赤石岳▽　小赤石岳

150°　160°

乗鞍岳（剣ヶ峰）

富士山と隠れん坊の容易に登れる高山

まるで北アルプスの句読点のように山脈の最南端に鎮座する巨大な山である乗鞍岳。活動の長い火山らしく、山頂はいくつもの峰に分かれており、そのうち主峰の剣ヶ峰と北側の朝日岳をつなぐ稜線が安曇野あたりから眺めるとまさに馬の鞍のように見える。

高所まで車道が延びているために容易に3000メートル峰に登れる山としても多くの観光客で賑わう。清浄で希薄な大気を求めて設置された山頂のコロナ観測所や宇宙線観測所も、近年は排ガスの影響で観測に支障が出ているようであるが、後ろめたさはあるものの、展望派にとってはアプローチの容易な3000メートル峰として貴重な存在である。

ここからの北アルプスでは、とくに穂高連峰の展望が良い。その背後には槍ヶ岳も頭を覗かせる。遠く立山や剣岳、白馬岳も遠望可能である。中央アルプスの木曽駒ヶ岳、三ノ沢岳、空木岳、そして御嶽山、南アルプスの北岳、赤石岳、塩見岳、聖岳と、360度の展望は山座同定の楽しみを十分に味わせてくれる。

さて、富士山は見えるであろうか。答えは半分YES。富士山は南アルプスの北岳にちょうど隠され、白山岳と北斜面だけがかろうじて見えるのみである。富士山の最高点、剣ヶ峰は見えないが、白山岳は山頂の一部なので「見える」としてよいだろう。ちなみに、少し北にあるピーク、富士見岳からはその名に恥じず、富士山・剣ヶ峰もばっちり見える。ただし、こちらも仙丈ヶ岳と北岳の間から覗く形

鉢盛山から見た乗鞍岳（撮影：Walstone）

乗鞍岳・御嶽山
標高3026メートル
緯度36度06分23秒
経度137度33分13秒

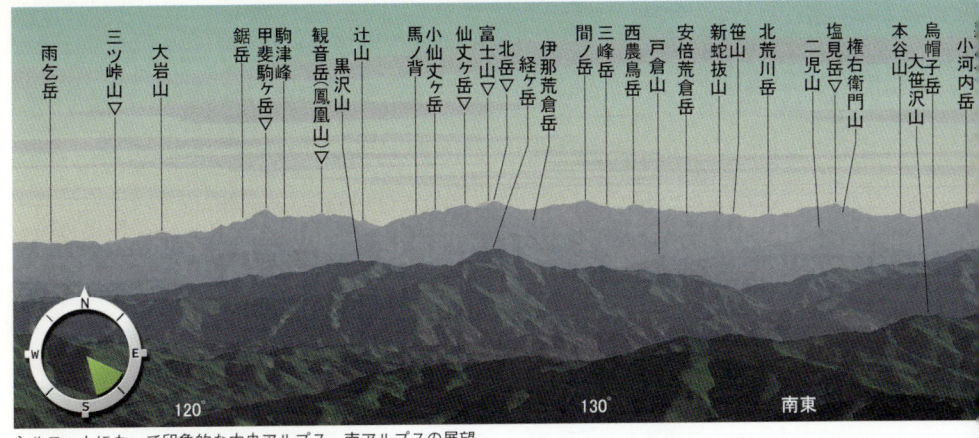

三ツ峠山(1786m) p80　　鳳凰山(2840m) p196　　富士山(3776m) p86　　塩見岳(3047m) p208

シルエットになって印象的な中央アルプス、南アルプスの展望

乗鞍岳から見える山
（興味深いもの）

山名	標高	距離	方位
釈迦ヶ岳	1800	267.3	214.7
日出ヶ岳(大台ヶ原山)	1695	250.5	212.1
女峰山	2483	194.1	65.6
男体山	2484	188.4	66.6
燧ヶ岳	2356	181.4	58.2
奥白根山	2578	180.5	64.2
武尊山	2158	161.4	60.8
蛭ヶ岳	1673	158.9	115.1
黒檜山(赤城山)	1828	155.5	70.6
富士山	3776	134.6	127.5
苗場山	2145	130.8	50.8
伊吹山	1377	128.8	233.9
滝子山	1610	128.5	113.8
大菩薩嶺	2057	123.1	108.4
岩菅山	2295	114.5	51.6
横手山	2307	107.2	54.1
妙高山	2454	100.5	29.7
金峰山	2599	100.0	104.7
浅間山	2568	93.2	68.8
聖岳	3013	92.5	144.8
赤石岳	3120	90.0	142.4
悪沢岳	3141	88.0	139.5
塩見岳	3047	82.0	135.9
観音岳(鳳凰山)	2840	81.3	123.2
間ノ岳	3189	79.5	129.7
北岳	3192	78.2	127.5
赤岳	2899	75.0	101.3
白馬岳	2932	74.6	14.1
恵那山	2191	73.7	176.8
甲斐駒ヶ岳	2967	72.7	121.9
仙丈ヶ岳	3033	71.2	126.8
御前岳(白山)	2702	70.6	274.6
鹿島槍ヶ岳	2889	60.0	16.7
剣岳	2998	57.6	5.6
大汝山(立山)	3015	52.4	6.4
空木岳	2864	49.1	150.9

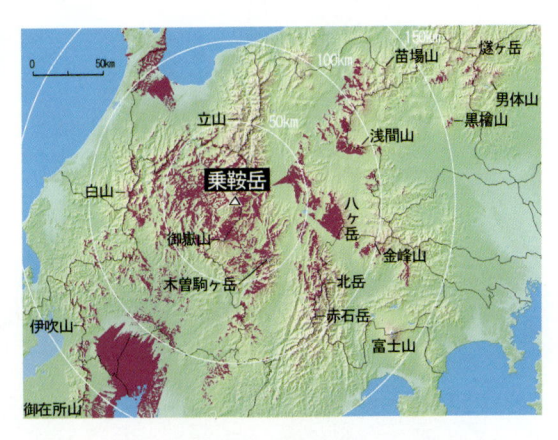

になり、写真判定に持ち込まないと無理だろう。なお、もっとも遠くに見える山は、奈良県、大峰山系の釈迦ヶ岳で距離267・3㌔である。麓からの乗鞍岳の展望では、東海道新幹線の岐阜羽島付近（揖斐川鉄橋付近）から御嶽山とともに乗鞍岳が見えることが、『展望の山旅』の著者、藤本一美氏によって確認されている。

乗鞍岳へのアプローチは、乗鞍スカイラインを利用するのがもっとも便がよい。新島々、平湯温泉、上高地などからバスで畳平まで入り、ここから山頂まで往復3時間の行程である。真面目に山麓から登る場合は、阿多野郷からのコース、野麦からのコース、子ノ原高原からのコースがある。いずれもアプローチが不便なので、マイカー等の利用となろう。

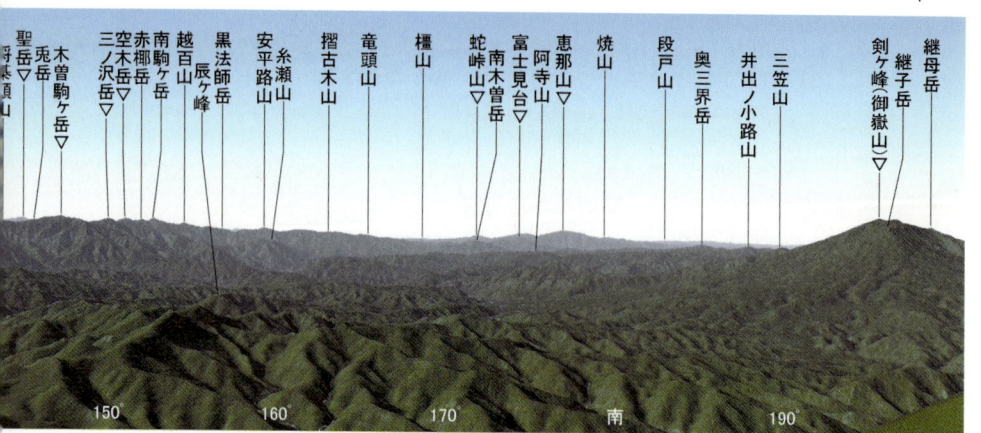

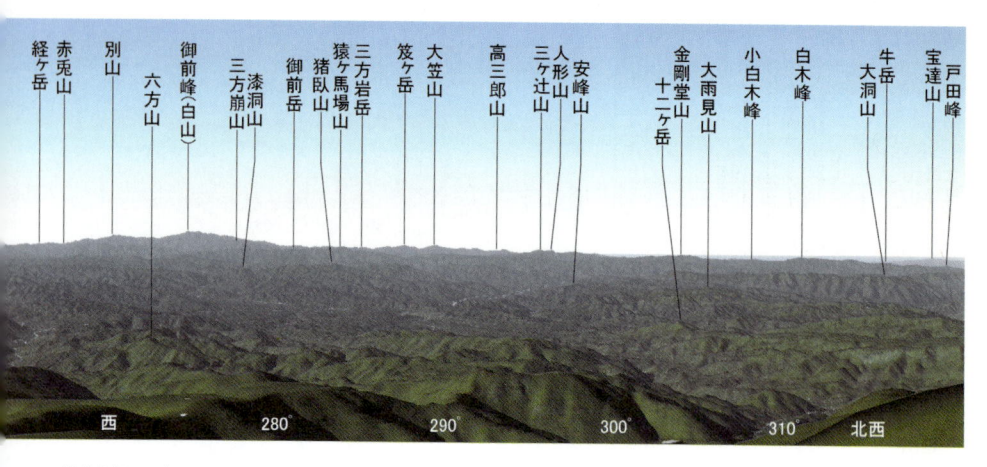

空木岳(2864m) p242　　　　富士見台(1739m) p246　　　　御嶽山(3067m) p302

継母岳
継子岳
剣ヶ峰(御嶽山)▽
御嶽山
三笠山
井出ノ小路山
奥三界山
段戸山
焼山
恵那山▽
阿寺山
富士見台
南木曽岳
蛇峠山▽
橿山
竜頭山
摺古木山
安平路山
糸瀬山
黒法師岳
越百山
辰ヶ峰
南駒ヶ岳
赤椰岳
空木岳▽
三ノ沢岳▽
木曽駒ヶ岳
兎岳
聖岳
寄兼頂山

150°　　160°　　170°　　南　　190°

経ヶ岳
赤兎山
別山
六方山
御前峰(白山)
漆洞山
三方崩山
御前岳
三方岩岳
猿ヶ馬場山
猪臥山
大笠山
笈ヶ岳
高三郎山
人形山
三ヶ辻山
安峰山
金剛堂山
十二ヶ岳
大雨見山
小白木峰
白木峰
白山
大洞山
牛岳
宝達山
戸田峰

西　　280°　　290°　　300°　　310°　　北西

常念岳(2857m) p282　　　苗場山(2145m) p28　　　武尊山(2158m) p182　　　美ヶ原(2006m) p96

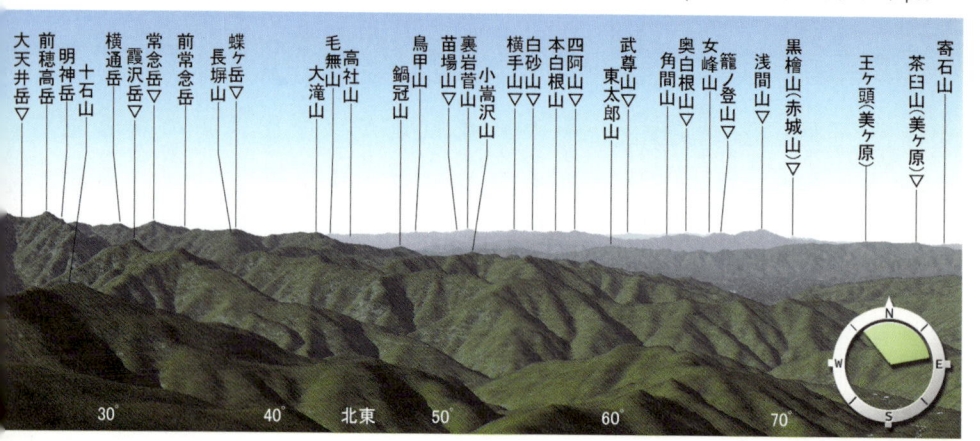

大天井岳
前穂高岳
明神岳
十石山
横通岳
霞沢岳▽
常念岳▽
前常念岳
蝶ヶ岳
長塀山
毛無山
高社山
大滝山
鍋冠山
鳥甲山
苗場山▽
裏岩菅山
小嵩沢山
横手山
白砂山
本白根山
四阿山
武尊山▽
東太郎山
奥白根山
角間山
籠ノ登山
女峰山
浅間山
黒檜山(赤城山)▽
王ヶ頭(美ヶ原)
茶臼山(美ヶ原)
寄石山

30°　　40°　　北東　　50°　　60°　　70°

300

東から南南西の展望

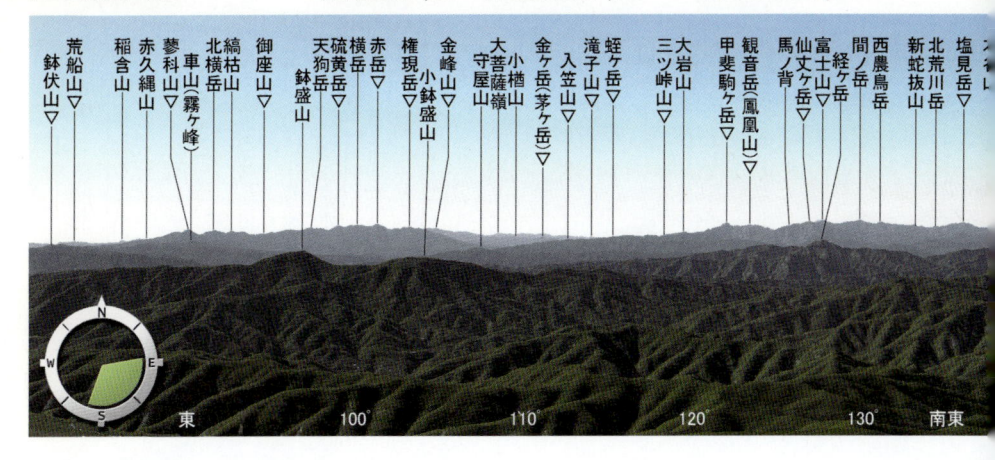

赤岳(2899m) p18　　入笠山(1955m) p232　　富士山(3776m) p86

鉢伏山／荒船山／稲含山／赤久縄山／蓼科山／車山(霧ヶ峰)／北横岳／縞枯山／御座山／鉢盛山／天狗岳／硫黄岳／横岳／赤岳／権現岳／小鉢盛山／金峰山／大菩薩嶺／小楢山／金ヶ岳(茅ヶ岳)／入笠山／滝子山／蛭ヶ岳／三ツ峠山／大岩山／甲斐駒ヶ岳／観音岳・鳳凰山／馬ノ背／仙丈ヶ岳／富士山／経ヶ岳／間ノ岳／西農鳥岳／北荒川岳／新蛇抜山／塩見岳

東　100°　110°　120°　130°　南東

南南西から北西の展望

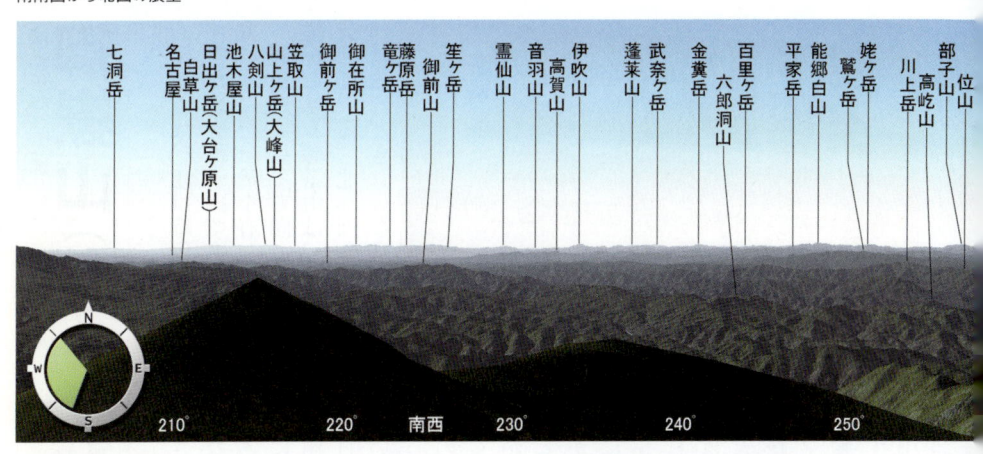

七洞岳／名古屋／白草山／日出ヶ岳(大台ヶ原山)／池木屋山／八剣山／山上ヶ岳(大峰山)／笠取山／御前山／御在所山／藤原岳／竜ヶ岳／笙ヶ岳／御前山／霊仙山／音羽山／高賀山／伊吹山／蓬莱山／武奈ヶ岳／平家岳／金糞岳／百里ヶ岳／六郎洞山／能郷白山／姥ヶ岳／鷲ヶ岳／川上岳／高屹山／部子山／位山

210°　220°　南西　230°　240°　250°

北西から東の展望

薬師岳(2926m) p270

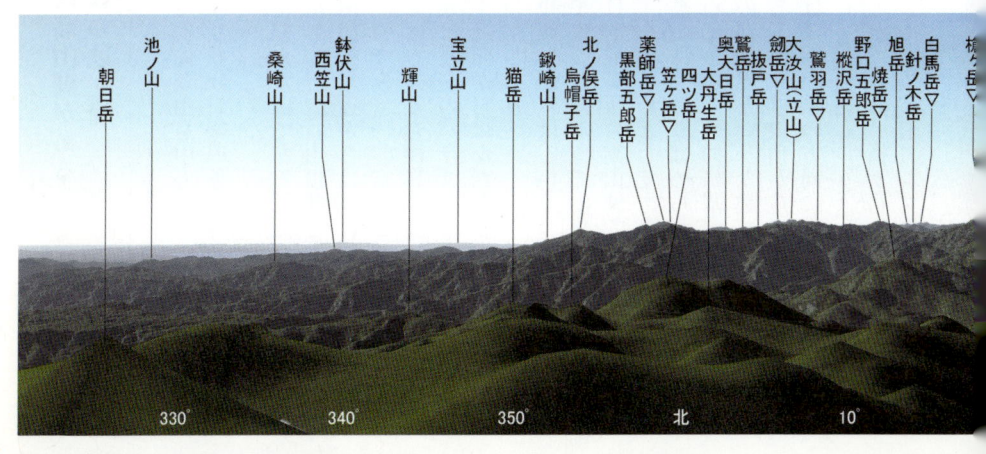

朝日岳／池ノ山／桑崎山／鉢伏山／西笠山／輝山／宝立山／猫岳／鍬崎山／北ノ俣岳／烏帽子岳／薬師岳／黒部五郎岳／笠ヶ岳／四ツ岳／大丹生岳／大日岳／奥大日岳／剱岳／鷲戸岳／大汝山(立山)／鷲羽岳／樅沢岳／野口五郎岳／旭岳／焼岳／針ノ木岳／白馬岳／槍ヶ岳

330°　340°　350°　北　10°

301　乗鞍岳（乗鞍岳・御嶽山）

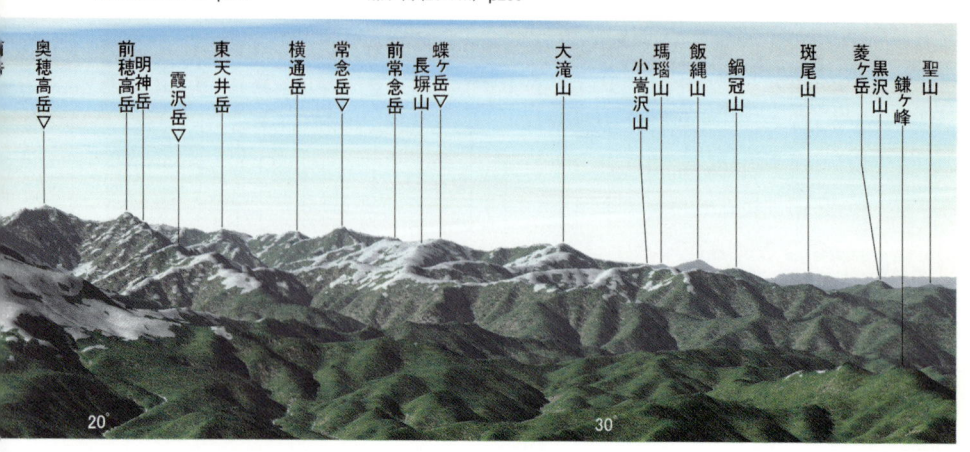

霞沢岳（2646m）p288　　蝶ヶ岳（2677m）p286

奥穂高岳▽
明神岳
前穂高岳
霞沢岳▽
東天井岳
横通岳
常念岳
前常念岳
蝶ヶ岳▽
長塀岳
大滝山
瑪瑙山
小嵩沢山
飯縄山
鍋冠山
斑尾山
菱ヶ岳
黒沢山
鎌ヶ峰
聖山

木曽駒ヶ岳から見た雲海に浮かぶ御嶽山（撮影：富嶽仙人）

御嶽山（剣ヶ峰）

山頂に高山湖がある別世界の独立峰

御嶽山は、江戸時代の御嶽講に代表される信仰登山を中心として古くから登られてきた歴史ある山である。また、数少ない3000メートル級の独立峰としても数々の魅力に富んだ自然を有している名峰である。

御嶽山は見る方向によってさまざまに形を変える山である。岳から見る御嶽山は、優美な裾野を両側に垂らし、広い山頂部をもった雄大な姿を見せている。北へ回り込んで、高根村日和田開拓付近からは「日和田富士」とも呼ばれるほどきれいな富士山型を見せている。ちなみに○○富士と呼ばれる標高の高い山になろう。西側からの景観は左右のバランスが崩れた形になり均整を欠く。王滝側からはなだらかな円錐形になって高度感が失われてくる。

こうした複雑な山容は、いくつかの大きな円錐状の火山が集まることによって出来たことで成立した。山頂部には日本最高所の高山湖である二ノ池（標高2905メートル）をはじめとして、一ノ池から五ノ池までの美しい高山湖が散りばめられ、摩利支天や賽ノ河原をはじめとした、信仰に基づく地名とともにあたかも天空の別世界といった趣である。

独立峰であるから、山頂からの展望は申し分ない。北アルプスはほぼ山脈の方向に貫く展望になるため、山々が密集して判別がしにくいが、立山、剣岳まで見通すことができる。槍ヶ岳や奥穂高岳も展望可能だ。中央アルプスと南アルプスもちょうど重なる

乗鞍岳・御嶽山
標高3067トル
緯度35度53分34秒
経度137度28分49秒

薬師岳(2926m) p270　　　水晶岳(2986m) p258

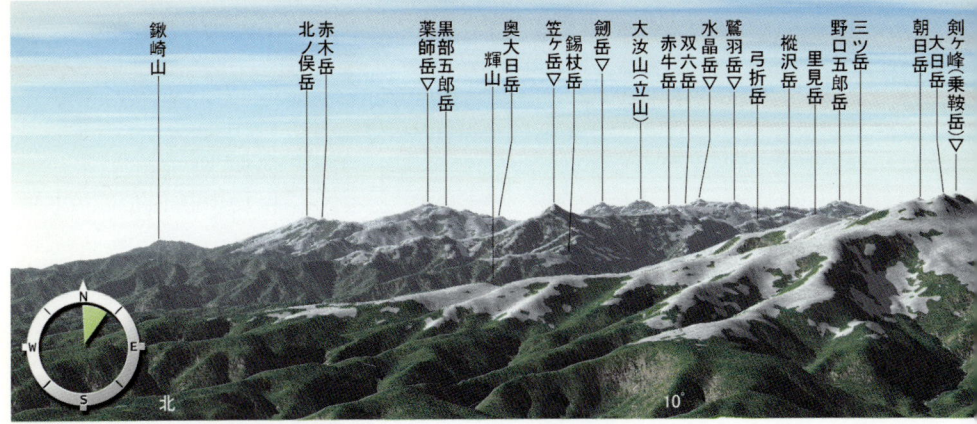

鍬崎山　北ノ俣岳　赤木岳　薬師岳▽　黒部五郎岳▽　奥大日岳　輝山　大汝山(立山)　剱岳▽　錫杖岳　笠ヶ岳▽　水晶岳▽　赤牛岳　双六岳▽　鷲羽岳▽　弓折岳　樅沢岳　里見岳　野口五郎岳　三ツ岳　朝日岳　大日岳　剣ヶ峰(乗鞍岳)▽

10°

北

東西の広がりが感じられる北アルプスの展望

御嶽山から見える山
(興味深いもの)

山名	標高	距離	方位
護摩壇山	1372	268.3	221.1
釈迦ヶ岳	1800	244.2	216.5
六甲山	931	236.4	239.0
大普賢岳	1780	230.8	217.2
日出ヶ岳(大台ヶ原山)	1695	227.0	213.8
会津駒ヶ岳	2133	211.2	52.0
女峰山	2483	210.8	60.4
太郎山	2367	206.9	59.6
男体山	2484	204.8	61.2
平ヶ岳	2141	195.2	50.4
至仏山	2228	188.7	53.0
武尊山	2158	179.5	55.1
黒檜山(赤城山)	1828	170.8	63.8
谷川岳	1977	167.0	50.7
相馬山(榛名山)	1411	143.1	62.7
岩菅山	2295	135.1	45.4
富士山	3776	127.4	117.2
横手山	2307	127.4	47.1
黒川鶏冠山	1716	123.0	95.0
甲武信岳	2475	112.7	88.7
伊吹山	1377	110.6	241.8
四阿山	2354	110.5	49.0
浅間山	2568	109.7	58.4
金峰山	2599	103.4	90.9
飯盛山	1658	89.7	87.8
光岳	2591	82.3	138.2
剱岳	2998	81.9	8.5
赤岳	2899	80.7	83.6
荒島岳	1523	79.4	273.5
聖岳	3013	79.2	130.9
赤石岳	3120	77.7	127.7
悪沢岳	3141	77.0	124.1
大汝山(立山)	3015	76.8	9.3
北岳	3192	72.7	109.2
御前峰(白山)	2702	70.2	294.6
王ヶ頭(美ヶ原)	2034	67.4	56.6

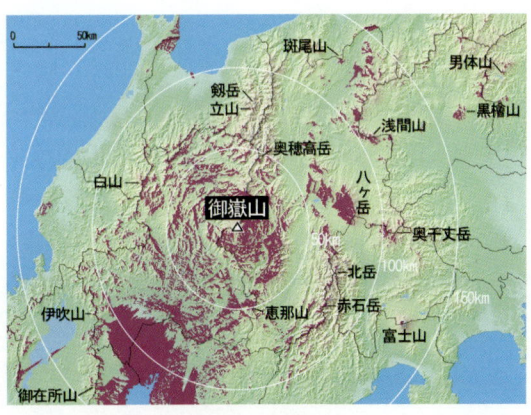

位置になってしまうが、木曽駒ヶ岳、三ノ沢岳、空木岳、北岳、仙丈ヶ岳、赤石岳、聖岳など主要な山はすべて見渡すことができる。富士山は塩見岳と三ノ沢岳の間の窓から眺望となる。条件が良ければ、八ヶ岳と浅間山の間から赤城山や皇海山なども見えるだろう。

御嶽山は、古くから開かれた山だけに、山麓の各方面からアプローチをとることができる。もっとも良く利用されるのが中央本線木曽福島駅から季節運行のバスがある王滝口で、田ノ原まで車で入れば短時間で山頂に立つことができる。また黒沢口も御嶽ロープウェイを利用して七合目まで入ることが可能だ。開田高原からの開田口はアプローチが不便であり行程も長くなる。飛騨側からは濁河温泉からの小坂口がある。

10°–50° 北東

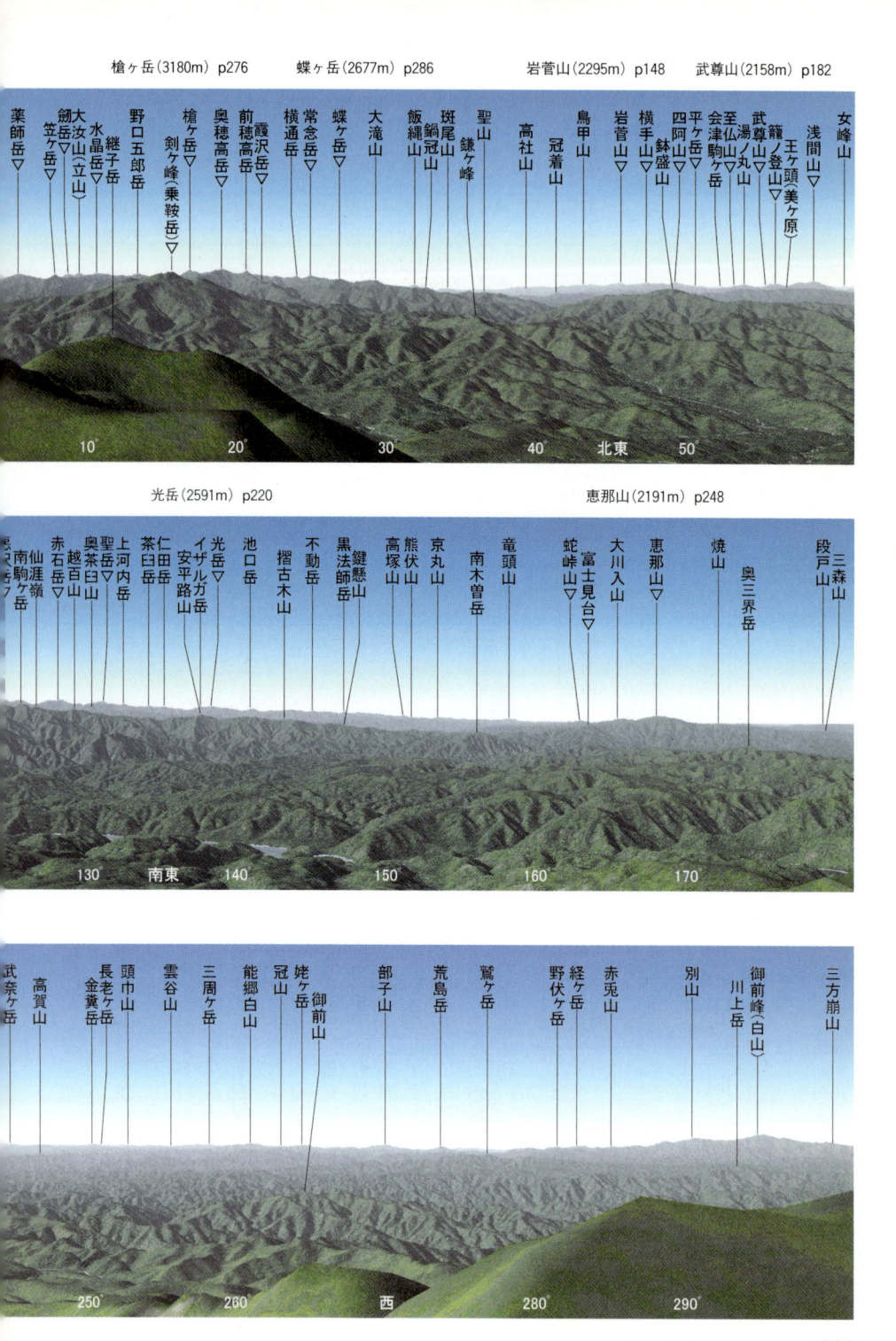

槍ヶ岳(3180m) p276　蝶ヶ岳(2677m) p286　岩菅山(2295m) p148　武尊山(2158m) p182

薬師岳
大汝山〈立山〉
劒ヶ岳
笠子岳
水晶岳
継子岳
野口五郎岳
剣ヶ峰〈乗鞍岳〉
槍ヶ岳▽
奥穂高岳
前穂高岳
霞沢岳
横通岳
常念岳
蝶ヶ岳▽
大滝山
鎌ヶ峰
聖山
斑尾山
鍋冠山
飯縄山
高社山
鳥甲山
冠着山
岩菅山▽
横手山
鉢盛山
平ヶ岳
四阿山
至仏山
湯ノ丸山
会津駒ヶ岳
武尊山▽
籠ノ登山
王ヶ頭〈美ヶ原〉
浅間山
女峰山

130°–170° 南東

光岳(2591m) p220　恵那山(2191m) p248

仙涯嶺
南駒ヶ岳
赤石岳
聖岳
越百山
茶臼岳
上河内岳
仁田岳
イザルガ岳
安平路山
光岳▽
池口岳
摺古木山
不動岳
鍵懸山
黒法師岳
高塚山
熊伏山
京丸山
南木曽岳
竜頭山
蛇峠山
富士見台
大川入山
恵那山▽
奥三界岳
焼山
段戸山
三森山
三界山

250°–290° 西

武奈ヶ岳
高賀山
長老ヶ岳
頭巾山
金糞岳
雲谷山
三周ヶ岳
能郷白山
冠山
姥ヶ岳
御前山
部子山
荒島岳
鷲ヶ岳
経ヶ岳
野伏ヶ岳
赤兎山
別山
御前峰〈白山〉
川上岳
三方崩山

304

北西から北東の展望

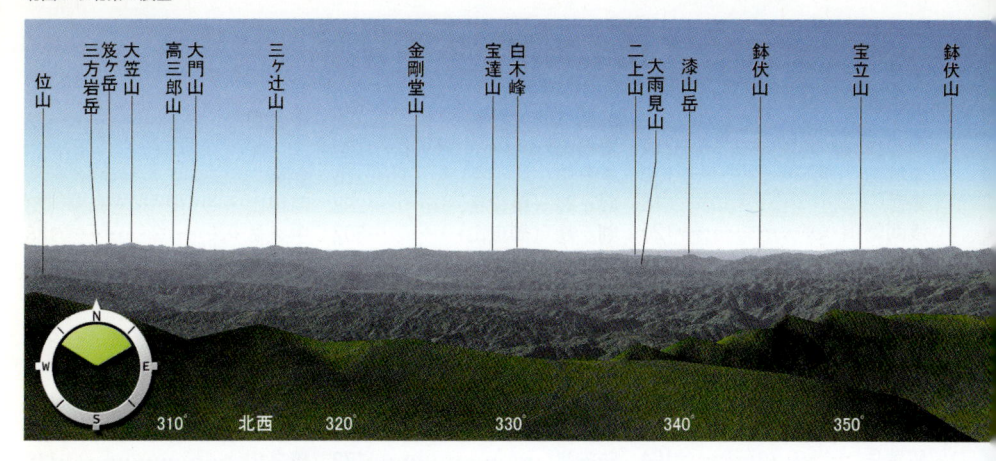

位山 / 三方岩岳 / 笈ヶ岳 / 大笠山 / 高三郎山 / 大門山 / 三ヶ辻山 / 金剛堂山 / 白木峰 / 宝達山 / 二上山 / 大雨見山 / 漆山岳 / 鉢伏山 / 宝立山 / 鉢伏山

310° 北西　320°　330°　340°　350°

北東から南の展望　　　　　　　　　　赤岳(2899m) p18　　　　　　　甲斐駒ヶ岳(2967m) p204

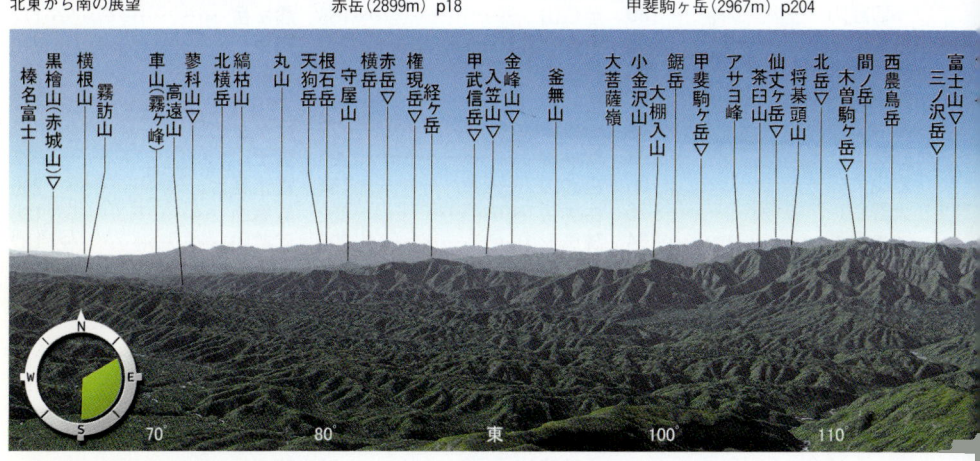

榛名富士 / 黒檜山(赤城山)▽ / 横根山 / 霧訪山 / 車山(霧ヶ峰) / 高遠山 / 入笠山 / 蓼科山 / 北横岳 / 縞枯山 / 根石岳 / 天狗岳 / 丸山 / 守屋山 / 横岳 / 赤岳 / 権現岳 / 経ヶ岳 / 金峰山 / 甲武信岳 / 釜無山 / 大菩薩嶺 / アサヨ峰 / 甲斐駒ヶ岳 / 茶臼山 / 仙丈ヶ岳 / 小金沢入山 / 大棚入山 / 鋸岳 / 将棊頭山 / 北岳 / 木曽駒ヶ岳 / 間ノ岳 / 西農鳥岳 / 富士山 / 三ノ沢岳

70°　80°　東　100°　110°

南から北西の展望

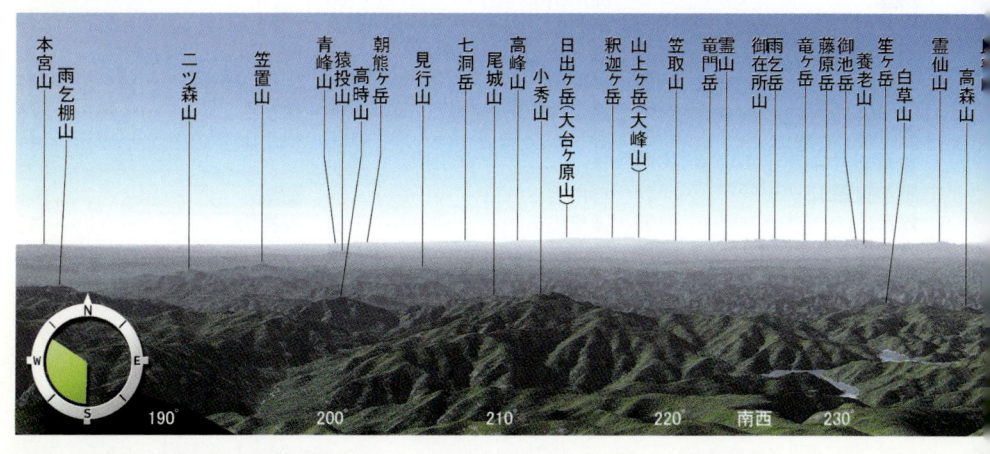

本宮山 / 雨乞棚山 / 二ツ森山 / 笠置山 / 青峰山 / 猿投山 / 高時山 / 朝熊ヶ岳 / 見行岳 / 七洞岳 / 尾城山 / 高峰山 / 小秀山 / 日出ヶ岳(大台ヶ原山) / 釈迦ヶ岳 / 山上ヶ岳(大峰山) / 笠取山 / 竜門岳 / 霊山 / 御在所岳 / 雨乞岳 / 竜ヶ岳 / 藤原岳 / 御池岳 / 養老山 / 笙ヶ岳 / 白草山 / 霊仙山 / 高森山

190°　200°　210°　220°　南西　230°

305　御嶽山（乗鞍岳・御嶽山）

山名索引（五十音順）

あ
赤石岳 ……………………214
赤城山 ……………………120
赤岳 …………………………18
浅間隠山 …………………126
浅間山 ……………………134
愛鷹山 ………………………84
四阿山 ……………………132
安達太良山 ………………178
雨飾山 ……………………142
荒沢岳 ……………………192
荒船山 ……………………124
硫黄岳 ……………………104
一切経山 …………………180
岩菅山 ……………………148
空木岳 ……………………242
美ヶ原 ………………………96
越前岳 ………………………84
恵那山 ……………………248
扇山 …………………………66
大野山 ………………………76
オキの耳 …………………184
奥白根山 …………………158
奥穂高岳 …………………290
御座山 ……………………114
大天井岳 …………………280
男山 ………………………112
雄山 ………………………268
御嶽山 ……………………302

か
甲斐駒ヶ岳 ………………204
籠ノ登山 …………………130
笠ヶ岳 ……………………272
鹿島槍ヶ岳 ………………254
霞沢岳 ……………………288
茅ヶ岳 ………………………54
雁ヶ腹摺山 …………………14
観音岳 ……………………196
木曽駒ヶ岳 ………………236
北岳 ………………………200
金時山 ………………………90
金峰山 ………………………48
雲取山 ………………………38
黒川鶏冠山 …………………58
黒岳（北ア）……………258
黒檜山 ……………………120
毛無山 ………………………16
剣ヶ峰（乗鞍岳）………298
剣ヶ峰（御嶽山）………302
甲武信岳 ……………………44
権現岳 ……………………100

さ
笊ヶ岳 ……………………222
三ノ沢岳 …………………240
塩見岳 ……………………208
柴安嵓 ……………………172
至仏山 ……………………168
釈迦ヶ岳 …………………162
杓子山 ………………………78
蛇峠山 ………………………30
十枚山 ………………………22
常念岳 ……………………282
白砂山 ……………………154
白馬岳 ……………………252
陣馬形山 …………………226
陣馬山 ………………………64
水晶岳 ……………………258
守門岳 ……………………194
仙丈ヶ岳 …………………206
相馬山 ……………………118

た
大菩薩峠 ……………………56
高川山 ………………………60
高妻山 ……………………138
鷹ノ巣山 ……………………36
高原山 ……………………162
滝子山 ………………………68
蓼科山 ……………………106
立山 ………………………268
谷川岳 ……………………184
達磨山 ………………………24
茶臼岳 ……………………164
茶臼山 ………………………96
蝶ヶ岳 ……………………286
筑波山 ………………………26
劔岳 ………………………264
光岳 ………………………220
塔ノ岳 ………………………72

な
苗場山 ………………………28
中ノ岳 ……………………188
那須岳 ……………………164
男体山 ……………………156
入笠山 ……………………232
乗鞍岳 ……………………298

は
鉢伏山 ………………………94
榛名山 ……………………118
燧ヶ岳 ……………………172
聖岳 ………………………216
日向山 ……………………230
平ヶ岳 ……………………176
蛭ヶ岳 ………………………32
富士山 ………………………86
富士見台 …………………246
鳳凰山 ……………………196
武尊山 ……………………182

ま
丸山 …………………………34
御坂十二ヶ岳 ………………12
瑞牆山 ………………………52
三ツ峠山 ……………………80
妙高山 ……………………150
飯盛山 ……………………110

や
薬師岳 ……………………270
焼岳 ………………………294
槍ヶ岳 ……………………276
横手山 ……………………144

ら
両神山 ………………………42

わ
鷲羽岳 ……………………262
悪沢岳 ……………………212

306

山名索引（標高順）

3000m以上
富士山（3776m）…………86
北岳（3192m）……………200
奥穂高岳（3190m）………290
槍ヶ岳（3180m）…………276
悪沢岳（3141m）…………212
赤石岳（3120m）…………214
御嶽山（3067m）…………302
剣ヶ峰（御嶽山/3067m）
　…………………………302
塩見岳（3047m）…………208
仙丈ヶ岳（3033m）………206
剣ヶ峰（乗鞍岳/3026m）
　…………………………298
乗鞍岳（3026m）…………298
聖岳（3013m）……………216
雄山（3003m）……………268
立山（3003m）……………268

2500m～2999m
劔岳（2998m）……………264
黒岳（北ア/2986m）……258
水晶岳（2986m）…………258
甲斐駒ヶ岳（2967m）
　…………………………204
木曽駒ヶ岳（2956m）
　…………………………236
白馬岳（2932m）…………252
薬師岳（北ア/2926m）
　…………………………270
鷲羽岳（2924m）…………262
大天井岳（2922m）………280
赤岳（2899m）………………18
笠ヶ岳（北ア/2897m）
　…………………………272
鹿島槍ヶ岳（2889m）
　…………………………254
空木岳（2864m）…………242
常念岳（2857m）…………282
三ノ沢岳（2846m）………240
観音岳（2840m）…………196
鳳凰山（2840m）…………196
硫黄岳（2760m）…………104
赤城山（2715m）…………120
黒檜山（2715m）…………120

権現岳（2715m）…………100
蝶ヶ岳（2677m）…………286
霞沢岳（2646m）…………288
笊ヶ岳（2629m）…………222
金峰山（2599m）……………48
光岳（2591m）……………220
奥白根山（2578m）………158
浅間山（2568m）…………134

2000m～2499m
男体山（2484m）…………156
甲武信岳（2475m）…………44
柴安嵓（2356m）…………172
燧ヶ岳（2356m）…………172
焼岳（2455m）……………294
妙高山（2454m）…………150
四阿山（2354m）…………132
高妻山（2353m）…………138
横手山（2307m）…………144
岩菅山（2295m）…………148
瑞牆山（2230m）……………52
至仏山（2228m）…………168
籠ノ登山（2227m）………130
恵那山（2191m）…………248
武尊山（2158m）…………182
苗場山（2145m）……………28
平ヶ岳（2141m）…………176
白砂山（2140m）…………154
御座山（2112m）…………114
中ノ岳（越後/2085m）
　…………………………188
蓼科山（2034m）…………106
雲取山（2017m）……………38
美ヶ原（2006m）……………96
茶臼山（2006m）……………96

1000m～1999m
オキの耳（1977m）………184
谷川岳（1977m）…………184
荒沢岳（1969m）…………192
毛無山（1964m）……………16
雨飾山（1963m）…………142
入笠山（1955m）…………232
一切経山（1949m）………180
鉢伏山（1928m）……………94

茶臼岳（1915m）…………164
那須岳（1915m）…………164
大菩薩峠（1897m）…………56
雁ヶ腹摺山（1874m）………14
男山（1851m）……………112
釈迦ヶ岳（1795m）………162
高原山（1795m）…………162
三ツ峠山（1786m）…………80
茅ヶ岳（1764m）……………54
浅間隠山（1757m）………126
富士見台（1739m）………246
鷹ノ巣山（1737m）…………36
十枚山（1726m）……………22
両神山（1723m）……………42
黒川鶏冠山（1716m）………58
安達太良山（1700m）
　…………………………178
御坂十二ヶ岳（1683m）
　……………………………12
蛭ヶ岳（1673m）……………32
蛇峠山（1664m）……………30
日向山（1660m）…………230
飯盛山（1658m）…………110
滝子山（1610m）……………68
杓子山（1598m）……………78
守門岳（1537m）…………194
愛鷹山（1504m）……………84
越前岳（1504m）……………84
塔ノ岳（1491m）……………72
陣馬形山（1445m）………226
荒船山（1423m）…………124
相馬山（1411m）…………118
榛名山（1411m）…………118
金時山（1213m）……………90
扇山（1138m）………………66

1000m以下
達磨山（982m）………………24
高川山（976m）………………60
丸山（960m）…………………34
筑波山（860m）………………26
陣馬山（855m）………………64
大野山（723m）………………76

●著者プロフィール
杉本智彦（すぎもと　ともひこ）
1967年東京都世田谷区生まれ。大学在学中より、北方の山岳に興味を持ち、日高山脈を中心に山行を重ねる。とくに千島列島の山岳を研究するうちに、千島の風景を再現したくCGの分野に手を染める。1992年より山岳展望を含めたソフト開発を始め、1994年に可視マップ作成ソフト「カシミール」を発表。その後、カシミールの改良とそれを使ったコンテンツの開発を行っている。神奈川県横浜市在住。フリーソフト作家。山の展望と地図のフォーラム会員。

メールアドレス：dan@kashmir3d.com
ホームページ：http://www.kashmir3d.com/

写真／杉本智彦、伊藤順一、Walstone、打田鍈一、岡田敏夫、桑子登、須部方夫、寺田政晴、中澤和夫、花村誠司、日比光則、富嶽仙人、鷲頭隆、長野県阿智村、長野県中川村
編集協力・本文レイアウト／㈱ビスタ、須部方夫
カバー・表紙デザイン／㈱ペリカン
巻頭地図制作・DTP／㈱千秋社

「この地図は、国土地理院長の承認を得て、同院発行の100万分の1日本、数値地図25000（地図画像）及び数値地図50mメッシュ（標高）を使用したものである。（承認番号　平13総使、第384号）

ブルーガイドハイカー　24

ぐるっとパノラマ関東甲信越
超展望の山々
ちょうてんぼう　やまやま

2002年2月10日　　　初版発行

編　集　　ブルーガイド編集部
発行者　　増田義和
発行所　　実業之日本社
　　　　　〒104-8233　東京都中央区銀座1-3-9
　　　　　振替：00110-6-326
　　　　　電話☎03-3535-2391（編集）
　　　　　　　☎03-3535-4441（販売）

印刷所　　大日本印刷株式会社

＊本書掲載の記事・写真・地図などについて無断転載・複製を禁じます。
　乱丁・落丁の場合はお取り替えいたします。
©Jitsugyo No Nihon Sha, Ltd. 2002　ISBN4-408-00144-9
Printed in Japan